Fachgesetzeskunde
für
Drogisten

von

Dipl.-Hdl. Otto Engwicht
Berlin

Dritte, verbesserte und erweiterte Auflage

Technischer Verlag Herbert Cram, Berlin W 35

1951

Satz: Walter de Gruyter & Co., Berlin W 35
Druck: „Buchkunst", Berlin W 35

Vorwort zur 3. Auflage

Durch die neue Auflage der „Fachgesetzeskunde für Drogisten" soll den seit 1945 veränderten Verhältnissen Rechnung getragen werden. Mehr als alle anderen Gebiete ist das der Gesetzeskunde einem ständigen Wandel unterworfen. Die vorliegende Darstellung gibt die Gesetzgebung nach ihrem Stande vom Januar 1951 wieder.

Die Schwierigkeiten der Neubearbeitung lagen in der Uneinheitlichkeit der Gesetzgebung seit 1945 und in der Anwendung bisheriger Rechtsvorschriften. Einheitliches Recht ist noch insoweit vorhanden, als es der alliierte Kontrollrat erlassen hat oder von keinem alliierten oder neuen deutschen Gesetzgeber früheres Reichsrecht aufgehoben oder geändert worden ist. Dazu kam die weitere Gesetzgebung erst durch die vier Militärbefehlshaber in ihren Besatzungszonen, dann durch die neuen 17 Länderregierungen, weiter durch den Wirtschaftsrat des vereinigten Wirtschaftsgebiets, durch die Zentralverwaltung für die sowjetische Besatzungszone bzw. die Deutsche Wirtschaftskommission und schließlich durch die Regierungen der Bundesrepublik Deutschlands und der Deutschen Demokratischen Republik. Umstrittene Rechtsfragen, wie die Zulässigkeit von Änderungen früherer reichsgesetzlicher Bestimmungen durch Ländergesetze usw., wurden deshalb außer acht gelassen. Wenn nicht alle landesgesetzlichen Bestimmungen berücksichtigt wurden, so decken sie sich mit den aufgeführten Reichsgesetzen.

Bei der Neubearbeitung dieser Auflage wurden die Gesetz- und Verordnungsblätter aller 17 Länder und die der vorher erwähnten Zentralinstanzen durchgesehen. So konnten auch nur auf ein Land begrenzte Rechtsvorschriften in diesem Buch aufgenommen werden, wenn sie mir von grundsätzlicher Bedeutung für den Drogisten erschienen.

Es ist in den Wirrnissen der Zeit begründet, daß eine lückenlose, abgerundete Sammlung aller einschlägigen Bestimmungen vor der Hand gar nicht zu schaffen ist, sondern erst vorliegen kann, wenn die deutschen Verhältnisse ganz allgemein sich stabilisiert haben. Der Gedanke, allen deutschen Drogisten zu dienen, zwang mich, die einschlägigen Gesetze aller Besatzungszonen bei der Bearbeitung zu berücksichtigen.

Die Eröffnung und Führung einer Drogerie im allgemeinen und der Geschäftsverkehr auf den Gebieten der einzelnen Warengattungen (z. B. Arzneimittel, Gifte, feuergefährlicher Stoffe, Lebensmittel- und Bedarfsgegenstände, Futtermittel usw.) im besonderen sind durch eine so große Anzahl von Gesetzen, Verordnungen, Erlassen, Ausführungsbestimmungen usw. geregelt, daß im Rahmen dieses Buches nur eine begrenzte Übersicht geboten werden kann. Bei den Bestimmungen über den Handel mit Giften und Schädlingsbekämpfungsmitteln konnte auf eine ausführliche Behandlung insofern verzichtet werden, da über dieses Gebiet von mir ein spezielles Werk „Der Gifthandel und Handel mit giftigen Pflanzenschutzmitteln" vorliegt. Auf Grund sorgfältiger Erwägungen wurden alle Gesetze usw. betriebswirtschaftlicher Natur ausgeschaltet, die mehr oder weniger für alle Zweige des Handels maßgebend sind, wie z. B. das Bürgerliche Recht, das Handelsrecht mit Wechsel- und Scheckrecht, das Steuerrecht, das Arbeitsrecht, das Preisrecht, das Recht, betreffend den gewerblichen Rechtsschutz, die gesetzliche Regelung des Werbewesens usw.

Weiter sind absichtlich alle gesetzlichen Bestimmungen unberücksichtigt geblieben, die die Bewirtschaftung der Drogeriewaren betreffen und durch Kriegs- und Nachkriegswirtschaft und Wirtschafts-Jahrespläne bedingt sind, da hier laufend mit völlig neuen Bestimmungen und grundlegenden Änderungen der bestehenden gerechnet werden muß. Für dieses Gebiet muß auf die Drogisten-Jahrbücher, Kalender und Fachzeitschriften hingewiesen werden.

Die verbleibenden Fachgesetze im engeren Sinne werden im Wortlaut wiedergegeben. Außerdem ist der Vollständigkeit halber auch auf alle sonstigen Bestimmungen hingewiesen, die der Drogist von Fall zu Fall zu berücksichtigen hat. Von dem Abdruck der meist sehr ausführlichen Strafbestimmungen ist oft bewußt Abstand genommen, da sie in seltenen Fällen praktische Bedeutung erlangen. Die Anmerkungen zu den einzelnen Gesetzen werden vielen Lesern eine willkommene Hilfe für das Verständnis und die Auslegung derselben bieten. Sie sind jedoch auch für den Unterricht an den Drogisten-Fachklassen bestimmt, denn der Lehrling soll zwar von vornherein zum Studium der Originaltexte veranlaßt werden, wird jedoch in den meisten Fällen eines Kommentars bedürfen.

Somit dürfte die Fachgesetzeskunde mehr noch als bisher für Praxis und Unterricht in allen den Drogisten angehenden gesetzlichen Bestimmungen zu einem umfassenden Lehr- und Nachschlagewerk geworden sein. Außerdem werden auch Herstellerbetriebe der chemisch-pharmazeutischen und kosmetischen Industrie, sowie Gesundheits-, Gewerbe- und Polizeibehörden die Fachgesetzeskunde zur Information über die gesetzlichen Bestimmungen mit Vorteil verwenden können.

Für Anregungen zur weiteren Ausgestaltung dieser Fachgesetzeskunde, die nunmehr in der 3. Auflage vorliegt, bin ich dankbar. Besonderen Dank für freundliche Unterstützung bei der Bearbeitung der 1. grundlegenden Auflage spreche ich dem früheren Hauptschriftleiter der „Deutschen Drogistenschaft", Herrn Fr. W. Stoy, aus.

Berlin, im April 1951. Otto Engwicht.

Inhaltsübersicht

Abkürzungen

aaO.	am angegebenen Ort
ABl.	Amtsblatt der Alliierten Hohen Kommission
Abs.	Absatz
AKB.	Amtsblatt der Alliierten Kommandantur Berlin
Amtsbl. Brandbg.	Amtsblatt der Landesverwaltung Brandenburg
Amtsbl. Mecklbg.	Amtsblatt der Landesverwaltung Mecklenburg
Amtsbl. Ndsa.	Amtsblatt für Niedersachsen (Staatsanzeiger)
Amtsbl. VELF	Amtsblatt der Verwaltung für Ernährung, Landwirtschaft und Forsten des Vereinigten Wirtschaftsgebietes
AV.	Arzneimittelverordnung (Verordnung betr. den Verkehr mit Arzneimitteln)
BAnz.	Bundesanzeiger
Bek.	Bekanntmachung
BGBl.	Bundesgesetzblatt der Bundesrepublik Deutschland
BMdI.	Bundesministerium des Innern
BMfELF.	Bundesministerium für Ernährung, Land- und Forstwirtschaft
BrMG.	Branntweinmonopolgesetz
BrVO.	Branntweinverwertungsordnung
DAB. 6	Deutsches Arzneibuch, 6. Ausgabe
DDG.	Zeitschrift „Das Deutsche Gesundheitswesen"
DDR.	Deutsche Demokratische Republik
DWK	Deutsche Wirtschaftskommission für die sowjetische Besatzungszone
Erl.	Erlaß
GBl. Brem.	Gesetzblatt der Freien Hansestadt Bremen
GBl. DDR.	Gesetzblatt der Deutschen Demokratischen Republik
GBl. SaAnh.	Gesetzblatt des Landes Sachsen-Anhalt
Ges.	Gesetz
GewO.	siehe RGO.
GMBl.	Gemeinsames Ministerialblatt, herausgegeben vom Bundesministerium des Innern
GS.	Gesetzsammlung
GV.	Giftverordnung (Polizeiverordnung über den Handel mit Giften)
GVBl. Bad.	Badisches Gesetz- und Verordnungsblatt
GVBl. Bayer.	Bayerisches Gesetz- und Verordnungsblatt
GVBl. Brandbg.	Gesetz- und Verordnungsblatt des Landes Brandenburg
GVBl. Hbg.	Hamburgisches Gesetz- und Verordnungsblatt
GVBl. Hess.	Gesetz- und Verordnungsblatt für das Land Hessen

GVBl. Ndsa.	Niedersächsisches Gesetz- und Verordnungsblatt
GVBl. RhPf.	Gesetz- und Verordnungsblatt der Landesregierung Rheinland-Pfalz
GVBl. Sa.	Gesetz- und Verordnungsblatt Land Sachsen
GVBl. SchlH.	Gesetz- und Verordnungsblatt für Schleswig-Holstein
KV.	Kaiserliche Verordnung (Arzneimittelverordnung)
LebMitRundschau	Zeitschrift „Deutsche Lebensmittel-Rundschau"
LMG.	Lebensmittelgesetz
LwRMBl.	Reichsministerialblatt der Landwirtschaftlichen Verwaltung
MBlHuG.	Ministerialblatt der Preußischen Handels- und Gewerbeverwaltung
MBliV.	Ministerialblatt des Reichs- und Preußischen Ministerium des Innern
MBlV.	Ministerialblatt Volkswohlfahrt
MinBl.	Ministerialblatt
MinBl. DDR.	Ministerialblatt der Deutschen Demokratischen Republik
MinBlfMedAng.	Preußisches Ministerialblatt für Medizinalangelegenheiten
MinBl. NrhW.	Ministerialblatt für das Land Nordrhein-Westfalen
MinfHuGew.	Minister für Handel und Gewerbe
Nr.	Nummer
Pol. VO.	Polizeiverordnung
PrMfWuA.	Preußischer Minister für Wirtschaft und Arbeit
PrGS.	Preußische Gesetzsammlung
RdErl.	Rund-Erlaß
RfPr.	Reichskommissar für Preisbildung
RegBl. Mecklbg.	Regierungsblatt für Mecklenburg
RegBl. Thür.	Regierungsblatt für das Land Thüringen
RegBl. Württ/Bad.	Regierungsblatt der Regierung Württemberg-Baden
RegBl. Württ/Hz.	Regierungsblatt für das Land Württemberg-Hohenzollern
RGBl.	Reichsgesetzblatt
RGesundhBl.	Reichsgesundheits-Blatt
RGO.	Reichsgewerbeordnung, Gewerbeordnung für das Deutsche Reich
RMBliV.	Ministerialblatt des Reichs- und Preußischen Ministeriums des Innern
RMBlFv.	Reichsministerialblatt der Forstverwaltung
RMdI.	Reichsminister des Innern
RMfEuL.	Reichsminister für Ernährung und Landwirtschaft
RStGB.	Reichsstrafgesetzbuch
RuPrMdI.	Reichs- und Preußischer Minister des Innern
RuPrMfEuL.	Reichs- und Preußischer Minister für Ernährung und Landwirtschaft
RuPrWiM.	Reichs- und Preußischer Wirtschafts-Minister
RWiM.	Reichswirtschaftsminister

S.	Seite
StGB.	siehe RStGB.
StPO.	Strafprozeßordnung
V. oder VO.	Verordnung
VELF.	Verwaltung für Ernährung, Landwirtschaft und Forsten des Vereinigten Wirtschaftsgebietes
VOBl. Bln.	Verordnungsblatt für Groß-Berlin
VOBl. BlnO.	Verordnungsblatt für Groß-Berlin (Ost)
VOBl. BlnW.	Verordnungsblatt für Groß-Berlin (West)
WiGBl.	Gesetzblatt der Verwaltung des Vereinigten Wirtschaftsgebietes
ZBeil.	Beilage „Gesetze und Verordnungen sowie Gerichtsentscheidungen" zur „Zeitschrift für Untersuchung der Lebensmittel"
Ziff.	Ziffer
ZVOBl.	Zentralverordnungsblatt (Amtliches Organ der Deutschen Wirtschaftskommission)

I. Die Eröffnung und Führung einer Drogerie

Wer eine Drogerie neu errichten oder übernehmen will, muß sich bewußt sein, daß er besondere volkswirtschaftliche Aufgaben zu erfüllen hat, die in einer Bedarfsfürsorge und einer fachmännischen Beratung der Verbraucherschaft bestehen. Darüber hinausgehend legt das Führen von Arzneimitteln und Heilkräutern, Artikeln zur Körper-, Kinder- und Krankenpflege, diätetischen Nähr- und Kräftigungsmitteln, Desinfektions- und Ungeziefervertilgungsmitteln dem Drogisten die Verpflichtung auf, im Bereich seiner Tätigkeit den Bestrebungen der Gesundheitspflege zu dienen. Die Drogerie als volksnaher Gesundheitsbetrieb, als Betrieb des Gesundheitspflegebedarfs ist in den Kreis der Gesundheitsbetriebe mit einzubeziehen.

Der Wille zur Leistung und zur gewissenhaften Berufsausübung ist seit jeher von verantwortungsbewußten Drogisten gepflegt worden und hat u. a. in der Schaffung eines vorbildlichen Fachschul- und Prüfungswesens seinen Niederschlag gefunden. Schon immer ist das Eindringen von Personen in den Berufsstand der Drogisten bekämpft worden, die das geforderte Berufswissen und die persönliche Eignung zu einer verantwortungsbewußten Berufsausübung nicht erwarten lassen.

1. Formalitäten bei Eröffnung und Führung einer Drogerie

Soll eine Drogerie neu eingerichtet, durch Kauf oder Pacht erworben oder aber im Erbgange übernommen werden, so ist eine Reihe von Formalitäten zu erledigen. Dabei sind zu unterscheiden Genehmigungsanträge und Anmeldungen. Die ersteren haben in der Regel eine aufschiebende Wirkung, d. h. der Handelsbetrieb darf weder in vollem Umfange noch in einem bestimmten Zweige aufgenommen werden, bevor die zuständige Behörde über den Antrag entschieden und die Genehmigung erteilt hat. Im Gegensatz dazu haben die Anmeldungen einen überwiegend formellen Charakter. Der Handelsbetrieb kann im allgemeinen gleichzeitig aufgenommen werden, denn den zuständigen Behörden steht nicht ein Einspruchsrecht, sondern meist nur ein Kontrollrecht zu, dem sich der Gewerbetreibende mit seiner Meldung stillschweigend unterwirft.

Bei Eröffnung und Führung einer Drogerie sind in erster Linie die Bestimmungen der Gewerbeordnung zu beachten. Siehe Abschnitt IX, insbesondere die §§ 1, 11, 14, 15, 34, 35, 40, 45, 143, 147 und 148.

Weiter muß jeder, der eine Drogerie eröffnen oder übernehmen will, nach den Gewerbezulassungsbestimmungen der meisten deutschen Länder die behördliche Genehmigung einholen und bei der zuständigen Gewerbebehörde einen Gewerbeschein beantragen. Der Betrieb ist auch beim Finanzamt (gegebenenfalls Polizei, Arbeitsamt) anzumelden. Auch wer den Drogistenberuf erlernt, die Drogistenprüfung bestanden und mehrere Gehilfenjahre hinter sich hat, darf nur mit behördlicher Genehmigung eine Drogerie übernehmen. Wer einen Geschäftsbetrieb vor Erteilung der behördlichen Erlaubnis beginnt, läuft Gefahr, daß ihm der Betrieb polizeilich geschlossen wird. Keineswegs darf die Einreichung des Antrages als eine bedeutungslose Formalität angesehen werden. Die Erlaubnis wird in den meisten Ländern von der erforderlichen Sachkunde und der persönlichen Zuverlässigkeit abhängig gemacht.

Der Nachweis der Sachkunde wird in der Regel durch eine abgeschlossene Lehre in einer Drogerie (Lehrzeugnis), bestandene Drogistenprüfung und eine anschließende mehrjährige Gehilfentätigkeit erbracht; auch aus einer entsprechend langen selbständigen Tätigkeit in einem verwandten Betriebe kann sich unter Umständen die Sachkunde ergeben. Fehlen zuverlässige Angaben, aus denen sich die Sachkunde eindeutig ergibt, so muß das Vorhandensein der erforderlichen Sachkunde durch eine Prüfung vor der zuständigen gesetzlichen Berufsvertretung nachgewiesen werden.

Die persönliche Zuverlässigkeit wird beurteilt nach Vorstrafen wegen betrügerischen Bankerotts, Betruges, Diebstahls, Nahrungsmittelverfälschung, Preistreiberei, schwerwiegender Steuerhinterziehung, Unterschlagung, Urkundenfälschung, Wuchers sowie grober Verstöße gegen das Gesetz des unlauteren Wettbewerbs, mitunter nach finanziellen Verhältnissen, wobei insbesondere Konkurs- und Vergleichsverfahren, Offenbarungseid usw. nachteilig ins Gewicht fallen.

Über die Entscheidung der Gewerbebehörde erhält der Antragsteller einen schriftlichen Bescheid. Gegen eine ablehnende Entscheidung ist meist innerhalb von 2 Wochen die Beschwerde zulässig. Gegen erneute ablehnende Entscheidung richten sich die weiteren Rechtsmittel nach den gesetzlichen Bestimmungen der zuständigen Verwaltungsgerichtsbarkeit.

Vor der Kapitulation des Deutschen Reiches 1945 erfolgte die gesetzliche Regelung der Gewerbezulassung nach dem Gesetz zum Schutze des Einzelhandels vom 12 Mai 1933 (RGBl. I S. 262) mit seinen Änderungs- und Durchführungsverordnungen vom 15 7 1933 (RGBl I S. 493), 27 6. 1934 (RGBl I

S. 523), 23. 7. 1934 (RGBl. I S. 726), 13. 12. 1934 (RGBl. I S. 1241) und 9. 5. 1935 (RGBl. I S. 589). Dieses Gesetz ersetzte den Grundsatz der Gewerbefreiheit durch eine mit dem Nachweis der Sachkunde verbundene Erlaubnispflicht. Außer dem Nachweis der Sachkunde und der persönlichen Zuverlässigkeit war die Entscheidung über die Erlaubniserteilung nach dem Einzelhandelschutzgesetz noch von weiteren Gutachten und Nachprüfungen abhängig. So wurde z. B. nicht nur das Gutachten der zuständigen Industrie- und Handelskammer und die Bescheinigung des zuständigen Arbeitsamtes der Entscheidung zugrunde gelegt, sondern es wurde auch nachgeprüft, ob der Handelszweig in dem betreffenden Orte bereits außergewöhnlich übersetzt ist oder durch die beabsichtigte Eröffnung übersetzt wird.

Nach 1945 wurden die reichseinheitlichen Bestimmungen des Einzelhandelschutzgesetzes in einzelnen Ländern teilweise durch neue Vorschriften über die Gewerbegenehmigungen ersetzt, die jedoch inhaltlich nicht wesentlich von dem Einzelhandelschutzgesetz abweichen.

In der sowjetischen Besatzungszone (Deutsche Demokratische Republik und Berlin-Ost) gelten die strengsten Gewerbezulassungsbestimmungen. Hier darf niemand ein Gewerbe betreiben, der hierzu nicht die Erlaubnis der zuständigen Behörde besitzt. Die Erlaubnis ist zu versagen, wenn der Antragsteller die erforderliche fachliche Eignung oder persönliche Zuverlässigkeit nicht besitzt, die erforderlichen Räumlichkeiten, technischen Einrichtungen und sonstigen Betriebsmittel nicht zur Verfügung stehen und ein volkswirtschaftliches Bedürfnis für die Gewerbetätigkeit nicht besteht.

In der amerikanischen Besatzungszone wurde durch die grundlegende Direktive Nr. 19 der Amerikanischen Militärregierung vom 29. November 1948 die Gewerbelizenzierung aufgehoben, außer in Angelegenheiten, die die Volksgesundheit, öffentliche Sicherheit und Wohlfahrt berühren. Nach den darauf in diesen Ländern ergangenen Übergangsgesetzen zur Regelung der Gewerbefreiheit kann jedermann ein gewerbliches Unternehmen errichten, erweitern, verlegen oder übernehmen, soweit nicht die Gewerbeordnung Ausnahmen oder Beschränkungen enthalten oder ein Gewerbe durch Verordnung zulassungspflichtig ist. So sind z. B. in Bremen u. a. zulassungspflichtig: Unternehmen, die Gifte, Rauschgifte, Arzneimittel oder pharmazeutische Artikel herstellen oder mit ihnen handeln und Unternehmen, die Drogen oder Gegenstände des sanitären Bedarfes an den letzten Verbraucher abgeben. Die Zulassung setzt die erforderliche Sachkunde und die persönliche Zuverlässigkeit voraus.

Im Gegensatz zur amerikanischen Militärregierung haben die Militärregierungen der britischen und französischen Zone von sich aus keine Forderungen hinsichtlich der Neuregelung der Gewerbefreiheit gestellt. In diesen Ländern haben die Landesregierungen klare, wenn auch von Land zu Land abweichende Verordnungen über die Gewerbezulassung geschaffen. Nach diesen Verordnungen ist im wesentlichen noch das bisherige Genehmigungsverfahren in Kraft (erforderliche Sachkunde und persönliche Zuverlässigkeit). Die Zulassung darf jedoch nicht von der volkswirtschaftlichen Bedürfnisfrage abhängig gemacht werden.

Da Berlin-West mit seinen neuen Zulassungsvorschriften etwa in der Mitte zwischen den Vorschriften über die unbeschränkte Gewerbefreiheit einerseits und den früheren Gewerbelizenzierungsbestimmungen andererseits steht, sollen nur diese hier im Wortlaut folgen.

Gesetz über die Gewerbefreiheit

Vom 21. Oktober 1949

(VOBl. BlnW. 1949, Nr. 73, S. 417) mit Änderung und Ergänzung der V. vom 19. Dezember 1950 (VOBl. BlnW. 1950, Nr. 79, S. 565).

Die Stadtverordnetenversammlung und der Magistrat haben folgendes Gesetz beschlossen, das hiermit verkündet wird:

§ 1

Zum Betrieb eines Gewerbes im Gebiet von Groß-Berlin ist jedermann nach Maßgabe dieses Gesetzes zugelassen.

Voraussetzungen

§ 2

Die Zulassung zum Betrieb eines Gewerbes kann nur wegen Fehlens der zur Ausübung des Gewerbes erforderlichen Sachkunde oder Zuverlässigkeit versagt werden.

§ 3

Die erforderliche Sachkunde im Sinne des § 2 ist, soweit nicht besondere Bestimmungen bestehen, als gegeben anzusehen, wenn für den Betriebsinhaber oder einen leitenden Angestellten eine dreijährige Tätigkeit in dem geplanten oder einem verwandten Gewerbezweig nachgewiesen wird. Der Nachweis kann durch Ablegung einer Prüfung ersetzt werden.

§ 4

Mangelnde Zuverlässigkeit im Sinne des § 2 ist insbesondere anzunehmen, wenn der Betriebsinhaber oder der leitende Angestellte, der die Voraussetzungen für die Zulassung im Hinblick auf die Sachkunde erfüllt, wegen Straftaten oder Ordnungswidrigkeiten bestraft ist, die wegen ihrer Schwere oder ihrer Wiederholung sowie wegen ihres Zusammenhanges mit dem Gewerbe eine ordnungsgemäße Ausübung des Gewerbes nicht erwarten lassen.

Ist ein Strafverfahren anhängig, so kann die Zulassung bis zum rechtskräftigen Abschluß des Verfahrens ausgesetzt werden.

§ 5

Die Zulassung kann widerrufen werden, wenn nachträglich Tatsachen eintreten oder bekannt werden, die eine Versagung der Zulassung rechtfertigen würden. Dieser Widerruf darf nur innerhalb von drei Jahren nach Zulassung und innerhalb von sechs Monaten nach Bekanntwerden der zum Widerruf berechtigenden Tatsachen erfolgen.

Verfahren

§ 6

Die Zulassung gilt mit der Aushändigung des Gewerbeausweises als vollzogen.

Der Gewerbeausweis wird auf Antrag von dem für den Sitz des Gewerbetreibenden zuständigen Bezirksamt, Abteilung Wirtschaft, ausgestellt.

Die gleiche Dienststelle spricht nach Anhörung der zuständigen Vertretung der wirtschaftlichen Selbstverwaltung die Versagung, den Widerruf (§ 5) und die Zurücknahme (§ 8) der Zulassung aus.

§ 7

Die Zulassung gewährt keinen Rechtsanspruch auf Zuteilungen, insbesondere von bewirtschafteten Waren, Energie, Arbeitskräften, Wohn- und Gewerberäumen.

§ 8

Die Zulassung kann zurückgenommen werden, wenn die Gewerbetätigkeit nicht innerhalb von zwei Monaten nach der Zulassung aufgenommen oder später auf die Dauer von mehr als sechs Monaten unterbrochen wird, es sei denn, daß auf Grund von Vorbereitungshandlungen die ernstliche Absicht, die Gewerbetätigkeit alsbald aufzunehmen, nachgewiesen wird.

§ 9

Vor einer Versagung, einem Widerruf oder einer Zurücknahme der Zulassung muß dem Betroffenen Gelegenheit gegeben werden, sich zu äußern.

Ist die Zulassung wegen Mangels der Zuverlässigkeit oder der erforderlichen Sachkunde zu versagen oder zu widerrufen, kann eine Frist bestimmt werden, innerhalb deren an Stelle der unzuverlässigen oder sachunkundigen Person eine geeignete Person zu benennen ist.

Um die Schließung des Gewerbebetriebes auf Grund eines Widerrufs der Zulassung zu vermeiden, kann dem Inhaber auf Antrag gestattet werden, den Betrieb innerhalb einer bestimmten Frist an einen Dritten, bei dem die erforderliche Sachkunde und Zuverlässigkeit für den betreffenden Gewerbebetrieb vorliegen müssen, zu verpachten oder zu veräußern.

§ 10

Versagung, Widerruf und Zurücknahme der Zulassung sind dem Antragsteller oder dem Betriebsinhaber mittels eingeschriebenen Briefes gegen Rückschein mitzuteilen. Der Bescheid muß mit einer Begründung und einer Rechtsmittelbelehrung versehen sein.

Rechtsmittel

§ 11

Wird die Zulassung versagt, widerrufen oder zurückgenommen, ist das Rechtsmittel der Beschwerde an den Magistrat, Abteilung Wirtschaft, gegeben. Die Beschwerde ist binnen zwei Wochen nach Zugang des Bescheides bei dem Bezirksamt schriftlich einzureichen und binnen weiterer zwei Wochen zu begründen. Die Frist gilt als gewahrt, wenn die Beschwerde in der gleichen Zeit beim Magistrat eingereicht ist.

Das Bezirksamt leitet die Beschwerde, falls es ihr nicht selbst abhilft, unverzüglich dem Magistrat, Abteilung Wirtschaft, zu, der nach Anhörung der zuständigen Vertretung der wirtschaftlichen Selbstverwaltung entscheidet. Für die Entscheidung des Magistrats gelten die Vorschriften des § 10 sinngemäß.

§ 12

Gegen Entscheidungen des Magistrats, durch die eine Beschwerde gemäß § 11 zurückgewiesen wird, kann binnen zwei Wochen nach Zugang Klage vor dem zuständigen Gericht erhoben werden.

Strafbestimmung

§ 13

Wer ein Gewerbe ohne die nach diesem Gesetz erforderliche Zulassung betreibt, wird mit Gefängnis bis zu drei Monaten und mit Geldstrafe bis zu DM 10000,— (zehntausend Deutsche Mark) oder einer dieser Strafen bestraft.

Währungspolitische Übergangsbestimmungen

§ 14

Natürliche und juristische Personen, die einen Wohnsitz oder einen Gewerbebetrieb oder eine Beteiligung an einem Gewerbebetrieb in einem anderen Währungsgebiet haben, dürfen zum Gewerbebetrieb nur zugelassen werden, wenn die Zulassung des Gewerbebetriebes die Wirtschaft Berlins (West) voraussichtlich nicht benachteiligt.

Die Zulassung kann widerrufen werden, wenn Gründe, die eine Versagung gemäß Abs. 1 rechtfertigen würden, vorliegen und eine weitere Zulassung die Wirtschaft Berlins (West) benachteiligen würde. § 5 Satz 2 findet keine Anwendung.

Die Entscheidung obliegt dem Magistrat, Abteilung Wirtschaft im Benehmen mit den Bezirksämtern, Abteilung Wirtschaft und nach Anhörung der zuständigen Vertretung der wirtschaftlichen Selbstverwaltung. Gegen die Entscheidung kann binnen zwei Wochen nach Zugang Einspruch bei dem Magistrat, Abteilung Wirtschaft, erhoben werden. Gegen die Einspruchsentscheidung kann binnen zwei Wochen nach Zugang Klage vor dem zuständigen Verwaltungsgericht erhoben werden.

Die Bestimmungen der Abs. 1 und 2 gelten auch für Gewerbezulassungen auf Grund der nach § 15 unberührt bleibenden Vorschriften der deutschen Gesetzgebung. Über die Zulassung und den Widerruf entscheiden die nach diesen Vorschriften zuständigen Behörden im Benehmen mit dem Magistrat, Abteilung Wirtschaft.

§ 14a

Bestehende Gewerbegenehmigungen treten außer Kraft, wenn sich der Sitz des Gewerbebetriebes nicht in Berlin (West) befindet. Soweit Gewerbegenehmigungen fortbestehen, gelten sie als Neuzulassungen vom Tage des Inkrafttretens dieses Gesetzes an.

Schlußbestimmungen

§ 15

Vorschriften der deutschen Gesetzgebung, insbesondere diejenigen, die das öffentliche Gesundheitswesen, die öffentliche Sicherheit oder Fürsorge betreffen, bleiben unberührt.

§ 16

Der Magistrat von Groß-Berlin erläßt die zur Durchführung dieses Gesetzes erforderlichen Bestimmungen.

§ 17

Dieses Gesetz tritt einen Tag nach seiner Verkündung in Kraft.

Anmerkung: Betreffs Erteilung der Gewerbeerlaubnis für Drogerien ist die Rundverfügung Nr. 94/50 des Magistrats von Berlin, Abt. Wirtschaft, vom 3. März 1950 an die Bezirks-Wirtschaftsämter beachtenswert.

Es ist also gegenwärtig in Deutschland das Gebiet der Gewerbegenehmigung sehr uneinheitlich geregelt. Da dieser Zustand auf die Dauer untragbar ist, sind Bestrebungen im Gange, in den Ländern der Bundesrepublik ein einheitliches Gewerberecht zu schaffen, um der verschiedenen gewerblichen Entwicklung in den Ländern entgegenzuwirken und die Gefährdung des gewerblichen Lebens zu unterbinden. Dabei sollen die Grundsätze für die Zulassung zum Gewerbe und dessen Ausübung hinsichtlich persönlicher und sachlicher Eignung gewahrt und die Bestimmungen der Gesetzgebung vor dem Jahre 1933 unter Berücksichtigung einer gesunden Fortentwicklung der Gesetzgebung entsprechend beachtet werden.

Der Drogistenstand selbst bejaht die Gewerbefreiheit, weil dies den Traditionen des Drogistenberufes entspricht und — auch historisch gesehen — die Drogerie ein Kind der Gewerbefreiheit ist. Er wünscht keine Gewerberegelung, die einen Zulassungszwang enthält mit Ausnahme der Sachkunde. Zur Führung einer Drogerie, eines kaufmännischen Unternehmens im Gesundheitswesen sind die fachlichen Voraussetzungen für den Leiter des Betriebes ein zwingendes Erfordernis. Ein Verzicht auf den Sachkundenachweis würde keine Gewerbefreiheit, sondern eine Gewerbeanarchie bedeuten.

Die behördliche Genehmigung zur Errichtung oder Übernahme einer Drogerie erstreckt sich auf alle Warengruppen, die in der Drogerie fachüblich sind, also z. B. auch auf Farben, Photoartikel, Seifen usw. So ist z. B. der Handel mit Photoartikeln in Drogerien grundsätzlich als fachüblich und artgemäß anzusehen. Eine Hinzunahme von Photoartikeln in einer Drogerie, die zuvor diese Waren noch nicht geführt hat, ist also genehmigungsfrei zulässig. Es ist aber erforderlich, daß der Betriebsinhaber auch die notwendige Sachkenntnis auf dem Photogebiet besitzt. Zu beachten ist auch, daß örtliche Verhältnisse eine Abweichung von dem üblichen Warensortiment einer Drogerie zulassen, die z. B. auf eine historische Entwicklung zurückgeführt werden können. Bei der Prüfung der Frage, ob die Neuhinzunahme irgendwelcher Waren als artgemäß für ein Geschäft anzusehen ist, sind mithin auch die örtlichen Verhältnisse zu berücksichtigen.

Der Handel mit den einzelnen Warengruppen erfordert bei der Errichtung oder Übernahme einer Drogerie nun noch weitere Formalitäten. Aus den einzelnen Abschnitten ist das Nähere ersichtlich. Im folgenden soll das Wesentlichste nur kurz und übersichtlich aufgezählt werden:

1. Der Handel mit Arzneimitteln (Drogen und chemische Präparate, die Heilzwecken dienen) unterliegt nach § 35 Abs. 7 der RGO. der polizeilichen Anzeige. Mit der Anzeige ist ein Lageplan und eine genaue Angabe der Betriebsräume einzureichen. Nach den neuen Arzneimittelgesetzen ist die Herstellung und der Handel mit Arzneimitteln auch erlaubnispflichtig.

2. Zum Handel mit Giften ist in den meisten Ländern die Erlaubnis zu beantragen. Der Antrag ist im allgemeinen an die Polizei-

behörde (Verwaltungsbehörde) zu richten unter Beifügung eines polizeilichen Führungszeugnisses und des amtsärztlichen Zeugnisses über die Giftprüfung. Der Gifthandel erfordert dann die Einrichtung eines Giftbuches und das Vorrätighalten von Giftscheinen.

3. In Drogerien, die zum allgemeinen Handel mit Giften berechtigt sind, kann die Abgabe von giftigen Pflanzenschutzmitteln ohne besondere Erlaubnis erfolgen. Drogerien mit beschränkter Genehmigung zum Gifthandel brauchen jedoch für die Abgabe giftiger Pflanzenschutzmittel die Erlaubnis der unteren Verwaltungsbehörde. Der Handel selbst erfordert die Einrichtung eines Abgabebuches für giftige Pflanzenschutzmittel.

4. Der Handel mit Sprengstoffen (Feuerwerkskörpern) nach der Sprengstoffverkehrsordnung erfordert eine Anzeige bei der Ortspolizeibehörde. Über alle An- und Verkäufe dieser Stoffe in Mengen von mehr als 1 kg ist ein Buch zu führen. Die Herstellung von Feuerwerkskörpern ist genehmigungspflichtig.

5. Die Lagerung größerer Mengen von feuergefährlichen Flüssigkeiten bedarf mitunter (s. die entsprechende Polizeiverordnung) der Anmeldung oder manchmal der Erlaubnis der Ortspolizeibehörde.

6. Die Lagerung von Kalziumkarbid ist auch beim Betriebsbeginn der Ortspolizeibehörde anzuzeigen.

7. Die Herstellung von Nitritpökelsalz bedarf der ministeriellen Genehmigung.

8. Der Verkehr mit Ersatzgewürzen ist genehmigungspflichtig.

9. Ebenfalls ist der Verkehr mit teeähnlichen Erzeugnissen genehmigungspflichtig.

10. Der Verkehr mit vitaminhaltigen oder vitaminisierten Lebensmitteln muß bei der zentralen Gesundheitsbehörde angemeldet und genehmigt werden.

11. Der Weinhandel würde den Anordnungen der Hauptvereinigung für die Wein- und Trinkbranntweinwirtschaft unterliegen und weiter die Einrichtung eines Weinverkaufsbuches erfordern, wenn der jährliche Umsatz im Durchschnitt 1500 Flaschen übersteigt.

12. Bei der Herstellung von Wermutweinen ist nach der Anweisung der Hauptvereinigung der Weinbauwirtschaft ein Lagerbuch zu führen und der monatlich hergestellte Wermutwein anzumelden.

13. Die beabsichtigte Weiterverarbeitung oder der Vertrieb von Branntwein ist schriftlich unter Angabe der Betriebs- und Lagerräume bei der Finanzbehörde anzumelden.

14. Der Handel mit Branntwein ist nur mit Genehmigung der Reichsmonopolverwaltung gestattet.

15. Die Lagerung und der Vertrieb von Branntwein ist spätestens 14 Tage vor Beginn des Betriebes bei der zuständigen Zollstelle anzumelden (Anmeldung in doppelter Ausfertigung). Die Zollstelle hat dem Betriebsinhaber einen Ausweis auszustellen.

16. Der Handel mit vollständig vergälltem Branntwein ist vor Eröffnung des Betriebes bei der Zollstelle und der nach den gewerbepolizeilichen Bestimmungen zuständigen örtlichen Behörde anzumelden. Über die Anmeldung wird eine Bescheinigung erteilt, die in der Verkaufsstelle aufzubewahren ist. In dem Verkaufsraum ist die vorgeschriebene Bekanntmachung (nach § 93 BrVO.) auszuhängen.

17. Wer Branntwein unvollständig vergällen will, hat beim Hauptzollamt die Genehmigung schriftlich zu beantragen. Über den Antrag wird ein schriftlicher Bescheid erteilt. Über die Verwendung des vergällten Branntweines ist ein Aufsichtsbuch zu führen. Bei der Verarbeitung von unvollständig vergälltem Branntwein ist in den Fabrikationsräumen an auffallender Stelle eine amtliche Bekanntmachung auszuhängen (nach § 96 BrVO.).

18. Zum Bezug von Branntwein zum besonderen ermäßigten Verkaufspreis ist beim Hauptzollamt die Genehmigung schriftlich zu beantragen (Antrag in doppelter Ausfertigung). Über den Antrag wird schriftlicher Bescheid erteilt.

19. Der Kleinhandel mit Branntwein bedarf der Erlaubnis. Der Antrag ist an die untere Verwaltungsbehörde (Polizeibehörde) zu stellen (Nachweis des Bedürfnisses, bzw. bei Kleinhandel von Branntwein in festverschlossenen Flaschen Nachweis der Fachüblichkeit).

20. Selbsthergestellte Futtermittel, die bisher nicht im Verkehr waren, sind anzumelden. Die Herstellung und der Handel von Mischfuttermitteln ist genehmigungspflichtig. Bei der Herstellung und beim Handel mit Futter- und Mischfuttermitteln besteht die Verpflichtung zur Führung eines Eingangs-, Lager-, Misch- und Ausgangsbuches.

21. Der Handel mit Sämereien erfordert die Beachtung der von den Landwirtschaftsbehörden erlassenen Anordnungen.

22. Beim Verkehr mit Ölen und Fetten sind die von den verschiedenen früheren Reichsstellen und Hauptvereinigungen erlassenen Anordnungen zu beachten.

23. Der Vertrieb von vergälltem Salz ist beim Zollamt anzumelden.

24. Ersatzmittel und neue Erzeugnisse sind vom Hersteller bei den Preisbildungsstellen anzumelden. Herstellung und Inverkehrbringen von Ersatzlebensmitteln ist anmelde- und genehmigungspflichtig.

Über die erfolgten Anmeldungen bzw. erhaltenen Genehmigungen müssen schriftliche Nachweise und Urkunden vorhanden sein, welche jederzeit im Geschäft bereitliegen sollen.

Sonstige Formalitäten:

1. Nach § 15 der Reichsgewerbeordnung ist an der Außenseite des Geschäftslokals oder am Eingang des Ladens der Familienname des Inhabers mit mindestens einem ausgeschriebenen Vornamen in deutlich lesbarer Schrift anzubringen. Sofern eine Handelsfirma geführt wird, ist diese außerdem in gleicher Weise anzubringen.

2. Für die Anbringung von Schaukästen, Schildern und Transparenten an der Ladenfront ist eine polizeiliche Genehmigung zu beantragen.

3. Maße, Meßgeräte, Gewichte und Waagen sind in bestimmten Zeitabständen, in der Regel nach 2 Jahren, in sauberem Zustande dem Eichamt zur Nacheichung vorzulegen.

2. Das Bremer Drogistengesetz

In der Berufsstandesarbeit der Drogisten kam immer wieder der eindeutige Wille und die berechtigte, begründete Forderung des Berufs zum Ausdruck, der Drogerie einen gesetzlichen Schutz ihres Namens zu geben. Nur der ethische und ideelle Namensschutz wird verlangt, aber keine materiellen Vorteile. Das Land Bremen hat mit dem „Bremer Drogistengesetz" vom 6. August 1946 als erstes Land in den Westzonen dieser berechtigten Forderung Rechnung getragen. Das „Bremer Drogistengesetz" ist kein Gewerbezulassungsgesetz, sondern ein Gesetz zum Schutze der Berufsbezeichnung „Drogist und Drogerie". Niemand ohne Berufs- und fachliche Ausbildung soll sich dieser Namen bedienen und dadurch das Vertrauen der Öffentlichkeit mißbrauchen. Inwieweit gleiche Gesetze in den anderen Ländern Gesetzeskraft erhalten werden, hängt mit der kommenden Neuregelung des Arzneimittelverkehrs in der Bundesrepublik zusammen.

a) Gesetz über die Führung der Berufsbezeichnung „Drogist" und „Drogerie"

Vom 6. August 1946

(GBl. Brem. 1946, Nr. 33, S. 101)

Nach erfolgter Zustimmung der Militärregierung wird das nachfolgende Gesetz veröffentlicht, das der Senat am 6. August 1946 beschlossen hat:

§ 1

Die Berufsbezeichnung „Drogist" dürfen nur Personen führen, die

a) durch die Ablegung einer Drogisten-Gehilfenprüfung und der Giftprüfung ihre Sachkunde nachgewiesen haben, und

b) in einer mehrjährigen Tätigkeit als Gehilfe in einer Drogerie oder anerkannten Drogen-Großhandlung die notwendige Praxis zur selbständigen Führung einer Drogerie erworben haben.

§ 2

Die Firmenbezeichnung „Drogerie" dürfen nur solche Einzelhandelsunternehmen führen, die ein vorwiegend drogistisches Warensortiment führen und bei denen mindestens ein geschäftsführender Inhaber oder bei juristischen Personen mindestens ein Geschäftsführer Drogist im Sinne dieses Gesetzes ist.

§ 3

Die Zulassung zur Drogisten-Gehilfenprüfung und zur Giftprüfung ist von der Ableistung einer mehrjährigen Lehrzeit in einer Drogerie abhängig.

Von der in § 1 b geforderten Gehilfenzeit muß ein Teil in einer Drogerie abgeleistet sein.

§ 4

Der Senator für Wirtschaft, Häfen und Verkehr erläßt nach Anhörung des Senators für das Gesundheitswesen, sowie der Handelskammer, die erforderlichen Durchführungsverordnungen zu diesem Gesetz.

Im Wege der Durchführungsverordnung hat er insbesondere Bestimmungen zu treffen:

a) über die Dauer der in § 1 b dieses Gesetzes festgelegten Gehilfenzeit,
b) über die Dauer der in § 3, Abs. 1, dieses Gesetzes festgelegten Lehrzeit,
c) über die Dauer des Teiles der Gehilfenzeit, der gemäß § 3, Abs. 2, dieses Gesetzes mindestens in einer Drogerie abgeleistet sein muß.

Er hat im Wege der Durchführungs-Verordnung auch Bestimmungen über die Drogisten-Gehilfenprüfung und die Giftprüfung zu erlassen.

§ 5

Unternehmen, die beim in Kraft treten dieses Gesetzes die Bezeichnung „Drogerie" führen, kann die Weiterführung dieser Bezeichnung auf Antrag erlaubt werden. Der Antrag ist bis zum 31. Dezember 1946 beim Senator für Wirtschaft, Häfen und Verkehr zu stellen, der nach Anhörung des Senators für das Gesundheitswesen und der Handelskammer entscheidet.

Die Erlaubnis kann unter Bedingungen und Auflagen erteilt werden.

§ 6

Dieses Gesetz tritt am Tage seiner Verkündung in Kraft.

b) Durchführungsverordnung zu dem Gesetz über die Führung der Berufsbezeichnung „Drogist" und „Drogerie"

Vom 25. November 1946, mit Änderungen v. 19. Februar 1949

(GesBl. Brem. 1946, Nr. 34, S. 106 u. 1949, Nr. 11, S. 33)

Auf Grund des § 4 des Gesetzes über die Führung der Berufsbezeichnungen „Drogist" und „Drogerie" vom 6. August 1946 (Brem. Ges.-Bl. S. 101) wird nach Anhörung des Senators für das Gesundheitswesen und der Handelskammer verordnet:

§ 1

(1) Die in § 1 b des Gesetzes verlangte mehrjährige Gehilfenzeit beträgt 6 Jahre. Als Gehilfenzeit rechnet die Zeit der Tätigkeit als Angestellter nach erfolgter Ablegung der Drogisten-Gehilfenprüfung und der Giftprüfung.

(2) Von der 6jährigen Gehilfenzeit sind mindestens 4 Jahre in einer Drogerie abzuleisten.

§ 2

(1) Bei der Feststellung, ob ein in § 2 des Gesetzes gefordertes vorwiegend drogistisches Warensortiment vorliegt, ist das Standard-Warensortiment einer (Fach-)Drogerie zugrunde zu legen.

(2) Zum drogistischen Warensortiment im Sinne dieser Bestimmung gehören in der Hauptsache folgende Warengattungen:

Drogen und Chemikalien,
Heilkräuter,
frei verkäufliche Arzneimittel,
Artikel der Körper-, Gesundheits- und Schönheitspflege,
Vorbeugungs-, Nähr- und Stärkungsmittel,
Verbandstoffe, Krankenpflege- und sanitäre Artikel,
Pflanzenschutz- und Schädlingsbekämpfungsmittel.

§ 3

Die in § 3, Absatz 1, des Gesetzes geforderte mehrjährige Lehrzeit beträgt 3 Jahre. Die Vereinbarung einer abgekürzten Lehrzeit für eine Übergangszeit nach dem Kriege ist mit Zustimmung der Handelskammer und der zuständigen drogistischen Fachorganisation nur zulässig, falls der Lehrling bei Antritt der Lehre älter als 20 Jahre ist und seiner Person nach Gewähr dafür bietet, daß auch bei abgekürzter Lehrzeit eine gründliche fachliche Ausbildung erreicht wird. Eine Verkürzung der Lehrzeit unter 2 Jahre ist nicht zulässig.

§ 4

(1) Die Drogisten-Gehilfenprüfung wird von einer Prüfungskommission in Gegenwart des zuständigen Amtsarztes abgenommen. Voraussetzung für die Zulassung zur Drogisten-Gehilfenprüfung ist neben der in § 3, Absatz 3, des Gesetzes geforderten Lehrzeit der Nachweis eines gleich langen Besuches der Drogistenfachschule (Berufsschule für den Einzelhandel, Abt. Drogisten-Fachklassen).

(2) Die Prüfungskommission setzt sich zusammen aus:

dem Präsidenten der Landesgesundheitsverwaltung als Staatskommissar,
dem Vorsitzer,
einem von der Fachorganisation vorgeschlagenen Beisitzer (Drogisten),
einem von der zuständigen Angestellten-Organisation vorgeschlagenen Beisitzer (Drogistengehilfen),
einem von der Drogistenfachschule vorgeschlagenen Fachlehrer.

(3) Die Mitglieder der Prüfungskommission werden vom Senator für das Gesundheitswesen berufen.

(4) Der Staatskommissar kann ungeachtet der grundsätzlichen Leitung der Prüfung durch den Vorsitzer auf die Gestaltung der Prüfung Einfluß nehmen.

(5) Ein Beauftragter der zentralen drogistischen Fachorganisation ist jederzeit berechtigt, an der Prüfung mit beratender Stimme teilzunehmen.

(6) Über die Durchführung der Prüfung erläßt der Senator für das Gesundheitswesen nach Anhörung der Handelskammer eine besondere Prüfungsordnung. Bis zum Erlaß dieser Prüfungsordnung werden für die Prüfung die bisherigen „Richtlinien für die Durchführung der Drogisten-Gehilfenprüfung" der zuständigen Fachorganisation angewendet.

(7) Über das Bestehen der Prüfung wird dem Prüfling ein Zeugnis erteilt.

(8) Die Prüfung ist gebührenpflichtig.

§ 5

Die in § 3, Abs. 1, des Gesetzes genannte Giftprüfung für Gifte der Abteilung I—III erfolgt nach den einschlägigen gesetzlichen Bestimmungen. Für die Abnahme dieser Giftprüfung ist der Amtsarzt zuständig.

§ 6

Bei der Neuerrichtung, Übernahme, Verlegung und Erweiterung von Geschäften entscheidet die auf Grund des Gesetzes zum Schutze des Einzelhandels zuständige Behörde auf Antrag auch über die Zulässigkeit der Berufsbezeichnung „Drogist" und „Drogerie".

§ 7

(1) Der gemäß § 5, Abs. 1, des Gesetzes vorgeschriebene an den Senator für Wirtschaft, Häfen und Verkehr zu richtende Antrag auf Weiterführung der Bezeichnung „Drogist" muß folgende Angaben enthalten:

a) Personalien des Antragstellers,

b) Nachweis über die berufliche Ausbildung und Tätigkeit als Drogist,

c) Nachweis des Vorhandenseins eines vorwiegend drogistischen Warensortiments.

(2) Der Nachweis über die berufliche Ausbildung und Tätigkeit als Drogist gemäß Abs. 1 (b) gilt als erbracht, wenn der Antragsteller die Drogisten-Gehilfenprüfung abgelegt oder sein Unternehmen mindestens 10 Jahre ordnungsmäßig geführt hat.

§ 8

Nach Erteilung der Genehmigung zur Führung bzw. Weiterführung der Firmenbezeichnung „Drogerie" ist die Führung der Bezeichnung „Fachdrogerie", „Medizinaldrogerie" oder einer ähnlichen Bezeichnung nicht mehr zulässig. Dies gilt auch, wenn der Antrag auf Erteilung der Genehmigung zur Führung bzw. Weiterführung der Firmenbezeichnung „Drogerie" abgelehnt wird.

§ 9

Diese Verordnung tritt am Tage ihrer Verkündung in Kraft.

II. Der Verkehr mit Arzneimitteln

Der Verkehr mit Arzneimitteln in Drogerien wird geregelt

1. hinsichtlich der zum Verkehr zugelassenen Arzneimittel durch die „Verordnung, betreffend den Verkehr mit Arzneimitteln, vom 22. Oktober 1901";
2. hinsichtlich der Handhabung des Arzneimittelverkehrs, also der Art der Aufbewahrung, Abgabe usw. durch landesrechtliche Betriebsvorschriften, die hier in der für Preußen gültigen Fassung wiedergegeben werden.

   Außerdem werden in diesem Abschnitt berücksichtigt:
3. Sonderregelungen über Herstellung und Abgabe von Arzneimitteln;
4. die Arzneimittelgesetzgebung seit 1945;
5. der Vertrieb von Mitteln gegen Schwangerschaft;
6. das Deutsche Arzneibuch und die Deutsche Arzneitaxe und
7. der Verkauf von Arzneimitteln außerhalb der Apotheken und Drogerien (Einzelhandelsgeschäfte sonstiger Art, Wandergewerbe, Wochenmärkte).

Weiter gehören noch hierher Verordnungen über Werbung auf dem Gebiete des Heilwesens (s. Abschnitt VII).

Über die in der Arzneimittelverordnung behandelten kosmetischen Mittel finden sich noch Vorschriften im Farbengesetz (s. Abschnitt III), im Lebensmittelgesetz und im Branntweinmonopolgesetz (s. Abschn. VI).

Über die Abgabe von Branntwein als Heilmittel s. a. Abschnitt VI.

Anmerkung: Die Deutsche Reichsverfassung vom 16. April 1871 sah auf dem Gebiete des Gesundheitswesens nur nach Artikel 4 die Beaufsichtigung seitens des Reichs und auch die Gesetzgebung bei Maßregeln der Medizinal- und Veterinärpolizei vor (Ziffer 15). Daraus ergab sich 1876 die Gründung des „Kaiserlichen Gesundheitsamtes", des Vorläufers des späteren Reichsgesundheitsamtes. Das Reichsgesundheitsamt hatte nicht die erforderliche administrative Kompetenz. Es blieb eine vorwiegend gutachtliche und beratende Oberbehörde. Das Gesundheitswesen wurde damals im Reichsamt des Innern bearbeitet. Der Arzneimittelverkehr blieb auch nach der Reichsgründung eine Angelegenheit der Länder. In wichtigen Fragen des Arzneimittelverkehrs (z. B. für die Vorschriften über die Abgabe stark wirkender Arzneimittel, die Gift- und Geheimmittelvorschriften, das Arzneibuch und die Arzneitaxe) erreichte man einheitliche Vorschriften auf dem Wege über die Bundesratsbeschlüsse. Auch die Gewerbeordnung enthielt damals Ermächtigungen zum Erlaß reichsrechtlicher Bestimmungen. So wurde die Arzneimittelverordnung vom 22. Oktober 1901 auf Grund des § 6, Abs. 2 der Gewerbeordnung erlassen.

Bei dem Umbau der Reichsverwaltung nach 1918 wird das Staatssekretariat des Innern zum Reichsministerium des Innern mit einer für das Gesundheitswesen zuständigen Abteilung. Durch die Weimarer Verfassung wurde der Einfluß der Länder auch auf dem Gesetzgebungsrecht des Gesundheitswesens zurückgedrängt und die Vollmachten des Reiches erweitert. Die zentralistische Auffassung setzte sich nach 1931 noch weiter durch. 1934 wurde der Reichsrat aufgehoben und 1938 übernahm auch das Reich das Polizeiverordnungsrecht der Länder, so daß auch arzneimittelrechtliche Verordnungen als Reichspolizeiverordnungen erschienen. Trotz dieser Entwicklung ist keine einheitliche gesetzliche Regelung des gesamten Arzneimittelverkehrs zustandegekommen. Ein nach langen Vorarbeiten und Verhandlungen vom Reichsgesundheitsamt ausgearbeiteter, im Reichsgesundheitsrat durchberatener und im Jahre 1932 dem Reichsinnenministerium übergebener Entwurf eines Arzneimittelgesetzes ist damals nicht Gesetz geworden. Ebenso erging es 1933—41 dem Arzneimittelgesetzentwurf, dessen Inkraftsetzung erst durch die Auseinandersetzungen der verschiedenen zuständigen Stellen (Partei — Staat, Reichsgesundheitsamt — Reichsinnenministerium, Reichsinnenministerium — Reichswirtschaftsministerium usw.) scheiterte, bis schließlich die kriegswirtschaftliche Notwendigkeit für den Erlaß des Gesetzes nicht gegeben war.

Nur wichtige Einzelgebiete des Arzneimittelverkehrs wurden nach 1933 durch Verordnungen des Reichsinnenministeriums oder anderer Reichsstellen (Reichsstelle Chemie, Werberat der Deutschen Wirtschaft) geregelt. Von diesen sind im folgenden diejenigen erwähnt, die in der Nachkriegszeit jetzt bei der Arzneimittelgesetzgebung eine nicht unwichtige Rolle spielen:

Polizeiverordnung über die Werbung auf dem Gebiete des Heilwesens vom 29. September 1941.

Anordnung III/43 der Reichsstelle Chemie über Absatzregelung für Arznei- und Desinfektionsmittel vom 14. Januar 1943,

Verordnung über die Herstellung von Arzneifertigwaren vom 11. Februar 1943 und der Runderlaß des Reichsministers des Innern über Verbot der Herstellung neuer Arzneifertigwaren vom 17. Mai 1943.

Durch die Kapitulation von 1945 wurden auch die Behörden aufgelöst, die bisher für die Gesetzgebung reichseinheitlicher Bestimmungen zuständig waren. Demzufolge trat die Landesgesetzgebung wieder in den Vordergrund. Die Kaiserliche Verordnung wurde z. B. auch von Länderministerien geändert. Über die Arzneimittelgesetzgebung seit 1945 s. Abschnitt 4 dieses Kapitels.

1. Die Verordnung, betreffend den Verkehr mit Arzneimitteln

Diese Verordnung zieht die Grenze zwischen den Verkaufsrechten der Apotheker und Drogisten. Sie ist ergangen auf Grund des § 6 der RGO., die eigentlich die Regelung des Arzneimittelverkehrs hätte enthalten müssen. Der vielen technischen Einzelheiten wegen hat aber die RGO. auf diese Regelung verzichtet und hat den Kaiser bzw. später den Reichspräsidenten ermächtigt, die Regelung im Verordnungswege zu treffen. Durch die Verordnung des Ministerrats für die Reichsverteidigung vom 23. Dezember 1939 wurde der § 6 Abs. 2 der RGO. geändert: „Der Reichsminister des Innern bestimmt im Einvernehmen mit dem Reichswirtschaftsminister, welche Apothekerwaren dem freien Verkehr zu überlassen sind." Die Landesgesetzgebung ist also nicht berechtigt, irgendwelche Arzneimittel dem freien Verkehr zu entziehen. Obwohl nach dem Wortlaut des § 6 Abs. 2 RGO. eigentlich eine positive Liste der dem freien Verkehr überlassenen Arzneimittel hätte aufgestellt werden müssen, sind die reichsgesetzlichen Verordnungen über den Arzneimittelverkehr im wesentlichen negativ gefaßt, d. h. sie besagen nicht, was freiverkäuflich ist, sondern sie führen auf, was verboten ist. Von den Verboten allerdings werden eine Anzahl Ausnahmen gemacht, die unmittelbar besagen, was frei ist.

Eine Neugestaltung der Verordnung über den Verkehr mit Arzneimitteln ist in Vorbereitung und schon weit gefördert. Vorerst gilt aber noch die Verordnung von 1901 mit den vielfachen Ergänzungen.

Die wesentlichsten Bestimmungen sind in vier Paragraphen zusammengefaßt, von denen sich § 1, § 2 und § 2a mit dem Kleinhandel befassen, während § 2b Krankenkassen und Vereine betrifft und § 3 Ausnahmebestimmungen über den Großhandel usw. erhält. Den Paragraphen sind die drei Verzeichnisse A, B und C angefügt.

Zunächst lassen sich grundsätzlich drei Arten von Verboten erkennen: a) Verbote von Zubereitungen, b) Verbote von Stoffen, c) Verbote von Geheimmitteln. Mit den Verboten von Zubereitungen befaßt sich § 1 mit dem ergänzenden Verzeichnis A, mit den Verboten von Stoffen befaßt sich § 2 mit dem ergänzenden Verzeichnis B. Mit den Verboten von Geheimmitteln befaßt sich § 2a mit dem ergänzenden Verzeichnis C, das sich wiederum in drei Abteilungen A, B, C gliedert.

Die §§ 1, 2 und 2a mit den dazugehörigen Verzeichnissen A, B, C sind für den Drogisten von größter Wichtigkeit.

Verordnung, betreffend den Verkehr mit Arzneimitteln

Kaiserliche VO. vom 22. Oktober 1901 (RGBl. S. 380)

Mit Änderungen der Verordnungen vom 31. März 1911 (RGBl. S. 181), 18. Februar 1920 (RGBl. S. 253), 21. April 1921 (RGBl. S. 490), 31. Juli 1922 (RGBl. I S. 710), 13. Januar 1923 (RGBl. I S. 68), 21. Juni 1923 (RGBl. I S. 511), 16. November 1923 (RGBl. I S. 1117), 9. Dezember 1924 (RGBl. I S. 772), 24. Dezember 1924 (RGBl. I S. 966), 27. März 1925 (RGBl. I S. 40), 26. Januar 1929 (RGBl. I S. 19), 30. September 1932 (RGBl. I S. 492), und 4. Oktober 1933 (RGBl. I S. 721).

§ 1

Die in dem angeschlossenen Verzeichnisse A aufgeführten Zubereitungen dürfen, ohne Unterschied, ob sie heilkräftige Stoffe enthalten oder nicht, als Heilmittel (Mittel zur Beseitigung oder Linderung von Krankheiten bei Menschen und Tieren) außerhalb der Apotheken nicht feilgehalten oder verkauft werden.

Dieser Bestimmung unterliegen von den bezeichneten Zubereitungen, soweit sie als Heilmittel feilgehalten oder verkauft werden,

a) kosmetische Mittel (Mittel zur Reinigung, Pflege oder Färbung der Haut, des Haares oder der Mundhöhle), Desinfektionsmittel und Hühneraugenmittel nur dann, wenn sie Stoffe enthalten, welche in den Apotheken ohne Anweisung eines Arztes, Zahnarztes oder Tierarztes nicht abgegeben werden dürfen, kosmetische Mittel außerdem auch dann, wenn sie Kreosot, Phenylsalizylat oder Resorzin enthalten;

b) künstliche Mineralwässer nur dann, wenn sie in ihrer Zusammensetzung natürlichen Mineralwässern nicht entsprechen und zugleich Antimon, Arsen, Barium, Chrom, Kupfer, freie Salpetersäure, freie Salzsäure oder freie Schwefelsäure enthalten.

Auf Verbandstoffe (Binden, Gazen, Watten u. dgl.), auf Zubereitungen zur Herstellung von Bädern sowie auf Seifen zum äußerlichen Gebrauche findet die Bestimmung im Absatz 1 nicht Anwendung.

§ 2

Die in dem angeschlossenen Verzeichnis B aufgeführten Stoffe dürfen außerhalb der Apotheken nicht feilgehalten oder verkauft werden.

§ 2a

Die in dem Verzeichnis C aufgeführten Stoffe und Zubereitungen dürfen außerhalb der Apotheken nicht feilgehalten oder verkauft werden (V. v. 9. 12. 1924).

§ 2b

Soweit nach den §§ 1, 2, 2a Zubereitungen und Stoffe dem Verkehr außerhalb der Apotheken entzogen sind, dürfen sie auch von Krankenkassen, Genossenschaften, Vereinen oder ähnlichen Personengesamtheiten an ihre Mitglieder nicht verabfolgt werden (V. v. 27. 3. 1925).

§ 3

Der Großhandel unterliegt den vorstehenden Bestimmungen nicht. Gleiches gilt für den Verkauf der im Verzeichnis B aufgeführten Stoffe an Apotheken oder an solche öffentliche Anstalten, welche Untersuchungs- oder Lehrzwecken dienen und nicht gleichzeitig Heilanstalten sind.

§ 4

ist aufgehoben durch V. v. 31. 3. 1911.

§ 5

Die gegenwärtige Verordnung tritt mit dem 1. April 1902 in Kraft. Mit demselben Zeitpunkte treten die Verordnungen, betreffend den Verkehr mit Arzneimitteln, vom 27. Januar 1890, 31. Dezember 1894, 25. November 1895 und 19. August 1897 außer Kraft.

Verzeichnis A

1. Abkochungen und Aufgüsse (decocta et infusa);
2. Ätzstifte (styli caustici);
3. Auszüge in fester oder flüssiger Form (extracta et tincturae), ausgenommen:
   Arnikatinktur,
   Baldriantinktur, auch ätherische,
   Benediktineressenz,
   Benzoetinktur,
   Bischofessenz,
   Eichelkaffee-Extrakt,
   Fichtennadelextrakt,
   Fleischextrakt,
   Himbeeressig,
   Kaffee-Extrakt,
   Lakritzen (Süßholzsaft), auch mit Anis,
   Malzextrakt, auch mit Eisen, Lebertran oder Kalk,
   Myrrhentinktur,
   Nelkentinktur,
   Tee-Extrakt von Blättern des Teestrauchs,
   Vanillentinktur,
   Wacholderextrakt;
4. Gemenge, trockene, von Salzen oder zerkleinerten Substanzen, oder von beiden untereinander, auch wenn die zur Vermengung bestimmten einzelnen Bestandteile gesondert verpackt sind (pulveres, salia et species mixta), sowie Verreibungen jeder Art (triturationes), ausgenommen:
   Brausepulver aus Natriumbikarbonat und Weinsäure, auch mit Zucker oder ätherischen Ölen gemischt,
   Eichelkakao, auch mit Malz,
   Hafermehlkakao,
   Riechsalz,
   Salizylstreupulver,

Salze, welche aus natürlichen Mineralwässern bereitet oder den solchergestalt bereiteten Salzen nachgebildet sind,
Schneeberger Schnupftabak mit einem Gehalte von höchstens 3 Gewichtsteilen Nieswurzel in 100 Teilen des Schnupftabaks;

5. Gemische, flüssige, und Lösungen (mixturae et solutiones) einschließlich gemischte Balsame, Honigpräparate und Sirupe,
ausgenommen:
Ätherweingeist (Hoffmannstropfen),
Ameisenspiritus,
Aromatischer Essig,
Bleiwasser, mit einem Gehalte von höchstens 2 Gewichtsteilen Bleiessig in 100 Teilen der Mischung,
Eukalyptuswasser,
Fenchelhonig,
Fichtennadelspiritus (Waldwollextrakt),
Franzbranntwein mit Kochsalz,
Kalkwasser, auch mit Leinöl,
Kampferspiritus,
Karmelitergeist,
Lebertran mit ätherischen Ölen,
Mischungen von Ätherweingeist, Kampferspiritus, Seifenspiritus, Salmiakgeist und Spanischpfeffertinktur, oder von einzelnen dieser fünf Flüssigkeiten untereinander zum Gebrauche für Tiere, sofern die einzelnen Bestandteile der Mischungen auf den Gefäßen, in denen die Abgabe erfolgt, angegeben werden,
Obstsäfte, mit Zucker, Essig oder Fruchtsäuren eingekocht,
Pepsinwein,
Rosenhonig, auch mit Borax,
Seifenspiritus,
Weißer Sirup;

6. Kapseln, gefüllte, von Leim (Gelatine) oder Stärkemehl (capsulae gelatinosae et amylaceae repletae), ausgenommen solche Kapseln, welche
Brausepulver der unter Nr. 4 angegebenen Art,
Copaivabalsam,
Lebertran,
Natriumbikarbonat,
Rizinusöl oder
Weinsäure
enthalten;

7. Latwergen (electuaria);

8. Linimente (linimenta), ausgenommen flüchtiges Liniment;

9. Pastillen (auch Plätzchen und Zeltchen), Tabletten, Pillen und Körner (pastilli, rotulae et trochisci, tabulettae, pilulae et granula),
ausgenommen:
aus natürlichen Mineralwässern oder aus künstlichen Mineralquellsalzen bereitete Pastillen,
einfache Molkenpastillen, Pfefferminzplätzchen,
Salmiakpastillen, auch mit Lakritzen und Geschmackszusätzen, welche nicht zu den Stoffen des Verzeichnisses B gehören,
Tabletten aus Saccharin, Natriumbikarbonat oder Brausepulver, auch mit Geschmackzusätzen, welche nicht zu den Stoffen des Verzeichnisses B gehören;

10. Pflaster und Salben (emplastra et unguenta),
ausgenommen:
Bleisalbe zum Gebrauche für Tiere,
Borsalbe zum Gebrauche für Tiere,
Cold-Cream, auch mit Glyzerin, Lanolin oder Vaselin,
Pechpflaster, dessen Masse lediglich aus Pech, Wachs, Terpentin und Fett oder einzelnen dieser Stoffe besteht,
Englisches Pflaster,
Heftpflaster,
Hufkitt,
Lippenpomade,
Pappelpomade,

Salizyltalg,
Senfleinen,
Senfpapier,
Terpentinsalbe, zum Gebrauch für Tiere,
Zinksalbe zum Gebrauche für Tiere;

11. Suppositorien (suppositoria) in jeder Form (Kugeln, Stäbchen, Zäpfchen od. dgl.) sowie Wundstäbchen (cereoli).

Verzeichnis B

Bei den mit * versehenen Stoffen sind auch die Abkömmlinge der betreffenden Stoffe sowie die Salze der Stoffe und ihrer Abkömmlinge inbegriffen.

*Acetanilidum.	*Antifebrin.
Acida chloracetica.	Die Chloressigsäuren.
Acidum acetylosalicylicum (Aspirinum).	Acetylsalizylsäure (Aspirin).
*— aethylphenylbarbituricum.	*Äthylphenylbarbitursäure.
— benzoicum e resina sublimatum.	Aus dem Harze sublimierte Benzoesäure.
— camphoricum.	Kampfersäure.
— cathartinicum.	Kathartinsäure.
— cinnamylicum.	Zimtsäure.
— chrysophanicum.	Chrysophansäure.
*— diaethylbarbituricum.	*Diäthylbarbitursäure.
*— diallylbarbituricum.	*Diallylbarbitursäure.
*— dibrompropyldiaethylbarbituricum.	*Dibrompropyldiäthylbarbitursäure.
*— dipropylbarbituricum.	*Dipropylbarbitursäure.
— hydrobromicum.	Bromwasserstoffsäure.
— hydrocyanicum.	Cyanwasserstoffsäure (Blausäure).
*— lacticum.	*Milchsäure.
*— osmicum.	*Osmiumsäure.
— sclerotinicum.	Sklerotinsäure.
*— sozojodolicum.	*Sozojodolsäure.
— succinicum.	Bernsteinsäure.
*— sulfocarbolicum.	*Sulfophenolsäure.
*— valerianicum.	*Baldriansäure.
*Aconitinum.	*Akonitin.
Actolum.	Aktol.
Adonidinum.	Adonidin.
Aether bromatus.	Äthylbromid.
— chloratus.	Äthylchlorid.
— jodatus.	Äthyljodid.
Aethyleni präparata.	Die Äthylenpräparate.
Aethylidenum bichloratum.	Zweifachchloräthyliden.
Agaricinum.	Agarizin.
Airolum.	Airol.
Aleudrin.	Aleudrin.
Aluminium acetico tartaricum.	Essigweinsaures Aluminium.
Ammonium chloratum ferratum.	Eisensalmiak.
Amylenchloralum.	Amylenchloral.

Amylenum hydratum.	Amylenhydrat.
Amylium nitrosum.	Amylnitrit.
Anthrarobinum.	Anthrarobin.

Antiaton, Antigravid, Aretus, Interruptin, Interruptin-Neu, Paste Paul Heisers, Provocol und andere Zubereitungen pasten-, salbenartiger oder ähnlicher Beschaffenheit, die zur Einführung in die Gebärmutter (Uterus) bestimmt sind.

*Apomorphinum	*Apomorphin.
Aqua Amygdalarum amararum	Bittermandelwasser.
— Lauro-cerasi	Kirschlorbeerwasser
— Opii	Opiumwasser.
— vulneraria spirituosa.	Weiße Arquebusade.
*Arecolinum.	*Arekolin.
Argentaminum.	Argentamin.
Argentolum	Argentol.
Argoninum.	Argonin.
Aristolum.	Aristol.
Arsenium jodatum.	Jodarsen.
*Atropinum.	*Atropin.
Betolum	Betol
Bismutum bromatum.	Wismutbromid
— oxyjodatum	Wismutoxyjodid
— subgallicum (Dermatolum)	Basisches Wismutgallat (Dermatol).
— subsalicylicum.	Basisches Wismutsalizylat.
— tannicum.	Wismuttannat
Blatta orientalis.	Orientalische Schabe
Bromalum hydratum	Bromalhydrat
Bromoformium.	Bromoform.
*Brucinum	*Brucin.
Bulbus Scillae siccatus	Getrocknete Meerzwiebel.
Butylchloralum hydratum	Butylchloralhydrat
Camphora monobromata.	Einfach-Bromkampfer
Cannabinonum	Kannabinon.
Cannabinum tannicum	Kannabintannat
Cantharides.	Spanische Fliegen
Cantharidinum	Kantharidin.
Cardolum	Kardol.
Castoreum canadense	Kanadisches Bibergeil.
— sibiricum	Sibirisches Bibergeil.
Cerium oxalicum.	Ceriumoxalat
*Chinidinum.	*Chinidin.
*Chininum.	*Chinin.
Chinoidinum	Chinoïdin.
Chloralose	Chloralose
Chloralum formamidatum.	Chloralformamid
— hydratum.	Chloralhydrat
Chloroformium.	Chloroform

Chrysarobinum.	Chrysarobin.
*Cinchonidinum.	*Cinchonidin.
Cinchoninum.	Cinchonin.
*Cocaïnum.	*Kokain.
*Coffeïnum.	*Koffein.
Colchicinum.	Kolchizin.
*Coniinum.	*Koniin.
Convallamarinum.	Konvallamarin.
Convallarinum.	Konvallarin.
Cortex Chinae.	Chinarinde.
— Condurango.	Kondurangorinde.
— Granati.	Granatrinde.
— Mezereï.	Seidelbastrinde.
Cotoinum.	Kotoin.
Cubebae.	Kubeben.
Cuprum aluminatum.	Kupferalaun.
— salicylicum.	Kupfersalizylat.
Curare.	Kurare.
*Curarinum.	*Kurarin.
Delphininum.	Delphinin.
*Dial.	*Dial.
*Dicodid (Dihydrokodeinon)	*Dicodid (Dihydrokodeinon).
*Digitalinum.	*Digitalin.
*Digitoxinum.	*Digitoxin.
Dihydromorphinum.	Dihydromorphin.
*Diogenal.	*Diogenal.
*Duboisinum.	*Duboisin.
*Emetinum.	*Emetin.
*Eucainum.	*Eukain.
Eucodal.	Eucodal.
Euphorbium.	Euphorbium.
Europhenum.	Europhen.
Fel tauri depuratum siccum.	Gereinigte trockene Ochsengalle.
Ferratinum.	Ferratin.
Ferrum arsenicicum.	Arsensaures Eisen.
— arsenicosum.	Arsenigsaures Eisen.
— carbonicum saccharatum.	Zuckerhaltiges Ferrokarbonat.
— citricum ammoniatum.	Ferri-Ammoniumzitrat.
— jodatum saccharatum.	Zuckerhaltiges Eisenjodür.
— oxydatum dialysatum.	Dialysiertes Eisenoxyd.
— oxydatum saccharatum.	Eisenzucker.
— peptonatum.	Eisenpeptonat.
— reductum.	Reduziertes Eisen.
— sulfuricum oxydatum ammoniatum.	Ferri-Ammoniumsulfat.
— sulfuricum siccum.	Getrocknetes Ferrosulfat.
Flores Cinae.	Zitwersamen.
— Koso.	Kosoblüten.

Folia Belladonnae.	Belladonnablätter.
— Bucco.	Buccoblätter.
— Cocae.	Kokablätter.
— Digitalis.	Fingerhutblätter.
— Jaborandi.	Jaborandiblätter.
— Rhois toxicodendri.	Giftsumachblätter.
— Stramonii.	Stechapfelblätter.
Fructus Papaveris immaturi.	Unreife Mohnköpfe.
— — maturi ad usum humanum.	Reife Mohnköpfe zum Gebrauch für Menschen.
Fungus Laricis.	Lärchenschwamm.
Galbanum.	Galbanum.
Glycopon.	Glycopon.
*Guajacolum.	*Guajakol.
Hamamelis virginica.	Hamamelis.
Haemalbuminum.	Hämalbumin.
Hedonal.	Hedonal.
Herba Aconiti.	Akonitkraut.
— Adonidis.	Adoniskraut.
— Cannabis indicae.	Indischer Hanf.
— Cicutae virosae.	Wasserschierling.
— Conii.	Schierling.
— Gratiolae.	Gottesgnadenkraut.
— Hyoscyami.	Bilsenkraut.
— Lobeliae.	Lobelienkraut.
Holopon.	Holopon.
*Homatropinum.	*Homatropin.
Hydrargyrum aceticum.	Quecksilberazetat.
— bijodatum.	Quecksilberjodid.
— bromatum.	Quecksilberbromür.
— chloratum.	Quecksilberchlorür (Kalomel).
— cyanatum.	Quecksilberzyanid.
— formamidatum.	Quecksilberformamid.
— jodatum.	Quecksilberjodür.
— oleïnicum.	Ölsaures Quecksilber.
— oxydatum via humida paratum.	Gelbes Quecksilberoxyd.
— peptonatum.	Quecksilberpeptonat.
— praecipitatum album.	Weißes Quecksilberpräzipitat.
— salicylicum.	Quecksilbersalizylat.
— tannicum oxydulatum.	Quecksilbertannat.
*Hydrastininum.	*Hydrastinin.
*Hyoscyaminum.	*Hyoscyamin.
Isopral.	Isopral.
Itrolum.	Itrol.
Jodoformium.	Jodoform.
Jodolum.	Jodol.

Kaïrinum.	Kairin.
Kaïrolinum.	Kaïrolin.
Kalium jodatum.	Kaliumjodid.
Kamala.	Kamala.
Kosinum.	Kosin.
Kreosotum (e ligno paratum).	Holzkreosot.
Lactophenium.	Laktophenin.
Lactucarium.	Giftlattichsaft.
Larginum.	Largin.
Laudanon.	Laudanon.
Lithium benzoïcum.	Lithiumbenzoat.
— salicylicum.	Lithiumsalizylat.
Losophanum.	Losophan.
Luminal.	*Luminal.
Magnesium citricum effervescens.	Brausemagnesia.
— salicylicum.	Magnesiumsalizylat.
Manna.	Manna.
Medinal.	Medinal.
Methylenum bichloratum.	Methylenbichlorid.
Methylsulfonalum (Trionalum).	Methylsulfonal (Trional).
Muscarinum.	Muskarin.
Narcophin.	Narcophin.
Natrium aethylatum.	Natriumäthylat.
— benzoïcum.	Natriumbenzoat.
— jodatum.	Natriumjodid.
— pyrophosphoricum ferratum.	Natrium-Ferripyrophosphat.
— salicylicum.	Natriumsalizylat.
— santoninicum.	Santoninsaures Natrium.
— tannicum.	Natriumtannat.
Nirvanol.	Nirvanol.
*Nosophenum.	*Nosophen.
Oleum Chamomillae aethereum.	Ätherisches Kamillenöl.
— Chenopodii anthelminthici.	Amerikanisches Wurmsamenöl.
— Crotonis.	Krotonöl.
— Cubebarum.	Kubebenöl.
— Matico.	Matikoöl.
— Sabinae.	Sadebaumöl.
— Santali.	Sandelöl.
— Sinapis.	Senföl.
— Valerianae.	Baldrianöl.
Opium, ejus alcaloida eorumque salia et derivata eorumque salia (Codeïnum, Heroïnum, Morphinum, Narceïnum, Narcotinum, Peroninum, Thebaïnum et alia).	Opium, dessen Alkaloide, deren Salze und Abkömmlinge, sowie deren Salze (Kodeïn, Heroïn, Morphin, Narceïn, Narkotin, Peronin, Thebaïn und andere).

*Optochin.	*Optochin.
*Orexinum.	*Orexin.
*Orthoformium.	*Orthoform.
Pantopon omniaque similia praeparata, quae alcaloidea Opii continent (Glycopon, Holopon etc.).	Pantopon und alle ähnlichen Opiumalkaloide enthaltenden Zubereitungen (z. B. Glycopon, Holopon).
Paracodin.	Paracodin.
Paracotoïnum.	Parakotoïn.
Paralaudin.	Paralaudin.
Paraldehydum.	Paraldehyd.
Paramorfan.	Paramorfan.
Pasta Guarana.	Guarana.
*Pelletierinum.	*Pelletierin.
*Phenacetinum.	*Phenacetin.
*Phenocollum.	*Phenokoll.
*Phenylum salicylicum (Salolum).	*Phenylsalizylat (Salol).
*Physostigminum (Eserinum).	*Physostigmin (Eserin).
Picrotoxinum.	Pikrotoxin.
*Pilocarpinum.	*Pilokarpin.
*Piperazinum.	*Piperazin.
Plumbum jodatum.	Bleijodid.
— tannicum.	Bleitannat.
Podophyllinum.	Podophyllin.
Praeparata organotherapeutica.	Therapeutische Organpräparate.
*Proponal.	*Proponal.
Propylaminum.	Propylamin.
Protargolum.	Protargol.
*Pyrazolonum phenyldimethylicum (Antipyrinum).	*Phenyldimethylpyrazolon (Antipyrin).
Radix Belladonnae.	Belladonnawurzel.
— Colombo.	Colombowurzel.
— Gelsemii.	Gelsemiumwurzel.
— Ipecacuanhae.	Brechwurzel.
— Rhei.	Rhabarber.
— Sarsaparillae.	Sarsaparille.
— Senegae.	Senegawurzel.
Resina Jalapae.	Jalapenharz.
— Scammoniae.	Scammoniaharz.
Resorcinum purum.	Reines Resorzin.
Rhizoma Filicis.	Farnwurzel.
— Hydrastis.	Hydrastisrhizom.
— Veratri.	Weiße Nieswurzel.
Salia glycerophosphorica.	Glyzerinphosphorsaure Salze.
Salophenum.	Salophen.
*Salvarsan.	Salvarsan.
Santoninum.	Santonin.

*Scopolaminum.	*Skopolamin.
Secale cornutum.	Mutterkorn.
Semen Calabar.	Kalarbarbohne.
— Colchici.	Zeitlosensamen.
— Hyoscyami.	Bilsenkrautsamen.
— St. Ignatii.	Sankt-Ignatius-Bohne.
— Stramonii.	Stechapfelsamen.
— Strophanthi.	Strophanthussamen.
— Strychni.	Brechnuß.
Sera therapeutica, liquida et sicca, et eorum praeparata ad usum humanum.	Flüssige und trockene Heilsera, sowie deren Präparate zum Gebrauche für Menschen.
*Sparteïnum.	*Sparteïn.

Stifte, Sonden oder Meißel aus Laminaria, Tupeloholz oder anderen quellfähigen Stoffen.

Stipites Dulcamarae.	Bittersüßstengel.
*Strychninum.	*Strychnin.
*Sulfonalum.	*Sulfonal.
Sulfur jodatum.	Jodschwefel.
Summitates Sabinae.	Sadebaumspitzen.
Tannalbinum.	Tannalbin.
Tannigenum.	Tannigen.
Tannoformium.	Tannoform.
Tartarus stibiatus.	Brechweinstein.
Terpinum hydratum.	Terpinhydrat.
Tetronalum.	Tetronal.
*Thallinum.	*Thallin.
*Theobrominum.	*Theobromin.
Thioformium.	Thioform.
*Tropacocaïnum.	*Tropakokain.
Tubera Aconiti.	Akonitknollen.
— Jalapae.	Jalapenwurzel.

Tuberkulin (Flüssige und trockene Tuberkuline sowie alle anderen aus oder unter Verwendung von Tuberkelbazillen gewonnene Zubereitungen, soweit diese Tuberkuline und Zubereitungen zum Gebrauche beim Menschen bestimmt sind).

*Urea aethylphenylmalonylica.	*Äthylphenylmalonylharnstoff.
*— diaethylmalonylica.	*Diäthylmalonylharnstoff.
*— diallylmalonylica.	*Diallylmalonylharnstoff.
*— dibrompropyldiaethylmalonylica.	*Dibrompropyldiäthylmalonylharnstoff.
*— dipropylmalonylica.	*Dipropylmalonylharnstoff.
*Urethanum.	*Urethan.
*Urotropinum.	*Urotropin.
Vasogenum et ejus praeparata.	Vasogen und dessen Präparate.
*Veratrinum.	*Veratrin.
*Veronal.	*Veronal.
Xeroformium.	Xeroform.

*Yohimbinum.	*Yohimbin.
Zincum aceticum.	Zinkazetat.
– chloratum purum.	Reines Zinkchlorid.
– cyanatum.	Zinkzyanid.
– permanganicum.	Zinkpermanganat.
– salicylicum.	Zinksalizylat.
– sulfoichtyolicum.	Ichtyosulfosaures Zink.
– sulfuricum purum.	Reines Zinksulfat.

Änderungen des Verzeichnisses B seit 1945

Durch Landesverordnungen wurden in das Verzeichnis B folgende Stoffe aufgenommen:

Dimethyldiphenylendisulfid (Mitigal) in
Bremen (V. v. 25. Oktober 1946, GBl. Brem. 1946, Nr. 33, S. 103),
Hamburg (V. v. 6. September 1946, GVBl. Hbg. 1946, Nr. 37, S. 99),
Niedersachsen (V. v. 12. August 1946) und

Methylthiouracil-Präparate in
Nordrhein-Westfalen (V. v. 12. November 1948).

Verzeichnis C[1])

Abteilung A

1. Adlerfluid.
2. Amarol (auch als Ingestol).
3. American coughing cure Lutzes.
4. Anticeltatabletten (auch als Anticelta-Tablets oder Fettreduzierungstabletten der Anticelta-Association).
5. Antidiabeticum Bauers.
6. Antiépileptique Uten.
7. Antigichtwein Duflots (auch als Antigichtwein Oswald Niers oder Vin Duflot).
8. Antihydropsin Bödikers (auch als Wassersuchtelixier oder Hydrops-Essenz Bödikers).
9. Antimellin (auch als Essentia Antimellini composita).
10. Antineurasthin (auch als Nervennahrung Hartmanns).
11. Antipositin Wagners (auch als Mittel des Dr. Wagner und Marlier gegen Korpulenz).
12. Asthmamittel Hairs (auch als Asthma cure Hairs).
13. Asthmapulver Zematone, auch in Form der Asthmazigaretten Zematone (auch als antiasthmatisches Pulver und Zigaretten des Apothekers Escouflaire).
15. Augenwasser Whites (auch als Dr. Whites Augenwasser).
16. Ausschlagsalbe Schützes (auch als Universalheilsalbe oder Universalheil- und Ausschlagsalbe Schützes).
17. Balsam Bilfingers.
18. Balsam Pagliano (auch als Tripperbalsam Pagliano).
19. Balsam Thierrys (auch als allein echter Balsam Thierrys, englischer Wunderbalsam oder englischer Balsam Thierrys).
20. Bede-Cur.
21. Beinschäden Indian Bohnertz.
22. Blutreinigungspulver Hohls.
23. Blutreinigungspulver Schützes.
25. Bräune-Einreibung Lamperts (auch als Universal Bräune-Einreibung und Diphtheritistinktur).
26. Bruchbalsam Tanzers.
27. Bruchsalbe des pharmazeutischen Büros Valkenberg (Valkenburg) in Holland (auch als Pastor Schmits Bruchsalbe).
28. Chromonal-Erzeugnisse (auch als Neo-Chromonal).
29. Corliber.
30. Djoeat Bauers.
31. Elixir Godineau.
32. Embrocation Ellimans (auch als Universal embrocation oder Ellimans Universal-Einreibemittel für Menschen), ausgenommen Embrocation etc. for horses.
33. Entfettungstee Grundmanns.
34. Epilepsieheilmittel Quantes (auch als Spezificum oder Gesundheitsmittel Quantes).
35. Epilepsiepulver Cassarinis (auch als Polveri antiépiletiche Cassarinis).
36. Eubalsol (auch als Radikalmittel Dr. Dammanns gegen Gonorrhoe).

[1]) Die im Verzeichnis C aufgeführten Mittel sind zugleich Geheimmittel i. S. der in allen Ländern gemäß dem Reichsratsbeschluß vom 13. 11. 1924 gleichlautend erlassenen Verordnungen über den Verkehr mit Geheimmitteln und ähnlichen Arzneimitteln.

37. Euergon.
38. Eukalyptusmittel Heß' (Eukalyptol und Eukalyptusöl Heß').
39. Eusanol (auch als Epilepsiemittel Dr. H. Seemanns oder Ueckers).
40. Excedol.
41. Ferrolin Lochers.
42. Frauenwohl Dr. Heys.
43. Fulgural (auch als Blutreinigungstee Steiners und Schulzes).
44. Gehöröl Schmidts (auch als verbessertes oder neu verbessertes Gehöröl Schmidts).
45. Gloria tonic Smiths.
46. Glycosolvol Lindners (auch als Antidiabeticum Lindners).
46a. Haemasal (auch als Dr. Schultheiß' blutreinigendes und nervenstärkendes Haemasal).
47. Haematon Haitzemas.
48. Heilgetränke Jakobis (auch als Heiltrankessenz, insbesondere Königstrank Jakobis).
49. Homeriana (auch als Brusttee Homeriana oder russischer Knöterich Polygonum aviculare Homeriana).
50. Hustentropfen Lausers.
51. Injection Brou (auch als Brousche Einspritzung).
52. Injektion au matico (auch als Einspritzung mit Matiko).
54. Kalosin Lochers.
55. Kava Lahrs (auch als Kavakapseln Lahrs, Sanatol Lahrs mit Kavaharz oder Kavaharz Lahrs mit Sanatol).
56. Knöterichtee; russischer, Weidemanns (auch als russischer Knöterich- oder Brusttee Weidemanns).
57. Kräutergeist Schneiders (auch als wohlriechender Kräutergeist oder Luisafluid Schneiders).
58. Kräuterpillen Burkharts.
59. Krebsmittel Dr. Heys (auch als Krebskur Dr. Heys).
60. Kronessenz, Altonaer (auch als Kronessenz oder Menadiesche oder Altonaische Wunder-Kronessenz).
61. Kropfkur Haigs (auch als Goitre-cure oder Kropfmedizin Haigs).
62. Kurmittel Mayers gegen Zuckerkrankheit.
63. Lungenelixir Dr. Heys.
64. Magenpillen Tachts.
66. Magolan (auch als Antidiabeticum Braemers).
67. Margonal-Erzeugnisse (auch als Erzeugnisse der Margonal-Compagnie), und zwar: Boldo-Tee, Frauen- und Mutterkraut-Tee, Menstruations-, Badekraut-Tee, 63 Tees gegen 63 Krankheiten, Breboral-, Blut- und Nervennahrung, (Breboral-Tabletten und -Tropfen), Injektion Trio, Kapseln gegen Harn- und Blasenleiden, Margoglykose, Mittel gegen chronischen Magenkatarrh und Schutzstäbchen.
68. Mother Seigels pills (auch als Mutter Seigels Abführungspillen oder operating pills).
69. Mother Seigels syrup (auch als Mother Seigels curative syrup for dyspensia, Extract of American roots oder Mutter Seigels heilender Syrup).
71. Nervenfluid Dressels.
72. Nervenkraftelixier Liebers.
73. Nervenstärker Pastor Königs (auch als Pastor Königs Nerven Tonic).
75. Nervicin.
76. Nervol Rays.
77. Orffin (Baumann Orffsches Kräuternährpulver).
78. Oxallo (auch als Oxalka).
79. Pektoral Bocks (auch als Hustenstiller Bocks).
80. Pillen Beechams (auch als Patent pills Beechams).
81. Pillen, indische (auch als Antidysentericum).
82. Pillen Rays (auch als Darm- und Leberpillen Rays).
83. Pilules du Docteur Laville (auch als Pillen Lavilles).
84. Polypec (auch als Naturkräutertee Weidemanns).
85. Rad-Jo (auch als Radjovis-Gonie).
87. Regenerator Dr. Heys.
88. Regenerator Liebauts (auch als Regenerator nach Liebaut).
89. Renascin (auch als verbessertes Renascin).
90. Retterspitzwasser Schecks (auch als Heilwickelbäder von M. Retterspitz).
91. Rongoasalbe.
92. Saccharosalvol.
93. Safe remedies Warners (Safe cure, Safe diabetic, Safe nervine, Safe pills).
94. Sanjana-Präparate (auch als Sanjana-Spezifika).
95. Sarsaparillian Ayers (auch als Ayers zusammengesetzter und gemischter Sarsaparilleextrakt).
96. Sauerstoffpräparate der Sauerstoffheilanstalt Vitafer.
98. Schlagwasser Weißmanns.
99. Sirup Pagliano (auch als Sirup Pagliano Blutreinigungsmittel, Blutreinigungs- und Bluterfrischungssirup Pagliano des Prof. Girolamo Pagliano oder Sirup Pagliano von Prof. Ernesto Pagliano).
100. Spermatol (auch als Stärkungselixir Gordons).
101. Spezialtees Lücks (auch als Spezialkräutertees Lücks).
102. Sterntee Weidhaas (auch als Sterntee des Kurinstituts „Spiro-Spero").
103. Stroopal (auch als Heilmittel Stroops gegen Krebs-, Magen- und Leberleiden oder Stroops Pulver).
105. Tuberkeltod (auch als Eiweiß-Kräuterkognak-Emulsion Stickes).
106. Vater Philipp-Salbe.

107. Venecin (auch als Venecin-Brunnen).
108. Vin Mariani (auch als Mariani-Wein).
109. Visnervin (auch in abgeänderter Form als Nervisan).
110. Vulneralcreme (auch als Wundercreme Vulneral).
111. Wunderbalsam jeder Art.
112. Zambakapseln Lahrs.

Abteilung B.

1. Antineon Lochers.
2. Asthmamittel Tuckers (auch als Asthma-Heilmethode [Specific] Tuckers).
3. Asthmapulver M. Schiffmanns.
4. Augenheilbalsam, vegetabilischer, Reichels (auch als Ophthalmin Reichels).
5. Bandwurmmittel Friedrich Horns.
6. Bandwurmmittel Theodor Horns.
7. Bandwurmmittel Konetzkys (auch als Konetzkys Helminthenextrakt).
8. Bandwurmmittel Schneiders (auch als Granatkapseln Schneiders).
9. Bandwurmmittel Violanis.
10. Bromidia Battle und Komp.
11. Cathartic pills Ayers (auch als Reinigungspillen oder abführende Pillen Ayers).
12. Diphtherietropfen der Marie Osterberg (auch als Universaltropfen der Marie Osterberg oder des Laboratoriums Osterberg).
13. Diphtheritismittel Noortwycks (auch als Noortwycks antiseptisches Mittel gegen Diphtherie).
14. Gesundheitshersteller, natürlicher, Winters (auch als Nature health restorer Winters).
15. Gicht und Rheumatismuslikör, amerikanischer, Latons (auch als Remedy Latons).
16. Gout and rheumatic pills Blairs.
18. Heilmittel Kidds; auch als Heilmittel der Davis Medical Co.).
19. Kolkodin Heuschkels (auch als Mittel Heuschkels gegen Pferdekolik).
21. Kräutersaft, wunderbar wirkender, Sprengels.
22. Krebspulver Frischmuths auch als Mittel Frischmuths gegen Krebsleiden).
23. Liqueur du Docteur Laville (auch als Likör des Dr. Laville).
24. Limphol Rices (auch als Bruchheilmittel Rices).
25. Magalia-Erzeugnisse Krahes (auch als Heilpräparate oder Medizinen Krahes), einschließlich Antitoxinal und Pulmersal.
26. Nalther-Tabletten.
27. Noordyl (auch als Noordyltropfen Noortwycks).
28. Oculin Carl Reichels (auch als Augensalbe Oculin).
29. Panchymagogum Dr. Heys.
30. Pillen Morisons.
31. Pillen Redlingers (auch als Redlingersche Pillen).
32. Pink-Pillen Williams (auch als Pilules Pink pour personnes pâles du Dr. Williams).
33. Reinigungskuren Konetzkys (auch als Reinigungskuren der Kuranstalt Neuallschwil, Schweiz).
34. Remedy Alberts (auch als Rheumatismus- und Gichtheilmittel Alberts).
36. Vixol (auch als Asthmamittel der Vixol-Syndikate).

Abteilung C.

1. Mittel gegen Blutstockung und zwar auch dann, wenn sie als Mittel gegen Regel-, Perioden- oder Menstruationsstörungen angekündigt werden (z. B. die Margonol-Erzeugnisse Frauen- und Mutterkraut-Tee, Menstruations-, Badekraut-Tee).
2. Mittel gegen Trunksucht (z. B. Mittel des Alkolin-Instituts, Mittel Burghardts — auch als Diskohol —, Mittel August Ernsts, Franks, Theodor Heintz', Konetzkys — auch als Kephalginpulver oder Mittel der Privatanstalt Villa Christina —, Mittel der Gesellschaft Sanitas, Josef Schneiders, Wessels, Cozapulver, Trinkerhilfe Richard Oldenburgs Kasankha).

Erläuterungen

Zu § 1 Abs. 1.

Die Verordnung bringt die beiden Begriffe „Zubereitungen" und „Stoffe". Man muß sich darüber Rechenschaft geben, was das Gesetz unter diesen beiden Begriffen verstanden wissen will. Zunächst wird man in einem solchen Falle immer nachprüfen, ob nicht das Gesetz selbst das Nötige darüber sagt, ob es nicht eine sog. „Legal-Definition", eine gesetzliche Begriffserklärung, enthält. Das ist bezüglich der Begriffe „Zubereitungen" und „Stoffe" nicht der Fall. Man muß sich also auf andere Weise Gewißheit verschaffen.

Das Gesetz stellt Zubereitungen und Stoffe nebeneinander und daraus ergibt sich schon, daß alles das als „Stoff" angesehen werden soll, was nicht einer Bearbeitung für den arzneilichen Gebrauch unterzogen worden ist. So gelten also Chemikalien, z. B. Glaubersalz, doppeltkohlensaures Natrium und auch alle Drogen, wie Kamillen, Sennesblätter als „Stoffe". Eine Lösung von Glaubersalz in Wasser dagegen ist eine „Zubereitung", und ein Teeaufguß von Kamillen ebenfalls.

Im Sinne des § 1 sind also Zubereitungen nicht chemische Präparate, sondern vielmehr lediglich die auf physikalischem (mechanischem, pharmazeutischem) Wege hergestellten Mittel.

Indessen umfaßt das Gesetz nicht alle Zubereitungsformen. Man kann z. B. Glaubersalz pulvern, Sennesblätter zerschneiden, ohne daß sie damit zu Zubereitungen im Sinne des Gesetzes werden. Das Gesetz zählt auch nur diejenigen Zubereitungsformen, die es erfassen will, namentlich auf; alle anderen Zubereitungsformen fallen nicht unter die Verordnung.

Die Verordnung bringt dann den Begriff „Heilmittel". Hier steht sofort in Klammern dahinter, was der Gesetzgeber unter einem Heilmittel versteht, nämlich: „Mittel zur Beseitigung oder Linderung von Krankheiten bei Menschen oder Tieren". Mittel zur „Vorbeugung" gegen Krankheiten sind demnach nicht Heilmittel im Sinne des Gesetzes; es soll sich nur um Mittel gegen schon bestehende Krankheiten handeln. Es kommen auch nicht in Betracht Mittel zur Kräftigung während einer Krankheit, denn ein Nährmittel, was den Kräftezustand z. B. eines Lungenkranken oder Herzkranken heben soll, beseitigt weder die Krankheit noch lindert es die Krankheitserscheinungen. Weiter spricht das Gesetz nur von „Krankheiten bei Menschen oder Tieren". Der Sprachgebrauch kennt auch „Pflanzenkrankheiten"; Mittel gegen solche werden also ebenfalls nicht von der Verordnung erfaßt.

Was Krankheiten sind, sagt das Gesetz nicht. Nach einer Gerichtsentscheidung ist unter Krankheit jede Störung der körperlichen oder geistigen Gesundheit, also jede Abweichung von der Norm zu verstehen, die geeignet ist, das Wohlbefinden zu stören. Die Anwendung solcher Begriffsbestimmungen auf den Einzelfall macht natürlich Schwierigkeiten, so daß die Entscheidungen der Gerichte darüber, ob einzelne Abweichungen von der Norm Krankheiten sind oder nicht, vielfach auseinandergehen.

Unter „Feilhalten" oder „Verkaufen" ist folgendes zu verstehen: Verkaufen ist ein Überlassen an andere gegen Entgelt, und Feilhalten ist ein dem Publikum erkennbares Bereithalten zum Verkauf. Das Gesetz verbietet also nicht nur das Verkaufen der später aufgeführten Arzneimittel, sondern auch das Bereithalten dieser Mittel zum Verkauf.

„Die in dem angeschlossenen Verzeichnis A aufgeführten Zubereitungen dürfen . . . . als Heilmittel . . . außerhalb der Apotheken nicht . . . . verkauft werden." Dies ist der grundlegende Sinn des ganzen Paragraphen. Die hier fortgelassenen Satzteile sind Erläuterungen oder Erweiterungen. Legt man den Ton auf die gesperrt gedruckten Worte „als Heilmittel", so erkennt man klar, daß das Gesetz die im Verzeichnis A aufgeführten Zubereitungsformen nicht unter allen Umständen in die Apotheke verweisen will, sondern nur unter einer bestimmten Voraussetzung: wenn sie als Heilmittel dienen sollen. So führt denn das Verzeichnis A auch lediglich solche Zubereitungsformen auf, die bei der Herstellung gebrauchsfertiger Arzneimittel in der Apotheke üblich sind. Sonstige Zubereitungsverfahren sind in der Verordnung nicht erwähnt, ebenso Zubereitungsformen, die nur im Fabrikbetriebe hergestellt werden können, z. B. Bonbons und Konfekt. Es handelt sich beim Verzeichnis A durchweg um apothekenübliche Zubereitungsformen. Selbst diese Zubereitungsformen hat der Gesetzgeber nicht sämtlich dem freien Verkehr entziehen wollen. Er bezeichnet vielmehr bei fast allen Zubereitungsformen einige Zubereitungen, die er von dem Verbot des Verkaufens zu Heilzwecken ausgenommen wissen will. Alle diese als Ausnahmen aufgeführten Stoffe dürfen also auch zu Heilzwecken außerhalb der Apotheken verkauft werden.

Zu § 1 Abs. 2.

Unter Weglassung des mehr Nebensächlichen sagt der Text folgendes:

„Dem Apothekenzwange unterliegen, soweit sie als Heilmittel verkauft werden, a) kosmetische Mittel, Desinfektionsmittel, Hühneraugenmittel nur dann, wenn sie rezeptbedürftige Stoffe enthalten. Kosmetische Mittel dürfen außerdem nicht Kreosot, Phenylsalizylat oder Resorzin enthalten. b) Künstliche Mineralwässer, wenn sie natürlichen Mineralwässern nicht genau nachgebildet sind. Weichen sie von der Zusammensetzung natürlicher Mineralwässer ab, so dürfen sie nicht Antimon, Arsen, Barium, Chrom, Kupfer, freie Salpetersäure, freie Salzsäure oder freie Schwefelsäure enthalten."

Oder umgekehrt ausgedrückt bezeichnet der zweite Absatz u. a. eine Reihe von Zubereitungen nach ihrem Verwendungszweck, die ohne Rücksicht auf die Zubereitungsform auch als Heilmittel, jedoch mit gewissen Einschränkungen, feilgehalten werden dürfen:

a) 1. kosmetische Mittel,
   2. Desinfektionsmittel,
   3. Hühneraugenmittel,

ferner

b) künstliche Mineralwässer.

Zu a) 1. Kosmetische Mittel in diesem Sinne sind pharmazeutische Zubereitungen, die der Regel nach zur Reinigung, Pflege, oder Färbung der Haut und des Haares oder zur Reinigung und Pflege der Mundhöhle bestimmt sind. Unter „Pflege" wird man hier alle die Maßnahmen verstehen müssen, die zur Erhaltung der Gesundheit oder zur Erzielung oder Erhaltung eines günstigen äußeren Aussehens bestimmt sind.

Kosmetische Mittel dürfen auch als Heilmittel frei gehandelt werden, sofern sie nicht enthalten: a) rezeptbedürftige Stoffe, b) Kreosot, Phenylsalizylat oder Resorzin.

Der Gesetzgeber hat offenbar darauf Rücksicht genommen, daß die Grenze zwischen kosmetischen Mängeln (Schönheitsfehlern) und gesundheitlichen Mängeln (Krankheiten) flüssig ist, und daß eine enge Auslegung des Begriffs „kosmetische Mängel" also der Ausschluß aller Mängel, die möglicherweise zugleich Gesundheitsmängel sind, mit den Bedürfnissen des täglichen Lebens unvereinbar und im Interesse der Volksgesundheit unerwünscht ist. Krankheiten, die mit der äußeren Hautpflege in Beziehung stehen, sind z. B. Frostbeulen, offene oder eiternde Hautwunden u. dgl. Als Leiden, deren Bekämpfung gelegentlich und zum Zwecke der Schönheitspflege erfolgt, kommen in Betracht z. B. Sommersprossen, Leberflecke, aufgesprungene Haut, aufgesprungene Lippen, Pickel, Schuppen der Kopfhaut, Haarausfall, Warzen u. dgl. Kosmetische Mittel sollen deshalb auch als Heilmittel gegen krankhafte Störungen frei gehandelt werden können, sofern sie nicht die obenbezeichneten Stoffe enthalten. Voraussetzung für die Freiverkäuflichkeit als Heilmittel ist freilich immer, daß es sich auch wirklich um kosmetische Mittel handelt, also um Zubereitungen, die ihrem Hauptzweck nach zur Beseitigung kosmetischer Mängel bestimmt und geeignet sind.

Zubereitungen, die zu rein kosmetischen Zwecken — unter Ausschluß des Heilzweckes — verkauft werden, dürfen auch die obengenannten Stoffe enthalten. Für reine Kosmetika kommt also die AV. nicht in Frage.

2. Desinfektionsmittel. Die Frage, unter welchen Voraussetzungen Desinfektionsmittel freiverkäuflich sind, ist praktisch von größerer Bedeutung. Es sind zunächst zu unterscheiden a) Desinfektionsmittel schlechthin, b) Desinfektionsmittel mit der Zweckbestimmung als Heilmittel. a) Desinfektionsmittel, die zur Entkeimung von Gegenständen, Räumen usw. dienen sollen, sind ohne weiteres freiverkäuflich, nur mit der Einschränkung, daß sie nicht Stoffe des Verzeichnisses B sein dürfen. Dagegen dürfen sie Stoffe des Verzeichnisses B enthalten, also Zubereitungen solcher Stoffe sein. b) Sollen Desinfektionsmittel als Heilmittel dienen, so kommt folgende Einschränkung dazu: Sie dürfen nicht Stoffe sein oder enthalten, die rezeptbedürftig sind.

3. Hühneraugenmittel wird man der Regel nach auch nicht als Heilmittel ansehen können, weil das Vorhandensein von Hühneraugen nicht als eine Krankheit angesehen werden kann. Aber auch als Heilmittel dürfen sie frei gehandelt werden, sofern sie nicht rezeptbedürftige Stoffe enthalten. Gehalt an Kreosot, Phenylsalizylat und Resorzin wäre hier jedoch gestattet.

Zu b) Künstliche Mineralwässer. Die Bestimmung ist negativ gefaßt: Sie sagt, wann künstliche Mineralwässer verboten sind. Sie stellt für das Verbot drei Erfordernisse auf, die zusammentreffen müssen; fehlt im konkreten Falle auch nur eine Voraussetzung, so ist das künstliche Mineralwasser freiverkäuflich. Diese Voraussetzungen sind: 1. Verwendung als Heilmittel, 2. natürlichen Mineralwässern nicht entsprechende Zusammensetzung, 3. Gehalt an Antimon, Arsen, Barium, Chrom, Kupfer, freier Salpetersäure, freier Salzsäure oder freier Schwefelsäure. Will man daraus ableiten, wann künstliche Mineralwässer frei sind, so ergibt sich folgendes: 1. sofern sie nicht Heilmittel sind, ohne Einschränkung; 2. sofern sie Heilmittel sind, a) wenn sie natürlichen entsprechen, ohne Einschränkung, also auch dann, wenn sie Antimon, Arsen usw. enthalten, b) wenn sie natürlichen nicht entsprechen, mit der Einschränkung, daß sie nicht Antimon, Arsen usw. enthalten dürfen. Ein künstliches Mineralwasser, das dem natürlichen Levikowasser genau nachgebildet ist, darf also Arsen enthalten; es ist gleichwohl als Heilmittel dem freien Verkehr überlassen. Dasselbe künstliche Mineralwasser als Heilmittel ist aber dem freien Verkehr entzogen, wenn man es anders zusammensetzt als das natürliche, wenn man ihm z. B. einen höheren Arsengehalt gibt. Soweit künstliche Mineralwässer nicht als Heilmittel, sondern als Tafelgetränk Verwendung finden sollen, findet auf sie die Arzneimittelverordnung, also auch das Verbot vom Gehalt an Arsen usw. nicht Anwendung.

Zu § 1 Abs. 3.

Der Absatz sagt klipp und klar, daß der ganze § 1 auf Verbandstoffe, auf Bäderzusätze und auf medizinische Seifen überhaupt nicht Anwendung findet. Diese Zubereitungen stehen also überhaupt außerhalb der ganzen Verordnung.

Zu Verzeichnis A.

Das Verzeichnis A führt elf verschiedene Zubereitungsformen auf, und zwar durchweg pharmazeutische Zubereitungsformen[1]). Andere Zubereitungsformen, z. B. chemische Präparate, Bonbons, Biskuits, sind freiverkäuflich.

Merkmale der pharmazeutischen Zubereitung sind der Regel nach die Herstellbarkeit

1. durch einen physikalischen Prozeß,
2. mit den üblichen Mitteln und Verfahren des Apothekenbetriebes.

1. Nach der Voraussetzung zu 1. wird der Begriff zunächst auf die physikalischen Zubereitungen beschränkt; es scheiden also alle Zubereitungen aus, die durch einen chemischen Prozeß zustande kommen, selbst wenn sie, wie z. B. essigsaure Tonerde, mit den üblichen Mitteln und Verfahren des Apothekenbetriebes hergestellt werden können.

Die chemischen Zubereitungen gelten vielmehr, selbst wenn sie Flüssigkeiten sind, als Stoffe im Sinne von § 2 und Verzeichnis B und müssen dort aufgeführt sein, um einem Verbot zu unterliegen.

2. Aber auch rein physikalische Zubereitungen sind noch nicht ohne weiteres pharmazeutische. Sie müssen mit den üblichen Mitteln und Verfahren des Apothekenbetriebes herstellbar sein. Nicht herstellbar mit diesen Mitteln und Verfahren sind z. B. Schokoladen, Bonbons, Konfekt, Biskuits.

Andere Zubereitungen kommen zwar durch einen physikalischen Prozeß zustande und sind mit diesen Mitteln herstellbar, aber im Verzeichnis A nicht aufgeführt, wie z. B. Destillate.

Ebenfalls nicht aufgeführt sind Absorptionen, die Lösungen von Gasen in Wasser, wie Salmiakgeist, Salzsäure usw. Sie werden meist zu den chemischen Präparaten gerechnet.

Zu Ziffer 1: „Abkochungen und Aufgüsse".

Die Abkochungen und Aufgüsse sind für die drogistische Praxis ohne jede Bedeutung. Sie werden in Apotheken auf ärztliche Verordnung jeweils frisch bereitet, stellen niemals Handverkaufsartikel dar und sind deshalb ohne jede Ausnahme den Apotheken vorbehalten.

Zu Ziffer 2: „Ätzstifte".

Als Ätzstifte werden Arzneimittel mit Ätzwirkung bezeichnet, die des bequemen Gebrauchs wegen in Stiftform gebracht worden sind. Sie dienen zum Bestreichen von Wundflächen, die zur Förderung der Heilung einer Anätzung bedürfen. Sie sind ebenfalls ohne Ausnahme dem freien Verkehr entzogen.

Hier ist aber daran zu denken, daß § 1 und Verzeichnis A, das dazu gehört, nur solche Zubereitungen erfassen, die als Heilmittel (Mittel zur Beseitigung oder Linderung von Krankheiten) dienen. Nun kann ein Ätzstift auch zu anderen Zwecken verwendet werden, z. B. ein Höllensteinstift zur Beseitigung von Warzen. Da Mittel gegen Warzen nicht Mittel gegen Krankheiten und mithin nicht Heilmittel sind, so ist ein Höllensteinstift zur Entfernung von Warzen, obwohl er als Zubereitungsform unter Ziffer 2 Verzeichnis A fällt, dem freien Verkehr überlassen. Ebenso verhält es sich mit Alaunstiften, mit denen nach dem Rasieren die Haut bestrichen wird, um sie zu festigen. Diese Anwendung ist eine Maßnahme der Hautpflege,

[1]) Näheres über die pharmazeutischen Zubereitungen an sich s. DAB. 6.

mithin ist der Alaunstift in diesem Falle ein kosmetisches Mittel und darf als solches frei verkauft werden. Derselbe Alaunstift, zum Ätzen von Wunden oder Geschwüren bestimmt, ist dagegen den Apotheken vorbehalten.

Zu Ziffer 3: „Auszüge in fester oder flüssiger Form".

Unter „Auszügen in fester oder flüssiger Form" versteht das Gesetz Tinkturen und Extrakte. Tinkturen unterscheiden sich von Abkochungen und Aufgüssen dadurch, daß sie ohne Anwendung höherer Wärmegrade hergestellt worden sind. Extrakte werden dagegen vielfach durch Auskochen der Droge hergestellt, unterscheiden sich aber von Abkochungen dadurch, daß sie durch weiteres Einkochen bis zur Sirupkonsistenz oder gar bis zum Trockenrückstand konzentriert werden. Von diesen Zubereitungen sind eine Anzahl ausgenommen, vor allem unsere bekannten im Handverkauf gangbaren Tinkturen. Von Extrakten in Sirupkonsistenz findet man: Malzextrakt und Wacholderextrakt; Malzextrakt auch mit Zusätzen von Eisen, Lebertran oder Kalk; von festen Extrakten findet man Lakritzen, das Extrakt aus der Süßholzwurzel, und zwar auch mit Zusatz von Anis aufgeführt. Weiterhin ist als dickes Extrakt das Fichtennadelextrakt genannt. Dieses dient in der Praxis ausschließlich als Zusatz zu Bädern; es brauchte deshalb an dieser Stelle gar nicht aufgeführt sein, weil es als Bäderzusatz schon nach dem letzten Absatz des § 1 freigegeben ist. Einige der aufgeführten Ausnahmen betreffen heute nicht mehr gangbare Artikel, wie Kaffee-Extrakt, Eichelkaffee-Extrakt und Fleisch-Extrakt. Diese sind gar nicht Arzneimittel, sondern Lebensmittel; die Verordnung führt sie trotzdem auf, um jeden Streit über die Freiverkäuflichkeit auszuschließen.

Ein nur durch Auspressen eines Pflanzenteiles erzielter unveränderter Saft ist kein Auszug im Sinne des Verzeichnisses A.

Wirkliche Pflanzenrohsäfte unterliegen also nicht den Beschränkungen der Arzneimittelverordnung.

Zu Ziffer 4: „Gemenge, trockene, von Salzen oder zerkleinerten Substanzen oder von beiden untereinander, auch wenn die zur Vermengung bestimmten einzelnen Bestandteile gesondert verpackt sind, ... sowie Verreibungen jeder Art".

Hier fällt zunächst die Bezeichnung der Zubereitung als „Gemenge" auf. Im gewöhnlichen Sprachgebrauch pflegt man von „Mischungen" zu sprechen. Die Bezeichnung „Mischungen" behält sich die Verordnung aber für Flüssigkeiten vor, und zwar in der etwas abgewandelten Form „Gemische". Es liegt hier ein feiner sprachlicher Unterschied vor, dessen sorgfältige Beachtung in der Fachsprache dringend zu wünschen ist: trockene Gemenge — flüssige Gemische. Die unbestimmte Bezeichnung „Mischungen" ist im allgemeinen völlig entbehrlich. Gerade im Verkehr unter Fachleuten kommt es darauf an, sich so präzis wie möglich auszudrücken.

Erfaßt sind Gemenge von Salzen und Gemenge von zerkleinerten Substanzen (meist Kräutern) oder von beiden untereinander, also von Kräutern mit Salzen. Hier ist von großer praktischer Wichtigkeit die Bestimmung, daß zerkleinerte Substanzen gemeint sind. Trockene Gemenge unzerkleinerter Substanzen fallen nicht unter Ziffer 4. Vermengt man also Fenchel und Anis, so liegt kein Gemenge zerkleinerter Substanzen vor; es liegt zwar ein „trockenes Gemenge" vor, aber kein solches zerkleinerter Substanzen. Pulvert man dagegen die beiden Samen und vermengt die Pulver, so liegt ein Gemenge zerkleinerter Substanzen vor, das von Ziffer 4 erfaßt wird und mithin den Apotheken vorbehalten ist. Zweifelhaft könnte sein, ob das bloße Quetschen der Samen vor dem Vermengen als ein Zerkleinern zu betrachten ist; das ist zu verneinen, denn unter „Zerkleinern" muß man immer ein Zerlegen in kleinere Teile verstehen. Da aber beim Quetschen nicht vermieden werden kann, daß ein Teil der Samen zerbröckelt, wird die Frage zu Streit Anlaß geben. Festzuhalten ist jedenfalls, daß trockene Gemenge unzerkleinerter Pflanzenteile freiverkäuflich sind. Wenn ein solcher, aus unzerkleinerten Pflanzenteilen gemischter Tee nach der Fertigstellung und Verpackung oder nach längerem Lagern auch zerbröckelte Pflanzenteile enthält, so wird er damit dem freien Verkehr nicht entzogen, denn dieses Zerbröckeln ist dann unbeabsichtigt und sogar eine unvermeidbare Nebenerscheinung, ein Mangel sozusagen. Es liegt klar auf der Hand, daß es etwas völlig anderes ist, ob man zerkleinerte Pflanzenteile vermengt in der Absicht, ein Gemenge zerkleinerter Pflanzenteile herzustellen, oder ob man unzerkleinerte Pflanzenteile vermengt in der bestimmten Absicht, ein Gemenge unzerkleinerter Pflanzenteile herzustellen, und wenn dabei im Laufe der Zeit von dem einen oder anderen Pflanzenteil etwas abbröckelt.

Zu beachten ist ferner, daß ein Gemenge im Sinne der Verordnung überhaupt nicht vorliegt, wenn eine ganze Pflanze mit Blüte und Wurzel zerkleinert worden ist. Blüte, Kraut und Wurzel bilden hier eine Substanz und in geschnittenem Zustande eine zerkleinerte Substanz. Es hat hier auch gar keine Vermengung stattgefunden, sondern lediglich eine Zerkleinerung, deshalb kann auch begrifflich kein Gemenge vorliegen.

Von Bedeutung ist ferner die Bestimmung, daß trockene Gemenge auch dann den Apotheken vorbehalten bleiben sollen, wenn die zur Vermengung bestimmten einzelnen Bestandteile gesondert verpackt sind. Man könnte daraus schließen, daß man vom Kunden einzeln verlangte Kräuter überhaupt nicht gemeinsam verpacken dürfte, wenn man weiß oder den Umständen nach annehmen muß, daß der Käufer aus ihnen sich selbst ein Gemenge herstellen will. Das kann aber nicht die Absicht des Gesetzgebers gewesen sein. Diese Einschränkung ginge derart weit, daß der Gesetzgeber, hätte er sie beabsichtigt, dies völlig unzweideutig zum Ausdruck hätte bringen müssen. Die wirkliche Absicht des Gesetzgebers geht offenbar dahin, Umgehungen der Verordnung zu vermeiden, die dadurch vorkommen können, daß ein Teegemenge vom Fabrikanten nicht fertiggestellt wird, sondern daß sich in der inneren Umhüllung eine Anzahl Beutel befinden mit der Anweisung an den Verbraucher, diese alsbald nach dem Erwerb zusammenzuschütten und durchzumengen. Danach ist also lediglich die Abgabe von zur Vermengung bestimmten zerkleinerten Substanzen dann verboten, wenn sie zwar einzeln verpackt, aber in gemeinsamer Umhüllung abgegeben werden. Diese Auffassung findet im Wortlaut der Bestimmung in Ziffer 4 eine Stütze. Der Oberbegriff, der die ganze Bestimmung beherrscht, lautet: „Trockene Gemenge" und wird ergänzt durch die Bestimmung „. . . . auch wenn die . . . . einzelnen Bestandteile gesondert verpackt sind . . . ." Man könnte sagen, daß bei der obenbezeichneten und vom Gesetzgeber nicht geduldeten Umgehung ein zwar nicht vollendetes, aber doch ein vorbereitetes Gemenge vorliegt, weil die einzelnen Gemengeteile schon im richtigen Verhältnis fertiggemacht worden sind, so daß es nur noch eines mechanischen Handgriffes bedarf, des Zusammenschüttens, um die Arbeit des Vermengens zu vollenden. Fordert aber ein Kunde jede Droge einzeln, so liegt, selbst wenn er bestimmte Gewichtsmengen angibt, niemals ein vorbereitetes Gemenge vor. Es hat ein Zubereiten von seiten des Abgebenden nicht stattgefunden, und nur ein solches Zubereiten soll ja durch die Verordnung geschützt werden.

Verreibungen könnte man ihrem Wesen nach „trockene Verdünnungen" nennen. Sie werden hergestellt durch Verreiben einer kleinen Menge eines arzneilich wirksamen Stoffes mit einer verhältnismäßig großen Menge eines arzneilich unwirksamen Stoffes (meist Milchzucker). Zweck der Verreibung ist in der Hauptsache ein Verdünnen. Die Verreibungen spielen eine große Rolle in der Homöopathie und Biochemie; sie sind ohne Ausnahme den Apotheken vorbehalten.

Unter den Ausnahmen, welche in Ziffer 4 aufgeführt sind, finden wir auch die natürlichen und die den natürlichen nachgebildeten künstlichen Mineralsalze. Dabei sei auf eine Inkonsequenz des Gesetzes hingewiesen:

Salze, die aus natürlichen Mineralwässern bereitet sind, sind gar keine trockenen Gemenge, sondern einheitliche Verdunstungsrückstände, also Stoffe. Künstliche Mineralsalze werden dagegen durch Vermengung mehrerer Salze hergestellt und bilden demnach trockene Gemenge. Künstliche Mineralsalze brauchen den natürlichen nur in den wesentlichen Bestandteilen und den ungefähren Mengenverhältnissen zu entsprechen.

Zu Ziffer 5: „Gemische, flüssige, und Lösungen . . . einschließlich gemischte Balsame, Honigpräparate und Sirupe".

Unter dieser Ziffer sind zwei Zubereitungsformen genannt: „flüssige Gemische" und „Lösungen". Das „flüssige Gemisch" steht einerseits im Gegensatz zum trockenen Gemenge, andererseits im Gegensatz zur Lösung. Eine „Lösung" liegt vor, wenn ein fester Stoff durch eine Flüssigkeit in den flüssigen Aggregatzustand übergeführt wird, ohne daß dabei eine chemische Umsetzung stattfindet. Übergießt man z. B. Kochsalz mit Wasser, so gibt das Kochsalz seine Existenz als fester Stoff auf und geht in die Flüssigkeit (das Wasser) über = es hat sich gelöst. Entfernen wir die Flüssigkeit wieder durch Eindampfen, so tritt das Kochsalz in den festen Aggregatzustand wieder zurück und bleibt als Rückstand in dem Abdampfgefäß. Es ist genau wieder der gleiche Stoff, der es vor dem Lösen war; eine chemische Veränderung ist nicht vor sich gegangen. Anders dagegen, wenn man kohlensauren Kalk mit verdünnter Salzsäure übergießt. Hier gibt zwar auch ein fester Stoff seine Existenz als solcher auf und geht in den flüssigen Aggregatzustand über, aber er erfährt dabei eine chemische Zersetzung; er löst sich nicht als kohlensaurer Kalk auf, sondern als ganz etwas anderes: als Chlorkalzium, wobei die Kohlensäure ausgetrieben und die Salzsäure an das Kalzium gebunden wird, wodurch sie aus der Lösung verschwindet. Dampft man diese Lösung ein, so erhält man nicht etwa wieder kohlensauren Kalk und nebenher Salzsäure, sondern lediglich Chlorkalzium, einen völlig neuen chemischen Stoff. Derartige chemische Lösungen fallen nicht unter den Begriff „Lösungen" im Sinne der Ziffer 5 des Verzeichnisses A, sondern sie sind chemische Präparate; gemeint sind hier nur physikalische Lösungen, bei denen ein chemisches Umsetzen nicht stattgefunden hat. Als Beispiel sei erwähnt eine Lösung von Bromkalium in Wasser, von Kampfer oder Thymol in Weingeist; als Beispiel für chemische Präparate, die nicht unter den gesetzlichen Begriff „Lösung" fallen, seien genannt: essigsaure Tonerde und Bleiessig. Essigsaure Tonerde wird bekanntlich hergestellt nach der Vorschrift des DAB., indem man schwefelsaures Aluminium, kohlensauren Kalk und verdünnte Essigsäure mit der genügenden Menge Wasser und unter bestimmten Bedingungen in chemische Reaktion bringt. Diese drei Stoffe setzen sich um; einerseits zu basisch-essigsaurem Aluminium, andererseits zu schwefelsaurem Kalk. Dieser sinkt zu Boden und wird entfernt, während das basisch-essigsaure Aluminium in der Flüssigkeit gelöst bleibt. Es entsteht gar nicht erst als fester Stoff, sondern sofort bei der chemischen Umsetzung als Lösung; ein Auflösen hat niemals stattgefunden. Die entstandene Flüssigkeit nennen wir Liquor Aluminii acetici. Es ist also falsch, im Deutschen zu sagen: Essigsaure Tonerde-Lösung (wie dies vielfach geschieht), es muß richtig heißen: Essigsaure Tonerde-Flüssigkeit. Die pharmazeutische Fachsprache unterscheidet hier sehr scharf: sie sagt nicht Solutio Aluminii acetici, sondern Liquor Aluminii acetici. Die Fachsprache aber ist für die Auslegung eines Fachgesetzes maßgebend. Essigsaure Tonerde ist eine Flüssigkeit, ein einheitlicher Stoff und nicht eine Lösung im Sinne der Verordnung; daher ist Essigsaure Tonerde dem freien Verkehr überlassen.

Ganz ähnlich verhält es sich mit dem Bleiessig, der ebenfalls keine Lösung, sondern eine Flüssigkeit ist und nicht Solutio, sondern Liquor Plumbi subacetici heißt.

Flüssige Gemische können entstehen:

1. durch Vereinigung mehrerer Flüssigkeiten zu einer Flüssigkeit;
2. durch Vereinigung von festen Stoffen mit Flüssigkeiten zu einer Flüssigkeit, ohne daß die festen Stoffe dabei in Lösung gehen.

Ein „flüssiges Gemisch" nach 1. ist z. B. ein Gemisch von Glyzerin mit Alkohol, Rosenwasser und Benzoetinktur; ein „flüssiges Gemisch" nach 2. ist das bekannte Kummerfeldsche Waschwasser, bei dem eine alkoholische Flüssigkeit mit pulverförmigem Schwefel vereinigt ist. Der Schwefel setzt sich zu Boden und muß jeweils aufgeschüttelt werden (Schüttelmixtur).

Schließlich sagt die Verordnung unter Ziffer 5 noch:

„. . . . einschließlich gemischte Balsame, Honigpräparate und Sirupe . . . ."

Damit soll zum Ausdruck kommen, daß auch diese Präparate unter das Verzeichnis A fallen, obwohl sie eine Sondergruppe von flüssigen Gemischen oder Lösungen darstellen.

Unter den Ausnahmen, die von der Grundbestimmung aufgeführt worden sind, finden wir als „Lösungen" den Kampferspiritus und den Seifenspiritus, als „flüssige Gemische" den Ätherweingeist (Hoffmannstropfen), den Ameisenspiritus u. a., als „Honigpräparate" Fenchelhonig und Rosenhonig, als „Sirupe" Obstsäfte mit Zucker eingekocht.

Besondere Bemerkungen erfordern folgende Freigaben:

a) Bleiwasser: Die Verordnung gibt nicht Bleiwasser schlechthin frei, sondern nur solches mit „einem Gehalt von höchstens 2 Gewichtsteilen Bleiessig in 100 Teilen der Mischung". Daraus geht hervor, daß die Verordnung ein Bleiwasser als flüssiges Gemisch ansieht, obwohl hier das Wort „Mischung" gebraucht ist, wo es korrekterweise hätte heißen müssen: „Gemisch".

b) Restitutionsfluid: Dieses ist nicht schlechthin freigegeben. Das Gesetz nennt den Namen überhaupt nicht, sondern spricht nur von „Mischungen von Ätherweingeist, Kampferspiritus, Seifenspiritus, Salmiakgeist und Spanischpfeffertinktur" und bestimmt weiterhin, daß solche Mischungen nur „zum Gebrauch für

Tiere" freigegeben sein sollen; sofern die „Bestandteile auf den Abgabegefäßen vermerkt sind". Freigegeben ist lediglich das Mengenverhältnis der einzelnen Bestandteile; außerdem ist freigestellt, nicht alle fünf Flüssigkeiten zusammen, sondern nur einzelne zu verwenden; mehr oder andere Bestandteile darf ein freiverkäufliches Restitutionsfluid nicht enthalten.

c) Obstsäfte mit Zucker, Essig oder Fruchtsäuren, eingekocht: Frei sind nur Obstsäfte, nicht Fruchtsäfte. Als Obst sind nur diejenigen Früchte anzusehen, die sich zum Verzehren als Genußmittel eignen. Kreuzdornbeeren z. B. sind zwar „Früchte", aber kein „Obst", denn man pflegt sie nicht als Genußmittel zu verzehren. Saft aus Kreuzdornbeeren ist dem freien Verkehr also nicht überlassen.

Zu Ziffer 6: „Kapseln, gefüllte, von Leim (Gelatine) oder Stärkemehl. . ."

Nur gefüllte Kapseln sind dem freien Verkehr entzogen. Leere Gelatinekapseln oder Stärkekapseln können abgegeben werden. Nur Kapseln aus Leim (Gelatine) oder aus Stärkemehl (sofern sie gefüllt sind), sind dem freien Verkehr entzogen. Gefüllte Kapseln aus anderen Stoffen, z. B. aus Zucker oder Schokolade, sind dem Apothekenmonopol nicht vorbehalten, denn das Gesetz nennt nur: Leim- (Gelatine) und Stärkemehlkapseln. — Eine Kapsel ist eine Umschließung, die einen pulverförmigen, halbflüssigen oder flüssigen Inhaltstoff zusammenhält, und eine zum direkten Verschlucken geeignete Form hat. Die Industrie stellt solche Kapseln auch aus Schokolade und Zucker her; diese Kapseln sind freiverkäuflich. Sie können verschiedene Gestalt haben, z. B. eiförmige oder kugelförmige. Kleine kugelförmige Kapseln werden mitunter auch als „Perlen" bezeichnet; sie sehen zwar in ihrer außeren Form den Pillen, insbesondere den überzuckerten Pillen ähnlich; sie unterscheiden sich aber von den Pillen dadurch, daß sie nicht einen an sich festen, kugelförmig gestalteten Kern haben, der lediglich zur Verbesserung des Geschmacks überzuckert worden ist, sondern daß es sich um eine feste Zuckerschale handelt, die ein Pulver, eine Flüssigkeit oder einen halbfesten Brei umschließt und zusammenhält. Ist man also im Zweifel, ob man eine überzuckerte Pille oder eine Zuckerkapsel vor sich hat, so braucht man nur ein Stück zu zerschneiden, um sich über den Inhalt Gewißheit zu verschaffen.

Zu Ziffer 7: „Latwergen".

Latwergen sind musartige Arzneizubereitungen; sie sind heute nicht mehr viel im Gebrauch und haben für den drogistischen Handverkauf kein Interesse. Sie sind ausnahmslos dem freien Verkehr entzogen.

Zu Ziffer 8: „Linimente, ausgenommen flüchtiges Liniment".

Linimente sind Einreibemittel von fester oder auch flüssiger Konsistenz, die als Grundlage Seifen oder Seifen und Fette oder Öle oder ähnliche Stoffe enthalten. Sie sind den Apotheken vorbehalten, mit Ausnahme von flüchtigem Liniment, das eine Emulsion von Erdnußöl und Ammoniakflüssigkeit darstellt, und von Kalkliniment, bestehend aus gleichen Teilen Leinöl und Kalkwasser, das unter Ziffer 5 genannt ist.

Zu Ziffer 9: „Pastillen (auch Plätzchen und Zeltchen), Tabletten, Pillen und Körner. . ."

Diesen Zubereitungen ist gemeinsam, daß sie dosierte Arzneistoffe darstellen; in der äußeren Form und in der Herstellungsweise sind sie verschieden. Pastillen werden gewonnen durch Ausstechen mit Formen aus einer bildsamen Masse; Tabletten durch Pressen meist pulverförmiger Stoffe; Pillen werden durch Ausrollen einer steifen, bildsamen Masse zu Strängen, Abteilen in kleine Stückchen und Formung dieser Stückchen zu Kugeln hergestellt; Körner sind kleine Zuckerkügelchen, die von Zuckerfabriken angefertigt werden, und die Grundlage für homöopathische Arzneimittel bilden.

Unter den Ausnahmen findet man Mineralsalzpastillen, aus natürlichen Mineralwässern oder aus künstlichen Mineralsalzen bereitet, ferner Salmiakpastillen, auch mit Lakritzen und Geschmackszusätzen, welche jedoch nicht zu den Stoffen des Verzeichnisses B gehören dürfen, aufgeführt.

Schon oben ist gesagt, daß Bonbons, Konfekt und ähnliches nicht unter die AV. fallen. Vielfach wird daher versucht, Bonbons usw. um ihrer pastillenähnlichen Form willen unter diesen Begriff zu bringen. Das ist aber sinnwidrig und technisch **nicht** zu rechtfertigen.

Zu Ziffer 10: „Pflaster und Salben. . . .“

a) Pflaster sind Arzneizubereitungen zu äußerlichem Gebrauch aus Wachs, Harz, Fett, Öl und ähnlichen Stoffen, zum Teil auch chemische Verbindungen, wie z. B. das Bleipflaster, das chemisch ölsaures Blei darstellt. Die Pflastermasse ist häufig Träger eines äußerlich anzuwendenden Arzneistoffes. Sie wird zum Gebrauch auf eine feste Unterlage, z. B. Leinen, Seide, Samt oder Leder, gestrichen. An Pflastern sind dem freien Verkehr überlassen:

1. Pechpflaster, dessen Masse lediglich aus Pech, Wachs, Terpentin und Fett oder einzelnen dieser Stoffe besteht. Pechpflaster anderer Zusammensetzung sind den Apotheken vorbehalten.
2. Englisch Pflaster und Heftpflaster. Sie sind ohne arzneiliche Wirkung und fallen ihrer Zweckbestimmung nach eigentlich unter die Verbandstoffe. Englisch Pflaster ist ein Heftpflaster aus dünner Seide, das mit einem Leim von Hausenblase bestrichen ist und nach dem Anfeuchten fest auf der Haut klebt. Die anderen Heftpflaster bestehen aus Harzmasse mit verschiedenen Zusätzen, die teils eine Reizwirkung ausschalten sollen (z. B. Zinkoxyd) oder die Klebewirkung erhöhen (Kautschuk) und auf feste Gewebe gestrichen sind, wie Leinen, Schirting u. dgl. Sie dienen hauptsächlich zum Befestigen von Verbandstoffen, insbesondere Mullkompressen auf Wunden.

Weiter ist dem freien Verkehr überlassen Hufkitt, der aber keine praktische Bedeutung mehr hat. Senfleinen und Senfpapier, die ebenfalls unter den Ausnahmen vom Verbot der Pflaster genannt sind, sind nicht Pflaster im eigentlichen Sinne.

b) Salben sind Fette oder Zusammenstellungen von Fetten oder ähnlichen Stoffen, denen Arzneistoffe einverleibt sind, zu äußerlichem Gebrauch. Dem freien Verkehr zum Gebrauch für Menschen sind nur überlassen: Cold-Cream, auch mit Glyzerin, Lanolin oder Vaselin; Lippenpomade; Pappelpomade; Salizyltalg. Diese Salben sind ihrem Charakter nach kosmetische Mittel und sind schon als solche auch für den Heilgebrauch freigegeben. Diese Freigabe für den kosmetischen Gebrauch gilt grundsätzlich für alle Zubereitungen des Verzeichnisses A, also auch für Bleisalbe, Borsalbe, Terpentinsalbe und Zinksalbe, die auch als Heilmittel, aber nur zum Gebrauch für Tiere frei sind. Bor- und Zinksalbe werden von einem Teil der Bevölkerung noch immer als Hautpflegemittel in großem Umfange verwendet. Sie dürfen für diese Zwecke ohne weiteres verkauft werden, z. B. Borsalbe gegen rauhe Haut, Zinksalbe gegen Wolf, Wundliegen, Wundlaufen usw. Unzulässig ist die Abgabe dieser Salben zur Heilung tiefer Wunden oder von Krampfadergeschwüren, denn diese Zwecke haben mit „Pflege der Haut" (also Kosmetik) nichts mehr zu tun. Zur Anwendung bei Tieren dagegen dürfen Blei-, Bor-, Terpentin- und Zinksalbe ohne Einschränkung zu jedem Heilzweck verkauft werden, also auch zur Heilung tiefer Wunden oder Geschwüre.

Zu Ziffer 11: „Suppositorien in jeder Form (Kugeln, Stäbchen, Zäpfchen oder dergleichen) sowie Wundstäbchen".

Suppositorien sind feste Körper aus leicht schmelzbaren Fetten, Seifen o. dgl., die zur Einführung in Körperhöhlen bestimmt sind, sich dort durch die Körperwärme und -feuchtigkeit auflösen und einen etwa einverleibten Arzneistoff zur Wirkung bringen. Sie sind ohne Ausnahme den Apotheken vorbehalten.

Zu § 2 und Verzeichnis B.

Die Fassung des § 2 weicht wesentlich von der des § 1 ab.

Wie die Besprechung des § 1 und des Verzeichnisses A wiederholt gezeigt hat, schaffen § 1 und Verzeichnis A kein absolutes Verkaufsverbot. Zu anderen Zwecken als zu „Heilzwecken", z. B. zum Genuß oder zur Vorbeugung sind die im Verzeichnis A aufgeführten Zubereitungen dem freien Verkehr überlassen. Anders steht es mit dem Verbot des § 2 in Verbindung mit dem Verzeichnis B. Hier heißt es klipp und klar: „Die . . . . aufgeführten Stoffe dürfen außerhalb der Apotheken nicht feilgehalten oder verkauft werden." Es ist daher ganz gleichgültig, zu welchem Zweck diese Stoffe dienen. Es findet sich im Verzeichnis B z. B. Chloroform, das nicht nur zu Heilzwecken Verwendung findet, sondern auch zu technischen Zwecken, z. B. als Lösungsmittel für Kautschuk, Guttapercha usw. oder auch für naturwissenschaftliche Zwecke, zu Analysen oder zum Töten von Insekten. Auch für alle diese Zwecke, die nicht Heilzwecke sind, darf Chloroform in Substanz außerhalb der Apotheken nicht verkauft werden.

Eine Erleichterung kommt allerdings hinzu: die schafft der später zu besprechende § 3, der besagt, daß alle vorhergehenden Bestimmungen nicht auf den „Großhandel" Anwendung finden. Im Großhandel kann also auch der Drogist Stoffe des Verzeichnisses B abgeben, z. B. Chloroform in größeren Mengen an ein chemisches Laboratorium oder einen Gewerbebetrieb. Dagegen würde er sich strafbar machen, wenn er einige Gramm Quecksilberjodid zur Herstellung eines photographischen Verstärkers an einen Amateur verkauft. Obwohl das Quecksilberjodid in diesem Falle nicht Heilmittel ist, darf es dennoch nur in Apotheken verkauft werden. Es ist also daran festzuhalten, daß im Gegensatz zum § 1 mit Verzeichnis A, der § 2 mit Verzeichnis B ein absolutes Verkaufsverbot schafft.

Obwohl der dem Verzeichnis B zugrunde liegende § 2 schlicht besagt, daß die im Verzeichnis B aufgeführten Stoffe nicht freigegeben sind, setzt das Verzeichnis B doch kein einheitliches Verbot fest. Es enthält nämlich folgende einleitende Bestimmung: „Bei den mit einem „Stern" versehenen Stoffen sind auch die Abkömmlinge der betreffenden Stoffe sowie die Salze der Stoffe und ihre Abkömmlinge einbegriffen". Außerdem findet sich im Verzeichnis B selbst aufgeführt: „Aethyleni praeparata — Die Äthylenpräparate; Vasogenum et ejus praeparata — Vasogen und dessen Präparate". Daraus ergibt sich klar, daß die im Verzeichnis B festgesetzten Verbote hinsichtlich ihrer Reichweite von unterschiedlicher Bedeutung sind. Es sind verboten: a) Stoffe und deren Präparate, b) Stoffe und deren Abkömmlinge und beider Salze, c) Stoffe. Am weitesten reicht das Verbot zu a. Unter Präparaten sind sowohl die chemischen als auch die pharmazeutischen (Zubereitungen) verstanden. Wo dem Stoffe die Worte „et ejus praeparata" nicht zugefügt sind, darf dieser als Bestandteil einer Zubereitung außerhalb der Apotheke nicht verkauft werden, soweit nicht andere Bestimmungen, z. B. § 1, entgegenstehen. Enger begrenzt ist das Verbot im Falle b, wo neben dem Stoffe selbst nur dessen Abkömmlinge und die Salze des Stoffes und die Salze der Abkömmlinge getroffen werden.

Was Abkömmlinge sind, muß von der organischen Chemie her bekannt sein, und was Salze sind, schon von der anorganischen Chemie her. Hier sei nur bemerkt, daß sich unter den verwickelt aufgebauten organischen Verbindungen ganze Gruppen erkennen lassen, die trotz Verschiedenheiten im einzelnen doch große gemeinsame Merkmale in Zusammensetzung und Wirkung haben. Sie lassen sich von einer Stammverbindung herleiten, aus der alle anderen entstanden sind. Solche Abkömmlinge haben meist auch in den wesentlichen Punkten die gleiche arzneiliche Wirkung. Sie sollen deshalb mit unter das Verzeichnis B fallen, wenn die Stammverbindung mit einem Stern versehen ist.

Von einer ausdrücklichen Benennung jedes einzelnen Abkömmlings hat der Gesetzgeber wohl deshalb abgesehen, weil die Chemie jeden Tag unendlich viele neue Abkömmlinge schaffen kann und so das Verzeichnis B dann unausgesetzt ergänzt werden müßte.

Daß auch die Salze der Stoffe und ihrer Abkömmlinge einbegriffen sind, hat den gleichen Grund. Von einem Alkaloid z. B. lassen sich mit beinahe jeder Säure Salze bilden.

Die Zahl der durch Verzeichnis B verbotenen Stoffe ist, wenn wir die vielen Sterne im Verzeichnis berücksichtigen, ganz bedeutend größer, als es auf den ersten Blick erscheint, weil eben alle möglichen verwandten Stoffe, von denen es eine große Zahl gibt, gleich mit darunter fallen, und auf diese Weise selbst solche Stoffe einbezogen sind, die gegenwärtig noch gar nicht existieren, aber einmal hergestellt werden könnten. Indessen haben alle diese Stoffe für den Drogenhandel keinerlei praktische Bedeutung. Sie sind meist reine Arzneimittel und starkwirkender Natur.

Das Verzeichnis B umfaßt indessen nur alle diese Stoffe, nicht auch die Zubereitungen der Stoffe. Zubereitungen sind grundsätzlich nur nach § 1 und Verzeichnis A zu beurteilen. Man findet z. B. im Verzeichnis B aufgeführt: Natriumbenzoat. Dieses darf als Stoff, d. h. ohne daß es eine pharmazeutische Zubereitung erfahren hätte, auch nicht als Konservierungsmittel für Früchte an die Hausfrau abgegeben werden. Preßt man dagegen aus Natriumbenzoat Tabletten, so ist eine Zubereitung entstanden, denn Tabletten sind im Verzeichnis A unter Ziffer 9 ausdrücklich als Zubereitung aufgeführt. Jetzt hat man hinsichtlich der Freiverkäuflichkeit nicht mehr Verzeichnis B zu befragen, sondern Verzeichnis A. Über Verzeichnis A sagt aber § 1, daß die darin aufgeführten Zubereitungen nur zu Heilzwecken außerhalb der Apotheken nicht verkauft werden dürfen. Die Konservierung eingemachter Früchte ist aber ein hauswirtschaftlicher Zweck und nicht ein Heilzweck. Mithin dürfen Tabletten aus Natriumbenzoat ohne weiteres vom Drogisten für hauswirtschaftliche Zwecke abgegeben werden. Natriumbenzoat in Pulverform, also unzubereitet, dagegen ist, wie wir vorher gesehen haben, den Apotheken vorbehalten. Diese Rechtsauffassung wird gelegentlich bestritten. Es ist deshalb zu sehen, worin sie ihre Stütze findet.

Zunächst darin, daß der § 2 schlechtweg sagt:

„Die . . . . aufgeführten Stoffe dürfen außerhalb der Apotheken nicht verkauft werden."

Wollte der Gesetzgeber auch die Zubereitungen der Stoffe erfassen, so hätte er hier die Gelegenheit sicherlich wahrgenommen, zu sagen: „die aufgeführten Stoffe und deren Zubereitungen dürfen . . . . nicht verkauft werden". Daß er nicht etwa vergessen hat, die Zubereitungen zu erwähnen, zeigt sich aus dem oben eingehend besprochenen einleitenden Satz des Verzeichnisses B, in dem der Gesetzgeber der „Abkömmlinge der Stoffe sowie der Salze der Stoffe und ihrer Abkömmlinge" gedenkt. Er würde ganz zweifellos außer den Salzen usw. auch die pharmazeutischen Zubereitungen erwähnt haben, wenn er sie einbegriffen wissen wollte. Außerordentlich aufschlußreich ist aber eine Bestimmung im Verzeichnis A unter Ziffer 9. Dort stehen als freigegebene Zubereitungen aufgeführt: „Tabletten aus Saccharin, Natriumbikarbonat oder Brausepulver, auch mit Geschmackszusätzen, welche nicht zu den Stoffen des Verzeichnisses B gehören". Hier sieht man, wie weit der Gesetzgeber vorausgeschaut hat. Er hat sich gesagt: hieße es glatthin „Tabletten aus Saccharin usw., auch mit Geschmackszusätzen", dann wäre es ja zulässig, daß man als Geschmackszusätze auch Stoffe des Verzeichnisses B verwendet; das wünsche ich aber nicht und deshalb werde ich ausdrücklich dazuschreiben „welche nicht zu den Stoffen des Verzeichnisses B gehören". Dann aber muß der Gesetzgeber auch der Meinung gewesen sein, daß das Verzeichnis B nur auf Stoffe sich erstrecken soll und nicht auch auf Zubereitungen von Stoffen, sonst hätte es dieser ausdrücklichen Bestimmung nicht bedurft.

Es ist also festzuhalten:

1. § 2 und das zugehörige Verzeichnis B schaffen ein absolutes Verkaufsverbot; die aufgeführten Stoffe und, soweit ein Stern beigefügt ist, deren Salze usw. dürfen auch zu anderen als Heilzwecken außerhalb der Apotheken nicht verkauft werden.
2. Dies gilt jedoch nur für den Kleinhandel, denn der Großhandel ist nach § 3 der ganzen Verordnung nicht unterworfen.
3. Das Verbot bezieht sich nur auf die Stoffe bzw. deren Salze usw., nicht auch auf Zubereitungen der Stoffe. Die Freiverkäuflichkeit der Zubereitungen der Stoffe des Verzeichnisses B ist ausschließlich zu beurteilen nach § 1 und Verzeichnis A.

Interessant ist ferner die Aufnahme der „Laminariastifte" in das Verzeichnis B. Es sind aufgeführt: Stifte, Sonden, Meißel aus Laminaria, Tupeloholz oder andern quellfähigen Stoffen. Außerordentlich interessant hieran ist, daß der Gesetzgeber nicht nur die Stoffe „Laminaria", „Tupelo und andere quellfähige Stoffe" nennt, sondern auch die Zubereitungen daraus in Form von Stiften, Sonden oder Meißeln. Stifte, Sonden und Meißel sind genau so Zubereitungen wie etwa Ätzstifte oder Suppositorien. Der Gesetzgeber hat sie mit von dem absoluten Verkaufsverbot des Verzeichnisses B erfassen lassen wollen und hat sie deshalb ausdrücklich hier aufgeführt. Daraus ergibt sich aber von neuem, was schon oben erwähnt worden ist: daß der Gesetzgeber im allgemeinen (d. h. wo er es nicht ausdrücklich dazugeschrieben hat) Zubereitungen von Stoffen nicht vom Verzeichnis B erfaßt wissen will.

Es ergibt sich somit, daß das in dem Verzeichnis B genannte Salol in Substanz überhaupt nicht abgegeben werden darf, aber salolhaltiges Mundwasser freiverkäuflich ist. Oder: daß Jodkalium in Stückenform zu jedem Verkaufszweck gesperrt, dagegen als Lösung für Photozwecke oder als Fleckwasser zum Entfernen von Höllensteinflecken freiverkäuflich ist.

Eine weitere Folgerung daraus führt zur Erkenntnis, daß Stoffe des Verzeichnisses B, welche nachweislich zur Darstellung erlaubter Zubereitungen gebraucht werden, zwar nicht verkauft, aber doch gelagert werden dürfen. Letzteres darf, um nicht als „Feilhalten" aufgefaßt zu werden, natürlich nicht im Verkaufsraum geschehen. Um dem Verdacht, daß man Stoffe des Verzeichnisses B feilhält, gänzlich aus dem Wege zu gehen, beziehe man immer gerade nur die zur Fabrikation unbedingt benötigte Menge des betreffenden Stoffes. Zwingen aber die Umstände zum Vorrätighalten, so werden diese Stoffe am besten in einem besonders bezeichneten Schrank des Lagerraums gelagert, doch nie im Verkaufsraum. Man hüte sich, sie käuflich abzugeben. Selbstverständlich hat die Aufsichtsbehörde das Recht, den Nachweis für den angegebenen Zweck zu verlangen.

Bei Durchsicht des Verzeichnisses B ergibt sich eine ganze Reihe von Stoffen, die zur Fabrikation gesetzlich gestatteter Zubereitungen benutzt werden. Nachfolgend seien einige genannt:

Acidum lacticum	als Getränkezusätze
Cortex Chinae	zur Bereitung von Haarwasser
Chloroformium	zum Herstellen von Lösungsmitteln
Hydrargyrum cyanatum	zum Füllen von Trockenbatterien
Hydrargyrum praecipitatum album	zur Darstellung von Sommersprossenkrem
Kalium jodatum } Natrium jodatum }	in Lösung zu Fleckwasser und Photozwecken
Natrium benzoicum	in Tablettenform zur Früchtekonservierung
Oleum Santali	für Parfümeriezwecke
Oleum Sinapis	zur Darstellung des Badesenfspiritus
Phenylum salicylicum	zur Herstellung von Mundwasser
Resorcinum	zum Anfertigen von Haarspiritus
Rhizoma Veratri	zur Bereitung von Schneeberger Schnupftabak
Salia glycerophosphorica	als Zusatz zu Kräftigungsmitteln
Strychninum nitricum	zur Darstellung des Giftweizens
Tartarus stibiatus	zur Herstellung von Ameisenvertilgungsmitteln.

Immer ist aber hierbei zu berücksichtigen, daß die vorstehenden Stoffe nie in Substanz, sondern nur als fertiggestellte Zubereitungen freiverkäuflich sind.

Bemerkenswert ist noch, daß einzelne Metall-Salze nur in chemisch reiner Beschaffenheit vom Verzeichnis B erfaßt werden, z. B. Zinksulfat und Zinkchlorid. Im ungereinigten Zustande sind diese Salze dem freien Verkehr überlassen. Der Gesetzgeber ist offenbar davon ausgegangen, daß diese Salze auch gewerbliche Verwendung finden, daß aber bei der gewerblichen Verwendung chemische Reinheit nicht Voraussetzung ist. Er hat deshalb die rohen Salze freigegeben.

Zu § 2a und Verzeichnis C.

Das Verbot entspricht genau dem des § 2. Es ist absolut, nicht wie in § 1 bedingt. Die im Verzeichnis C aufgeführten Stoffe und Zubereitungen dürfen zu keinem Verwendungszweck außerhalb der Apotheken verkauft werden, einerlei, ob sie als Heilmittel, als Vorbeugungsmittel, als Kräftigungs- oder Nährmittel oder zu sonstigen Zwecken dienen sollen.

Mit dem § 2a und dem Verzeichnis C hat es eine sehr eigene Bewandtnis. Schon der Wortlaut des § 2a bringt etwas Neues: § 1 sprach nur von „Zubereitungen", § 2 nur von „Stoffen"; § 2a spricht von „Zubereitungen und Stoffen". Sieht man sich das Verzeichnis an, so findet man dort in drei Abteilungen — A, B, C — nicht wissenschaftliche Bezeichnungen, sondern Reklamenamen aufgeführt: „Adlerfluid, Amarol, Bruchbalsam, Entfettungstee, Eukalyptusmittel" usw. Man erkennt sofort, daß sich dieses Verbot gegen sog. Spezialitäten richtet, gegen Mittel, die unter einem Reklamenamen in fertiger Verpackung in den Handel gebracht und dem Publikum angepriesen werden. Es handelt sich hier um sog. „Geheimmittel", d. h. um Mittel, deren Zusammensetzung der Fabrikant geheimhält und für die im Publikum eine Reklame gemacht wird, die ihrem Charakter nach als unlauter und irreführend bezeichnet werden muß. Der Staat hat ein Interesse daran, seine Bürger vor solcher Irreführung und der damit verbundenen Gefahr der Ausbeutung zu schützen.

Wie man schon aus dem Wortlaut des § 2a vermuten kann, sind diese Geheimmittel zum Teil Stoffe, zum Teil Zubereitungen. Die Zubereitungen sind, soweit sie Heilzwecken dienen, ohnehin nach Verzeichnis A dem freien Verkehr entzogen, aber immerhin nur, soweit sie zu Heilzwecken dienen. Dadurch, daß sie im Verzeichnis C aufgeführt sind, sind sie aber, wie man oben bei Betrachtung des Gesetzestextes (§ 2a) gesehen hat, zu jedem Zweck dem freien Verkehr entzogen. Die Einteilung des Verzeichnisses C in drei Abteilungen — A, B, C — ist aus der Geheimmittelverordnung übernommen worden. In Abteilung A sind alle diejenigen Geheimmittel aufgeführt, die in Apotheken ohne ärztliches Rezept abgegeben werden dürfen, in Abteilung B diejenigen, die nur gegen ärztliches Rezept abgegeben werden dürfen; in Abteilung C wird etwas völlig Neuartiges bestimmt. Über die Abteilungen A und B des Verzeichnisses C kann es keine nennenswerten Unklarheiten geben. Jedes Mittel ist klipp und klar beim Namen genannt, so daß Zweifel gar nicht auftauchen können. Abteilung C nennt die Mittel nicht mehr bei ihrem Reklamenamen, sondern bestimmt, daß alle Mittel unter das Verbot fallen, die:

1. als Mittel gegen Blutstockung oder
2. als Mittel gegen Trunksucht angepriesen und abgegeben werden.

Dabei sind also nicht lediglich gemeint „Geheimmittel", d. h. fertig abgepackte Spezialitäten mit einem Reklamenamen, die gegen Blutstockung bzw. gegen Trunksucht verwendet werden sollen, sondern auch Arzneimittel, die unter einem volkstümlichen Namen dem Publikum bekannt sind und als Mittel gegen Blutstockung oder gegen Trunksucht verlangt werden.

Zu § 2b und § 3.

Die §§ 1, 2 und 2a mit den zugehörigen Verzeichnissen A, B, C, letzteres auch mit den Abteilungen A, B, C, haben festgelegt, was außerhalb der Apotheken nicht feilgehalten oder verkauft werden darf. § 3 bringt nun eine wichtige Einschränkung dieses weitgehenden Verbotes. Er bestimmt: daß alle diese Verbote auf den Großhandel keine Anwendung finden. § 3 lautet:

„Der Großhandel unterliegt den vorstehenden Bestimmungen nicht. Gleiches gilt für den Verkauf der im Verzeichnis B aufgeführten Stoffe an Apotheken oder an solche öffentlichen Anstalten, welche Untersuchungs- und Lehrzwecken dienen und nicht gleichzeitig Heilanstalten sind."

Der erste Satz läßt also den Großhandel frei; der zweite Satz dagegen geht noch weiter: er läßt auch einen bestimmt bezeichneten Kleinhandel für Stoffe des Verzeichnisses B frei, nämlich den Verkauf an Apotheken und bestimmte öffentliche Anstalten. An die genannten Stellen dürfen diese Stoffe auch in Mengen abgegeben werden, in denen von „Großhandel" nicht mehr gesprochen werden kann.

Über den Begriff „Großhandel" ist viel gestritten worden. Im allgemeinen ist Großhandel dann anzunehmen, wenn

1. die Mengen über den unmittelbaren und gegenwärtigen Bedarf des Abnehmers hinausgehen;
2. Großhandelspreise (also niedrigere als Kleinhandelspreise) eingeräumt werden; oder
3. die Lieferung zum Zwecke des Wiederverkaufs erfolgt ist.

Die Entscheidung darüber, ob Kleinhandel oder Großhandel vorliegt, ist aber oft sehr schwierig. So ist insbesondere strittig gewesen, ob in der Abgabe von Arzneien durch Krankenkassen, Genossenschaften, Vereine usw. an ihre Mitglieder ein unzulässiger Kleinhandel liegt. Die Gerichte haben diese Frage wechselnd entschieden, und deshalb ist der Verordnung nachträglich der § 2b angefügt worden.

2. Die Vorschriften über die Handhabung und Beaufsichtigung des Arzneimittelverkehrs außerhalb der Apotheken

Durch die „Verordnung, betreffend den Verkehr mit Arzneimitteln außerhalb der Apotheken" vom 22. Oktober 1901 (gewöhnlich kurz K. V. oder A. V. genannt) wird bestimmt, welche Apothekerwaren auch der Drogist verkaufen kann. Diese Verordnung sagt aber nichts über die Art und Weise, wie der Arzneimittelverkauf zu handhaben ist. Darüber sind in den einzelnen Ländern Polizeiverordnungen ergangen, die zwei Gruppen von Vorschriften umfassen: a) solche über den Betrieb der Drogenhandlungen und b) solche über die amtliche Beaufsichtigung dieses Betriebes. Dieses Gebiet ist also landesrechtlich geregelt.

In Preußen sind diese Vorschriften ergangen auf Grund der Ministerialerlasse, betreffend Grundzüge über die Regelung des Verkehrs mit Arzneimitteln außerhalb der Apotheken, vom 22. Dezember 1902, vom 13. Januar 1910 und vom 17. Oktober 1912 (Min.Bl. f. Medizinal-Angelegenheiten 1903 S. 4, 1910 S. 65 und 1912 S. 344).

Die preußischen Vorschriften stimmen im allgemeinen mit denen der anderen Länder überein und weichen nur unwesentlich ab (fast nur in der Vorschrift über Bezeichnung der Vorratsbehälter). Die Vorschriften betreffen zugleich die Handhabung des Giftverkehrs.

a) Die polizeilichen Vorschriften über den Betrieb der Drogenhandlungen

1. Wer den Verkauf von Arzneimitteln außerhalb der Apotheken betreiben will, hat in Zukunft zugleich mit der durch § 35 Abs. 7 der RGO. vorgeschriebenen Anzeige einen Lageplan und eine genaue Angabe der Betriebsräume einschließlich des Geschäftszimmers zu den Akten der Ortspolizeibehörde einzureichen.

Auch die Aufstellung von sog. Drogenschränken ist genau anzugeben.

Andere als die bezeichneten Räume dürfen weder als Betriebs- noch als Vorrats- oder Arbeitsräume benutzt werden. In den Räumen dürfen, abgesehen von Warenproben, nur Waren vorhanden sein, die feilgehalten werden.

2. Sämtliche Betriebsräume müssen geräumig, während der Benutzung genügend erhellt sein, und ebenso wie die Behälter für Arzneimittel stets ordentlich und sauber gehalten werden.

3. Die Vorräte von Arzneimitteln müssen sich in dichten, festen Behältern befinden, die mit festen, gutschließenden Deckeln oder Stöpseln versehen sind, oder, soweit sie Schiebladen vorstellen, von festen Füllungen umgeben sind oder dichtschließende Deckel besitzen.

Die Behälter sind mit fest an ihnen haftenden lateinischen und deutschen Bezeichnungen in gleicher Schriftgröße, die dem Inhalt entsprechen, in haltbarer schwarzer Schrift auf weißem Grunde zu versehen. Als festhaftende Bezeichnungen genügen für Ballons und ähnliche Gefäße auch sicher mit dem Aufnahmebehältnis verbundene Anhängeschilder. Bezeichnungen in anderen Sprachen sind unzulässig.

Arzneimittel, die lediglich für den Gebrauch in der Tierbehandlung als Heilmittel dem freien Verkehr überlassen sind, müssen auf den Vorratsbehältern und Abgabegefäßen oder -umhüllungen über oder unter der sonstigen Aufschrift mit dem deutlich lesbaren Vermerk „Tierheilmittel" versehen sein.

4. Die Behälter sind im Verkaufsraume wie in den Vorratsräumen nach dem lateinischen Alphabet in Gruppen, die der Art der Behälter entsprechen, übersichtlich einreihig und von anderen Waren getrennt zu ordnen.

5. Arzneimittel, die gleichzeitig als Nahrungs- oder Genußmittel dienen oder technische Verwendung finden, brauchen, wenn dieser Verwendungszweck überwiegt, nicht wie Arzneimittel bezeichnet und diesen nicht eingereiht werden.

6. Verschiedene Arzneimittel in einem Behälter aufzubewahren, ist verboten. Dagegen darf dasselbe Arzneimittel in ganzer, zerkleinerter oder gepulverter Ware in gesonderten Fächern desselben Behälters aufbewahrt werden, und zwar auch in abgeteilten Mengen, falls die Ware in besondere Umhüllungen oder in bezeichnete Papierbeutel eingeschlossen ist.

7. Auf den Umhüllungen oder Gefäßen, in denen die Abgabe von Arzneimitteln erfolgt, ist spätestens bei der Abgabe der deutsche Name des darin abgegebenen Arzneimittels deutlich zu verzeichnen. Werden Arzneimittel in abgefaßter Form vorrätig gehalten, so müssen sie übersichtlich geordnet, ohne daß jedoch die einreihige Aufstellung erforderlich ist, und vor Staub geschützt aufbewahrt werden und auf jedem einzelnen Gefäß oder jeder sonstigen Packung deutlich die deutsche Aufschrift des Inhalts tragen.

8. Die vorhandenen Arzneimittel müssen echt, zum bestimmungsmäßigen Gebrauch geeignet, nicht verdorben und nicht verunreinigt sein.

9. Den Besichtigungsbevollmächtigten steht das Recht der Probeentnahme von Waren zu.

10. Auf Geschäfte, die ausschließlich Großhandel treiben, finden die vorstehenden Vorschriften keine Anwendung.

Erläuterungen

Zugleich mit der Anmeldung des Gewerbes muß ein Lageplan mit genauer Angabe der Betriebsräume einschließlich des Geschäftszimmers, also des Büroraumes, bei der Polizeibehörde eingereicht werden. Dieser Lageplan braucht nicht kunstgerecht angefertigt zu werden, also etwa durch einen Architekten oder sonstigen Bausachverständigen, es genügt eine Skizze, die die Lage der Geschäftsräume im Hause klar erkennen läßt.

Andere als die angemeldeten Räume dürfen für den Betrieb nicht in Anspruch genommen werden. Es dürfen also Warenvorräte nicht in der Privatwohnung des Geschäftsinhabers aufbewahrt werden, auch dann nicht, wenn es sich um freiverkäufliche Waren handelt. Die bloße Tatsache der Aufbewahrung in Räumen, die nicht als Betriebsräume angemeldet sind, ist eine Übertretung.

In den gemeldeten Räumen sollen, abgesehen von Warenproben, nur Waren vorhanden sein, die feilgehalten werden. Diese Bestimmung dürfte rechtsungültig sein, sie ist geschaffen worden, weil bei Revisionen des öfteren nichtfreiverkäufliche Stoffe in Vorratsräumen gefunden worden sind, die der Geschäftsinhaber zur Herstellung freiverkäuflicher Zubereitungen zu brauchen behauptete, zum Beispiel Kantharidentinktur zur Herstellung von Haarwässern, Spanischpfeffertinktur zur Herstellung von Restitutionsfluid. So konnte der Nachweis nicht erbracht werden, daß die Stoffe feilgehalten werden, d. h. daß sie zum Zwecke des Verkaufs an das Publikum vorrätig gehalten werden. Dieser Nachweis ist für eine Bestrafung wegen Übertretung der Verordnung vom 22. Oktober 1901 aber erforderlich. Um solche Artikel auch ohne den Nachweis des Feilhaltens beanstanden zu können, ist die in Rede stehende Bestimmung getroffen worden. Der Minister hat darauf hingewiesen, daß es den Drogisten unbenommen bleibe, nichtfreiverkäufliche, zur Fabrikation benötigte Waren jeweils in der gerade benötigten Menge zu beziehen und sofort zu verarbeiten. So bequem diese Bestimmung für die Behörden auch sein mag, so wenig entspricht sie doch einmal den Bedürfnissen der Praxis, zum anderen auch der Rechtslage, insbesondere den Grenzen des Polizeiverordnungsrechtes. Die Rechtsbeständigkeit dieser Bestimmung ist deshalb bestritten.

Daß die Betriebsräume geräumig und genügend erhellt sein müssen, ist ebenso selbstverständlich wie die Sauberkeit und Ordnung hinsichtlich der Behältnisse für Arzneimittel. Die Ansprüche an Geräumigkeit werden unter dem Druck der Raumnot in der jetzigen Zeit allerdings nicht überspannt werden dürfen.

Arzneimittel müssen in dichten und festen Behältnissen aufbewahrt werden, die gut verschlossen sein müssen. Papierbeutel können nicht als solche Behälter angesehen werden. Schiebladen müssen entweder mit Deckeln versehen sein oder in festen Füllungen laufen. Hinsichtlich der giftigen Farben schreibt die Giftpolizeiverordnung vor, daß die Kästen mit Deckeln versehen sein und in festen Füllungen laufen müssen. Bei den Arzneimitteln genügt also eines von beiden. Man wird es sogar als ausreichend ansehen können, wenn die Füllungen nach oben und unten geschlossen sind, nicht aber nach den Seiten. Zweck der Bestimmung ist, das Hineingelangen von Arzneimitteln von einem Kasten in den anderen zu verhindern; dazu reicht es aber aus, wenn die Füllungen oben und unten geschlossen sind.

Zu bezeichnen sind die Behälter für Arzneimittel mit lateinischen und deutschen Namen in gleicher Schriftgröße, schwarz auf weißem Grunde. Die lateinische Bezeichnung ist in die obere Zeile zu setzen, die deutsche in die zweite. Tierheilmittel, die nur als solche dem freien Verkehr überlassen sind, wie z. B. Bor- und Zinksalbe, müssen gleichzeitig die Aufschrift „Tierheilmittel" tragen.

Die Arzneibehälter müssen nach ihrer Art und Größe in Gruppen geordnet sein, einreihig stehen und nach dem Alphabet der lateinischen Namen geordnet sein. Sie müssen auch von anderen Waren getrennt stehen. Sofern ein Arzneimittel gleichzeitig für nichtarzneiliche Zwecke Verwendung findet und der nichtarzneiliche Verwendungszweck überwiegt, braucht das Arzneimittel unter diesen nicht eingereiht und auch nicht wie diese bezeichnet sein. Dies trifft z. B. zu für Terpentinöl und Benzin.

In einem Behältnis dürfen nicht mehrere Arzneimittel aufbewahrt werden; dagegen ist es zulässig, das gleiche Arzneimittel in verschiedenen Formen, als ganze, zerkleinerte oder gepulverte Ware aufzubewahren, sofern dies in gesonderten Fächern geschieht. Nicht zulässig ist also, abgepackte Mengen von Pfefferminztee in demselben Kasten zu der Droge einfach obenauf zu legen; es muß für die abgepackte Menge ein besonderes Abteil eingefügt werden.

Bei der Abgabe müssen Arzneimittel mit dem deutschen Namen signiert werden. Werden sie in abgepackter Form vorrätig gehalten, so müssen diese Vorräte übersichtlich geordnet und vor Staub geschützt aufbewahrt werden, ohne daß einreihige Aufstellung erforderlich wäre. Jede Packung muß signiert sein. Tierheilmittel, die nur als solche freiverkäuflich sind, wie Bor- und Zinksalbe, müssen gleichzeitig die Aufschrift „Tierheilmittel" tragen.

Über die Beschaffenheit der Arzneimittel ist bestimmt, daß sie echt, zum bestimmungsmäßigen Gebrauch geeignet sein müssen, nicht verdorben und nicht verunreinigt sein dürfen. Daß sie den Bestimmungen des DAB. entsprechen müssen, ist nicht erforderlich.

Es ist nicht zulässig, Wasserminze als Pfefferminze vorrätig zu halten, oder Alaunlösung für essigsaure Tonerde; wurmstichige Drogen müssen als verdorben gelten, mit Spinnweben behaftete als verunreinigte.

Die Revisoren haben das Recht, Warenproben zu entnehmen. Diese müssen zum üblichen Preis bezahlt werden, doch darf die Abgabe zum Zwecke der Probenahme nicht verweigert werden.

Die Verordnung des Berliner Polizeipräsidenten vom 2. Juli 1936 über den Arzneimittelverkehr außerhalb der Apotheken bringt gegenüber den preußischen Bestimmungen wesentliche Änderungen und Ergänzungen, weshalb sie im Wortlaut wiedergegeben ist:

Polizeiverordnung betreffend Regelung des Verkehrs mit Arzneimitteln außerhalb der Apotheken. Vom 2. Juli 1936

Auf Grund des Polizeiverwaltungsgesetzes vom 1. Juni 1931 wird mit Zustimmung des Oberbürgermeisters der Hauptstadt Berlin für den Ortspolizeibezirk Berlin folgendes verordnet:

§ 1. Wer den Handel mit Arzneimitteln, die dem freien Verkehr überlassen sind, außerhalb der Apotheken betreiben will, hat zugleich mit der durch § 35 Abs. 7 der Reichsgewerbeordnung vorgeschriebenen Anzeige eine Zeichnung der Betriebsräume, die im Sinne dieser Polizeiverordnung auch die Vorrats- und Arbeitsräume sowie das Geschäftszimmer umfassen, mit genauer Beschreibung in doppelter Ausfertigung dem Polizeipräsidenten (Polizeirevier) einzureichen. In der Zeichnung und der Beschreibung ist auch die Aufstellung von sogenannten Drogenschränken genau anzugeben.

Eine Ausfertigung der Zeichnung verbleibt bei der Polizeibehörde, die zweite erhält der Einsender abgestempelt zurück. Er ist verpflichtet, sie in dem Geschäftszimmer seiner Drogenhandlung aufzubewahren und auf Verlangen des revidierenden Beamten vorzulegen.

Andere als die bezeichneten Räume dürfen nicht als Betriebsräume benutzt werden. Bei jeder Änderung der Betriebsräume ist eine neue Zeichnung in doppelter Ausfertigung einzureichen.

In den Räumen dürfen, abgesehen von Warenproben, nur Waren vorhanden sein, die feilgehalten werden.

§ 2. Die Betriebsräume müssen geräumig sein und während der Benutzung genügend erhellt, sauber und aufgeräumt gehalten werden. Die Anordnung der Waren muß übersichtlich sein.

§ 3. Die Arzneimittel müssen sich in dichten, festen Behältern befinden, die mit festen, gut schließenden Deckeln oder Stöpseln versehen oder, soweit sie Schiebladen darstellen, von festen Füllungen umgeben sein oder dichtschließende Deckel besitzen.

Die Behälter sind mit dauerhaft gefertigten deutschen Bezeichnungen in schwarzer Schrift auf weißem Grunde zu versehen, die den Inhalt genau bezeichnen. Als dauerhafte Bezeichnungen genügen für die Ballons und ähnliche Gefäße auch sicher mit dem Aufnahmebehältnis verbundene Anhängeschilder. Bezeichnungen in lateinischer Sprache sind neben den deutschen Bezeichnungen zulässig. Die Behälter der Arzneimittel sind von anderen Waren getrennt sowie ordentlich und sauberzuhalten.

Arzneimittel, die lediglich für den Gebrauch in der Tierbehandlung als Heilmittel dem freien Verkehr überlassen sind, müssen auf den Vorratsbehältern und Abgabefässern oder Umhüllungen über oder unter der sonstigen Aufschrift mit dem deutlich lesbaren Vermerk „Tierheilmittel" versehen sein.

§ 4. Lichtempfindliche Arzneimittel sind in vor Licht schützenden Standgefäßen aufzubewahren und gleichfalls in vor Licht schützenden Gefäßen abzugeben.

Feuergefährliche Stoffe enthaltende Gefäße sind während der Aufbewahrung und bei der Abgabe mit der Aufschrift „feuergefährlich" zu versehen (vgl. die PolVerordn. vom 10. Februar 1931 betreffend den Verkehr mit brennbaren Flüssigkeiten).

§ 5. Verschiedene Arzneimittel in einem Behälter aufzubewahren, ist verboten. Es ist jedoch gestattet, arzneiliche Kräuter, sofern sie sich nicht im Geruch oder Geschmack gegenseitig verändern, in bezeichneten Tüten, Beuteln oder dergl. eingeschlossen, gemeinsam in einem festen und verschlossenen Behälter aufzubewahren. Dieser Behälter muß eine dauerhafte Bezeichnung sämtlicher in ihm enthaltenen arzneilichen Kräuter tragen. Auch darf dasselbe Arzneimittel in ganzer, zerkleinerter oder gepulverter Ware in gesonderten Fächern desselben Behälters aufbewahrt werden, und zwar auch in abgeteilten Mengen, falls die Ware in besonderen Umhüllungen oder in bezeichneten Papierbeuteln eingeschlossen ist.

§ 6. Auf den Umhüllungen oder Gefäßen, in denen die Abgabe von Arzneimitteln erfolgt, ist spätestens bei der Abgabe der deutsche Name des darin abzugebenden Arzneimittels deutlich zu verzeichnen. Werden Arzneimittel in abgefaßter Form vorrätig gehalten, so müssen sie übersichtlich geordnet, ohne daß jedoch einreihige Aufstellung erforderlich ist, und vor Staub geschützt aufbewahrt werden. Jedes einzelne Gefäß oder jede sonstige Packung muß die deutliche Bezeichnung des Inhalts tragen.

§ 7. Die Arzneimittel müssen echt, zum bestimmungsmäßigen Gebrauch geeignet, nicht verdorben und nicht verunreinigt sein. Verdorbene Arzneimittel müssen vernichtet werden.

Unter Bezeichnungen, die im Deutschen Arzneibuch für Waren bestimmter Art angeführt worden sind, dürfen Waren anderer Art nicht feilgehalten, verkauft oder sonst an andere überlassen werden.

§ 8. Den Besichtigungsbevollmächtigten steht das Recht der Probeentnahme von Waren zu.

§ 9. Auf Geschäfte, die ausschließlich Großhandel betreiben, findet diese Anordnung keine Anwendung.

§ 10. Unberührt bleiben die Vorschriften der Landespolizeiverordnung vom 22. Februar 1906 betreffend den Handel mit Giften nebst Ergänzungen.

§ 11. Für jeden Fall der Nichtbefolgung dieser Polizeiverordnung wird hiermit die Festsetzung eines Zwangsgeldes in Höhe bis zu 50 RM., im Nichtbeitreibungsfalle die Festsetzung von Zwangshaft bis zu einer Woche angedroht.

§ 12. Diese Verordnung tritt mit dem Tage der Verkündung in Kraft. Gleichzeitig wird die Polizeiverordnung vom 2. Mai 1928 betreffend Regelung des Verkehrs mit Arzneimitteln außerhalb der Apotheken außer Kraft gesetzt.

b) Die polizeilichen Vorschriften über die Besichtigung (Revision) der Drogenhandlungen

Das Gesundheitswesen im Dritten Reich ist durch das Gesetz über die Vereinheitlichung des Gesundheitswesens vom 3. Juli 1934 reichsrechtlich geregelt worden. Die dritte Durchführungsverordnung zu diesem Gesetz vom 30. März 1935 enthält die Dienstordnung für die Gesundheitsämter. Im Abschnitt III (Überwachung des Verkehrs mit Arznei- und Geheimmitteln sowie des Handels mit Giften außerhalb der Apotheken) bestimmt nun diese Verordnung folgendes:

§ 10

Besichtigung der Drogen- und ähnlichen Handlungen

(1) Das Gesundheitsamt hat darüber zu wachen, daß die Bestimmungen über den Verkehr mit Arznei- und Geheimmitteln sowie über den Handel mit Giften außerhalb der Apotheken beobachtet werden. Zuwiderhandlungen hat es zur Kenntnis der zuständigen Behörden zu bringen (vgl. § 367 Nr. 3, 5 Strafgesetzbuch, § 6 Abs. 2, § 56 Gewerbeordnung, Kaiserliche Verordnung, betreffend den Verkehr mit Arzneimitteln, vom 22. Oktober 1901).

(2) Wegen der Beteiligung der Ärzte des Gesundheitsamts an den Besichtigungen derjenigen Verkaufsstellen, in denen Arzneimittel, Gifte oder giftige Farben feilgehalten werden — Drogen-, Material-, Farben- und ähnlicher Handlungen —, bleibt es bis zu einer reichsrechtlichen Regelung bei den landesrechtlichen Bestimmungen.

§ 11

Berichterstattung

Eine Zusammenstellung der beabsichtigten Drogen- usw. Handlungen, der festgestellten Übertretungen und der erfolgten Bestrafungen ist der Aufsichtsbehörde mit dem Jahresbericht einzureichen.

Da eine reichsrechtliche Regelung bis jetzt nicht erfolgt ist, bleibt es also bei den landesrechtlichen Bestimmungen. Nach den preußischen Bestimmungen auf Grund der erwähnten Ministerialerlasse ergibt sich für die Besichtigung der Drogenhandlungen deshalb folgendes:

1. Verkaufsstellen, in denen Arzneimittel, Drogen, Gifte oder giftige Farben feilgehalten werden, sind nebst den zugehörigen Vorrats- und Arbeitsräumen sowie dem Geschäftszimmer des Inhabers der Handlung unvermuteten Besichtigungen zu unterziehen.

Wenigstens einmal jährlich, nach Bedarf aber auch häufiger, sind zu besichtigen alle Handlungen, in denen die genannten Waren allein oder vorzugsweise feilgehalten werden, ferner solche Verkaufsstellen, deren letzte Besichtigungen gröbere Mängel ergeben haben oder deren Geschäftsbetrieb das Vorhandensein von Vorschriftswidrigkeiten vermuten läßt, und endlich die Drogenschränke. Bei kleineren Handlungen, namentlich bei solchen, in denen die genannten Waren nur vereinzelt neben anderen feilgehalten werden, keine Drogenschränke vorhanden sind und der Verdacht von Ordnungswidrigkeiten nicht vorliegt, darf ein Zeitraum von zwei, ausnahmsweise auch von drei Jahren zwischen zwei Besichtigungen liegen.

2. Zu Beginn jedes Jahres haben die Ortspolizeibehörden sich mit dem zuständigen Amtsarzt darüber ins Einvernehmen zu setzen, welche Verkaufsstellen im Laufe des Jahres besichtigt werden sollen. Der streng vertraulich zu behandelnde Besichtigungsplan darf bestimmte Termine, an denen die Besichtigungen im Laufe des Jahres stattfinden sollen, nicht festsetzen.

3. Die Besichtigungen erfolgen durch die Ortspolizeibehörde unter Mitwirkung des Amtsarztes, der die Besichtigung leitet. Auf dessen Erfordern ist zu der Besichtigung größerer Handlungen von der Ortspolizeibehörde ein approbierter, nicht im Drogenhandel tätiger oder tätig gewesener Apotheker zuzuziehen. In geeigneten Fällen kann seitens der Ortspolizeibehörde von der Beteiligung des Amtsarztes an der Besichtigung mit dessen Einverständnis abgesehen werden und statt seiner ein approbierter Apotheker als Sachverständiger beteiligt werden.

Approbierte Apotheker, die eine Drogenhandlung besitzen oder besessen haben, können als Sachverständige zugelassen werden, wenn ihre Geschäftsführung bei wiederholten Besichtigungen zu keinerlei Tadel Anlaß gegeben hat.

Besichtigungen an Orten außerhalb seines Wohnsitzes hat der Amtsarzt tunlichst gelegentlich der Anwesenheit aus anderweiter Veranlassung vorzunehmen.

Ein Apotheker darf an dem Orte, in dem er eine Apotheke besitzt oder in einer solchen tätig ist, an der Besichtigung nur teilnehmen, wenn der Ort über 20000 Seelen zählt; auch in solchen Orten ist von der Mitwirkung eines dort geschäftlich angesessenen oder in einer Apotheke tätigen Apothekers in den Fällen abzusehen, in denen die zu besichtigende Handlung als Konkurrenzgeschäft für dessen Apotheke zu betrachten ist.

4. Über die Besichtigung ist unter Zuziehung des Geschäftsinhabers oder seines Beauftragten an Ort und Stelle eine Niederschrift aufzunehmen, von welcher dem Geschäftsinhaber auf Antrag kostenpflichtig Abschrift zu erteilen ist.

5. Die Entscheidung darüber, ob den zur Tragung einer Uniform verpflichteten Polizeibeamten für die Mitwirkung bei der Besichtigung die Anlegung von Zivilkleidern aufzuerlegen oder zu gestatten ist, wird dem Ermessen der Behörde überlassen. Soweit angängig, ist darauf zu achten, daß die Polizeibeamten bei den Besichtigungen Zivilkleidung tragen. Die Polizeibehörde wird zweckmäßig durch Hilfsbeamte der Staatsanwaltschaft vertreten werden, um erforderlichenfalls sofort Beschlagnahmen ausführen zu können.

6. Bei der Besichtigung ist festzustellen:

a) Ob der Betrieb nur in den der Polizeibehörde angezeigten Räumen stattfindet. Die Durchsuchung anderer Räume darf nur unter Beachtung der Vorschriften der §§ 102 und folg. der Reichs-Strafprozeßordnung erfolgen.

b) Ob die Bestimmungen der Kais. Verordnung betr. den Verkehr mit Arzneimitteln vom 22. Oktober 1901 — RGBl. S. 380 — innegehalten sind, insbesondere ob etwa in den Nebenräumen, namentlich der Drogenhandlungen, Arzneien auf ärztliche Verordnungen angefertigt werden.

c) Ob die Aufbewahrung der Gifte und der Verkehr mit denselben den Vorschriften der Polizeiverordnung über den Handel mit Giften entsprechen.

Auch die Konzession zum Gifthandel ist einzusehen und das Giftbuch nebst Giftscheinen auf ordnungsmäßige Führung zu prüfen.

d) Die Besichtigung hat sich ferner auf die Aufstellung und Aufbewahrung sämtlicher Arzneimittel, der indirekten Gifte und der giftigen Farben und Trennung der arzneilichen Stoffe von den Nahrungs- und Genußmitteln zu erstrecken.

e) Auch ist festzustellen, ob die vorgeschriebenen Sondergeräte für die Gifte und differenten Mittel (Waagen, Löffel, Mörser) vorrätig, gehörig bezeichnet und saubergehalten sind.

Präzisierte Waagen und Gewichte sowie besondere Waagen für unschädliche Arzneimittel sind nicht erforderlich.

Die Vorschriften der Polizeiverordnung über den Handel mit Giften bleiben für die Bezeichnung der Gefäße sowie auch im übrigen unberührt.

7. Bei der Beurteilung der Güte der Waren in denjenigen Handlungen, in welchen Arzneistoffe feilgehalten werden, sind nicht so strenge Anforderungen zu stellen wie an die Beschaffenheit der Arzneistoffe in Apotheken.

8. Vorschriftswidrige Waren sind mit zu Protokoll gegebener Zustimmung des Geschäftsinhabers oder seines Vertreters zu vernichten; falls die Zustimmung versagt wird, sind sie in geeigneter Weise, z. B. durch amtliche Versiegelung, bis zur richterlichen Entscheidung aus dem Verkehr zuziehen.

In dem Strafverfahren ist für den Fall der Verurteilung die Einziehung der vorschriftswidrigen Ware nach Maßgabe der gesetzlichen Bestimmungen zu beantragen.

Für die Beseitigung kleiner, offenbar auf Unwissenheit oder Irrtum beruhender Mängel, geringer Unordnung und Unsauberkeit in den Verkaufs- und Nebenräumen hat die Polizeibehörde unter Hinweis auf den

Befund der Besichtigung Sorge zu tragen. Gröbere Verstöße, erhebliche Unordnung und Unsauberkeit sind ernstlich zu rügen und im Wiederholungsfalle zur Bestrafung zu bringen.

Wegen der Übertretung der Vorschriften der Kais. Verordnung vom 22. Oktober 1901 und der Polizeiverordnung betr. den Verkehr mit Giften hat die Polizeiverwaltung auf Grund des Gesetzes vom 23. April 1883 — GS. S. 75 — in Verbindung mit der Ausführungsanweisung vom 8. Juni desselben Jahres — Min.-Bl. f. d. inn. Verw. S. 152 — die Strafe festzusetzen, wenn nicht nach Beschaffenheit der Umstände eine die Zuständigkeit der Ortspolizei überschreitende Strafe angemessen erscheint, in welchem Falle die gerichtliche Verfolgung durch den Amtsanwalt zu veranlassen ist.

Mit besonderer Strenge sind Fälle der Anfertigung von Arzneien zu verfolgen; auch ist gegebenenfalls auf Grund des § 35 Abs. 4 der Gewerbeordnung für das Deutsche Reich (in der Fassung der Bekanntm. des Reichskanzlers vom 26. Juli 1900 — RGBl. S. 871 —) zu verfahren.

9. Der Amtsarzt hat eine Zusammenstellung der unter seiner Leitung stattgehabten Besichtigungen in Gemäßheit der Vorschrift der Dienstanweisung für die Amtsärzte der Aufsichtsbehörde mit dem Jahresbericht einzureichen.

Gelegentlich der Apothekerbesichtigungen haben die Bevollmächtigten auch hier die gedachten Verkaufsstellen einer Besichtigung nach vorstehenden Grundsätzen zu unterwerfen und die darüber aufgenommenen Verhandlungen ihnen einzureichen.

10. Die durch die Besichtigung der Verkaufsstellen usw. entstehenden Ausgaben sind als Kosten der örtlichen Polizeiverwaltung zu betrachten und fallen denjenigen zur Last, welche die Kosten nach dem bestehenden Rechte zu tragen haben.

11. Auf Geschäfte, welche ausschließlich Großhandel betreiben, finden die vorstehenden Vorschriften keine Anwendung.

Erläuterungen

1. Beteiligte Behörden und Personen

Die Beaufsichtigung der Drogenhandlungen ist ein Teil der Gewerbeaufsicht und obliegt der Polizei. Da die Durchführung dieser Aufgabe besondere Sachkenntnis erfordert, beauftragt die Polizei mit der Vornahme der Besichtigung den zuständigen Amtsarzt. Der Amtsarzt kann nun die Besichtigung, gewöhnlich Revision genannt, allein vornehmen, er kann aber zu seiner Unterstützung noch einen „pharmazeutischen Sachverständigen" und einen Polizeibeamten zuziehen. Er kann auch auf eigene Mitwirkung verzichten und die Revision dem „pharmazeutischen Sachverständigen" übertragen.

Als pharmazeutischer Sachverständiger wird in den meisten Bezirken ein Apotheker von der Polizei bestellt, der eine Apotheke besitzt oder in einer solchen tätig ist. Es wird angestrebt, an die Stelle von Apothekern Drogisten als Sachverständige bei Revisionen von Drogerien zu berufen.

Ein Apotheker darf an dem Orte, in dem er eine Apotheke besitzt oder in einer solchen tätig ist, an der Besichtigung nur teilnehmen, wenn der Ort über 20000 Seelen zählt. Aber auch in anderen Orten von über 20000 Seelen ist von der Mitwirkung eines dort geschäftlich angesessenen Apothekers in den Fällen abzusehen, in denen die zu besichtigende Drogenhandlung als Konkurrenzgeschäft für dessen Apotheke zu betrachten ist, wenn also z. B. der Apotheker seine Apotheke in der Nähe des Drogengeschäftes hat. Dies gilt auch dann, wenn der Apotheker nicht Besitzer, sondern nur Verwalter oder sonstiger Angestellter einer Apotheke ist.

Der Polizeibeamte soll möglichst nicht in Uniform erscheinen. Ein dahingehender Wunsch des Drogisten dürfte stets berücksichtigt werden.

2. Der Zweck der Besichtigung (Revision)

In Ziffer 6 der amtlichen Anweisung sind unter a—e fünf Punkte genannt, auf die von den Revisoren besonders zu achten ist.

Zweck der Revision ist hiernach, festzustellen, ob beim Handel mit Arzneimitteln und Giften die gesetzlichen Bestimmungen eingehalten werden, ob die Arzneimittel echt und unverdorben sind, ob die Aufbewahrung zweckmäßig erfolgt, ob Sauberkeit und Ordnung herrscht, mit einem Wort, ob der Betrieb so geführt wird, wie dies im öffentlichen Interesse nötig ist.

3. Die Befugnisse der Revisoren

Die Befugnisse der Revisoren reichen nicht weiter als die Macht der Polizei. Wo der Polizei durch besondere Gesetze Schranken gezogen sind, gelten diese auch für die Revisoren. So ist in Ziffer 6a der Revisionsanweisung ausdrücklich gesagt, daß die Durchsuchung von Räumen, die der Polizeibehörde nicht als Betriebsräume gemeldet sind, nur nach den Bestimmungen der Strafprozeßordnung zulässig ist.

Haussuchungen. Die Durchsuchung solcher Räume, z. B. der Wohnung des Geschäftsinhabers (Haussuchung), ist nämlich nicht mehr eine Tätigkeit der Gewerbe- oder Wohlfahrtspolizei, sondern eine solche der Kriminalpolizei. Die polizeiliche Besichtigung (Revision) der Geschäftsräume dient dem öffentlichen Wohl — die Durchsuchung von Privaträumen (Haussuchung) dient der Verfolgung strafbarer Handlungen. Diese aber ist genau geregelt in der Strafprozeßordnung, an deren Vorschriften sich die Revisoren halten müssen. Hier kommen in Betracht die §§ 102 bis 111 (s. Abschnitt IX).

Durchsuchung von Räumen. Eine Durchsuchung von Räumen, insbesondere von Privaträumen (Haussuchung), darf nur unter Beachtung der §§ 102ff. der Strafprozeßordnung erfolgen.

Der Amtsarzt oder pharmazeutische Sachverständige dürfen allein, d. h. ohne einen zur Durchsuchung ermächtigten Hilfsbeamten der Staatsanwaltschaft, Durchsuchungen nicht vornehmen. Ein Revisor (Amtsarzt, Apotheker), der ohne Haussuchungsbefehl in die Privaträume des Drogisten eindringt, begeht auf jeden Fall eine strafbare Handlung. Der betreffende Drogist sollte sofort gegen derartige Amtsanmaßungen vorgehen und vom Hausrecht Gebrauch machen. Die Durchsuchung hat einen ganz anderen Charakter als die polizeiliche Besichtigung und wird in besonderer Weise, wie erwähnt, durch die Strafprozeßordnung geregelt.

Auch der revidierende Polizeibeamte darf auf Grund der Strafprozeßordnung nur dann Durchsuchungen selbständig vornehmen, wenn er Hilfsbeamter der

Staatsanwaltschaft und „Gefahr im Verzuge" ist, sonst muß die Durchsuchung vom Richter erst angeordnet werden.

Als Hilfsbeamte der Staatsanwaltschaft sind die Beamten des Polizei- und Sicherheitsdienstes anzusehen.

„Gefahr im Verzuge" dürfte in den seltensten Fällen gegeben sein, beispielsweise dann, wenn schwere Verstöße des Drogisten gegen arzneigesetzliche Vorschriften nachgewiesen sind und der Verdacht besteht, daß wichtiges Beweismaterial beiseitegeschafft werden könnte. Bloße Verdächtigungen gegen den Drogisten rechtfertigen ein selbständiges Vorgehen des Polizeibeamten nicht.

Gegen unzulässige Durchsuchungen ist sofort zu protestieren und gegebenenfalls Strafanzeige auf Grund der §§ 123 und 342 des Strafgesetzbuches zu erstatten.

Der Inhaber der zu durchsuchenden Räume (oder sein Vertreter) darf der Durchsuchung beiwohnen, auch kann er verlangen (§ 107 der StPO.), daß ihm nach beendeter Durchsuchung gegebenenfalls ein Verzeichnis der in Verwahrung oder in Beschlag genommenen Gegenstände oder eine Bescheinigung ausgehändigt wird, daß nichts Verdächtiges gefunden worden ist.

Einsichtnahme in Geschäftspapiere und -bücher. Es ist schon wiederholt vorgekommen, daß die Revisoren eine Einsichtnahme in Geschäftsbücher, wie Wareneingangsbuch, in Rechnungen, Bestellzettel usw. verlangt haben. Dieses Verlangen ist rechtlich unzulässig und sollte stets abgelehnt werden. Eine Durchsicht der Papiere des von einer Durchsuchung Betroffenen steht einzig und allein dem Richter zu. Nur mit Genehmigung des Inhabers können auch andere Beamte eine Durchsicht der aufgefundenen Papiere vornehmen (§ 110 der StPO.). Sonst müssen die Papiere zur Ablieferung an den Richter in Gegenwart des Inhabers in einem Umschlage versiegelt werden, auf den der Inhaber sein eigenes Siegel drücken darf. Nach Beendigung des Verfahrens sind die entzogenen Gegenstände dem Inhaber wieder zurückzugeben (§ 111 der StPO.).

Probeentnahme und Vernichtung von Waren. Der Revisor ist nach der Revisionsanweisung befugt, Proben von Arzneimitteln zum Zwecke der Untersuchung zu entnehmen. Auf Verlangen ist dem Geschäftsinhaber ein Teil der Probe amtlich verschlossen und versiegelt zurückzulassen. Von zahlreichen Spezialitäten usw., die mitunter einen erheblichen Wert haben, stehen keine Proben zur Verfügung. Wird auf Aushändigung einer solchen Spezialität bestanden, dann sollte sie stets nur gegen sofortige Bezahlung oder Rechnungserteilung erfolgen.

Eine Vernichtung irgendwelcher Waren darf der Revisor nur mit Zustimmung des Geschäftsinhabers vornehmen. Diese Zustimmung muß in der über die Besichtigung anzufertigenden Niederschrift (Protokoll) vermerkt werden. Als vorschriftswidrige Waren wären u. a. anzusehen solche, die dem freien Verkehr unter allen Umständen entzogen sind, oder solche, die verdorben oder verunreinigt sind. Wird die Zustimmung zur Vernichtung versagt, so können die fraglichen Waren durch Versiegeln oder in anderer geeigneter Weise „aus dem Verkehr gezogen" werden, bis das Gericht entschieden hat, ob die Waren als „vorschriftswidrig" im Sinne der in Betracht kommenden Gesetzgebung anzusehen sind.

Beschlagnahme von Waren. Sofern Gesetzwidrigkeiten bei Besichtigung einer Drogerie festgestellt werden, handelt es sich in der Regel um Verstöße gegen die Arzneimittelverordnung, gegen die Giftbestimmungen, die feuerpolizeilichen Vorschriften und gewisse Betriebsvorschriften (Ministerialerlasse, Polizeiverordnungen u. dgl.), also um Übertretungen und nicht um Vergehen oder Verbrechen.

Übertretungen der vorerwähnten Verordnungen werden nach § 367 Abs. 3, 4 und 6 des StGB. bestraft.

Zu Warenbeschlagnahmungen auf Grund derartiger Übertretungen sind die einfachen Polizeiorgane nicht befugt. Die Hilfsbeamten der Staatsanwaltschaft dürfen im übrigen nach § 98 Abs. 1 der StPO. nur dann Beschlagnahmungen vornehmen, wenn Gefahr im Verzuge ist, sonst muß der Richter die Beschlagnahme anordnen. Da diese Möglichkeit in den seltensten Fällen gegeben ist, wird auch in der Regel von einer Sicherstellung der beanstandeten Waren Abstand genommen. Bei einer etwaigen Sicherstellung von Waren sollte stets darüber Rechnungserteilung erfolgen. Selbst der Richter kann bei „Übertretungen" eine mit Eigentumsverlust verbundene Einziehung nicht aussprechen. Es kann sich also immer nur um eine vorübergehende Beschlagnahme handeln. Weiteres im § 98 der StPO. (s. Abschnitt IX).

Ausfragen von Angestellten. Wenn von dem Revisor der Versuch unternommen wird, Angestellte über geschäftliche Dinge auszufragen, dann sollte dagegen eingeschritten werden, denn dazu hat er keine Berechtigung. Überhaupt ist niemand verpflichtet, vor polizeilichen Organen Aussagen zu machen. Er kann, ohne daß ihm daraus ein Rechtsnachteil erwächst, jede Äußerung auf vorgelegte Fragen verweigern. Allerdings dürfen auch keine wissentlich falschen Angaben gemacht werden. Wenn sich ein Revisor Übergriffe der vorgenannten Art erlaubt, dann sollte verlangt werden, daß dieses Verhalten in der Niederschrift über die Besichtigung aufgenommen wird.

4. Verfahren bei der Revision

Entsprechend dem Zweck der Revision, die ordnungsgemäße Führung des Gewerbebetriebes zu prüfen und bei Verstößen auf Abstellung hinzuwirken, sollen nicht wegen jeder Kleinigkeit Strafen verhängt werden. Ziffer 8 gibt darüber den Revisoren wichtige Richtlinien:

1. Vorschriftswidrige Waren (das sind solche, die nicht echt oder verdorben oder verunreinigt sind) sollen vernichtet werden, sofern der Geschäftsinhaber sein Einverständnis zu Protokoll erklärt, andernfalls sollen sie amtlich versiegelt werden, bis der Richter darüber entschieden hat.
2. Kleine Mängel, die auf Unwissenheit oder auf Irrtum beruhen, sowie geringe Unordnung und Unsauberkeit sollen alsbald beseitigt werden, wofür die Polizeibehörde zu sorgen hat.

   Gröbere Verstöße, erhebliche Unordnung und Unsauberkeit sollen ernstlich gerügt und im Wiederholungsfalle zur Bestrafung angezeigt werden.
3. Wegen Übertretung der Arzneimittelverordnung und der Giftpolizeiverordnung soll eine Polizeistrafe festgesetzt werden, wenn nicht besonderer Umstände wegen gerichtliche Verfolgung durch den Amtsanwalt zu veranlassen ist.
4. Mit besonderer Strenge sollen Fälle der Anfertigung von Arzneien verfolgt werden; gegebenenfalls soll die Untersagung des Handels mit Drogen und Chemikalien, welche zu Heilzwecken dienen, eingeleitet werden.

Nach Ziffer 4 soll über die Besichtigung in Gegenwart des Geschäftsinhabers oder seines Vertreters an Ort und Stelle ein Protokoll aufgenommen werden. Der Geschäftsinhaber kann auf seine Kosten eine Abschrift verlangen. Von diesem Recht sollte der Drogist Gebrauch machen, denn der Besitz einer solchen amtlichen Urkunde kann ihm vor Gericht oder im Geschäftsleben sehr zustatten kommen.

Sind gegen den Inhalt des Protokolls Einwände zu erheben, dann sollte ein diesbezüglicher Nachtrag im Protokoll verlangt werden. Zur Unterzeichnung des Protokolls ist er nicht verpflichtet; er wird die Unterschrift insbesondere dann verweigern, wenn er das Protokoll für unrichtig hält und die Revisionsbeamten sich weigern, seine diesbezüglichen Erklärungen mit in das Protokoll aufzunehmen.

Gebührenforderungen für die Revisionen. Gelegentlich werden die Drogisten zur Zahlung einer Gebühr für die Revision aufgefordert. Demgegenüber ist festzustellen, daß es sich bei der Aufsicht der Drogerien nicht um eine Amtshandlung im Interesse des Geschäftsinhabers handelt, sondern um eine polizeiliche Maßnahme im Rahmen allgemein polizeilicher Zuständigkeit, die im öffentlichen Interesse vorgenommen wird. Die Kosten für diese turnusmäßig vorgesehenen Revisionen treffen unter Zugrundelegung der Verordnung über die Gebührenerhebung der Gesundheitsämter vom 28. März 1935 und der bisherigen Rechtsprechung denjenigen, der die allgemeinen Polizeikosten zu tragen hat. Die Inrechnungstellung dieser Gebühren und die Belastung des Drogisten mit denselben ist unzulässig. Nur wenn es sich um sogenannte Nachrevisionen handelt oder ein besonderer Anlaß vorgelegen hat, die Drogerie außerhalb der üblichen Revisionen zu kontrollieren, kann der Drogist zur Tragung der Kosten der Revision herangezogen werden.

Verhalten bei Beanstandungen. Wenn bei einer Revision unberechtigte Beanstandungen vorgenommen worden sind, dann sollten regelmäßig in sachlicher Form dem die Revision leitenden Amtsarzt gegenüber Einwände geltend gemacht und womöglich unter Heranziehung von Fachliteratur, Gerichtsentscheidungen eine Klärung des Sachverhalts angestrebt werden. Wenn sich auf diese Weise keine Übereinstimmung erzielen läßt und der Drogist davon überzeugt ist, daß die Beanstandung zu Unrecht erfolgt ist, dann sollte er seine Einwendungen zu Protokoll geben. Von dem Vorgefallenen sollte überdies dem Leiter der zuständigen Untergliederung des Deutschen Drogistenverbandes eingehend und ungeschminkt Kenntnis gegeben werden, damit dieser gegebenenfalls sich nochmals mit dem Amtsarzt in Verbindung setzen kann. Darüber hinausgehend ist der Polizeibehörde, die das Revisionsprotokoll bekommt und eine etwaige Anzeige einleitet, jegliches Material zuzuleiten, aus dem sich die Unhaltbarkeit der Beanstandung ergibt (Gutachten, Gerichtsentscheidungen usw.). Nötigenfalls geht die Geschäftsstelle des Deutschen Drogistenverbandes mit Informationsmaterial zur Hand. In vielen Fällen kann mit diesen Maßnahmen der Einleitung eines Strafverfahrens vorgebeugt werden.

Gelegentlich kann es vorkommen, daß eine Anzeige in grober Fahrlässigkeit oder wider besseres Wissen (§ 164 StGB. und § 501 StPO.) erfolgt. Gegen derartige Handlungen kann man womöglich im Wege der Beschwerde beim zuständigen Polizeipräsidenten bzw. Regierungspräsidenten vorgehen, wenn gutes Material zur Stütze der Beschwerde vorgetragen werden kann.

Läßt sich die Polizeibehörde von der Unhaltbarkeit einer Anzeige nicht überzeugen und leitet sie die Angelegenheit an die Strafverfolgungsbehörde weiter, dann muß zunächst abgewartet werden, was diese unternimmt. In der Regel erfolgt die Zustellung eines amtsrichterlichen Strafbefehls, gegen den, wenn er nach Inhalt oder Höhe ungerechtfertigt ist, innerhalb 8 Tagen, vom Zeitpunkt der Zustellung ab gerechnet, Einspruch erhoben werden muß. Es erfolgt dann Ansetzung eines mündlichen Verhandlungstermins. Vor diesem Termin sollte dem Gericht ein Schriftsatz eingereicht werden, in dem zusammenfassend alles zur Verteidigung vorzubringende Material niederzulegen ist. Überdies sollte die Ladung eines drogistischen Sachverständigen, möglichst unter Benennung eines solchen, beantragt werden. Die Hinzuziehung eines drogistischen Sachverständigen ist besonders angezeigt, wenn die Revisoren sich nach ihrem Verhalten bei der Revision als nicht unbefangen gezeigt haben. Soll ein solcher Revisor als Sachverständiger vor Gericht gehört werden, dann ist er wegen Befangenheit abzulehnen.

Der Drogist kann seine Verteidigung vor Gericht selbst in die Hand nehmen oder auch damit einen Anwalt beauftragen, was dann angezeigt ist, wenn der Beschuldigte nicht selbst über die notwendige Prozeßsicherheit verfügt.

3. Sonderregelungen über Herstellung und Abgabe von Arzneimitteln

a) Jodhaltige Arzneimittel oder mit Jod angereicherte Lebensmittel

Warnung des RMdI. vom 17. November 1938 (MBliV. S. 1912)

(1) Auf Grund der VO. des Reichspräsidenten zum Schutze der Volksgesundheit vom 22. April 1933 (RGBl. I S. 215) warne ich vor dem wahllosen Gebrauch jodhaltiger Arzneimittel und mit Jod angereicherter Lebensmittel.

(2) Jod und seine Verbindungen können bei jodempfindlichen Menschen selbst in kleinsten Mengen zu einer mehr oder weniger ernsten, selbst lebenbedrohenden Störung der Schilddrüsentätigkeit und damit des Stoffwechsels und der Herztätigkeit (Jodbasedow) führen.

(3) Jod und Jodverbindungen sind in vielen Arzneimitteln enthalten, die gegen Arteriosklerose und Altersbeschwerden angepriesen werden, z. B. Jodbonbons, manche Badezusätze und Schönheitsmittel, viele Erzeugnisse zur Vorbeugung gegen Schnupfen und Erkältung sowie mit Jod angereicherte Lebensmittel, z. B. jodhaltiges Speisesalz, dem in Kropfgegenden eine gewisse Bedeutung zur Vorbeugung des Kropfes zukommt.

b) Verordnung über den Verkehr mit Arzneimitteln usw., die der ärztlichen Verschreibungspflicht unterliegen

Vom 13. März 1941 (RGBl. I S. 136)

Auf Grund des § 6 Abs. 2 der Gewerbeordnung für das Deutsche Reich in der Fassung der Verordnung vom 23. Dezember 1939 (RGBl. I 1940 S. 21) wird im Einvernehmen mit dem Reichswirtschaftsminister folgendes verordnet:

§ 1

(1) Stoffe, Zubereitungen und Gegenstände, deren Abgabe zu Heil- oder sonstigen Zwecken in den Apotheken auf Grund von Polizeiverordnungen oder anderen Vorschriften des Reichs oder der Länder an die Vorlage einer schriftlichen, mit Datum und Unterschrift versehenen Anweisung (Rezept) eines Arztes, Zahnarztes oder Tierarztes gebunden ist, dürfen unabhängig von ihrem Verwendungszweck außerhalb der Apotheken nicht feilgehalten oder verkauft werden.

(2) Die Vorschriften des Reichs und der Länder über den Verkehr mit Giften und giftigen Pflanzenschutzmitteln werden durch die Bestimmungen des Abs. 1 nicht berührt.

§ 2

Die auf Landesrecht beruhenden Befugnisse der Tierärzte zur Abgabe von Arzneimitteln in Ausübung ihrer Praxis werden durch die Vorschrift des § 1 Abs. 1 nicht berührt.

§ 3

Die Bestimmungen der Verordnung, betreffend den Verkehr mit Arzneimitteln, vom 22. Oktober 1901 (RGBl. S. 380) treten, soweit sie den vorstehenden Vorschriften entgegenstehen, außer Kraft.

§ 4

Der Reichsminister des Innern kann im Erlaßwege in begründeten Fällen Ausnahmen von den Vorschriften dieser Verordnung zulassen.

§ 5

. . . .

c) Polizeiverordnung über die Abgabebeschränkung für weibliche Geschlechtshormone und andere Arzneimittel

Vom 13. März 1941 (RGBl. I S. 136) mit

Änderungen der Verordnung vom 27. Februar 1942 (RGBl. I S. 99)

Auf Grund der Verordnung über die Polizeiverordnungen der Reichsminister vom 14. November 1938 (RGBl I S. 1582) wird verordnet:

§ 1

(1) Weibliche Geschlechtshormone (Follikelhormon, Corpus-luteum-Hormon), Pflanzenstoffe sowie synthetische und halbsynthetische Stoffe mit den Wirkungen der weiblichen Geschlechtshormone (z. B. Abkömmlinge des Östrans und des Stilbens, ferner Di-[p-oxyphenyl]-hexen) sowie Zubereitungen, die die genannten Stoffe enthalten, dürfen in den Apotheken nur auf eine mit Datum, Gebrauchsanweisung und Unterschrift versehene Verschreibung eines Arztes, Zahnarztes oder Tierarztes abgegeben werden.

(2) Von der Vorschrift des Abs. 1 sind weibliche Geschlechtshormone enthaltende Zubereitungen nur zur Verfütterung an Geflügel ausgenommen.

§ 1a

Chinin, seine Salze, seine Verbindungen und ihre Salze, sowie die Zubereitungen dieser Stoffe dürfen in den Apotheken nur auf jedesmal erneute, mit Datum, Gebrauchsanweisung und Unterschrift versehene Verschreibung eines Arztes, Zahnarztes oder Tierarztes abgegeben werden.

§ 2

Stoffe und Zubereitungen in Form von Fertigwaren, die

a) zur Einführung in die Scheide (Vagina) bestimmt sind,
b) zur Behebung der Amenorrhoe (Blutstockung) bestimmt sind, auch wenn sie als Mittel gegen Regel-, Perioden- oder Menstruationsstörungen angekündigt werden,

dürfen in den Apotheken zur Anwendung am Menschen nur auf eine mit Datum, Gebrauchsanweisung und Unterschrift versehene Verschreibung eines Arztes abgegeben werden.

§ 3

(1) Die wiederholte Abgabe der im § 1 Abs. 1 und § 2 genannten Erzeugnisse ist unbeschadet von § 1 Abs. 2 nur gestattet, wenn die Wiederholung in der Verschreibung für zulässig erklärt und dabei vermerkt ist, wie oft und bis zu welchem Zeitpunkt sie stattfinden darf.

(2) Die Abgabe oder die wiederholte Abgabe der vorstehend im Abs. 1 genannten Erzeugnisse ist auf der Verschreibung durch Aufdruck des Stempels der Apotheke unter Angabe des Tages der Abgabe kenntlich zu machen.

§ 4

Der Reichsminister des Innern kann von den Vorschriften dieser Verordnung in begründeten Fällen Ausnahmen zulassen.

§ 5

Wer vorsätzlich oder fahrlässig dieser Polizeiverordnung zuwiderhandelt, wird mit Geldstrafe bis zu 150 Reichsmark oder mit Haft bis zu sechs Wochen bestraft.

§ 6

Die Polizeiverordnung tritt am 1. April 1941 in Kraft.

d) Verordnung über die Herstellung von Arzneifertigwaren

Vom 11. Februar 1943 (RGBl. I S. 99)

Der Ministerrat für die Reichsverteidigung verordnet mit Gesetzeskraft:

§ 1

Die Herstellung neuer Arzneifertigwaren (Spezialitäten) wird mit sofortiger Wirkung verboten.

§ 2

Arzneifertigwaren (Spezialitäten) im Sinne der Verordnung sind Stoffe und Zubereitungen, die zur Verhütung, Linderung oder Beseitigung von Krankheiten, Leiden, Körperschäden oder Beschwerden bei Mensch oder Tier bestimmt sind, in abgabefertiger Packung in den Verkehr gelangen und durch besondere Bezeichnung oder Aufmachung als Erzeugnisse bestimmter Hersteller gekennzeichnet sind.

§ 3

Eine Arzneifertigware ist neu im Sinne des § 1, wenn sie bei Inkrafttreten dieser Verordnung nicht im Verkehr war.

§ 4

Der Reichsminister des Innern kann im Einvernehmen mit dem Reichswirtschaftsminister und, soweit sein Geschäftsbereich berührt wird, mit dem Reichsminister für Ernährung und Landwirtschaft Ausnahmen vom Verbot des § 1 zulassen.

§ 5

(1) Mit Gefängnis und mit Geldstrafe oder mit einer dieser Strafen wird bestraft, wer vorsätzlich dieser Verordnung oder ihren Ausführungsbestimmungen zuwiderhandelt.

(2) Neben der Strafe kann auf Einziehung oder Vernichtung der Arzneifertigware, auf die sich die strafbare Handlung bezieht, in schweren Fällen auf Schließung des Betriebes erkannt werden.

§ 6

. . . .

Anmerkung: Da das neue Arzneimittelgesetz infolge der Kriegsverhältnisse nicht zur Verabschiedung gelangte, werden einzelne Rechtsgrundsätze des künftigen Arzneimittelrechts, die besonders dringlich und ohne große Belastung von Verwaltung und Wirtschaft erscheinen, in Einzelverordnungen vorweggenommen. Die vorstehende Verordnung läßt sich schon als ein solches Teilgebiet der neuen Arzneimittelgesetzgebung betrachten. Sie stellt die erste Rechtsordnung auf dem Gebiete der industriellen Arzneiproduktion dar.

Nunmehr ist mit sofortiger Wirkung jede Herstellung neuer Arzneifertigwaren verboten (§ 1 d. V.) Da trotzdem Forschung und Fortschritt auf diesem Gebiete nicht gedrosselt werden sollen, sind Ausnahmen von diesem Verbot vorgesehen (§ 4). Die V. bringt als weiteres Wesentliches zum ersten Male die gesetzliche Begriffsbestimmung für Arzneifertigwaren oder Spezialitäten (§ 2). Sie greift hiermit dem Arzneimittelgesetz vor. Nähere Ausführungen zu der Begriffsbestimmung bringt auch der folgende Runderlaß.

Verbot der Herstellung neuer Arzneifertigwaren

RdErl. d. RMdI. v. 17. Mai 1943 (MBliV. S. 865)

Auf Grund des § 6 der VO. des Ministerrats für die Reichsverteidigung über die Herstellung von Arzneifertigwaren vom 11. Februar 1943 (RGBl. I S. 99) wird im Einvernehmen mit dem RWiM. und dem RMfEuL. bestimmt:

I. (1) Der Herstellung neuer Arzneifertigwaren (Spezialitäten) ist seit dem Inkrafttreten der eingangs genannten VO., d. i. seit dem 19. Februar 1943, verboten. Der Herstellung neuer Arzneifertigwaren im Inland steht die Einfuhr bisher nicht eingeführter Arzneifertigwaren aus dem Ausland gleich.

(2) Als Arzneifertigwaren (Spezialitäten) im Sinne des § 2 der VO. gelten auch — soweit sie in Form von Fertigwaren in den Verkehr gelangen —

1. Stoffe und Zubereitungen, die dazu bestimmt sind,
   a) eine allgemeine oder örtliche Empfindungslosigkeit bei Mensch und Tier herbeizuführen,
   b) zur Verhütung, Linderung oder Beseitigung von Schwangerschaftsbeschwerden, zur Erleichterung der Geburt oder beim Geburtsvorgang bei Mensch oder Tier angewendet zu werden,
   c) Krankheiten, Leiden, Körperschäden oder sonstige körperliche oder seelische Zustände bei Mensch oder Tier erkennen zu lassen,
   d) Erscheinungen des vorzeitigen oder natürlichen Alterns, ferner besondere körperliche oder seelische Zustände bei Mensch oder Tier zu verhüten, zu lindern oder zu beseitigen, insbesondere der Verjüngung, geschlechtlichen Anregung, Entwöhnung von Tabak- oder Alkoholgenuß, Abmagerung oder Behebung der Magerkeit, Verbesserung der Körperform oder Beeinflussung der Leistung zu dienen,
   e) Ungeziefer, mit dem Mensch oder Tier behaftet ist, zu beseitigen.

2. Lebensmittel, Futtermittel, Körperpflegemittel (Mittel zur Reinigung, Pflege, Färbung oder Verschönerung der Haut, des Haares, der Nägel oder der Mundhöhle oder der entsprechenden Teile des Tierkörpers), wenn sie überwiegend zur Verhütung, Linderung oder Beseitigung von Krankheiten, Leiden, Körperschäden oder Beschwerden bei Mensch oder Tier bestimmt sind;

3. Entseuchungsmittel (Desinfektionsmittel).

(3) Stoffe und Zubereitungen, die lediglich für die klinische Erprobung bestimmt sind, unterliegen den Bestimmungen der VO. erst dann, wenn sie als Arzneifertigwaren in den Verkehr gebracht werden sollen.

II. (1) Eine Arzneifertigware ist neu im Sinne des § 3 der VO., wenn sie vor dem 19. Februar 1943 nicht im Verkehr war oder, falls sie vor diesem Tage im Verkehr war, nachträglich
   a) in ihrer Zusammensetzung eine die Wirkungsweise wesentlich beeinflussende Änderung erfährt oder
   b) in einer zusätzlich neuen Darreichungsform hergestellt wird oder
   c) in ihrer Namensbezeichnung geändert wird, es sei denn, daß die Änderung aus markenrechtlichen Gründen erfolgen muß.

(2) Eine Arzneifertigware war dann vor dem Inkrafttreten der VO. im Verkehr (§ 3), wenn sie vor dem 19. Februar 1943 im Arzneimittelgroß- oder -einzelhandel erhältlich war.

III. (1) Die Ausnahmegenehmigung für die Herstellung von neuen Arzneifertigwaren (§ 4 der VO.) ist bei mir zu beantragen. Hierbei sind Angaben über die Bezeichnung, Zusammensetzung, Darreichungsform, Packungsgröße, Einzelgabe, Gebrauchsanweisung und Zweckbestimmung des Mittels mit etwaigen Unterlagen über die pharmakologische und klinische Wirkung beizufügen sowie Name und Sitz der Herstellerfirma anzugeben. Die Mitteilung des Herstellungsverfahrens kann, wenn erforderlich, verlangt werden.

(2) Die Herstellung von Arzneifertigwaren, die ausschließlich für die Ausfuhr bestimmt sind, wird durch die VO. nicht berührt.

(3) Für die Erteilung einer Genehmigung nach § 4 der VO. ist eine Verwaltungsgebühr in Höhe von 50 RM zu entrichten.

IV. Ich entscheide in Zweifelsfällen, ob eine Arzneifertigware vorliegt und ob sie als neu zu gelten hat.

e) Rezeptpflicht für Paraffag

Anordnung über den Verkauf von Paraffag

Anordnung der Landesregierung Sachsen vom 12. Oktober 1949 (GVBl. Sa. 1949, Nr. 29, S. 683)

Auf Grund von § 9 des Arzneimittelgesetzes vom 27. Februar 1948 wird angeordnet, daß sogleich von jetzt an der Verkauf von Paraffag der Chem. Fabrik Hörlitz (NL.) nur noch in Apotheken statthaft ist. Die Abgabe darf nur auf jedesmal erneute ärztliche Verordnung erfolgen.

(Das Landesgesundheitsamt Sachsen hatte mit Verfügung vom 23. September 1949 auch schon angeordnet, daß Paraffag apotheken- und rezeptpflichtig ist. Dabei wurde erneut darauf aufmerksam gemacht, daß Paraffag, wie jedes andere Paraffinpräparat, als Ersatz für Speisefett verwendet, z. B. bei der Herstellung von Backwaren, Bratkartoffeln usw., gesundheitsschädlich wirken kann).

4. Die Arzneimittelgesetzgebung seit 1945

a) Die Arzneimittelgesetzgebung in Groß-Berlin und in der Ostzone

Auf Grund der vor dem 2. Weltkriege im Reichsgesundheitsamt ausgearbeiteten Entwürfe eines Arzneimittelgesetzes wurden 1946 sowohl von der Gesundheitsbehörde von Groß-Berlin (Landesgesundheitsamt) als auch von der Deutschen Zentralverwaltung für das Gesundheitswesen in der sowjetischen Besatzungszone (später: Deutsche Wirtschaftskommission, Hauptverwaltung Gesundheitswesen; seit 7. Oktober 1949: Ministerium für Arbeit und Gesundheitswesen der Deutschen Demokratischen Republik) für die 5 Länder der Ostzone je ein Arzneimittelgesetzentwurf aufgestellt.

In Groß-Berlin kam die Entwicklung rascher zum Abschluß. Am 21. November 1946 hatte der Magistrat eine „Anordnung über die Herstellung von Arzneifertigwaren" (VOBl. Berlin 1946, Nr. 46, S. 431) erlassen und in dieser die sogenannte Stoppverordnung vom 11. Februar 1943 (Verordnung über die Herstellung von Arzneifertigwaren; RGBl. I, Nr. 16, S. 99) wieder in Kraft gesetzt. Unter dem 10. Mai 1947 wurde dann die 1946 fertiggestellte und von der Alliierten Kommandantur genehmigte „Verordnung über Arzneimittel und Schönheitsmittel" (VOBl. Berlin 1947, Nr. 9, S. 130) veröffentlicht. Diese Verordnung kann man als das erste deutsche Arzneimittelgesetz bezeichnen. Zur gleichen Zeit wurde auch der Entwurf des Arzneimittelgesetzes für die sowjetische Besatzungszone bekannt, das seitens der Zentralverwaltung für das Gesundheitswesen den 5 Länderparlamenten zur Beratung und Beschlußfassung überwiesen wurde. 1947/48 sind darauf in diesen Ländern die Arzneimittelgesetze in Kraft getreten.

Die neuen Arzneimittelgesetze bringen zunächst die wesentlichen Begriffsbestimmungen über Arzneimittel, Arzneien, Arzneifertigwaren, Stoffe, Zubereitungen und Schönheitsmittel. Für die Herstellung von Arzneimitteln wird eine Erlaubnispflicht und für Arzneifertigwaren eine Registrierung eingeführt. Groß- und Kleinhandel mit Arzneimitteln sind auch erlaubnispflichtig. Der Gesundheitsbehörde werden weitgehende Aufsichtsbefugnisse eingeräumt. Obgleich die Berliner Arzneimittelverordnung und der Entwurf der Zentralverwaltung auf die gleichen früheren Arzneimittelgesetzentwürfe zurückgehen, zeigen sie, abgesehen von den Begriffsbestimmungen, doch wesentliche Abweichungen, die sich nicht nur aus der Verschiedenheit der zuständigen Behörden, sondern auch aus anderen Ursachen erklären. Bei der Beratung der Entwürfe der Zentralverwaltung durch die Länderparlamente der sowjetischen Besatzungszone gab es dann weitere neue Abweichungen, die sich nicht nur auf die Stilistik, sondern auch auf manche materielle Dinge erstrecken. Auch in den Ausführungsbestimmungen gingen die einzelnen Länder vielfach verschiedene Wege, so daß beim Arzneimittelhandel zwischen den einzelnen Ländern Schwierigkeiten auftreten werden. In West-Berlin sind die erforderlichen Durchführungsbestimmungen zu der Arzneimittelverordnung im Hinblick auf die westdeutsche Entwicklung nicht erschienen. Es würde über den Rahmen des Buches hinausgehen, auf die Verschiedenheit der Verordnungen in den einzelnen Ländern einzugehen. Die Angabe der Gesetz- und Verordnungsblätter ermöglicht jedem Interessenten die Beschaffung der im folgenden aufgeführten Bestimmungen:

Brandenburg: Gesetz über den Verkehr mit Arzneimitteln (Arzneimittelgesetz). Vom 10. Oktober 1948. (GVBl. Brandbg. 1948, Teil I, Nr. 8, S. 21 und Nr. 9, S. 26.)

1. Durchführungsverordnung vom 19. Mai 1949 und
2. Durchführungsverordnung vom 29. Dezember 1949 (GVBl. Brandbg. 1950, Nr. 2, S. 43).

Bekanntmachung über die Regelung und Überwachung des Verkehrs mit Arzneifertigwaren vom 10. Dezember 1949 (GVBl. Brandbg. 1949, Teil II, Nr. 24, S. 499).

Mecklenburg: Gesetz über den Verkehr mit Arzneimitteln (Arzneimittel-Gesetz). Vom 27. Juni 1947 (RegBl. Mecklbg. 1947, Nr. 15, S. 137).

1. Verordnung zum Gesetz über den Verkehr mit Arzneimitteln (Arzneimittel Verordnung) vom 28. Juni 1947 (RegBl. Mecklbg. 1947, Nr. 15, S. 139).

Sachsen: Gesetz über den Verkehr mit Arzneimitteln (Arzneimittelgesetz). Vom 27. Februar 1948 (GVBl. Sa. 1948, Nr. 7, S. 137).

1. Durchführungsverordnung vom 19. März 1948 (GVBl. Sa. 1948, Nr. 8, S. 157).
2. Durchführungsverordnung vom 18. Mai 1948 (GVBl. Sa. 1948, Nr. 14, S. 328).

Anordnung über die Meldepflicht von Arzneifertigwaren vom 31. Oktober 1949 (GVBl. Sa. 1949, Nr. 31, S. 746).

Anordnung über die Meldepflicht von Tierarzneifertigwaren vom 12. November 1949 (GVBl. Sa. 1949, Nr. 31, S. 746).

Sachsen-Anhalt: Gesetz über den Verkehr mit Arzneimitteln (Arzneimittelgesetz) vom 28. Juni 1948 (GVBl. SaAnh. 1948, Nr. 15, S. 83).

Thüringen: Gesetz über den Verkehr mit Arzneimitteln (Arzneimittelgesetz). Vom 4. Juni 1948 (RegBl. Thür. 1948, Teil I, Nr. 10, S. 71).

1. Ausführungsverordnung vom 11. November 1948 (RegBl. Thür. 1948, Teil I, Nr. 17, S. 108).
2. Ausführungsverordnung vom 10. Dezember 1948 (RegBl. Thür. 1948, Teil I, Nr. 19, S. 115).
3. Ausführungsverordnung vom 20. Dezember 1948 (RegBl. Thür. 1949, Teil I, Nr. 1, S. 1).
4. und 5. Ausführungsverordnung vom 4. April 1949 (RegBl. Thür. 1949, Teil I, Nr. 6, S. 27/28, mit Änderung vom 28. Juli 1950 (RegBl. Thür. 1950, Teil I, Nr. 24, S. 238).

Nachstehend werden in vollem Wortlaut nur aufgeführt die Berliner Arzneimittelverordnung, der Entwurf der Zentralverwaltung, die Anordnung der DWK über die Regelung und Überwachung des Verkehrs mit Arzneimitteln mit der 1. und 2. Durchführungsbestimmung und die nur für Ost-Berlin geltende Durchführungsbestimmung zur Arzneimittelverordnung. Die ersten beiden sind nebeneinander abgedruckt, um sie in den einzelnen Bestimmungen miteinander vergleichen zu können.

Berliner Verordnung über Arzneimittel und Schönheitsmittel

Vom 10. Mai 1947 (VOBl. Bln. 1947, Nr. 9, S. 130)

A. Begriffsbestimmungen und Geltungsbereich

§ 1. (1) Arzneimittel im Sinne dieser Verordnung sind Stoffe und Zubereitungen, die dazu bestimmt sind, Krankheiten, Leiden oder Körperschäden bei Mensch oder Tier zu verhüten, zu lindern oder zu beseitigen.

(2) Arzneien sind zur Abgabe an den Verbraucher hergerichtete Arzneimittel.

(3) Arzneifertigwaren (Spezialitäten) sind Arzneien, die in abgabefertiger Packung in den Verkehr gebracht werden und durch besondere Bezeichnung oder Aufmachung als Erzeugnisse bestimmter Hersteller gekennzeichnet sind.

(4) Stoffe im Sinne dieser Verordnung sind chemische Grundstoffe und chemische Verbindungen sowie unbearbeitete oder bearbeitete Naturerzeugnisse.

(5) Zubereitungen sind Erzeugnisse aus Stoffen, die in den Erzeugnissen noch ganz oder teilweise enthalten sind.

(6) Verbraucher im Sinne dieser Verordnung ist, wer Arzneimittel erwirbt, um sie an sich, an anderen oder an Tieren anzuwenden. Dem Verbraucher stehen gleich Einrichtungen der Gesundheits- und Krankenfürsorge, in denen Arzneimittel verwendet werden.

§ 2. Stoffe und Zubereitungen, die überwiegend Lebensmittel oder Futtermittel sind, unterliegen dieser Verordnung nur dann, wenn sie im Einzelfalle als Arzneimittel vorrätig gehalten oder abgegeben werden oder soweit dies nach §§ 4, 5 angeordnet wird.

§ 3. (1) Schönheitsmittel (kosmetische Mittel, Körperpflegemittel) sind Stoffe und Zubereitungen, die zur Reinigung, Pflege, Färbung oder Verschönerung der Haut, des Haares, der Nägel oder der Mundhöhle bestimmt sind.

(2) Schönheitsmittel unterliegen dieser Verordnung nur, soweit die Abteilung Gesundheitswesen des Magistrats von Groß-Berlin dies bestimmt.

§ 4. Den Arzneimitteln stehen Stoffe und Zubereitungen gleich, die dazu bestimmt sind, bei Mensch oder Tier

1. eine allgemeine oder örtliche Empfindungslosigkeit herbeizuführen,
2. Beschwerden der Schwangerschaft zu verhüten, zu lindern oder zu beseitigen, die Geburt zu erleichtern, den Geburtsvorgang zu beeinflussen oder die Schwangerschaft zu beseitigen,
3. durch Anwendung am Körper Krankheiten, Leiden, Körperschäden oder sonstige körperliche und seelische Zustände zu erkennen,
4. eine Schwangerschaft oder Trächtigkeit zu erkennen,
5. Erscheinungen des vorzeitigen oder natürlichen Alterns zu verhüten, zu lindern oder zu beseitigen oder den Körper zu verjüngen,
6. besondere körperliche oder seelische Zustände zu verhüten, zu lindern oder zu beseitigen oder die Leistung zu beeinflussen,
7. die Geschlechtstätigkeit zu beeinflussen.
8. vom Tabak- oder Alkoholgenuß oder von Betäubungsmitteln zu entwöhnen,
9. eine Abmagerung herbeizuführen, die Magerkeit zu beheben oder die Körperform zu verbessern,
10. Ungeziefer, das den Körper befällt, zu beseitigen oder den Befall zu verhüten.

Gesetz über den Verkehr mit Arzneimitteln (Arzneimittelgesetz)

(Entwurf der deutschen Zentralverwaltung für das Gesundheitswesen in der sowjetischen Besatzungszone)

A. Geltungsbereich

§ 1. (1) Arzneimittel sind Stoffe und Zubereitungen, die dazu bestimmt sind, Krankheiten, Leiden oder Körperschäden bei Mensch und Tier zu verhüten, zu lindern oder zu beseitigen.

(2) Arzneien sind zur Abgabe an den Verbraucher hergerichtete Arzneimittel.

(3) Arzneifertigwaren sind Arzneien, die in abgabefertiger Packung in den Verkehr gebracht werden und durch besondere Bezeichnung oder Aufmachung als Erzeugnisse bestimmter Hersteller gekennzeichnet sind.

(4) Stoffe im Sinne dieses Gesetzes sind chemische Grundstoffe und chemische Verbindungen sowie Naturerzeugnisse im unbearbeiteten oder bearbeiteten Zustand.

(5) Zubereitungen sind Erzeugnisse aus Stoffen, die in den Erzeugnissen noch ganz oder teilweise enthalten sind.

(6) Verbraucher im Sinne dieses Gesetzes ist, wer Arzneimittel erwirbt, um sie an sich, an anderen oder an Tieren anzuwenden. Dem Verbraucher stehen gleich Einrichtungen der Gesundheits- und Krankenfürsorge, in denen Arzneimittel verwendet werden.

§ 2. Stoffe und Zubereitungen, die überwiegend Lebensmittel oder Futtermittel sind, unterliegen diesem Gesetz nicht, falls sie nicht im Einzelfalle als Arzneimittel vorrätig gehalten oder abgegeben werden.

§ 3. (1) Schönheitsmittel sind Stoffe und Zubereitungen die zur Reinigung, Pflege, Färbung oder Verschönerung der Haut, des Haares, der Nägel oder der Mundhöhle bestimmt sind.

(2) Stoffe und Zubereitungen, die überwiegend Schönheitsmittel sind, unterliegen diesem Gesetz nur, soweit es nach § 5 Nr. 3 angeordnet wird.

§ 4. Den Arzneimitteln stehen Stoffe und Zubereitungen gleich, die dazu bestimmt sind:

1. eine allgemeine oder örtliche Empfindungslosigkeit herbeizuführen,
2. Beschwerden der Schwangerschaft zu verhüten, zu lindern oder zu beseitigen, die Geburt zu erleichtern, den Geburtsvorgang zu beeinflussen oder die Schwangerschaft zu beseitigen,
3. durch Anwendung am Körper Krankheiten, Leiden oder Körperschäden zu erkennen,
5. Erscheinungen des vorzeitigen oder natürlichen Alterns zu verhüten, zu lindern oder zu beseitigen, oder den Körper zu verjüngen,
   besondere körperliche oder seelische Zustände zu verhüten, zu lindern oder zu beseitigen,
   die Geschlechtstätigkeit zu beeinflussen,
   vom Tabak- oder Alkoholgenuß oder von Betäubungsmittelsuchten zu entwöhnen,
   eine Abmagerung herbeizuführen,
   die Magerkeit zu beheben,
   die Körperform zu verbessern.
6. Ungeziefer, das den Körper befällt, zu beseitigen.

§ 5. Die Abteilung Gesundheitswesen des Magistrats von Groß-Berlin kann den Arzneimitteln gleichstellen:

1. Stoffe und Zubereitungen, die dazu bestimmt sind, außerhalb des Körpers Krankheiten, Leiden oder Körperschäden zu erkennen,
2. Stoffe und Zubereitungen, die dazu bestimmt sind, physiologische Eigenschaften von Organen, Geweben und Körperflüssigkeiten zu erkennen,
3. diätetische Mittel,
4. Stoffe und Zubereitungen, die dazu bestimmt sind, für Mensch oder Tier gefährliche Krankheitserreger abzutöten (Entseuchungsmittel),
5. Verbandsmittel, chirurgische Nähmittel,
6. sonstige Stoffe und Zubereitungen, die zur Anwendung am Körper zu anderen als den in § 1 Abs. 1, § 4 oder den unter Nrn. 1, 2, 4, 5 genannten Zwecken bestimmt sind,
7. Gegenstände, die zu den in § 1 Abs. 1, § 4 oder den unter Nrn. 1, 2, 4, 5 genannten Zwecken bestimmt sind.

B. Erlaubnispflicht und Überwachung

§ 6. (1) Wer Arzneimittel und Schönheitsmittel (§ 3 Abs. 2) zur Abgabe an andere herstellt, bedarf der Erlaubnis der Abteilung Gesundheitswesen des Magistrats von Groß-Berlin. Ausgenommen sind Apotheken, soweit sie die von ihnen hergestellten Arzneimittel unmittelbar an den Verbraucher abgeben. Die für den Apothekenbetrieb geltenden besonderen Vorschriften bleiben unberührt.

(2) Die Abteilung Gesundheitswesen bestimmt die Voraussetzungen, unter denen die Erlaubnis erteilt wird und unter denen sie zurückgenommen werden kann.

(3) Der in dem Betriebe für die Herstellung der Arzneimittel verantwortliche Leiter soll eine pharmazeutische, naturwissenschaftliche, medizinische oder sonstige fachliche Ausbildung besitzen. Er bedarf einer Bestätigung der Abteilung Gesundheitswesen, die aus triftigen Gründen widerrufen werden kann.

(4) Die Erlaubnis (Abs. 1) wird im Benehmen mit der Abteilung für Wirtschaft erteilt.

§ 7. (1) Arzneifertigwaren, die in Groß-Berlin hergestellt werden, dürfen erst in den Verkehr gebracht werden, wenn sie in das bei der Abteilung Gesundheitswesen des Magistrats von Groß-Berlin geführte Verzeichnis eingetragen sind. Ausgenommen sind Arzneifertigwaren, die nur in der Apotheke, in der sie hergestellt sind, an den Verbraucher abgegeben werden. Die Nummer der Eintragung (Satz 1) ist auf der Packung anzugeben. Änderungen in der Zusammensetzung bedürfen der Genehmigung.

(2) Die Abteilung Gesundheitswesen bestimmt die Voraussetzungen, unter denen die Eintragung erfolgt und unter denen sie abgelehnt oder gelöscht werden kann.

§ 5. Die zentrale Gesundheitsverwaltung kann den Arzneimitteln gleichstellen:

1. Stoffe und Zubereitungen, die dazu bestimmt sind, außerhalb des Körpers Krankheiten, Leiden oder Körperschäden zu erkennen,
2. Stoffe und Zubereitungen, die dazu bestimmt sind, physiologische Eigenschaften von Organen, Geweben und Körperflüssigkeiten zu erkennen,
3. Schönheitsmittel,
4. Stoffe und Zubereitungen, die dazu bestimmt sind, für Mensch oder Tier gefährliche Kleinlebewesen abzutöten (Entseuchungsmittel),
5. Verbandsmittel, chirurgische Nähmittel,
6. sonstige Stoffe und Zubereitungen, die zur Anwendung am Körper zu anderen als den in § 1 Abs. 1, § 4 oder den unter Nrn. 1 bis 5 genannten Zwecken bestimmt sind,
7. Gegenstände, die zu den in § 1 Abs. 1, § 4 oder den unter Nrn. 1 bis 6 genannten Zwecken bestimmt sind.

§ 6. Im Zweifel entscheidet die zentrale Gesundheitsbehörde,

1. ob ein Stoff oder eine Zubereitung ein Arzneimittel ist,
2. ob ein Stoff, eine Zubereitung oder ein Gegenstand den Arzneimitteln gleichsteht,
3. zu welcher der in § 1 Abs. 1 bis 5, §§ 4 und 5 genannten Gruppen der Stoff, die Zubereitung oder der Gegenstand gehört,
4. ob eine Person oder eine Einrichtung Verbraucher ist.

B. Erlaubnispflicht

§ 7. (1) Wer Arzneimittel gewerbsmäßig als Handelsware herstellt, bedarf der Erlaubnis der zentralen Gesundheitsverwaltung. Die für den Apothekenbetrieb geltenden besonderen Vorschriften bleiben unberührt.

(2) Die zentrale Gesundheitsverwaltung bestimmt die Voraussetzungen, unter denen die Erlaubnis erteilt wird, unter denen sie zurückgenommen oder der Betrieb geschlossen werden kann.

§ 8. (1) Arzneifertigwaren dürfen erst in den Verkehr gebracht werden, wenn sie in das bei der zentralen Gesundheitsverwaltung geführte Verzeichnis der Arzneifertigwaren eingetragen sind. Ausgenommen sind Arzneifertigwaren, die nur innerhalb der Apotheke, in der sie hergestellt sind, an den Verbraucher abgegeben werden.

(2) Die zentrale Gesundheitsverwaltung bestimmt die Voraussetzungen, unter denen die Eintragung erfolgt und unter denen sie abgelehnt oder gelöscht werden kann.

(3) Für die Erprobung neuer Arzneifertigwaren kann die Abteilung Gesundheitswesen Ausnahmen gestatten und Erleichterungen gewähren.

(4) Arzneifertigwaren, die vor dem 11. Februar 1943 registriert wurden, dürfen ohne Genehmigung hergestellt werden.

§ 8. Der Handel mit Arzneimitteln gilt als Einzelhandel, wenn er unmittelbar mit dem Verbraucher stattfindet, sonst als Großhandel.

§ 9. Wer Großhandel mit Arzneimitteln betreibt, bedarf der Erlaubnis der Abteilung Gesundheitswesen des Magistrats von Groß-Berlin, die im Benehmen mit der Abteilung für Wirtschaft erteilt wird. Wer Einzelhandel mit Arzneimitteln betreibt, bedarf der Erlaubnis der Abteilung für Wirtschaft, die im Benehmen mit der Abteilung Gesundheitswesen erteilt wird. Personenvereinigungen, die Arzneimittel an ihre Mitglieder abgeben, bedürfen einer Erlaubnis der Abteilung Gesundheitswesen. Die für Apotheken geltenden besonderen Vorschriften bleiben unberührt.

§ 10. Die Abteilung Gesundheitswesen des Magistrats von Groß-Berlin kann im Benehmen mit der Abteilung für Wirtschaft anordnen, daß bestimmte Arzneimittel oder ihnen gleichstehende oder gleichgestellte Stoffe und Zubereitungen (§§ 4, 3) von ihr bewirtschaftet werden. Die Rohstoffe werden von der Abteilung für Wirtschaft im Benehmen mit der Abteilung Gesundheitswesen bewirtschaftet.

§ 11. Die Abteilung Gesundheitswesen des Magistrats von Groß-Berlin kann im Benehmen mit der Abteilung für Wirtschaft für bestimmte Arzneimittel oder ihnen gleichstehende oder gleichgestellte Stoffe und Zubereitungen (§§ 4, 5) eine Anmeldung verlangen, die Einfuhr, den Erwerb und die Abgabe verbieten, beschränken oder an bestimmte Bedingungen knüpfen.

§ 12. Die Abteilung Gesundheitswesen des Magistrats von Groß-Berlin kann im Benehmen mit der Abteilung für Wirt chaft Vorschriften für Arzneimittel und Schönheitsmittel (§ 3 Abs. 2) erlassen über

1. Herstellung, Beschaffenheit, Prüfung, Aufbewahrung und Verpackung,
2. Erwerb und Abgabe,
3. Verschreibung, Bezeichnung, Angabe der Zusammensetzung und sonstige Beschriftung,
4. Preisberechnung,
5. Werbung.

§ 13. Die Betriebe, in denen Arzneimittel und Schönheitsmittel (§ 3 Abs. 2) hergestellt, zubereitet, bearbeitet, aufbewahrt, feilgehalten oder verkauft werden, sind in hygienisch einwandfreiem, sauberem und ordnungsgemäßem Zustande zu führen und zu halten.

§ 15. Die Abteilung Gesundheitswesen des Magistrats von Groß-Berlin kann die Herstellung bestimmter Arzneimittel und den Handel damit, insbesondere bei Seren und Impfstoffen, von einer amtlichen Überwachung und Prüfung abhängig machen.

§ 16. Es ist verboten, verdorbene, nachgemachte, verfälschte oder bei bestimmungsgemäßer Anwendung gesundheitsschädliche Arzneimittel herzustellen und solche Arzneimittel oder irreführend bezeichnete in den Verkehr zu bringen.

§ 17. Die Abteilung Gesundheitswesen des Magistrats von Groß-Berlin teilt ihre Entscheidungen und Feststellungen den zuständigen deutschen Behörden in den Besatzungszonen in gegenseitigem Austausch mit.

(3) Für die Erprobung neuer Arzneifertigwaren kann die zentrale Gesundheitsverwaltung Ausnahmen gestatten.

§ 9. Der Handel mit Arzneimitteln gilt als Kleinhandel, wenn er unmittelbar mit dem Verbraucher stattfindet, sonst als Großhandel.

§ 10. (1) Wer Großhandel oder Kleinhandel mit Arzneimitteln treibt, bedarf der Erlaubnis der zuständigen Behörde. Die für den Apothekenbetrieb geltenden besonderen Vorschriften bleiben unberührt.

(2) Die zentrale Gesundheitsverwaltung bestimmt die Voraussetzungen, unter denen die Erlaubnis erteilt wird, unter denen sie zurückgenommen oder der Betrieb geschlossen werden kann.

C. Ermächtigung zur Ausgestaltung der Arzneimittelgesetzgebung

§ 11. Die zentrale Gesundheitsbehörde erläßt für Arzneimittel Vorschriften über:

Herstellung, Beschaffenheit, Prüfung, Aufbewahrung und Verpackung,
Erwerb, Abgabe und Verschreibung,
Bezeichnung, Angabe der Zusammensetzung und sonstige Beschriftung,
Preisberechnung,
Werbung.

§ 12. Die zentrale Gesundheitsverwaltung kann

1. die Herstellung bestimmter Arzneimittel und den Handel damit verbieten oder von einer amtlichen Prüfung abhängig machen,
2. Arzneimittel von diesem Gesetz ausnehmen.

§ 18. Es können Gebühren nach Maßgabe einer Gebührenordnung erhoben werden.

§ 14. Die Beauftragten der Abteilung Gesundheitswesen des Magistrats von Groß-Berlin sind befugt, in Räumen, in denen Arzneimittel, Schönheitsmittel oder den Arzneimitteln gleichstehende oder gleichgestellte Stoffe und Zubereitungen hergestellt, zubereitet, bearbeitet, aufbewahrt, feilgehalten oder abgegeben werden, Besichtigungen vorzunehmen, Auskünfte zu verlangen, Proben zur Prüfung zu fordern und zu entnehmen. Sie sind hierbei von den Leitern der Betriebe und den dort tätigen Personen zu unterstützen. Die Beauftragten sind vorbehaltlich der dienstlichen Berichterstattung und der Anzeige von Gesetzwidrigkeiten verpflichtet, Verschwiegenheit zu beobachten und sich der Mitteilung und Verwertung von Geschäfts- und Betriebsgeheimnissen zu enthalten, auch wenn sie nicht mehr im Dienste sind.

C. Beirat

§ 19. (1) Zur Mitwirkung bei der Durchführung dieser Verordnung wird ein Beirat gebildet, in dem der Leiter der Abteilung Gesundheitswesen des Magistrats von Groß-Berlin oder sein Beauftragter den Vorsitz führt und dem ein Vertreter der Abteilung für Wirtschaft angehört.

(2) Der Beirat ist befugt, Ausschüsse zu bilden und zur Mitarbeit heranzuziehen.

(3) Die Abteilung Gesundheitswesen ist der Alliierten Kommandantur für die Tätigkeit des Beirats verantwortlich.

D. Strafbestimmungen

§ 20. (1) Wer die Bestimmungen dieser Verordnung verletzt, hat Strafverfolgung zu gewärtigen.

(2) Bei schweren Verstößen gegen diese Verordnung oder die auf Grund dieser Verordnung erlassenen Vorschriften kann vom Gericht auf Schließung oder Untersagung der Weiterführung des Betriebes oder Gewerbes oder Verbot der Berufsausübung für Dauer oder Zeit erkannt werden.

§ 13. Die zentrale Gesundheitsverwaltung kann bestimmen, daß dieses Gesetz auf Verfahren, die zu den in § 1 Abs. 1, §§ 4 und 5 genannten Zwecken bestimmt sind, Anwendung findet.

D. Überwachungsvorschriften

§ 14. Erlaubnispflichtige Unternehmen (§§ 7 und 10) unterliegen der Überwachung nach näherer Bestimmung der zentralen Gesundheitsverwaltung. Die zuständigen Stellen können die Überwachung durch ihre Beauftragten ausüben lassen.

§ 15 (Auskunftspflicht). (1) Inhaber, Betriebsleiter und Aufsichtspersonen eines erlaubnispflichtigen Unternehmens sind den nach § 14 zur Überwachung zuständigen Stellen und ihren Beauftragten zur Auskunft über alle betrieblichen und wirtschaftlichen Einrichtungen und Verhältnisse des Unternehmens verpflichtet, insbesondere über den Umfang des Unternehmens über die Verfahren zur Herstellung der Erzeugnisse, über Art, Herkunft, Menge, Preis und Vorrat der zur Verwendung gelangenden Stoffe. Sie haben dem Auskunftsberechtigten die Besichtigung ihrer Betriebe zu gestatten und auf Verlangen die vorgeschriebenen und sonst vorhandenen betrieblichen und wirtschaftlichen Aufzeichnungen, Bücher, Frachtbriefe und dergleichen Nachweise vorzulegen. Die Auskunftsberechtigten sind auch befugt, nach ihrer Auswahl Proben zum Zweck der Untersuchung zu fordern oder zu entnehmen; ein Teil jeder Probe ist amtlich verschlossen oder versiegelt zurückzulassen. Über entnommene Proben einschließlich des zurückgelassenen Teils, für welche der Berechtigte eine angemessene Entschädigung fordern kann, ist eine Empfangsbescheinigung zu erteilen.

(2) Ist ein Verband oder eine Vereinigung Inhaber des Unternehmens, so treffen die nach Abs. 1 dem Inhaber obliegenden Verpflichtungen diejenigen Personen, die zur Vertretung oder Geschäftsführung befugt sind, oder deren Stellvertreter.

§ 16 (Geheimhaltungspflicht). Die mit der Überwachung Betrauten sowie diejenigen Personen, die bei ihnen oder bei Stellen tätig sind, die Obliegenheiten nach diesem Gesetz oder den auf Grund desselben erlassenen Vorschriften zu erfüllen haben, sind, vorbehaltlich der dienstlichen Berichterstattung und der Anzeige von Gesetzwidrigkeiten, verpflichtet, über die Tatsachen und Einrichtungen der Betriebe, die durch ihre Tätigkeit zu ihrer Kenntnis kommen, Verschwiegenheit zu beobachten und sich der Mitteilung und Verwertung von Geschäfts- oder Betriebsgeheimnissen zu enthalten, auch nach Beendigung ihrer Tätigkeit.

E. Strafbestimmungen

§ 17. (1) Mit Gefängnis und mit Geldstrafe oder mit einer dieser Strafen wird bestraft, wer

1. vorsätzlich ohne die vorgeschriebene behördliche Erlaubnis Arzneimittel oder ihnen nach diesem Gesetz gleichstehende oder auf Grund dieses Gesetzes gleichgestellte Erzeugnisse herstellt oder Handel damit treibt;
2. vorsätzlich Arzneifertigwaren ohne die für sie vorgeschriebene Eintragung in das Verzeichnis der Arzneifertigwaren oder nach Ablehnung oder Widerruf oder Löschung der Eintragung in den Verkehr bringt;
3. die vorgeschriebene behördliche Hersteller- oder Handelserlaubnis oder die Eintragung einer Arzneifertigware in das Verzeichnis der Arzneifertigwaren durch unrichtige Angaben erschleicht; wer wissentlich Arzneifertigwaren, deren Eintragung durch unrichtige Angaben erschlichen ist, in den Verkehr bringt;
4. als Hersteller oder Händler, außer in den Fällen des § 19, vorsätzlich Verpflichtungen zuwiderhandelt, die ihm nach diesem Gesetz oder nach den auf Grund dieses Gesetzes erlassenen Vorschriften obliegen oder die ihm durch eine zuständige Stelle auferlegt worden sind.

(2) Der Versuch ist strafbar.

(3) Ist durch die Tat eine schwere Körperverletzung oder der Tod eines Menschen verursacht worden, so kann an Stelle von Gefängnis auf Zuchthaus bis zu 10 Jahren erkannt werden.

(4) Neben der Freiheitsstrafe kann auf Verlust der bürgerlichen Ehrenrechte, neben Zuchthaus auf Zulässigkeit von Polizeiaufsicht erkannt werden.

(5) Ist die Zuwiderhandlung in den Fällen des Abs. 1 Nrn. 1, 2 und 4 fahrlässig begangen, so tritt Geldstrafe und Gefängnis bis zu 6 Monaten oder eine dieser Strafen ein.

§ 21. (1) Neben der Strafe kann auf Einziehung oder Vernichtung der Stoffe, Zubereitungen und Gegenstände, auf die sich die strafbare Handlung bezieht, erkannt werden, auch wenn diese nicht dem Verurteilten gehören.

(2) Kann niemand verfolgt oder verurteilt werden, so kann auf Einziehung oder Vernichtung der Stoffe, Zubereitungen und Gegenstände selbständig erkannt werden, wenn im übrigen die Voraussetzungen hierfür vorliegen.

E. Inkrafttreten und Schlußbestimmungen

§ 22. Die Vorschriften des Opiumgesetzes bleiben unberührt.

§ 23. Die Abteilung Gesundheitswesen des Magistrats von Groß-Berlin erläßt die Übergangs- und Ausführungsvorschriften.

§ 24. Diese Verordnung tritt eine Woche nach der Verkündung im Verordnungsblatt für Groß-Berlin in Kraft.

Anmerkung:

Die Arzneimittelgesetze sind Rahmengesetze. Es sind noch keine Entscheidungen über die Apothekenpflichtigkeit oder Freiverkäuflichkeit der einzelnen, dem Gesetz unterstellten Mittel gefallen. Die Arzneimittelversorgung von 1901 mit den Ergänzungen ist keinesfalls aufgehoben.

§ 18. (1) Neben der Strafe kann auf Einziehung oder Vernichtung der Stoffe, Zubereitungen und Gegenstände, auf die sich die strafbare Handlung bezieht, erkannt werden, auch wenn diese nicht dem Verurteilten gehören.

(2) Kann niemand verfolgt oder verurteilt werden, so kann auf Einziehung oder Vernichtung der Stoffe, Zubereitungen und Gegenstände selbständig erkannt werden, wenn im übrigen die Voraussetzungen hierfür vorliegen.

§ 19. Mit Gefängnis bis zu 1 Jahr oder mit Geldstrafe wird bestraft, wer vorsätzlich oder fahrlässig

1. die von ihm nach § 15 zu erteilende Auskunft nicht oder unrichtig erteilt,
2. anderen ihm auf Grund des § 15 obliegenden Pflichten zuwiderhandelt,
3. die vorgeschriebenen Bücher oder Aufzeichnungen nicht ordnungsmäßig führt oder verwahrt oder sonst die behördliche Überwachung seines Unternehmens behindert oder hintertreibt.

§ 20. (1) Wer vorsätzlich oder fahrlässig der ihm durch § 16 auferlegten Verpflichtung zuwiderhandelt, wird mit Gefängnis bis zu 1 Jahr oder mit Geldstrafe bestraft

(2) Die Verfolgung tritt nur auf Antrag des Verletzten ein; die Zurücknahme des Antrages ist zulässig.

§ 21. Die Vorschriften der Gesetzgebung über den Verkehr mit Betäubungsmitteln (Opiumgesetzgebung) bleiben unberührt.

F. Schlußbestimmungen

§ 22. Die zentrale Gesundheitsverwaltung erläßt die zur Ergänzung und Durchführung dieses Gesetzes erforderlichen Rechts- und Verwaltungsvorschriften. Sie kann die ihr nach diesem Gesetz zustehenden Befugnisse ganz oder teilweise übertragen.

§ 23. (1) Dieses Gesetz tritt am . . . . in Kraft mit Ausnahme der in § 10 enthaltenen Vorschrift über die Erlaubnispflicht für den Kleinhandel außerhalb der Apotheken. Den Zeitpunkt des Inkrafttretens dieser Vorschrift bestimmt die zentrale Gesundheitsverwaltung.

(2) Die zentrale Gesundheitsverwaltung wird ermächtigt, gegebenenfalls im Einvernehmen mit den beteiligten Verwaltungen der Länder und Provinzen, diejenigen Vorschriften des bisherigen Rechts verbindlich zu bezeichnen, die mit dem Inkrafttreten dieses Gesetzes oder der auf Grund desselben erlassenen Vorschriften außer Kraft treten.

Anordnung der DWK über die Regelung und Überwachung des Verkehrs mit Arzneimitteln

Vom 5. Oktober 1949

(ZVOBl. Teil I, 1949, Nr. 89, S. 766)

Das Sekretariat der Deutschen Wirtschaftskommission hat in seiner Sitzung vom 5. Oktober 1949 folgende Anordnung beschlossen:

§ 1

(1) Arzneifertigwaren dürfen nur in Verkehr gebracht werden, wenn sie in das Verzeichnis der Arzneifertigwaren eingetragen sind. Der Begriff der Arzneifertigware im Sinne dieser Anordnung bestimmt sich nach den Arzneimittelgesetzen der Länder der sowjetischen Besatzungszone.

(2) Für die Erprobung neuer Arzneifertigwaren können Ausnahmen nach Maßgabe der Durchführungsbestimmungen gestattet werden.

§ 2

(1) Das Verzeichnis der Arzneifertigwaren wird bei der Deutschen Wirtschaftskommission, Hauptverwaltung Gesundheitswesen, geführt. Diese veröffentlicht das Verzeichnis sowie in angemessenen Zeitabständen Nachträge über Neueintragungen, Löschungen und sonstige Änderungen im Zentralverordnungsblatt.

(2) (Jedes in das Verzeichnis der Arzneifertigwaren eingetragene Erzeugnis erhält eine Kennziffer, die auf der äußeren und inneren Verpackung der Arzneifertigware anzubringen ist.

§ 3

(1) Die Stellung des Antrages auf Eintragung in das Verzeichnis der Arzneifertigwaren sowie die Vorprüfung der eingereichten Anträge richtet sich nach den Durchführungsbestimmungen der Länder zu den Arzneimittelgesetzen.

(2) Über die Eintragung in das Verzeichnis der Arzneifertigwaren entscheidet die Hauptverwaltung Gesundheitswesen. Sie trifft ihre Entscheidung unter besonderer Berücksichtigung der Planung auf dem gesamten Gebiet des Arzneimittelwesens.

§ 4

(1) Bei der Deutschen Wirtschaftskommission Hauptverwaltung Gesundheitswesen, wird ein Zentraler Gutachterausschuß für Arzneimittelverkehr gebildet. Vor Entscheidung über die Eintragung in das Verzeichnis der Arzneifertigwaren holt die Hauptverwaltung Gesundheitswesen die Stellungnahme des Ausschusses ein.

(2) Die Zusammensetzung des Ausschusses wird in den Durchführungsbestimmungen geregelt.

(3) Die Mitglieder des Ausschusses werden durch den Leiter der Hauptverwaltung Gesundheitswesen berufen oder abberufen.

§ 5

Die Deutsche Wirtschaftskommission, Hauptverwaltung Gesundheitswesen, stellt Grundsätze und Richtlinien auf, die eine einheitliche Gestaltung und Planung des Arzneimittelwesens für die sowjetische Besatzungszone ermöglichen sollen. Vor der Aufstellung dieser Grundsätze und Richtlinien ist der Zentrale Gutachterausschuß zu hören.

§ 6

Arzneifertigwaren, die bei Inkrafttreten dieser Anordnung bereits in Verkehr sind, dürfen solange in Verkehr bleiben, bis über ihre Eintragung in das Verzeichnis der Arzneifertigwaren entschieden ist.

§ 7

Soweit in den Ländern der sowjetischen Besatzungszone Durchführungsverordnungen zu den Arzneimittelgesetzen noch nicht bestehen, sind diese umgehend im Einvernehmen mit der Deutschen Wirtschaftskommission, Hauptverwaltung Gesundheitswesen, zu erlassen.

§ 8

Die Deutsche Wirtschaftskommission, Hauptverwaltung Gesundheitswesen, wird ermächtigt, die zur Durchführung dieser Anordnung erforderlichen Rechts- und Verwaltungsvorschriften zu erlassen und die zur Koordinierung auf dem Gebiet der Arzneimittelgesetzgebung in den Ländern notwendigen Maßnahmen durchzuführen.

§ 9

Diese Anordnung tritt am 6. Oktober 1949 in Kraft.

Erste Durchführungsbestimmung zur Anordnung über die Regelung und Überwachung des Verkehrs mit Arzneimitteln

Vom 30. Juni 1950
(GBl. DDR. 1950, Nr. 78, S. 668)

Auf Grund § 4 Abs. 2 und § 8 der Anordnung vom 5. Oktober 1949 über die Regelung und Überwachung des Verkehrs mit Arzneimitteln (ZVOBl. I S. 766) wird bestimmt:

§ 1

(1) Der Zentrale Gutachterausschuß setzt sich zusammen aus

zwei Vertretern des Ministeriums für Arbeit und Gesundheitswesen, Hauptabteilung Gesundheitswesen, von denen einer den Vorsitz führt,
einem Vertreter des Ministeriums für Industrie, Hauptabteilung Chemie,
einem Vertreter des Freien Deutschen Gewerkschaftsbundes

sowie aus sieben Personen, die durch ihre wissenschaftlichen und fachlichen Kenntnisse oder sonstigen Erfahrungen für die Mitarbeit im Ausschuß besonders geeignet erscheinen und durch das Ministerium für Arbeit und Gesundheitswesen berufen werden. Von diesen sieben Personen macht der Zentralvorstand der Sozialversicherung einen Arzt und einen Apotheker namhaft.

Bei Begutachtung von Tierarzneimitteln wird der Ausschuß um einen Vertreter des Ministeriums für Land- und Forstwirtschaft, Hauptabteilung Veterinärwesen, erweitert und die Zusammensetzung des Gutachterausschusses dahingehend geändert, daß von den sieben berufenen Sachverständigen zwei Tierärzte sind. Für jedes Mitglied des Ausschusses ist ein ständiger Vertreter zu bestimmen. Die Berufungen erfolgen auf unbestimmte Zeit und können jederzeit zurückgenommen werden.

(2) Darüber hinaus kann das Ministerium für Arbeit und Gesundheitswesen erforderlichenfalls weitere Sachverständige zur Teilnahme an den Sitzungen hinzuziehen.

§ 2

(1) Die Eintragung in das erste Verzeichnis der Arzneifertigwaren ist bis zum 31. Juli 1950 abzuschließen. Die nicht in diesem Verzeichnis der Arzneifertigwaren eingetragenen Arzneifertigwaren dürfen ab 1. Januar 1951 nicht mehr in Verkehr gebracht werden.

(2) Ab 1. Januar 1951 dürfen Arzneifertigwaren nur unter Beachtung der Bestimmungen der §§ 4—7 in Verkehr gebracht werden.

(3) Zur Deckung der Verwaltungskosten erhebt das Ministerium für Arbeit und Gesundheitswesen für den Antrag auf Eintragung in das Verzeichnis der Arzneifertigwaren eine Verwaltungsgebühr bis zu 100,— DM. je Arzneifertigware, soweit nicht gemäß den Vorschriften über den Verkehr mit Arzneimitteln in den Ländern eine höhere Verwaltungsgebühr erhoben werden kann und die Erhebung durch die Regierungen der Länder für das Ministerium für Arbeit und Gesundheitswesen erfolgt.

§ 3

(1) Das Ministerium für Arbeit und Gesundheitswesen entscheidet über die Löschung von Arzneifertigwaren im Verzeichnis der Arzneifertigwaren nach Anhörung des Zentralen Gutachterausschusses. Mit der Entscheidung über die Löschung ist ein Zeitpunkt festzusetzen, bis zu welchem die gelöschten Arzneifertigwaren längstens in Verkehr gebracht werden dürfen.

(2) Das Ministerium für Arbeit und Gesundheitswesen entscheidet, welche Arzneifertigwaren dem freien Verkehr zu überlassen sind. Diese Arzneifertigwaren sind in einem Verzeichnis aufzuführen.

(3) Bei Tierarzneimitteln entscheidet das Ministerium für Land- und Forstwirtschaft im Einvernehmen mit dem Ministerium für Arbeit und Gesundheitswesen, welche Arzneifertigwaren vom Hersteller oder Großhändler direkt an Tierzuchtverbände oder diesen gleichzusetzende Organisationen abgegeben werden können. Vor dieser Entscheidung ist der Zentrale Gutachterausschuß zu hören.

§ 4

Das Inverkehrbringen von Arzneifertigwaren, die nicht im Bereich der Deutschen Demokratischen Republik hergestellt werden, wird durch besondere Durchführungsbestimmungen geregelt.

§ 5

(1) Arzneifertigwaren bzw. deren Verpackungen oder Umhüllungen müssen mit einer Aufschrift versehen sein. Diese muß folgende Angaben enthalten über

a) Bezeichnung der Arzneifertigwaren und Name des Herstellers,
b) Kennziffer nach § 2 Abs. 2 der Anordnung,
c) Bezeichnungen nach § 6 Abs. 3—6 dieser Durchführungsbestimmung,
d) Menge des Inhaltes,
e) Einzelbestandteile der Arzneifertigware nach Maßeinheit oder Wirkungswert unter Verwendung der in der pharmazeutischen oder ärztlichen Wissenschaft gebräuchlichen Bezeichnungen,
f) den Zeitpunkt, bis zu welchem das Mittel verwendet werden darf, soweit es nur beschränkt haltbar oder wirksam ist.

(2) Auf den Arzneifertigwaren bzw. auf deren Verpackungen oder Umhüllungen können weitere Angaben, wie z. B. über Anwendungsgebiet, Dosierungen, Anwendungsart, Verkaufspreis usw. angebracht werden.

§ 6

(1) Die Kennziffer muß deutlich lesbar und von geraden Linien umrandet sein.

(2) Die Ausnutzung der Kennziffer für Zwecke der Werbung ist nicht gestattet.

(3) Bei Arzneifertigwaren, deren Abgabe den Apotheken vorbehalten ist, ist vor der Kennziffer innerhalb deren Umrandung jeweils eine der folgenden Bezeichnungen anzubringen:

a) A = nicht rezeptpflichtige Arzneimittel,
b) ARp = Arzneimittel, die nur auf Grund einer ärztlichen, zahnärztlichen oder tierärztlichen Verordnung abgegeben werden dürfen,
c) AB = Arzneimittel, die dem Gesetz vom 10. Dezember 1929 über den Verkehr mit Betäubungsmitteln [Opiumgesetz] (RGBl. I S. 215), aber nicht der Verordnung vom 19. Dezember 1930 über das Verschreiben Betäubungsmittel enthaltender Arzneien und ihre Abgabe in Apotheken (RGBl. I S. 635) unterliegen,
d) ABV = Arzneimittel, die dem Opiumgesetz und außerdem der Verordnung vom 19. Dezember 1930 über das Verschreiben Betäubungsmittel enthaltender Arzneien und ihre Abgabe in den Apotheken unterliegen.

(4) Die Entscheidung über die anzubringenden Bezeichnungen trifft das Ministerium für Arbeit und Gesundheitswesen nach Anhören des Zentralen Gutachterausschusses.

(5) Bei Arzneifertigwaren, die ausschließlich zum Gebrauch in der Tierheilkunde bestimmt sind und nach § 3 Abs. 3 vom Hersteller oder Großhändler direkt an Tierschutzverbände oder diesen gleichzusetzende Organisationen abgegeben werden dürfen, ist an Stelle der im Abs. 3 aufgeführten Bezeichnungen jeweils eine der folgenden anzubringen:

a) A/fZ = nicht rezeptpflichtige Tierarzneimittel;
b) ARpfZ = Tierarzneimittel, die nur auf Grund einer tierärztlichen Verordnung abgegeben werden dürfen.

(6) Arzneifertigwaren, die ausschließlich als Tierarzneien in den Verkehr gebracht werden, müssen als solche mit der Aufschrift „für Tiere" gekennzeichnet sein.

§ 7

Arzneifertigwaren in besonderer Aufmachung einzelner Apotheken, Drogerien oder anderer Einzelhandelsbetriebe (Hausspezialitäten), die nicht in diesen selbst hergestellt werden, unterliegen in vollem Umfang den Bestimmungen der Anordnung vom 5. Oktober 1949 über die Regelung und Überwachung des Verkehrs mit Arzneimitteln, unabhängig davon, ob sie an Wiederverkäufer oder nur an Verbraucher abgegeben werden. Dasselbe gilt für Hausspezialitäten, die zwar in den Apotheken, Drogerien oder Einzelhandelsbetrieben hergestellt, aber an Wiederverkäufer abgegeben werden. Im übrigen gelten die Bestimmungen der §§ 5 und 6 für die Beschriftung der Hausspezialitäten sinngemäß.

§ 8

Bei Arzneifertigwaren, die für den Export bestimmt sind, kann das Ministerium für Arbeit und Gesundheitswesen von einzelnen Bestimmungen der §§ 5 und 6 Ausnahmen zulassen. Soweit es sich um Arzneifertigwaren handelt, die ausschließlich zum Gebrauch in der Tierheilkunde bestimmt sind, ist das Einvernehmen mit dem Ministerium für Land- und Forstwirtschaft herzustellen.

Anmerkung: Auf Grund des § 2 der vorstehenden Anordnung vom 3. Oktober 1949 in Verbindung mit § 2 der 1. Durchführungsbestimmung vom 30. Juni 1950 erschien die „Bekanntmachung über das Erste Verzeichnis der Arzneifertigwaren" vom 19. Juli 1950 und 31. Oktober 1950 (MinBl. DDR. 1950, Nr. 21, S. 117 und Nr. 33, S. 195).

Zweite Durchführungsverordnung zur Anordnung über die Regelung und Überwachung des Verkehrs mit Arzneimitteln

Vom 31. Oktober 1950

(GBl. DDR. 1950, Nr. 126, S. 1131)

Auf Grund der §§ 5 und 8 der Anordnung vom 5. Oktober 1949 über die Regelung und Überwachung des Verkehrs mit Arzneimitteln (ZVOBl. I S. 766) wird bestimmt:

§ 1

(1) Das Ministerium für Arbeit und Gesundheitswesen der Deutschen Demokratischen Republik bestimmt zum Zwecke der einheitlichen Gestaltung und Planung des Arzneimittelwesens in einem „Verzeichnis der rezeptpflichtigen Arzneimittel" diejenigen Stoffe und Zubereitungen, die nur auf schriftliche, mit Datum und Unterschrift versehene Anweisung (Rezept) eines Arztes, Zahnarztes oder Tierarztes — im letzteren Falle jedoch nur zum Gebrauch in der Tierheilkunde — als Arzneimittel ab gegeben werden dürfen.

(2) Die wiederholte Abgabe ist nur dann gestattet, wenn sie vom Arzt, Zahnarzt oder Tierarzt ausdrücklich auf dem Rezept angeordnet ist.

§ 2

Das Ministerium für Arbeit und Gesundheitswesen der Deutschen Demokratischen Republik kann für die Abgabe und den Verkehr rezeptpflichtiger Tierarzneimittel in Übereinstimmung mit dem Ministerium für Land- und Forstwirtschaft der Deutschen Demokratischen Republik Ausnahmebestimmungen treffen.

§ 3

Homöopathische Zubereitungen von den im vorgenannten Verzeichnis aufgeführten Stoffen, welche über die 3. Dezimalpotenz hinausgehen, unterliegen nicht den Bestimmungen des § 1.

§ 4

(1) Diese Durchführungsbestimmung tritt mit sofortiger Wirkung in Kraft.

(2) . . . . . .

Anmerkung: Das in § 1 Abs. 1 der 2. Durchführungsbestimmung genannte Verzeichnis erschien in der „Bekanntmachung über das Verzeichnis der rezeptpflichtigen Arzneimittel" vom 31. Oktober 1950 (MinBl. DDR. 1950, Nr. 32, S. 193).

Durchführungsbestimmung zur Verordnung über Arzneimittel und Schönheitsmittel

Vom 2. November 1949

(VOBl. Bln. O. Teil I, 1949, Nr. 51, S. 391)

Auf Grund des § 23 der Verordnung über Arzneimittel und Schönheitsmittel vom 10. Mai 1947 (VOBl. S. 130) wird über die Regelung und Überwachung des Verkehrs mit Arzneimitteln — Arzneifertigwaren — (pharmazeutische Spezialitäten) folgendes bestimmt:

§ 1

Von allen Arzneimitteln, die als Arzneifertigwaren im Sinne der Verordnung über Arzneimittel und Schönheitsmittel in den Verkehr gebracht werden, haben die Hersteller bis 15. Dezember 1949 dem Magistrat von Groß-Berlin, Abteilung Gesundheitswesen — Landesgesundheitsamt — IC — Berlin C 2, Fischerstr. 39—42, Muster aller von ihnen hergestellten Arzneifertigwaren in einfacher Ausfertigung einzusenden.

Die Einsendung hat unmittelbar durch den Hersteller an das Landesgesundheitsamt zu erfolgen. Einsendepflichtig sind sämtliche Hersteller ohne Rücksicht darauf, ob es sich um volkseigene, genossenschaftliche oder in Privateigentum stehende Betriebe handelt, ob der Betrieb behördlicherseits zugelassen wurde oder nicht und ob er ausschließlich Arzneimittel herstellt oder diese nur einen Nebenzweig seiner Fertigung ausmachen.

Im besonderen sind auch alle Handelsbetriebe, soweit sie sich mit der Herstellung und dem Inverkehrbringen der Arzneifertigwaren befassen, zur Einsendung ihrer Erzeugnisse verpflichtet.

§ 2

Apotheken, Drogerien, Reformhäuser und gegebenenfalls andere in Betracht kommende Einzelhandelsbetriebe sind einsendepflichtig für diejenigen Erzeugnisse, die von ihnen hergestellt und in Verkehr gebracht werden, sofern auch eine Abgabe an Wiederverkäufer erfolgt und diese Erzeugnisse als Arzneifertigwaren im Sinne der Verordnung über Arzneimittel und Schönheitsmittel vom 10. Mai 1947 zu gelten haben.

Bei Arzneifertigwaren, die in Form von Eigenaufmachungen der abgebenden Apotheken oder Einzelhandelsbetriebe in Verkehr gelangen, ist der Hersteller einsendepflichtig. Es wird besonders darauf hingewiesen, daß sich die Pflicht der Einsendung auf sämtliche Arzneifertigwaren im Sinne der Verordnung über Arzneimittel und Schönheitsmittel erstreckt, es also belanglos ist, ob die betreffenden Präparate als apothekenpflichtig oder freiverkäuflich zu gelten haben oder tatsächlich als solche behandelt werden.

§ 3

Die Einsendepflicht umfaßt hinsichtlich der einzelnen Erzeugnisse sämtliche in Verkehr gebrachten Abpackungen und Aufmachungen. Die Einsendung hat sich auf das Behältnis, seinen Inhalt und gegebenenfalls die Umhüllung und den der Packung üblicherweise beigegebenen Druck- und Werbeschriften zu erstrecken.

§ 4

Sofern einfache galenische Zubereitungen des Deutschen Arzneibuches oder der Apotheken (z. B. Kampferspiritus, Hoffmannstropfen, Baldriantropfen, Jodtinktur usw.) als Fertigwaren in Verkehr gebracht werden, sind auch diese ohne Ausnahme einzusenden.

§ 5

Die Einsendung hat ohne Rücksicht darauf zu erfolgen, ob die betreffenden Arzneifertigwaren durch das Landesgesundheitsamt oder eine von ihm beauftragte Stelle überprüft wurden, zur Prüfung angemeldet worden sind oder aber in dieser Hinsicht bisher keine Verwaltungsmaßnahmen erfolgten.

Der Einsendung sind beizufügen:

1. eine Aufstellung aller eingesandten Erzeugnisse mit Angabe der Handelsformen der Packungen unter Angabe der genauen Anschrift des Herstellers,
2. erschöpfende Angaben über die qualitative und quantitative Zusammensetzung der eingesandten Erzeugnisse,
3. Angaben über den Fabrikabgabepreis, Großhandelspreis und Einzelhandelspreis sowie Aktenzeichen und Datum der Preisgenehmigung,
4. Angaben, ob das betreffende Erzeugnis bereits nach Maßgabe der Verordnung über Arzneimittel und Schönheitsmittel des Magistrats von Groß-Berlin oder anderen Bestimmungen und Gesetzen überprüft wurde und gegebenenfalls das Ergebnis dieser Überprüfung.

§ 6

Tierarzneimittel, die als Arzneifertigwaren in Verkehr gebracht werden, sind ebenfalls mit einzureichen.

§ 7

Diese Durchführungsbestimmungen treten mit dem Tage ihrer Veröffentlichung im Verordnungsblatt für Groß-Berlin in Kraft.

b) Die Arzneimittelgesetzgebung in den Westzonen

Als erstes Land erließ Bayern ein Arzneimittelgesetz: „Gesetz zur Lenkung der Herstellung und des Verkaufs medizinischer Erzeugnisse und Ausrüstungen in Bayern" vom 6. März 1946 (GVBl. Bayern 1946, Nr. 11, S. 177). Nach diesem Gesetz ist für die Herstellung, die Einfuhr und den Verkauf medizinischer Erzeugnisse eine schriftliche Genehmigung des Staatsministeriums d. I. notwendig, weiter wird Inhaltsangabe vorgeschrieben, eine Auswechselung der Bestandteile ohne vorherige Erlaubnis verboten usw. In diesem Gesetz fehlen vor allem die notwendigen Begriffsbestimmungen. Das Gesetz erwies sich in der Praxis als undurchführbar und die Bayer. Regierung erließ deshalb auch keine der in dem Gesetz angekündigten Ausführungsbestimmungen, nachdem der Hauptausschuß „Gewerbliche Wirtschaft" und der Gesundheitsausschuß des Länderrates der US-Zone die Zurückziehung des Gesetzes und statt dessen die Anwendung der Verordnung über die Herstellung von Arzneifertigwaren vom 11. Februar 1943 gefordert hatten.

In den Westzonen ist am 1. Juli 1948 im Zuge der Lockerung der Bewirtschaftung auch die Anordnung III/43 der Reichsstelle Chemie betreffend Absatzregelung für Arznei- und Desinfektionsmittel vom 14. Januar 1943 außer Kraft gesetzt worden.

Durch die verkündete Bonner Verfassung sind nun die Voraussetzungen für den Aufbau einer Gesundheitsverwaltung des Bundes geschaffen und die Befugnisse zwischen Bund und Ländern abgegrenzt worden.

Auszug aus dem Grundgesetz für die Bundesrepublik Deutschland

Vom 23. Mai 1949 (BGBl. 1949 Nr. 1)

. . . .

II. Der Bund und die Länder

. . . .

Artikel 31

Bundesrecht bricht Landesrecht.

. . . .

VII. Die Gesetzgebung des Bundes

Artikel 70

(1) Die Länder haben das Recht der Gesetzgebung, soweit dieses Grundgesetz nicht dem Bunde Gesetzgebungsbefugnisse verleiht.

(2) Die Abgrenzung der Zuständigkeit zwischen Bund und Ländern bemißt sich nach den Vorschriften dieses Grundgesetzes über die ausschließliche und die konkurrierende Gesetzgebung.

Artikel 71

Im Bereiche der ausschließlichen Gesetzgebung des Bundes haben die Länder die Befugnis zur Gesetzgebung nur, wenn und soweit sie hierzu in einem Bundesgesetze ausdrücklich ermächtigt werden.

Artikel 72

(1) Im Bereiche der konkurrierenden Gesetzgebung haben die Länder die Befugnis zur Gesetzgebung, solange und soweit der Bund von seinem Gesetzgebungsrechte keinen Gebrauch macht.

(2) Der Bund hat in diesem Bereiche das Gesetzgebungsrecht, soweit ein Bedürfnis nach bundesgesetzlicher Regelung besteht, weil

1. eine Angelegenheit durch die Gesetzgebung einzelner Länder nicht wirksam geregelt werden kann oder
2. die Regelung einer Angelegenheit durch ein Landesgesetz die Interessen anderer Länder oder der Gesamtheit beeinträchtigen könnte oder
3. die Wahrung der Rechts- oder Wirtschaftseinheit, insbesondere die Wahrung der Einheitlichkeit der Lebensverhältnisse über das Gebiet eines Landes hinaus sie erfordert.

Artikel 73

Der Bund hat die ausschließliche Gesetzgebung über:

1.—11. . . . .

(Gebiete des Gesundheitswesens sind hier nicht erwähnt.)

Artikel 74

Die konkurrierende Gesetzgebung erstreckt sich auf folgende Gebiete:

. . . . . .

19. die Maßnahmen gegen gemeingefährliche und übertragbare Krankheiten bei Menschen und Tieren, die Zulassung zu ärztlichen und anderen Heilberufen und zum Heilgewerbe, den Verkehr mit Arzneien, Heil- und Betäubungsmitteln und Giften;
20. den Schutz beim Verkehr mit Lebens- und Genußmitteln sowie Bedarfsgegenständen, mit Futtermitteln, mit land- und forstwirtschaftlichem Saat- und Pflanzgut und den Schutz der Bäume und Pflanzen gegen Krankheiten und Schädlinge;

. . . .

Artikel 80

(1) Durch Gesetz können die Bundesregierung, ein Bundesminister oder die Länderregierungen ermächtigt werden, Rechtsverordnungen zu erlassen. Dabei müssen Inhalt, Zweck und Ausmaß der erteilten Ermächtigung im Gesetze bestimmt werden. Die Rechtsgrundlage ist in der Verordnung anzugeben. Ist durch Gesetz vorgesehen, daß eine Ermächtigung weiter übertragen werden kann, so bedarf es zur Übertragung der Ermächtigung einer Rechtsverordnung.

(2) . . . .

. . . .

VIII. Die Ausführung der Bundesgesetze und die Bundesverwaltung

Artikel 83

Die Länder führen die Bundesgesetze als eigene Angelegenheit aus, soweit dieses Grundgesetz nichts anderes bestimmt oder zuläßt.

. . . .

Das Schwergewicht der Gesetzgebung liegt also bei den Ländern. Da also keine Fragen des Gesundheitswesens nach Art. 73 zu der ausschließlichen Gesetzgebung des Bundes gehören, kann sich der Bund in den Fragen des Gesundheitswesens, die nach Art. 74 zu der konkurrierenden Gesetzgebung gehören, nur auf Grund des Art. 72 gesetzgeberisch betätigen.

Im Bundesministerium für das Innere wurde eine Gesundheitsabteilung gebildet (Leiter Dr. Redeker). Eine Arbeitsgemeinschaft der Gesundheitsminister der Länder ist beratendes Organ für das Bundesinnenministerium. Im Bundestag wurde ein Gesundheitsausschuß gebildet, der für die der Bundesrepublik gemäß Art. 72 und 74 des Grundgesetzes obliegenden Aufgaben auf dem Gebiete des Gesundheitswesens zuständig sein soll. Die Gründung eines Bundesgesundheitsamtes, einer beratenden und begutachtenden Stelle nach Art des früheren Reichsgesundheitsamtes, ist jetzt noch nicht erfolgt. Für Gutachten sollen dem Bund das Robert-Koch-Institut in Berlin, das Georg-Speyer-Haus und das Paul-Ehrlich-Institut in Frankfurt a. M. zur Verfügung stehen. Die gesetzlichen Grundlagen und die notwendigen Behörden sind also für die Gestaltung eines Arzneimittelgesetzes in der Bundesrepublik gegeben.

Am 12. September 1950 beschloß die Bonner Bundesregierung die Bildung eines Bundesgesundheitsrates, der bei der Vorbereitung der Gesundheitsgesetzgebung mitwirken soll. Die Mitglieder werden von der Bundesregierung auf Vorschlag des Bundesinnenministers im Einvernehmen mit den Länderregierungen auf 4 Jahre berufen (GMBl. 1950, Nr. 13, S. 95).

5. Der Vertrieb von Mitteln gegen Schwangerschaft

a) Polizeiverordnung über Verfahren, Mittel und Gegenstände zur Unterbrechung und Verhütung von Schwangerschaften

Vom 21. Januar 1941 (RGBl. I S. 63)

Auf Grund der Verordnung über Polizeiverordnung der Reichsminister vom 14. November 1938 (RGBl. I S. 1582) wird bestimmt:

§ 1

Es ist verboten, die nachstehenden Mittel und Gegenstände zu geschäftlichen Zwecken herzustellen, aus dem Ausland einzuführen, anzukündigen, anzupreisen, zum Verkauf vorrätig zu halten, zu verkaufen, abzugeben oder sonstwie in den Verkehr zu bringen:

1. Mutterrohre (für sich allein oder in Verbindung mit Spritzen, Irrigatoren usw.), sofern sie nicht einen Durchmesser von mindestens 12 Millimeter besitzen und mit einem nicht unter 15 Millimeter starken, abgerundeten oder olivartig erweiterten Mundstück mit mindestens sechs Öffnungen versehen sind,
2. Intrauterinpessare jeder Art, auch Sterilettes und Silkwormpessare,
3. Stoffe und Zubereitungen in Form von Fertigwaren, die zur Einführung in die Scheide bestimmt und zur Verhütung der Schwangerschaft geeignet sind.

Das Reichsgesundheitsamt entscheidet, welche Mittel im einzelnen unter die Bestimmungen dieser Vorschrift (Nr. 3) fallen.

§ 2

Die im § 1 bezeichneten Mittel oder Gegenstände dürfen weder durch Ärzte noch durch andere Personen bei Frauen eingesetzt, eingelegt, eingeführt oder in einer anderen ihrer Bestimmung entsprechenden Weise angewandt werden.

§ 3

Es ist verboten, zum Zwecke der Empfängnisverhütung Bestrahlungen oder Injektionen zu verabfolgen sowie sonst geeignet erscheinende Behandlungen durchzuführen, es sei denn, daß es sich um gesetzlich ausdrücklich erlaubte oder angeordnete Maßnahmen handelt.

§ 4

Die im § 1 bezeichneten Mittel und Gegenstände fallen auch dann unter die Vorschriften dieser Polizeiverordnung, wenn sie künftig andere Zwecke erfüllen sollen, obwohl sie bisher vorwiegend der Schwangerschaftsverhütung dienten.

§ 5

Wer vorsätzlich dieser Polizeiverordnung zuwiderhandelt, wird, sofern die Tat nicht nach anderen Vorschriften mit schwererer Strafe bedroht ist, mit Geldstrafe bis zu 150 Reichsmark oder mit Haft bis zu sechs Wochen bestraft.

§ 6

. . . .

I. Erläuterungen zu einzelnen Bestimmungen der Polizeiverordnung

(nach dem RdErl. vom 9. Februar 1941 (MBliV. Nr. 8 S. 257)

Zu § 1 Nr. 1

(1) Unter „Mutterrohre“ sind entsprechend dem allgemeinen Sprachgebrauch Spülrohre aller Art, die zur Einführung in die weiblichen Geschlechtsteile bestimmt sind, zu verstehen. Katheter fallen nicht hierunter. Der Kopf der noch zugelassenen Rohre darf nicht abnehmbar sein.

Zu § 1 Nr. 2

(2) Alle Pessare, die so beschaffen sind, daß ein Teil von ihnen in den Gebärmuttermund oder die Gebärmutter hineinragt, fallen unter das Verbot.

Zu § 1 Nr. 3

(3) Ernst zu nehmende Mittel, die vornehmlich Heilzwecken dienen, fallen nicht unter diese Vorchriften. In Zweifelsfällen ist die vorgesehene Entscheidung des Reichsgesundheitsamtes herbeizuführen (vgl. Abschn. II Abs. 8).

b) Die gesetzliche Regelung in den einzelnen Ländern seit 1945

1. In den Westzonen (Bundesrepublik Deutschland) ist die Verordnung über Verfahren, Mittel und Gegenstände zur Unterbrechung und Verhütung von Schwangerschaften vom 21. Januar 1941 im allgemeinen noch in Kraft. Sie ist

nur durch Verordnung aufgehoben in Hamburg (Verordnung vom 12. Mai 1948, GVBl. Hbg. 1948, Nr. 10, S. 25) und Schleswig-Holstein (Verordnung vom 15. Oktober 1949, GVBl. SchlH. 1949, Nr. 33, S. 219) und durch neue Verordnungen ersetzt worden. In den anderen Ländern ist teilweise die Verordnung von 1941 abgeändert worden, so wie z. B. in

Bremen, Bayern, Hessen: Der Senat bzw. das Staatsministerium entscheidet an Stelle des früheren Reichsgesundheitsamtes, welche Mittel unter die Vorschrift (§ 1 Nr. 3) fallen und erteilt Herstellungs- und Vertriebsgenehmigungen. Bayern hat jedoch von der Ermächtigung, Herstellungs- und Vertriebsgenehmigungen zu erteilen, bisher keinen Gebrauch gemacht.

Niedersachsen. Die vom 21. Januar 1949 datierte Verordnung zur Änderung der Polizeiverordnung vom 21. Januar 1941 (GVBl. Ndsa. 1949, S. 32) bestimmt in der Hauptsache folgendes: „Stoffe und Zubereitungen in Form von Fertigwaren, die zur Einführung in die Scheide bestimmt und zur Verhütung der Schwangerschaft geeignet sind, dürfen nur dann zu geschäftlichen Zwecken hergestellt, aus dem Auslande eingeführt, zum Verkauf vorrätig gehalten, verkauft, abgegeben oder sonstwie in den Verkehr gebracht werden, wenn sie von der Landesregierung zugelassen sind. Die Zulassung erfolgt nach vorheriger Prüfung durch einen Sachverständigenausschuß." Weiter bestimmt der Erlaß des Niedersächsischen Ministers für Arbeit, Aufbau und Gesundheit vom 22. März 1949 (Amtsbl. Ndsa. 1949, Nr. 9, S. 127), daß die zugelassenen Schwangerschaftsverhütungsmittel von den Bestimmungen der § 1 bzw. 2 der Verordnungen (Verordnung über den Verkehr mit Arzneimitteln usw., die der ärztlichen Verschreibungspflicht unterliegen vom 13. März 1941; Polizeiverordnung über die Abgabebeschränkung für weibliche Geschlechtshormone und andere Arzneimittel vom 13. März 1941) ausgenommen werden, also auch ohne ärztliche Verschreibung und außerhalb der Apotheken feilgehalten und verkauft werden können, sofern sie hinsichtlich ihrer Zusammensetzung nicht anderen Vorschriften über den Verkehr mit Arzneimitteln unterliegen und gemäß der Verordnung vom 21. Januar 1949 (s. o.) zugelassen sind.

Nordrhein-Westfalen: Die Verordnung vom 21. Januar 1941 ist zwar noch nicht aufgeboben, wird aber auf Anweisung der Militärregierung vom August 1946 nicht angewandt. Für den Vertrieb von Mitteln gegen Schwangerschaften sind die in Frage kommenden Paragraphen des Strafgesetzbuches zu beachten.

Württemberg-Baden: § 1 Ziff. 3 der Polizeiverordnung vom 21. Januar 1941 wurde durch Verordnung Nr. 316 des Innenministeriums vom 16. Januar 1947 (RegBl. Württ/Bad. 1947, Nr. 4, S. 28) aufgehoben.

Neue gesetzliche Bestimmungen sind in Hamburg, Schleswig-Holstein und Bremen ergangen.

Hamburg: Gesetz über Schwangerschaftsverhütungsmittel vom 28. Juli 1949 (GVBl. Hbg. 1949, Nr. 28, S. 129).

Der Senat verkündet das nachstehende, von der Bürgerschaft beschlossene Gesetz:

§ 1. (1) Die Herstellung von Mitteln oder Gegenständen in Form von Fertigwaren, die zur Einführung in die Scheide und zur Verhütung der Schwangerschaft bestimmt oder geeignet sind, bedarf der Genehmigung der Gesundheitsbehörde. Das gleiche gilt für Einfuhr dieser Mittel zum Verkauf in Hamburg.

(2) Gegenstände und Mittel gelten auch dann als zur Verhütung der Schwangerschaft bestimmt, wenn diese Zweckbestimmung oder Kenntlichmachung der Mittel in handelsüblicher Weise verdeckt oder umschrieben ist.

§ 2. Unter die Genehmigungspflicht fällt auch die Änderung der Zusammensetzung genehmigter Mittel.

§ 3. Die Genehmigung muß auf den Verkaufspackungen erkennbar vermerkt sein.

§ 4. Wer vorsätzlich oder fahrlässig Mittel oder Gegenstände, deren Herstellung oder Einfuhr nach den §§ 1 und 2 der Genehmigung bedarf, ohne Genehmigung herstellt oder einführt oder ohne Genehmigung hergestellte oder eingeführte Mittel zum Verkauf bereithält, verkauft, vertreibt oder sonstwie in den Verkehr bringt, wird mit Gefängnis bis zu zwei Jahren und Geldstrafe oder mit einer dieser Strafen bestraft. Außerdem kann auf Einziehung der Mittel oder Gegenstände erkannt werden. Wenn die Mittel oder Gegenstände gesundheitsschädlich sind, muß auf Einziehung erkannt werden.

§ 5. Die zur Durchführung dieses Gesetzes erforderlichen Rechts- und Verwaltungsvorschriften erläßt der Senat.

Schleswig-Holstein: Verordnung über Verfahren, Mittel und Gegenstände zur Unterbrechung und Verhütung von Schwangerschaften vom 15. Oktober 1949 (GVBl. SchlH. 1949, Nr. 33, S. 219).

Auf Grund der 1 §§4 Abs. 1, 25 und 33 des Polizeiverwaltungsgesetzes vom 1. Juni 1931 wird folgendes verordnet:

§ 1. (1) Es ist verboten, die nachstehenden Mittel und Gegenstände zu geschäftlichen Zwecken herzustellen, aus dem Ausland einzuführen, anzukündigen, anzupreisen, zum Verkauf vorrätig zu halten, zu verkaufen, abzugeben oder sonstwie in den Verkehr zu bringen:
1. Mutterrohre (für sich allein oder in Verbindung mit Spritzen, Irrigatoren usw.), sofern sie nicht einen Durchmesser von mindestens 12 Millimeter besitzen und mit einem nicht unter 15 Millimeter starken abgerundeten oder olivenartig erweiterten Mundstück mit mindestens sechs Öffnungen versehen sind; und 2. Intrauterinpessare jeder Art, auch Sterilетts und Silkwormpessare.
(2) Die im Abs. 1 bezeichneten Mittel und Gegenstände dürfen weder durch Ärzte, noch durch andere Personen bei Frauen eingesetzt, eingelegt, eingeführt oder in einer anderen ihrer Bestimmung entsprechenden Weise angewandt werden.

§ 2. Die im § 1 bezeichneten Mittel und Gegenstände fallen auch dann unter die Vorschriften dieser Verordnung, wenn sie künftig andere Zwecke erfüllen sollen, obwohl sie bisher vorwiegend der Schwangerschaftsverhütung dienten.

§ 3. (1) Stoffe und Zubereitungen in Form von Fertigwaren, die zur Einführung in die Scheide bestimmt und zur Verhütung der Schwangerschaft geeignet sind, dürfen nur dann zu geschäftlichen Zwecken hergestellt, aus dem Ausland eingeführt, zum Verkauf vorrätig gehalten, verkauft, abgegeben oder sonstwie in den Verkehr gebracht werden, wenn sie von dem für das Gesundheitswesen zuständigen Landesgesundheitsministerium zugelassen sind.
(2) Die Zulassung erfolgt nach vorheriger Prüfung durch einen Sachverständigenausschuß.

§ 4. Es ist verboten, zum Zwecke der Empfängnisverhütung Bestrahlungen oder Injektionen zu verabfolgen, es sei denn, daß sie ein Arzt nach den Regeln der ärztlichen Kunst zur Abwendung einer ernsten Gefahr für das Leben oder die Gesundheit desjenigen, an dem er sie vornimmt, und mit dessen Einwilligung vollzieht.

§ 5. Wer vorsätzlich dieser Verordnung zuwiderhandelt, wird, sofern die Tat nicht nach anderen Vorschriften mit schwererer Strafe geahndet wird, mit Geldstrafe bis zu 150 DMark oder bei besonders schweren Fällen mit Haft bis zu zwei Wochen bestraft.

§ 6. (1) Diese Verordnung tritt eine Woche nach dem Tage ihrer Veröffentlichung in Kraft.
(2) Die Polizeiverordnung über Verfahren, Mittel und Gegenstände zur Unterbrechung und Verhütung von Schwangerschaften vom 21. Januar 1941 wird mit Wirkung vom Tage des Inkrafttretens dieser Verordnung für den Bereich des Landes Schleswig-Holstein aufgehoben.

Bremen: Gesetz über Verfahren, Mittel und Gegenstände zur Verhütung von Schwangerschaften vom 26. September 1950 (GBl. Brem. 1950, Nr. 36, S. 103).

Der Senat verkündet das nachstehende, von der Bürgerschaft beschlossene Gesetz:

§ 1. (1) Es ist verboten, die nachstehenden Mittel und Gegenstände zu geschäftlichen Zwecken herzustellen, aus dem Ausland einzuführen, anzukündigen, anzupreisen, zum Verkauf vorrätig zu halten, zu verkaufen, abzugeben oder sonstwie in den Verkehr zu bringen:
1. Mutterrohre (für sich allein oder in Verbindung mit Spritzen, Irrigatoren usw.), sofern sie nicht einen Durchmesser von mindestens 12 mm besitzen und mit einem nicht unter 15 mm starken, abgerundeten oder olivartig erweiterten Mundstück mit mindestens 6 Öffnungen versehen sind.
2. Intrauterinpessare jeder Art, auch Sterilетts und Silkwormpessare.
3. Pessare, Stoffe und Zubereitungen in Form von Fertigwaren, die zur Einführung in die Scheide bestimmt und zur Verhütung der Schwangerschaft geeignet sind, dürfen, soweit sie nach Ziff. 1 und 2 nicht verboten sind, nur in Apotheken, Sanitätsgeschäften und Drogerien abgegeben werden.
(2) Pessare bedürfen der schriftlichen Verordnung eines Arztes oder einer Eheberatungsstelle.

§ 2. Die im § 1 Abs. 1 verbotenen Mittel oder Gegenstände dürfen weder durch Ärzte noch durch andere Personen bei Frauen eingesetzt, eingelegt, eingeführt oder in einer anderen ihrer Bestimmung entsprechenden Weise angewandt werden.

§ 3. Es ist verboten, zum Zwecke der Empfängnisverhütung Bestrahlungen oder Einspritzungen zu verabfolgen.

§ 4. Wer den Bestimmungen dieses Gesetzes zuwiderhandelt, wird, sofern die Tat nicht nach anderen Vorschriften mit schwererer Strafe bedroht ist, mit Geldstrafen bis zu 100 DMark oder mit Haft bis zu 6 Wochen bestraft.

§ 5. Die zur Durchführung dieses Gesetzes erforderlichen Rechts- und Verwaltungsvorschriften werden vom Senator für das Gesundheitswesen (Landesgesundheitsverwaltung) erlassen.

§ 6. Dieses Gesetz tritt einen Tag nach seiner Verkündung in Kraft.

In den einzelnen Ländern sind von den zuständigen Landesgesundheitsbehörden die Herstellungs- und Vertriebsgenehmigungen für verschiedene Antikonzeptionsmittel teilweise schon erteilt worden.

2. In der Ostzone (Deutsche Demokratische Republik) ist die Verordnung vom 21. Januar 1941 nicht mehr anzuwenden (Rundschreiben der Deutschen Zentralverwaltung für das Gesundheitswesen in der sowjetischen Besatzungszone über die Unanwendbarkeit der Polizeiverordnung über Verfahren, Mittel und Gegenstände zur Unterbrechung und Verhütung von Schwangerschaften vom 21. Januar 1941 vom 26. August 1946 — „Das Deutsche Gesundheitswesen" 1947, Heft 6, S. 204). Die Herstellung und der Verkauf der genannten Mittel ist daher unter Beachtung der allgemeinen Bestimmungen, z. B. des § 184 StGB., zulässig.

6. Deutsches Arzneibuch. — Deutsche Arzneitaxe

Das Deutsche Arzneibuch (abgekürzt DAB.) ist das amtliche Vorschriftenbuch für die Arzneistoffe und deren Zubereitungen. Es wird vom Reichsgesundheitsamt unter Zuziehung von Apothekern, Ärzten und Hochschulprofessoren bearbeitet, vom Reichsministerium des Innern in Kraft gesetzt und erscheint in neuer Ausgabe etwa alle zehn Jahre. Zur Zeit ist die 6. Ausgabe des Deutschen Arzneibuches (DAB. 6) vom Jahre 1926 mit den 1933 erschienenen Nachträgen in Kraft (erschienen in R. von Decker's Verlag, Berlin W 15)[1]).

Die allgemeinen Bestimmungen umfassen Richtlinien für die Schreibweise der Formeln, allgemeine fachtechnische Erläuterungen von den im Arzneibuch gebrauchten Begriffen und Anweisungen für Untersuchungsverfahren, die für die Prüfung der Arzneimittel in Betracht kommen. Der Hauptteil enthält die einzelnen Arzneimittel und Arzneiformen in der alphabetischen Reihenfolge der lateinischen Namen. Zuletzt enthält das Arzneibuch 12 Anlagen mit Verzeichnissen, Übersichten und Tabellen, wie z. B. Verzeichnis der Atomgewichte, der Reagenzien, der volumetrischen Lösungen und Indikatoren, Übersicht über die zwischen 10° und 25° eintretenden Veränderungen der Dichten, über die Dichten bei 15°, über die Veränderungen des Siedepunktes einiger Arzneimittel bei Änderungen des Luftdrucks, Tabellen über die Aufbewahrung der Arzneimittel und ein Verzeichnis der neben den amtlichen sonst noch gebräuchlichen Namen einiger Arzneimittel.

Die Deutsche Arzneitaxe enthält die amtlichen Vorschriften für die Berechnung der Arzneimittelpreise und der Arzneipreise. Sie wurde früher gewöhnlich auf den 1. Januar jeden Jahres durch ministerielle Anordnung in Kraft gesetzt und mitunter im Laufe des Jahres

[1]) 1947 erschien in dem Verlag „Arbeitsgemeinschaft medizinischer Verlage, Berlin" auf Veranlassung des Instituts für allgemeine Hygiene, Bln.-Dahlem ein Neudruck des DAB. 6.

durch Nachträge ergänzt. Die letzte amtliche Ausgabe ist die Deutsche Arzneitaxe 1936 (RMBliV. 1936 S. 28) bzw. ihr Nachdruck vom Jahre 1942 (Weidmann'sche Buchhandlung, Berlin). Für die Westzone hat die Deutsche Arzneitaxe 1936 durch die Anordnung der Verwaltung für Wirtschaft vom 5. Dezember 1948 über Änderung der Arzneimittelpreise eine Neufassung erhalten (amtliche Ausgabe im Verlag „Wissenschaftliche Verlagsgesellschaft mbH.", Stuttgart). In den Ländern ist diese neue Arzneitaxe durch Verordnungen für alle Apotheken in Kraft gesetzt worden.

Wenn auch die Deutsche Arzneitaxe in erster Linie für den Apotheker bestimmt ist, so ist sie auch für den Drogisten nicht unwichtig. Sie kann nämlich dem Drogisten unbeschadet sonstiger preisrechtlicher Bestimmungen als Richtlinie für die Arzneimittelpreise dienen.

7. Der Verkauf von Arzneimitteln außerhalb der Apotheken und Drogerien

(Einzelhandelsgeschäfte sonstiger Art, Wandergewerbe, Wochenmärkte)

Diese Bestimmungen berühren den Geschäftsbetrieb des Drogisten nur indirekt. Es würde also den Rahmen dieses Buches überschreiten, hier näher auf die gesetzlichen Bestimmungen einzugehen, so daß sie nur in Form einer Übersicht geboten werden. Über diese Fragen wie auch über die Aufnahme von drogistischen Artikeln in artfremden Geschäften (wie z. B. Reform-, Seifen- und Friseur-Geschäften sowie Gemischtwarenhandlungen) finden Interessenten Abhandlungen in der einschägigen Fachpresse.

a) Neuaufnahme von Arzneimitteln in Einzelhandelsgeschäften

Gewerbeordnung § 35 Abs. 7.

Gesetz zum Schutze des Einzelhandels § 3, Ziff. 6 (Ergänzungsverordnung vom 13. Dezember 1934, RGBl. I S. 1241).

RdErl. d. RWiM. u. PrMfWuA. vom 11. März 1935 — V 2555/35 —.

RdErl. d. RuPrMdI. vom 27. März 1935 — IVb 4791/35 — (MBliV. 1935, Nr. 15, S. 560).

RdErl. d. RuPrWiM. vom 10. Januar 1936 — V 26 152/35 —.

Niedersachsen: RdErl. I/105/50 des Min. f. Wirtschaft — I/10 — 110 102 vom 24. Oktober 1950, betr. Verkauf von Drogen- und Arzneimitteln durch Einzelhandelsgeschäfte und Gemischtwarengeschäfte.

b) Wandergewerbe mit Arzneimitteln

Gewerbeordnung §§ 42a Abs. 1, 42b, 44a, 55, 56 Abs. 1 u. 2 Nr. 9, 56a Abs. 1 Ziff. 1 und 148 Abs. 1 Ziff. 7a.

RdErl. d. RuPrMdI. u. d. RuPrWiM. betr. Wandergewerbe mit Arznei- oder Geheimmitteln vom 29. August 1935 — IVb 7696/35 u. V 12193/35 — (MiBliV. S. 1078).

(In diesem Runderlaß sind die einschlägigen Gesetzesvorschriften zusammengefaßt und erläutert.)

Die Zunahme des unerlaubten Arzneimittelhandels hat die Verwaltungsbehörden wiederholt zu Warnungen und Erlassen an die amtlichen Überwachungsorgane veranlaßt, so in letzter Zeit z. B.:

Bekanntmachung des Regierungspräsidenten der Pfalz vom 28. Oktober 1950,
RdErl. d. Regierungspräsidenten in Arnsberg vom 11. November 1950,
Erlaß des Hessischen Ministers des Innern vom 15. November 1950.

c) Medizinische Tees auf Wochenmärkten

Gewerbeordnung § 66.

Sowohl die Rechtsprechung wie auch die Polizeiverordnungen über den Marktverkehr sind sehr verschieden. In der Regelung des Marktverkehrs in bezug auf Tees auf Wochenmärkten treten verschiedene Rechtsauffassungen auf, nach denen

1. alle „rohen Naturerzeugnisse" freigegeben oder
2. die zu arzneilichem Gebrauch dienenden Stoffe teils freigegeben, teils nicht oder
3. alle pflanzlichen Erzeugnisse und Tees, soweit sie als Arzneimittel verwendet werden sollen, vom Marktverkehr ausgeschlossen sind.

III. Der Verkehr mit Giften und anderen schädlichen Stoffen

In diesem Abschnitt ist folgendes behandelt:

1. der Handel mit Giften,
2. das Farbengesetz,
3. der Verkehr mit blei- und zinkhaltigen Gegenständen,
4. der Verkehr mit giftigen Pflanzenschutzmitteln,
5. eine Übersicht über weitere gesetzliche Bestimmungen betreffend die Schädlingsbekämpfung, Ungeziefervertilgung und den Pflanzenschutz.

Die Bestimmungen über den Handel mit Giften werden ergänzt durch die Bestimmungen über die amtliche Beaufsichtigung der Gifthandlungen, die in Abschnitt II mit abgehandelt sind.

Vorschriften, die sich mit den unter 2 und 3 genannten Gesetzen teilweise überschneiden, bringt übrigens noch das Lebensmittelgesetz (s. Abschnitt VI).

1. Der Handel mit Giften

a) Die gesetzliche Regelung des Gifthandels im allgemeinen

Reichsgesetzlich kommen für den Gifthandel folgende Bestimmungen in Betracht: §§ 34 Abs. 3, 40, 42a Abs. 1, 47 Abs. 1, 53 Abs. 1 und 2, 56 Abs. 2, 143 Abs. 1, 147 Abs. 1, 148 Abs. 1 und 2, 151 und 155 Abs. 1 der Reichsgewerbeordnung (RGO.) und 367 Ziff. 3 und 5 des Strafgesetzbuches (StGB.). Der Wortlaut dieser Bestimmungen befindet sich im Abschnitt IX.

Durch Bundesratsbeschlüsse von 1894, 1901 und 1906 wurde der Wortlaut einer Giftverordnung festgelegt, der meist wörtlich in die einzelnen deutschen Länderverordnungen übernommen wurde. Die Giftverordnungen sind, trotzdem sie auf Bundesratsbeschlüsse zurückgehen, Landesgesetze. Die Giftverordnungen haben seit 1906 mehrfach Änderungen (Erweiterungen bzw. Streichungen) erfahren. Die Verordnung des Reichs- und Preußischen Ministers des Innern vom 11. Januar 1938 brachte weiter wesentliche Neuerungen und Abänderungen, die auch von den anderen deutschen Ländern in den Jahren

1938 und 1939 übernommen wurden. Letzteres geschah in einigen Ländern durch Ergänzungsverordnungen, während andere Länder die Giftverordnungen ähnlich der Preußischen Verordnung in vollkommen neuer Fassung herausgaben, die nur geringfügig untereinander abweichen. Die Verordnung vom 11. Januar 1938 ist im folgenden Abschnitt abgedruckt und erläutert.

Die Berechtigung zur Ausübung jedes gewerbsmäßigen Handels, also auch des Gifthandels, findet ihre Begründung in der Reichsgewerbeordnung, deren § 11 keinen Unterschied bezüglich des Geschlechtes macht.

Das Reichsstrafgesetzbuch bedroht in § 367 Ziff. 3 und 5 denjenigen mit Geldstrafe bis zu 150 RM. oder Haft, der ohne polizeiliche Erlaubnis Gift oder Arzneien, soweit der Handel mit denselben nicht freigegeben ist, zubereitet, feilhält, verkauft oder sonst an andere überläßt oder bei der Aufbewahrung oder Beförderung von Giftwaren oder bei Ausübung der Befugnis zur Zubereitung oder Feilhaltens dieser Gegenstände sowie Arzneien die deshalb ergangenen Verordnungen nicht befolgt.

Die Frage der Erlaubnis ist in Deutschland nicht gleichmäßig geregelt. Mit Rücksicht auf die Gefahren für die Volksgesundheit sieht der § 34 der Gewerbeordnung vor, den Handel mit Giften von einer Erlaubnis abhängig zu machen, die die Zuverlässigkeit des Gewerbetreibenden voraussetzt. Der § 34 Abs. 3 bestimmt: „Die Landesgesetze können vorschreiben, daß zum Handel mit Giften besondere Genehmigung erforderlich ist." Dieses von den Landesregierungen zugestandene Vorrecht, den Handel mit Giften von einer Sondererlaubnis der Behörde abhängig zu machen, haben die meisten deutschen Länder in Anspruch genommen. Einzelne machten davon keinen Gebrauch. Nur eine Anzeige von der Eröffnung des Gifthandels ist notwendig in Baden und Württemberg, weiter in Bayern und Braunschweig für die Gifte der Abteilung 3. Die Behörden erteilen in diesen Ländern auf Grund der Anzeige eine schriftliche Bescheinigung. In den anderen deutschen Ländern (und in Bayern und Braunschweig für den Handel mit Giften der Abteilungen 1 und 2) ist die Ausübung des Gifthandels dagegen an eine besondere behördliche Genehmigungserteilung gebunden, welche auch Giftkonzession genannt wird. Diese Genehmigung wird dann in diesen Ländern von dem Nachweis der Zuverlässigkeit des Nachsuchenden in Beziehung auf den beabsichtigten Gewerbebetrieb abhängig gemacht.

Außer dem Nachweis der Zuverlässigkeit verlangen aber manche Länder noch ein Befähigungszeugnis. Der Nachweis der Befähigung besteht in den einzelnen Ländern im Vorweisen der Approbation als geprüfter Nahrungsmittelchemiker oder Apotheker oder im Nachweis fachmännischer Kenntnisse oder durch Vorweisen des Drogisten-Prüfungszeugnisses in Verbindung mit dem Giftprüfungszeugnis.

Die Erlaubnis ist nicht abhängig von der sogenannten Bedürfnisfrage.

Das Befähigungszeugnis wird erworben durch Bestehen der Giftprüfung. Die Art der Durchführung der Prüfung und die erforderlichen Kenntnisse sind in der Dienstordnung für die Gesundheitsämter (3. Durchführungsverordnung zum Gesetz über die Vereinheitlichung des Gesundheitswesens vom 30. März 1935) festgelegt. Die Abnahme der Giftprüfung geschieht durch die Amtsärzte und Leiter der Gesundheitsämter und auf eigene Meldung des Antragstellers oder auch auf Antrag der Polizeibehörde. Nicht der Geschäftsort, sondern der Wohnort ist für die Ablegung der Giftprüfung zuständig.

Es wird unterschieden zwischen 1. einem Befähigungsnachweis für den uneingeschränkten Gifthandel und 2. einem Befähigungsnachweis für den beschränkten Gifthandel.

Die Giftprüfung erstreckt sich bei Bewerbern um eine uneingeschränkte Genehmigung zum Gifthandel auf die allgemeine Kenntnis der Vorschriften des Strafgesetzbuches, der Gewerbeordnung und der Polizeiverordnung über den Handel mit Giften, auf die Kenntnis der Zusammensetzung der hauptsächlich gehandelten Gifte und giftigen Farben, ihrer landesüblichen Bezeichnung und der Gefahren, die beim Umgang mit ihnen drohen (Feuergefährlichkeit, Ätzwirkung, Schädlichkeit der Verstäubung u. dgl.). Die Bestimmung einiger Proben von besonders gearteten Giften und giftigen Farben ist zu verlangen. Bei Bewerbern um eine beschränkte Genehmigung zum Gifthandel genügt außer der Kenntnis der erwähnten Rechtsvorschriften die Kenntnis der Zusammensetzung derjenigen Stoffe, für welche die Genehmigung beantragt wird, und der beim Umgang mit ihnen drohenden Gefahren. Die Bestimmung einiger Proben von diesen Stoffen ist zu verlangen.

Über das Bestehen der Prüfung wird ein Zeugnis ausgestellt.

Wenn die Landesgesetze eine Genehmigung zum Handel mit Giften vorschreiben, so ist die Einreichung eines Gesuches zur Erlaubniserteilung (Konzessionsgesuches) erforderlich. Je nachdem, ob in dem betreffenden Lande die Erlaubniserteilung von der Zuverlässigkeit und Befähigung abhängig ist, sind dem Konzessionsgesuch als Anlage die entsprechenden Nachweise (polizeiliches Führungszeugnis od. dgl., Giftprüfungszeugnis) beizufügen.

In Preußen erteilte früher die Erlaubnis das Kreis- bzw. Stadtverwaltungsgericht. Durch die 2. Verordnung über die Vereinfachung der Verwaltung vom 6. November 1939 (RGBl. I S. 2168) und durch die Verordnung über die Inkraftsetzung der Aufhebung der Stadtverwaltungsgerichte vom 19. November 1941 (RGBl. I S. 720) sind die Kreis- und Stadtverwaltungsgerichte und die entsprechenden Verwaltungsgerichte der außerpreußischen Länder aufgehoben. An ihrer Stelle entscheiden die unteren Verwaltungsbehörden. Demnach erteilt also die

Erlaubnis für die Gemeinden und die zu einem Landkreis gehörigen Städte mit einer Einwohnerzahl unter 10000 die Kreispolizeibehörde bzw. der Landrat, und in den nicht zu einem Landkreis gehörigen Städten der staatliche Polizeiverwalter bzw. der Oberbürgermeister. In Berlin erteilt die Erlaubnis der Polizeipräsident, Abt. V; der Antrag ist jedoch in Berlin an das für den Sitz des Gewerbebetriebes zuständige Polizeiamt (Polizeiinspektion) zu stellen. Durch das Polizeiamt erfolgt die Antragsbearbeitung. Nach der Prüfung des Konzessionsgesuches und des Zuverlässigkeitsnachweises wird dem Antragsteller die Erlaubnis zum Handel mit Giften erteilt. Versagt muß die Genehmigung demjenigen Antragsteller werden, welcher den geforderten Nachweis der Zuverlässigkeit bzw. der Fachkenntnisse nicht zu erbringen vermag. Wird die Erlaubnis versagt, so kann diese Entscheidung der unteren Verwaltungsbehörde durch Beschwerde bei der vorgesetzten Behörde (der nächsthöheren Polizeibehörde, Regierungspräsident, in Berlin beim Bezirksverwaltungsgericht) angefochten werden. Die vorgesetzte Behörde entscheidet dann endgültig oder sie kann statt eigener Entscheidung im Hinblick auf die grundsätzliche Bedeutung oder die besonderen Umstände des Einzelfalls das verwaltungsgerichtliche Verfahren zulassen.

Über die erteilte Erlaubnis wird eine Konzessionsurkunde ausgestellt. Der Drogist ist verpflichtet, diese Urkunde jederzeit im Geschäftslokal für die Revisionsbeamten bei Besichtigung zur Verfügung zu halten. Die Giftkonzession ist persönlich, d. h. sie gilt nur für diejenige Person, auf deren Namen sie erteilt wurde. Die Zurücknahme von erteilten Genehmigungen behandelt § 53 Abs. 2 der RGO.

Ist der Konzessionsinhaber verhindert (Abwesenheit, Krankheit), den Gifthandel selbst zu überwachen, so muß ein Stellvertreter bestellt werden. Dasselbe müssen Witwen und minderjährige Erben tun. Der Stellvertreter handelt in eigener Verantwortung. Die gesetzlichen Grundlagen für die Stellvertretung im Gifthandel beruhen auf den §§ 45—47 der GewO.

Die Überwachung des Gifthandels geschieht durch die zuständige Polizeibehörde. Mit den Überwachungsfunktionen sind die Amtsärtze und Leiter der Gesundheitsämter betraut (s. Beaufsichtigung des Arzneimittelverkehrs).

Der Großhandel mit Giften unterliegt den gesetzlichen Bestimmungen mit gewissen Erleichterungen (s. §§ 4, 11 und 14 der Giftverordnung).

Im gesamten Reichsgebiet ist nach § 56 Abs. 2 RGO. der Gifthandel im Umherziehen (Hausierhandel) aufs strengste untersagt. Somit gelten die nachfolgenden Bestimmungen der Polizeiverordnung hauptsächlich für den ansässigen, gewerbsmäßigen Kleinhandel mit Giften.

Nähere Ausführungen über den Gifthandel, über die Verordnungen der einzelnen deutschen Länder, ausführliche Erläuterungen zu der Polizeiverordnung über den Handel mit Giften enthält das Buch: Engwicht, Der Gifthandel und der Handel mit giftigen Pflanzenschutzmitteln, erschienen bei der Verlagsgesellschaft Rudolf Müller, Oldenburg. Das Buch bietet zugleich eine geeignete Unterlage zur Vorbereitung auf die Giftprüfung.

b) Die Polizeiverordnung über den Handel mit Giften

Die Polizeiverordnung des Reichs- und Preußischen Ministers des Innern vom 11. Januar 1938 besteht aus 21 Paragraphen und 4 Anlagen. Die Paragraphen enthalten die eigentlichen Gesetzesbestimmungen: § 1 enthält die Grundbestimmung, wie weit die Vorschriften der Verordnung Anwendung finden; §§ 2—9 regeln die Aufbewahrung, §§ 10—16 die Abgabe der Gifte; §§ 18 und 19 enthalten Sonderbestimmungen, u. a. über giftige Ungeziefermittel; § 21 enthält die Strafandrohung. Die Anlage I enthält ein Verzeichnis der Gifte, nach ihrer Gefährlichkeit in drei Abteilungen eingeteilt und alphabetisch geordnet. Die Anlagen 2—4 sind die Vordrucke eines Giftbuches, eines Erlaubnisscheines und eines Giftscheines.

Polizeiverordnung über den Handel mit Giften

Vom 11. Januar 1938

(Preuß. Gesetzsammlung Nr. 1 S. 1; Druckfehlerberichtigung Nr. 9 S. 58)

Auf Grund des Preußischen Polizeiverwaltungsgesetzes vom 1. Juni 1931 (Gesetzsamml. S. 77) wird für Preußen die nachstehende Polizeiverordnung erlassen:

§ 1

Der gewerbsmäßige Handel mit Giften unterliegt den Bestimmungen der §§ 2—18.

Als Gifte im Sinne dieser Bestimmungen gelten die in Anlage I aufgeführten Drogen, chemischen Präparate und Zubereitungen.

Aufbewahrung der Gifte

§ 2

Vorräte von Giften müssen übersichtlich geordnet, von anderen Waren getrennt und dürfen weder über noch unmittelbar neben Nahrungs- und Genußmitteln aufbewahrt werden.

§ 3

Vorräte von Giften, mit Ausnahme der auf abgeschlossenen Giftböden verwahrten giftigen Pflanzen und Pflanzenteile (Wurzeln, Kräuter usw.), müssen sich in dichten, festen Gefäßen befinden, welche mit festen, gut schließenden Deckeln oder Stöpseln versehen sind.

In Schiebladen dürfen Farben sowie die übrigen in den Abteilungen 2 und 3 der Anlage I aufgeführten festen, an der Luft nicht zerfließenden oder verdunstenden Stoffe aufbewahrt werden, sofern die Schiebladen mit Deckeln versehen, von festen Füllungen umgeben und so beschaffen sind, daß ein Verschütten oder Verstäuben des Inhalts ausgeschlossen ist.

Außerhalb der Vorratsgefäße darf Gift, unbeschadet der Ausnahmebestimmung im Abs. 1, sich nicht befinden.

§ 4

Die Vorratsgefäße müssen mit der Aufschrift „Gift" sowie mit der Angabe des Inhalts unter Anwendung der in der Anlage I enthaltenen Namen, außer denen nur noch die Anbringung der ortsüblichen Namen in kleinerer Schrift gestattet ist, und zwar bei Giften der Abteilung 1 in weißer Schrift auf schwarzem Grunde, bei Giften der Abteilungen 2 und 3 in roter Schrift auf weißem Grunde, deutlich und dauerhaft bezeichnet sein. Vorratsgefäße für Mineralsäuren, Laugen, Brom und Jod dürfen mittels Radier- und Ätzverfahrens hergestellte Aufschriften auf weißem Grunde haben.

Diese Bestimmung findet auf Vorratsgefäße in solchen Räumen, welche lediglich dem Großhandel dienen, nicht Anwendung, sofern in anderer Weise für eine Verwechselungen ausschließende Kennzeichnung gesorgt ist. Werden jedoch aus derartigen Räumen auch die für eine Einzelverkaufsstätte des Geschäftsinhabers bestimmten Vorräte entnommen, so müssen, abgesehen von der im Geschäft sonst üblichen Kennzeichnung, die Gefäße nach Vorschrift des Abs. 1 bezeichnet sein.

§ 5

Die in Abteilung 1 der Anlage I genannten Gifte müssen in einem besonderen, von allen Seiten durch feste Wände umschlossenen Raume (Giftkammer) aufbewahrt werden, in welchem andere Waren als Gifte sich nicht befinden. Dient als Giftkammer ein hölzerner Verschlag, so darf derselbe nur in einem vom Verkaufsraum getrennten Teile des Warenlagers angebracht sein.

Die Giftkammer muß für die darin vorzunehmenden Arbeiten ausreichend durch Tageslicht erhellt und auf der Außenseite der Tür mit der deutlichen und dauerhaften Aufschrift „Gift" versehen sein.

Die Giftkammer darf nur dem Geschäftsinhaber und dessen Beauftragten zugänglich und muß außer der Zeit des Gebrauchs verschlossen sein.

§ 6

Innerhalb der Giftkammer müssen die Gifte der Abteilung 1 in einem verschlossenen Behältnisse (Giftschrank) aufbewahrt werden.

Der Giftschrank muß auf der Außenseite der Tür mit der deutlichen und dauerhaften Aufschrift „Gift" versehen sein.

Bei dem Giftschranke muß sich ein Tisch oder eine Tischplatte zum Abwiegen der Gifte befinden.

Größere Vorräte von einzelnen Giften der Abteilung 1 dürfen außerhalb des Giftschrankes aufbewahrt werden, sofern sie sich in verschlossenen Gefäßen befinden.

§ 7

Phosphor und mit solchem hergestellte Zubereitungen müssen außerhalb des Giftschrankes, sei es innerhalb oder außerhalb der Giftkammer, unter Verschluß an einem frostfreien Orte in einem feuerfesten Behältnis, und zwar gelber (weißer) Phosphor unter Wasser, aufbewahrt werden. Ausgenommen sind Phosphorpillen; auf diese finden die Bestimmungen der §§ 5 und 6 Anwendung.

Kalium und Natrium sind unter Verschluß, wasser- und feuersicher und mit einem sauerstofffreien Körper (Paraffinöl, Steinöl oder dergl.) umgeben, aufzubewahren.

§ 8

Zum ausschließlichen Gebrauch für die Gifte der Abteilung 1 und zum ausschließlichen Gebrauch für die Gifte der Abteilungen 2 und 3 sind besondere Geräte (Waagen, Mörser, Löffel und dergl.) zu verwenden, welche mit der deutlichen und dauerhaften Aufschrift „Gift" in den dem § 4 Abs. 1 entsprechenden Farben versehen sind. In jedem zur Aufbewahrung von giftigen Farben dienenden Behälter muß sich ein besonderer Löffel befinden. Die Geräte dürfen zu anderen Zwecken nicht gebraucht werden und sind mit Ausnahme der Löffel für giftige Farben stets rein zu halten. Die Geräte für die im Giftschrank befindlichen Gifte sind in diesem aufzubewahren. Auf Gewichte finden diese Vorschriften nicht Anwendung.

Der Verwendung besonderer Waagen bedarf es nicht, wenn größere Mengen von Giften unmittelbar in den Vorrats- oder Abgabegefäßen gewogen werden.

§ 9

Hinsichtlich der Aufbewahrung von Giften in den Apotheken greifen nachfolgende Abweichungen von den Bestimmungen der §§ 4, 5 und 8 Platz.

(Zu § 4.) Die Bestimmungen im § 4 gelten für Apotheken nur insoweit, als sie sich auf die Gefäße für Mineralsäuren, Laugen, Brom und Jod beziehen. Im übrigen bewendet es hinsichtlich der Bezeichnung der Gefäße bei den hierüber ergangenen besonderen Anordnungen.

(Zu § 5.) Die Giftkammer darf, falls siei n einem Vorratsraum eingerichtet wird, auch durch einen Lattenverschlag hergestellt werden. Kleinere Vorräte von Giften der Abteilung 1 dürfen in einem besonderen, verschlossenen und mit der deutlichen und dauerhaften Aufschrift „Gift" oder „Venena" oder „Tabula B" versehenen Behältnisse im Verkaufsraum oder in einem geeigneten Nebenraum aufbewahrt werden. Ist der Bedarf an Gift so gering, daß der gesamte Vorrat in dieser Weise verwahrt werden kann, so besteht eine Verpflichtung zur Einrichtung einer besonderen Giftkammer nicht.

(Zu § 8.) Für die im vorstehenden Absatz bezeichneten kleineren Vorräte von Giften der Abteilung 1 sind besondere Geräte zu verwenden und in dem für diese bestimmten Behältnisse zu verwahren. Für die in den Abteilungen 2 und 3 bezeichneten Gifte sind besondere Geräte nicht erforderlich.

Abgabe der Gifte

§ 10

Gifte dürfen nur von dem Geschäftsinhaber oder den von ihm hiermit Beauftragten abgegeben werden.

§ 11

Über die Abgabe der Gifte der Abteilungen 1 und 2 sind in einem mit fortlaufenden Seitenzahlen versehenen, gemäß Anlage II eingerichteten Giftbuche die daselbst vorgesehenen Eintragungen zu bewirken. Die Eintragungen müssen sogleich nach Verabfolgung der Waren von dem Verabfolgenden selbst und zwar immer in unmittelbarem Anschluß an die nächst vorhergehende Eintragung ausgeführt werden. Das Giftbuch ist 10 Jahre lang nach der letzten Eintragung aufzubewahren.

Die vorstehenden Bestimmungen finden nicht Anwendung auf die Abgabe der Gifte, welche von Großhändlern an Wiederverkäufer, an technische Gewerbetreibende oder an staatliche Untersuchungs- oder Lehranstalten abgegeben werden, sofern über die Abgabe dergestalt Buch geführt wird, daß der Verbleib der Gifte nachgewiesen werden kann.

§ 12

Gift darf nur an solche Personen abgegeben werden, welche als zuverlässig bekannt sind und das Gift zu einem erlaubten gewerblichen, wirtschaftlichen, wissenschaftlichen oder künstlerischen Zwecke benutzen wollen. Sofern der Abgebende von dem Vorhandensein dieser Voraussetzungen sichere Kenntnis nicht hat, darf er Gifte nur gegen Erlaubnisschein abgeben.

Die Erlaubnisscheine werden von der Ortspolizeibehörde nach Prüfung der Sachlage gemäß Anlage III ausgestellt. Dieselben werden in der Regel nur für eine bestimmte Menge, ausnahmsweise auch für den Bezug einzelner Gifte während eines, ein Jahr nicht übersteigenden Zeitraums gegeben. Der Erlaubnisschein verliert mit dem Ablaufe des vierzehnten Tages nach dem Ausstellungstage seine Gültigkeit, sofern auf demselben etwas anderes nicht vermerkt ist.

An Kinder unter 14 Jahren dürfen Gifte nicht ausgehändigt werden.

§ 13

Die in Abteilung 1 und 2 verzeichneten Gifte dürfen nur gegen schriftliche Empfangsbescheinigung (Giftschein) des Erwerbers verabfolgt werden. Wird das Gift durch einen Beauftragten abgeholt, so hat der Abgebende (§ 10) auch von diesem sich den Empfang bescheinigen zu lassen. Die Bescheinigungen sind nach dem in Anlage IV vorgeschriebenen Muster auszustellen, mit den entsprechenden Nummern des Giftbuchs zu versehen und zehn Jahre lang aufzubewahren.

Die Empfangsbestätigung desjenigen, welchem das Gift ausgehändigt wird, darf auch in einer Spalte des Giftbuchs abgegeben werden.

Im Falle des § 11 Abs. 2 ist die Ausstellung eines Giftscheins nicht erforderlich.

§ 14

Gifte müssen in dichten, festen und gut verschlossenen Gefäßen abgegeben werden; jedoch genügen für feste, an der Luft nicht zerfließende oder verdunstende Gifte der Abteilungen 2 und 3 dauerhafte Umhüllungen jeder Art, sofern durch dieselben ein Verschütten oder Verstäuben des Inhalts ausgeschlossen wird.

Die Gefäße oder die an ihre Stelle tretenden Umhüllungen müssen mit der im § 4 Abs. 1 angegebenen Aufschrift und Inhaltsangabe sowie mit dem Namen des abgebenden Geschäfts versehen sein. Bei festen, an der Luft nicht zerfließenden oder verdunstenden Giften der Abteilung 3 darf an Stelle des Wortes „Gift" die Aufschrift „Vorsicht" verwendet werden.

Bei der Abgabe an Wiederverkäufer, technische Gewerbetreibende und staatliche Untersuchungs- oder Lehranstalten genügt indessen jede andere, Verwechselungen ausschließende Aufschrift und Inhaltsangabe; auch brauchen die Gefäße oder die an ihre Stelle tretenden Umhüllungen nicht mit dem Namen des abgebenden Geschäfts versehen zu sein.

§ 15

Es ist verboten, Gifte in Trink- oder Kochgefäßen oder in solchen Flaschen oder Krügen abzugeben, deren Form oder Bezeichnung die Gefahr einer Verwechselung des Inhalts mit Nahrungs- oder Genußmitteln herbeizuführen geeignet ist.

§ 16

Auf die Abgabe von Giften als Heilmittel in den Apotheken finden die Vorschriften der §§ 11—14 nicht Anwendung.

Besondere Vorschriften über Farben

§ 17

Auf gebrauchsfertige Öl-, Harz- oder Lackfarben, soweit sie nicht Arsenfarben sind, finden die Vorschriften der §§ 2—14 nicht Anwendung. Das gleiche gilt für andere giftige Farben, welche in Form von Stiften,

Pasten oder Steinen oder in geschlossenen Tuben zum unmittelbaren Gebrauch fertiggestellt sind, sofern auf jedem einzelnen Stücke oder auf dessen Umhüllung entweder das Wort „Gift“ bzw. „Vorsicht“ und der Name der Farbe oder eine das darin enthaltene Gift erkennbar machende Bezeichnung deutlich angebracht ist.

Ungeziefermittel

§ 18

Bei der Abgabe der unter Verwendung von Gift hergestellten Mittel gegen schädliche Tiere (sog. Ungeziefermittel) ist jeder Packung eine Belehrung über die mit einem unvorsichtigen Gebrauche verknüpften Gefahren beizufügen. Der Wortlaut der Belehrung kann von der zuständigen Behörde vorgeschrieben werden.

Arsenhaltiges Fliegenpapier darf nur mit einer Abkochung von Quassiaholz oder Lösung von Quassiaextrakt zubereitet in viereckigen Blättern von 12:12 cm, deren jedes nicht mehr als 0,01 g arsenige Säure enthält und auf beiden Seiten mit drei Kreuzen, der Abbildung eines Totenkopfes und der Aufschrift „Gift“ in schwarzer Farbe deutlich und dauerhaft versehen ist, feilgehalten oder abgegeben werden. Die Abgabe darf nur in einem dichten Umschlag erfolgen, auf welchem in schwarzer Farbe deutlich und dauerhaft die Inschriften „Gift“ und „Arsenhaltiges Fliegenpapier“ und im Kleinhandel außerdem der Name des abgebenden Geschäfts angebracht ist.

Andere arsenhaltige Ungeziefermittel dürfen nur mit einer in Wasser leicht löslichen grünen Farbe vermischt feilgehalten oder abgegeben werden; sie dürfen nur gegen Erlaubnisschein (§ 12) verabfolgt werden.

Kieselfluorwasserstoffsaure oder fluorwasserstoffsaure (flußsaure) Salze enthaltende Ungeziefermittel dürfen nur feilgehalten oder abgegeben werden, wenn sie mindestens mit 2 Hundertteilen Berliner Blau vermischt sind. Die Abgabe darf nur in dichten, festen und gut verschlossenen Behältnissen erfolgen, die mit der Aufschrift „Gift“, dem Totenkopfzeichen sowie mit der Inhaltsangabe (z. B. Natriumsilikofluorid-Zubereitung, natriumfluoridhaltig) deutlich und dauerhaft versehen sind.

Kieselfluorwasserstoffsaure oder fluorwasserstoffsaure Salze enthaltende Ungeziefermittel, die mit einem anderen Farbstoff als Berliner Blau oder mit weniger als 2 Hundertteilen Berliner Blau versetzt sind, ferner thalliumhaltige Ungeziefermittel, die weniger als 1 Hundertteil eines wasserlöslichen blauen Farbstoffs enthalten, dürfen noch bis zu einer Frist von drei Monaten nach Inkrafttreten dieser Verordnung feilgehalten oder abgegeben werden.

Thalliumhaltige Ungeziefermittel dürfen nur feilgehalten oder abgegeben werden, wenn sie in 100 Gewichtsteilen höchstens 3 Gewichtsteile lösliche Thalliumsalze enthalten und mit Ausnahme thalliumhaltigen Giftgetreides (s. Abs. 7) mit mindestens 1 Hundertteil eines wasserlöslichen blauen Farbstoffs vermischt sind. Die Abgabe darf nur in dichten, festen und gut verschlossenen Behältnissen erfolgen, die mit der Aufschrift „Gift", dem Totenkopfzeichen sowie mit der Inhaltsangabe (z. B. thalliumhaltige Zubereitung) deutlich und dauerhaft versehen sind.

Strychninhaltige Ungeziefermittel dürfen nur in Form von vergiftetem Getreide, welches in 1000 Gewichtsteilen höchstens 5 Gewichtsteile salpetersaures Strychnin enthält und dauerhaft dunkelrot gefärbt ist, feilgehalten oder abgegeben werden. Ebenso darf sonstiges Giftgetreide, das zur Ungeziefervertilgung verwendet werden soll, nur in dauerhaft gefärbtem Zustande feilgehalten oder abgegeben werden.

Vorstehende Beschränkungen können zeitweilig außer Wirksamkeit gesetzt werden, wenn und soweit es sich darum handelt, unter polizeilicher Aufsicht außerordentliche Maßnahmen zur Vertilgung von schädlichen Tieren, z. B. Feldmäusen, zu treffen.

Gewerbebetrieb der Kammerjäger

§ 19

Personen, welche gewerbsmäßig schädliche Tiere vertilgen (Kammerjäger), müssen ihre Vorräte von Giften und gifthaltigen Ungeziefermitteln unter Beachtung der Vorschriften in den §§ 2, 3, 4, 7 und, soweit sie die Vorräte nicht bei Ausübung ihres Gewerbes mit sich führen, in verschlossenen Räumen, welche nur ihnen und ihren Beauftragten zugänglich sind, aufbewahren. Sie dürfen die Gifte und die Mittel an andere nicht überlassen.

§ 20

Die für Apotheken über den Handel mit Giften bestehenden weitergehenden Vorschriften bleiben auch ferner in Kraft.

§ 21

Für jeden Fall der Nichtbefolgung dieser Polizeiverordnung wird hiermit die Festsetzung eines Zwangsgeldes in Höhe bis zu 150 RM, im Nichteintreibungsfall die Festsetzung von Zwangshaft bis zu zwei Wochen angedroht. Soweit die Nichtbefolgung dieser Polizeiverordnung durch § 367 Nr. 5 des StGB. mit Strafe bedroht ist, bleibt die Androhung der Strafe unberührt.

Anlage I

Verzeichnis der Gifte

Abteilung 1

Akonitin, dessen Verbindungen und Zubereitungen
Arsen, dessen Verbindungen und Zubereitungen, auch Arsenfarben
Atropin, dessen Verbindungen und Zubereitungen
Brucin, dessen Verbindungen und Zubereitungen
Curace und dessen Präparate
Cyanwasserstoffsäure (Blausäure), Cyankalium, die sonstigen cyanwasserstoffsauren Salze und deren Lösungen

Daturin, dessen Verbindungen und Zubereitungen
Digitalin, dessen Verbindungen und Zubereitungen
Emetin, dessen Verbindungen und Zubereitungen
Erythrophlein, dessen Verbindungen und Zubereitungen
Fluorwasserstoffsäure (Flußsäure)
Homatropin, dessen Verbindungen und Zubereitungen
Hyoscin (Duboisin), dessen Verbindungen und Zubereitungen
Hyoscyamin (Duboisin), dessen Verbindungen und Zubereitungen
Kantharidin, dessen Verbindungen und Zubereitungen
Kolchicin, dessen Verbindungen und Zubereitungen
Koniin, dessen Verbindungen und Zubereitungen
Nikotin, dessen Verbindungen und Zubereitungen
Nitroglycerinlösungen
Phosphor (auch roter, sofern er gelben Phosphor enthält) und die damit bereiteten Mittel zum Vertilgen von Ungeziefer sowie Phosphorwasserstoff entwickelnde Verbindungen (z. B. Phosphorkalzium, Phosphorzink) und Zubereitungen mit Ausnahme solcher, die den Anforderungen an die Position „Phosphorwasserstoff entwickelnde Zubereitungen . . . .“ der Abteilung 3 entsprechen
Physostigmin, dessen Verbindungen und Zubereitungen
Pikrotoxin
Quecksilberpräparate, auch Farben, außer Quecksilberchlorür (Kalomel), und Schwefelquecksilber (Zinnober)
Salzsäure, arsenhaltige*)
Schwefelsäure, arsenhaltige*)
Skopolamin, dessen Verbindungen und Zubereitungen
Strophantin
Strychnin, dessen Verbindungen und Zubereitungen, mit Ausnahme von strychninhaltigem Getreide
Uransalze, lösliche, auch Uranfarben
Veratrin, dessen Verbindungen und Zubereitungen

Abteilung 2

Acetanilid (Antifebrin)
Adoniskraut
Äthylenpräparate
Agaricin
Akonit-extrakt, -knollen, -kraut, -tinktur
Amylenhydrat
Amylnitrit
Apomorphin

---

*) Anmerkung: Salzsäure und Schwefelsäure gelten als arsenhaltig, wenn 1 ccm der Säure mit 3 ccm Zinnchlorürlösung versetzt innerhalb 15 Minuten eine dunklere Färbung annimmt.

Bei der Prüfung auf den Arsengehalt ist, sofern es sich um konzentrierte Schwefelsäure handelt, zunächst 1 ccm durch Eingießen in 2 ccm Wasser zu verdünnen und 1 ccm von dem erkalteten Gemische zu verwenden. Die Zinnchlorürlösung ist aus 5 Gewichtsteilen kristallisiertem Zinnchlorür, die mit 1 Gewichtsteile Salzsäure anzurühren und vollständig mit trockenem Chlorwasserstoffe zu sättigen sind, herzustellen, nach dem Absetzen durch Asbest zu filtrieren und in kleinen, mit Glasstopfen verschlossenen, möglichst angefüllten Flaschen aufzubewahren.

Belladonna blätter, -extrakt, -tinktur, -wurzel
Bilsen kraut, -samen, -extrakt, -tinktur
Bittermandelöl, blausäurehaltiges
Brechnuß (Krähenaugen) sowie die damit hergestellten Ungeziefermittel, Brechnuß extrakt, -tinktur
Brechweinstein
Brom
Bromäthyl
Bromalhydrat
Bromoform
Butylchloralhydrat
Calabar-extrakt, -samen, -tinktur
Cardol
Chloräthyliden, zweifach
Chloralformamid
Chloralhydrat
Chloressigsäuren
Chloroform
Chromsäure
Convallamarin, dessen Verbindungen und Zubereitungen
Convallarin, dessen Verbindungen und Zubereitungen
Elaterin, dessen Verbindungen und Zubereitungen
Erythrophleum
Euphorbium
Fingerhut-blätter, -essig, -extrakt, -tinktur
Fluorwasserstoffsaure (flußsaure) Salze, neutrale, lösliche und deren Zubereitungen
Fluorwasserstoffsaure (flußsaure) Salze, saure und deren Zubereitungen, ausgenommen Stifte, die den Anforderungen an die Position „Fluorwasserstoffsaure (flußsaure) Salze, saure, in Form von Stiften . . ." der Abteilung 3 entsprechen (siehe dort)
Gelsemium-wurzel, -tinktur
Giftlattich extrakt, -kraut, -saft (Laktukarium)
Giftsumach blätter, -extrakt, -tinktur
Gottesgnaden-kraut, -extrakt, -tinktur
Gummigutti, dessen Lösungen und Zubereitungen
Hydroxylamin, dessen Verbindungen und Zubereitungen
Jalapen harz, -knollen, -tinktur
Kieselfluorwasserstoffsäure (Kieselflußsäure), deren Salze und Zubereitungen
Kirschlorbeeröl
Kokkelskörner
Kotoin
Krotonöl
Narcein, dessen Verbindungen und Zubereitungen
Narkotin, dessen Verbindungen und Zubereitungen
Nieswurz (Helleborus), grüne, -extrakt, -tinktur, -wurzel
Nieswurz (Helleborus), schwarze, -extrakt, -tinktur, -wurzel

Nitrobenzol (Mirbanöl)
Oxalsäure (Kleesäure, sog. Zuckersäure)
Paraldehyd
Pental
Pilokarpin, dessen Verbindungen und Zubereitungen
Sabadill-extrakt, -früchte, -tinktur
Sadebaum-spitzen, -extrakt, -öl
Sankt Ignatius samen, -tinktur
Santonin
Scammonia-harz (Scammonium), -wurzel
Schierling (Konium) -kraut, -extrakt, -früchte, -tinktur
Senföl, ätherisches
Spanische Fliegen und deren weingeistige und ätherische Zubereitungen
Stechapfel-blätter, -extrakt, -samen, -tinktur — ausgenommen zum Rauchen oder Räuchern
Strophanthus extrakt, -samen, -tinktur
Strychninhaltiges Getreide
Sulfonal und dessen Ableitungen
Thallin, dessen Verbindungen und Zubereitungen
Thalliumverbindungen und deren Zubereitungen
Urethan
Veratrum (weiße Nieswurz) -tinktur, -wurzel
Wasserschierling-kraut, -extrakt
Zeitlosen-extrakt, -knollen, -samen, -tinktur, -wein.

Abteilung 3

Antimonchlorür, fest oder in Lösung
Baryumverbindungen außer Schwerspat (schwefelsaurem Baryum)
Bittermandelwasser
Bleiessig
Bleizucker
Brechwurzel (Ipecacuanha)-extrakt, -tinktur, -wein
Farben, welche Antimon, Baryum, Blei, Chrom, Gummigutti, Kadmium, Pikrinsäure, Zink oder Zinn enthalten, mit Ausnahme von: Schwerspat (schwefelsaurem Baryum), Chromoxyd, Zink, Zinn und deren Legierungen als Metallfarben, Schwefelkadmium, Schwefelselenkadmium, Schwefelzink, Schwefelzinn (als Musivgold), Zinkoxyd, Zinnoxyd
Fluorwasserstoffsaure (flußsaure) Salze, saure, in Form von Stiften mit einem Höchstgewichte von 8 g und einem Höchstgehalte von 50 vom Hundert saurem flußsauren Salze, soweit diese in geschlossenen Behältern mit der Aufschrift „Gift" zur Abgabe an das Publikum gelangen und sofern die Packungen außerdem folgenden Anforderungen entsprechen:

1. die Stifte müssen an ihrem unteren Ende mit dem Behälter fest verbunden sein;

2. die Behälter dürfen keine reklamehaften Aufdrucke und reklamehaften Bilder aufweisen;
3. die Packungen sind mit einer Gebrauchsanweisung zu versehen, die den Vermerk „Vorsicht! Stift nicht anlecken!" tragen muß.

Goldsalze

Jod und dessen Präparate, ausgenommen zuckerhaltiges Eisenjodür und Jodschwefel

Jodoform

Kadmium und dessen Verbindungen, auch mit Brom oder Jod

Kalilauge, in 100 Gewichtsteilen mehr als 5 Gewichtsteile Kaliumhydroxyd enthaltend

Kalium

Kaliumbichromat (rotes chromsaures Kalium, sogenanntes Chromkali)

Kaliumbioxalat (Kleesalz)

Kaliumchlorat (chlorsaures Kalium)

Kaliumchromat (gelbes chromsaures Kalium)

Kaliumhydroxyd (Ätzkali)

Karbolsäure, auch rohe, sowie verflüssigte und verdünnte, in 100 Gewichtsteilen mehr als 3 Gewichtsteile Karbolsäure enthaltend

Kirschlorbeerwasser

Koffein, dessen Verbindungen und Zubereitungen

Koloquinthen, -extrakt, -tinktur

Kreosot

Kresole und deren Zubereitungen (Kresolseifenlösungen, Lysol, Lysosolveol usw.) sowie deren Lösungen, soweit sie in 100 Gewichtsteilen mehr als ein Gewichtsteil der Kresolzubereitung enthalten

Lobelien, -kraut, -tinktur

Meerzwiebel, -extrakt, -tinktur, -wein

Mutterkorn, -extrakte (Ergotin)

Natrium

Natriumbichromat

Natriumhydroxyd (Ätznatron, Seifenstein)

Natronlauge, in 100 Gewichtsteilen mehr als 5 Gewichtsteile Natriumhydroxyd enthaltend

Paraphenylendiamin, dessen Salze, Lösungen und Zubereitungen

Phenacetin

Phosphorwasserstoff entwickelnde Zubereitungen, soweit diese in 100 Gewichtsteilen höchstens 7 Gewichtsteile Phosphorwasserstoff entwickelnde Verbindungen enthalten, dauerhaft gefärbt sind und in festen, geschlossenen Behältnissen mit der Aufschrift „Gift" und mit einer Belehrung gemäß § 18 Abs. 1 versehen zur Abgabe an das Publikum gelangen

Pikrinsäure und deren Verbindungen

Quecksilberchlorür (Kalomel)

Salpetersäure (Scheidewasser), auch rauchende
Salzsäure, arsenfreie, auch verdünnte, in 100 Gewichtsteilen mehr als 15 Gewichtsteile wasserfreie Säure enthaltend*)
Schwefelkohlenstoff
Schwefelsäure, arsenfreie, auch verdünnte, in 100 Gewichtsteilen mehr als 15 Gewichtsteile Schwefelsäuremonohydrat enthaltend*)
Silbersalze, mit Ausnahme von Chlorsilber
Stephans (Staphisagria) -körner
Zinksalze, mit Ausnahme von Zinkkarbonat
Zinnsalze.

Anlage II

Giftbuch

Laufende Nummer	Bezeichnung des Erlaubnisscheins und Behörde und Nr.	Tag der Abgabe	Des Giftes		Zweck, zu welchem das Gift vom Erwerber benutzt werden soll	Des Erwerbers		Des Abholenden		Name des Verabfolgenden	Eigenhändige Namensschrift des Empfängers
			Name	Menge		Name und Stand	Wohnort (Wohnung)	Name und Stand	Wohnort (Wohnung)		

Anlage III

Name der ausstellenden Behörde Nr. ....

Erlaubnisschein zum Erwerb von Gift

Der usw. (Name, Stand) .... zu (Wohnort und Wohnung) ....
Die (Firma) .... wünscht
(Menge) (Name des Giftes) .... zu erwerben,
um damit .... (Zweck, zu welchem das Gift benutzt werden soll) .....
Gegen dieses Vorhaben ist diesseits nach stattgefundener Prüfung nichts zu erinnern ....

................., den ...ten .... 19....

(Bezeichnung der ausstellenden Behörde)

(Namensunterschrift)

(Siegel)

Dieser Schein macht die Ausstellung einer Empfangsbescheinigung (Giftschein) gemäß § 13 nicht entbehrlich. Er verliert mit dem Ablaufe des 14. Tages nach dem Ausstellungstage seine Gültigkeit, sofern etwas anderes oben nicht ausdrücklich vermerkt ist.

---

*) Siehe Fußnote Seite 96.

Anlage IV

Nr. .... (des Giftbuchs)

Giftschein

Von (Firma des abgebenden Geschäfts) .... zu (Ort) .... bekenne ich hierdurch .... (Menge) .... (Name des Giftes)..... .... zum Zwecke de.................. wohl verschlossen und bezeichnet erhalten zu haben.

Der aus einem unvorsichtigen Gebrauche des Giftes entstehenden Gefahren wohl bewußt, werde ich dafür Sorge tragen, daß dasselbe nicht in unbefugte Hände gelangt und nur zu dem vorgedachten Zwecke verwendet wird.

Das Gift soll durch .... abgeholt werden.

(Wohnort, Tag, Monat, Jahr und Wohnung)

(Name und Vorname, Stand oder Beruf des Erwerbers)

(Eigenhändig geschrieben)

(Zusatz, falls das Gift durch einen anderen abgeholt wird.)

Das oben bezeichnete Gift habe ich im Auftrag des .... (Name des Erwerbers) in Empfang genommen und verspreche, dasselbe alsbald unversehrt an meinen Auftraggeber abzuliefern.

(Name und Vorname, Stand oder Beruf des Abholenden)

(Ort, Tag, Monat, Jahr)

(Eigenhändig geschrieben).

Erläuterungen[1])

Zu § 1. Grundbestimmung.

Anwendung findet die Verordnung nur auf den gewerbsmäßigen Handel mit Giften; damit ist auch der Großhandel grundsätzlich der Verordnung unterworfen, obwohl im einzelnen manche Ausnahmebestimmungen für ihn getroffen sind, z. B. bei § 4 Abs. 2 (Aufbewahrung), bei § 11 Abs. 2 (Giftbuch), § 14 Abs. 3 (Abgabe). Von großer Bedeutung ist der zweite Absatz des § 1, der wiederum eine Legaldefinition enthält, die Erklärung, was die Verordnung unter Giften versteht: Gift im Sinne dieser Bestimmung sind die aufgeführten Drogen, chemischen Präparate und Zubereitungen. Damit zieht die Verordnung einen scharfen Trennungsstrich gegen die naturwissenschaftliche Definition des Begriffes Gift. Vom naturwissenschaftlichen Standpunkt müßte man als Gift jeden Stoff bezeichnen, der in verhältnismäßig kleinen Mengen das tierische, insbesondere das menschliche Leben oder die Gesundheit zu zerstören geeignet ist. Soweit will die Verordnung den Giftbegriff gar nicht ausgedehnt wissen. Sie sagt klipp und klar: „Gift im Sinne dieser Bestimmung ist nur, was in den drei Verzeichnissen aufgeführt ist". Der Schwerpunkt liegt bei dem Worte „aufgeführt". Was nicht aufgeführt ist, ist niemals Gift im Sinne der Giftverordnung, obwohl es im naturwissenschaftlichen

[1]) Weitere Erläuterungen s. Engwicht „Der Gifthandel und Handel mit giftigen Pflanzenschutzmitteln sowie die Vorbereitung auf die Giftprüfung". Verlagsgesellschaft Rudolf Müller, Oldenburg.

Sinne sehr wohl giftig sein kann. Welche große Bedeutung diese Bestimmung hat, wird klar, wenn man sich den Wortlaut des Absatzes 2 noch genauer ansieht und zum Vergleich einen Blick in die drei Verzeichnisse wirft:

Im § 1 Abs. 2 ist die Rede von „Drogen, chemischen Präparaten und Zubereitungen". Gleich an erster Stelle im Verzeichnis der Gifte zu Abteilung 1 findet man angegeben: „Akonitin, dessen Verbindungen und Zubereitungen". Daraus rechtfertigt sich ohne weiteres der Schluß, daß bei allen anderen Giften, bei denen nicht aufgeführt worden ist: „und dessen Verbindungen und Zubereitungen", diese Verbindungen und Zubereitungen nicht zu den Giften im Sinne des Gesetzes gehören. Denn der Gesetzgeber ist selbstverständlich konsequent und würde nicht nur bei einem Gift den Zusatz machen „und dessen Verbindungen und Zubereitungen", wenn er diese Ausdehnung bei allen Giften für selbstverständlich hielte. Deshalb hält man als Grundsatz fest: Verbindungen und Zubereitungen der in den drei Verzeichnissen aufgeführten Gifte gehören nur dann zu den Giften im Sinne der Verordnung, wenn dies im Verzeichnis ausdrücklich vermerkt ist. Zubereitungen, die somit nicht unter die Giftverordnung fallen, stellen dagegen gifthaltige Waren dar, für die unter Umständen besondere Vorschriften gelten (§§ 18 und 19). Soweit solche Zubereitungen aber auch von den §§ 18 und 19 nicht erfaßt sind, unterliegen sie der Giftordnung nicht. Das trifft z. B. zu für Zubereitungen von Quecksilberpräparaten. Im Verzeichnis der Gifte Abteilung I sind u. a. aufgeführt: „Quecksilberpräparate, auch Farben, außer Quecksilberchlorür und Schwefelquecksilber". Es ist aber nicht wie bei Akonitin vermerkt „und Zubereitungen". Zubereitungen von Quecksilberpräparaten (unter „Präparaten" versteht die Verordnung „chemische Verbindungen") unterliegen also nicht den Bestimmungen der Giftverordnung. Ein solches Quecksilberpräparat ist z. B. das Sublimat. Es fällt nach dem Wortlaut unbedingt unter die Abteilung 1, nicht dagegen eine Zubereitung von Sublimat, z. B. eine Lösung von Sublimat in Wasser, oder ein trockenes Gemenge von Sublimat mit Kochsalz, wie man es in gepreßter Form als Sublimatpastillen kennt. Man wird jedoch gut tun, Sublimatpastillen trotzdem als Gift zu behandeln.

Fallen nun solche Zubereitungen auch nicht unter das Giftgesetz, so folgt daraus noch lange nicht, daß man mit ihnen nun ganz beliebig umgehen dürfte. Man muß sie vielmehr, wenn auch nicht nach den genauen Vorschriften der Giftverordnung, so doch mit derjenigen Sorgfalt und Vorsicht aufbewahren und abgeben, die ein geordneter Geschäftsbetrieb erfordert. Man muß sich bewußt sein, daß ein unvorsichtiges Umgehen mit solchen Zubereitungen, z. B. ihre leichtfertige Abgabe an jedermann, oder ihre unzweckmäßige Aufstellung und Signierung, die etwa Verwechslungen ermöglicht, Leben und Gesundheit von Menschen gefährden können, und damit die Entziehung der Erlaubnis zum Gifthandel oder gar die Untersagung des Handels mit Drogen und chemischen Präparaten gemäß § 35 der Gewerbeordnung rechtfertigen könnte . . . Weit bedeutsamer noch sind die unmittelbaren Folgen, die ein unsorgfältiges Umgehen mit solchen Zubereitungen nach sich ziehen kann, wenn durch Fahrlässigkeit ein Mensch in seiner Gesundheit geschädigt oder gar getötet wird. Der Drogist würde in einem solchen Falle nach den allgemeinen Vorschriften des Strafgesetzbuches über Körperverletzung bzw. fahrlässige Tötung zur Verantwortung gezogen werden. Wie streng der Gesetzgeber solche Unachtsamkeiten geahndet wissen will, zeigt der Wortlaut § 230 des Strafgesetzbuches (s. Abschnitt IX).

Obwohl also eine Reihe giftiger Waren nicht unter die Bestimmungen der Giftverordnung fallen, muß ihre Aufbewahrung und ihre Abgabe dennoch mit der größten Vorsicht geschehen. Dies gilt überdies nicht nur für giftige Waren, wie z. B. Sublimatlösungen, sondern für gesundheitsschädliche Stoffe überhaupt. Man darf auch nicht Salmiakgeist in eine Selterwasserflasche füllen. Es ereignet sich von Zeit zu Zeit immer wieder, daß aus Versehen aus solch einer Flasche getrunken wird. Der Drogist, der die Ware in dieser Weise abgegeben hat, kann dann immer mit einer Anklage wegen fahrlässiger Körperverletzung rechnen. Deshalb soll man den Verkauf von gesundheitsschädlichen Flüssigkeiten in Trinkgefäßen unter allen Umständen ablehnen.

Zu §§ 2—9. Aufbewahrung der Gifte.

Zu § 2.

Die Vorschriften über die Aufbewahrung der Gifte sind nicht für alle Gifte einheitlich. § 2 enthält jedoch Bestimmungen, die für die Gifte aller drei Abteilungen gelten.

„Vorräte von Giften müssen übersichtlich geordnet sein . . ." Da wird man im allgemeinen verlangen müssen, daß die Standgefäße nach ihrer Art und Größe gruppiert und innerhalb der Gruppe nach dem Alphabet geordnet sind. Sie müssen auch von anderen Waren getrennt aufbewahrt werden. Die getrennte Aufbewahrung hat nicht zur unbedingten Voraussetzung, daß sie in einem Schrank oder gar in einem verschlossenen Schrank geschieht (ausgenommen die Gifte der Abteilung 1). Die Verordnung bestimmt nämlich, daß Gifte weiterhin „weder über noch unmittelbar neben Nahrungs- und Genußmitteln aufbewahrt werden dürfen". Demnach ist also nichts dagegen einzuwenden, daß Gifte in einem Regal stehen, in dessen oberem Teil auch Nahrungs- und Genußmittel stehen; nur dürfte es nicht umgekehrt sein: daß Gifte über den Nahrungs- und Genußmittel stehen. Auch neben den Giften dürfen Nahrungs- und Genußmittel aufbewahrt werden, nur nicht unmittelbar daneben. Man dürfte also nicht ein Standgefäß mit Himbeersirup direkt neben ein solches mit Bleiessig setzen. Wenn dagegen beide Standgefäße durch eine feste Holzwand voneinander getrennt stehen, so wäre dagegen nichts mehr einzuwenden, weil sie ja dann nicht mehr „unmittelbar" nebeneinander stehen.

Zu § 3.

Dieser Paragraph enthält Vorschriften über die Art der Aufbewahrungsgefäße für Gifte im allgemeinen. Dann werden gleich Ausnahmen aufgeführt, nämlich zuerst „giftige Pflanzen und Pflanzenteile, die auf abgeschlossenen Giftböden verwahrt werden". Deren Aufbewahrung ist dann nicht besonders geregelt, nur wird sie selbstverständlich so erfolgen müssen, wie dies in einem geordneten Geschäftsbetrieb notwendig ist, also nicht etwa so, daß sie aus undichten Papierbeuteln, zerrissenen Säcken und dergleichen verstäubt oder zerstreut werden können. Schiebladen zur Aufbewahrung von Giften sind zulässig für Farben und andere Gifte der Abteilung 2 und 3, die fest sind und an der Luft nicht zerfließen oder verdunsten. Die Schiebladen müssen mit Deckeln versehen sein und in festen Füllungen laufen derart, daß ein Verschütten oder Verstäuben des Inhalts ausgeschlossen ist. Hier ist wohl zu beachten, daß die Kästen Deckel haben und in festen Füllungen laufen müssen. Für die Aufbewahrung von Arzneimitteln genügt es, wenn die Kästen entweder mit Deckeln versehen sind oder in festen

Füllungen laufen. Die Vorschriften der Giftordnung sind also strenger. Zerfließende oder verdunstende Stoffe dürfen in Schiebladen nicht aufbewahrt werden. Dazu gehört z. B. Seifenstein. Außerhalb der Vorratsgefäße darf Gift nicht aufbewahrt werden, es sei denn, giftige Pflanzen oder Pflanzenteile, die auf abgeschlossenem Giftboden verwahrt werden. Man darf deshalb z. B. nicht Chromgelb oder andere giftige Farben im Schaufenster offen zur Schau stellen. Tut man das, so befindet sich eben Gift „außerhalb der Vorratsgefäße", was durch den letzten Absatz des § 3 verboten ist.

Zu § 4.

§ 4 enthält die Vorschriften über die Bezeichnung (Signierung) der Gifte. Zunächst ist bestimmt, daß die Bezeichnung mit den Namen zu erfolgen hat, die die Verordnung selbst in den Verzeichnissen 1, 2 und 3 gebraucht. Nur als Nebenbezeichnung ist die Anbringung der ortsüblichen Namen in kleinerer Schrift gestattet. Diese Vorschrift ist zwingend. Stimmt auf einem Giftvorratsgefäß die Hauptbezeichnung nicht mit der in der Verordnung gebrauchten Bezeichnung überein, so ist die Signatur unvorschriftsmäßig, auch wenn die Abweichung nur unwesentlich ist. So muß die Bezeichnung für Salzsäure lauten „Salzsäure, arsenfreie" bzw. „Salzsäure, arsenhaltige". Fehlt der Zusatz „arsenfreie" bzw. „arsenhaltige", so ist die Signatur unzulässig und kann bei der Revision beanstandet werden. Weiter sind die Farben der Signaturen vorgeschrieben: für Gifte der Abteilung 1 weiße Schrift auf schwarzem Grunde, für Gifte der Abteilungen 2 und 3 rote Schrift auf weißem Grunde. Ferner wird gefordert, daß die Bezeichnung deutlich und dauerhaft sei. Ausgeblaßte Signaturen, auf denen das Rot bei der üblichen Beleuchtung nicht mehr klar zu erkennen ist, sind nicht mehr deutlich, teilweise abgelöste Etiketten nicht dauerhaft. Einem praktischen Bedürfnis entgegenkommend, läßt die Verordnung zu, daß Signaturen für Mineralsäuren, Laugen, Brom und Jod nicht rot auf weißem Grunde sein müssen, sondern auch mittels Radier- oder Ätzverfahrens auf weißem Grunde hergestellt sein können.

Der zweite Absatz des § 4 sieht Erleichterungen für den Großhandel vor. Für diesen genügt es, wenn die Bezeichnung auf irgendeine, eine Verwechslung ausschließende Weise erfolgt. Werden jedoch aus den für den Großhandel dienenden Räumen auch Vorräte entnommen, die für eine Einzelverkaufsstätte des gleichen Geschäftsinhabers bestimmt sind, so müssen die Vorratsgefäße außer der im Großhandelsbetrieb üblichen Kennzeichnung auch noch so bezeichnet sein, wie das Gesetz es für den Kleinverkauf vorschreibt.

Zu § 5 und 6.

In den §§ 5 und 6 wird die Aufbewahrung der Gifte der Abteilung 1 geregelt. Sie muß in der Giftkammer erfolgen, die allseitig feste Wände haben (Lattenverschläge sind unzulässig) und durch Tageslicht ausreichend erhellt sein muß. Künstliche Beleuchtung, auch wenn sie ausreichend ist, ist für die Giftkammer allein nicht zulässig. Selbstverständlich darf künstliche Beleuchtung dann verwendet werden, wenn sie nach eintretender Dunkelheit erforderlich ist. Während des Tages aber muß Tageslicht allein für das Arbeiten in der Giftkammer ausreichend sein. Als Giftkammer darf ein hölzerner Verschlag benutzt werden (aber kein Lattenverschlag). Er muß dann aber sich außerhalb des Verkaufsraumes befinden. Ein hölzerner Verschlag im Laden ist als Giftkammer nicht zulässig.

Die Giftkammer muß, wenn nicht darin gearbeitet wird, verschlossen sein und muß an der Tür die deutliche und dauerhafte Aufschrift „Gift" tragen.

Zur Giftkammer darf nicht jederman Zutritt haben; sie darf nur zugänglich sein „dem Geschäftsinhaber und dessen Beauftragten". Wen der Geschäftsinhaber beauftragen darf, sagt das Gesetz nicht. Es bleibt dies dem Ermessen des Geschäftsinhabers überlassen. Er ist indessen nach allgemeinen rechtlichen Gesichtspunkten für das Handeln seiner Beauftragten haftbar, muß also in ihrer Auswahl vorsichtig sein und darf es auch nicht an Aufsicht fehlen lassen. An sich ist nicht erforderlich, daß der Beauftragte eine Prüfung abgelegt hat. Der Geschäftsinhaber kann auch einen zuverlässigen Lehrling beauftragen. Aus dem Wortlaut der Verordnung geht auch hervor, daß der Geschäftsinhaber mehrere Personen beauftragen kann. Innerhalb der Giftkammer dürfen sich andere Waren als Gifte nicht befinden. Die Verordnung sagt nicht, daß sich andere Waren als Gifte der Abteilung 1 darin nicht befinden dürfen, sondern ganz allgemein „andere Waren als Gifte". Daraus ist zu folgern, daß innerhalb der Giftkammer auch Gifte der Abteilungen 2 und 3 aufbewahrt werden dürfen; dies um so mehr, als § 6 bestimmt: „Innerhalb der Giftkammer müssen die Gifte der Abteilung 1 in einem verschlossenen Behältnis (Giftschrank) aufbewahrt werden". Damit sagt die Verordnung deutlich, daß sie die Möglichkeit, auch Gifte der Abteilungen 2 und 3 in der Giftkammer aufzubewahren, offenlassen wollte. Die Verordnung verbietet mit diesem Text nicht einmal, auch Gifte der Abteilungen 2 und 3 innerhalb des Giftschranks aufzubewahren, sondern begnügt sich damit, dies für die Gifte der Abteilung 1 zwingend vorzuschreiben. Man wird aber gut tun, den Giftschrank ausschließlich den Giften der Abteilung 1 vorzubehalten, schon aus Gründen der Übersicht und Ordnung. Der Giftschrank muß ebenfalls mit der Aufschrift „Gift" versehen sein. Größere Vorräte von einzelnen Giften der Abteilung 1 dürfen auch außerhalb des Giftschrankes innerhalb der Giftkammer aufbewahrt werden, sofern sie sich in verschlossenen Gefäßen befinden. So darf ein Ballon arsenhaltige Salzsäure frei in der Giftkammer stehen, wenn er ordnungsgemäß mit dem Stopfen geschlossen und durch Lack oder durch Überbinden verschlossen ist. Ein Vorhängeschloß braucht sicherlich nicht angebracht zu sein; aber man wird jedes Gefäß als nicht verschlossen ansehen müssen, das durch einfaches Abheben des Deckels oder Stöpsels geöffnet werden kann. Verschlossen wird jedes Gefäß sein, bei dem erst Verklebungen, Verschnürungen oder dergleichen gelöst werden müssen, bevor die Öffnung erfolgen kann.

Bei dem Giftschrank muß sich ein Tisch oder ein Tischbrett zum Abwiegen der Gifte befinden. Weiter müssen innerhalb der Giftkammer zum ausschließlichen Gebrauch für die Gifte der Abteilung 1 besondere Geräte (Waagen, Mörser, Löffel und dergleichen) sich befinden. Diese müssen mit der Aufschrift „Gift" weiß auf schwarzem Grunde versehen sein und dürfen für andere Gifte als solche der Abteilung 1 nicht verwendet werden. Sie müssen, soweit sie sich nicht im Gebrauch befinden, im Gitschrank aufbewahrt werden. Besondere Gewichte brauchen nicht vorhanden zu sein; sie sind auch nicht mit „Gift" zu bezeichnen.

Zu § 7.

§ 7 enthält Sondervorschriften über die Aufbewahrung von Phosphor und metallischem Kalium und Natrium. Phosphor und Phosphorzubereitungen (z. B. Phosphorlatwerge) müssen außerhalb des Giftschrankes aufgehoben werden. Vorgeschrieben ist ein feuerfester Behälter. Gelber Phosphor (zum Unterschied von rotem oder amorphem Phosphor, der nicht giftig ist und auch nicht feuergefährlich) muß unter Wasser aufbewahrt werden. Das feuerfeste Behältnis muß sich nicht innerhalb der Giftkammer befinden, es kann auch außerhalb derselben angebracht sein, muß aber verschlossen und an einem frostfreien Ort untergebracht sein. Frostfrei muß der Ort deshalb sein, weil das Einfrieren des Wassers, das den Phosphor von der Luft abschneiden muß, das Springen des Gefäßes zur Folge hätte. Das Wasser würde dann auslaufen, der Phosphor mit der Luft in Berührung kommen und sich entzünden. Der Regel nach dienen zur Aufbewahrung von Phosphor mit eisernen Türen versehene Mauernischen. Diese müssen selbstverständlich die vorschriftsmäßige Signatur weiß auf schwarzem Grunde tragen. Es ist indessen nicht erforderlich, zur Aufbewahrung von Phosphor immer Mauernischen zu verwenden. Das Gesetz verlangt nur ein feuerfestes Behältnis an einem frostfreien Orte. Man kann deshalb auch einen eisernen Kasten verwenden, der in der Giftkammer aufgestellt wird, wenn er verschlossen und vorschriftsmäßig bezeichnet ist. Phosphorpillen werden nicht in dieser Weise aufbewahrt, sondern so, wie die übrigen Gifte der Abteilung 1. Kalium- und Natrium-Metall, die Gifte der Abteilung 3 sind, müssen unter besonderem Verschluß wasser- und feuersicher aufbewahrt werden, und zwar unter Petroleum, Paraffinöl oder dergleichen. Eine Mauernische oder ein eiserner Kasten erfüllt diese Ansprüche, wenn sie so hoch angebracht oder gestellt sind, daß etwa in den Keller dringendes Wasser die Nische bzw. den Behälter nicht ohne weiteres erreichen kann.

Zu § 8.

§ 8 bringt die Vorschriften über die beim Hantieren mit Giften zu verwendenden Geräte. Die Geräte für die Abteilung 1 sind schon bei § 6 besprochen worden. Für die Gifte der Abteilungen 2 und 3 (für beide gemeinsam) sind ebenfalls besondere Geräte (Waage, Mörser, Löffel und dergleichen) zu verwenden, die die Aufschrift „Gift", rot auf weißem Grunde, tragen müssen. Nur für giftige Farben ist vorgeschrieben, daß sich in jedem Behälter ein besonderer Löffel befinden muß. Daß die Geräte stets sauberzuhalten sind, versteht sich von selbst.

Besondere Waagen sind nicht erforderlich, wenn größere Mengen von Giften unmittelbar in den Vorrats- oder Abgabegefäßen gewogen werden. Gelegentlich entsteht mit den Revisoren Streit, ob Mörser für Gifte vorhanden sein müssen. Die Revisoren schließen daraus, daß die Verordnung Mörser nennt, daß solche auch bereitgehalten werden müssen. Dies trifft sicherlich nicht zu. Man wird einen Mörser nur dann verlangen können, wenn er im Rahmen des Geschäftsbetriebes überhaupt gebraucht wird. Wer sich mit dem Zubereiten von Giften (Zerkleinern, Zerreiben und dergleichen) nicht beschäftigt, dem hat der Gesetzgeber sicherlich nicht zumuten wollen, bloß zur Dekoration auch einen Mörser hinzustellen. Zu Streitigkeiten führt gelegentlich auch die Vorschrift, daß sich in jedem zur Aufbewahrung von giftigen Farben dienenden Behälter ein besonderer Löffel befinden müsse. In manchen Geschäften werden die Löffel neben oder hinter das Aufbewahrungsgefäß gelegt. Man wird dagegen nichts einwenden können, wenn die Löffel sauber sind und nach jedem Gebrauch gereinigt werden, so daß durch das Danebenliegen nicht etwa Spuren des Giftes verstreut werden oder durch Anhaften am Löffel frei herumliegen. Immerhin lautet die Gesetzesvorschrift dahin, daß sich die Löffel in dem Behälter befinden sollen.

Zu § 9.

Dieser Paragraph enthält Sonderbestimmungen für Apotheken, die den Drogisten nicht weiter interessieren.

Zu §§ 10—16. **Abgabe der Gifte.**

Von der Abgabe der Gifte handeln die §§ 10 bis 16. Sie bestimmen im wesentlichen folgendes:

1. Gift darf nur an Personen abgegeben werden, die als zuverlässig bekannt sind oder sich durch einen polizeilichen Erlaubnisschein zum Erwerb von Gift ausweisen.
2. Gift darf nur zu einem erlaubten gewerblichen, wirtschaftlichen, wissenschaftlichen oder künstlerischen Zweck abgegeben werden.
3. Über die Abgabe der Gifte der Abteilungen 1 und 2 ist ein Giftbuch zu führen; weiter dürfen diese Gifte nur gegen schriftliche Empfangsbescheinigung (Giftschein) abgegeben werden.
4. Gifte dürfen nur in dichten, festen und gut verschlossenen Gefäßen abgegeben werden. Sie dürfen nicht in Trink- oder Kochgefäßen verabfolgt werden und nicht an Kinder unter 14 Jahren.
5. Gifte müssen bei der Abgabe in derselben Weise bezeichnet werden, wie dies für die Vorratsgefäße vorgeschrieben ist.

Zu § 10.

Gifte dürfen nur von dem Geschäftsinhaber oder den von ihm hiermit Beauftragten abgegeben werden. Hier gilt dasselbe, was zu § 5 Abs. 3 wegen des Betretens der Giftkammer bereits ausgeführt wurde. Der Geschäftsinhaber darf jeden Angestellten, auch einen Lehrling, mit der Abgabe der Gifte beauftragen; er ist jedoch für alle Schäden, die aus dessen Handeln entstehen, verantwortlich. Er muß bei der Auswahl der Beauftragten die im Verkehr erforderliche Sorgfalt beobachten und die erforderliche Aufsicht ausüben.

Zu § 11.

Die Bestimmungen des § 11 betreffen die Führung des Giftbuches für Gifte der Abteilungen 1 und 2. Sie bedürfen keiner weiteren Erläuterung; nur soll beachtet werden, daß es nicht zulässig ist, das Giftbuch nur von Zeit zu Zeit zu bearbeiten. Die Verordnung schreibt zwingend vor, daß die Eintragung sogleich nach der Verabfolgung der Gifte von dem Verabfolgenden selbst vorzunehmen ist. In der Praxis wird von den Revisoren oft verlangt, daß diejenige Person, die als verabfolgende in das Giftbuch Eintragungen macht, als Stellvertreter im Gifthandel zugelassen sein muß. Dieses Verlangen findet im Wortlaut der Verordnung keine Stütze. Man könnte aber sagen, daß, wenn die Verabfolgung unter Aufsicht des Geschäftsinhabers erfolgt, der in Wahrheit Verabfolgende der Geschäftsinhaber sei, denn die gesetzliche Verantwortung muß dieser ja, wie oben oben ausgeführt, tragen. Der unter Aufsicht stehende Beauftragte ist eigentlich nur ausführendes Organ, das die körperliche Tätigkeit ausführt. Man wird, um Konflikte zu vermeiden, gut tun, dieser Auffassung, die juristisch sehr viel für sich hat, zu folgen, so daß Eintragungen in das Giftbuch nur vom Geschäftsinhaber selbst oder von solchen Personen vorgenommen werden, die als

Stellvertreter im Gifthandel für das betreffende Geschäft zugelassen worden sind oder wenigstens die Giftprüfung abgelegt haben.

Zu § 12.

Gifte dürfen nur an Personen abgegeben werden, die als zuverlässig bekannt sind. Es genügt also nicht, daß der Käufer von Gift dem Geschäftsinhaber überhaupt bekannt ist. Er muß ihn soweit kennen, daß er sich über seine Zuverlässigkeit ein Urteil bilden kann. Es genügt also nicht, daß der Betreffende sich gelegentlich als Kunde hat sehen lassen. Immerhin wird der Geschäftsinhaber seine Stammkundschaft in der Regel so lange kennen, daß er ein Urteil darüber hat. Er wird aber auch einem guten Stammkunden kein Gift verkaufen dürfen, wenn er weiß, daß dieser z. B. ein Trinker ist. In allen Zweifelsfällen wird er gut tun, einen polizeilichen Erlaubnisschein zu fordern. „Gifte dürfen nur zu einem erlaubten gewerblichen, wirtschaftlichen, wissenschaftlichen oder künstlerischen Zweck abgegeben werden." Der Verwendungszweck muß erlaubt sein. So dürfte man z. B. Strychninweizen nicht verkaufen, wenn man weiß, daß ihn der Erwerber zum Vergiften der Hühner seines Nachbarn verwenden will; eine solche Handlungsweise wäre strafrechtlich als Sachbeschädigung und zivilrechtlich als unerlaubte Handlung aufzufassen.

Unter den vom Gesetz aufgeführten zulässigen Verwendungszwecken ist der Heilzweck nicht genannt. Zu Heilzwecken dürfen Gifte nach der herrschenden Ansicht nicht abgegeben werden, obwohl der Heilzweck an sich durchaus erlaubt ist. Man kann auch der Ansicht sein, daß der Heilzweck im Grunde ein wirtschaftlicher Zweck sei, weil die Heilung einer Krankheit einen wirtschaftlichen Schaden abwenden solle. Dieser Auslegung sind die Gerichte überwiegend nicht gefolgt.

Bei der Entgegennahme von Erlaubnisscheinen ist auf das Datum des Ausstellungstages zu achten. Sofern auf dem Erlaubnisschein nichts anderes vermerkt ist, verliert er mit dem Ablauf des 14. Tages seine Gültigkeit. An Kinder unter 14 Jahren darf Gift niemals ausgehändigt werden.

Zu § 13.

Gifte der Abteilungen 1 und 2 dürfen unabhängig davon, ob ein Erlaubnisschein erforderlich war oder nicht, nur gegen eine Empfangsbescheinigung (Giftschein) abgegeben werden. Dieser Giftschein muß von dem Erwerber des Giftes unter allen Umständen unterzeichnet werden. Sofern dieser das Gift durch einen Dirtten abholen läßt, muß auch der Abholende in der vorgesehenen Rubrik den Empfang bescheinigen. Der Giftschein muß in diesem Falle also zwei Unterschriften tragen. Die Empfangsbescheinigung des Abholenden darf auch in einer Spalte des Giftbuches erfolgen; jedoch nur die des Abholenden, nicht auch die des Erwerbers des Giftes. Wenn der Erwerber das Gift durch einen Dritten abholen läßt, muß der Erwerber auf jeden Fall einen Giftschein unterzeichnen; dagegen darf der Abholende im Giftbuch quittieren.

Zu § 14.

Feste, an der Luft nicht zerfließende oder verdunstende Gifte der Abteilungen 2 und 3 dürfen auch in festen Papierbeuteln abgegeben werden. Für zerfließende oder verdunstende Gifte, z. B. Seifenstein, sind Papierbeutel aber nicht zulässig.

Seifenstein darf übrigens auch nicht in Konservenbüchsen abgegeben werden, ebensowenig in Einmachegläsern, Porzellan- oder Tontöpfen, wie sie im Haushalt zur Aufbewahrung von Nahrungsmitteln dienen. Die Gefäße oder Papierbeutel müssen genau so bezeichnet werden, wie dies für die Standgefäße der Gifte vorgeschrieben ist; doch darf bei Giften der Abteilung 3, die nicht zerfließen oder verdunsten, an die Stelle des Wortes „Gift" die Aufschrift „Vorsicht" treten. Dazu kommt noch die Angabe der Firma.

Zu § 15.

Gifte dürfen nicht in Trinkgefäßen oder Kochgefäßen oder in solchen Flaschen oder Krügen abgegeben werden, deren Form oder Bezeichnung Anlaß zu einer Verwechselung des Inhalts mit Nahrungs- oder Genußmitteln geben könnte. An Flaschen zur Abgabe flüssiger Gifte, z. B. der Mineralsäuren, sind beispielsweise zulässig Petroleumflaschen in der bekannten Form (nicht etwa Wein- oder Schnapsflaschen, in denen einmal Petroleum aufbewahrt worden ist), Brennspiritusflaschen in der bekannten Form und Medizinflaschen. Bei Medizinflaschen wird es sich aber empfehlen, nur die sechseckigen Flaschen, die zur Aufnahme von Arzneien zu äußerem Gebrauch bestimmt sind, zu verwenden, nicht die runden Flaschen, in denen Arzneien zum Einnehmen abgegeben werden. Am besten ist es, für die Abgabe nur die eigens geschaffenen Giftflaschen des Deutschen Drogistenverbandes zu verwenden, die sich durch ihre Form und Farbe von allen anderen Flaschen charakteristisch unterscheiden (aus braunem oder grünem Glas gefertigte Dreikantflaschen oder sechseckige Flaschen mit Totenkopf und Giftvermerk im Glas).

Zu § 16.

Dieser Paragraph bezieht sich auf die Abgabe von Giften als Heilmittel in den Apotheken und ist für den Drogenhandel ohne Interesse.

Zu § 17. Besondere Vorschriften über giftige Farben.

Gebrauchsfertig angerührte Öl-, Harz- oder Lackfarben unterliegen der Giftverordnung nicht, sofern sie nicht etwa Arsenfarben sind. Sie können also ohne besondere Vorsichtsmaßregel abgegeben werden. Für andere giftige Farben in Form von Stiften, Pasten oder Steinen oder in geschlossenen Tuben ist nur vorgeschrieben, daß sie mit der Aufschrift „Gift" bzw. „Vorsicht" und dem Namen der Farbe oder des giftigen Bestandteils bezeichnet sind. Die Bezeichnung „Vorsicht" darf gemäß der Vorschrift im § 14 nur bei festen, nichtzerfließenden Giften, also hier bei Steinen oder Stiften gebraucht werden; bei Pasten muß das Wort „Gift" gebraucht werden. So bezeichnete Farbstifte, Pasten usw. können verkauft werden, ohne daß die Vorschriften der Verordnung über die Aufbewahrung und die Abgabe beachtet zu werden brauchen.

Zu § 18. Ungeziefermittel.

Dieser Paragraph schreibt in seinem ersten Absatz vor, daß gifthaltigen Ungeziefermitteln eine Belehrung beigegeben werden muß. Er spricht dabei nicht von Ungeziefermitteln, die „Gifte" sind, sondern ausdrücklich von „unter Verwendung von Gift hergestellten Mitteln gegen schädliche Tiere (sogenannte Ungeziefermittel)". Damit ist unzweideutig gesagt, daß das Ungeziefermittel selbst nicht Gift im Sinne der Verordnung zu sein braucht; es genügt, wenn es unter Verwendung eines solchen Giftes hergestellt worden ist. So ist z. B. bariumkarbonathaltiger Mäuseweizen kein Gift im Sinne der Verordnung, denn im Verzeichnis der Gifte sind in Abteilung 3 nur aufgeführt „Bariumverbindungen", nicht aber „Zubereitungen von Bariumverbindungen". Dennoch muß diesem Bariumkarbonatweizen eine Belehrung beigegeben werden, weil er unter Verwendung eines Giftes — nämlich Bariumkarbonat — hergestellt worden ist. Die Giftverordnung greift hier sozusagen über sich selbst hinaus, denn sie trägt den Titel „Polizeiverordnung über den Handel mit Giften" und regelt hier den Verkehr mit Waren, die nach ihrer eigenen Grundbestimmung im § 1 gar nicht Gifte sind. Dennoch besteht an der Rechtsgültigkeit der hier in Rede stehenden Bestimmung kein Zweifel. Mit der Bestimmung, daß eine Belehrung beigegeben werden müsse, ist übrigens die Einflußnahme der Verordnung auf gifthaltige Ungeziefermittel, die nicht selbst Gifte sind, erschöpft. Bariumkarbonatweizen kann in beliebiger Weise aufbewahrt und abgegeben werden; es brauchen jedenfalls dabei ebensowenig wie bei den im § 16 erwähnten giftigen Farben die Bestimmungen der Verordnung über Aufbewahrung und Abgabe beachtet zu werden. Daß der Drogist nach allgemeinen strafrechtlichen Grundsätzen zur sorgfältigen Handhabung verpflichtet ist, ist selbstverständlich. Bei § 1 ist dies genügend besprochen worden.

Der zweite Absatz des § 18 betrifft die Beschaffenheit und Abgabe von arsenhaltigem Fliegenpapier. Es wird verlangt, daß dieses Papier nur in viereckigen Blättern 12:12 cm und mit nicht mehr als 0,01 g arseniger Säure je Blatt hergestellt werden darf, außerdem mit einer Quassiaholzabkochung getränkt sein muß. Für die Abgabe ist vorgeschrieben, daß es auf beiden Seiten mit „drei Kreuzen, der Abbildung eines Totenkopfes und der Aufschrift „Gift" in schwarzer Farbe" versehen sein muß. Bei der Signierung sind hier also die volkstümlichen Giftsymbole, „Totenkopf und drei Kreuze", vorgeschrieben. Die sonst zur Bezeichnung von Gift noch vielfach üblichen sog. Giftköpfe sind überflüssig. Arsenhaltiges Fliegenpapier darf nur in einem dichten Umschlag abgegeben werden, auf dem in schwarzer Farbe die Bezeichnung „Gift" und „arsenhaltiges Fliegenpapier" angebracht ist, außerdem der Name des abgebenden Geschäftes. Zu beachten ist hier, daß nicht, wie bei anderen Giften der Abteilung 1, weiße Schrift auf schwarzem Grunde vorgeschrieben ist, sondern lediglich schwarze Farbe; welche Farbe der Grund haben muß, bestimmt die Verordnung nicht. Der Regel nach ist arsenhaltiges Fliegenpapier rot gefärbt.

Der dritte Absatz bringt Sonderbestimmungen über die anderen arsenhaltigen Ungeziefermittel. Das „andere" bezieht sich dabei auf das im vorhergehenden Absatz genannte Fliegenpapier. Man kann also sagen, alle arsenhaltigen Ungeziefermittel, mit Ausnahme von arsenhaltigem Fliegenpapier, unterliegen den Vorschriften dieses Absatzes, die dahin lauten:

1. solche Mittel dürfen nur gegen Erlaubnisschein verabfolgt werden;
2. sie müssen mit einer in Wasser leichtlöslichen grünen Farbe vermischt feilgehalten oder abgegeben werden.

Über den Erlaubnisschein bestimmt bekanntlich § 12, daß er nur dann erforderlich ist, wenn der Abgebende die betreffende Person nicht als zuverlässig kennt und weiß, daß sie das Gift zu einem erlaubten gewerblichen, wirtschaftlichen, wissenschaftlichen oder künstlerischen Zweck verwenden wird. Bezüglich der „anderen" arsenhaltigen Ungeziefermittel wird hier aber zwingend vorgeschrieben, daß immer ein Erlaubnisschein notwendig ist. Dies gilt jedoch nicht für alle arsenhaltigen Zubereitungen, sondern nur für die arsenhaltigen Ungeziefermittel. Einem Kunstmaler kann eine arsenhaltige Malfarbe auch ohne polizeilichen Erlaubnisschein abgegeben werden. Ja, für dasselbe Schweinfurtergrün, das der eine Kunde als Malfarbe, der andere als Ungeziefermittel braucht, benötigt der eine keinen Erlaubnisschein, während der andere einen solchen beibringen muß, auch wenn er dem Abgebenden noch so gut als zuverlässig bekannt ist.

Alle arsenhaltigen Ungeziefermittel (Fliegenpapier ausgenommen) müssen auch mit einer wasserlöslichen grünen Farbe vermischt sein; dies selbst dann, wenn die Ungeziefermittel schon selbst von grüner Farbe sind, wie z. B. Schweinfurtergrün. Zweck dieser Vorschrift ist, daß ein solches Ungeziefermittel, das etwa versehentlich in Speisen oder Getränke gerät, diesen sofort eine intensive grüne Farbe mitteilen soll.

Weiter fällt in dem Wortlaut auf, daß nicht vorgeschrieben ist, das Mittel müsse mit einer wasserlöslichen grünen Farbe gefärbt sein, sondern nur, es müsse mit einer solchen vermischt sein. Es gibt nämlich Teerfarbstoffe, die in trockenem Zustande so gut wie gar keine Farbkraft haben, im Wasser aber sofort sich lösen und intensiv grün färben; solche Farben dürfen also verwendet werden. Gibt man z. B. weißen Arsenik zur Mäusevertilgung ab, so kann man ihn mit einem solchen Teerfarbstoff vermengen. Das Gemenge kann dabei fast weiß oder nur ein wenig grau aussehen; es entspricht doch der Vorschrift der Verordnung.

Die Absätze 4, 5 und 6 erschienen in dieser preußischen Verordnung vom 11. Januar 1938 zum ersten Male.

Der 4. Absatz wurde in die Giftverordnung aufgenommen auf Grund wiederholter Vergiftungsfälle mit kieselfluorwasserstoffsauren oder fluorwasserstoffsauren Salzen enthaltenden Ungeziefermitteln. Diese Ungeziefermittel dürfen jetzt auch nur mit einem warnenden Farbstoffzusatz in den Handel gebracht werden. Der Gesetzgeber will durch diese einschränkenden Abgabebestimmungen eine neue Maßnahme zur Verhütung von Vergiftungsfällen treffen. Der Farbstoffzusatz ist in diesem Falle mengenmäßig, und zwar auf 2%, festgesetzt worden. Die Art der Verpackung ist auch vorgeschrieben. Die Abgabe darf nur in dichten, festen und gut verschlossenen Behältnissen mit der entsprechenden Signierung erfolgen. Der Gesetzgeber hat hier Berlinerblau als Farbstoff gewählt, das infolge seines feinen Verteilungsgrades in ausreichendem Maße den Zweck erfüllt, Verwechselungen der Ungeziefermittel mit Lebensmitteln vorzubeugen.

Für den 6. Absatz gilt im wesentlichen dasselbe. In Anbetracht der Vergiftungsfälle mit thalliumhaltigen Zubereitungen sind auch hier die Abgabebestimmungen erschwert worden. Thalliumhaltige Ungeziefermittel dürfen in 100 Gewichtsteilen höchstens 3 Gewichtsteile lösliche Thalliumsalze enthalten und müssen mit mindestens 1% eines wasserlöslichen blauen Farbstoffes vermischt sein. Die Abgabe darf auch nur erfolgen in dichten, festen und gut verschlossenen Behältnissen, mit der deutlichen und dauerhaften Aufschrift „Gift", mit dem Totenkopfzeichen und mit der Inhaltsangabe.

Der 7. Absatz bestimmt, daß strychninhaltige Ungeziefermittel nur in Form von vergiftetem Getreide abgegeben werden dürfen, das in 1000 Gewichtsteilen nicht mehr als fünf Gewichtsteile salpetersaures Strychnin enthält und dauerhaft dunkelrot gefärbt ist. Die dunkelrote Färbung ist auch für sonstiges Giftgetreide (Thalliumgetreide, Phosphorgetreide, Barytgetreide) vorgeschrieben.

Der 8. Absatz gibt die Möglichkeit, die vorstehenden Bestimmungen über Ungeziefermittel zeitweilig außer Wirksamkeit zu setzen.

Zu § 19.

An diesen Bestimmungen über den Gewerbebetrieb der Kammerjäger interessiert vor allem die Feststellung, daß Kammerjäger die Gifte und die Mittel, die sie bei ihrem Gewerbebetrieb verwenden, nicht an andere überlassen dürfen.

Zu § 20.

Dieser Paragraph gilt nur für Apotheken und ist für den Drogisten ohne Interesse.

Zu § 21.

Dieser Paragraph enthält die Strafandrohung für Übertretungen dieser Verordnung (150 RM. Geldstrafe oder Zwangshaft bis zu zwei Wochen). Weiter bringt der Paragraph zum Ausdruck, daß die Polizeiverordnung auf die Weitergeltung des StGB. ohne irgendwelchen Einfluß ist.

Zu Anlage I: Verzeichnis der Gifte.

Die in diesem Verzeichnis aufgeführten Gifte dürfen nach § 12 nur zu erlaubten gewerblichen, wirtschaftlichen, wissenschaftlichen und künstlerischen Zwecken gewerbsmäßig abgegeben werden. Soweit die Stoffe und Zubereitungen in den Verzeichnissen B und C der Arzneimittelverordnung aufgeführt sind, dürfen sie nach §§ 2 und 2a der genannten Verordnung außerhalb der Apotheken im Kleinhandel überhaupt nicht feilgehalten oder verkauft werden. Diese Stoffe und Zubereitungen sind in dem Verzeichnis der Gifte durch gewöhnliche Schrift gekennzeichnet. Außerdem sind in gleicher Schrift auch die nicht im Verzeichnis B und C stehenden Verbindungen und die Zubereitungen zu den Stoffen des Verzeichnisses B aufgeführt, die für den Gifthandel bedeutungslos sind. Die durch gesperrte Schrift kenntlich gemachten Stoffe und Zubereitungen können außerhalb der Apotheken zu den nach der Giftverordnung erlaubten Zwecken gewerbsmäßig abgegeben werden. Sperrdruck kennzeichnet also die für den Gifthandel wichtigen Stoffe, Verbindungen und Zubereitungen.

c) Änderungen der Giftverordnung seit 1945

Das Verzeichnis der Gifte wurde in einzelnen Ländern durch die folgenden Verordnungen erweitert:

Bayern: Bekanntmachung vom 18. Juli 1949 (GVBl. Bayer. 1949, Nr. 20, S. 206);

Bremen: Verordnung vom 18. September 1946 (GBl. Brem. 1946, Nr. 31, S. 92);

Hamburg: Verordnung vom 22. Juli 1947 (GVBl. Hbg. 1947, Nr. 16, S. 39);

Sachsen: Verordnung vom 6. Mai 1950 (GVBl. Sa. 1950, Nr. 18, S. 374);

Schleswig-Holstein: Verordnung vom 13. Juli 1947 (GVBl. SchlH. 1947, Nr. 6, S. 14) und Verordnung vom 2. August 1949 (GVBl. SchlH. 1949, Nr. 24, S. 174);

Württemberg-Hohenzollern: Verordnung vom 11. April 1949 (RegBl. Württ/Hz. 1949, Nr. 21, S. 141).

Nach diesen Verordnungen ist in Abteilung 3 des Verzeichnisses der Gifte einzufügen:

Chlorsäure und die sonstigen chlorsauren Salze (in Bremen und Hamburg),
Chlorsäure, deren Salze und Zubereitungen (in Bayern und Schleswig-Holstein),
Methylalkohol (Methanol) (in Bayern),
Methylalkohol (Methanol, auch gefärbtes, Holzgeist) (in Sachsen),
Salpetrigsaure Salze (in Bayern und Schleswig-Holstein),
Salpetrigsaure Salze (Nitrit) und deren Zubereitungen (in Württemberg-Hohenzollern).

Eine neue Giftverordnung mit wesentlichen Änderungen wurde in Thüringen erlassen:

Landespolizeiverordnung über den Verkehr mit Giften.
Vom 6. August 1949 (Reg.Bl. Thür. 1949, Nr. 11, S. 45).

In diesem Zusammenhang sei noch auf folgende Bestimmungen hingewiesen:

Berlin-Ost: Anordnung über Bestandserhebung von Giften. Vom 9. August 1949 (VOBl. Bln. O. 1949, Nr. 37, S. 247);

Mecklenburg: Landespolizeiverordnung über den Verkehr mit Giften. Vom 22. Juni 1949 (Reg.Bl. Mecklbg. 1949, Nr. 14, S. 99). (Betr. u. a. die Ablieferung der Bestände von Cyankalium in Drogerien an pharmazeutische Großhandlungen.)

Für die 5 Länder Ostdeutschlands ist durch das Giftgesetz vom 15. September 1950 (GBl. DDR. 1950, Nr. 105, S. 977) eine Neuregelung des gesamten Giftverkehrs erfolgt. Dieses Gesetz bringt wesentliche Abweichungen gegenüber den früheren Bestimmungen, Änderungen und Neuerungen in bezug auf die Normativbestimmungen und das Verzeichnis der Gifte.

Da zur Zeit der Drucklegung des Buches bekannt wurde, daß eine Berichtigung dieses Giftgesetzes erfolgen wird, ist an dieser Stelle von einem Abdruck abgesehen worden. Das Giftgesetz der DDR. befindet sich deshalb im Anhang (s. Abschnitt XII).

d) Verkehr mit Kaliumchlorat

RdErl. d. RuPrMdI. vom 19. November 1934 (MBliV. S. 1510)

Nach diesem Runderlaß ist u. a. die Verwendung von Kaliumchlorat zum Sprengen von Baumstubben u. dgl. nicht als ein erlaubter Zweck im Sinne der Giftvorschriften anzusehen.

Seitens der Ortspolizeibehörde ist vor Ausstellung eines Erlaubnisscheines für den Bezug von mehr als 100 g Kaliumchlorat eine besonders genaue Prüfung anzustellen, ob das Gift nicht zu unerlaubten Zwecken Verwendung finden könnte.

e) Verordnungen über den Verkehr mit Trikresylphosphat

Polizeiverordnung über den Verkehr mit Trikresylphosphat

Vom 16. September 1943 (RGBl. I, Nr. 86, S. 541)

Auf Grund der Verordnung über die Polizeiverordnung der Reichsminister vom 14. Nevember 1938 (RGBl. I, S. 182) wird verordnet:

§ 1. Trikresylphosphat, das Orthotrikresylphosphat enthält, darf nur dann in den Verkehr gebracht werden, wenn es mit mindestens 0,0012 v. H. Zaponechtblau BL. gefärbt ist.

§ 2. Behälter, die Trikresylphosphat (§ 1), auch in Mischung mit andern Flüssigkeiten, enthalten, müssen mit dem Gefahrzettel „Gift" (Totenkopf, schwarz, einmal umrahmt) versehen sein. Diese Vorschrift gilt nicht für Mischungen mit Farbpigmentlacken.

§ 3. Trikresylphosphat (§ 1) und seine Mischungen (§ 2) müssen bei Lagerung, bei der Verarbeitung und beim Versand von Lebens- und Futtermitteln räumlich getrennt gehalten werden.

§ 4. Wer den Vorschriften dieser Polizeiverordnung vorsätzlich oder fahrlässig zuwiderhandelt, wird, soweit nicht nach anderen gesetzlichen Vorschriften eine höhere Strafe verwirkt ist, mit Geldstrafe bis zu RM. 150.— oder mit Haft bis zu 6 Wochen bestraft.

§ 5. . . . .

Anmerkung: Trikresylphosphat wird auch zur Herstellung der Igelite (Polyvinylchlorid) verwendet. Während das Hart-Igelit unschädlich ist, kann das Trikresylphosphat enthaltende Weich-Igelit Gesundheitsschädigungen verursachen, so z. B., wenn es in Berührung mit Lebensmitteln und Arzneimitteln kommt oder bei längerer ununterbrochener Einwirkung auf die Haut resorptiv aufgenommen wird. So lange ein orthofreies Produkt noch nicht hergestellt ist, ist äußerste Vorsicht notwendig.

Verordnungen über das Verbot der Verwendung von Weich-Igelit zur Herstellung von Gegenständen des täglichen Bedarfs.

V. der Landesregierung Sachsen vom 16. September 1948 (GVBl. Sa. 1948, Nr. 25, S. 533 und 1949, Nr. 3, S. 46).

Nach der Verordnung vom 16. September 1948 ist Weich-Igelit, zu dessen Herstellung Triorthokresylphosphat als Weichmacher verwendet wird, gesundheitsschädlich und darf nicht zur Herstellung von Gegenständen des täglichen Bedarfs verarbeitet werden.

Verboten ist insbesondere, Weich-Igelit

a) zur Verpackung oder zum Transport von Lebensmitteln zu verwenden,
b) zu Windelhöschen und Unterlagen,
c) zur Herstellung von Kinderspielzeug und Bedarfsgegenständen zu verarbeiten oder in derart verarbeitetem Zustand in Verkehr zu bringen.

Verordnung über Orthotrikresylphosphat enthaltende Kunststoffe

Vom 27. Oktober 1950 (GBl. DDR. 1950, Nr. 734, S. 1170)

Auf Grund § 5 Ziffer 1 des Gesetzes über den Verkehr mit Lebensmitteln und Bedarfsgegenständen in der Fassung vom 17. Januar 1936 (RGBl. I S. 17) wird zum § 3 dieses Gesetzes folgendes verordnet:

§ 1

(1) Aus Kunststoffen, bei deren Herstellung Weichmacher mit einem 6% übersteigenden Orthotrikresylphosphatgehalt verwendet worden sind, dürfen Gebrauchsgegenstände nicht hergestellt werden. Dieses Verbot gilt auch für Bedarfsgegenstände, die innerhalb industrieller und gewerblicher Lebensmittel-, pharmazeutischer und kosmetischer Betriebe Verwendung finden.

(2) Die Verbote des Abs. 1 gelten nicht für Bedarfsgegenstände, die in anderen industriellen und gewerblichen Betrieben bestimmungsgemäß nur Verwendung finden können.

§ 2

(1) Die nachstehend aufgeführten Gegenstände dürfen aus Kunststoffen, die mit orthotrikresylphosphathaltigen Stoffen weichgemacht worden sind, nicht hergestellt werden:

Wunddrains, Pessare, Folien für Verbände und Pflaster, Konservendosenringe, Flaschenscheiben und Verschlußeinlagen, Schweißleder für Hüte, Kindersauger und Kinderspielwaren, ausgenommen Bälle.

(2) Stopfen jeder Art (an Stelle von Korken), jede Art von Schläuchen sowie von Umhüllungen (auch Einwickelfolien) aus orthotrikresylphosphathaltigen Kunststoffen dürfen im Verkehr mit Lebensmitteln, pharmazeutischen und kosmetischen Mitteln nicht verwendet werden.

(3) Die Liste der im Abs. 1 und Abs. 2 aufgeführten Gegenstände kann vom Ministerium für Arbeit und Gesundheitswesen der Deutschen Demokratischen Republik im Einvernehmen mit dem Ministerium für Industrie erweitert oder eingeschränkt werden.

§ 3

Bedarfsgegenstände, deren Herstellung nach den §§ 1 und 2 dieser Verordnung verboten ist, dürfen nicht eingeführt oder in den Verkehr gebracht werden.

§4

(1) Hersteller von orthotrikresylphosphathaltigen Weichmachern haben vor dem Inverkehrbringen derselben an den Gefäßen oder Behältnissen an deutlich sichtbarer Stelle auf den Gehalt an Orthotrikresylphosphat hinzuweisen.

(2) Erzeugnisse von Kunststoffen und Kunststoffhalbfabrikaten, die mit orthotrikresylphosphathaltigen Weichmachern gefertigt worden sind und deren Orthotrikresylphosphatgehalt 6% übersteigt, müssen bei Inverkehrbringen unter Angabe des Herstellers und seiner Postanschrift einen kurz gehaltenen Hinweis auf den Erzeugnissen oder deren Umhüllungen haben, aus dem der Höchstgehalt an Orthotrikresylphosphat sowie die nach § 1 Abs. 1 und Abs. 2 sich ergebenden Herstellungs- oder Verwendungsverbote ersichtlich sind (z. B.: „Vorsicht! Hergestellt mit 30% orthotrikresylphosphathaltigem Weichmacher. Verwendung nur für industrielle oder gewerbliche Betriebe, ausgenommen Lebensmittel-, pharmazeutische oder kosmetische Betriebe").

(3) Hersteller von Fertigerzeugnissen aus orthotrikresylphosphathaltigen Kunststoffen oder Kunststoffhalbfabrikaten haben unter Angabe des Herstellers und seiner Postanschrift an den Fertigerzeugnissen oder Halbfabrikaten einen kurz gehaltenen Hinweis über unzulässige Verwendungszwecke anzubringen (z. B.: „Bettunterlagen und Windelhöschen dürfen nicht ständig mit dem bloßen Körper in Berührung kommen").

(4) Die Bestimmungen der Abs. 1 bis 3 gelten auch für die zur Einfuhr gelangenden Erzeugnisse mit der Maßgabe, daß die entsprechende Kennzeichnung durch denjenigen zu erfolgen hat, der das Erzeugnis in der Deutschen Demokratischen Republik in den Verkehr bringt.

(5) Ohne die in den Abs. 2 und 4 aufgeführten Hinweise dürfen die genannten Erzeugnisse nicht in den Verkehr gebracht werden.

§ 5

Die Bestimmungen der §§ 1 bis 4 finden auf die Verarbeitung von Abfällen und Altmaterial (Fertigerzeugnisse, Halbfabrikate usw.) aus weichgemachten orthotrikresylphosphathaltigen Kunststoffen Anwendung.

§ 6

Zuwiderhandlungen werden nach §§ 11, 13 bis 15 des Lebensmittelgesetzes in der Fassung der Verordnung vom 14. August 1943 zur Änderung des Lebensmittelgesetzes (RGBl. I S. 488) bestraft.

2. Das Farbengesetz

Gesetz, betreffend die Verwendung gesundheitsschädlicher Farben bei der Herstellung von Nahrungsmitteln, Genußmitteln und Gebrauchsgegenständen

Vom 5. Juli 1887 (RGBl. Nr. 23 S. 277)

§ 1

Gesundheitsschädliche Farben dürfen zur Herstellung von Nahrungs- und Genußmitteln, welche zum Verkauf bestimmt sind, nicht verwendet werden.

Gesundheitsschädliche Farben im Sinne dieser Bestimmung sind diejenigen Farbstoffe und Farbzubereitungen, welche Antimon, Arsen, Baryum, Blei, Cadmium, Chrom, Kupfer, Quecksilber, Uran, Zink, Zinn, Gummigutti, Korallin, Pikrinsäure enthalten.

Der Reichskanzler ist ermächtigt, nähere Vorschriften über das bei der Feststellung des Vorhandenseins von Arsen und Zinn anzuwendende Verfahren zu erlassen.

§ 2

Zur Aufbewahrung oder Verpackung von Nahrungs- und Genußmitteln, welche zum Verkauf bestimmt sind, dürfen Gefäße, Umhüllungen oder Schutzbedeckungen, zu deren Herstellung Farben der im § 1 Absatz 2 bezeichneten Art verwendet sind, nicht benutzt werden.

Auf die Verwendung von

schwefelsaurem Baryum (Schwerspat, blanc fixe),
Barytfarblacken, welche von kohlensaurem Baryum frei sind,
Chromoxyd,
Kupfer, Zinn, Zink und deren Legierungen als Metallfarben,
Zinnober,
Zinnoxyd,
Schwefelzinn als Musivgold,
sowie auf alle in Glasmassen, Glasuren oder Emails eingebrannte Farben und auf den äußeren Anstrich von Gefäßen aus wasserdichten Stoffen

findet diese Bestimmung nicht Anwendung.

§ 3

Zur Herstellung von kosmetischen Mitteln (Mitteln zur Reinigung, Pflege oder Färbung der Haut, des Haares oder der Mundhöhle), welche zum Verkauf bestimmt sind, dürfen die im § 1 Abs. 2 bezeichneten Stoffe nicht verwendet werden.

Auf schwefelsaures Baryum (Schwerspat, blanc fixe), Schwefelkadmium, Chromoxyd, Zinnober, Zinkoxyd, Zinnoxyd, Schwefelzink, sowie auf Kupfer, Zinn, Zink und deren Legierungen in Form von Puder findet diese Bestimmung nicht Anwendung.

§ 4

Zur Herstellung von zum Verkauf bestimmten Spielwaren (einschließlich der Bilderbogen, Bilderbücher und Tuschfarben für Kinder), Blumentopfgittern und künstlichen Christbäumen dürfen die im § 1 Abs. 2 bezeichneten Farben nicht verwendet werden.

Auf die im § 2 Abs. 2 bezeichneten Stoffe, sowie auf

- Schwefelantimon und Schwefelkadmium als Färbemittel der Gummimasse,
- Bleioxyd in Firnis,
- Bleiweiß als Bestandteil des sogenannten Wachsgusses, jedoch nur, sofern dasselbe nicht ein Gewichtsteil in 100 Gewichtsteilen der Masse übersteigt,
- chromsaures Blei (für sich oder in Verbindung mit schwefelsaurem Blei) als Öl- oder Lackfarbe oder mit Lack- oder Firnisüberzug,
- die in Wasser unlöslichen Zinkverbindungen, bei Gummispielwaren jedoch nur, soweit sie als Färbemittel der Gummimasse, als Öl- oder Lackfarben oder mit Lack- oder Firnisüberzug verwendet werden,
- alle in Glasuren oder Emails eingebrannten Farben

findet diese Bestimmung nicht Anwendung.

Soweit zur Herstellung von Spielwaren die in den §§ 7 und 9 bezeichneten Gegenstände verwendet werden, finden auf letztere lediglich die Vorschriften der §§ 7 und 8 Anwendung.

§ 5

Zur Herstellung von Buch- und Steindruck auf den in den §§ 2, 3 und 4 bezeichneten Gegenständen dürfen nur solche Farben nicht verwendet werden, welche Arsen enthalten.

§ 6

Tuschfarben jeder Art dürfen als frei von gesundheitsschädlichen Stoffen bzw. giftfrei nicht verkauft oder feilgehalten werden, wenn sie den Vorschriften im § 4 Abs. 1 und 2 nicht entsprechen.

§ 7

Zur Herstellung von zum Verkauf bestimmten Tapeten, Möbelstoffen, Teppichen, Stoffen zu Vorhängen oder Bekleidungsgegenständen, Masken, Kerzen sowie künstlichen Blättern, Blumen und Früchten dürfen Farben, welche Arsen enthalten, nicht verwendet werden.

Auf die Verwendung arsenhaltiger Beizen oder Fixierungsmittel zum Zweck des Färbens oder Bedruckens von Gespinsten oder Geweben findet diese Bestimmung nicht Anwendung. Doch dürfen derartig bearbeitete Gespinste oder Gewebe zur Herstellung der im Abs. 1 bezeichneten Gegenstände nicht verwendet werden, wenn sie das Arsen in wasserlöslicher Form oder in solcher Menge enthalten, daß sich in 100 Quadratzentimeter des fertigen Gegenstandes mehr als 2 Milligramm Arsen vorfinden. Der Reichskanzler ist ermächtigt, nähere Vorschriften über das bei der Feststellung des Arsengehalts anzuwendende Verfahren zu erlassen.

§ 8

Die Vorschriften des § 7 finden auch auf die Herstellung von zum Verkauf bestimmten Schreibmaterialien, Lampen- und Lichtschirmen sowie Lichtmanschetten Anwendung.

Die Herstellung der Oblaten unterliegt den Bestimmungen im § 1, jedoch sofern sie nicht zum Genusse bestimmt sind, mit der Maßgabe, daß die Verwendung von schwefelsaurem Baryum (Schwerspat, blanc fixe), Chromoxyd und Zinnober gestattet ist.

§ 9

Arsenhaltige Wasser- oder Leimfarben dürfen zur Herstellung des Anstrichs von Fußböden, Decken, Wänden, Türen, Fenstern der Wohn- oder Geschäftsräume, von Roll-, Zug- oder Klappläden oder Vorhängen, von Möbeln und sonstigen häuslichen Gebrauchsgegenständen nicht verwendet werden.

§ 10

Auf die Verwendung von Farben, welche die im § 1 Abs. 2 bezeichneten Stoffe nicht als konstituierende Bestandteile, sondern nur als Verunreinigungen, und zwar höchstens in einer Menge enthalten, welche sich bei den in der Technik gebräuchlichen Darstellungsverfahren nicht vermeiden läßt, finden die Bestimmungen der §§ 2 bis 9 nicht Anwendung.

§ 11

Auf die Färbung von Pelzwaren finden die Vorschriften dieses Gesetzes nicht Anwendung.

§ 12

Mit Geldstrafe bis zu 150 RM oder mit Haft wird bestraft:

1. wer den Vorschriften der §§ 1 bis 5, 7, 8 und 10 zuwider Nahrungsmittel, Genußmittel oder Gebrauchsgegenstände herstellt, aufbewahrt oder verpackt oder derartig hergestellte, aufbewahrte oder verpackte Gegenstände gewerbsmäßig verkauft oder feilhält;
2. wer der Vorschrift des § 6 zuwiderhandelt;
3. wer der Vorschrift des § 9 zuwiderhandelt, imgleichen wer Gegenstände, welche dem § 9 zuwider hergestellt sind, gewerbsmäßig verkauft oder feilhält.

§ 13

Neben der im § 12 vorgesehenen Strafe kann auf Einziehung der verbotswidrig hergestellten, aufbewahrten, verpackten, verkauften oder feilgehaltenen Gegenstände erkannt werden, ohne Unterschied, ob sie dem Verurteilten gehören oder nicht.

Ist die Verfolgung oder Verurteilung einer bestimmten Person nicht ausführbar, so kann auf die Einziehung selbständig erkannt werden.

§ 14

Die Vorschriften des Gesetzes, betreffend den Verkehr mit Nahrungsmitteln, Genußmitteln und Gebrauchsgegenständen, vom 14. Mai 1879 (RGBl. S. 145) bleiben unberührt. Die Vorschriften in den §§ 16, 17 desselben finden auch bei Zuwiderhandlungen gegen die Vorschriften des gegenwärtigen Gesetzes Anwendung.

§ 15

Dieses Gesetz tritt mit dem 1. Mai 1888 in Kraft; mit demselben Tage tritt die Kaiserliche Verordnung, betreffend giftiger Farben, vom 1. Mai 1882 (RGBl. S. 55) außer Kraft.

Erläuterungen

Über die Auslegung des Farbengesetzes hat bis in die jüngste Zeit hinein Streit geherrscht. Die für den Drogisten bedeutsamsten Vorschriften enthält § 3, der sagt, daß zur Herstellung von kosmetischen Mitteln die im § 1 Abs. 2 aufgeführten Stoffe nicht verwendet werden dürfen.

Daraus ist geschlossen worden, daß das Farbengesetz nur dann Anwendung finden soll, wenn die im § 1 Abs. 2 genannten Stoffe als Farbstoffe, also zum Zwecke der Färbung von kosmetischen Erzeugnissen, Verwendung finden, nicht aber, wenn sie einem anderen Zweck dienen. Es ist dies praktisch von Wichtigkeit bei den Sommersprossencremes mit Quecksilberpräzipitat. Der Zusatz von Quecksilberpräzipitat ist nicht zum Zwecke des Färbens gemacht worden. Man hat deshalb die Anwendbarkeit des Farbengesetzes auf diese Zubereitungen bestritten. Die Gerichte haben sich aber überwiegend auf den Standpunkt gestellt, das das Farbengesetz die Stoffe schlechthin meint, ohne Rücksicht darauf, ob sie zum Zwecke der Färbung zugesetzt werden oder färbende Kraft haben oder nicht. Dem steht auch die Bezeichnung des Gesetzes als „Farbengesetz" bzw. als „Gesetz gegen die Verwendung gesundheitsschädlicher Farben" nicht entgegen. Der materielle Inhalt eines Gesetzes kann über seine Hauptzweckbestimmung, die im Titel zum Ausdruck kommt, durchaus hinausgehen, wie man dies schon bei der Besprechung des Verzeichnisses B zur Verordnung vom 22. Oktober 1901 und des § 18 der Giftpolizeiverordnung vom 11. Januar 1938, betreffend Verwendung von mit Gift hergestellten Ungeziefermitteln, gesehen hat. Es muß also davon ausgegangen werden, daß kosmetische Mittel nicht so hergestellt werden dürfen, daß sie eine Quecksilber- oder Bleiverbindung enthalten.

Die Frage der Freiverkäuflichkeit von Sommersprossensalben mit einem Quecksilberpräzipitatgehalt von höchstens 5 v. H. ist jedoch durch einen Runderlaß des Reichs- und Preußischen Ministers des Innern im bejahenden Sinne entschieden worden. Der Runderlaß ist weiter unten abgedruckt.

Verboten und strafbar ist, wie sich aus § 12 des Gesetzes ergibt, nicht nur das „Feilhalten und der Verkauf" solcher kosmetischen Mittel, sondern bereits die Herstellung, Aufbewahrung oder Verpackung. Bei Übertretung des Farbengesetzes ist also bereits der Fabrikant strafbar, und außerdem der abgebende Drogist oder Apotheker. Übrigens gilt das Farbengesetz für den Apotheker genau ebenso wie für den Drogisten.

Von Interesse sind noch die Vorschriften über die Herstellung und den Verkauf von Tuschfarben. § 4 bestimmt zunächst, daß „Spielwaren, insbesondere Tuschfarben für Kinder (nur solche für Kinder!) nicht so hergestellt werden dürfen, daß sie die im § 1 Abs. 2 bezeichneten Stoffe enthalten".

Nur solche Farben dürfen als „giftfrei" bzw. als „frei von gesundheitschädlichen Stoffen" verkauft oder feilgehalten werden (siehe § 6).

Als Tuschfarben für Kinder dürfen nur giftfreie Farben verwendet werden. Als giftfrei bzw. frei von gesundheitsschädlichen Stoffen sind nur solche Tuschfarben zu bezeichnen, die nicht Antimon, Arsen usw. (siehe § 1 Abs. 2) enthalten.

Das Farbengesetz droht im § 12 für Verstöße Geldstrafe bis zu 150,— RM. oder Haft an. Verstöße gegen das Gesetz sind mithin Übertretungen.

§ 13 bestimmt jedoch ergänzend, daß neben der Strafe auf Einziehung der Ware erkannt werden kann, was sonst bei Übertretungen nicht der Fall ist. Weiter ermöglicht § 13 die Einziehung auch im sogenannten objektiven Verfahren. Im allgemeinen ist Einziehung auch da, wo sie das Gesetz vorsieht, nur zulässig, wenn ein Täter bestraft werden konnte, also als Nebenstrafe. Kann der Täter nicht bestraft werden, weil er nicht zu ermitteln ist oder verstorben ist, so kann auch auf Einziehung nicht erkannt werden. Bei der Einziehung im sogenannten objektiven Verfahren dagegen, wie sie § 13 Abs. 2 des Farbengesetzes vorsieht, kann die Ware unabhängig von der Bestrafung des Täters dennoch eingezogen werden. Die Absicht des Gesetzgebers geht hier in erster Linie auf Vernichtung der schädlichen Ware aus.

Sommersprossensalbe

RdErl. d. RuPrMdJ. vom 15. November 1935 (MBliV. S. 1409)

(1) Nach § 3 in Verbindung mit § 1 Abs. 2 des Gesetzes über die Verwendung gesundheitsschädlicher Farben bei der Herstellung von Nahrungsmitteln, Genußmitteln und Gebrauchsgegenständen vom 5. Juli 1887 (RGBl. S. 277) darf Quecksilber zur Herstellung von kosmetischen Mitteln die zum Verkauf bestimmt sind, nicht verwendet werden. Unter kosmetischen Mitteln versteht das Gesetz Mittel zur Reinigung, Pflege oder Färbung der Haut, des Haares oder der Mundhöhle. Unter dieses Verbot fällt somit auch die Verwendung von Sommersprossensalbe (vgl. Urteil des Reichsgerichts vom 23. Oktober 1930, RGSt. 64, 409, Holthöfer-Juckenack, Lebensmittelges. 2. Auflage S. 51).

Demgemäß ist Sommersprossensalbe wegen eines geringen Gehalts an Quecksilberpräzipitat (Hydrargyrum praecipitatum album) beanstandet worden. Der Reichsgesundheitsrat hat in einer am 22. März 1929 abgehaltenen Beratung anerkannt, daß gegen die Abgabe einer bis zu 5 v. H. Quecksilberpräzipitat enthaltenden Salbe in den Apotheken keine gesundheitlichen Bedenken bestehen. Im Einvernehmen mit dem Reichsgesundheitsamt würde ich keine Bedenken dagegen haben, daß Sommersprossensalben mit einem Quecksilberpräzipitatgehalt von höchstens 5 v. H. auch außerhalb der Apotheken abgegeben werden, sofern sie ausschließlich als Mittel zur Beseitigung von Sommersprossen feilgehalten werden und als solche ausdrücklich kenntlich gemacht sind.

(2) Vorbehaltlich einer demnächstigen gesetzlichen Regelung bitte ich, die in Frage kommenden Behörden und Anstalten entsprechend anzuweisen.

3. Der Verkehr mit blei- und zinkhaltigen Gegenständen

Das Farbengesetz wird ergänzt durch besondere Vorschriften über den Verkehr mit Gebrauchsgegenständen, die Blei und Zink enthalten. Den Drogisten berühren diese Vorschriften insofern, als sie auf verschiedene Gebrauchsgegenstände in der Drogerie Anwendung finden.

Die wichtigsten Bestimmungen aus dem Reichsgesetz lauten:

Gesetz, betreffend den Verkehr mit blei- und zinkhaltigen Gegenständen. Vom 25. Juni 1887

(RGBl. Nr. 22 S. 273)

§ 1

Eß-, Trink- und Kochgeschirr, sowie Flüssigkeitsmaße dürfen nicht

1. ganz oder teilweise aus Blei oder einer in 100 Gewichtsteilen mehr als 10 Gewichtsteile Blei enthaltenden Metallegierung hergestellt,
2. an der Innenseite mit einer in 100 Gewichtsteilen mehr als einen Gewichtsteil Blei enthaltenden Metallegierung verzinnt oder mit einer in 100 Gewichtsteilen mehr als 10 Gewichtsteile Blei enthaltenden Metallegierung gelötet,
3. mit Email oder Glasur versehen sein, welche bei halbstündigem Kochen mit einem in 100 Gewichtsteilen 4 Gewichtsteile Essigsäure enthaltenden Essig an den letzteren Blei abgeben.

. . . .

Zur Herstellung . . . . von Metallteilen für Kindersaugflaschen dürfen nur Metallegierungen verwendet werden, welche in 100 Gewichtsteilen nicht mehr als einen Gewichtsteil Blei enthalten.

§ 2

Zur Herstellung von Mundstücken für Saugflaschen, Saugringen und Warzenhütchen darf blei- oder zinkhaltiger Kautschuk nicht verwendet sein.

. . . .

Zu Leitungen für Bier, Wein oder Essig dürfen bleihaltige Kautschukschläuche nicht verwendet werden.

§ 3

Geschirre und Gefäße zur Verfertigung von Getränken und Fruchtsäften dürfen in denjenigen Teilen, welche bei dem bestimmungsgemäßen oder vorauszusehenden Gebrauche mit dem Inhalt in unmittelbare Berührung kommen, nicht den Vorschriften des § 1 zuwider hergestellt sein.

Konservenbüchsen müssen auf der Innenseite den Bedingungen des § 1 entsprechend hergestellt sein.

Zur Aufbewahrung von Getränken dürfen Gefäße nicht verwendet sein, in welchen sich Rückstände von bleihaltigem Schrote befinden. Zur Packung von Schnupf- und Kautabak, sowie Käse dürfen Metallfolien nicht verwendet sein, welche in 100 Gewichtsteilen mehr als einen Gewichtsteil Blei enthalten.

§ 4

Mit Geldstrafe bis zu einhundertfünfzig Mark oder mit Haft wird bestraft:

. . . .

§§ 5, 6, 7

. . . .

Verordnung über den Verkehr mit Blei, Zink, Kadmium, Antimon oder Kupfer enthaltenden Gegenständen

Vom 27. Oktober 1950 (GBl. DDR. 1950, Nr. 134, S. 1167)

Auf Grund § 5 Ziffer 1 des Gesetzes über den Verkehr mit Lebensmitteln und Bedarfsgegenständen (Lebensmittelgesetz) in der Fassung vom 17. Januar 1936 (RGBl. I S. 17) wird zum § 3 dieses Gesetzes folgendes verordnet:

§ 1

Bei Eß-, Trink- und Kochgeschirren sowie anderen Gegenständen, die dazu bestimmt sind, bei der Gewinnung, Herstellung, Zubereitung, Abmessung, Auswägung, Verpackung, Aufbewahrung, Beförderung oder bei einer anderen Behandlung oder bei dem Genuß von Lebensmitteln verwendet zu werden, und die dabei mit Lebensmitteln bei bestimmungsgemäßem oder vorauszusehendem Gebrauch in unmittelbare Berührung kommen, gelten folgende Verbote:

a) Es ist verboten, sie ganz oder teilweise aus Blei, Zink, Kadmium oder aus einer Kadmium oder Zink oder mehr als 10 Gewichtshundertteile Blei enthaltende Legierung oder aus einer Mennige enthaltenden Masse herzustellen.
b) Sie dürfen nicht mit einer mehr als 1 Gewichtshundertteil Blei enthaltenden Legierung verzinnt oder mit einer Kadmium oder mehr als 10 Gewichtshundertteile Blei enthaltenden Legierung gelötet sein.
c) Es ist verboten, sie mit Glasur oder Email zu versehen, die bei halbstündigem Erhitzen mit einer in 100 ccm 4 g wasserfreie Essigsäure enthaltenden wässerigen Essigsäurelösung auf mindestens 95° C aus den bei bestimmungsgemäßem oder vorauszusehendem Gebrauch mit Lebensmitteln in unmittelbare Berührung kommenden Teilen des Gefäßes oder Gerätes an die Essigsäurelösung Kadmium oder mehr als 2 mg Blei je *l* Rauminhalt des Gefäßes oder je 5 qdm Oberfläche der genannten Teile des Gerätes
oder bei gleichem Erhitzen mit einer 3%igen wässerigen Weinsäurelösung an diese mehr als 3 mg dreiwertiges Antimon je *l* Rauminhalt des Gefäßes oder je 5 qdm Oberfläche der genannten Teile des Gerätes abgeben.
d) Ganze oder teilweise Herstellung der obengenannten Gegenstände aus Kupfer oder Messing ist verboten, wenn sie nicht mit einem dichten Überzug von Zinn oder anderen unschädlichen Metallen, Email oder sonstigen Werkstoffen versehen sind.
e) Sie dürfen nicht verrostet oder in ihrer Verzinnung oder in ihrem sonstigen Überzug so schadhaft sein, daß das darunter liegende Metall in größerer Ausdehnung sichtbar ist.

§ 2

Abweichend von den im § 1 Buchst. a und d genannten Bestimmungen werden zugelassen:
a)—g) .....

§ 3

Gefäße und Geräte aus Kupfer oder Zink oder aus verzinkten Werkstoffen oder aus Kupfer oder Zink enthaltenden Legierungen dürfen nicht zur Aufbewahrung von anderen als den im § 2 Buchst. c genannten Lebensmitteln dienen, müssen sauber gehalten, vor und nach Gebrauch sorgfältig gereinigt und getrocknet werden.

§ 4

(1) .....

(2) Metalltuben zur Aufbewahrung von kosmetischen Mitteln müssen, falls sie aus Blei oder aus einer Legierung hergestellt sind, die mehr als 1 Gewichtshundertteil Blei enthält, an der Innenseite mit einer haltbaren Schutzschicht aus Lack od. dgl. oder durch Plattieren mit einem Überzug aus Zinn versehen sein, der nicht mehr als 1 Gewichtshundertteil Blei enthält, so daß der Inhalt mit dem Metall der Tube nicht in unmittelbare Berührung kommen kann.

(3) Zur Verpackung von Lebensmitteln sowie von Kautabak dürfen Metallfolien, die mehr als 1 Gewichtshundertteil Blei enthalten, nicht verwendet werden. Zur Verpackung von trockenen, Wasser nicht anziehenden, nicht salzigen, nicht sauren, nicht öligen und nicht fettigen Waren dieser Art dürfen jedoch auch Metallfolien mit einem Bleigehalt von höchstens 40 Gewichtshundertteilen verwendet werden, sofern sie an der Innenseite mit einem Überzug aus dichtem Papier versehen sind.

§ 5

.....

§ 6

(1) Zur Herstellung von Mundstücken für Saugflaschen, von Beißringen und Warzenhütchen darf Blei oder Kadmium oder Antimon enthaltender Gummi nicht verwendet werden. Der Zinkgehalt dieser Gegenstände darf nicht mehr als 1 Gewichtsteil Zink in 100 Gewichtsteilen Gummimasse betragen.

(2) Gummi, der mehr als 1 Gewichtshundertteil Blei oder Zink enthält, darf nicht verwendet werden:

a) zur Herstellung von Trinkbechern oder von Kinderspielwaren;
b) zur Herstellung von Vorrichtungen, Gefäßen und Geräten zum Verfertigen, Leiten, Verschließen, Verpacken und Aufbewahren von Konserven oder flüssigen Lebensmitteln der im § 4 Abs. 1 Buchst. a bezeichneten Art, soweit diese Gegenstände bei bestimmungsgemäßem oder vorauszusehendem Gebrauch mit den Lebensmitteln in unmittelbare Berührung kommen.

§ 7

.....

§ 8

.....

§ 9

Zuwiderhandlungen werden nach §§ 11, 13 bis 15 des Lebensmittelgesetzes in der Fassung der Verordnung vom 14. August 1943 zur Änderung des Lebensmittelgesetzes (RGBl. I S. 488) bestraft.

§ 10

(1) Das Ministerium für Arbeit und Gesundheitswesen kann im Einvernehmen mit dem Ministerium für Industrie Ausnahmen von den Vorschriften der §§ 1 bis 5 zulassen, soweit sie gesundheitlich unbedenklich und durch technische oder wirtschaftliche Notwendigkeit geboten sind.

(2) Das Ministerium für Arbeit und Gesundheitswesen erläßt im Einvernehmen mit dem Ministerium für Industrie besondere Vorschriften über die zur Durchführung dieser Verordnung anzuwendenden Untersuchungsverfahren.

§ 11

Die Vorschriften des Gesetzes vom 25. Juni 1887 betreffend den Verkehr mit blei- und zinkhaltigen Gegenständen (RGBl. S. 273) treten außer Kraft.

Warnung vor der Benutzung verzinkter Gefäße und von Zinkgeräten bei der Zubereitung und Aufbewahrung von Lebensmitteln

RdErl. d. MdI. vom 7. Juni 1933 (MBliV. 1933 II S. 311), 30. September 1933 (MBliV. II S. 468) und 30. November 1939 (MBliV. S. 2329).

Die Erlasse weisen auf die mit der Verwendung verzinkter Gegenstände bei der Bereitung saurer Speisen verbundenen Gefahren hin. Zinkgefäße dürfen keinesfalls zur Beförderung oder Aufbewahrung saurer oder säuernder Lebensmittel (Wein, Obstsäfte usw.) verwendet werden.

Zahnkreme in bleihaltigen Tuben

Das Inverkehrbringen von Zahnkreme in Tuben mit mehr als 1 v. H. Bleigehalt ist verboten. Diesbezügliche Warnungen seitens der zuständigen Minister der Länder der Bundesrepublik sind erlassen z. B. in:

Bayern: Entschließungen des Staatsmin. d. I. vom 14. November 1949 und 15. Februar 1950,
Hessen: Erlasse vom 27. Oktober und 17. November 1949.

4. Der Verkehr mit giftigen Pflanzenschutzmitteln

Der Verkehr mit giftigen Pflanzenschutzmitteln ist durch die Polizeiverordnung des Reichsministers des Innern vom 13. Februar 1940 reichseinheitlich neu geregelt worden.

Die nach einem vom Reichsministerium des Innern überwiesenen Muster in den Jahren 1924—1927 in den einzelnen Ländern erlassenen Vorschriften über den Vertrieb von giftigen Pflanzenschutzmitteln durch Vertriebsstellen des amtlichen Pflanzenschutzes und landwirtschaftliche Körperschaften sind mit dem 1. April 1940 außer Kraft getreten. Während bislang der Gifthandel bei der Abgabe giftiger Pflanzenschutzmittel an die Vorschriften über den Handel mit Giften gebunden war, sah die frühere Verordnung über den Vertrieb von giftigen Pflanzenschutzmitteln für die Vertriebsstellen des amtlichen Pflanzenschutzes und landwirtschaftlichen Körperschaften erhebliche Erleichterungen bei der Aufnahme des Handels mit giftigen Pflanzenschutzmitteln, bei der Lagerung und Abgabe derselben in Originalpackungen vor. Durch die Verordnung vom 13. Februar 1940 sind nun die für giftige Pflanzenschutzmittel erleichterten Verkehrsbedingungen hinfällig.

Polizeiverordnung über den Verkehr mit giftigen Pflanzenschutzmitteln.

Vom 13. Februar 1940

(RGBl. I, Nr. 29, S. 349)

mit Änderungen der Verordnungen vom 13. August 1940 (RGBl. I, Nr. 148, S. 1121), 3. Juli 1941 (RGBl. I, Nr. 75, S. 373), 30. September 1941 (RGBl. I, Nr. 113, S. 611) und 3. Juli 1942 (RGBl. I, Nr. 72, S. 427)

Auf Grund der Verordnung über die Polizeiverordnungen der Reichsminister vom 14. November 1938 (Reichsgesetzbl. I S. 1582) wird im Einvernehmen mit dem Reichsminister für Ernährung und Landwirtschaft folgendes verordnet:

Geltungsbereich

§ 1

Giftige Pflanzenschutzmittel sind die in Anlage I aufgeführten Stoffe und Zubereitungen sowie die diese Stoffe enthaltenden sonstigen Zubereitungen, soweit sie zur Bekämpfung (Vertilgung und Abwehr) von Pflanzenschädlingen bestimmt sind.

§ 2

(1) Diese Vorschriften gelten für den Verkehr mit giftigen Pflanzenschutzmitteln in abgabefertigen Packungen (Giftfertigwaren), sofern die Abgabebehältnisse dem § 3 und der Inhalt dem § 4 entsprechen.

(2) Für den Verkehr mit giftigen Pflanzenschutzmitteln, die diesen Voraussetzungen nicht entsprechen, sowie für den Großhandel gelten die Vorschriften über den Verkehr mit Giften.

(3) Auf Zubereitungen, die in Anlage I von diesen Vorschriften ausgenommen sind, finden jedoch die Vorschriften über den Verkehr mit Giften keine Anwendung.

Abgabebehältnisse

§ 3

(1) Die Abgabebehältnisse müssen gut geschlossen und genügend fest und dicht sein, so daß ein Verschütten oder Verstäuben auch bei stärkerer Inanspruchnahme (Stoß, Druck usw.) ausgeschlossen ist. Ihre Beschriftung muß folgende Angaben aufweisen:

a) den Namen des Mittels und den des Herstellers,

b) bei Pflanzenschutzmitteln der Abteilungen 1 und 2 der Anlage I das Totenkopfzeichen und das Wort „Gift“,

c) bei Pflanzenschutzmitteln der Abteilung 3 der Anlage I das Wort „Vorsicht“,

d) die Angabe des Inhalts, aus der die Art des Giftes eindeutig ersichtlich ist (z. B. Arsenzubereitung, Nikotinzubereitung oder Kalkarsenstäubemittel, Kupferarsenspritzmittel, Nikotinspritzmittel).

(2) Die Abgabebehältnisse müssen ferner eine eingehende Gebrauchsanweisung sowie eine Belehrung über die mit einem unvorsichtigen Gebrauch verknüpften Gefahren enthalten. Gebrauchsanweisung und Belehrung können den Abgabebehältnissen aufgedruckt sein. Der Wortlaut der Gebrauchsanweisung und der Belehrung kann vorgeschrieben werden.

(3) Die Angaben im Abs. 1 unter Buchst. a bis d müssen auf der Vorderseite der Abgabebehältnisse an auffallender Stelle angebracht sein, und zwar

a) für giftige Pflanzenschutzmittel der Abteilung 1 der Anlage I in weißer Schrift auf schwarzem Grunde,

b) für giftige Pflanzenschutzmittel der Abteilungen 2 und 3 der Anlage I in roter Schrift auf weißem Grunde.

Weitere Angaben können in schwarzer Schrift auf weißem Grunde angebracht sein.

(4) Darüber hinaus dürfen Farben auf den Abgabebehältnissen nur als einfarbige Streifen zur Kennzeichnung verschiedener Erzeugnisse derselben Firma verwendet werden.

(5) Das Wort „Gift" und das Totenkopfzeichen oder das Wort „Vorsicht" müssen sich auch auf dem Verschluß oder auf der Oberseite (Deckel usw.) und an einer dritten auffallenden Stelle des Abgabebehältnisses befinden und dürfen von Fabrikmarken weder unmittelbar begleitet noch umgeben sein.

(6) Die Worte „Gift" und „Vorsicht" müssen mindestens halb so große Buchstaben wie der Name des Mittels und das Totenkopfzeichen die gleiche Größe wie die Buchstaben des Namens aufweisen. Die Mindestgröße für die Buchstaben der Worte „Gift" und „Vorsicht" ist 5 mm, für das Totenkopfzeichen 10 mm.

(7) Bilder und sonstige Darstellungen (ausgenommen Fabrikmarken und Zeichen für die amtlich anerkannten Pflanzenschutzmittel — Ährenschlange —) dürfen auf den Abgabebehältnissen nicht angebracht sein.

(8) Bleihaltige Pflanzenschutzmittel müssen an auffallender Stelle den deutlich erkennbaren Hinweis tragen, daß ihre Verwendung im Weinbau verboten ist.

Warnstoffe

§ 4

(1) Folgende giftige Pflanzenschutzmittel müssen, sofern sie nicht von Natur eine ausgesprochen dunkle Eigenfarbe besitzen, deutlich gefärbt sein, und zwar:

arsenhaltige Pflanzenschutzmittel . . . . . grün,
quecksilberhaltige Pflanzenschutzmittel. . . blau oder rot,
fluorhaltige Pflanzenschutzmittel . . . . . blau oder violett.

(2) Außerdem müssen die genannten Pflanzenschutzmittel beim Zusammenbringen mit Wasser dieses, je nach dem enthaltenen Gift, deutlich grün, blau, rot oder violett anfärben. Dies gilt nicht für Zubereitungen, die, wie z. B. Giftpasten, Fett oder sonstige wasserabstoßende Stoffe enthalten.

(3) Saatbeizmittel müssen einen Farbstoff (ausgenommen Weiß) enthalten, der das gebeizte Getreide kennzeichnet.

(4) Phosphorwasserstoff entwickelnde Zubereitungen müssen dauerhaft blau oder rot gefärbt sein. Getreide, das mit Phosphorwasserstoff entwickelnden Verbindungen zubereitet ist, und strychninhaltiges oder als Krampfgift wirkende Pyrimidin-Derivate enthaltendes Getreide müssen dauerhaft dunkelrot gefärbt sein.

(5) Pflanzenschutzmittel der Abteilungen 1 und 2 der Anlage I müssen einen vom Genuß abschreckenden Geschmack aufweisen; ausgenommen hiervon sind Pflanzenschutzmittel, deren Verwendungszweck dies ausschließt (z. B. Fraßgifte, Ködermittel).

Abgabestellen

§ 5

(1) Apotheken und zum allgemeinen Handel mit Giften berechtigte Drogengeschäfte dürfen giftige Pflanzenschutzmittel ohne besondere Erlaubnis abgeben.

(2) Pflanzenschutz- und Düngemittelhandlungen, Samenhandlungen, Gartenbaubetriebe und deren Zweigstellen, Siedler- und Kleingärtnerverbände und deren Untergruppen, landwirtschaftliche Genossenschaften und deren Zweigstellen sowie Lagerhäuser usw. dürfen giftige Pflanzenschutzmittel nur abgeben, wenn deren Besitzer oder Leiter eine Erlaubnis der unteren Verwaltungsbehörde erhalten haben.

(3) Die Erlaubnis darf nur an zuverlässige Personen erteilt werden, die den Nachweis der erforderlichen Sachkunde durch Ablegung einer Prüfung beim Gesundheitsamt erbracht haben. Die Prüfung hat sich auf allgemeine Kenntnisse über giftige Pflanzenschutzmittel, insbesondere über die darin enthaltenen Gifte und ihre wesentlichen Gifteigenschaften, sowie auf die genaue Kenntnis dieser Vorschriften zu erstrecken.

(4) Wer vorwiegend mit Lebensmitteln oder Futtermitteln handelt, darf die Erlaubnis nur erhalten, wenn hierfür ein örtliches Bedürfnis anzuerkennen ist und die Abgabe der giftigen Pflanzenschutzmittel von der Aufbewahrung und Abgabe von Lebensmitteln oder Futtermitteln räumlich getrennt ist.

Aufbewahrung

§ 6

(1) Giftige Pflanzenschutzmittel müssen in einem von dichten, widerstandsfähigen Wänden umschlossenen und mit einer dichten Tür versehenen Raum (Giftraum) aufbewahrt werden, in dem sich keine Lebensmittel oder Futtermittel oder sonstige Waren befinden. Kleinere Vorräte von giftigen Pflanzenschutzmitteln können jedoch in einem dichten, gut verschließbaren Vorratsbehälter (Schrank, festgefügte Kiste) in einem Raume aufbewahrt werden, in dem sich keine Lebensmittel oder Futtermittel befinden.

(2) Der Giftraum oder der Raum, in dem sich der Vorratsbehälter befindet, muß durch künstliches Licht genügend zu beleuchten sein. Auf der Außenseite der Tür des Giftraumes muß die deutlich erkennbare und dauerhafte Aufschrift angebracht sein „Giftraum". „Unbefugten ist der Zutritt untersagt." Der Vorratsbehälter ist außen mit der deutlich erkennbaren und dauerhaften Aufschrift „Giftige Pflanzenschutzmittel" zu versehen. Der Giftraum oder der Vorratsbehälter dürfen nur dem Geschäftsinhaber oder dem Leiter der Abgabestelle oder den von diesen Beauftragten zugängig sein und müssen außer der Zeit des Gebrauchs verschlossen gehalten werden.

Abgabe

§ 7

Giftige Pflanzenschutzmittel dürfen nur von dem Geschäftsinhaber oder dem Leiter der Abgabestelle oder den von diesen Beauftragten abgegeben werden. Als Abgabe gilt auch die Zusendung, z. B. durch die Post, Bahn oder durch einen von der Abgabestelle beauftragten Boten.

§ 8

(1) Giftige Pflanzenschutzmittel dürfen nur abgegeben werden, wenn der Abgebende anzunehmen berechtigt ist, daß der Abnehmer die giftigen Pflanzenschutzmittel zur Bekämpfung von Pflanzenschädlingen und in zuverlässiger Weise benutzen wird. Erforderlichenfalls hat sich der Abgebende hierüber durch Befragen des Abnehmers zu vergewissern. Kann er die erforderliche Gewißheit nicht erlangen, so darf er giftige Pflanzenschutzmittel nur gegen polizeilichen Erlaubnisschein abgeben.

(2) Den Erlaubnisschein zum Bezug von giftigen Pflanzenschutzmitteln nach Anlage II stellt die Ortspolizeibehörde nach Prüfung der Sachlage aus. Der Erlaubnisschein wird, falls nichts anderes angegeben ist, 14 Tage nach der Ausstellung ungültig.

(3) Die Erlaubnisscheine sind, nach dem Ausstellungstag geordnet, zehn Jahre lang aufzubewahren.

(4) Genossenschaften und Verbände, die eine Erlaubnis zur Abgabe von giftigen Pflanzenschutzmitteln besitzen, dürfen diese Mittel nur

an ihre Mitglieder und nur in den vorschriftsmäßigen abgabefertigen Packungen unter Einhaltung dieser Vorschriften abgeben. Jedoch ist den Genossenschaften innerhalb ihres satzungsgemäßen örtlichen Tätigkeitsbereichs die Abgabe auch an Nichtmitglieder gestattet

(5) An Kinder unter 14 Jahren dürfen giftige Pflanzenschutzmittel nicht ausgehändigt werden.

§ 9

Die Abgabe von giftigen Pflanzenschutzmitteln der Abteilungen 1 und 2 der Anlage I hat der Abgebende selbst sofort in ein mit fortlaufenden Seitenzahlen versehenes, nach Anlage III eingerichtetes Abgabebuch für giftige Pflanzenschutzmittel einzutragen, und zwar unmittelbar an die vorhergehende Eintragung. Das Abgabebuch ist zehn Jahre lang nach der letzten Eintragung aufzubewahren.

§ 10

Die §§ 7 bis 9 können zeitweise außer Wirksamkeit gesetzt werden, wenn unter behördlicher Aufsicht außerordentliche Maßnahmen zur Bekämpfung von Pflanzenschädlingen zu treffen sind.

Sonstige Bestimmungen

§ 11

Vorsätzliche oder fahrlässige Zuwiderhandlungen gegen diese Polizeiverordnung werden, sofern andere Gesetze nicht höhere Strafen vorsehen, mit Geldstrafe bis zu 150 Reichsmark, in besonders schweren Fällen mit Haft bis zu sechs Wochen bestraft.

§ 12

(1) Die Polizeiverordnung tritt mit dem 1. April 1940 in Kraft, gleichzeitig treten die Vorschriften der Länder über den Vertrieb von giftigen Pflanzenschutzmitteln hiermit außer Kraft.

(2) Diejenigen Leiter oder Besitzer von Abgabestellen (mit Ausnahme der Apotheken und der zum allgemeinen Gifthandel berechtigten Drogengeschäfte), die bei Veröffentlichung dieser Polizeiverordnung eine Erlaubnis zum Vertrieb von giftigen Pflanzenschutzmitteln auf Grund der bisherigen landesrechtlichen Vorschriften über den Vertrieb von giftigen Pflanzenschutzmitteln usw. oder auf Grund anderer landesrechtlicher Vorschriften besitzen, müssen zu einem vom Reichsminister des Innern noch zu bestimmenden Zeitpunkt eine Erlaubnis gemäß § 5 nachholen.

(3) Soweit nicht an arsenhaltige Pflanzenschutzmittel durch bereits bestehende Reichsverordnung bestimmte Voraussetzungen gestellt sind, können vorrätige giftige Pflanzenschutzmittel in abgabefertigen Packungen, die den §§ 3 und 4 nicht entsprechen, noch bis zum 1. Oktober 1941 abgegeben werden.

§ 13

Der Reichsminister des Innern erläßt im Einvernehmen mit dem Reichsminister für Ernährung und Landwirtschaft die zur Durchführung und Ergänzung dieser Polizeiverordnung erforderlichen Rechts- und Verwaltungsvorschriften.

Anlage I

(Zu § 1 vorstehender Polizeiverordnung)

Abteilung 1

Arsenverbindungen.

Bleiverbindungen.

Nikotin und seine Verbindungen,
ausgenommen: 1. Tabakextrakt der Abteilung 3,
2. Zubereitungen in fester Form mit nicht mehr als 4 Hundertteilen Nikotin (z. B. Nikotinstäubemittel, wie Erdflohpulver, Blattlauspulver, ferner Räuchermittel), soweit sie einen vom Genuß abschreckenden Geruch und Geschmack aufweisen und die deutlich erkennbare Aufschrift tragen: „Schwach nikotinhaltiges Pflanzenschutzmittel".

Phosphorwasserstoff entwickelnde Verbindungen,
ausgenommen: Phosphorwasserstoff entwickelnde Zubereitungen der Abteilung 2.

Quecksilberverbindungen.

Abteilung 2

Chromsäure und ihre Verbindungen.

Fluorverbindungen.

Giftgetreide, das höchstens 0,5 Hundertteile salpetersaures Strychnin oder als Krampfgift wirkende Pyrimidin-Derivate enthält.

Nitrokresole und ihre Verbindungen.

Phosphorwasserstoff entwickelnde Zubereitungen, die höchstens 7 Hundertteile Phosphorwasserstoff entwickelnde Verbindungen enthalten.

Abteilung 3

Bariumverbindungen.

Kresole, auch sogenannte rohe Karbolsäure, Kresolschwefelsäuren, Kresolsulfosäuren,
ausgenommen: Lösungen von Zubereitungen (Kresolseifenlösungen usw.), die nicht mehr als 1 Hundertteil Kresol enthalten.

Oxalsaure Salze.

Phenol (Karbolsäure), auch verflüssigtes und verdünntes,
ausgenommen: 1. Verdünnungen und sonstige Zubereitungen, die nicht mehr als 3 Hundertteile Phenol enthalten,
2. Obstbaumkarbolineen und Teeröl-Emulsionen, die nicht mehr als 10 Hundertteile Phenole enthalten und die deutlich erkennbare Aufschrift tragen: „Beim Arbeiten mit dem Mittel sind Hände und Gesicht zum Schutze gegen Hautschädigungen gut einzufetten sowie Schutzbrillen zu tragen."

Schwefelkohlenstoff.

Tabakextrakt, der nicht mehr als 10 Hundertteile Nikotin enthält.

Zinksalze.

Anlage II
(Zu § 8 Abs. 2 vorstehender Polizeiverordnung)

....
(Name der ausstellenden Behörde)

Nr. ....

Erlaubnisschein zum Bezug von giftigen Pflanzenschutzmitteln

Herr, Frau, Frl., Firma*) ....
(Name, Stand oder Firmenbezeichnung, Ort, Straße, Hausnummer)

beabsichtigt:

1.*) ....
2.*) ....
3.*) ....
(Menge) (Name des giftigen Pflanzenschutzmittels)

zu erwerben, um damit

1.*) ....
2.*) ....
3.*) ....
(Zweck, zu dem das Pflanzenschutzmittel benutzt werden soll, zur Bekämpfung welcher Pflanzenschädlinge oder welcher Pflanzenkrankheit)

Hiergegen bestehen nach Prüfung keine Bedenken.

Dieser Schein wird 14 Tage nach der Ausstellung ungültig*).

Dieser Schein hat Gültigkeit bis ....*).

................., den .... 19......

....
(Bezeichnung der ausstellenden Behörde)

....
(Namensunterschrift, Stempel)

*) Nichtzutreffendes ist zu streichen.

Anlage III
(Zu § 9 vorstehender Polizeiverordnung)

Abgabebuch für giftige Pflanzenschutzmittel der Abteilungen 1 und 2

Tag der Abgabe	Name des Pflanzenschutzmittels	Menge des Pflanzenschutzmittels	Name des Empfängers	Wohnort (Wohnung)	Bemerkungen (z. B. Bezeichnung des Erlaubnisscheins nach Behörde und Nummer; Versand durch die Post, Bahn usw.)

Erläuterungen

Die neue Polizeiverordnung bezeichnet als giftige Pflanzenschutzmittel die in einer Anlage aufgeführten Stoffe und Zubereitungen sowie die diese Stoffe enthaltenden sonstigen Zubereitungen, soweit sie zur Bekämpfung (Vertilgung und Abwehr) von Pflanzenschädlingen bestimmt sind.

Es wird unterschieden zwischen Pflanzenschutzmitteln in abgabefertigen Packungen (Giftfertigwaren), bei denen bestimmte Vorschriften bezüglich des Inhalts, der Verpackung und des Packungsaufdruckes erfüllt sind, und anderen Giften und Giftfertigwaren, die diesen Vorschriften nicht genügen Nur die erstgenannten werden von der Polizeiverordnung über den Verkehr mit giftigen Pflanzenschutzmitteln erfaßt Dagegen finden auf die sonstigen giftigen Pflanzenschutzmittel sowie Gifte, die lose als Pflanzenschutzmittel abgegeben werden, die allgemeinen Vorschriften über den Handel mit Giften (Polizeiverordnung vom 11 Januar 1938) weiterhin Anwendung Auf Zubereitungen, die in der Anlage von diesen Vorschriften ausgenommen sind, finden jedoch die Vorschriften über den Verkehr mit Giften keine Anwendung

Apotheken und Drogerien, die die uneingeschränkte Erlaubnis zum Handel mit Giften haben, dürfen giftige Pflanzenschutzmittel ohne besondere Erlaubnis abgeben Da diese Abgabestellen bereits eine behördliche Zulassung zum Gifthandel allgemein besitzen, sind damit auch die Voraussetzungen für eine sachgemäße Aufbewahrung und Abgabe der giftigen Pflanzenschutzmittel gegeben Dagegen müssen solche Drogerien, die nur eine beschränkte Gifthandelserlaubnis haben und mit giftigen Pflanzenschutzmitteln handeln wollen, innerhalb eines halben Jahres nach Veröffentlichung der Polizeiverordnung bei der zuständigen unteren Verwaltungsbehörde (Polizeibehörde) eine Erlaubnis nachholen. Dasselbe gilt für Pflanzenschutz- und Düngemittelhandlungen, Samenhandlungen, Gartenbaubetriebe und deren Zweigstellen, Siedler- und Kleingartenverbände und deren Untergruppen, landwirtschaftliche Genossenschaften und deren Zweigstellen sowie Lagerhäuser Bei Lebensmittel- und Futtermittelhandlungen wird die Erlaubnis von dem Vorliegen eines örtlichen Bedürfnisses abhängig gemacht.

Die Erlaubnis darf nur solchen zuverlässigen Personen erteilt werden, die den Nachweis der erforderlichen Sachkunde durch Ablegung einer Prüfung beim Gesundheitsamt erbracht haben

Die Prüfung erstreckt sich 1 auf allgemeine Kenntnisse über giftige Pflanzenschutzmittel, insbesondere über die darin enthaltenen Gifte und ihre wesentlichen Gifteigenschaften sowie 2 auf die genaue Kenntnis dieser Vorschriften[1])

Für den Erlaß der reichseinheitlichen Vorschriften waren zwei Gesichtspunkte maßgebend · 1 Erleichterungen im Verkehr mit giftigen Pflanzenschutzmitteln gegenüber den Vorschriften über den Gifthandel, insbesondere bei ihrem Bezug durch den Verbraucher, 2 weitgehende Sicherung des Gesundheitsschutzes im Verkehr mit giftigen Pflanzenschutzmitteln

Zu 1 : Die Abgabe- und Aufbewahrungsbestimmungen sind im Interesse des Pflanzenschutzes gegenüber den Vorschriften des Gifthandels wesentlich erleichtert. So dürfen z B kleinere Vorräte in abgabefertigen Packungen in einem entsprechenden Vorratsbehälter aufbewahrt werden In diesem Fall braucht kein eigener Giftraum vorhanden zu sein Da sich die Verordnung nur auf Pflanzenschutzmittel in abgabefertigen Packungen bezieht, fallen auch die Bestimmungen über Vorratsgefäße und die Verwendung bestimmter Geräte beim Abwiegen fort. Ferner ist für die Aufbewahrung von giftigen Pflanzenschutzmitteln der Abteilung 1 ein besonderer Giftschrank nicht notwendig Weiter fällt auch die Empfangsbestätigung (Giftschein) durch den Erwerber fort. Zum Nachweis des Verbleibs der giftigen

[1]) Siehe Dr J Wührer, der Verkehr mit giftigen Pflanzenschutzmitteln.

Pflanzenschutzmittel der Abteilungen 1 und 2 ist nur die Eintragung in das vorgeschriebene Abgabebuch erforderlich

Zu 2: Die Erleichterungen bei der Aufbewahrung und Abgabe erfordern aber notwendigerweise zur Sicherung des Gesundheitsschutzes erhöhte Anforderungen an die Behältnisse (Packungen) und an deren Beschriftung Zum Schutze gegen Verwechslungen oder verbrecherischen Mißbrauch sind Bestimmungen über den Zusatz von Warnstoffen zu den Mitteln aufgenommen worden

Über den Vertrieb von Pflanzenschutzmitteln in der Ostzone und Ost-Berlin gibt die Anordnung der DWK vom 15 Dezember 1948 (ZVOBl. 1949, Nr 1, S 2) und die dazu gehörige Durchführungsbestimmung vom 30 Dezember 1948 (ZVOBl 1949, Nr 1, S 15) Aufschluß

5. Übersicht über weitere gesetzliche Bestimmungen, betreffend die Schädlingsbekämpfung, Ungeziefervertilgung und den Pflanzenschutz

Der folgende Abschnitt bringt eine Zusammenstellung weiterer gesetzlicher Bestimmungen (Verordnungen, Runderlasse, Bekanntmachungen u. dgl.), soweit sie die Schädlingsbekämpfung, Ungeziefervertilgung und den Pflanzenschutz betreffen. Abgesehen von einigen Sonderfällen, sind nur die Anordnungen der Reichs- und Preußischen Behörden berücksichtigt worden. Es würde über den Rahmen des Buches hinausgehen, alle Verordnungen usw. im Wortlaut anzuführen. Die Angabe der Gesetzes- und Verordnungsblätter ermöglicht jedem Interessenten die leichte Beschaffung der aufgeführten Bestimmungen.

Verordnung über die Schädlingsbekämpfung mit hochgiftigen Stoffen.

Vom 29. Januar 1919 (RGBl. Nr. 31, S. 165)

Verordnung zur Ausführung der Verordnung über die Schädlingsbekämpfung mit hochgiftigen Stoffen.

Vom 29. März 1928 (RGBl. I, Nr 16, S. 137).

Verordnungen zur Ausführung der Verordnung über die Schädlingsbekämpfung mit hochgiftigen Stoffen.

a) Vom 22 August 1927 (RGBl. I, Nr. 41, S 297) und 25 März 1931 (RGBl. I, Nr 12, S. 83), letztere in der Fassung der V vom 29. November 1932 (RGBl. I, Nr 78, S. 539), 6. Mai 1936 (RGBl. I, Nr 49, S. 444) und 6 April 1943 (RGBl. I, Nr. 36, S 179)

b) Vom 17 Juli 1934 (RGBl I, Nr 84, S 712) in der Fassung der V. vom 24. April 1935 (RGBl I, Nr. 47, S 571), 15 Juni 1938 (RGBl. I, Nr 93, S 637) und 26. Februar 1942 (RGBl. I, Nr. 23, S. 116).

Gebrauch von Blausäure zur Schädlingsbekämpfung.

RdErl. d RMfEuL. u d. RMdI. vom 4 November 1941 (LwRMBl 1941, Nr. 53, S. 1069 und MBliV 1942, S 84).

RdErl. d. RMfEuL. vom 24. November 1943 u. d. RMdI. vom 10. Februar 1944 (LwRMBl. 1943, S. 963, u. MBliV. 1944 Nr. 7, S. 204).

RdErl. d. RMfEuL. vom 7. Juni 1944 u. d. RMdI. vom 18. Juli 1944 (MBliV. Nr. 30, S. 719).

Bekanntmachung, betreffend die Schädlingsbekämpfung mit hochgiftigen Stoffen.

Vom 20. Oktober 1934.

Verordnung zur Ergänzung der Vorschriften über Krankheitserreger.

Vom 16. März 1936 (RGBl. I, Nr. 24, S. 178).

Verordnung über die Verwendung von Phosphorwasserstoff zur Schädlingsbekämpfung.

Vom 6. April 1936 (RGBl. I, Nr. 37, S. 360),
mit Änderung vom 15. August 1936 (RGBl. I, Nr. 74, S. 633).

Erleichterung für die Anwendung von Phosphorwasserstoff entwickelnden Mitteln zur Kornkäferbekämpfung.

RdErl. d. RuPrMfEuL. u. d. RuPrMdI. vom 18. April 1936 (LwRMBl. Nr. 4, S. 43).

Verordnung über den Gebrauch von Äthylenoxyd zur Schädlingsbekämpfung.

Vom 25. August 1938 (RGBl. I, Nr. 133, S. 1058),
in der Fassung der V. vom 2. Februar 1941 (RGBl. I, Nr. 14, S. 69).

Gebrauch von Äthylenoxyd zur Schädlingsbekämpfung.

RdErl. d. RMfEuL. u. d. RMdI. vom 26. März 1941 (LwRMBl. Nr. 14, S. 229) und 17. November 1942 (MBliV. Nr. 51, S. 2350).

Verordnung über den Gebrauch von Titrox (Trichloracetonitril) zur Schädlingsbekämpfung.

Vom 2. Februar 1941 (RGBl. I, Nr. 14, S. 72).

Richtlinien über den Gebrauch von Tritox (Trichloracetonitril) zur Schädlingsbekämpfung.

Richtlinien d. RMfEuL. u. d. RMdI. vom 2. Februar 1941 (LwRMBl. Nr. 8, S. 107) mit Änderungen nach dem RdErl. d. RMdI. vom 30. September 1942 (MBliV. Nr. 40, S. 1937).

Gebrauch von Nitrilen zur Schädlingsbekämpfung.

RdErl. d. RMfEuL. vom 3. August 1942 (LwRMBl. Nr. 32, S. 841).

Gebrauch von Ventox zur Schädlingsbekämpfung.

RdErl. d RMfEuL. u. d. RMdI. vom 26. Januar 1943 (MBliV. Nr 8, S. 315).

Verordnung zur Ausführung des Reichsjagdgesetzes[1]).

Vom 27. März 1935 (RGBl. I, Nr 35, S. 431),
mit Änderung vom 5. Februar 1937 (RGBl. I, Nr. 17, S. 179).

---

[1]) Reichsjagdgesetz in der amerikan. Zone durch Gesetz Nr. 13 seit 1. Februar 1949 aufgehoben.

Anordnung über die Verwendung von Gifteiern zum Vergiften von Nebel-, Rabenkrähen und Elstern.

Erl. d. RJM. vom 10. Februar 1937 (RMBlFv. Nr. 7, S. 45) und vom 10. Februar 1939 (RMBlFv. Nr. 9, S. 59).

Verordnung über die Bekämpfung von Krähen und Elstern mit Gift.

Württemberg-Hohenzollern: V. vom 26. November 1947 (RegBl. Württ.-Hz. 1948, Nr. 3, S. 21).

Rattenbekämpfung in den Gemeinden.

RdErl. d. RuPrMdI. vom 6. August 1936 (MBliV. S. 1093),
RdErl. d. RuPrMdI. vom 15. Januar 1937 (MBliV. S. 108p),
RdErl. d. RuPrMdI. vom 19. Mai 1937 (MBliV. S. 794),
RdErl. d. RuPrMdI. vom 11. Januar 1938 (MBliV. S. 141),
RdErl. d. RMdI. vom 25. Mai 1938 (MBliV. S. 921),
RdErl. d. RMdI. vom 3. Juli 1939 (MBliV. S. 1437),
RdErl. d. RMdI. vom 7. November 1944 (MBliV. S. 1117).

Seit 1945 sind fast in jedem Land und jedes Jahr Verordnungen und Erlasse über die Rattenbekämpfung ergangen. Da diese Verordnungen jährlich erneuert werden, ist hier auf die Aufzählung verzichtet worden.

Gesetz zum Schutze der landwirtschaftlichen Kulturpflanzen.

Vom 5. März 1937 (RGBl. I, Nr. 29, S. 271),
Gesetz zur Änderung des Gesetzes zum Schutze der landwirtschaftlichen Kulturpflanzen vom 18. August 1949 (WiGBl. S. 257), sowie die Bekanntmachung der neuen Fassung dieses Gesetzes vom 26. August 1949 (WiGBl. S. 308).

Auf Grund des Gesetzes zum Schutze der landwirtschaftlichen Kulturpflanzen wurden zahlreiche Verordnungen erlassen, so u. a. über die Schädlingsbekämpfung im Obstbau, über die Anwendung von Pflanzenschutzmitteln, zum Schutze der Bienen, über die Bekämpfung der Feldmäuse, der San-José-Schildlaus, der Rübenblattwanze und der Pfirsichblattlaus.

Schädlingsbekämpfung im Obstbau.

Verordnung vom 20. Oktober 1937 (RGBl. I, Nr. 118, S. 1143),
Richtlinien vom 6. Januar 1938 (LwRMDl. Nr. 2, S. 13).
Anordnung d. deutschen Verwaltung f. Land- u. Forstwirtschaft in d. sowjet. Besatzungszone vom 1. Dezember 1946,
Brandenburg: V. vom 25. Januar 1946 (GVBl. Brandbg. 1946, Nr. 4, S. 54),
Mecklenburg: V. vom 26. Februar 1947 (Amtsbl. Mecklbg. 1947, Nr. 3, S. 28),
Sachsen: V. vom 15. Januar 1947 (GVBl. Sa. 1947, Nr. 3, S. 64),
Thüringen: Richtlinien (RegBl. Thür. Tl. II, Amtsblatt 1949, Nr. 29).

Einschränkung der Anwendung von Pflanzenschutzmitteln.

Niedersachsen: V. vom 5. Juli 1949 (GVBl. Ndsa. 1949, Nr. 36, S. 173).

Verordnungen zum Schutze der Bienen

(u. zur Förderung der Bienenweide, zur Regelung der Bienenwanderung, gegen unsachgemäße Anwendung von Pflanzenschutzmitteln).

Bundesrepublik: V. über bienenschädliche Pflanzenschutzmittel vom 25. Mai 1950 (Bundes-Anzeiger 1950, Nr. 131),
Baden: Landesverordnung vom 17. Mai 1949 (GVBl. Bad. 1949, S. 254),

Bayern: V vom 31 März 1949 (GVBl. Bayer. 1949, S 84),
Bremen. V vom 6 Mai 1949 (GBl. Brem. 1949, Nr 27, S. 91),
Schleswig-Holstein V vom 30 September 1948 (GVBl. SchlH 1948, Nr 21, S 203),
Württemberg-Baden: V. vom 1 Juni 1949 (RegBl. WürttBad 1949, Nr 17, S. 170),
V der deutschen Verwaltung f Land- u. Forstwirtschaft in d. sowjet. Besatzungszone vom 17 März 1948,
Sachsen: V vom 28 September 1948 (GVBl Sa. 1948, Nr. 24, S. 514),
Sachsen-Anhalt. V vom 17. März 1948 (GBl. SaAnh 1949, Nr. 4, S. 11),
Thüringen: V vom 7 Juni 1948 (RegBl. Thür. Tl. I, 1948, Nr 10, S 76)

Bekämpfung der Feldmäuse.

Mecklenburg. V vom 2. Mai 1947 (RegBl. Mecklbg 1947, Nr. 10, S. 89),
Sachsen. Anordnung vom 25. März 1947 (GVBl Sa. 1947, Nr. 8, S 154),
Thüringen LandespolVO vom 19 September 1949 (RegBl. Thür 1949, Nr 14, S 65)

Bekämpfung der San-José-Schildlaus.

Baden: Landesverordnung vom 24 Juli 1948 (GVBl Bad 1948, Nr 27, S 89),
Bayern: V Nr 134 vom 15 Juni 1947 (GVBl Bayer 1947, Nr 16, S 204),
Schleswig-Holstein V vom 9 August 1950 (GVBl SchlH 1950, Nr 29, S 224)

Bekämpfung der Rübenblattwanze.

Niedersachsen V vom 7 April 1949 und 30 März 1950 (GVBl Ndsa 1949, S 91 und 1950, S 25)

Bekämpfung der Pfirsichblattlaus und der Viruskrankheiten der Kartoffel.

Hamburg: V vom 15 Februar 1949 (GVBl. Hbg 1949, Nr 6, S 17),
Niedersachsen V vom 12 Oktober 1950 (GVBl Ndsa 1950, Nr 29, S 74).

Bekämpfung sonstiger Schädlinge.

Bekämpfung der Kleidungs-, Wohnungs- und Nahrungsmittelschädlinge.

RdErl. d RuPrMdI vom 28 Juli 1937 (MBliV S 1097)

Bekämpfung der Fliegen.

RdErl. d. RMdI vom 1 August 1944 (MBliV S 767),
Brandenburg PolVO vom 23 Januar 1947 (GVBl Brandbg 1947, Nr 3, S 50),
Bremen: V vom 16 Juli 1948 (GBl Brem 1948, Nr 26, S 103),
Mecklenburg: PolVO vom 30 Mai 1949 (RegBl Mecklbg 1949, Nr 12, S 91),
Thüringen: LandesPolVO vom 13 Mai 1950 (RegBl Thür 1950, Nr 15, S 101)

Bekämpfung der Wanzen.

Groß-Berlin (West) Polizeiverordnung vom 19 August 1949 (VOBl BlnW 1949, Nr 55, S. 287), 2. Ausführungsanweisung vom 10 Juni 1950 (VOBl. Bln. W. 1950, Nr 35, S. 215).

IV. Der Verkehr mit explosiven und feuergefährlichen Stoffen

Hierher gehören folgende Abhandlungen:

1. Der Verkehr mit Sprengstoffen und Feuerwerkskörpern,
2. Der Verkehr mit brennbaren Flüssigkeiten,
3. Der Verkehr mit Petroleum,
4. Der Verkehr mit Karbid,
5. Der Verkehr mit gesundheitsschädlichen oder feuergefährlichen Arbeitsstoffen.

In gewissem Sinne gehören auch hierher die Vorschriften der Giftverordnung (§ 7) über die Aufbewahrung von Phosphor, Kalium und Natrium. Die Lagerung, Aufbewahrung und der Vertrieb explosiver und feuergefährlicher Stoffe ist überwiegend landesgesetzlich bzw. durch Polizeiverordnungen geregelt. Im Prinzip stimmen alle diese Verordnungen miteinander überein. Es werden deshalb an dieser Stelle die früher für Preußen geltenden Verordnungen wiedergegeben.

1. Der Verkehr mit Sprengstoffen und Feuerwerkskörpern

In zahlreichen Drogerien werden u. a. auch Feuerwerkskörper verkauft, und es ist daran zu denken, daß für den Transport, die Lagerung und die Abgabe derartiger Mittel besondere Vorschriften eingehalten werden müssen.

Durch das Gesetz Nr. 24 der Alliierten Hohen Kommission (AHK) vom 30. März 1950 (ABl. S. 250) Art. 10, wurden die Vorschriften des Kontrollratsgesetzes Nr. 45 und die hierzu erlassenen Vorschriften der Besatzungsmächte im Gebiet der Bundesrepublik außer Wirksamkeit gesetzt. Gemäß Art. 3 Abs. 3 der 8. DurchfVO. zum Gesetz Nr. 24 der AHK (ABl. S. 366) ist die Herstellung und Erzeugung von Feuerwerkskörpern für Vergnügungszwecke mit Einschluß von Schwärmern, römischem Feuer, Raketen und Wunderkerzen gestattet. Ebenso sind gemäß Art. 3 Abs. 1 der 8. DurchfVO. zum Gesetz Nr. 24 der AHK. die Beförderung, Lagerung, der Besitz, das Eigentum und die Verwendung für Friedenszwecke der in Art. 3 Abs. 3 dieser DurchfVO. aufgeführten Artikel und Erzeugnisse gestattet. Somit unterliegen die Herstellung und Erzeugung, die Beförderung, die Lagerung, der Besitz, das Eigentum und die Verwendung von Feuerwerkskörpern und ähnlichen Erzeugnissen wieder ausschließlich den deutschen Vorschriften (vgl. Art. 18, Abs. 2 und 3 der 8. DurchfVO. zum Gesetz Nr. 24 der AHK).

Nach § 35 Abs. 1 und 2 der RGO. ist der Handel mit Sprengstoffen zu untersagen, wenn Tatsachen vorliegen, welche die Unzuverlässigkeit des Gewerbetreibenden in bezug auf diesen Gewerbebetrieb dartun. Nach § 35 Abs. 7 der RGO. ist von der Eröffnung dieses Gewerbebetriebs der zuständigen Behörde eine Anzeige zu machen. Die Herstellung von Feuerwerkskörpern ist genehmigungspflichtig. Die Anlagen zur Herstellung und Erzeugung von Feuerwerkskörpern und ähnlichen Erzeugnissen sind „Anlagen zur Feuerwerkerei und Bereitung von Zündstoffen aller Art" im Sinne des § 16 der RGO. und unterliegen daher den Vorschriften der §§ 14, 16—22 und 25 der RGO.

Nach § 56 Abs. 2 sind explosive Stoffe, insbesondere Feuerwerkskörper, vom Ankauf oder Feilbieten im Umherziehen ausgeschlossen.

Im folgenden werden nur die für die Drogisten wichtigen Paragraphen der in Frage kommenden Gesetze und Verordnungen (Sprengstoffgesetz, Sprengstoffverkehrsordnung, Verordnung über das Abbrennen von Feuerwerkskörpern) wiedergegeben. Erläuterungen sind dazu nicht notwendig.

a) Sprengstoffgesetz (Gesetz gegen den verbrecherischen und gemeingefährlichen Gebrauch von Sprengstoffen). Vom 9. Juni 1884

(RGBl. S. 61) mit Änderungen der Verordnung vom 8. August 1941 (RGBl. I S. 531)

§ 1. Die Herstellung, der Vertrieb und der Besitz von Sprengstoffen ... ist ... nur mit polizeilicher Genehmigung zulässig.

. . . . . .

§ 9. Wer der Vorschrift in dem ersten Absatz des § 1 zuwider es unternimmt, ohne polizeiliche Ermächtigung Sprengstoffe herzustellen ... feilzuhalten, zu verkaufen oder sonst an andere zu überlassen, oder wer im Besitz derartiger Stoffe betroffen wird, ohne polizeiliche Erlaubnis hierzu nachweisen zu können, ist mit Gefängnis von drei Monaten bis zu zwei Jahren zu bestrafen.

. . . . . .

Die vorstehenden Bestimmungen aus dem Sprengstoffgesetz sind hier wiedergegeben, weil sie anwendbar sind auf den bloßen Besitz (!) von Pikrinsäure, die bekanntlich zur Herstellung des zur Harnuntersuchung dienenden Esbachschen Reagenzes gebraucht wird. Es empfiehlt sich, nicht Pikrinsäure, sondern nur eine Lösung davon vorrätig zu halten.

In der Bundesrepublik ist in einigen Ländern auf Grund von 1950 ergangenen Ministerialerlassen Apotheken, Ärzten, wissenschaftlich geleiteten Instituten und Laboratorien allgemein die Genehmigung zum Bezug, zum Besitz und zur Verwendung (Untersuchungszwecke) von Pikrinsäure bis zu einer Höchstmenge von 100 Gramm erteilt worden. Es ist nur eine Anzeige an die Kreisverwaltungsbehörde zu erstatten.

b) Polizeiverordnung über den Verkehr mit Sprengstoffen (Sprengstoffverkehrsverordnung)

Vom 4. September 1935

(Preuß. Gesetzsammlung Nr. 22, S. 119)

Auf Grund des Polizeiverwaltungsgesetzes vom 1. Juni 1931 (Gesetzsamml. S. 77) wird im Einvernehmen mit dem Verkehrsminister und dem Minister des Innern für das Land Preußen folgende Polizeiverordnung erlassen:

I. Allgemeine Bestimmungen

§ 1

Geltungsbereich

(1) Die nachstehenden Bestimmungen gelten für:

a) die Beförderung von Sprengstoffen auf Land- und Wasserwegen;
b) den Vertrieb von Sprengstoffen;
c) die Aufbewahrung und die Lagerung von Sprengstoffen, soweit sie nicht durch die Polizeiverordnung über die Errichtung, die Einrichtung und den Betrieb von Sprengstofflagern (Sprengstofflagerverordnung) vom 17. November 1932 (Gesetzsamml. S. 362) besonders geregelt sind, sowie die Ausgabe von Sprengstoffen in Betrieben jeder Art.

(2) Auf den Eisenbahn- und Postverkehr, die Versendung von Sprengstoffen in Kauffahrteischiffen sowie den Verkehr mit Sprengstoffen und Munitionsgegenständen bei der Wehrmacht finden die nachstehenden Bestimmungen keine Anwendung.

(3) Zu den Sprengstoffen im Sinne dieser Bestimmungen gehören nicht:

a) die nicht sprengkräftigen Zündungen;
b) Zündschnüre mit Schwarzpulverseele;
c) die für Handfeuerwaffen bestimmten Metallpatronen und alle Jagdpatronen.

(4) Für den Verkehr mit Munition anderer als im Abs. 3 erwähnter Art im Sinne des § 1 Abs. 2 des Gesetzes über Schußwaffen und Munition vom 12. April 1928 (Reichsgesetzbl. I S. 143) gelten die nachstehenden Vorschriften, soweit in dem genannten Gesetze nicht abweichende Bestimmungen getroffen sind.

§ 2

Zum Verkehr zugelassene Sprengstoffe

(1) Zum Verkehr sind folgende Sprengstoffe zugelassen:

a) alle Sprengstoffe (Spreng- und Schießmittel, Munition, Feuerwerkskörper u. dgl.), soweit sie nach der Anlage C zur Eisenbahnverkehrsordnung zur Versendung auf den Eisenbahnen Deutschlands zugelassen sind;
b) ......
c) ......

(2) Nicht zum Verkehr zugelassen sind:

a) die im Abs. 1 nicht erwähnten Sprengstoffe;
b) Sprengvorrichtungen, bei welchen ....

II. Bestimmungen über Beförderung von Sprengstoffen

§§ 3—20

....

III. Bestimmungen über den Vertrieb, die Aufbewahrung und die Lagerung sowie die Ausgabe von Sprengstoffen

A. §§ 21, 22 ....

B. § 23 ....

C. Besondere Bestimmungen für Sprengstoffe, die den Bestimmungen des § 1 Abs. 1 und 2 des Reichsgesetzes gegen den verbrecherischen und gemeingefährlichen Gebrauch von Sprengstoffen vom 9. Juni 1884 (RGBl. S. 61) nicht unterliegen.

§ 24

Anzeige und Buchführung beim Vertrieb

(1) Wer Sprengstoffe vertreiben will, die den Bestimmungen des § 1 Abs. 1 und 2 des Reichsgesetzes gegen den verbrecherischen und gemeingefährlichen Gebrauch von Sprengstoffen vom 9. Juni 1884 (RGBl. S. 61) nicht unterliegen, muß dies der Ortspolizeibehörde anzeigen.[1])

[1]) In Niedersachsen ist allerdings nach einem Ministerialerlaß vom 12. Dezember 1949 der Vertrieb von Feuerwerkskörpern aus Schwarzpulver nur mit Genehmigung zulässig.

(2) Wer Sprengstoffe der im Abs. 1 bezeichneten Art herstellt oder vertreibt, ist verpflichtet, über alle An- und Verkäufe dieser Stoffe in Mengen von mehr als 1 kg ein Buch zu führen, welches den Namen der Verkäufer und der Abnehmer den Zeitpunkt des Ankaufs und der Abgabe, die Mengen der gekauften und abgegebenen Stoffe angibt. Dieses Buch ist auf Verlangen der Ortspolizeibehörde zur Einsicht vorzulegen.

(3) . . . .

(4) . . . .

§ 25

Abgabe an Personen unter 16 Jahren

(1) Die Abgabe der im § 24 Abs. 1 bezeichneten Sprengstoffe an Personen, von welchen ein Mißbrauch derselben zu befürchten ist, insbesondere an Personen unter 16 Jahren, ist verboten. Dies gilt insbesondere auch von solchen Feuerwerkskörpern (Kanonenschlägen u. dgl.), Knallkörpern (Knallkorken, Knallscheiben u. dgl.) und pyrotechnischen Artikeln, mit deren Verwendung eine erhebliche Gefahr für Personen oder Eigentum verbunden ist. Diese Vorschrift findet keine Anwendung auf Spielwaren, welche ganz geringe Mengen von Sprengstoffen enthalten. Zündblättchen (Amorces) und Zündbänder (Amorcesbänder) für Spielzeugpistolen, welche mehr als 7,5 Gramm Sprengmischung (Knallsatz) auf 1000 Blättchen enthalten, dürfen als Spielwaren nicht in den Verkehr gebracht werden. Die Ortspolizeibehörde ist berechtigt, über die Zusammensetzung und Gefährlichkeit der Feuerwerkskörper, Knallkörper und pyrotechnischen Artikel Gutachten von Sachverständigen oder sonstige glaubwürdige Nachweise von denjenigen zu verlangen, welche diese Gegenstände vertreiben wollen.

(2) Knallkorken dürfen im Inland nur in Schachteln von je 20 Stück vertri ben werden, und zwar darf der Verkauf nur in ganzen Schachteln erfolgen. Jede Schachtel muß in deutlich lesbarer Schrift die nachstehende Aufschrift tragen:

Vorsicht! Knallkorken!

Verkauf nur in ganzen Schachteln und nur an Personen über 16 Jahre gestattet. Der Verkauf einzelner Knallkorken ist verboten. Bei Herausnahme der Knallkorken darf das Holzmehl nicht entfernt werden.

§ 26

Aufbewahrung und Lagerung kleiner Mengen von Sprengstoffen

(1) Wer mit den im § 24 Abs. 1 bezeichneten Sprengstoffen und aus diesen hergestellten Gegenständen (Feuerwerkskörpern, pyrotechnischen Artikeln u. dgl.) Handel treibt, darf davon

1. im Verkaufsraum oder in einem Nebenraume nicht mehr als insgesamt 2,5 kg,
2. im Hause außerdem nicht mehr als insgesamt 10 kg und zwar in der Versandpackung vorrätig halten.

(2) Bei Nachweis eines besonderen Bedürfnissse kann die zeitweilige Erhöhung des Vorrats im Abs. 1 Ziff. 2 bis auf 15 kg durch die Ortspolizeibehörde gestattet werden.

(3) Bei Feuerwerkskörpern beziehen sich die Mengenabgaben der Abs. 1 und 2 auf das Gewicht der in den Feuerwerkskörpern enthaltenen brennbaren Masse und zwar ist ein Drittel des Rohgewichts als brennbare Masse in Rechnung zu setzen.

Bei Zündblättchen (Amorces), Zündbändern (Amorcesbändern) und Knallkorken gelten für die Berechnung der Menge des Knallsatzes die im § 25 Abs. 1 dieser Verordnung und im § 3 der Verordnung über die Herstellung von Knallkorken vom 27. Dezember 1928 (RGBl. 1929 I S. 9)/6. Februar 1934 (RGBl. I S. 88)[1]) getroffenen Bestimmungen. Feuerwerkskörper dürfen in Verkaufsräumen nur in verschlossenen Kisten aufbewahrt oder unter Glas ausgelegt werden. Kanonenschläge und solche Feuerwerkskörper, die mit besonderen Abschußvorrichtungen abgefeuert werden, dürfen in Verkaufsräumen nicht aufbewahrt werden.

(4) Personen, welche nicht unter die Bestimmung des Abs. 1 fallen, dürfen mehr als insgesamt 2,5 kg, höchstens aber 10 kg der daselbst bezeichneten Sprengstoffe und der daraus hergestellten Gegenstände nur mit Erlaubnis der Ortspolizeibehörde lagern.

(5) Die Lagerung muß in einem gegen Diebstahl und Brandgefahr gesicherten Raume erfolgen, der nicht zum dauernden Aufenthalt von Menschen dient und nicht unter oder neben solchen Räumen liegt.

IV. Schlußbestimmungen

§§ 27–30

. . . .

§ 31

Zeitpunkt des Inkrafttretens

Diese Polizeiverordnung tritt am Tage nach der Verkündung in Kraft und . . .

Beförderung von Feuerwerkskörpern. Hier sind die Bestimmungen der Eisenbahnverkehrsordnung vom 8. September 1938 (RGBl. II S. 663) mit ihren Nachträgen zu beachten.

Neuere Gesetzesbestimmungen über den Verkehr mit Feuerwerkskörpern, die inhaltlich aber nicht von den bisherigen Bestimmungen abweichen, sind u. a. ergangen in:

Bayern: Bek. d. Bayer. Staats-Min. d. Inn. vom 24. November 1950 über den Verkehr mit Feuerwerkskörpern und ähnlichen Erzeugnissen (Bayer. Staats-Anz. 1950, Nr. 49),

Hessen: Gesetz über den Verkehr mit Sprengstoffen und ihre Lagerung vom 11. September 1950 (GVBl. Hess. 1950, Nr. 35, S. 168), VO über den Verkehr mit Sprengstoffen (Sprengstoffverkehrsordnung) vom 4. Oktober 1950 (GVBl. Hess. 1950, Nr. 42, S. 216).

Berlin (Ost): VO. über Handel und Lagerung von Feuerwerkskörpern und anderen pyrotechnischen Erzeugnissen vom 20. März 1950. (VOBl. Bln. O. I, 1950, Nr. 11, S. 63).

c) Polizeiverordnung über das Abbrennen von Feuerwerkskörpern und ähnlichen Erzeugnissen

Vom 27. November 1939 (RGBl. I S. 2345), in der Fassung der Verordnung vom 10. Mai 1940 (RGBl. I S. 784)

§ 1

(1) Das Abbrennen und Abfeuern von Feuerwerkskörpern, pyrotechnischen Artikeln und ähnlichen Erzeugnissen im Freien ist verboten.

(2), (3) . . . .

[1]) und 3. V. über die Herstellung von Knallkorken v. 10. Juli 1939 (RGBl. I S. 1255).

§ 2

(1) Der Verkauf und die unentgeltliche Abgabe im Handel von Gegenständen der im § 1 bezeichneten Art an jugendliche Personen unter 18 Jahren sind verboten.

(2) An über 18 Jahre alte Personen dürfen, soweit nicht Ausnahmen nach § 1 Abs. 3 zugelassen sind, im Einzelhandel nur solche Gegenstände abgegeben werden, die zur Verwendung in geschlossenen Räumen geeignet sind (pyrotechnische Scherzgegenstände, wie Boskozylinder, Konfettibomben, Kotillonfrüchte, Zündblättchen [Amorces], Zündbänder [Amorcesbänder] und Zündringe [Amorcesringe] sowie ähnliche Gegenstände). Bei der Abgabe ist auf das Verbot des § 1 Abs. 1 aufmerksam zu machen.

§ 3

....

§ 4

....

In vielen Ländern hat die vorstehende Verordnung heute keine Rechtsgültigkeit mehr, so z. B. in Bremen (V. vom 26. September 1950), Hamburg (Senatsbeschluß vom 9. Dezember 1949), Hessen (Sprengstoffverkehrsordnung vom 4. Oktober 1950), Niedersachsen (V. vom 29. Juli 1949), Rheinland-Pfalz (V. vom 2. September 1949), Schleswig-Holstein, Württemberg-Hohenzollern (V. vom 26. Februar 1949) und in der Dtsch. Demokratischen Republik (V. vom 24. November 1949).

Die Strafbestimmungen des Strafgesetzbuches § 367 Ziff. 8 und § 368 Ziff. 7 (s. d.) dürften ausreichen, um Unfug im Umgang mit Feuerwerkskörpern zu unterbinden.

d) Polizeiverordnung über die Abgabe von Chemikalien, die zur Herstellung von Sprengstoffen geeignet sind

Ost-Berliner Polizeiverordnung vom 31. Januar 1950

(VOBl. Bln O, I. 1950, Nr. 5, S. 20)

§ 1. Der Verkauf und die unentgeltliche Abgabe von rotem Phosphor, Kaliumchlorat, Kaliumnitrat, Salpeter, Schwefel u. a. zur Herstellung von Sprengstoffen bzw. Sprengkörpern geeigneten Chemikalien an Personen unter 18 Jahren ist verboten.

§ 2. . . . .

§ 3. . . . .

2. Der Verkehr mit brennbaren Flüssigkeiten

Im ganzen Reiche sind Polizeiverordnungen nach einheitlichem Muster erlassen worden, die den Verkehr mit brennbaren Flüssigkeiten regeln. Erfaßt werden von der Regelung nicht nur die sogenannten Mineralöle (Benzin, Petroleum, usw.), sondern alle brennbaren Flüssigkeiten bis zu den alkoholstarken Parfüms.

Die Verordnung ist für den Drogisten von größter Wichtigkeit, weshalb sie eingehend besprochen wird.

Die Verordnung selbst wird hier im Wortlaut abgedruckt. Die ebenfalls wichtigen, aber sehr umfangreichen und nur zum Teil den Drogisten angehenden „Grundsätze zur Durchführung der Polizeiverordnung über den Verkehr mit brennbaren Flüssigkeiten“ werden dagegen nur im Rahmen der Erläuterungen berücksichtigt.

a) Polizeiverordnung über den Verkehr mit brennbaren Flüssigkeiten

(Normalentwurf nach dem Erlaß der Herren Min. f. H. u. G. vom 26. 11. 30 — IIIc 8271 Wm. — Va 14059 — Vb 4272 — IG 2319 —, des Innern — IID 356 X/29 — und für Volkswohlfahrt — IIC 2558/30 — und den bis 6. Februar 1935 ergangenen Abänderungserlassen)

Abschnitt I

Allgemeines

§ 1

Anwendungsgebiet der Polizeiverordnung

(1) Diese Polizeiverordnung findet Anwendung auf die Aufbewahrung und Lagerung aller brennbaren Flüssigkeiten und der damit oder daraus hergestellten Mischungen, die bei 15° C nicht fest oder salbenförmig, sondern flüssig sind. Sie findet gleichfalls Anwendung auf den Verkehr zu Lande mit diesen Stoffen. Ausgenommen sind:

1. solche Mischungen, die einen Flammpunkt von 21° C oder mehr und einen Gehalt an festen, in den Flüssigkeiten gelösten Stoffen von mehr als 30 v. H. des Gesamtgewichts haben; den festen Stoffen sind hierbei flüssige Stoffe mit einem Flammpunkt über 100° C gleichzuachten;
2. alle brennbaren Flüssigkeiten, deren Flammpunkt über 100° C liegt;
3. alle mit Wasser in jedem Verhältnis mischbaren, brennbaren Flüssigkeiten, deren Flammpunkt bei 21° C und darüber liegt.

(2) Der Polizeiverordnung sind alle leeren Transport- und Lagergefäße von mehr als 5 l Fassungsvermögen unterstellt, in denen sich bei der letzten Füllung Flüssigkeiten, die dieser Polizeiverordnung unterworfen sind, befunden haben.

§ 2

1. Gruppen und Gefahrklassen

Die der Polizeiverordnung durch § 1 unterworfenen brennbaren Flüssigkeiten werden in zwei Gruppen eingeteilt:

A. Flüssigkeiten und Mischungen oder Lösungen, die sich mit Wasser nicht oder nur teilweise vermischen lassen. Sie gehören zur

Gefahrklasse I, wenn sie einen Flammpunkt unter 21° C haben;
Gefahrklasse II, wenn sie einen Flammpunkt von 21°—55° C haben;
Gefahrklasse III, wenn sie einen Flammpunkt von mehr als 55° C — 100° C haben.

B. Flüssigkeiten und Mischungen oder Lösungen, die sich mit Wasser in beliebigem Verhältnis vermischen lassen und einen Flammpunkt unter 21° C haben.

2. Ermittlung des Flammpunktes

Als Flammpunkt gilt die Temperatur, bei der brennbare Flüssigkeiten bei einem Barometerstand von 760 mm entflammbare Dämpfe entwickeln. Der Flammpunkt wird mittels des Petroleumprobers von Abel-Pensky festgestellt.

3. Nachweis der Gefahrklasse

Wer brennbare Flüssigkeiten lagert oder verkauft, hat auf Verlangen der Ortspolizeibehörde durch Vorlegung einer schriftlichen Versicherung des Herstellers oder Lieferers oder in Zweifelsfällen durch ein von einem anerkannten Sachverständigen ausgestelltes Zeugnis einen Nachweis über den Flammpunkt der brennbaren Flüssigkeit und deren Mischbarkeit mit Wasser zu erbringen. Wird ein solcher Nachweis nicht erbracht, so gelten die brennbaren Flüssigkeiten als zu Gruppe A Gefahrklasse I gehörig.

§ 3

Durchführung der Polizeiverordnung

(1) Die Anlagen zur Aufbewahrung und Lagerung von brennbaren Flüssigkeiten und zur Lagerung von gebrauchten leeren Fässern sowie die Straßentankwagen zur Beförderung brennbarer Flüssigkeiten müssen den folgenden Bestimmungen und den anerkannten Regeln der Wissenschaft und Technik entsprechend ausgeführt, betrieben und unterhalten werden.

(2) Außer den allgemeinen Regeln gelten bis auf weiteres die Grundsätze für die Durchführung dieser Verordnung. Die Weiterbildung der Grundsätze Ziffer II wird einem nach Maßgabe der Anlage 1 von dem Reichsminister des Innern berufenen Ausschuß übertragen.

§ 4

Lager-, Aufbewahrungs- und Versandgefäße

1. Berechnung des Fassungsvermögens.

Die Berechnung der Mengen der Flüssigkeiten geschieht für alle Gefäße, auch für die nur teilweise gefüllten, nach ihrem vollen Fassungsvermögen. Das Fassungsvermögen leerer Gefäße zählt bei der Berechnung der Lagermengen nicht mit.

2. Füllungsgrad der Gefäße.

Dichtverschlossene Gefäße dürfen nicht ganz (d. h. nur bis zu etwa 95 v. H. des Fassungsvermögens) gefüllt sein.

3. Beschaffenheit der Lager-, Aufbewahrungs- und Versandgefäße.

Lager-, Aufbewahrungs- und Versandgefäße für brennbare Flüssigkeiten müssen dicht und — abgesehen von Lagertanks — auch dicht verschlossen sein. Brennbare Flüssigkeiten der Gruppe A Gefahrklasse I dürfen nicht in Behältern aus brennbaren Stoffen aufbewahrt oder gelagert werden.

4. Aufschriften an ortsfesten und an Versandgefäßen.

(1) An ortsfesten Gefäßen muß, abgesehen von den Fällen des § 7 Abs. 2, Buchstabe a und b, und des § 8 Abs. 2, Buchstabe a und b, an leicht sichtbarer Stelle — bei unterirdischer Lagerung an oder in der Zapfeinrichtung — deutlich und dauerhaft die handelsübliche Bezeichnung des Inhalts, seine Gruppe und Gefahrklasse (§ 2) und der Fassungsraum der Gefäße oder ihrer einzelnen Abteilungen verzeichnet sein.

(2) Gefäße, in denen brennbare Flüssigkeiten der Gruppe A Gefahrklasse I aufbewahrt, gelagert, abgegeben und befördert werden, sind mit der deutlichen, haltbaren Aufschrift „Feuergefährlich" zu versehen

(3) Schutzbehälter für Ton- und Glasgefäße müssen außerdem mit der deutlichen, dauerhaften Aufschrift „Vorsicht tragen" versehen sein.

5. Lagerhöfe. Vorübergehende Aufbewahrung gefüllter Fässer auf Tanklagerhöfen.

Als Lagerhof gilt jede Lagerstätte, auf der — wenn auch nur vorübergehend — mehr als 10000 Liter brennbarer Flüssigkeiten oberirdisch aufbewahrt oder gelagert werden. Auf Lagerhöfen mit Tanklagerung dürfen brennbare Flüssigkeiten in gefüllten, zum Versand und zur Entleerung bestimmten Fässern, Behältern und Kesselwagen bis zu deren Abfuhr oder Entleerung unter Aufsicht oder sicherer Verwahrung nur auf den von der Ortspolizeibehörde genehmigten Plätzen und nur bis zu der von ihr zugelassenen Höchstmenge verbleiben.

6. Leere gebrauchte Fässer.

Leere gebrauchte Fässer aus nicht brennbarem Baustoff dürfen nur mit dichtverschlossenem Spundloch gelagert werden. Leere Fässer aus brennbarem Baustoff, die mit brennbaren Flüssigkeiten der Gruppe A Gefahrklasse II und mit Flüssigkeiten der Gruppe B gefüllt waren, dürfen, wenn nicht von der Ortspolizeibehörde Ausnahmen zugelassen sind, nur außerhalb der Lagerhöfe gelagert werden. Diese Lagerplätze bedürfen der Erlaubnis der Ortspolizeibehörde, wenn mehr als 50 Fässer gelagert werden.

7. Aufstellung von Tankwagen.

Die regelmäßige Aufstellung von Tankwagen darf nur auf Lagerhöfen, in geeigneten abgeschlossenen Räumen oder auf eingefriedigten Grundstücken erfolgen. Bei Aufstellung im Freien ist ein Abstand von mindestens 5 m von Wohngebäuden und Nachbargrenzen einzuhalten.

§ 5

Zapfstellen

Zapfstellen müssen unter Verschluß gehalten werden, solange nicht durch ausreichende Aufsicht oder durch eine sicher wirkende Vorrichtung (Verriegelung des Pumpenhebels u. dgl.) ihre mißbräuchliche Benutzung unmöglich gemacht ist. Beim Abzapfen etwa verschüttete brennbare Flüssigkeiten dürfen nicht in Abwasserleitungen, in Keller oder Brunnen gelangen können.

§ 6

Verbot von Feuer und Licht. Feuerlöschvorrichtungen

(1) Das Anzünden von Feuer und Licht, das Umgehen mit offenem Licht, das Rauchen und das Mitführen von Zündwaren ist überall da, wo brennbare Flüssigkeiten der Gruppen A und B gelagert, gemischt oder abgefüllt werden, verboten. Auf das Verbot ist durch augenfälligen, dauerhaften Anschlag hinzuweisen; an Zapfstellen genügt die Aufschrift: „Rauchen verboten". Künstliche Beleuchtung muß bei dem Verkehr mit brennbaren Flüssigkeiten der Gruppe A Gefahrklasse I und II und der Gruppe B entweder als Außenbeleuchtung hinter dicht

schließenden, nicht zum Öffnen eingerichteten Fenstern oder als explosionssichere elektrische Beleuchtung ausgeführt werden; diese Beleuchtungsvorschrift gilt nicht für den Kleinhandel mit Leuchtpetroleum. Muß in der Nähe von Zapfstellen mit offenem Feuer gearbeitet werden, so ist während der Dauer dieser Arbeiten der Zapfbetrieb einzustellen. Während des Tankens müssen Lampen mit Flammenlicht gelöscht werden.

(2) Das Bereithalten geeigneter Feuerlöschvorrichtungen kann gefordert werden.

Abschnitt II

§ 7

Vorschriften für die Flüssigkeiten der Gruppe A Gefahrklasse I

(1) In Treppenhäusern, Haus- und Stockwerksfluren, Durchgängen und Durchfahrten ist jede Aufbewahrung und Lagerung verboten.

(2) Es dürfen aufbewahrt oder gelagert werden:

a) in Wohnräumen und in Räumen, die mit diesen in unmittelbarer, nicht feuerbeständig abschließbarer Verbindung stehen, sowie in Gast- und Schankstuben bis zu 2 Liter;

b) in gewerblichen Arbeitsräumen sowie in den Verkaufsräumen der Einzelhändler bis zu 30 Liter; diese Bestimmung erstreckt sich nicht auf diejenigen Mengen brennbarer Flüssigkeiten, die im regelmäßigen Betrieb gewerblicher Anlagen verwendet werden und sich im Arbeitsgang befinden oder die zur Sicherstellung der ungestörten Durchführung des Arbeitsganges an der Betriebsstätte in Betriebsbehältern aufbewahrt werden;

c) in nicht dem regelmäßigen Verkehr dienenden Vorratsräumen gewerblicher Anlagen oder der Einzelhändler bis zu 200 Liter;

d) in Räumen, die ausschließlich zur Lagerung feuergefährlicher Flüssigkeiten bestimmt sind und nicht unter Räumen liegen, die dem dauernden Aufenthalt oder dem regelmäßigen Verkehr von Menschen dienen, bis zu 1000 Liter;

e) auf abgeschlossenen Höfen, die nur von Gebäudeteilen in feuerbeständiger Bauweise eingeschlossen werden, sowie auf eingefriedigten, auf mindestens 2 Seiten nicht umbauten Grundstücken oder Grundstücksteilen, oberirdisch in bruchsicheren Gefäßen bis zu 1000 Liter, ferner in unterirdisch allseitig mindestens 1 m eingebetteten Tanks bis zu 10000 Liter. Die Tanks dürfen in Kellern, jedoch nicht in Kellern von Wohngebäuden eingebettet werden, wenn sie nur von außen gefüllt und entleert werden.

(3) Die Entnahme aus Tanks oder anderen großen Gefäßen darf nur mittels Pumpen, Schutzgas oder eines anderen gleichwertigen Entnahmeverfahrens, das Füllen nur durch geschlossene Rohrleitungen erfolgen.

(4) Mengen über 2 Liter dürfen nur in bruchsicheren, unverbrennlichen Gefäßen, Mengen über 1000 Liter nur in eisernen Fässern oder Tanks aufbewahrt oder gelagert werden.

(5) Von Schwefelkohlenstoff darf nur jeweils ein Fünftel der in Abs. 2 angegebenen Mengen, höchstens jedoch 100 Liter aufbewahrt oder gelagert werden.

(6) Jede Lagerung von mehr als 200 Liter, bei Schwefelkohlenstoff von mehr als 10 Liter, ist vor Errichtung des Lagers der Ortspolizeibehörde anzuzeigen.

(7) Der Erlaubnis der Ortspolizeibehörde bedürfen

a) die Lagerung größerer Mengen als:
 1000 Liter in oberirdischen Gefäßen,
 10000 Liter in unterirdisch allseitig eingebetteten Tanks,
 100 Liter von Schwefelkohlenstoff;

b) jede Lagerung, soweit damit Zapfstellen des öffentlichen Verkehrs zum Füllen von Betriebsstoffbehältern an Kraftfahrzeugen verbunden sind. Die Errichtung von Zapfstellen in Wohngebäuden ist unzulässig. Im übrigen entscheiden über die Zulässigkeit des Platzes für ihre Aufstellung die allgemeinen bau-, verkehrs- und sicherheitspolizeilichen Gesichtspunkte. Die zugehörigen Tanks können auch unter dem Bürgersteig oder unter öffentlichen Straßen und Plätzen liegen. Etwa verschüttetes Benzin u. dgl. darf nicht in die Kanalisation hineinfließen können;

c) fahrbare Zapfstellen; sie werden nur in ganz besonderen Fällen genehmigt.

(8) Dem Gesuch um Erlaubnis zur Lagerung sind eine Beschreibung und eine Zeichnung der Lagerstätte und der darauf befindlichen Bauwerke in je dreifacher Ausfertigung beizufügen. Die Gesuchsunterlagen müssen alle zur Prüfung des Gesuches erforderlichen Angaben enthalten.

(9) Tankwagen sind vor ihrer Inbetriebnahme bei der für den Standort des Wagens zuständigen Ortspolizeibehörde auf Vordruck Muster 1 anzumelden (vgl. Anlage Nr. 2). Sie dürfen erst in Betrieb genommen werden, nachdem die Ortspolizeibehörde eine Anmeldebescheinigung nach Vordruck Muster 2 (Anlage Nr. 3) ausgestellt hat und durch die Abnahmebescheinigung eines von der Landespolizeibehörde anerkannten Sachverständigen bestätigt worden ist, daß die Einrichtung des Tankwagens den Grundsätzen für die Durchführung dieser Polizeiverordnung genügt. Diese Bescheinigungen sind vom Wagenführer in Urschrift oder in beglaubigter Abschrift mitzuführen. Den bei den Fuhrwerken beschäftigten oder mitfahrenden Personen ist das Rauchen verboten. Bescheinigungen, die von einer zuständigen außerpreußischen Dienststelle ausgestellt sind, haben auch in Preußen Gültigkeit.

(10) Die Aufbewahrung und Beförderung von zur Eisenbahn- oder zur Wasserbeförderung bestimmten Mengen ist in der für diese Zwecke vorgeschriebenen Verpackung zulässig.

Abschnitt III

§ 8

Vorschriften für die Flüssigkeiten der Gruppe A Gefahrklasse II und für die Flüssigkeiten der Gruppe B

(1) In Treppenhäusern, Haus- und Stockwerksfluren, Durchgängen und Durchfahrten ist jede Aufbewahrung und Lagerung verboten.

(2) Es dürfen aufbewahrt oder gelagert werden:

a) in Wohnräumen und in Räumen, die mit diesen in unmittelbarer, nicht feuerbeständig abschließbarer Verbindung stehen, sowie in Gast- und Schankstuben bis zu 35 Liter;

b) in gewerblichen Arbeitsräumen sowie in den Verkaufsräumen der Einzelhändler bis zu 100 Liter, in bruchsicheren Gefäßen bis zu 1000 Liter; diese Bestimmung erstreckt sich nicht auf diejenigen Mengen brennbarer Flüssigkeiten, die im regelmäßigen Betriebe gewerblicher Anlagen verwendet werden und sich im Arbeitsgang befinden, oder die zur Sicherstellung der ungestörten Durchführung des Arbeitsganges an der Betriebsstätte in Betriebsbehältern aufbewahrt werden;

c) in nicht dem regelmäßigen Verkehr dienenden Vorratsräumen gewerblicher Anlagen oder der Einzelhändler bis zu 400 Liter. Geschieht die Lagerung in widerstandsfähigen Blechgefäßen mit daran fest angebrachter Abfüll- und Meßvorrichtung, und liegt der Vorratsbehälter im Keller oder in einem dem allgemeinen Verkehr nicht dienenden Nebenraume, so darf die Lagermenge auf 3000 Liter erhöht werden;

d) auf abgeschlossenen Höfen oder sonstigen dem Verkehr nicht zugänglichen Grundstücken oder Grundstücksteilen sowie in besonders eingerichteten Kellern, jedoch nicht unter Räumen, die dem dauernden Aufenthalt oder dem regelmäßigen Verkehr von Menschen dienen, bis zu 10000 Liter, in unterirdisch — auch in Kellern, sofern das Füllen und Abzapfen von außen erfolgt — allseitig mindestens 1 m eingebetteten Tanks bis zu 30000 Liter;

e) jede Lagerung von mehr als 3000 Liter ist vor Einrichtung des Lagers der Ortspolizeibehörde anzuzeigen.

(3) Die Lagerung größerer Mengen als 30000 Liter ist nur mit Erlaubnis der Ortspolizeibehörde zulässig.

(4) Für die dem Gesuch um Erlaubnis zur Lagerung beizufügenden Unterlagen gelten die Vorschriften im § 7 Abs. 8.

(5) Die Aufbewahrung und Beförderung von zur Eisenbahn- oder zur Wasserbeförderung bestimmten Mengen ist in der für diese Zwecke vorgeschriebenen Verpackung zulässig.

Abschnitt IV

§ 9

Vorschriften für die Flüssigkeiten der Gruppe A Gefahrklasse III

Für die Aufbewahrung, Lagerung, Abgabe und Beförderung gelten nur die in den §§ 3 und 4 Ziff. 1—6 und in den Grundsätzen für die Durchführung der Polizeiverordnung Abschnitt I F enthaltenen Bestimmungen. Für die Zusammenlagerung mit anderen brennbaren Flüssigkeiten gelten die Vorschriften des § 10.

Abschnitt V

§ 10

Allgemeine Bestimmungen über die Zusammenlagerung und -aufbewahrung von brennbaren Flüssigkeiten verschiedener Gruppen und Gefahrklassen miteinander und bei verschiedenen Besitzern

Werden brennbare Flüssigkeiten verschiedener Gruppen und Gefahrklassen in derselben Lagerstätte gelagert, so finden die für die brennbaren Flüssigkeiten der Gruppe A Gefahrklasse I geltenden Vorschriften mit der Maßgabe Anwendung, daß für jedes Liter der Gruppe A Gefahrklasse I, das hinter der zugelassenen Höchstmenge zurückbleibt, 2 Liter der Gruppe A Gefahrklasse II, 2 Liter der Gruppe B oder 200 Liter der Gruppe A Gefahrklasse III aufbewahrt oder gelagert werden dürfen. Werden nur brennbare Flüssigkeiten der Gruppe A Gefahrklassen II und III und der Gruppe B aufbewahrt oder gelagert, so gelten die Höchstsätze des Abschnitts III dieser Verordnung mit der Maßgabe, daß für jedes Liter brennbarer Flüssigkeiten, das hinter der zugelassenen Höchstmenge zurückbleibt, 100 Liter der Gruppe A Gefahrklasse III aufbewahrt oder gelagert werden dürfen.

§ 11

Prüfungen und Untersuchungen

(1) Tankanlagen und Tankwagen sowie elektrische Einrichtungen und Blitzschutzanlagen der Lager-, Misch- und Abfüllräume sind durch einen anerkannten Sachverständigen vor der Abnahmeprüfung und in regelmäßigen Fristen wiederkehrenden Untersuchungen nach den Grundsätzen für die Durchführung dieser Polizeiverordnung zu unterwerfen.

Die Sachverständigen für die vorgeschriebenen Prüfungen und Untersuchungen der Tankanlagen und Tankwagen sind von der Landespolizeibehörde anzuerkennen.

(2) Der Besitzer der Anlage hat die im Absatz 1 vorgeschriebenen Prüfungen und Untersuchungen zu veranlassen, die nötigen Arbeitskräfte und Vorrichtungen bereitzustellen und die Kosten zu tragen. Die Berechnung der Kosten erfolgt nach einer Gebührenordnung, die von dem Minister für Wirtschaft und Arbeit festgesetzt und im Ministerialblatt für Wirtschaft und Arbeit veröffentlicht wird. Die Kosten können im Verwaltungszwangsverfahren beigetrieben werden.

Abschnitt VI

§ 12

Gültigkeitsdauer erteilter Erlaubnisse

(1) Die für eine Lagerung erteilte Erlaubnis bleibt so lange in Kraft, als keine wesentliche Änderung der Lagerstätte oder keine die Gefahren der Lagerung wesentlich erhöhende Veränderung des Betriebes eintritt. Unter dieser Voraussetzung bedarf es beim Wechsel des Inhabers keiner neuen Erlaubnis. Die erteilte Erlaubnis erlischt, wenn von ihr innerhalb eines Jahres kein Gebrauch gemacht wird.

(2) Wechselt ein erlaubnispflichtiges Lager den Inhaber, so hat der neue Inhaber hiervon binnen 8 Tagen nach dem Besitzwechsel der Ortspolizeibehörde Anzeige zu erstatten.

Abschnitt VII

§ 13

Ausnahme-, Übergangs- und Schlußbestimmungen

Ausschluß der Anwendung dieser Polizeiverordnung.

(1) Diese Polizeiverordnung findet keine Anwendung auf:

a) die der Aufsicht der Bergbehörden unterstehenden Betriebe und die Betriebe an den Gewinnungsstätten der Rohstoffe,

b) Lager und Anlagen der Heeres- und Marineverwaltung sowie auf Privatlager, die unter ausdrücklich erklärter Überwachung dieser Verwaltungen stehen,
c) Zollhöfe, Freihäfen und Kaianlagen,
d) sämtliche Anlagen der Deutschen Reichsbahn-Gesellschaft und der übrigen Bahnen des allgemeinen Verkehrs, die der Beaufsichtigung durch das Reich unterliegen; für die Kleinbahnen und die Privatanschlußbahnen sind zuständige Behörden im Sinne der §§ 2, 4, 7, 8, 9, 11 und 12 die zuständigen technischen Aufsichtsbehörden,
e) den Verkehr mit brennbaren Flüssigkeiten beim Kraftfahrwesen der staatlichen Polizei, der Deutschen Reichspost und der Reichsfinanzverwaltung,
f) die Mitnahme von brennbaren Flüssigkeiten in Kraftfahrzeugen oder Flugzeugen, falls sie lediglich als Betriebsstoff für das betreffende Kraftfahrzeug oder Flugzeug dienen,
g) die Beförderung von brennbaren Flüssigkeiten mit Kauffahrteischiffen, Binnenschiffen, auf Eisenbahnen, Luftfahrzeugen und durch die Post.

(2) Auf Anlagen, die nach § 16 der Gewerbeordnung genehmigungspflichtig sind, findet diese Verordnung nur insoweit Anwendung, als dies in der Genehmigungsurkunde ausdrücklich bestimmt ist; hinsichtlich der in ihnen betriebsmäßig verwendeten Mengen brennbarer Flüssigkeiten gelten insbesondere die Bestimmungen des § 7 Abs. 2 Buchstabe b und des § 8 Abs. 2 Buchstabe b.

(3) In denjenigen Hafenbezirken, für die eine besondere Hafenpolizei besteht, hat die Ortspolizeibehörde bei der Prüfung von Anträgen auf Lagerung, Verarbeitung oder Gewinnung von brennbaren Flüssigkeiten diese Behörde zu beteiligen.

(4) Weitergehende Bestimmungen über den Verkehr mit brennbaren Flüssigkeiten in Vorschriften für Kailager, Petroleumhäfen, Theater, Versammlungsräume, Kraftwagenhallen und dgl., ferner in der Verordnung über das gewerbsmäßige Verkaufen und Feilhalten von Petroleum vom 24. Februar 1882 (RGBl. S. 40) sowie in den Vorschriften über den Verkehr mit Arzneimitteln und über den Verkehr mit Giften bleiben durch diese Polizeiverordnung unberührt.

§ 14

Anwendung der Polizeiverordnung auf bestehende Anlagen

(1) In dem beim Inkrafttreten dieser Polizeiverordnung bestehenden, nach ihr nicht erlaubnispflichtigen Anlagen dürfen die in dieser Verordnung festgesetzten Höchstmengen ohne weiteres aufbewahrt und gelagert werden. Bestehende Aufbewahrungs- und Lagerstätten dieser Art sind innerhalb zweier Jahre nach dem Inkrafttreten dieser Verordnung den darin gegebenen Vorschriften entsprechend einzurichten.

(2) An Lagerstätten, die vor Erlaß dieser Verordnung mit Erlaubnis errichtet worden sind, können, solange nicht eine Erweiterung, ein Umbau oder eine wesentliche Änderung in der Benutzung der Lagerstätte eintritt, nur solche Anforderungen gestellt werden, die zur Beseitigung erheblicher, das Leben oder die Gesundheit der Arbeitnehmer oder der Nachbarschaft oder die Sicherheit des Verkehrs gefährdender Mißstände erforderlich oder ohne unverhältnismäßige Aufwendungen ausführbar sind.

(3) An die bei Erlaß dieser Verordnung bestehenden Lagerstätten brennbarer Flüssigkeiten, die nunmehr erlaubnispflichtig werden, können, solange nicht eine Erweiterung oder ein Umbau eintritt, nur solche Anforderungen gestellt werden, die zur Beseitigung erheblicher, das Leben oder die Gesundheit der Arbeitnehmer oder der Nachbarschaft oder die Sicherheit des Verkehrs gefährdender Mißstände erforderlich oder ohne unverhältnismäßige Aufwendungen ausführbar sind.

§ 15

Ausnahmen in Einzelfällen

Ausnahmen von den Bestimmungen dieser Polizeiverordnung können auf Antrag des Unternehmers in begründeten Einzelfällen durch die Landespolizeibehörden genehmigt werden.

§ 16

Strafen

Übertretungen dieser Polizeiverordnung und der Anordnungen, die auf Grund dieser Polizeiverordnung und der zu ihrer Durchführung erlassenen Grundsätze von den zuständigen Behörden verfügt worden sind, werden, sofern nicht die Bestimmungen des Strafgesetzbuchs Anwendung finden, mit Geldstrafe bis zu 150 RM. oder mit entsprechender Haft bestraft.

§ 17

Diese Polizeiverordnung tritt am 1. Januar 1931 in Kraft. Mit diesem Zeitpunkt treten alle ihr entgegenstehenden Verordnungen, soweit sie nicht unter § 13 Abs. 4 fallen, sowie die frühere, diesen Gegenstand betreffende Polizeiverordnung (Mineralölverkehrsordnung) außer Wirksamkeit.

Erläuterungen

Die nachstehenden Erläuterungen betreffen nur die für den Drogenkleinhandel besonders wichtigen Punkte. Sie sollen das Eindringen in den schwierigen Stoff erleichtern und Zweifelsfragen klären, aber nicht das Studium des Verordnungstextes überflüssig machen. Die teils in der Verordnung, teils in den dazugehörigen

„Grundsätzen für die technische Durchführung" enthaltenen Vorschriften sind nachstehend zusammengefaßt, so daß dem Praktiker die Übersicht erleichtert ist. Dabei wurde der Stoff in sieben Abschnitte gegliedert.

I. Anwendungsgebiet (Rohstoffe, Mischungen usw., die die Verordnung erfaßt).
II. Gefahrklassen (Aufteilung der Stoffe, Mischungen usw. nach dem Grade ihrer Feuergefährlichkeit in Gruppen und Klassen).
III. Lagerräume.
Bauliche Lage und bauliche Beschaffenheit der Lagerräume.
IV. Höchstmengen bei Lagerung nur einer Gefahrklasse.
V. Höchstmengen bei Zusammenlagerung.
VI. Aufbewahrungsgefäße.
VII. Betriebsvorschriften.
Vorsichtsmaßregeln. Beleuchtung, Umfüllen, Signierung.

I.

Anwendungsgebiet

Erfaßt sind alle brennbaren Flüssigkeiten und die aus solchen hergestellten Mischungen.

Ausgenommen sind

a) Mischungen, die bei 15° C salbenförmig oder fest sind, z. B. feste Bohnermassen;
b) Mischungen, die mehr als 30 v. H. feste Stoffe (oder Flüssigkeiten mit einem Flammpunkt über 100° C) enthalten und zugleich einen Flammpunkt von 21° C oder mehr haben, z. B. fast alle Öllacke;
c) alle brennbaren Flüssigkeiten, die einen Flammpunkt über 100° C haben, z. B. Leinöl und andere fette Öle (Vaselinöle haben meist einen niedrigeren Flammpunkt, gehören also zur Gefahrklasse III);
d) alle mit Wasser in jedem Verhältnis mischbaren brennbaren Flüssigkeiten mit einem Flammpunkt von 21° C und darüber, z. B. alkoholische Flüssigkeiten mit einem Weingeistgehalt von weniger als 70 v. H.; das sind also die meisten Haarwässer, Mundwässer und Trinkbranntweine — soweit sie überhaupt brennbar sind.

II.

Gefahrklassen

Nach dem Grade der Feuergefährlichkeit unterscheidet die Verordnung zwei Gruppen:

Gruppe A: Flüssigkeiten, die sich nicht oder nur teilweise mit Wasser mischen lassen.
Gruppe B: Flüssigkeiten, die sich mit Wasser in jedem Verhältnis mischen lassen.

Die Flüssigkeiten der Gruppe A werden eingeteilt in drei Gefahrklassen:

Klasse I: Flammpunkt unter 21° C,
Klasse II: Flammpunkt von 21—55° C,
Klasse III: Flammpunkt mehr als 55—100° C.

Von den Handelswaren des Drogisten fallen unter diese Einteilung hauptsächlich folgende:

Gruppe A

(mit Wasser nicht oder nur teilweise mischbar)

Klasse I:
1. Rohpetroleum, Petroleumäther, Petroleumbenzin, Leichtbenzin.
2. Benzol, Toluol.
3. Äther, Essigäther, Kollodium.
4. Zaponlacke, Benzinlacke, mit Benzin versetzte Sikkative.
5. Schwefelkohlenstoff.
6. Spirituslacke.

Klasse II:
1. Leuchtpetroleum, Solaröl und Schwerbenzin.
2. Xylol, Kumol, Solventnaphtha.
3. Terpentinöl und andere ätherische Öle.
4. Amylacetat.
5. Chlorbenzol, Chlortoluol.

Klasse III:
1. manche Leuchtöle, Gasöle, Solaröle.
2. manche Heizöle, Treiböle für Dieselmotoren, schwere Teeröle, Tetralin, Hexalin.
3. Vaselinöle, Paraffinöle.
4. Nitrobenzol, Anilin, Toluidin.

Gruppe B

(Flüssigkeiten mit einem Flammpunkt unter 21° C, die mit Wasser in jedem Verhältnis mischbar sind)

Spiritus vini, Brennspiritus. Alle hochprozentigen spiritushaltigen Zubereitungen, wie die freigegebenen Tinkturen und Spiritusse mit einem Alkoholgehalt von 70 v. H. und mehr. Zum Beispiel:

Ameisenspiritus, Arnikatinktur, Benzoetinktur, Baldriantinktur, Kampferspiritus usw.

Ferner hochprozentige Haarwässer, Kölnischwasser, Parfümerien usw. mit 70 v. H. Alkoholgehalt oder mehr.

Methylalkohol,

Aceton, Acetaldehyd, Pyridin.

Nachweis der Gefahrklasse

Wie aus der Aufzählung im vorigen Absatz ersichtlich, lassen sich feste Regeln für die Zugehörigkeit schon darüber sehr schwer geben, welche Rohstoffe, Mischungen usw. überhaupt unter die Verordnung gehören. Es kommt schon dabei vielfach auf die genaue Kenntnis der Zusammensetzung an. Noch schwieriger ist es, festzustellen, welche zu den brennbaren Stoffen gehörenden Handelsartikel des Drogisten unter die einzelnen Gefahrenklassen gehören. Der Drogist kann oft nicht die Prüfung des Flammpunktes selbst vornehmen. Er muß den Flammpunkt aber kennen, um seine Ware richtig lagern zu können. Deshalb schreibt die Polizeiverordnung vor, daß auf Verlangen der zuständigen Behörde, z. B. der Polizei oder des Gewerbeaufsichtsamtes eine schriftliche Versicherung des Herstellers oder Lieferers darüber beizubringen ist, zu welcher Gefahrklasse die vorhandenen brennbaren Flüssigkeiten gehören und ob sie mit Wasser mischbar sind. Ist eine solche Versicherung (gewöhnlich ein Rechnungsvermerk) nicht vorhanden, so werden alle vorhandenen brennbaren Flüssigkeiten als zur Gruppe A Gefahrklasse I gehörig angesehen. Das ist für den Drogisten ein großer Nachteil, denn für die Gefahrklasse I sind die Vorschriften am strengsten.

III.

Lagerräume

Wer große Mengen brennbarer Flüssigkeiten lagern will, muß sehr strenge Bedingungen erfüllen, die in der Verordnung genau festgelegt sind. Zum Teil ist die Anmeldung bei der Ortspolizei erforderlich, zum Teil sogar die Einholung einer Erlaubnis von der Ortspolizei oder (bei sehr großen Mengen) der Landespolizei.

Für den eigentlichen Betrieb der Drogenhandlungen, die nicht in besonderem Maße mit Mineralölen handeln (z. B. eine Tankstelle für Automobile betreiben), sind nur die Vorschriften über die Lagerung in gewöhnlichen Räumen wichtig. Diese unterscheidet die Polizeiverordnung dem Grade der Gefährdung nach wie folgt:

1. Treppenhäuser, Haus- und Stockwerksflure, Durchgänge und Durchfahrten;
2. Wohnräume und Räume, die mit diesen in unmittelbarer, nicht feuerbeständig abschließbarer Verbindung stehen, sowie Gast- und Schankstuben;
3. gewerbliche Arbeitsräume, Verkaufsräume der Einzelhändler;
4. Vorratsräume gewerblicher Anlagen oder der Einzelhändler, die nicht dem regelmäßigen Verkehr dienen;
5. Räume, die ausschließlich zur Lagerung feuergefährlicher Flüssigkeiten dienen und nicht unter Räumen liegen, die dem dauernden Aufenthalt oder dem regelmäßigen Verkehr von Menschen dienen;
6. abgeschlossene Höfe von besonderer Beschaffenheit (siehe § 7 (2) e).

Die Lagerräume sollen zu ebener Erde gelegen sein, nur ausnahmsweise sind Keller zulässig. Von anstoßenden Räumen müssen die Lagerräume durch Wände und Decken in feuerbeständiger Bauweise getrennt sein. Sie dürfen keine unmittelbare Verbindung mit Treppenhäusern haben, also keine Türen, die zu solchen Treppenhäusern führen (auch wenn sie feuerhemmend sind).

Darüber, was als feuerhemmend zu gelten hat, sagt für Preußen der Erlaß des Ministers für Volkswohlfahrt vom 12. März 1925 unter anderem folgendes:

a) Wände, Decken, Stützen und Dachkonstruktion aus Holz, wenn sie mit 1,5 cm starkem, sachgemäß ausgeführtem Kalkmörtelputz auf Rohrung bekleidet sind. Auch Bekleidung mit Baitzputz oder anderen erprobten Baustoffen ist zulässig.

b) . . . . . .

c) Türen aus Hartholz oder aus 2,5 cm starken gespundeten Brettern mit allseitig aufgeschraubter oder aufgenieteter Bekleidung, von mindestens 0,5 mm starkem Eisenblech und mit unverbrennlicher Wandung und Schwelle, sofern die Türen selbsttätig, in wenigstens 1,5 cm tiefe Falze schließen.

Türen müssen nach außen aufschlagen, rauchdicht und feuerhemmend sein, von selbst schließen und außerhalb der Zeit der Benutzung verschlossen gehalten werden. Die Türen müssen in deutlicher und dauerhafter Aufschrift den Hinweis tragen, daß das Anzünden und die Verwendung von Feuer und brennendem Licht, sowie das Rauchen unzulässig sind.

Alle zur Lagerung von brennbaren Flüssigkeiten dienenden Räume müssen einen undurchlässigen, gegen Anbrennen gesicherten Fußboden haben und mit einer gleichfalls undurchlässigen, feuerbeständigen Umwehrung von solcher Höhe umgeben sein, daß der Raum innerhalb der Umwehrung die gelagerten brennbaren Flüssigkeiten im Falle ihres Ausfließens völlig aufnehmen kann. Auch andere Einrichtungen, die den gleichen Zweck erfüllen, sind zugelassen.

Die Räume dürfen keine Abflüsse nach außen (auf Straßen oder Höfe, in die Abwasserleitung usw.) haben und keine Abzugskanäle, die in heizbare Schornsteine führen, auch keine Schornsteinreinigungsklappen enthalten. Die Heizung darf nur durch Warmwasser oder auf andere nicht feuergefährliche Weise erfolgen.

In den Räumen dürfen Zündwaren (also Zündhölzer), ferner Feuerwerkskörper nicht vorhanden sein, ebenso keine selbstentzündlichen Stoffe, z. B. fettige Putzlappen, Phosphor, Kalium, Natrium.

Keller müssen ausreichende Beleuchtung haben und mit besonderen Lüftungsanlagen versehen sein.

IV.

Höchstmengen bei Lagerung nur einer Gefahrklasse

Nach dem Grade, wie bei einem Brande in den betreffenden Räumen Menschen gefährdet sind, sind die Mengen abgestuft, die gelagert werden dürfen. In Treppenhäusern, Fluren, Durchgängen und Durchfahrten ist die Aufbewahrung überhaupt unzulässig, weil dort auch ein kleiner Brand durch Verqualmung und Versperrung der Ausgänge große Gefahr bedeuten kann. In Wohnräumen dürfen kleine Mengen, in den zu 2, 3, 4 und 5 genannten Räumen größere Mengen aufbewahrt werden. Wie groß diese Mengen sind, richtet sich nach der Gefahrklasse. Die Stufungen sind sowohl nach den Räumen als auch nach den Gefahrklassen sehr groß, wie die folgende Übersicht zeigt:

Zulässige Mengen

Aufbewahrungsräume	Gruppe A Gefahrklasse I	Gruppe A Gefahrklasse II u. Gruppe B	Gruppe A Gefahrklasse III
1. Treppenhäuser, Haus- und Stockwerksflure, Durchgänge u. Durchfahrten	—	—	—
2. Wohnräume und Räume, die mit diesen in unmittelbarer, nicht feuerbeständig abschließbarer Verbindung stehen, sowie Gast- und Schankstuben	2 Liter	35 Liter	unbeschränkt
3. Gewerbliche Arbeitsräume, Verkaufsräume der Einzelhändler	30 Liter	100 Liter, in bruchsicheren Gefäßen 1000 Liter	unbeschränkt
4. Vorratsräume gewerblicher Anlagen oder der Einzelhändler, die nicht dem regelmäßigen Verkehr dienen	200 Liter	400 Liter, bei besonderen Einrichtungen 3000 Liter	unbeschränkt
5. Räume, die ausschließlich zur Lagerung feuergefährlicher Flüssigkeiten dienen und nicht unter Räumen liegen, die dem dauernden Aufenthalt oder dem regelmäßigen Verkehr von Menschen dienen	1000 Liter	—	—
6. Abgeschlossene Höfe von besonderer Beschaffenheit (s. § 7 (2) e)	1000 bzw. 10000 Liter	10000 Liter bei besonderen Einrichtungen 30000 Liter	unbeschränkt

Von Schwefelkohlenstoff darf nur ein Fünftel der jeweils für Gruppe A, Gefahrklasse I, zugelassenen Menge gelagert werden!

Dies ist nur eine ungefähre Übersicht unter Weglassung aller Einzelheiten und Besonderheiten. Deshalb ist es nötig, gegebenenfalls den Text der Verordnung heranzuziehen, und zwar:

wegen Gefahrklasse I § 7
Gefahrklasse II und Gruppe B § 8
Gefahrklasse III § 9

Alle diese Vorschriften gelten nur für solche Betriebe, in denen nur Flüssigkeiten jeweils einer Gefahrklasse aufbewahrt werden, also entweder nur Klasse I oder nur Klasse II oder nur Klasse III. Im Geschäftsbetrieb des Drogisten werden aber Flüssigkeiten aller drei Klassen aufbewahrt. Für diesen Fall der sogenannten „Zusammenlagerung" hat die Polizeiverordnung besondere Vorschriften getroffen.

V.

Höchstmengen bei Zusammenlagerung

Werden feuergefährliche Flüssigkeiten verschiedener Gefahrklassen gemeinsam gelagert, wie das im Drogenhandel stets der Fall ist, so gelten folgende Grundsätze:

Bei der Berechnung der für die Lagerung zulässigen Mengen ist auszugehen von der Menge der Klasse I, die für den betreffenden Raum als Höchstmenge zugelassen ist. Lagert man die volle zugelassene Höchstmenge der Klasse I, so dürfen Mineralöle der Klassen II und III nicht mehr gelagert werden. Aber für je 1 Liter, das man Mineralöl der Klasse I weniger als zulässig hat, darf man 2 Liter der Gefahrenklasse II oder 200 Liter der Gefahrenklasse III lagern.

VI.

Aufbewahrungsgefäße

Gefäße für brennbare Flüssigkeiten müssen dicht sein (sie dürfen nicht lecken), sie müssen auch dicht verschlossen sein (ausgenommen Tanks, bei denen für die entnommenen Mengen Außenluft nachströmen muß; hierfür sind besondere Sicherheitsvorrichtungen vorgeschrieben, soweit nicht statt der Luft Schutzgase oder Schutzflüssigkeiten einströmen).

Ortsfeste Gefäße müssen eine dauerhafte Bezeichnung tragen, die enthält: den Fassungsraum der Gefäße, die handelsübliche Bezeichnung des Inhalts und die Angabe der Gruppe und Gefahrklasse.

Gefäße für brennbare Flüssigkeiten der Gruppe A Klasse I müssen immer aus nichtbrennbarem Baustoff bestehen. Holzfässer (die für Flüssigkeiten der Klassen II und III zugelassen sind) dürfen für Klasse I nicht verwendet werden.

Zur Aufbewahrung von Mengen über 2 Liter müssen die Gefäße bruchsicher und unverbrennlich sein. Mengen bis zu 2 Liter dürfen auch in zerbrechlichen Gefäßen, z. B. Gasflaschen oder Tonkruken aufbewahrt werden.

Gefäße für brennbare Flüssigkeiten der Gruppe A Klasse I müssen die deutliche und dauerhafte Aufschrift „feuergefährlich" tragen. Dies gilt sowohl für Lagergefäße als auch für die Gefäße, in denen die Abgabe erfolgt. Die Flasche oder Kanne, die der Kunde bringt, muß also mit der Bezeichnung „feuergefährlich" versehen werden. Ausgenommen sind die Kraftstoffbehälter der Kraftwagen.

Für die Gefahrenklasse II sind besondere Gefäße nur bei der Aufbewahrung sehr großer Mengen vorgeschrieben, und zwar für mehr als 300 bis 900 Liter „bruchsichere" Gefäße, worunter weichgelötete Blechgefäße zu verstehen sind; für noch größere Mengen sind die im § 11c bezeichneten Zapfeinrichtungen erforderlich.

Für die Gefahrenklasse III sind besondere Gefäße nicht vorgeschrieben.

Leere gebrauchte Gefäße aus nicht brennbarem Baustoff (also die üblichen Eisenfässer) dürfen nur mit dicht verschlossenem Spundloch gelagert werden, sie enthalten, wenn Flüssigkeiten der Klassen I und II darin enthalten waren, gewöhnlich noch lange nach der Entleerung explosive Dämpfe.

VII.

Betriebsvorschriften

In allen Räumen, die zur Lagerung von Stoffen aller drei Klassen dienen, ist das Anzünden von Feuer und Licht, das Hantieren mit offenem Licht und das Rauchen verboten. Das Umfüllen von einem Gefäß in ein anderes darf nicht bei offenem Licht oder Feuer erfolgen. Ist künstliche Beleuchtung erforderlich, so muß sie Außenbeleuchtung oder schlagwettersichere elektrische Innenbeleuchtung sein. Die Verwendung elektrischer Taschenlampen ist zulässig.

Diese gesetzlichen Vorschriften wird jeder Drogist auf das genaueste beachten; jeder Verstoß kann großes Unheil anrichten. Die etwaige Bestrafung wegen Übertretung der hier besprochenen Verordnung ist das wenigste dabei. Eine Explosion kann dem Leichtfertigen oder anderen das Leben kosten oder kann zu Verstümmelungen oder Entstellungen führen. Brandschäden, die durch Nichtbeachtung der Vorschriften entstanden sind, werden von den Versicherungsgesellschaften gewöhnlich nicht ersetzt! Ein Brand aus solcher Ursache kann den Ruin eines Geschäftsinhabers herbeiführen! Deshalb empfiehlt es sich, über die gesetzlichen Vorschriften hinaus Vorsicht walten zu lassen.

Vor allem darf in den Geschäftsräumen des Drogisten niemals geraucht werden. Am besten führt das ganze Personal in der Geschäftszeit weder Zündhölzer noch Feuerzeuge bei sich. Das Anzünden von Gaskochern kann durch besondere Anzünder geschehen, die keine Flamme geben, also auch nicht als Leuchtmittel benutzt werden können.

Immer soll man daran denken, daß bei richtiger Behandlung alle die hier interessierenden Stoffe auch in größten Mengen gefahrlos sind, daß bei leichtfertiger Behandlung aber schon kleinste Mengen großes Unheil anrichten können. Schließlich sollte schon im eigenen Interesse jeder Drogist für den Fall eines Brandes über die gesetzlichen Vorschriften hinaus noch weitere Vorsichtsmaßnahmen treffen.

In hohem Grade wünschenswert ist das Vorhandensein eines Schaumfeuerlöschers. Gewöhnliche Feuerlöscher sind bei Mineralbränden wirkungslos, weil Benzin usw. auf Wasser schwimmt. Außerdem — und beim Fehlen eines Schaumfeuerlöschers auf jeden Fall — soll eine größere Kiste oder ein Fäßchen mit trokkenem Sand vorhanden sein. Sand saugt die brennende Flüssigkeit auf, verhindert also eine Ausbreitung des Brandes durch Auseinanderlaufen der Flüssigkeit. Bei reichlicher Verwendung erstickt er die Flammen. Den gleichen Dienst tun im Notfalle Schlämmkreide, Ocker oder andere Körperfarben, Gips, Zement. Auch nasse Säcke können zum Ersticken von Flammen verwendet werden.

b) Polizeiverordnung über die Verwendung von brennbaren Flüssigkeiten zu Koch-, Heiz- und Beleuchtungszwecken

Vom 6. November 1939

(RGBl. I S. 2173)

Nach dieser Verordnung müssen alle für den Betrieb mit brennbaren Flüssigkeiten bestimmten Koch- und Heizgeräte mit einem Schild versehen sein, aus dem hervorgeht, mit welcher Flüssigkeit das Gerät ausschließlich betrieben werden darf (§ 1).

Brennbare Flüssigkeiten und die damit und daraus hergestellten flüssigen Mischungen, die bei einem Barometerstande von 760 mm und bei einer Temperatur von weniger als 21° C entflammbare Dämpfe entwickeln und die sich mit Wasser nicht oder nur teilweise mischen lassen (z.B. Benzin, Benzol), dürfen zu Koch- und Heizzwecken nur in Apparaten benutzt werden, die hierfür besonders zugelassen sind. Voraussetzung ist, daß diese Flüssigkeiten kein Bleitetraäthyl enthalten (§ 2 Abs. 1).

Die Verwendung der im § 2 Abs. 1 bezeichneten brennbaren Flüssigkeiten für Beleuchtungszwecke in Wohnräumen und feuergefährdeten Räumen ist verboten. Die Verwendung von bleitetraäthylhaltigen Flüssigkeiten für Beleuchtungszwecke ist in allen Fällen verboten (§ 5).

c) Verordnung über das Kleben von Gummi, Leder und ähnlichen Werkstoffen in der Heimarbeit

Vom 2. Juli 1942

(RGBl. I S. 441)

§ 1. Klebstoffe, die als Lösemittel brennbare Flüssigkeiten der Gruppe A, Gefahrenklasse 1 (z. B. Petroleum, Benzin, Benzol, Toluol, Schwefelkohlenstoff) oder der Gruppe B (z. B. Methylalkohol, Äthylalkohol, Azeton) der im Reichsarbeitsblatt 1931, S. I 13, als Entwurf bekanntgegebenen Polizeiverordnung über den Verkehr mit brennbaren Flüssigkeiten enthalten, dürfen in der Heimarbeit zum Kleben von Gummi, Leder und ähnlichen Werkstoffen nicht benutzt werden. Die Ausgabe derartiger Klebstoffe an Heimarbeiter ist verboten. Das gleiche gilt für Klebstoffe, die als Lösemittel gechlorte Kohlenwasserstoffe (z. B. Trichloräthylen, Tetrachlorkohlenstoff) enthalten.

§ 2, § 3 ....

3. Der Verkehr mit Petroleum

Über das Verkaufen und Feilhalten von Petroleum ist auf Grund des alten Nahrungsmittelgesetzes von 1879 eine besondere „Verordnung über das gewerbsmäßige Verkaufen und Feilhalten von Petroleum" ergangen.

Petroleum nach Art dieses Gesetzes dürfte zu Brennzwecken heute kaum noch gehandelt werden. Es handelt sich dabei um Rohpetroleum und um solche Petroleumdestillate, die eigentlich nur den Namen „Schwerbenzin" verdienen. Diese werden wohl als Lösungsmittel (Terpentinölersatz) oder als Treibmittel für Motoren, aber kaum zu Brennzwecken verwendet.

Im übrigen finden auf den Verkehr mit Petroleum alle Bestimmungen der „Polizeiverordnung über den Verkehr mit brennbaren Flüssigkeiten" Anwendung.

Verordnung über das gewerbsmäßige Verkaufen und Feilhalten von Petroleum

Vom 24. Februar 1882 (RGBl. S. 40)

§ 1

Das gewerbsmäßige Verkaufen und Feilhalten von Petroleum, welches, unter einem Barometerstande von 760 Millimeter, schon bei einer Erwärmung auf weniger als 21 Grade des hundertteiligen Thermometers entflammbare Dämpfe entweichen läßt, ist nur in solchen Gefäßen gestattet, welche an die in Augen fallender Stelle auf rotem Grunde in deutlichen Buchstaben die nicht verwischbare Inschrift „Feuergefährlich" tragen.

Wird derartiges Petroleum gewerbsmäßig zur Abgabe in Mengen von weniger als 50 Kilogramm feilgehalten oder in solchen geringen Mengen verkauft, so muß die Inschrift in gleicher Weise noch die Worte: „Nur mit besonderen Vorsichtsmaßregeln zu Brennzwecken verwendbar" enthalten.

§ 2

Die Untersuchung des Petroleums auf seine Entflammbarkeit im Sinne des § 1 hat mittels des Abelschen Petroleumprobers . . . . . . zu erfolgen.

Abs. 2. . . . . . .

§ 3

Diese Verordnung findet auf das Verkaufen und Feilhalten von Petroleum in den Apotheken zu Heilzwecken nicht Anwendung.

§ 4

Als Petroleum im Sinne dieser Verordnung gelten das Rohpetroleum und dessen Destillationsprodukte.

§ 5

Diese Verordnung tritt mit dem 1. Januar 1883 in Kraft.

4. Der Verkehr mit Karbid

Der Vollständigkeit halber wird hier auszugsweise wiedergegeben, was über den Handel mit Kalziumkarbid in besonderen Polizeiverordnungen bestimmt ist, die sich darüber hinaus mit Anlagen zur Azetylenerzeugung befassen. Die Vorschriften sind überall im wesentlichen dieselben. Hier ist der preuß. Entwurf der Polizeiverordnung zur Grundlage genommen (MinBl. der Handels- und Gewerbe-Verwaltung 1923 Nr. 22, S. 387).

Polizeiverordnung über die Herstellung, Aufbewahrung und Verwendung von Azetylen sowie über die Lagerung von Kalziumkarbid

Anzeigepflicht für Azetylenanlagen und Kalziumkarbidlager

§ 1

I. Wer Azetylen herstellen oder Kalziumkarbid (im folgenden abgekürzt: „Karbid") lagern will, hat dies spätestens beim Betriebsbeginn der Polizeibehörde des Ortes anzuzeigen, an dem der Betrieb oder die Lagerung stattfinden soll. Wenn ein . . . . . .

§§ 2—11

. . . .

Lagerung von Karbid

a) im allgemeinen

§ 12

I. Karbild darf nur in trockenen, wasserdicht verschlossenen Gefäßen gelagert werden. Die Gefäße müssen gegen Zutritt von Feuchtigkeit geschützt sein; sie müssen die Aufschrift tragen: „Karbid! Vor Nässe zu schützen!"

II. Die Anwendung von Entlötungsgeräten oder von funkenreißenden Werkzeugen zum Öffnen der Gefäße ist verboten.

III. Im allgemeinen darf in jedem Lagerraum nur ein Karbidgefäß geöffnet sein. Zwei oder mehr geöffnete Gefäße sind zulässig, soweit ihr Karbidinhalt den voraussichtlichen Tagesbedarf nicht übersteigt. Geöffnete Gefäße sind mit wasserdicht schließenden oder übergreifenden wassserundurchlässigen Deckeln verdeckt zu halten.

b) . . . .

c) in Verkaufsräumen

§ 14

Mengen bis zu 100 kg Karbild dürfen unter Beachtung der Vorschriften des § 12 ohne weitergehende Beschränkungen gelagert werden. Die Lagermenge kann ausnahmsweise bis auf 200 kg erhöht werden, wenn der über 100 kg hinausgehende Vorrat in luft- und wasserdicht verschlossenen Gefäßen aufbewahrt wird und diese Gefäße nur verschlossen abgegeben werden

§§ 15—27

. . . .

Strafbestimmungen

§ 28

Zuwiderhandlungen gegen die Vorschriften dieser Polizeiverordnung werden, sofern nicht andere Strafvorschriften Platz greifen, mit einer Geldstrafe bis zu 60 RM bestraft, an deren Stelle im Unvermögensfalle entsprechende Haft tritt.

5. Gesetz über gesundheitsschädliche oder feuergefährliche Arbeitsstoffe

Vom 25. März 1939 (RGBl. I, S. 581)

Nach diesem Gesetz kann vorgeschrieben werden, daß Arbeitsstoffe, die gesundheitsschädliche oder feuergefährliche Bestandteile enthalten, nicht oder nur unter bestimmten Bedingungen in den Verkehr gebracht, zum Verbrauch abgegeben oder verwendet werden dürfen. Auf Grund dieses Gesetzes wurde z. B. auch die folgende Verordnung über die Verwendung von Benzol erlassen.

Verordnung über die Verwendung von Benzol

V. d. Hessischen Staatsmin. vom 6. Mai 1949 (GVBl. Hess. 1949, Nr. 11/13, S. 39)

§ 1

Geltungsbereich

(1) Diese Verordnung findet unbeschadet der Bestimmungen in § 3 Abs. 1 und 2 und § 6 Abs. 4 und 5 auf alle Betriebe Anwendung, in denen Benzol oder benzolhaltige Stoffe — zum Beispiel Lösemittel, Klebstoffe, Farben, Lacke usw. — mit mehr als 8% Benzolgehalt (Volumenprozent) verarbeitet oder zu sonstigen technischen Zwecken verwendet werden.

(2) Sie findet keine Anwendung für die Abgabe und Verwendung von Benzol als Treibstoff.

(3) Für die Lagerung gelten die Bestimmungen der Verordnung über den Verkehr mit brennbaren Flüssigkeiten ....

§ 2

Anzeigepflicht

Wer benzolhaltige Stoffe herstellen oder Benzol oder benzolhaltige Stoffe verwenden will, muß dies dem Gewerbeaufsichtsamt und der Berufsgenossenschaft möglichst zwei Wochen vor Beginn der Arbeit mitteilen. Aus der Anzeige müssen der Verwendungszweck, der voraussichtliche Monatsbedarf, die Betriebsabteilung und die Zahl der zu beschäftigenden Arbeiter ersichtlich sein. Das Gewerbeaufsichtsamt und die Berufsgenossenschaft können Ergänzungen der Anzeige fordern.

§ 3

Kennzeichnungszwang

(1) Behälter von mehr als 250 ccm Inhalt, in denen Benzol oder benzolhaltige Stoffe mit mehr als 8% Benzolgehalt (Volumenprozent) vom Hersteller oder Lieferer abgegeben oder vom Verbraucher aufbewahrt werden, müssen in dauerhafter Weise deutlich sichtbar wie folgt gekennzeichnet sein:

Benzolhaltig! Anzeigepflicht und Benzolverordnung beachten

(2) Hersteller, Lieferer und Verbraucher benzolhaltiger Stoffe sind verpflichtet, auf Verlangen dem Gewerbeaufsichtsamt und der Berufsgenossenschaft Auskunft über die Höhe des Benzolgehalts zu geben, auch wenn der Benzolgehalt weniger als 8% beträgt.

§ 4

Persönlicher Anwendungsbereich

Für Arbeiter, die nach der Art ihrer Tätigkeit im Betriebe der Gefahr einer Schädigung ihrer Gesundheit durch die Einwirkung von Benzol oder benzolhaltigen Stoffen ausgesetzt sind, insbesondere in Räumen beschäftigt sind, in denen mit Benzol oder benzolhaltigen Stoffen gearbeitet wird, gelten die Bestimmungen der §§ 5—8.

§ 5

Beschäftigungsverbote

....

§ 6

Ärztliche Untersuchung

....

§ 7

Überwachung

....

§ 8

Arbeitszeit

....

§ 9

Arbeitsräume und sonstige Betriebseinrichtungen

....

§ 10

Betriebsvorschriften

....

§ 11

Aushang (Benzol-Merkblatt)

....

§ 12

Inkrafttreten

....

Das in der Anlage beigefügte Benzol-Merkblatt handelt über: I. Schädigt Benzol die Gesundheit? II. Wie kann der Betrieb Benzolvergiftungen verhüten? III. Wie kann sich der Arbeiter vor Benzolvergiftung schützen?

Gleiche Verordnung in Württemberg-Baden: V. Nr. 1037 d. Landesregierung über die Verwendung von Benzol vom 14. März 1949 (RegBl. Württ/Bad. 1949. Nr. 8, S. 60).

V. Der Verkehr mit chemisch-technischen Erzeugnissen besonderer Art

1. Verordnung über Kühlwasserzusatzmittel

Allgemeine Anordnung der Reichsstelle „Chemie“ und der Reichsstelle für industrielle Fettversorgung über Kühlwasserzusatzmittel

Vom 16. Oktober 1940 (Deutscher Staatsanzeiger Nr. 243)
mit Änderungen vom 11. Oktober 1941 (Deutscher Reichsanzeiger Nr. 238)

Auf Grund der Verordnung über den Warenverkehr in der Fassung vom 18. August 1939 (RGBl. I S. 1430) in Verbindung mit der Bekanntmachung über die Reichsstellen zur Überwachung und Regelung des Warenverkehrs vom 18. August 1939 (Deutscher Reichsanzeiger und Preuß. Staatsanzeiger Nr. 192 vom 21. August 1939) wird mit Zustimmung des Reichswirtschaftsministers angeordnet:

§ 1

Kühlwasserzusatzmittel im Sinne dieser Anordnung sind alle sich im Kühlwasser von Motoren aller Art, ausgenommen Motoren in Luftfahrzeugen, verteilenden Zusatzmittel, durch die der Gefrierpunkt des Kühlwassers herabgesetzt und durch die der Ansatz von Niederschlägen oder Korrosion an den Kühlflächen und -leitungen verhindert werden soll, soweit diese Zusatzmittel zu längerem Verbleib innerhalb des Kühlers bestimmt sind.

§ 2

(1) Kühlwasserzusatzmittel dürfen nur hergestellt und in den Verkehr gebracht werden, wenn sie von der Reichsstelle „Chemie“ zugelassen sind. Die Zulassung kann unter Bedingungen oder Auflagen erteilt und jederzeit widerrufen werden.

(2) Die zugelassenen Kühlwasserzusatzmittel werden durch Veröffentlichung im Deutschen Reichsanzeiger und Preußischen Staatsanzeiger bekanntgegeben.

§ 3

(1) Die Zulassung wird von dem Hersteller des Zusatzmittels bei der Reichsstelle „Chemie“ beantragt. Dem Antrag sind eine Gebrauchsanweisung für das Zusatzmittel und ein Gutachten der Versuchsanstalt für Kraftfahrzeuge an der Technischen Hochschule in Berlin-Charlottenburg 2, Gartenufer, beizufügen, durch das die Eignung des betreffenden Mittels für die angegebene Zweckbestimmung bescheinigt wird.

(2) Der Antrag muß folgende Angaben enthalten:

a) Namen des Zusatzmittels,
b) Hersteller und dessen Anschrift,

c) qualitative und quantitative Zusammensetzung des Zusatzmittels. Für alle Bestandteile des Zusatzmittels ist hierbei neben etwaigen geschützten und Phantasienamen eine eindeutige chemische Bezeichnung anzugeben,
d) Zweckbestimmung des Zusatzmittels (Frostschutz-, Korrosionsschutz- oder Kesselsteinverhütungsmittel).

(3) Die Erstattung des Gutachtens wird von dem Hersteller bei der Versuchsanstalt für Kraftfahrzeuge an der Technischen Hochschule in Berlin-Charlottenburg beantragt. Dem Antrag sind die Gebrauchsanweisung und die Angaben gemäß Abs. 2 beizufügen sowie eine Probemenge von 25 kg des unverdünnten Zusatzmittels. Die Kosten der Prüfung trägt der Hersteller des Zusatzmittels.

§§ 4—8

. . . .

Polizeiverordnung über Kühlwasserzusatzmittel

Vom 11. Dezember 1941 (RGBl. I S. 764)

Auf Grund der Verordnung über die Polizeiverordnungen der Reichsminister vom 14. November 1938 (RGBl. I S. 1582) wird im Einvernehmen mit dem Reichsminister des Innern und dem Reichsarbeitsminister verordnet:

§ 1

(1) Methanolhaltige Frostschutzmittel dürfen an Kraftwagenhalter nur unter gleichzeitiger Abgabe je einer Gebrauchsanweisung für jedes mit einem derartigen Frostschutzmittel auszustattende Kraftfahrzeug abgegeben werden. Bei der Aushändigung ist darauf hinzuweisen, daß ohne deren Beachtung schwere gesundheitliche und betriebliche Schäden eintreten können.

(2) Die Gebrauchsanweisung für methanolhaltige Frostschutzmittel muß die durch die Allgemeine Anordnung über Kühlwasserzusatzmittel vom 16. Oktober 1940 (Deutscher Reichsanz. u. Preuß. Staatsanz. Nr. 243) geforderten Angaben enthalten und dem vom Reichswirtschaftsminister im Einvernehmen mit dem Reichsarbeitsminister vorgeschriebenen Muster entsprechen, das im Ministerialblatt des Reichswirtschaftsministeriums abgedruckt ist.

(3) Der Reichswirtschaftsminister kann im Einvernehmen mit dem Reichsarbeitsminister das Muster der Gebrauchsanweisung für methanolhaltige Frostschutzmittel ändern und ergänzen.

§ 2

Wer methanolhaltige Frostschutzmittel herstellt, hat seinen Abnehmern die erforderliche Anzahl der nach § 1 abzugebenden Gebrauchsanweisungen zur Verfügung zu stellen.

§ 3

(1) Jeder Behälter methanolhaltiger Frostschutzmittel muß außer den durch die Allgemeine Anordnung über Kühlwasserszuatzmittel vom 16. Oktober 1940 (Deutscher Reichsanz. u. Preuß. Staatsanz. Nr. 243) vorgeschriebenen Angaben Hinweise enthalten auf:

a) den Methanolgehalt des Frostschutzmittels,
b) die Giftigkeit und Brennbarkeit des Methanols,

c) die Notwendigkeit der gründlichen Reinigung mit dem Frostschutzmittel benetzter Hautstellen,
d) das Verbot einer Umfüllung des Frostschutzmittels aus den Originalbehältern in Flaschen oder Krüge usw., deren Form oder Bezeichnung die Gefahr einer Verwechselung des Inhalts mit Lebensmitteln herbeizuführen geeignet ist.

(2) Wird im Zwischen- oder Einzelhandel das Frostschutzmittel in andere Behälter umgefüllt, so sind diese ebenfalls mit der vorstehenden Beschriftung zu versehen.

§ 4

(1) Wer vorsätzlich oder fahrlässig dieser Polizeiverordnung zuwiderhandelt, wird mit Geldstrafe bis zu 150 Reichsmark oder mit Haft bis zu sechs Wochen bestraft.

(2) Die Androhung einer schwereren Strafe in einer sonstigen Vorschrift des Reichsrechts bleibt unberührt.

§ 5

. . . .

2. Verordnung über die Verwendung von Methanol in Lacken und Anstrichmitteln

Vom 6. August 1942 (RGBl. I S. 498)

Methanol (Methylalkohol) gehört zu den Lösemitteln, die bei Außerachtlassen der erforderlichen Vorsicht auch ohne feststellbare akute Giftwirkung ernste Gesundheitsschäden verursachen können; seine Verwendung in Lacken und Anstrichmitteln muß deshalb an besondere Voraussetzungen gebunden werden, die eine Aufnahme schädlicher Mengen durch die Atmung oder durch die Haut ausschließen.

Deshalb wird auf Grund des § 1 des Gesetzes über gesundheitsschädliche oder feuergefährliche Arbeitsstoffe vom 25. März 1939 (RGBl. I S. 581), des § 120e der Reichsgewerbeordnung und im Einvernehmen mit dem Reichswirtschaftsminister verordnet:

§ 1

(1) Spritzfertige Lacke und Anstrichmittel dürfen an Methanol nicht mehr als 15 vom Hundert, tauch- und streichfertige Lacke und Anstrichmittel nicht mehr als 20 vom Hundert und Verdünner und Lösemittel nicht mehr als 25 vom Hundert ihres Rauminhalts, berechnet auf die gesamten Bestandteile, enthalten.

(2) Tauch- und streichfertige Lacke und Anstrichmittel, die mehr als 15 vom Hundert Methanol enthalten, müssen auf den Behältern, in denen sie vom Hersteller oder Lieferer abgegeben oder vom Verbraucher aufbewahrt werden, in dauerhafter Weise und deutlich sichtbar wie folgt gekennzeichnet werden:

Ungeeignet zum Spritzen!
(Methanolhaltig)

Die Aufschrift ist in roter Farbe anzubringen. Die Schrifthöhe muß der Größe der Behälter angepaßt sein. Sie muß bei Behältern mit mehr als zwei Litern Inhalt mindestens 7 mm und bei Behältern mit höchstens 2 Litern Inhalt mindestens

5 mm betragen. Die Höhe der kleinen Buchstaben muß zwei Drittel der Höhe der großen Buchstaben betragen. Bei Lackbehältern mit einem Inhalt von höchstens einem halben Liter kann von der Kennzeichnung abgesehen werden.

§ 2

Die Hersteller und Lieferer von spritz-, tauch- und streichfertigen Lacken und Anstrichmitteln, von Verdünnern und von Lösemitteln müssen auf Verlangen dem Gewerbeaufsichtsamt und der Berufsgenossenschaft Auskunft über die Höhe des Methanolgehalts geben; das gleiche gilt für Verbraucher, die Lacke und Anstrichmittel selbst herstellen.

§ 3

Die Einrichtung und der Betrieb der Lackierereien müssen den Unfallverhütungsvorschriften der deutschen gewerblichen Berufsgenossenschaften über Anstricharbeiten unter Verwendung des Spritz- und Tauchverfahrens entsprechen.

§ 4

. . . .

Verordnung über Denaturierung von Methylalkohol (Methanol) (Methanolverordnung)

VO. d. Dtsch. Zentralverwaltung für das Gesundheitswesen in der sowj. Besatzungszone vom 11. Dez. 1946 (DDG. S. 112)

Zum Schutze der menschlichen Gesundheit sind die Hersteller von Methylalkohol (Methanol, auch Brennmethanol genannt) verpflichtet, diesem vor Abgabe an andere Personen oder Unternehmen durch einen Zusatz von zwei Prozent gereinigten 90-prozentigen Handelsbenzols der Rütgers-Werke AG. Berlin sowie von 0,0005 g (=0,5 mg) Methylviolett NFBW in 100 cccm zu denaturieren bzw. zu färben, um ihn für den Genuß unbrauchbar und als solchen kenntlich zu machen.

(Strafbestimmungen).

VI. Der Verkehr mit Lebensmitteln, Bedarfsgegenständen uud Futtermitteln

Zu diesem Abschnitt gehören die Abhandlungen über den Verkehr mit Lebensmitteln, die Ausführungsbestimmungen zum Lebensmittelgesetz (z. B. die Verordnungen über den Verkehr mit Essigsäure, über die Verwendung salpetrigsaurer Salze im Lebensmittelverkehr, über Tafelwässer, Honig, Kunsthonig, Obsterzeugnisse, Speiseeis, über die Verwendung von Mineralölen im Lebensmittelverkehr, über Fleischbrühwürfel, über die Verwendung von Zelluloseäthern, über Ersatzgewürze, vitaminisierte Lebensmittel und über Tee und teeähnliche Erzeugnisse), über Konservierungsmittel, über den Verkehr mit Wein, Branntwein, Süßstoff, Futtermitteln, Sämereien, Ölen und Fetten, vergälltem Salz und über die Anmeldepflicht von Ersatzmitteln und neuen Erzeugnissen.

In gewissem Sinne würde hierher weiter gehören das Farbengesetz, das Gesetz mit blei- und zinkhaltigen Gegenständen und die Verordnungen über den Verkehr mit Trikresylphospat (s. Abschnitt III), die Verordnung über den Verkehr mit Petroleum (s. Abschn. IV) und die Werbung für Trinkbranntweinerzeugnisse (s. Abschnitt VII)

1. Der Verkehr mit Lebensmitteln

Das Lebensmittelgesetz hat für den Drogisten eine weit größere Bedeutung als es auf den ersten Blick scheint, denn das Gesetz erfaßt mit seiner weitgehenden Legaldefinition (d. h. gesetzlichen Begriffserklärung) des Begriffes „Lebensmittel" eine große Zahl von Waren, die jeder Drogist führt; z. B. die diätetischen Nährmittel, die Fruchtsäfte (Himbeer-, Kirsch-, Zitronensaft), Speiseöl, Essig, Gelatine, Gewürze, Speisefarben (Alkermessaft, Saftrot), Bonbons (soweit sie nicht ausgesprochene Arzneimittel sind), Honig, Tee (sowohl chinesischer als auch deutscher Tee, der nicht einer arzneilichen Wirkung wegen, sondern als Genußmittel an Stelle des chinesischen Tees Verwendung findet), Backpulver, Puddingpulver, Kindermehle, kondensierte Milch, Limonadenbonbons und anderes mehr. Dazu kommt die große Gruppe der im § 2 des Lebensmittelgesetzes aufgezählten „Gebrauchsgegenstände", zu denen unter anderem die kosmetischen Mittel, Tapeten, Petroleum und Farben gehören. Der Drogist muß also mit den Bestimmungen des Lebensmittelgesetzes vertraut sein, auch wenn er ein reines Medizinaldrogengeschäft betreibt.

Weiter ist für den Drogisten auch die Lebensmittel-Kennzeichnungsverordnung von Bedeutung.

a) Gesetz über den Verkehr mit Lebensmitteln und Bedarfsgegenständen (Lebensmittelgesetz)

Vom 17. Januar 1936 (RGBl. I S. 17)
mit Änderungen der V. vom 14. August 1943 (RGBl. I S. 488)

§ 1

(1) Lebensmittel im Sinne dieses Gesetzes sind alle Stoffe, die dazu bestimmt sind, in unverändertem oder zubereitetem oder verarbeitetem Zustand von Menschen gegessen oder getrunken zu werden, soweit sie nicht überwiegend zur Beseitigung, Linderung oder Verhütung von Krankheiten bestimmt sind.

(2) Den Lebensmitteln stehen gleich: Tabak, tabakhaltige und tabakähnliche Erzeugnisse, die zum Rauchen, Kauen oder Schnupfen bestimmt sind.

§ 2

Bedarfsgegenstände im Sinne dieses Gesetzes sind:

1. Eß-, Trink-, Kochgeschirr und andere Gegenstände, die dazu bestimmt sind, bei der Gewinnung, Herstellung, Zubereitung, Abmessung, Auswägung, Verpackung, Aufbewahrung, Beförderung oder dem Genusse von Lebensmitteln verwendet zu werden und dabei mit diesen in unmittelbare Berührung zu kommen;
2. Mittel zur Reinigung, Pflege, Färbung oder Verschönerung der Haut, des Haares, der Nägel oder der Mundhöhle;
3. Bekleidungsgegenstände, Spielwaren, Tapeten, Masken, Kerzen, künstliche Pflanzen und Pflanzenteile;
4. Petroleum;
5. Farben, soweit sie nicht zu den Lebensmitteln gehören;
6. andere Gegenstände, welche der Reichsminister des Innern bezeichnet.

§ 3

Es ist verboten,

1. a) Lebensmittel für andere derart zu gewinnen, herzustellen, zuzubereiten, zu verpacken, aufzubewahren oder zu befördern, daß ihr Genuß die menschliche Gesundheit zu schädigen geeignet ist;
   b) Gegenstände, deren Genuß die menschliche Gesundheit zu schädigen geeignet ist, als Lebensmittel anzubieten, zum Verkaufe vorrätig zu halten, feilzuhalten, zu verkaufen oder sonst in den Verkehr zu bringen;
2. a) Bedarfsgegenstände der im § 2 Nrn. 1 bis 4, 6 bezeichneten Art so herzustellen oder zu verpacken, daß sie bei bestimmungsgemäßem oder vorauszusehendem Gebrauche die menschliche Gesundheit durch ihre Bestandteile oder Verunreinigungen zu schädigen geeignet sind;

b) so hergestellte oder verpackte Bedarfsgegenstände dieser Art anzubieten, zum Verkaufe vorrätig zu halten, feilzuhalten, zu verkaufen oder sonst in den Verkehr zu bringen.

§ 4

Es ist verboten,

1. zum Zwecke der Täuschung im Handel und Verkehr Lebensmittel nachzumachen oder zu verfälschen;
2. verdorbene, nachgemachte oder verfälschte Lebensmittel ohne ausreichende Kenntlichmachung anzubieten, feilzuhalten, zu verkaufen oder sonst in den Verkehr zu bringen; auch bei Kenntlichmachung gilt das Verbot, soweit sich dies aus den auf Grund des § 5 Nr. 5 getroffenen Festsetzungen ergibt;
3. Lebensmittel unter irreführender Bezeichnung, Angabe oder Aufmachung anzubieten, zum Verkaufe vorrätig zu halten, feilzuhalten, zu verkaufen oder sonst in den Verkehr zu bringen. Dies gilt auch, wenn die irreführende Bezeichnung, Angabe oder Aufmachung sich bezieht auf die Herkunft der Lebensmittel, die Zeit ihrer Herstellung, ihre Menge, ihr Gewicht oder auf sonstige Umstände, die für die Bewertung mitbestimmend sind.

§ 5

Der Reichsminister des Innern kann gemeinsam mit dem Reichsminister für Ernährung und Landwirtschaft

1. zum Schutze der Gesundheit für den Verkehr mit Lebensmitteln und Bedarfsgegenständen Verordnungen zur Durchführung der Verbote des § 3 erlassen;
2. die Herstellung und den Vertrieb bestimmter Lebensmittel von einer Genehmigung abhängig machen;
3. verbieten, daß Gegenstände oder Stoffe, die bei der Gewinnung, Herstellung oder Zubereitung von Lebensmitteln nicht verwendet werden dürfen, für diese Zwecke hergestellt, angeboten, feilgehalten, verkauft oder sonst in den Verkehr gebracht werden, auch wenn die Verwendung nur für den eigenen Bedarf des Abnehmers erfolgen soll;
4. für bestimmte Lebensmittel vorschreiben,
   a) daß sie nur in Packungen oder Behältnissen von bestimmter Art oder nur in bestimmten Einheiten abgegeben werden dürfen,
   b) daß an den Vorratsgefäßen oder sonstigen Behältnissen, in denen sie feilgehalten oder zum Verkauf vorrätig gehalten werden, der Inhalt angegeben wird,
   c) daß auf den Packungen oder Behältnissen, in denen sie abgegeben werden, oder auf den Lebensmitteln selbst Angaben über die Herkunft, die Zeit der Herstellung, den Hersteller oder Händler und über den Inhalt anzubringen sind;
5. Begriffsbestimmungen für die einzelnen Lebensmittel aufzustellen, Vorschriften über ihre Herstellung, Zubereitung, Zusammensetzung und Bezeichnung erlassen· sowie festsetzen, unter welchen Voraussetzungen Lebensmittel als verdorben, nachgemacht oder verfälscht unter die Verbote des § 4 fallen, sowie welche Bezeichnungen, Angaben oder Aufmachungen als irreführend diesen Verboten unterliegen;
6. Vorschriften erlassen gegen die Einfuhr von Lebensmitteln, die den Vorschriften dieses Gesetzes oder den auf Grund dieses Gesetzes erlassenen Vorschriften nicht entsprechen;
7. Vorschriften über das Verfahren bei der Durchführung dieses Gesetzes erforderlichen Untersuchung von Lebensmitteln und Bedarfsgegenständen erlassen.

§§ 6—22

. . . . . .

Erläuterungen

Das Lebensmittelgesetz umfaßt u. a. folgende Gruppen von Bestimmungen:

1. Erläuterung der Begriffe „Lebensmittel" und „Bedarfsgegenstände" (§§ 1 und 2),
2. Verbotsbestimmungen (§§ 3 und 4),
3. Überwachungsbestimmungen (§§ 6 bis 10),
4. Strafbestimmungen (§§ 11 bis 19).

Begriffsbestimmungen

Folgerichtig sagt das Gesetz zunächst, auf welche Dinge es überhaupt Anwendung finden soll, nämlich auf 1. Lebensmittel (§ 1) und 2. Bedarfsgegenstände (§ 2).

1. Zunächst verlangt § 1 von einem Stoff, der Lebensmittel sein soll, daß er dazu bestimmt sei, gegessen oder getrunken zu werden. Daß er sich dazu eignet, reicht nicht aus. Es kommt auf die vom menschlichen Willen abhängige Zweckbestimmung an. Schmalz, das zur Herstellung von Zinksalbe dienen soll, ist nicht dazu bestimmt, gegessen oder getrunken zu werden, es unterliegt also auch nicht dem Lebensmittelgesetz, sondern den Vorschriften über den Verkehr mit Arzneimitteln. Zucker zur Herstellung von Zuckersyrup ist dazu bestimmt, gegessen oder getrunken zu werden, unterliegt also dem Lebensmittelgesetz. Derselbe Zucker unterliegt diesem Gesetz nicht, wenn er etwa als Zusatz zu einem Schwabenpulver bestimmt ist.

Ist der Stoff dazu bestimmt, gegessen oder getrunken zu werden, so ist es gleichgültig, ob der Stoff unverändert oder nach Zubereitung oder Verarbeitung gegessen oder getrunken wird. Deshalb fallen alle Rohstoffe zur Herstellung von Lebensmitteln unter das Gesetz, auch wenn sie unverarbeitet gar nicht genießbar sind, wie z. B. Backpulver, Eigelbfarbe, Butterfarbe, Saftrot, überhaupt alle Farben, die bei der Herstellung von Lebensmitteln mitverwendet werden. Durch die Zweckbestimmung, bei der Herstellung von Lebensmitteln verwendet zu werden, fallen auch Chemikalien unter das Gesetz, die überwiegend technische Verwendung finden, z. B.: Phosphorsäure zur Herstellung von Limonade, Pottasche zum Kuchenbacken. Dieselbe Ware, zu anderen Zwecken bestimmt, fällt aber nicht unter das Lebensmittelgesetz.

Hiernach ist festzuhalten, daß jeder Stoff, der nach irgendeiner Verarbeitung gegessen oder getrunken werden soll, Lebensmittel im Sinne des Gesetzes ist. Eine Einschränkung aber macht das Gesetz. Auszuscheiden sind die Stoffe, die überwiegend zur Beseitigung, Linderung oder Verhütung von Krankheiten bestimmt sind. Abführmittel, Hustenmittel und andere Arzneimittel sind also, obwohl sie gegessen oder getrunken werden, keine Lebensmittel. Erforderlich ist aber, daß ein solches Mittel überwiegend solchen arzneilichen Zwecken dienen muß. Pflaumenmus, im einzelnen Fall als Abführmittel gebraucht, bleibt dennoch Lebensmittel. Diese Stoffe dienen eben nicht überwiegend, sondern nur gelegentlich zur Heilung oder Linderung einer Krankheit. Die diätetischen Nährmittel gehören auch zu den Lebensmitteln.

2. § 2 zählt auf, was Bedarfsgegenstände im Sinne des Lebensmittelgesetzes sind, und nennt dabei unter anderem:

1. kosmetische Mittel (Mittel zur Reinigung, Pflege, Färbung oder Verschönerung der Haut, des Haares, der Nägel oder der Mundhöhle);
2. Tapeten, Kerzen;
3. Petroleum;
4. Farben, soweit sie nicht zu den Lebensmitteln gehören.

Der Kreis der kosmetischen Mittel ist im großen und ganzen derselbe, wie er durch die Verordnung betreffend den Verkehr mit Arzneimitteln vom 22. Oktober 1901 abgegrenzt ist. Die Begriffsbestimmung ist noch erweitert um die Mittel zur „Verschönerung". Eine wesentliche Änderung ist damit nicht bewirkt, da die meisten Verschönerungsmittel schon unter den Begriff der Mittel zur Reinigung, Pflege oder Färbung fallen. Immerhin wird es einzelne Mittel geben, auf die der Begriff „Mittel zur Verschönerung" besser paßt; z. B. Nagellack, Nagelbleichwässer.

Von den Farben sind einige schon unter den Begriff „Lebensmittel" zurechnen, wie oben dargelegt. Alle übrigen werden von der hier erörterten Gesetzesbestimmung als Bedarfsgegenstände erfaßt. Unter „Farben" wird man dabei alle Stoffe verstehen müssen, die dazu bestimmt sind, zu färben und denen Färbekraft innewohnt, und zwar sowohl im rohen wie im verarbeiteten Zustand. Nicht hinzuzurechnen sind dagegen bloße Hilfsstoffe, die bei der Verarbeitung von Farben verwendet werden, um sie in gebrauchsfertigen Zustand zu bringen. Ocker z. B. ist eine Farbe im Sinne des Gesetzes; auch Ocker mit Firnis oder Lack streichfertig angerührt. Der Firnis, der Lack, das Sikkativ, das Terpentinöl, die dem Ocker zugesetzt wurden, um die streichfertige Farbe zu erlangen, sind nicht Farben im Sinne des Gesetzes.

Verbote

Damit ist der Kreis der Dinge, auf die das Lebensmittelgesetz Einfluß gewinnen will, umrissen. Das Gesetz nennt diese Dinge Lebensmittel und Bedarfsgegenstände. Jede dieser beiden Gruppen wird nun von zwei verschiedenartigen Verkehrsverboten betroffen, die das Gesetz unterscheidet als gesundheitliche Verbote und wirtschaftliche Verbote. Jede dieser beiden Verbotsarten ist in einem besonderen Paragraphen erst für die Lebensmittel und anschließend für die Bedarfsgegenstände festgelegt: die gesundheitlichen Verbote im § 3, die wirtschaftlichen Verbote im § 4.

Die gesundheitlichen Verbote sind die wichtigsten, sie sollen das Leben und die Gesundheit der Menschen schützen; die wirtschaftlichen Verbote stellen die Übervorteilung des Käufers unter Strafe.

a) Gesundheitliche Verbote

Lebensmittel für andere dürfen nicht derart gewonnen, hergestellt, zubereitet, verpackt, aufbewahrt oder befördert werden, daß ihr Genuß die menschliche Gesundheit zu schädigen geeignet ist. Diese Vorschrift geht außerordentlich weit. Sie droht Strafe nicht erst für den Fall an, daß durch ein Lebensmittel eine Gesundheitsschädigung bei einem anderen eingetreten ist, sondern schon für den Fall, daß durch die Art der Gewinnung usw. die Möglichkeit zur Gesundheitsschädigung gegeben erscheint — freilich nur dann, wenn die Lebensmittel „für andere" bestimmt sind. Die Hausfrau, die für sich und ihre Angehörigen ein Lebensmittel durch Unkenntnis oder Unachtsamkeit in gesunheitswidriger Weise zubereitet, kann nicht bestraft werden, wohl aber jeder, der ein Lebensmittel „für andere" derart gewinnt, herstellt, zubereitet usw. Ein Beispiel soll dies erläutern:

> Fruchtsäfte werden zweckmäßig in Kupferkesseln eingekocht. Die Kessel müssen aber vor dem Befüllen mit dem Fruchtsaft vollständig blank, also frei von jeder Oxydschicht, sein. Sofort nach Beendigung des Kochens müssen die Säfte in andere Behälter ausgefüllt werden. Wird auch nur eins von beiden versäumt, also entweder die Oxydschicht nicht sorgfältig beseitigt oder der Fruchtsaft bis zum Erkalten im Kessel belassen, so nimmt er Kupfer auf und

wird dadurch „geeignet, die Gesundheit zu schädigen". Die Hausfrau, der dieses Mißgeschick bei der Herstellung von Fruchtsaft für ihren Haushalt passiert, kann aus dem Lebensmittelgesetz nicht bestraft werden, wohl aber der Drogist, der den Fruchtsaft für andere bereitet.

Die Strafbarkeit für ihn wird begründet schon durch die bloße Tatsache, daß er den Fruchstsaft so hergestellt hat und ihn an andere verkaufen will. Daß erst einer seiner Abnehmer an Erscheinungen der Kupfervergiftung nach Genuß des Saftes erkrankt sei, ist für die Bestrafung aus dem Lebensmittelgesetz nicht erforderlich. Bei eingetretener Gesundheitsschädigung würde der Drogist außer der Bestrafung aus dem Lebensmittelgesetz noch eine Bestrafung wegen fahrlässiger Körperverletzung zu erwarten haben.

Wie aus § 3 unter 1 b sich ergibt, ist nicht nur die Herstellung solcher schädlicher Lebensmittel verboten, sondern auch das Anbieten, Feilhalten, Verkaufen oder Verschenken.

Ein ganz ähnliches Verbot ist ausgesprochen über die Bedarfsgegenstände des § 2 mit Ausnahme der Farben. Sie dürfen nicht so hergestellt oder verpackt werden, daß sie bei bestimmungsgemäßem oder vorauszusehendem Gebrauch die menschliche Gesundheit durch ihre Bestandteile oder Verunreinigungen zu schädigen geeignet sind. Es ist auch verboten, so beschaffene Bedarfsgegenstände anzubieten, feilzuhalten oder zu verkaufen.

Diese Bestimmung ist insbesondere wichtig bei manchen kosmetischen Mitteln, weil nicht nur der bestimmungsgemäße, sondern auch der vorauszusehende Gebrauch mit erfaßt ist. Bei der Herstellung, Verpackung und Abgabe von solchen kosmetischen Mitteln, die nicht unter allen Umständen harmlos sind, wird deshalb große Vorsicht walten müssen. Die Gesetzesbestimmung ist außerordentlich weit gefaßt und kann nur bei loyaler Auslegung überhaupt innegehalten werden, wie sich an einigen Beispielen leicht zeigen läßt:

> Haarfarbe, Haarentfernungsmittel, Hühneraugenmittel und Warzenmittel erfüllen bei richtiger Anwendung ihren Zweck, ohne irgendwie zu schädigen, bei unrichtigem Gebrauch aber können sie unter Umständen Schaden anrichten.
>
> Es muß also in erster Linie durch eine klare und gemeinverständliche Gebrauchsanweisung und durch richtige Verpackung dafür gesorgt werden, daß auch ein schwerfälliger und ungeschickter Mensch die Mittel ohne Gefahr gebrauchen kann. Denn daß ein Teil der Käufer schwer von Verständnis und ungeschickt in praktischen Handgriffen sei, ist „vorauszusehen". Als nicht voraussehbar muß man aber direkten Mißbrauch der Mittel erachten, also etwa, daß sie ein Käufer für ganz abseits liegende Zwecke verwendet, z. B. Haarfarbe zum Färben von Augenwimpern. Die Haarfarbe, die nach Gebrauchsanweisung mit einer Bürste auf das Kopfhaar aufgetragen wird und dort ihre färbende Wirkung tut, ohne dabei der Kopfhaut zu schaden, kann vielleicht bei Anwendung auf die Augenwimpern Schädigungen des Auges oder des Lidrandes hervorrufen.
>
> Einen solchen Gebrauch wird man vernünftigerweise nicht als voraussehbar erachten können, auch nicht eine grobe Ungeschicklichkeit in der Anwendung, wie sie dann vorliegen würde, wenn sich jemand so viel Haarfarbe auf den Kopf gösse, daß sie ihm über die Stirn ins Auge fließen würde.
>
> Als nicht vorauszusehen müßte man auch den Gebrauch von Enthaarungsmitteln zur Entfernung der kleinen Härchen auf der von außen zugänglichen

Schleimhaut der Nase bezeichnen. Jeder verständige Mensch kann sich denken – und für die unverständigen muß es in der Gebrauchsanweisung stehen –, daß ein Mittel von solcher chemischen Kraft, das die harten, nur mit Rasiermesser und Schere zu beseitigenden Haare auflöst, auch die Haut reizen wird. Ist darauf besonders hingewiesen, so kann man nicht als voraussehbar erachten, daß ein ganz Unbekümmerter es statt auf der Haut, auf der Schleimhaut der Nase anwenden wird. Ähnliches gilt von Hühneraugen- und Warzenmitteln; auch diese hornzellenauflösenden Mittel, die bei verständiger Anwendung ihren Zweck erfüllen ohne Schaden anzurichten, können Schaden stiften bei verkehrtem Gebrauch, z. B. wenn bei einem Hühnerauge mit dem Mittel die entzündete Umgebung mitgepinselt wird, statt das Hornzäpfchen allein. Noch größer ist diese Gefahr bei den flüssigen Warzenmitteln. In dem Wunsch, einen raschen Erfolg zu erzielen, wird der Unvernünftige oder Ungeschickte leicht eine viel zu große Menge Flüssigkeit auf die Warze bringen, die dann auf die zarte Umgebung überfließt und dort heftige Entzündungen hervorruft. Eine besondere Warnung in der Gebrauchsanweisung ist da nötig. Eine weitere Sicherung für Hersteller und Verkäufer bedeutet es, nicht erst den Käufer zur Entnahme der Flüssigkeit mit einem spitzen Stäbchen anzuweisen, sondern dieses Stäbchen der Packung beizugeben. Glaststop'en mit daran befestigtem spitzen Glasstab dürften am besten geeignet sein. Stark ätzenden Warzenmitteln sind vielfach Schutzsalben beigegeben, die nach der Gebrauchsanweisung dick auf die Umgebung der zu ätzenden Warze aufzutragen sind. Bei so weitgehender Beachtung aller Vorsichtsmaßnahmen wird man mißbräuchliche Verwendung nicht mehr als einen „vorauszusehenden Gebrauch" betrachten können. Wollte man noch weitergehen, so würde der Verkehr mit solchen Mitteln überhaupt unmöglich. Man müßte dann konsequenterweise auch den Verkauf von Seife verbieten, weil sie die Gesundheit schädigt, wenn man sie ißt – und daß ein Geisteskranker dergleichen einmal tut oder auch ein schlecht beaufsichtigtes Kind, liegt nicht außer dem Bereich der Möglichkeit. Als voraussehbar im Sinne des Gesetzes kann man solche Fälle nicht mehr betrachten.

Bei der Prüfung, wann ein Mittel „die menschliche Gesundheit zu schädigen geeignet" ist, muß der normale Mensch als Maßstab gelten. Personen mit krankhafter Reizempfindlichkeit (sogenannte Idiosynkrasien) scheiden aus, sonst müßte man auch den Verkauf von Erdbeeren, Fischen, Krebsen und vielen anderen Nahrungsmitteln verbieten, weil es viele Menschen gibt, die nach deren Genuß Hautausschläge und Fieber bekommen.

b) Wirtschaftliche Verbote

Diese betreffen ausschließlich Lebensmittel, nicht auch Bedarfsgegenstände. Kurz gefaßt, verbietet § 4:

1. zum Zwecke der Täuschung Lebensmittel nachzumachen oder zu verfälschen,
2. verdorbene, nachgemachte oder verfälschte Lebensmittel ohne ausreichende Kenntlichmachung anzubieten, feilzuhalten und zu verkaufen,
3. Lebensmittel unter irreführender Bezeichnung, Angabe oder Aufmachung anzubieten.

Das erste Verbot hat für den Drogenhandel keine praktische Bedeutung, wohl aber das zweite und dritte. Verdorbene, nachgemachte oder verfälschte Lebensmittel sollen ausreichend kenntlich gemacht werden. Himbeersaft, dem man Kirschsaft zugesetzt hat, damit seine Farbe schöner und dunkler werde, darf wohl verkauft werden, aber bei dem Verkauf muß der Zusatz von Kirschsaft ausreichend kenntlich gemacht werden, also durch deutlichen Vermerk auf dem Etikett. Wird solcher Saft lose verkauft, so muß wenigstens das Standgefäß auf dem Etikett den Vermerk tragen „mit Kirschsaft gefärbt" oder ähnlich.

Ein Beispiel für eine unzulässige, irreführende Bezeichnung ist die Verwendung des Wortes „Weinessig" für Essig, der gar nicht aus Wein hergestellt ist, sondern vielleicht durch Vermischen von Essigsäure mit Wasser.

Polizeiliches Überwachungsrecht

Von großer Wichtigkeit sind die Befugnisse der Polizei bei der Überwachung des Verkehrs mit Lebensmitteln und Bedarfsgegenständen. In alle Geschäftsräume, in denen Lebensmittel und Bedarfsgegenstände vorrätig oder feilgehalten werden, dürfen die Beamten oder Beauftragten der Polizei während der Arbeits- oder Geschäftszeit eintreten, Besichtigungen vornehmen und Proben zum Zwecke der Untersuchung fordern oder entnehmen. Ein Teil der Probe muß amtlich verschlossen oder versiegelt zurückgelassen werden, wenn der Besitzer nicht ausdrücklich darauf verzichtet. Für die entnommenen Proben muß der übliche Kaufpreis gezahlt werden.

Die Inhaber der Betriebsräume und die von ihnen bestellten Betriebs- oder Geschäftsleiter sind verpflichtet, die Beamten oder Sachverständigen der Polizei bei Ausübung der Überwachung zu unterstützen, ihnen die Gegenstände zugänglich zu machen, verschlossene Behältnisse zu öffnen, Proben auszuhändigen und nötigenfalls für die Proben geeignete Gefäße, z. B. Flaschen, Tüten oder Schachteln, gegen Zahlung des üblichen Kaufpreises zu überlassen.

Strafbestimmungen

Vorsätzliche Verletzung der gesundheitlichen Verbote des § 3 und der wirtschaftlichen Verbote des § 4 wird mit Gefängnis und mit Geldstrafe oder mit einer dieser Strafen bestraft.

Hat der Täter wissentlich und gewissenlos aus grobem Eigennutz gehandelt oder liegt sonst ein besonders schwerer Fall vor, so ist die Strafe Zuchthaus bis zu zehn Jahren.

Neben diesen Strafen kann auf Einziehung oder Vernichtung der betreffenden Waren erkannt werden.

Kommt das Gericht zu der Überzeugung, daß dem Täter die erforderliche Zuverlässigkeit fehlt, so kann es in dem Urteil die Führung eines Betriebes, soweit er sich auf die Herstellung oder den Vertrieb von Lebensmitteln oder Bedarfsgegenständen erstreckt, ganz oder teilweise untersagen oder von Bedingungen abhängig machen.

Bestraft wird auch, wer der Verpflichtung zur Unterstützung der Beamten und Sachverständigen der Polizei bei der Ausübung der Kontrolle nicht nachkommt.

b) Verordnung über die äußere Kennzeichnung von Lebensmitteln (Lebensmittel-Kennzeichnungsverordnung).

Vom 8. Mai 1935 (RGBl. I S. 590)

Mit Änderungen der Verordnungen vom 16. April 1937 (RGBl. I S. 456), 20. Dezember 1937 (RGBl. I S. 1391) und 16. März 1940 (RGBl. I S. 517)

. . . .

§ 1

(1) Der Kennzeichnungspflicht unterliegen folgende Lebensmittel, sofern sie in Packungen oder Behältnissen an den Verbraucher abgegeben werden:

1. Dauerwaren von Fleisch oder mit Fleischzusatz in luftdicht verschlossenen Behältnissen, sowie Fleischpasten;
2. Dauerwaren von Fischen, einschließlich Marinaden, sowie Fischpasten, Sardellenbutter;
3. Dauerwaren von Krustentieren;
4. Milch- und Sahnedauerwaren (Dauermilch und Dauersahne);
5. Gemüsedauerwaren, einschließlich Trockengemüse;
6. Obstdauerwaren, einschließlich Trockenobst, Obstmus, Obstkraut, Obstkonfitüren, Marmelade, Obstsaft, Obstgelee, Obstsirup, Obstsüßmost, Obstdicksaft sowie Verdünnungen aus Obstsüßmost oder Obstdicksaft, ferner Traubensüßmost, Traubendicksaft sowie Verdünnungen aus Traubensüßmost oder Traubendicksaft;
7. Honig, Kunsthonig, Rübenkraut (Rübensaft), Speisesirup;
8. diätetische Lebensmittel;
9. Fleischextrakt, Hefeextrakt und Extrakte aus anderen eiweißhaltigen Stoffen, Erzeugnisse in fester und loser Form (Würfel, Tafeln, Körner, Pulver usw.) aus Fleischextrakt, Hefeextrakt oder Extrakten aus anderen eiweißhaltigen Stoffen, eingedickte Fleischbrühe sowie die Ersatzmittel der genannten Erzeugnisse, kochfertige Suppen in trockener Form;
10. Krebsextrakt, Krabbenextrakt;
11. Eipulver (Volleipulver, Eidotterpulver) und ihre Ersatzmittel;
12. Puddingpulver, Backpulver;
13. Gewürze und ihre Ersatzmittel sowie Gewürzauszüge;
14. Schokolade und Schokoladenwaren, außer in Packungen unter 25 g, Schokoladen- und Kakaopulver;
15. Marzipan und Marzipanersatz;
16. Kaffee, Kaffee-Ersatzstoffe und Kaffee-Zusatzstoffe, Tee und seine Ersatzmittel, Mate;
17. Teigwaren;
18. Zwieback, Keks, Biskuits, Waffeln, Lebkuchen;
19. Haferflocken, Hafergrütze, Hafermehl, Hafermark;
20. Speiseöle, Speisefette — auch in Mischungen —, ausgenommen Butter, Margarine und Kunstspeisefette.

(2) Ohne die vorgeschriebene Kennzeichnung dürfen diese Lebensmittel in den Packungen oder Behältnissen nicht feilgehalten, verkauft oder sonst in den Verkehr gebracht werden.

(3) Die Kennzeichnung hat der Hersteller oder derjenige anzubringen, der das Lebensmittel aus dem Zoll-Ausland einführt. Falls ein anderer das Lebensmittel

unter seinem Namen oder seiner Firma in den Verkehr bringen will, hat dieser andere die Kennzeichnung anzubringen; in diesem Falle findet die Vorschrift im Abs. 2 auf den Hersteller und den Einführenden keine Anwendung.

§ 2

(1) Auf den Packungen oder Behältnissen müssen an einer in die Augen fallenden Stelle in deutscher Sprache und in deutlich sichtbarer, leicht lesbarer Schrift angegeben sein:

1. der Name oder die Firma und der Ort der gewerblichen Hauptniederlassung dessen, der das Lebensmittel hergestellt hat; befindet sich die gewerbliche Hauptniederlassung des Herstellers im Ausland, ist aber das Lebensmittel im Inland hergestellt, so muß außerdem der Ort der Herstellung in folgender Form angegeben werden: „Hergestellt in . . . . "; bringt ein anderer als der Hersteller das Lebensmittel in der Packung oder dem Behältnis unter seinem Namen oder seiner Firma in den Verkehr, so ist anstatt des Herstellers dieser andere anzugeben;
2. der Inhalt nach handelsüblicher Bezeichnung; bei Speisefett ist die Fettart und bei Mischfett auch das Mischungsverhältnis anzugeben;
3. der Inhalt nach deutschem Maß oder Gewicht (entsprechend der Maß- und Gewichtsordnung) zur Zeit der Füllung oder nach Stückzahl, vorbehaltlich der Vorschriften in den Abs. 2 und 3.

(2) An Stelle der im Abs. 1 Nr. 3 vorgeschriebenen Angaben ist folgendes anzugeben:

1. . . . . . .
2. . . . . . .
3. bei eingedickter Milch der Inhalt nach Gewicht zur Zeit der Füllung sowie der Gehalt an Fett und fettfreier Milchtrockenmasse in Hundertteilen des Gewichts, bei sterilisierter Sahne und sterilisierter Schlagsahne der Inhalt nach Gewicht zur Zeit der Füllung sowie der Gehalt an Fett in Hundertteilen des Gewichts, bei Milchpulver und Sahnepulver außerdem die Zeit der Herstellung nach Monat und Jahr, bei Pulver aus entrahmter Milch (Magermilchpulver) der Inhalt nach Gewicht zur Zeit der Füllung sowie die Zeit der Herstellung nach Monat und Jahr;
4. bei Gemüsedauerwaren und Obstdauerwaren das Gewicht des Gemüses oder Obstes zur Zeit der Füllung ohne die zugesetzte Flüssigkeit, sofern nicht für die Füllung eine genormte Packung (DIN-Packung) verwendet wird. Hiervon ausgenommen sind Trockengemüse sowie Trockenobst, Obstmus, Obstkraut, Obstkonfitüren, Marmelade, Obstsaft, Obstgelee, Obstsirup, Obstsüßmost, Obstdicksaft sowie Verdünnungen aus Obstsüßmost oder Obstdicksaft, ferner Traubensüßmost, Traubendicksaft sowie Verdünnungen aus Traubensüßmost oder Traubendicksaft; bei diesen Erzeugnissen finden die Vorschriften des Abs. 1 Nr. 3 Anwendung;
5. bei kochfertigen Suppen in trockener Form, wieviel Teller Suppe (1 Teller = 250 Kubikzentimeter) daraus hergestellt werden können;
6. bei Backpulver die Gewichtsmenge Mehl, zu deren Verarbeitung der Inhalt der Packung auch noch nach der im Verkehr vorauszusehenden Lagerzeit ausreicht;

7. bei Puddingpulver der Inhalt nach Gewicht zur Zeit der Füllung sowie die Menge Flüssigkeit, die zur Herstellung des Puddings erforderlich ist;
8. bei Volleipulver der Inhalt nach Gewicht zur Zeit der Füllung sowie wieviel Eiern im Gewicht von je 45 g, bei Eidotterpulver, wieviel Eidottern im Gewicht von je 16 g der Inhalt der Packung entspricht;
9. bei Schokolade und Schokoladenpulver der Inhalt nach Gewicht zur Zeit der Füllung sowie die Menge der Kakaobestandteile in Hundertteilen des Gewichts;
10. bei Kaffee-Ersatzstoffen und Kaffee-Zusatzstoffen der Inhalt nach Gewicht zu dem Zeitpunkt, zu dem die Ware in den Verkehr gebracht wird.

(3) Bei Gratisproben, die als solche bezeichnet sind, und bei Gewürzen und ihren Ersatzmitteln in Packungen oder Behältnissen unter 25 g bedarf es keiner Gewichtsangabe.

§ 4

Die Vorschriften dieser Verordnung gelten auch für die aus dem Ausland eingeführten Lebensmittel[1]).

§ 5

. . . .

c) Durchführungsvorschriften zum Lebensmittelgesetz

Vorschriften für die einheitliche Durchführung des Lebensmittelgesetzes

Rundschreiben des RMdI. an die Landesregierungen v. 21. Juni 1934 (mitgeteilt im RGesundheitsbl. 1934 S. 590)

Im Anschluß an obige Vorschriften erließ Bayern folgende Verordnungen:

V. über die Durchführung des LMG. (Durchführungsverordnung) v. 7. Mai 1937 mit Änderungen vom 16. März 1950 (GVBlBayer. 1937 S. 189 und 1950 S. 82).

Bekanntmachung über die Durchführung des LMG. (Durchführungsbekanntmachung) v. 22. Oktober 1938 und 16. März 1950 (GVBl. Bayer. 1938 S. 317 und 1950 S. 82).

Mitwirkung der Gesundheitsämter auf dem Gebiet des Lebensmittelverkehrs

Hier kommen folgende gesetzliche Bestimmungen in Betracht:

Gesetz über die Vereinheitlichung des Gesundheitswesens v. 3. Juli 1934 (RGBl. I S. 531) mit den drei Durchführungsverordnungen vom 6. Februar 1935 (RGBl. I S. 177), v. 22. Februar 1935 (RGBl. I S. 215) u. v. 30. März 1935 (RMBl. S. 327/435).

Durch den Zusammenbruch der Reichseinheit haben obige Vorschriften bis jetzt keine einheitliche Weiterentwicklung erfahren. Eine vollkommene Darstellung dieser Gesetzesmaterie nach dem heutigen Stand ist durch die Verschiedenheiten der Verwaltungsorganisationen in den einzelnen Zonen schwierig. Erwähnenswert sind folgende neue Verordnungen:

Verordnung über den Verkehr mit Lebensmitteln

V. d. Dtsch. Zentralverwaltung f. d. Gesundheitswesen i. d. sowj. Besatzungszone vom 17. Juni 1946.

(Von den Ländern dieser Zone dementsprechend in Kraft gesetzt und veröffentlicht z. B. in:
Brandenburg: Amtsbl. Brandbg. 1946, Nr. 17, S. 384,
Mecklenburg: Amtsbl. Mecklbg. 1946, Nr. 12, S. 136,
Sachsen-Anhalt: GBl. SaAnh. Tl. I, 1947, Nr. 13, S. 102).

Verordnung über die hygienische Behandlung von Lebensmitteln
Anordnung zur Überwachung des Lebensmittelverkehrs

V. d. Magistrats von Groß-Berlin vom 29. Dezember 1948 und **24. Oktober 1949** (VOBl. Bln. W. Tl. I, 1949, Nr. 2, S. 41/43 und Nr. 73, S. 419).

---

[1]) Hierzu: Bek. d. BMdI. und die BMfELF. vom 29. März 1950 (GMBl. 1950, Nr. 2, S. 19).

Vorstehende Verordnungen bringen Begriffsbestimmungen, allgemeine Vorschriften über die Behandlung von Lebensmitteln, über Betriebs- und Geschäftsräume, über Transport von Lebensmitteln, Einzelregelungen für bestimmte Lebensmittel, Vorschriften für Straßenhandel, Märkte u. dgl., für die im Lebensmittelverkehr beschäftigten Personen und Anordnungen zur Überwachung des Lebensmittelverkehrs. Die Verordnungen im Wortlaut zu bringen, würde den Rahmen dieses Buches überschreiten.

2. Ausführungsbestimmungen zum Lebensmittelgesetz

Auf Grund der §§ 5 und 20 des Lebensmittelgesetzes (und den entsprechenden Paragraphen des früheren Lebensmittelgesetzes) sind zahlreiche Ausführungsbestimmungen ergangen, die zum Teil auch für den Drogisten wichtig sind.

a) Verordnung über Backpulver, Hirschhornsalz und Pottasche für Backzwecke

Verordnung d. Magistrats von Groß-Berlin vom 1. Juli 1948 (VOBl. Berlin I 1948, Nr. 28, S. 367)

§ 1

(1) Backpulver sind zur Lockerung von Backwaren, insbesondere Feinbackwaren bestimmte Gemische von vorwiegend chemischen Stoffen, aus denen während der Teigbereitung und des Backvorganges Kohlensäure frei wird. Sie bestehen aus Kohlensäureträgern und sauren Bestandteilen unter Zusatz eines Trennmittels. Kohlensäureträger und saure Bestandteile, im richtigen Mengenverhältnis zueinander getrennt verpackt, ohne Trennmittel, dürfen ebenfalls als Backpulver bezeichnet werden.

(2) Andere chemische Triebmittel, wie Hirschhornsalz und Pottasche, die nur für die Bereitung von Flachgebäcken geeignet sind, dürfen nicht unter der Bezeichnung Backpulver in den Verkehr gebracht werden.

§ 2

(1) Zur Herstellung von Backpulver sind nur zugelassen:

1. Als Kohlensäureträger: Natriumbikarbonat (doppeltkohlensaures Natrium, Natron), bei Alaun oder Aluminiumsulfat enthaltenden Backpulvern auch Kalziumkarbonat. Bei Backpulvern, die Aluminiumsulfat oder Alaun enthalten, müssen bei Verwendung von Kalziumkarbonat 2 bis 2,5 g des für 500 g Mehl bestimmten Kohlensäureträgers aus Natriumbikarbonat bestehen. Als Kalziumkarbonat darf verwendet werden: Gefälltes Kalziumkarbonat oder Schlämmkreide von genügendem Feinheitsgrad, deren Sand- und Tongehalt (in verdünnter Salzsäure unlösliche Bestandteile der Asche) 1 v. H. nicht übersteigen.
2. Als saurer Bestandteil: Weinsäure, Zitronensäure und die sauren Natrium-, Kalium- oder Kalziumsalze dieser Säuren und der Phosphorsäuren, milchsaures Kalzium (Kalziumlaktat), Adipinsäure und Gemische der vorgenannten Stoffe. Bis auf weiteres sind auch Bernsteinsäure, Aluminiumsulfat und Alaun (Kalium- oder Natriumalaun), auch in Gemischen, zugelassen.

3. Als Trennmittel: Stärkemehle, Getreidemehle, Kalziumkarbonat (Nr. 1 Satz 3), Haferschalenmehl bis zu 7 g in der für 500 g Mehl bestimmten Backpulvermenge.

(2) Die Abteilung Gesundheitswesen des Magistrats von Groß-Berlin kann die Verwendung anderer Stoffe zulassen.

(3) Backpulver müssen in der für 500 g Mehl bestimmten Menge mindestens 2,35 g wirksame Kohlensäure (entsprechend 1200 Kubikzentimeter Kohlendioxyd, bezogen auf 0° und Normaldruck) enthalten. Nach der Umsetzung darf nicht mehr als 0,6 g unwirksame, aus löslichen Karbonaten stammende Kohlensäure vorhanden sein. Beim Händler längere Zeit gelagerte Backpulver sind noch als verkehrsfähig anzusehen, wenn sie wenigstens 2 g wirksame Kohlensäure in der für 500 g Mehl bestimmten Menge enthalten.

(4) Bei Backpulver, das milchsaures Kalzium enthält, dürfen höchstens 20 v. H. der wirksamen Kohlensäure durch Umsetzung dieses Stoffes entwickelt werden.

(5) Die Bestandteile der Backpulver und anderer chemischer Triebmittel dürfen keine gesundheitsschädlichen Stoffe enthalten. Unter Verwendung von Kalziumphosphaten hergestelltes Backpulver darf nicht mehr als 1 v. H. Kalziumsulfat (berechnet als $CaSO_4 \cdot 2\,H_2O$) und nicht mehr als 4 v. H. Trikalziumphosphat, berechnet auf das gesamte Backpulver, enthalten.

(6) Bei der Herstellung von Backpulvern und anderen chemischen Triebmitteln dürfen Farbstoffe, Essenzen (Aromen) und Gewürze nicht verwendet werden.

§ 3

Eine irreführende Bezeichnung, Angabe oder Aufmachung liegt insbesondere vor, wenn

1. Backpulver oder Hirschhornsalz oder Pottasche für Backzwecke unter einem Phantasienamen in den Verkehr gebracht werden, ohne daß sie gleichzeitig als solche gekennzeichnet sind;
2. in der Bezeichnung von Backpulvern auf einen Bestandteil hingewiesen wird, der ganz oder teilweise durch andere Bestandteile ersetzt ist;
3. Hirschhornsalz oder Pottasche mit Angaben oder in einer Aufmachung in den Verkehr gebracht werden, die sie zur Herstellung von anderen Backwaren als Flachgebäcken geeignet erscheinen lassen;
4. Backpulver sowie andere chemische Triebmittel, wie Hirschhornsalz oder Pottasche, unter Bezeichnungen, Angaben oder Aufmachungen in den Verkehr gebracht werden, die auf eine ersparende Wirkung hinweisen, wie Eierkuchenbackpulver, Eisparmittel, Eiersatzmittel und dergleichen.

§ 4

Als verfälscht oder verdorben sind insbesondere anzusehen und auch bei Kenntlichmachung vom Verkehr ausgeschlossen Backpulver, die nicht mindestens die in § 2 Abs. 3 vorgeschriebene Menge wirksamer Kohlensäure enthalten.

§ 5

Auf den Packungen oder Behältnissen der Backpulver muß der Zeitpunkt nach Monat und Jahr angegeben sein, bis zu dem ihr Inhalt bei sachgemäßer Lagerung die in § 2 Abs. 3 vorgeschriebene Menge wirksamer Kohlensäure enthält.

§ 6

(1) Werden Backpulver oder andere chemische Triebmittel in Packungen oder Behältnissen an den Verbraucher abgegeben, so muß auf den Packungen oder Behältnissen deutlich angegeben sein, für welche Mehlmenge der Inhalt bestimmt ist. Wenn die Eigenschaften des Backpulvers ein sofortiges Verbacken des Teiges erforderlich machen, ist auch dies auf der Packung anzugeben. Bei Hirschhornsalz und Pottasche ist anzugeben, für welche Gebäckarten sich diese Triebmittel eignen. Der Inhalt der Packungen muß mindestens zur Verarbeitung von 500 g Mehl ausreichen. Hirschhornsalz und Pottasche in Pulverform dürfen, auch in Mischung mit anderen Stoffen, nicht in Kleinpackungen aus Papier oder Pappe fertig abgepackt vertrieben werden. Packungen und Behältnisse der Backpulver und anderer chemischer Triebmittel sind mit dem Aufdruck zu versehen „Trocken aufbewahren".

(2) Die Bestimmungen der Verordnung über die äußere Kennzeichnung von Lebensmitteln vom 8. Mai 1935 (RGBl. I S. 590) bleiben unberührt.

§ 7

. . . . . .

Die gleichen Bestimmungen sind erlassen von der DWK vom 22. April 1949 (ZVOBl. 1949, Nr. 35, S. 276).

b) Verordnung über Essenzen

V. d. Magistrats von Groß-Berlin vom 2. Februar 1949 (VOBl. Berlin-West I 1949, Nr. 5, S. 62)

§ 1

(1) Essenzen (Aromen) im Sinne dieser Verordnung sind mehr oder minder konzentrierte, nicht zum unmittelbaren Genuß bestimmte Zubereitungen von Geruch- und Geschmackstoffen natürlichen oder synthetischen Ursprungs. Sie werden dünnflüssig oder dickflüssig oder pasten- oder pulverförmig in den Verkehr gebracht und sind dazu bestimmt, Lebensmitteln einen aromatischen, würzigen oder anderen charakteristischen Geruch oder Geschmack zu verleihen.

(2) Es werden folgende Gruppen von Essenzen unterschieden:

1. Nach Art der Herstellung:

a) natürliche Essenzen (§ 2 Abs. 1),
b) künstlich verstärkte Essenzen (§ 2 Abs. 2),
c) künstliche Essenzen (§ 2 Abs. 3).

2. Nach Art des Bestimmungszwecks:

Essenzen für die Herstellung von alkoholfreien Getränken, Trinkbranntweinen und sonstigen Spirituosen, Backwaren, Süßwaren, Puddingpulver, Suppenpulver u. dgl.

(3) Zu den Essenzen im Sinne dieser Verordnung gehören auch die als Destillat oder Extrakt (Auszug) in den Verkehr gebrachten Erzeugnisse (§ 2 Abs. 4 und 5), mit Ausnahme von Essigessenzen, Weindestillat, Punschextrakt, Fleischextrakt, Hefeextrakt und Pilzextrakt.

§ 2

(1) Natürliche Essenzen sind Zubereitungen, deren geruchlich oder geschmacklich wirksame Bestandteile ausschließlich natürlichen Ursprungs sind. Sie werden hauptsächlich aus Obst, Obstteilen oder anderen Pflanzenteilen (Kräutern, Drogen) sowie aus daraus gewonnenen ätherischen Ölen (auch terpenfreien) durch Destillation, Extraktion, Auflösung oder Emulgierung hergestellt.

(2) Künstlich verstärkte Essenzen sind Zubereitungen, deren Geruch- und Geschmackswert im wesentlichen auf ihrem Gehalt an natürlichen Stoffen beruht, die aber durch geringe geeignete Zusätze von synthetischen Geruch- oder Geschmackstoffen verstärkt sind.

(3) Künstliche Essenzen sind Zubereitungen, die hauptsächlich oder ausschließlich aus geeigneten synthetischen Geruch- oder Geschmackstoffen hergestellt sind.

(4) Destillate sind durch Destillation von Früchten, Drogen, Säften, Extrakten und / oder ätherischen Ölen mit Alkohol verschiedenen Prozentgehaltes hergestellte Erzeugnisse.

(5) Extrakte (Auszüge) sind durch Ausziehen von Obst, Obstteilen, Gewürzen, Kräutern und anderen natürlichen Stoffen mit Lösungsmitteln hergestellte Erzeugnisse; sie können auch bis zur dickflüssigen oder bis zur trockenen Beschaffenheit eingedämpft sein.

§ 3

(1) Als Aromaträger für Essenzen dürfen verwendet werden: Äthylalkohol, Wasser, fette Öle, Fette, Zuckerarten, Stärkesyrup, Stärkemehle, Gelatine, Pektin, Frucht- und Pflanzensäfte, unschädliche Pflanzenschleime und artverwandte Naturstoffe, Essigsäure und andere zugelassene Lösungsmittel und Emulgatoren. Für Essenzen (Aromen) in pulverförmiger Beschaffenheit dürfen als Aromaträger auch Kalziumkarbonat und Magnesiumkarbonat bis zu 20 v. H. verwendet werden, sofern der Gebrauchswert der Essenz nicht mehr als 1 Teil auf 1000 Teile des genußfertigen Lebensmittels beträgt.

(2) Das Färben der Essenzen mit unschädlichen Farbstoffen (Lebensmittelfarben) ist nur zu Unterscheidungszwecken zulässig. Der Zusatz von Farbstoffen muß mit dem Worte „gefärbt“ kenntlich gemacht werden.

(3) Alle in den Essenzen enthaltenen Stoffe müssen den an die Reinheit und Unschädlichkeit von Lebensmitteln zu stellenden Ansprüchen genügen.

(4) Essenzen, die nach ihrer Bezeichnung für einen besonderen Verwendungszweck bestimmt sind, dürfen keine Stoffe enthalten, die in dem fertigen Lebensmittel, dem sie zugesetzt werden sollen, nicht enthalten sein dürfen.

§ 4

(1) Erzeugnisse im Sinne der §§ 1 und 2 müssen als Essenz oder Aroma bezeichnet werden. Die zusätzliche Verwendung von Phantasiebezeichnungen oder Wortzeichen ist zulässig.

(2) Zur Unterscheidung von den zur Herstellung von Punsch bestimmten Punschextrakten sind zur Aromatisierung von anderen Lebensmitteln mit Punschgeschmack bestimmte Essenzen als Punscharoma zu bezeichnen.

(3) Zur Unterscheidung von der zur Bereitung von Essig dienenden Essigessenz sind zur Aromatisierung von Essigsäure bestimmte Erzeugnisse als Essigaroma zu bezeichnen.

(4) Künstliche oder künstlich verstärkte Essenzen müssen als solche bezeichnet werden.

§ 5

(1) Die zum Aromatisieren von Backwaren, Süßspeisen und Glasuren in Haushaltungen bestimmten Essenzen dürfen nur in einer Gebrauchsstärke in den Verkehr gebracht werden, die nach der Größe der zur Abfüllung vorgesehenen Packungen oder Behältnisse insbesondere Flaschen oder Röhrchen, einzustellen ist und ausreichend sein muß, um mindestens 500 g Mehl bei Backwaren oder mindestens I Liter Flüssigkeit bei Süßspeisen oder mindestens 100 g Zucker bei Glasuren zu aromatisieren.

(2) Flüssige Essenzen für die Verwendung im Haushalt dürfen im Einzelhandel zur Abgabe an den Verbraucher nur in abgabefertigen, vollgefüllten Flaschen oder Röhrchen, die nicht weniger als 2 ccm und nicht mehr als 100 ccm Inhalt haben, in den Verkehr gebracht werden. Die Abgabe loserWare ist verboten.

(3) Auf den Packungen oder Behältnissen, in denen Essenzen abgegeben werden, müssen in deutscher Sprache und in deutlich sichtbarer, leicht lesbarer Schrift angegeben sein:

1. die Bezeichnung gemäß § 4 Abs. 1—3;
2. bei künstlichen oder künstlich verstärkten Essenzen die Kenntlichmachung „künstlich" oder „künstlich verstärkt" in der gleichen Schrift und Farbe, mindestens in der halben Buchstabengröße wie die Bezeichnung „Essenz", „Aroma", „Punscharoma", „Essigaroma";
3. der Name oder die Firma und der Ort (Postanschrift) der gewerblichen Hauptniederlassung des Herstellers. Bringt ein anderer als der Hersteller die Essenz unter seinen Namen oder seiner Firma in den Verkehr, so ist anstatt des Herstellers dieser andere anzugeben;
4. der Bestimmungszweck und der Gebrauchswert der Essenz, Gebrauchswert ist diejenige Menge, die für die ausreichende Aromatisierung einer bestimmten Menge des bezeichneten Lebensmittels erforderlich ist;
5. bei den in Abs. 1 genannten Essenzen je nach der Größe der Packungen oder Behältnisse der Gebrauchswert wie folgt: „Für Kuchen aus 500 g Mehl", „für 1 Liter Süßspeise" oder „für 100 g Zucker", bei größeren Packungen oder Behältnissen z. B. „½ bis 1 Teelöffel für Kuchen aus 500 g Mehl", „1 bis 2 Teelöffel für 1 Liter Süßspeise" oder „..... Tropfen für 100 g Zucker";
6. bei gefärbten oder chemisch konservierten Essenzen die Kenntlichmachung „gefärbt" oder „chemisch konserviert";
7. der Inhalt nach deutschem Maß oder Gewicht zur Zeit der Füllung.

(4) Auf größeren Behältnissen (Fässern, Ballons, Korbflaschen über 5 Liter Inhalt), in denen Essenzen abgegeben werden, kann die gemäß Abs. 3 vorgeschriebene Kennzeichnung unterbleiben, wenn alle Angaben in den dazugehörigen Begleitpapieren enthalten sind.

§ 6

Packungen und Behältnisse, in denen Essenzen in den Verkehr gebracht werden, müssen so beschaffen sein, daß eine Beeinträchtigung des Inhalts verhindert wird.

§ 7

Als verfälscht oder verdorben sind insbesondere anzusehen und auch bei Kenntlichmachung vom Verkehr ausgeschlossen:

1. Zubereitungen, die als Essenzen (Aromen) in den Verkehr gebracht werden, sofern sie nicht den Bestimmungen der §§ 1—3 entsprechen;
2. Essenzen, die nicht die für ihren Verwendungszweck ausreichende Menge von Geruch- und Geschmackstoffen enthalten.

§ 8

Eine irreführende Bezeichnung, Angabe oder Aufmachung liegt insbesondere vor, wenn Essenzen lediglich durch Angabe des Weingeistgehaltes oder Bezeichnungen wie konzentriert, doppelt konzentriert, extra stark, fünffach, zehnfach und dergleichen kenntlich gemacht sind.

§ 9

(1) Grundstoffe im Sinne dieser Verordnung sind Zubereitungen, mit denen hergestellt werden:

1. Limonadensirupe nur durch Zusatz von Zucker und Wasser;
2. Ansätze für Limonaden, für Heißtrank und für kalte Erfrischungsgetränke nur durch Zusatz von Süßstoff oder von Zucker und Süßstoff sowie von Wasser;
3. alkoholfreie Getränke nur durch Zusatz von Zucker und / oder Süßstoff sowie von Wasser, mit oder ohne Kohlensäure;
4. alkoholhaltige Getränke nur durch Zusatz von Sprit, Zucker und Wasser, mit oder ohne Kohlensäure.

(2) Grundstoffe werden aus Essenzen hergestellt. Sie enthalten je nach dem Verwendungszweck außerdem zugelassene Säuren, zugelassene Farbstoffe, Fruchtsäfte (auch eingedickte), Wasser und erlaubte Schaum- und Konservierungsmittel.

(3) Zugelassene Säuren sind Weinsäure, Zitronensäure, Milchsäure und Phosphorsäure. Bei Zusatz von Phosphorsäure darf jedoch deren Menge in dem fertigen Getränk nicht mehr als 0,05 Gewichtshundertteile freie Phosphorsäure betragen. Die Abteilung Gesundheitswesen kann andere Säuren zulassen.

§ 10

(1) Limonadensirupe mit Frucht- oder Kräutergeschmack sind Zubereitungen von natürlichen Essenzen, zugelassenen Säuren, Farbstoffen oder entsprechenden Grundstoffen (§ 9) und mindestens 60 v. H. Zucker. Sie müssen nach Zusatz von mindestens der siebenfachen Menge Wasser einwandfreie Limonaden mit Frucht- oder Kräutergeschmack (Essenz-Limonaden) ergeben (Mischungsverhältnis 1+7).

(2) Künstliche Limonadensirupe sind Zubereitungen, die statt mit natürlichen mit künstlichen oder künstlich verstärkten Essenzen, im übrigen entsprechend Abs. 1 hergestellt sind. Sie müssen nach Zusatz von mindestens der siebenfachen Menge Wasser einwandfreie Getränke ergeben, die als Kunstlimonaden zu bezeichnen sind (Mischungsverhältnis 1+7).

§ 11

(1) Limonadenansätze sind entsprechend § 10 hergestellte Erzeugnisse, die jedoch statt Zucker in 100 kg mindestens 105 g Saccharin (450fach) oder eine die gleiche Süße ergebende Menge eines anderen zugelassenen Süßstoffes oder einer Mischung von Zucker und Süßstoff enthalten. Sie dürfen auch mit künstlich verstärkten und künstlichen Essenzen hergestellt sein. Sie müssen nach Zusatz von mindestens der siebenfachen Menge Wasser einwandfreie Getränke ergeben (Mischungsverhältnis 1+7).

(2) Ansätze für Heißtrank und für kalte Erfrischungsgetränke sind entsprechend Abs. 1 hergestellte Erzeugnisse, die jedoch in 100 kg mindestens 75 g Saccharin (450fach) oder eine die gleiche Süße ergebende Menge eines anderen zugelassenen Süßstoffes enthalten. Sie müssen nach Zusatz von mindestens der vierfachen Menge Wasser einwandfreie Getränke ergeben (Mischungsverhältnis 1+4).

(3) Unter Verwendung von künstlichen oder künstlich verstärkten Essenzen hergestellte Ansätze für Limonaden, für Heißtrank und für kalte Erfrischungsgetränke (Abs. 1 und 2) sind als künstlich zu bezeichnen.

§ 12

Zubereitungen gemäß §§ 9—11 müssen als solche bezeichnet werden. Die zusätzliche Verwendung von Phantasiebezeichnungen oder Wortzeichen ist zulässig.

§ 13

(1) Auf den Packungen oder Behältnissen, in denen Zubereitungen gemäß §§ 9—11 abgegeben werden, müssen in deutscher Sprache und in deutlich sichtbarer, leicht lesbarer Schrift angegeben sein:

1. die Bezeichnung gemäß § 11 Abs. 3 und § 12;
2. der Name oder die Firma und der Ort (Postanschrift) der gewerblichen Hauptniederlassung des Herstellers. Bringt ein anderer als der Hersteller die Zubereitungen unter seinem Namen oder seiner Firma in den Verkehr, so ist anstatt des Herstellers dieser andere anzugeben;
3. das Mischungsverhältnis entsprechend § 10 Abs. 1 und 2 und § 11 Abs. 1 und 2;
4. bei Grundstoffen der Bestimmungszweck und der Gebrauchswert, und zwar bei Grundstoffen für Limonadensirup oder Ansatz (§ 9 Abs. 1 Nr. 1 und 2) die zur Herstellung von 100 kg Sirup oder Ansatz ausreichende Menge, z. B. „5 kg Grundstoff sind ausreichend zur Herstellung von 100 kg Limonadensirup" oder „Gebrauchswert 5+95"; bei Grundstoffen für alkoholfreie und alkoholhaltige Getränke (§ 9 Abs. 1 Nr. 3 und 4) die zur Herstellung einer bestimmten Menge des bezeichneten Getränkes erforderliche Menge, z. B. „50 ccm Grundstoff auf 1 Liter Likör";
5. bei gefärbten oder chemisch konservierten Zubereitungen die Kenntlichmachung „gefärbt" oder „chemisch konserviert";
6. der Gehalt an Zucker und / oder Süßstoff nach Art und Menge;
7. der Inhalt nach deutschem Maß oder Gewicht zur Zeit der Füllung.

(2) Auf größeren Behältnissen (Fässern, Ballons, Korbflaschen über 5 Liter), in denen Zubereitungen gemäß § 9—11 abgegeben werden, kann die gemäß Abs. 1 vorgeschriebene Kennzeichnung unterbleiben, wenn alle Angaben in den dazugehörigen Begleitpapieren enthalten sind.

§ 14

Als verfälscht oder verdorben sind insbesondere anzusehen und auch bei Kenntlichmachung vom Verkehr ausgeschlossen:

1. Grundstoffe, die nach dem angegebenen Mischungsverhältnis keine einwandfreien Limonadensirupe, Ansätze oder fertige Getränke ergeben;
2. Zubereitungen gemäß §§ 10 und 11, die nach dem angegebenen Mischungsverhältnis keine einwandfreien Getränke ergeben.

§ 15

. . . . . .

Gleiche Verordnung:

Bestimmungen der DWK zur Regelung des Verkehrs mit Essenzen vom 22. April 1949 (ZVOBl. 1949, Nr. 35, S. 277).

c) Verordnung über den Verkehr mit Essigsäure

Vom 24. Januar 1940 (RGBl. I S. 235)

§ 1

(1) Essigsäure, die in 100 Gramm mehr als 15,5 Gramm wasserfreie Essigsäure enthält, darf, vorbehaltlich der Vorschriften des § 2, als Lebensmittel nur in Flaschen von höchstens 3 Liter Inhalt vorrätig gehalten, feilgehalten, verkauft oder sonst in den Verkehr gebracht werden.

(2) Die Flaschen müssen aus weißem oder halbweißem Glase gefertigt, länglich rund geformt, an einer Breitseite in der Längsrichtung gerippt und mit einem Sicherheitsausguß versehen sein, der von dem ersten Drittel des Inhalts nicht mehr als 30 Kubikzentimeter, von den beiden letzten Dritteln nicht mehr als 50 Kubikzentimeter in einer Minute ausfließen läßt. Der Sicherheitsausguß muß derart im oder an dem Flaschenhals angebracht sein, daß er ohne Zerbrechen der Flasche nicht entfernt werden kann.

(3) An der nicht gerippten Breitseite der Flasche muß ein Flaschenschild angebracht sein, auf dem in deutscher Sprache und in deutlich sichtbarer, leicht lesbarer Schrift angegeben sind:

1. die Art des Inhalts und sein Gehalt an wasserfreier Essigsäure in Gewichtshundertteilen;
2. die Menge des Inhalts nach deutschem Maß oder Gewicht;
3. die Firma, welche den Inhalt hergestellt oder abgefüllt hat, sowie der Ort ihrer gewerblichen Hauptniederlassung;
4. am oberen Ende in roten Buchstaben von gleicher Schriftart und Schriftgröße auf weißem Grunde die Warnung: „Vorsicht! Unverdünnt genossen lebensgefährlich!";
5. eine Gebrauchsanweisung für die Verwendung zu Speisezwecken.

(4) Weitere Aufschriften sowie Abbildungen irgendwelcher Art dürfen nicht angebracht sein. Das Flaschenschild darf, außer in den Buchstaben der Warnung, keinen roten Farbton aufweisen.

§ 2

An Händler und Großverbraucher darf Essigsäure (§ 1 Abs. 1) als Lebensmittel auch in größeren Behältnissen abgegeben werden, die den Vorschriften des § 1 nicht unterliegen; diese Behältnisse müssen jedoch in großen roten Buchstaben auf weißem Grunde an auffallender Stelle die dauerhafte, deutlich sichtbare Aufschrift tragen: „Vorsicht, Essigsäure! Unverdünnt genossen lebensgefährlich!". Soweit sie aus Glas bestehen, müssen sie durch ein Korb- oder Eisengeflecht oder auf ähnlich wirksame Weise geschützt sein. Eine Gebrauchsanweisung für die Verwendung zu Speisezwecken muß beigegeben werden.

§ 3

Essigsäure darf nicht als Essig bezeichnet werden.

§ 4

(1) Diese Verordnung tritt am 1. März 1940 in Kraft.

(2) Gleichzeitig tritt die Verordnung, betreffend den Verkehr mit Essigsäure, vom 14. Juli 1908 (Reichsgesetzbl. S. 475) außer Kraft.

Erläuterungen

Die Vorschriften der früheren Essigsäure-Verordnung vom 14. Juli 1908 haben es nicht zu verhindern vermocht, daß gelegentlich Unglücksfälle infolge des Genusses von unverdünnter Essigsäure eingetreten sind. Die Industrie war deshalb bereits dazu übergegangen, konzentrierte Essigsäure an den Verbraucher nur in Flaschen bis zu 3 Liter Inhalt abzugeben, deren Ausstattung und Bezeichnung jede Verwechselung ausschließt und die mit einem verbesserten Sicherheitsverschluß versehen sind. Die neue Verordnung trägt dieser Entwicklung Rechnung.

Die Vorschriften der §§ 1 und 2 beziehen sich nur auf Essigsäure, die zur Herstellung von Essig für die menschliche Ernährung bestimmt ist. Sie gelten nicht für Essigsäure, die zu medizinischen, wissenschaftlichen oder technischen Zwecken dienen soll. Für die als Verbraucher vorwiegend in Betracht kommenden Haushaltungen pflegen Flaschen bis zu 3 Liter Inhalt zu genügen. Die Herstellung größerer Flaschen mit den vorgeschriebenen Sicherheitsvorrichtungen würde auch auf technische Schwierigkeiten stoßen. Neu sind insbesondere die Vorschriften über die Ausflußgeschwindigkeit (vom ersten Drittel des Inhalts nicht mehr als 30 ccm, von den beiden letzten Dritteln nicht mehr als 50 ccm in einer Minute), durch die erreicht werden soll, daß auch aus der bereits teilweise entleerten oder nicht waagerecht gehaltenen Flasche der Inhalt nur langsam auszufließen vermag. Die verschärften Vorschriften über die Ausstattung und Bezeichnung sind bestimmt, in wirksamerer Weise Verwechslungen des Inhalts mit anderen Flüssigkeiten zu verhüten. Als Angaben über die Art des Inhalts (§ 1 Abs. 3 Nr. 1) kommen die Bezeichnungen „Essigsäure" bzw. „Essig-Essenz" in Betracht. Die Begriffsbestimmung für Essigsäure findet sich im § 1 Abs. 1. Unter Essigessenz versteht man Essigsäure mit einem Gehalt von mindestens 50 g wasserfreier Essigsäure in 100 g.

Als Großverbraucher gelten insbesondere Gaststätten und Kantinen sowie Gemeinschaftsküchen in Kasernen, Arbeitslagern, Krankenhäusern, Wohlfahrtsanstalten, Erziehungsanstalten, Strafanstalten usw.

Nach § 3 der Verordnung darf Essigsäure nicht als Essig bezeichnet werden. Diese Vorschrift bezieht sich nur auf Essigsäure im Sinne des § 1 Abs. 1.

(Aus der amtl. Begründung zur V., Reichsanzeiger Nr. 470 v. 24. Februar 1940.)

Eine in Vorbereitung befindliche Verordnung über Essig ist noch nicht rechtskräftig geworden. Die Bezeichnung „Essig" ist allein den Erzeugnissen vorbehalten, die entweder durch Essiggärung aus weingeisthaltigen Flüssigkeiten oder durch Verdünnen von Essigsäure bzw. Essigessenz oder aber durch Mischen beider hergestellt sind und in 1 Liter 35 bis 150 g wasserfreie Essigsäure enthalten.

Wesentliche Bestimmungen über Essigessenz und unter Verwendung von Essigessenz hergestellte Essige enthält die Preisverordnung Nr. 49 der Dtsch. Zentralfinanzverwaltung in der sowjet. Besatzungszone vom 10. September 1947 (ZVOBl. 1947, Nr. 17, S. 181).

Selbstabfüllung von Essig-Essenz

Die Essigsäure-Vertriebsfirmen geben offene Essigsäure nur unter der Bedingung ab, daß diese zu Lebensmittelzwecken in Flaschen unter einem bestimmten Inhalt nicht abgefüllt werden darf. Eine Selbstabfüllung in die vorgeschriebenen Sicherheitsflaschen kommt also für den Drogisten nicht in Frage.

d) Verordnung über Fleischbrühwürfel und ähnliche Erzeugnisse

Vom 27. Dezember 1940 (RGBl. I S. 1672)

Auf Grund des § 5 Nrn. 3 und 5 sowie des § 20 des Lebensmittelgesetzes in der Fassung vom 17. Januar 1936 (RGBl. I S. 17) wird verordnet:

§ 1

(1) Als Fleischbrühwürfel oder gleichsinnig dürfen im gewerblichen Verkehr nur solche Erzeugnisse bezeichnet werden, die aus Fleisch, Fleischextrakt oder eingedickter Fleischbrühe, auch unter Mitverwendung von Kochsalz, tierischen und pflanzlichen Fetten, Würzen, Gemüseauszügen, Kräuterauszügen und Gewürzen, hergestellt sind und mindestens 0,45 vom Hundert Gesamtkreatinin enthalten, das aus dem verwendeten Fleisch oder Fleischextrakt stammt. Der Gehalt an löslichem Stickstoff als Bestandteil der den Genußwert bedingenden Stoffe muß mindestens 3 vom Hundert, der Kochsalzgehalt darf nicht mehr als 65 vom Hundert betragen. Der Zusatz von Kreatinin oder anderen Stickstoffverbindungen sowie von Zucker, Sirup, Stärke, Gelatine, Pektin oder anderen Verdickungsmitteln sowie von Farben und Konservierungsmitteln ist verboten.

(2) Als Hühnerbrühwürfel oder gleichsinnig dürfen im gewerblichen Verkehr nur solche Fleischbrühwürfel (Abs. 1) bezeichnet werden, zu deren Herstellung so viel Hühnerfleisch verwendet worden ist, daß mindestens ein Drittel des Extraktes und ein Drittel des Fettes dem Huhn entstammt.

§ 2

Als Hefebrühwürfel oder gleichsinnig dürfen im gewerblichen Verkehr nur solche Erzeugnisse bezeichnet werden, die mindestens 10 vom Hundert Hefeextrakt enthalten, und im übrigen den Vorschriften des § 1 Abs. 1 Satz 2 und 3 entsprechen.

§ 3

Erzeugnisse, die ohne Fleisch, Fleischextrakt oder Hefeextrakt hergestellt sind und daher weder Kreatinin noch Hefeextrakt enthalten, im übrigen jedoch den Vorschriften des § 1 Abs. 1 Satz 2 und 3 entsprechen, müssen im gewerblichen Verkehr als Brühwürfel kenntlich gemacht werden.

§ 4

Würzen dürfen nur aus hygienisch einwandfreien Fleischmehlen, Blutmehlen, Rückständen der Fischverarbeitung, Knochenbrühextrakt, Kasein, Hefe, Hefeextrakt, Getreidekleber, Preßrückständen der Speiseölgewinnung, Sojabohnen und entbitterten Lupinen durch Abbau des Eiweißes, auch mit Zusatz von Gemüseauszügen, Kräuterauszügen und Gewürzen, hergestellt werden. Die zum Aufschließen der Eiweißstoffe und zum Neutralisieren der Rohwürzen verwendeten Stoffe müssen technisch rein sein. Würzen, die zum unmittelbaren Verzehr bestimmt sind, (Speisewürzen), müssen mindestens 3 vom Hundert Gesamtstickstoff, davon mindestens die Hälfte Aminosäurestickstoff, enthalten; § 1 Abs. 1 Satz 3 gilt entsprechend.

§ 5

Die Vorschriften der §§ 1—3 gelten entsprechend auch für Erzeugnisse, die nicht würfelförmig sind, z. B. Tafeln, Pasten, Körner, Pulver, Flüssigkeiten.

§ 6

Als fettreich dürfen im gewerblichen Verkehr nur solche Erzeugnisse der in den §§ 1—3 angegebenen Art bezeichnet werden, die mindestens 25 vom Hundert Fett enthalten, als milde oder salzarm nur solche, die nicht mehr als 40 vom Hundert Salz enthalten.

§ 7

Bezeichnungen, die einem der in den §§ 1—4 aufgeführten Erzeugnisse eine besondere diätische Wirkung beilegen, wie Gesundheitsbrühwürfel, Krankenbrühwürfel, Kraftbrühwürfel, sind als irreführend anzusehen.

§ 8

Erzeugnisse, die geeignet sind, Fleischbrühwürfel (§ 1) oder ähnliche Erzeugnisse (§§ 2 und 3) oder Würzen (§ 4) vorzutäuschen oder zu ersetzen, dürfen gewerblich weder hergestellt noch in den Verkehr gebracht werden.

§ 9

(1) Diese Verordnung tritt am 1. Januar 1941 in Kraft.

(2) Gleichzeitig treten die Verordnungen über Fleischbrühwürfel und deren Ersatzmittel vom 25. Oktober 1917 (RGBl. S. 969) und vom 11. November 1924 (RGBl. I S. 743) außer Kraft.

e) Verordnungen über Gewürze und Ersatzgewürze

Verordnung über Gewürze

V. d. Magistrats von Groß-Berlin vom 1. Juli 1948
(VOBl. Bln. I 1948, Nr. 28, S. 367)

§ 1

(1) Gewürze sind Pflanzenteile (Wurzeln, Wurzelstöcke, Zwiebeln, Rinden, Blätter, Kräuter, Blüten, Früchte, Samen oder Teile davon), die wegen ihres aromatischen oder scharfen Geschmacks oder Geruchs als würzende Zutaten zur menschlichen Nahrung dienen.

(2) Würzkräuter sind Kräuter, die diesem Zweck dienen.

(3) Gewürzsalze sind Gemenge von Gewürzen, einschließlich der Würzkräuter, mit mindestens 50 v. H., jedoch höchstens 70 v. H. Kochsalz.

§ 2

In gemahlenem Zustand dürfen die nachstehend aufgeführten Würzkräuter und Teile von ihnen als solche im Kleinhandel nicht in den Verkehr gebracht werden:

1. Bohnenkraut, Basilikum, Dill, Estragon, Melisse, Beifuß, Petersilie;
2. die beim Rebeln von Würzkräutern jeder Art abfallenden Stengelteile;
3. getrocknete Würzkräuter jeder Art, die nicht gerebelt sind, also noch die Stengelteile enthalten (sogenannte Stengelware).

§ 3

In fein gemahlenem Zustande dürfen nicht in den Verkehr gebracht werden:

1. Würzkräuter jeder Art;
2. zur Würzung dienende Wurzeln und Wurzelstöcke, wie die von Liebstöckel, Engelwurz, Sellerie, Petersilie, Kalmus;
3. die Früchte von Anis, Fenchel, Kümmel, Koriander, Sellerie.

§ 4

(1) Gemenge von Gewürzen einschließlich der Würzkräuter, mit Kochsalz, die unter Bezeichnungen wie Küchengewürz, Kräutergewürz, Soßengewürz oder dergleichen in den Verkehr gebracht werden, dürfen höchstens 20 v. H. Kochsalz enthalten. Mit Kochsalz haltbar gemachte frische Würzkräuter oder Teile davon dürfen höchstens 25 v.H. Kochsalz enthalten. Erzeugnisse mit mehr als 50 v. H. Kochsalz dürfen nur als Küchengewürzsalz, Kräutergewürzsalz, Soßengewürzsalz oder dergleichen bezeichnet werden.

(2) Gewürzsalze müssen mindestens 30 v. H. Gewürze, einschließlich der Würzkräuter, enthalten.

(3) Die in § 2 Nr. 1 genannten Würzkräuter dürfen zur Herstellung von Gewürzsalzen nur in geschnittenem Zustande Verwendung finden.

§ 5

(1) Gemahlene Gewürze dürfen nur in ausreichend geruchsdichten Packungen oder Behältnissen aufbewahrt und in den Verkehr gebracht werden.

(2) Auf den Packungen oder Behältnissen der gemahlenen Gewürze, der Gewürzgemenge und Gewürzsalze (§ 4) muß der Zeitpunkt nach Monat und Jahr angegeben sein bis zu dem ihr Inhalt bei sachgemäßer Lagerung einen ausreichenden Würzwert behält. Bei kochsalzhaltigen Gewürzgemengen und bei Gewürzsalzen muß außerdem der Kochsalzgehalt in Gewichtshundertteilen angegeben sein.

(3) Die Vorschriften der Verordnung über die äußere Kennzeichnung von Lebensmitteln vom 8. Mai 1935 (RGBl. I S. 590) bleiben unberührt.

§ 6

Als verfälscht sind insbesondere anzusehen und auch bei Kenntlichmachung vom Verkehr ausgeschlossen:

1. Ausgezogene Gewürze, einschließlich der Würzkräuter;
2. Gewürze, einschließlich der Würzkräuter, deren Gehalt an Sand und Ton (in verdünnter Salzsäure unlösliche Bestandteile der Asche) 3 v. H., bei Majoran 5 v. H. übersteigt;
3. Gewürzgemenge und Gewürzsalze, die Streckmittel enthalten;

4. Gewürzsalze, deren Kochsalz- oder Gewürzgehalt nicht den Vorschriften des § 1 (3) oder des § 4 (2) entspricht;
5. kochsalzhaltige Gewürzgemenge, die nicht den Vorschriften des § 4 (1) entsprechen;
6. Gewürzgemenge, Würzkräuter und Gewürzsalze, die Nitritpökelsalz enthalten.

§ 7

Als verdorben sind insbesondere anzusehen und auch bei Kenntlichmachung vom Verkehr ausgeschlossen Gewürze, einschließlich der Würzkräuter, Gewürzgemenge und Gewürzsalze, die infolge zu langer oder mangelhafter Lagerung ihren Würzwert größtenteils eingebüßt haben.

§ 8

. . . . . .

Gleiche Verordnung: Bestimmungen der DWK zur Regelung des Verkehrs mit Gewürzen vom 2. April 1949 (ZVOBl. I 1949, Nr. 35, S. 275).

Verordnung über Ersatzgewürze

Vom 4. Mai 1942 (RGBl. I S. 278)

Auf Grund des § 5 Nrn. 2, 4, 6 und des § 20 des Lebensmittelgesetzes in der Fassung vom 17. Januar 1936 (RGBl. I S. 17) wird verordnet:

§ 1

Erzeugnisse, die an Stelle von Gewürzen verwendet werden sollen (Ersatzgewürze, Kunstgewürze), auch in Mischungen untereinander oder mit echten Gewürzen, dürfen nur mit Genehmigung des Reichsministers des Innern gewerbsmäßig hergestellt, aus dem Ausland eingeführt, zum Verkauf vorrätig gehalten oder in den Verkehr gebracht werden. Die Genehmigung kann jederzeit zurückgenommen werden[1]).

§ 2

Die im § 1 bezeichneten Erzeugnisse dürfen nur in Packungen oder Behältnissen in den Verkehr gebracht werden, auf denen angegegeben ist bis zu welchem Zeitpunkt bei geeigneter Aufbewahrung eine ausreichende Würzkraft erhalten bleibt.

§ 3

(1) . . . .

(2) Die Vorschriften der Verordnung über die Anmeldepflicht von Ersatzmitteln und neuen Erzeugnissen vom 27. Januar 1941 (RGBl I S. 75) und die dazu erlassenen Richtlinien bleiben unberührt.

Richtlinien für die Herstellung und den Vertrieb von Ersatzgewürzen und Ersatzgewürzmischungen nebst Begründung

(Reichsgesundheitsblatt Nr. 34/1942)

Nach Erlaß des RMdI. vom 25. Juni 1942 — IV e 11904/42-4223 — wird die auf Grund der Verordnung über Ersatzgewürze vom 4. Mai 1942 (RGBl. I S. 278) zu erteilende Genehmigung unter Beachtung nachstehender Richtlinien erfolgen.

---

[1]) Die Genehmigung erteilte später der Präsident des Reichsgesundheitsamts auf Grund folgender RdErlasse:
RdErl. d. RMdI. v. 18. Mai 1942 (MBliV. S. 1097).
RdErl. d. RMdI. v. 31. Dezember 1942 (MBliV. 1943 S. 63).

Richtlinien für die Herstellung und den Vertrieb von Ersatzgewürzen und Ersatzgewürzmischungen

1. Unter Gewürzen im engeren Sinne versteht man Pflanzenteile verschiedener Art (Wurzeln, Rinden, Blätter, Kräuter, Blüten, Früchte, Samen oder Teile davon), die wegen ihres aromatischen oder scharfen Geschmacks als würzende Zutaten zur menschlichen Nahrung dienen.

2. Ersatz- und Kunstgewürze sind Erzeugnisse, die dazu bestimmt sind, ein natürliches Gewürz zu ersetzen. Es handelt sich hierbei insbesondere um Geschmack- und Geruchstoffe, die aus natürlichen aromatischen Stoffen, also auch aus natürlichen Gewürzen gewonnen sind sowie um künstlich (synthetisch) hergestellte, mit und ohne Verwendung von Würzstoffträgern. Geschmack- und Geruchstoffe, die nicht als Ersatz für Naturgewürze angeboten werden, fallen nicht unter diese Verordnung.

3. Ersatzgewürzmischungen sind Mischungen mehrerer Ersatzgewürze, aber auch Mischungen von einem Ersatzgewürz mit einem oder mehreren Naturgewürzen oder mit Kochsalz oder Zucker.

4. Die Würzkraft von Ersatz- und Kunstgewürzen soll der des zu ersetzenden Naturgewürzes annähernd entsprechen.

5. Das Herstellen von Ersatzgewürzen durch Vermischen der zu ersetzenden natürlichen Gewürze mit Stoffen ohne eigenen Würzwert (Herstellen gestreckter Gewürze) ist nicht zulässig, desgleichen die Verwendung anorganischer Stoffe mit Ausnahme von Kochsalz.

6. Werden Mahlerzeugnisse stärkereicher Pflanzenteile als Würzstoffträger verwendet, so darf ihr Gesamtanteil 50 Gewichtshundertteile nicht überschreiten.

7. Künstliche Färbung ist auf der Packung kenntlich zu machen. Rote Färbung ist verboten.

8. Zur Verbesserung der Güte dürfen Ersatzgewürze bis zu 15 Gewichtshundertteilen von dem zu ersetzenden Naturgewürz enthalten.

9. Der Sandgehalt darf 3 Gewichtshundertteile nicht überschreiten. Der natürliche Kieselsäuregehalt der Ausgangsstoffe ist nicht als Sand zu berechnen.

10. Ersatz- und Kunstgewürze sowie Ersatz- und Kunstgewürzmischungen sind nur in Packungen und unter Bezeichnungen in den Verkehr zu bringen, aus denen zu ersehen ist, daß es sich um Ersatz- oder Kunsterzeugnisse handelt. Bei Ersatzgewürzen und Ersatzgewürzmischungen, die ausschließlich aus Extrakten natürlicher Gewürze und Würzstoffträgern bestehen oder zum Teil natürliche Gewürze enthalten, ist ein Hinweis auf die Verwendung natürlicher Extrakte bzw. die mengenmäßige Angabe des Gehalts an Naturgewürzen zulässig.

11. Auf jeder Packung ist außer den durch die Lebensmittelkennzeichnungsverordnung vorgeschriebenen Angaben der Kochsalz- und Zuckergehalt in Gewichtshundertteilen anzugeben, künstliche Färbung kenntlich zu machen (s. Ziff. 7), die Genehmigung zu vermerken mit den Worten „Genehmigt unter Nr. .....“ und der Zeitpunkt nach Monat und Jahr anzugeben, bis zu welchem der Inhalt bei sachgemäßer Lagerung seinen Würzwert behält.

12. Der in doppelter Ausfertigung beim Reichsgesundheitsamt, Berlin NW 87, Klopstockstraße 18, einzureichende Genehmigungsantrag muß folgende Angaben enthalten:

a) die Bezeichnung, unter der das Erzeugnis in den Verkehr gebracht werden soll,
b) die Bestandteile nach Art und Menge; bei den verwendeten Geschmack- und Geruchstoffen ist außerdem zu vermerken, ob es sich um natürliche oder synthetische handelt,
c) den Gehalt an ätherischen Ölen der zum Aromatisieren verwendeten ätherischen Öle, Aromen und Essenzen, insgesamt oder für jeden Stoff gesondert,
d) die Bezugsquellen für die zum Aromatisieren benutzten Stoffe und für künstliche Geschmacksstoffe,

e) im Falle einer künstlichen Färbung, Art, Menge und Bezugsquelle des verwendeten Farbstoffs,
f) eine genaue Beschreibung etwaiger besonderer Behandlungsverfahren,
g) den Preis, zu dem das Erzeugnis an den Verbraucher abgegeben werden soll.

Außerdem sind beizufügen in doppelter Anzahl:

h) die Gebrauchsanweisung,
i) Entwürfe von Packungen und Werbeschriften,
k) bei Kuchengewürzersatz- und Wurstgewürzersatzmischungen Gutachten des Instituts für Bäckerei an der Versuchsanstalt für Getreideverarbeitung, Berlin N 65, Seestraße 1, bzw. der Reichsanstalt für Fleischwirtschaft, Berlin W 15, Pariser Straße 25/26, über die praktische Brauchbarkeit des Ersatzerzeugnisses,

ferner:

l) eine Probe des Ersatzerzeugnisses (etwa 100 g).

13. Zugleich mit dem Genehmigungsantrag ist eine Gebühr von 30 RM. an die Kasse des Reichsgesundheitsamts, Berlin NW 87, Postscheckamt Berlin, Konto-Nr. 74, unter Bezugnahme auf den Antrag zu überweisen. Für etwa erforderliche weitere Untersuchungen hat der Antragsteller die Kosten zu tragen.

14. Jede Änderung der Zusammensetzung oder der Herstellungsweise ist dem Reichsgesundheitsamt anzuzeigen zwecks Herbeiführung einer Entscheidung, ob eine neue Genehmigung erforderlich ist.

15. Die Erteilung der Herstellungsgenehmigung gibt kein Anrecht auf Zuteilung bewirtschafteter Ausgangsstoffe.

16. Die für den Herstellungsort des Ersatzerzeugnisses zuständige chemische Untersuchungsanstalt erhält vertrauliche Mitteilung über seine Zusammensetzung, von der sie gegebenenfalls andere an der Lebensmittelüberwachung beteiligte Anstalten vertraulich unterrichten kann.

Begründung zu den Richtlinien für die Herstellung und den Vertrieb von Ersatzgewürzen und Ersatzgewürzmischungen

Zu 2. Um Zweifel zu beseitigen, scheint es notwendig darauf hinzuweisen, daß zu den Ersatzgewürzen auch solche als Ersatz für natürliche Gewürze in den Verkehr gebrachte Erzeugnisse gehören, die ausschließlich aus Naturgewürzextrakten mit oder ohne Beigabe von Würzstoffträgern bestehen, nicht dagegen Geschmack- und Geruchstoffe, die nicht als Ersatz für das Naturgewürz angeboten werden, wie z. B. Aromen und Essenzen.

Zu 4. Durch Forderung annähernd des gleichen Würzwertes, wie ihn die natürlichen Gewürze aufweisen, sollen minderwertige Erzeugnisse ausgeschlossen und die praktische Verwendung der Ersatzgewürze erleichtert werden.

Zu 5. Da Ersatzgewürze gemäß Ziffer 4 der Richtlinien in ihrem Würzwert den Naturgewürzen möglichst entsprechen sollen, und außerdem das Herstellen gestreckter Gewürze Täuschungsmöglichkeiten näherrückt, ist das Inverkehrbringen gestreckter Gewürze auch bei Kenntlichmachung zu verbieten. Das Verbot schließt aber nicht aus, daß z. B. die Schärfe eines Pfefferersatzes durch Strecken von scharfem Paprika erzielt wird. Anorganische Stoffe sind wesensfremde Bestandteile und daher als Würzstoffträger nicht zugelassen. Für Kochsalz, das als wesentlicher Bestandteil bestimmter Wurstgewürzersatzmischungen verwendet wird und auch in kleineren Gaben zum Erzielen bestimmter Geschmackswirkungen bei Ersatzgewürzen in Frage kommen kann, erscheint eine Ausnahmestellung gerechtfertigt. Unter Kochsalz ist Speisesalz zu verstehen.

Zu 6. Die Begrenzung des Zusatzes stärkereicher Mahlerzeugnisse als Würzstoffträger auf höchstens 50 Gewichtshundertteile soll verhüten, daß durch Verwendung von Ersatzgewürzen zum Würzen der Wurst ein mittelbarer Zusatz größerer Mengen z. B. von Mehl erfolgt.

Zu 7. Da der Farbe von Ersatzgewürzen unter Umständen eine wesentliche Bedeutung zukommt, z. B. beim Zimt, ist es zweckmäßig, künstliche Färbung unter Kenntlichmachung zu gestatten. Lediglich eine Rotfärbung ist verboten, um zu verhüten, daß bei Fleisch- und Wurstwaren durch Verwendung derartig gefärbter Ersatzgewürze eine bessere Beschaffenheit vorgetäuscht wird.

Zu 8. Geschmack und Geruch von Ersatzgewürzen erfahren oft durch geringe Zusätze des betreffenden Naturgewürzes eine wesentliche Verbesserung. Einen höheren Zusatz als etwa 15 Gewichtshundertteile des natürlichen Gewürzes zu gestatten, würde der mit der Zulassung der Ersatzgewürze verfolgten Absicht, den Verbrauch von ausländischen Gewürzen einzuschränken, entgegenstehen, die Abgrenzung von gestreckten Gewürzen, deren Herstellung nach Ziffer 5 verboten ist, zu erschweren und somit Täuschungen Vorschub leisten.

Zu 9. Bei Verarbeitung einwandfreier Ausgangsstoffe und Beobachtung der erforderlichen Sauberkeit im Betriebe ist nach den vorliegenden Erfahrungen ein Einhalten des zugelassenen Sandhöchstgehaltes durchaus möglich. Da aber als Würzstoffträger z. T. pflanzliche Stoffe mit einem hohen natürlichen Gehalt an Kieselsäure benutzt werden, ist es notwendig, um ungerechtfe igte Beanstandungen zu vermeiden, den natürlichen Kieselsäuregehalt der Würzstoffträger nicht als „Sand" zu berechnen.

Zu 10. und 11. Der Packungszwang soll Verfälschungen der Ware verhüten und ihre Lagerfähigkeit erhöhen. Die vorgesehene Kennzeichnung dürfte den berechtigten Interessen des Herstellers Rechnung tragen und zum Schutze des Verbrauchers vor Irreführung genügen.

Zu 12. Die geforderten Unterlagen werden benötigt, um die Beurteilung des Ersatzerzeugnisses hinsichtlich seines Würzwertes, seiner Unschädlichkeit, Bezeichnung und die Prüfung etwaiger Werbeschriften auf inhaltliche Richtigkeit und Freisein von Irreführungen zu ermöglichen. Da eine einwandfreie Beurteilung des Würzwertes von Wurstgewürzersatz- und Kuchengewürzersatzmischungen nur im praktischen Versuch möglich ist, wird für diese Ersatzgewürzmischungen die Vorlage eines besonderen Gutachtens über ihre praktische Verwendbarkeit erforderlich.

Zu 16. Die vertrauliche Bekanntgabe der Zusammensetzung an die zuständige chemische Untersuchungsanstalt und evtl. Weitergabe an andere an der Lebensmittelüberwachung beteiligte Anstalten ist notwendig, um die Überwachung zu erleichtern und sicherzustellen, daß das Erzeugnis in der genehmigten Zusammensetzung in den Verkehr kommt.

Verordnung über das Verbot der Verwendung von Cumin zur Herstellung von Lebensmitteln (Kümmelersatzverordnung)

V. für Mecklenburg vom 29. Januar 1948 (Reg. Bl. Mecklbg. 1948, Nr. 4, S. 23).

§ 1

(1) Die Verwendung von Cumin zur Herstellung von Lebensmitteln jeglicher Art ist verboten. Ebenso ist verboten, unter Verwendung von Cumin hergestellte Lebensmittel anzubieten, zum Verkauf vorrätig zu halten, feilzuhalten, zu verkaufen oder sonst in den Verkehr zu bringen.

(2) Cumin im Sinne dieser Verordnung sind die Früchte des Mutterkümmels (Umbellifere Cuminum Cymium), kurz Cumin genannt, welcher in Deutschland auch als Falscher-, Römischer-, Ägyptischer-, Welscher-, Türkischer-, Langer-, Hafer-, Kreuz-, Kron-, Linsen-, Mohren-, Pfeffer- oder Roß-Kümmel bezeichnet wird.

§ 2

....

f) Verordnungen über Honig und Kunsthonig

Verordnung über Honig

Vom 21. März 1930 (RGBl. I S. 101)

§ 1

Begriffsbestimmungen

(1) Honig ist der süße Stoff, den die Bienen erzeugen, indem sie Nektariensäfte oder auch andere, an lebenden Pflanzenteilen sich vorfindende süße Säfte aufnehmen, durch körpereigene Stoffe bereichern, in ihrem Körper verändern, in Waben aufspeichern und dort reifen lassen.

(2) Es wird unterschieden:

1. nach der pflanzlichen Herkunft
   a) Blütenhonig: Honig von Blüten (z. B. Akazien-, Esparsette-, Heide-, Klee-, Lindenhonig);
   b) Honigtauhonig: Honig von anderen Pflanzenteilen (Blatt-, Tannen-, Fichtenhonig);
2. nach der geographischen Herkunft
   a) deutscher Honig, Honig der innerhalb des Deutschen Reichs gewonnen worden ist, es sei denn, daß die Bienen vorwiegend mit ausländischem Honig gefüttert worden sind (z. B. ostpreußischer Honig, Schwarzwaldhonig, Allgäuhonig);
   b) ausländischer Honig: Honig, der außerhalb des Deutschen Reichs gewonnen worden ist (z. B.) ungarischer Honig, Havannahonig, Chilehonig, kalifornischer Honig);
3. nach der Art der Gewinnung
   a) Scheibenhonig oder Wabenhonig: Honig, der sich noch in den von Bienen gebauten und verdeckelten, unbebrüteten Waben (Jungfernwaben) befindet;
   b) dunkler Scheibenhonig: Honig, der sich noch in den von Bienen gebauten, brutfreien, größtenteils verdeckelten, nur wenig bebrütet gewesenen, höchstens ein Jahr alten Waben befindet;
   c) Schleuderhonig: mit der Schleuder aus den brutfreien Waben gewonnener Honig;
   d) Tropfhonig, Laufhonig, Senkhonig, Leckhonig: aus den brutfreien, zerkleinerten Waben ohne weitere Einwirkung ausgeflossener Honig;
   e) Preßhonig: aus den brutfreien Waben durch Pressen auf kaltem Wege gewonnener Honig;
   f) Seimhonig: aus den brutfreien, nicht eingestampften oder eingestampften Waben durch gelindes Erwärmen und nachfolgendes Pressen gewonnener Honig;
4. nach dem Verwendungszweck
   a) Speisehonig: vollwertiger, zum unmittelbaren Genuß durch Menschen bestimmter und geeigneter Honig;
   b) Backhonig: nicht vollwertiger und deshalb nur als Zusatz zu Backwaren verwendbarer Honig.

(3) Blütenhonig bildet in frischem Zustand eine dickflüssige, durchscheinende Masse, die allmählich mehr oder weniger fest und kristallinisch wird. Seine Farbe wechselt zwischen weiß, hell- bis dunkelgelb, grünlichgelb und braun, Geruch und Geschmack sind eigenartig, süß und aromatisch, je nach der Herkunft und Gewinnung des Honigs. Die Blütenhonige enthalten neben Fermenten und Pollenkörnern im allgemeinen bis 22 Hundertteile Wasser, 70 bis 80 Hundertteile eines Gemisches von Glukose (Traubenzucker) und Fruktose (Fruchtzucker), bis zu 5 Hundertteilen Saccharose (Rüben- oder Rohrzucker), 3 Hundertteile und mehr zuckerfreien Trockenrückstand, darunter organische Säuren, entsprechend 1 bis 4 Säuregraden, 0,3 Hundertteile und mehr Stickstoffverbindungen, ferner dextrinartige Stoffe; sie liefern 0,1 bis 0,35 Hundertteile Asche.

(4) Honigtauhonige erstarren nur schwer; sie haben dunklere Farbe und gewürzhaften oder harzigen Geruch und Geschmack. Außer einem höheren Gehalt an dextrinartigen Stoffen weisen sie auch einen höheren Gehalt an Saccharose (Rüben- oder Rohrzucker) auf und liefern mehr Asche (0,4 bis 1,0 Hundertteile) als die Blütenhonige; sie enthalten im allgemeinen bis 22 Hundertteile Wasser, 60 bis 70 Hundertteile eines Gemisches von Glukose (Traubenzucker) und Fruktose (Fruchtzucker), 5 bis 10 Hundertteile Saccharose (Rüben- oder Rohrzucker).

§ 2

Grundsätze für die Beurteilung

Als verdorben sind insbesondere anzusehen und, in den Fällen der Nr. 1, 2, 3, 4 auch bei Kenntlichmachung, vom Verkehr ausgeschlossen:

1. Honig, der, abgesehen von der in geringen Mengen stets vorhandenen natürlichen Säure, durch Essigsäuregärung, Milchsäuregärung oder auf ähnliche Weise sauer geworden ist, so daß der Säuregrad die Grenze von 4 Grad erheblich übersteigt;
2. Honig, der Blut enthält, verschimmelt oder stark verunreinigt ist oder ekelerregend riecht oder schmeckt;
3. aus verdorbenem Honig zubereiteter Honig, unbeschadet der Unterdrückung einer leichten Gärung durch Erhitzen;
4. durch Einstampfen der nicht brutfreien Waben gewonnene Erzeugnisse, auch ausgeschmolzen oder in Mischung mit Honig;
5. Honig, der in starke Gärung übergegangen ist, unbeschadet seiner Verwendung als Backhonig, sofern er als solcher gekennzeichnet ist;
6. treibender Honig, der einen dem Honig nicht eigenen Geruch oder Geschmack angenommen hat, unbeschadet seiner Verwendung als Backhonig, sofern er als solcher gekennzeichnet ist;
7. Honig, der so stark erhitzt ist, daß die diastatischen Fermente stark geschwächt oder zerstört sind, oder der angebrannt (karamelisiert) ist, auch in Mischung mit Honig, unbeschadet seiner Verwendung als Backhonig, sofern er als solcher gekennzeichnet ist.

§ 3

Als nachgemacht oder verfälscht sind insbesondere anzusehen und, in den Fällen der Nummern 4, 5 auch bei Kenntlichmachung, vom Verkehr ausgeschlossen:

1. durch Bienen aus Zucker oder zuckerhaltigen Zubereitungen gewonnene Erzeugnisse, auch in Mischung mit Honig;
2. honigähnliche Zubereitungen, deren Zuckergehalt nicht oder nur zum Teil dem Honig entstammt, sofern sie nicht als Kunsthonig gekennzeichnet sind und Oxymethylfurfurol enthalten;
3. Honig, dem Säuren, Alkalien, Farbstoffe, Aromastoffe oder sonstige fremde Stoffe unmittelbar oder mittelbar zugesetzt sind, sofern er nicht als Kunsthonig gekennzeichnet ist und Oxymethylfurfurol enthält;
4. Honig, dem unmittelbar oder mittelbar Wasser zugesetzt ist;
5. Honig, der mehr als 22 Hundertteile Wasser enthält, ausgenommen unverschnittener Heidehonig, der nicht mehr als 25 Hundertteile Wasser enthält.

§ 4

Eine irreführende Bezeichnung, Angabe oder Aufmachung liegt, soweit nicht die Verordnung über Kunsthonig vom 21. März 1930 (RGBl. I S. 102) anders bestimmt, insbesondere vor:

1. wenn ein Erzeugnis, das den Begriffsbestimmungen für Honig (§ 1) nicht entspricht, als Honig oder als eine bestimmte Honigsorte oder mit einer das Wort Honig enthaltenden Wortbildung oder mit einem gleichsinnigen Ausdruck bezeichnet wird;
2. wenn Honig nach der pflanzlichen oder geographischen Herkunft oder nach der Art der Gewinnung oder nach dem Verwendungszweck entgegen den Begriffsbestimmungen im § 1 Abs. 2 Nr. 1—4 bezeichnet wird;
4. wenn ein Honig, der nicht vorwiegend aus Nektariensäften stammt, als Blütenhonig bezeichnet wird;
5. wenn ein Honig nach einer Blütenart bezeichnet wird, aus deren Nektariensäften er nicht vorwiegend stammt;
6. wenn im Verkehr mit ausländischem Honig, auch gemischt mit deutschem Honig, der Eindruck erweckt wird, daß es sich um deutschen Honig handelt;
7. wenn im Verkehr mit Honig entgegen den Tatsachen auf eine besonders gute Beschaffenheit oder eine besonders sorgfältige Gewinnung hingewiesen wird;
8. wenn einem bestimmten Honig eine besondere diätetische oder gesundheitliche Wirkung beigelegt wird.

§ 5

....

Verordnung über Kunsthonig

Vom 21. März 1930 (RGBl. I S. 102)

§ 1

Begriffsbestimmung

(1) Kunsthonig sind aus mehr oder weniger stark invertierter Saccharose (Rüben- oder Rohrzucker) mit oder ohne Verwendung von Stärkezucker oder Stärkesirup hergestellte aromatisierte, meist künstlich gefärbte, in Aussehen, Geruch und Geschmack dem Honig ähnliche Erzeugnisse, die von ihrer Herstellung her organische Nichtzuckerstoffe, Mineralstoffe und Saccharose (Rüben- oder Rohrzucker) sowie stets Oxymethylfurfurol enthalten. Kunsthonig, der unter Verwendung von Stärkezucker oder Stärkesirup hergestellt ist, enthält auch die hieraus stammenden Dextrine.

(2) Kunsthonig sind auch die im § 3 Nr. 2, 3 der Verordnung über Honig vom 21. März 1930 (RGBl. I S. 101) bezeichneten Erzeugnisse.

(3) Kunsthonig bildet je nach der Art seiner Herstellung eine feste oder dickflüssige Masse, deren Farbe zwischen weiß, hell- bis dunkelgelb und braungelb wechselt. Flüssiger Kunsthonig wird bei längerem Stehen häufig ganz oder teilweise kristallinisch.

§ 2

Verbote zum Schutze der Gesundheit

(1) Es ist verboten, bei der Herstellung von Kunsthonig andere Säuren als Salzsäure, Schwefelsäure, Phosphorsäure, Kohlensäure, Ameisensäure, Milchsäure, Weinsäure und Zitronensäure zu verwenden; diese Säuren müssen chemisch rein sein.

(2) Es ist verboten, dem Abs. 1 zuwider hergestellten Kunsthonig in den Verkehr zu bringen.

§ 3

Grundsätze für die Beurteilung

Als verdorben sind insbesondere anzusehen und, auch bei Kenntlichmachung, vom Verkehr ausgeschlossen:

1. Kunsthonig, der, abgesehen von der in geringen Mengen stets vorhandenen Säure, durch Essigsäuregärung, Milchsäuregärung oder auf ähnliche Weise sauer geworden ist, so daß der Säuregrad die Grenze von 4 Grad erheblich übersteigt;
2. Kunsthonig, der verschimmelt oder stark verunreinigt ist oder ekelerregend riecht oder schmeckt;
3. aus verdorbenem Honig oder verdorbenem Kunsthonig zubereiteter Kunsthonig, unbeschadet der Unterdrückung einer leichten Gärung durch Erhitzen;
4. Kunsthonig, der in starke Gärung übergegangen ist.

§ 4

Als verfälscht sind insbesondere anzusehen und, auch bei Kenntlichung, vom Verkehr ausgeschlossen:

1. Kunsthonig, der mehr als 22 Hundertteile Wasser enthält;
2. Kunsthonig, der mehr als 30 Hundertteile Saccharose (Rüben- oder Rohrzucker) enthält;
3. Kunsthonig, dessen Säuregrad die Zahl 4 übersteigt;
4. Kunsthonig, der mehr als 0,4 Hundertteile Asche liefert;
5. Kunsthonig, bei dessen Herstellung auf 100 Teile des fertigen Erzeugnisses mehr als 20 Teile Stärkezucker oder Stärkesirup oder mehr als 20 Teile von diesen beiden Erzeugnissen verwendet worden sind.

§ 5

Eine irreführende Bezeichnung, Angabe oder Aufmachung liegt insbesondere vor:

1. wenn ein Erzeugnis, das der Begriffsbestimmung für Kunsthonig (§ 1) nicht entspricht, als Kunsthonig oder mit einem gleichsinnigen Ausdruck bezeichnet wird;
2. wenn ein Kunsthonig nicht durch die ungetrennte, aus Buchstaben von gleicher Größe bestehende Aufschrift „Kunsthonig" gekennzeichnet ist;
3. wenn die Bezeichnung eines Kunsthonigs das Wort „Honig" in anderer Verbindung als „Kunsthonig" enthält oder in anderer Weise auf die Art der Gewinnung von Honig oder auf die pflanzliche Herkunft von Honig hindeutet;
4. wenn ein Kunsthonig unter Zusatz von Honig hergestellt und mit einer Angabe über den Gehalt an Honig versehen ist, sofern nicht der Anteil an Honig in unmittelbarem Zusammenhang mit der in Nr. 2 vorgeschriebenen Bezeichnung „Kunsthonig" zahlenmäßig richtig angegeben ist;
5. wenn im Verkehr mit Kunsthonig entgegen den Tatsachen auf eine besonders gute Beschaffenheit oder eine besonders sorgfältige Art der Herstellung hingewiesen wird;
6. wenn einem Kunsthonig eine besondere diätetische oder gesundheitliche Wirkung beigelegt wird;
7. wenn im Verkehr mit Kunsthonig durch Umhüllungen, Bezettelungen oder Anpreisungen in Wort oder Bild auf Bienen, bienenähnliche Insekten, Bienenzucht oder Honiggewinnung hingewiesen wird.

§ 6

....

Verordnung über den Handel mit Kunsthonig in Packungen

Vom 16. Mai 1941 (RGBl. I S. 278)

§ 1: Soweit Kunsthonig abgepackt in Verkehr gebracht wird, dürfen die Packungen nur einen Inhalt im Gewicht von 250 Gramm oder einem Mehrfachen davon haben. Eine Abweichung bis zu 2 v.H. des Sollgewichts bleibt unberücksichtigt.

g) Verordnungen über Kaffee, Kaffee-Ersatz- und -Zusatzstoffe, über Kakao, Kakaoerzeugnisse und Kakaoschalen

Auf diese Verordnungen sei nur hingewiesen, da sie geringere Bedeutung für den Drogisten haben.

Verordnung über Kaffee. Vom 10. Mai 1930 (RGBl. I S. 169).

Verordnung über Kaffee-Ersatzstoffe und Kaffee-Zusatzstoffe. Vom 10. Mai 1930 (RGBl. I S. 171) mit Änderungen der Verordnung vom 27. Juni 1941 (RGBl. I S. 359).

Verordnung über Kakao und Kakaoerzeugnisse. Vom 15. Juli 1933 (RGBl. I S. 504)

Verordnung über Kakaoschalen. Vom 31. Dezember 1940 (RGBl. I 1941 S. 17). Nach dieser Verordnung ist es verboten, Kakaoschalen oder Erzeugnisse, die mit gepulverten Kakaoschalen vermischt sind, anzubieten, zum Verkauf vorrätig zu halten, feilzuhalten, zu verkaufen oder sonst in den Verkehr zu bringen.

Vorstehende Verordnung in der DDR aufgehoben und ersetzt durch: Verordnung über die Verwendung von Kakaoschalen und Kakaogrus bei der Herstellung von Süßwaren vom 27. Oktober 1950 (GBl. DDR. 1950, Nr. 134, S. 1167).

Verordnung über koffeinhaltige Erfrischungsgetränke und Zubereitungen zu ihrer Herstellung

Vom 24. Juni 1938 (RGBl. I, 1938, S. 691)

Da der Genuß von Koffein für Kinder und Jugendliche nicht zuträglich ist, die Leistungsfähigkeit Erwachsener herabgesetzt und für herz- und nervenleidende Personen gesundheitliche Gefahren mit sich bringt, muß bei Limonaden und limonadenähnlichen Erfrischungsgetränken mit einem Zusatz von Koffein oder Auszügen aus Kolanüssen oder anderen koffeinhaltigen Pflanzenteilen (Africola, Cola-Cola, Iscola u. a.), und den Essenzen, Pulvern, Sirupen, Würfeln und anderen Zubereitungen zu ihrer Herstellung der Gehalt an Koffein klar und eindeutig angegeben werden, und zwar nicht nur auf der Verpackung, sondern auch in allen der Werbung dienenden Druckschriften usw.

Verboten sind alle im Lebensmittelgesetz aufgeführten, irreführenden Angaben, Aufmachungen und Bezeichnungen.

h) Verordnung über Obsterzeugnisse

Vom 15. Juli 1933 (RGBl. I S. 495)

Mit Ergänzung der Verordnung vom 17. August 1938 (RGBl. I S. 1048)

§ 1

Als Obsterzeugnisse im Sinne dieser Verordnung gelten Obstkonfitüren, Marmeladen, Pflaumenmus, Obstsäfte, Obstsirupe, Obstgelee und Obstkraut.

§ 2 . . . . . .

§ 3

(1) . . . . . .

(2) . . . . . .

(3) Obstpektin sind aus Obstrückständen hergestellte flüssige oder pulverförmige Zubereitungen, meist mit einem geringen Zusatz von Weinsäure oder Milchsäure. Flüssiges Obstpektin ist in 3 cm hoher Schicht durchscheinend und enthält mindestens 2,5 Hundertteile Pektinstoff (berechnet als Kalziumpektat);

der Pektingehalt beträgt mindestens 25 Hundertteile der Trockenmasse. Pulverförmiges Obstpektin entspricht in 10prozentiger wässeriger Lösung diesen Bedingungen. Obstpektin wird mit dem Namen der verwendeten Obstart bezeichnet.

(4) Obstgeliersäfte sind Zubereitungen, die aus frischen Früchten einer pektinreichen Obstart durch Behandeln mit Wasser hergestellt werden. Obstgeliersäfte enthalten höchstens 2 Hundertteile Pektinstoff (berechnet als Kalziumpektat) und höchstens 15 Hundertteile Trockenmasse. Obstgeliersäfte werden mit dem Namen der verwendeten Obstart bezeichnet, z. B. als Apfelgeliersaft, Stachelbeergeliersaft.

Verbote zum Schutze der Gesundheit

§ 4

Es ist insbesondere verboten:

1. die in §§ 2, 3 bezeichneten Erzeugnisse so herzustellen, daß sie Arsen, Blei oder Zink oder mehr als technisch nicht vermeidbare Mengen Antimon oder Kupfer enthalten;
2. solche Erzeugnisse anzubieten, zum Verkaufe vorrätig zu halten, feilzuhalten, zu verkaufen oder sonst in den Verkehr zu bringen.

§§ 5, 6......

§ 7

Als verfälscht sind insbesondere anzusehen und auch bei Kenntlichmachung vom Verkehr ausgeschlossen:

......

16. Obstpektin, dessen Gehalt an Pektinstoff (berechnet als Kalziumpektat) weniger als 25 Hundertteile der Trockenmasse beträgt;
17. flüssiges Obstpektin und 10prozentige wässerige Lösungen von pulverförmigem Obstpektin, die weniger als 2,5 Hundertteile Pektinstoff (berechnet als Kalziumpektat) enthalten;
18. flüssiges Obstpektin und 10prozentige wässerige Lösungen von pulverförmigem Obstpektin, die zellige Elemente in makroskopisch wahrnehmbarer Menge enthalten oder in 3 Zentimeter hoher Schicht nicht durchscheinend sind;
19. Obstpektin, dem außer Weinsäure oder Milchsäure andere fremde Stoffe, insbesondere Mineralstoffe, zugesetzt worden sind;
20. Obstgeliersäfte, die mehr als 2 Hundertteile Pektinstoff (berechnet als Kalziumpektat) oder mehr als 15 Hundertteile Trockenmasse enthalten;
21. Obstgeliersäfte, die zellige Elemente in makroskopisch wahrnehmbarer Menge enthalten;
22. Obstgeliersäfte, denen fremde Stoffe zugesetzt sind.

......

Abschnitt III

Obstsäfte und Obstsirupe

Begriffsbestimmungen

§ 15

(1) Obstsäfte (Fruchtsäfte, Fruchtrohsäfte, Fruchtmuttersäfte) sind Zubereitungen, die durch Pressen von frischem oder vergorenem Obst einer Obstart mit oder ohne nachfolgende Filtration hergestellt sind. Obstsäfte aus Zitrusfrüchten enthalten meist einen geringen Zusatz von Schalenaroma. Obstsäfte werden mit dem Namen der verwendeten Obstart bezeichnet.

(2) Als Obstsaftsorten werden insbesondere unterschieden: Kirsch-, Himbeer-, Johannisbeer-, Erdbeer-, Apfel-, Birnen-, Zitronen-, Orangensaft.

(3) Als Kirschsaftsorten (Kirschmuttersaftsorten) werden unterschieden:

1. Kirschsaft, dunkler Sauerkirschsaft (Sauerkirschmuttersaft): der Saft aus dunklen Sauerkirschen, ausgenommen Schattenmorellen;
2. Heller Sauerkirschsaft (heller Sauerkirschmuttersaft); der Saft aus hellen Sauerkirschen sowie aus Schattenmorellen;

3. Gespriteter Kirschsaft: mehr oder weniger vergorener dunkler Sauerkirschsaft mit einem Gehalt bis zu 18 Raumhundertteilen Alkohol, von denen bis zu 15 Raumhundertteile in Form von Sprit zugesetzt sind;
4. Süßkirschsaft (Süßkirschmuttersaft): der Saft aus Süßkirschen aller Art.

§ 16

Obstsirupe (Fruchtsirupe) sind dickflüssige Zubereitungen, die durch Aufkochen des Obstsaftes aus einer Obstart mit technisch reinem weißem Verbrauchszucker (Saccharose) hergestellt sind. Obstsirupe werden zuweilen auch auf kaltem Wege durch unmittelbares Behandeln von frischem Obst oder Obstsäften mit Verbrauchszucker, zuweilen auch unter Verwendung einer geringen Menge Weinsäure oder Milchsäure, hergestellt. Obstsirupe enthalten höchstens 68 Hundertteile Zucker, Obstsirupe aus Zitrusfrüchten enthalten meist einen geringen Zusatz von Schalenaroma. Obstsirupe werden mit dem Namen der verwendeten Obstart bezeichnet.

§ 17
Ausnahmebestimmung

Säfte aus frischem Obst, die zum unmittelbaren Genuß unter Bezeichnung wie Most, Obstmost, Süßmost, alkoholfreier Obstsaft in den Verkehr gelangen, sowie eingedickte Säfte und unter Verwendung von eingedickten Säften hergestellte Sirupe gelten nicht als Obstsäfte oder Obstsirupe im Sinne dieser Verordnung.

§ 18
Verbote zum Schutze der Gesundheit

Es ist insbesondere verboten:
1. Obstsäfte und Obstsirupe so herzustellen, daß sie Arsen, Blei oder Zink oder mehr als technisch nicht vermeidbare Mengen Antimon oder Kupfer enthalten;
2. solche Obstsäfte und Obstsirupe anzubieten, zum Verkaufe vorrätig zu halten, feilzuhalten, zu verkaufen oder sonst in den Verkehr zu bringen.

§ 19
Grundsätze für die Beurteilung

Als verdorben sind insbesondere anzusehen und auch bei Kenntlichmachung vom Verkehr ausgeschlossen:
1. Obstsäfte und Obstsirupe, die verschimmelt oder stark verunreinigt sind oder fremdartig oder ekelerregend riechen oder schmecken;
2. aus verdorbenen Früchten zubereitete Obstsäfte und Obstsirupe, unbeschadet der Unterdrückung einer leichten Gärung durch Erhitzen;
3. Obstsäfte, die in stark saure, Obstsirupe, die in starke alkoholische oder saure Gärung übergegangen sind;
4. Obstsirupe, die angebrannt sind.

§ 20

Als nachgemacht sind insbesondere anzusehen und auch bei Kenntlichmachung vom Verkehr ausgeschlossen Erzeugnisse, die als Obstsaft oder Obstsirup in den Verkehr gebracht werden oder nach Aussehen, Geruch und Geschmack einem dieser Erzeugnisse ähnlich sind, sofern sie ganz aus Obstrückständen oder ganz oder teilweise aus anderen als den in dieser Verordnung zugelassenen Stoffen hergestellt sind. Ausgenommen sind die Säfte aus anderen Pflanzenteilen, sofern sie entsprechend bezeichnet sind, sowie Erzeugnisse aus anderen Stoffen, sofern sie als Kunsterzeugnisse kenntlich gemacht sind.

§ 21

Als verfälscht sind insbesondere anzusehen und, außer in den Fällen der Nr. 11, 18, 20, auch bei Kenntlichmachung vom Verkehr ausgeschlossen:
1. Obstsäfte und Obstsirupe, bei deren Herstellung Obstrückstände mitverwendet worden sind;
2. Obstsäfte und Obstsirupe, denen Wasser zugesetzt worden ist, unbeschadet des Ersatzes der beim Aufkochen verdampften Wassermenge bei Obstsirupen;

3. Obstsäfte und Obstsirupe, bei deren Herstellung Mineralstoffe verwendet worden sind;
4. Obstsäfte und Obstsirupe, bei deren Herstellung der Saft von mehr als einer Obstart verwendet worden ist, vorbehaltlich der Bestimmung in Nr. 20;
5. Obstsäfte, bei deren Herstellung Aromastoffe verwendet worden sind, unbeschadet der Verwendung von Schalenaroma bei Obstsäften aus Zitrusfrüchten (§ 15 Abs. 1);
6. Obstsäfte, denen Säuren zugesetzt worden sind;
7. Obstsäfte, bei deren Herstellung Farbstoffe, auch in Form von Säften anderer Obstsorten, oder sonstige fremde Stoffe verwendet worden sind;
8. Obstsäfte, die unter Verwendung von Auszügen aus getrocknetem Obst hergestellt sind;
9. Obstsäfte, die unter Verwendung von Nachpresse hergestellt sind;
10. Kirschsaft (§ 15 Abs. 3 Nr. 1), der nicht ausschließlich aus dunklen Sauerkirschen, ausgenommen Schattenmorellen, hergestellt ist;
11. Kirschsaft, der aus hellen Sauerkirschen oder Schattenmorellen hergestellt ist, sofern er nicht als „Heller Sauerkirschsaft" kenntlich gemacht ist;
12. Heller Sauerkirschsaft, der nicht ausschließlich aus hellen Sauerkirschen sowie Schattenmorellen hergestellt ist;
13. Süßkirschsaft, der nicht ausschließlich aus Süßkirschen hergestellt ist;
14. Kirschsäfte aller Art, bei deren Herstellung mehr als eine Kirschsaftsorte (§ 15 Abs. 3) verwendet worden ist;
15. Gespriteter Kirschsaft, sofern sein Alkoholgehalt 18 Raumhundertteile überschreitet;
16. Obstsirupe, bei deren Herstellung andere zuckerhaltige Erzeugnisse als technisch reiner weißer Verbrauchszucker (Saccharose) verwendet worden sind;
17. Obstsirupe, bei deren Herstellung andere Aromastoffe verwendet worden sind als diejenigen, die beim Einkochen entwichen, mit Hilfe von Kondensationsvorrichtungen wiedergewonnen und demselben Erzeugnis zugesetzt worden sind, unbeschadet der Verwendung von Schalenaroma bei Obstsirupen aus Zitrusfrüchten (§ 16);
18. Obstsirupe, die mehr als 0,3 Hundertteile zugesetzte Weinsäure oder Milchsäure enthalten, sofern nicht das Erzeugnis durch die Worte „mit Weinsäure" oder „mit Milchsäure" kenntlich gemacht ist, vorbehaltlich der Bestimmung in Nr. 19;
19. Obstsirupe, die mehr als 1 Hundertteil zugesetzte Weinsäure oder Milchsäure enthalten;
20. Obstsirupe, bei deren Herstellung Farbstoffe, auch in Form von Säften anderer Obstarten oder von Pflanzensäften, verwendet worden sind, unbeschadet der Herstellung von Himbeersirup aus höchstens 1 Teil Kirschsaft auf 9 Teile Himbeersaft, sofern das Erzeugnis als „Himbeersirup mit Zusatz von Kirschsaft" kenntlich gemacht ist;
21. Obstsäfte und Obstsirupe, bei deren Herstellung eingedickter Obstsaft verwendet worden ist.

§ 22

Eine irreführende Bezeichnung, Angabe oder Aufmachung liegt insbesondere vor:
1. wenn Erzeugnisse als Obstsäfte oder Obstsirupe oder als bestimmte Obstsaft- oder Obstsirupsorten oder mit einer die Worte Obstsaft oder Obstsirup enthaltenden Wortbildung oder mit einem gleichsinnigen Ausdruck bezeichnet werden, ohne den Begriffsbestimmungen (§§ 15, 16 zu entsprechen;
2. wenn Obstsäfte oder Obstsirupe mit Phantasienamen bezeichnet werden, sofern sie nicht zugleich die Bezeichnung der entsprechenden Obstsaft- oder Obstsirupsorte tragen;
3. wenn im Verkehr mit Obstsäften oder Obstsirupen entgegen den Tatsachen auf eine besonders gute Beschaffenheit oder auf eine besonders sorgfältige Art der Herstellung oder auf ein bestimmtes Herkunftsgebiet hingewiesen wird;
4. wenn im Verkehr mit Obstsäften oder Obstsirupen durch Umhüllungen, Bezettelungen oder Anpreisungen in Wort und Bild auf eine den Tatsachen nicht entsprechende Beschaffenheit der Erzeugnisse hingewiesen wird;
5. wenn einem Obstsaft oder Obstsirup entgegen den Tatsachen eine besondere diätetische Wirkung zugeschrieben wird.

......

Abschnitt V

§ 29a

Gelierstoffe

Es ist verboten, andere Erzeugnisse als Obstpektin (§ 3 Abs. 3) oder Obstgeliersäfte (§ 3 Abs. 4) zur Verwendung als Geliermittel oder Verdickungsmittel bei der Herstellung von Obsterzeugnissen herzustellen, anzubieten, feilzuhalten, zu verkaufen oder sonst in den Verkehr zu bringen, auch wenn die Verwendung nur für den eigenen Bedarf des Ahnehmers erfolgen soll.

i) Gesetz über die Verwendung salpetrigsaurer Salze im Lebensmittelverkehr (Nitritgesetz)

Vom 19. Juni 1934 (RGBl. I S. 513)

§ 1

(1) Vorbehaltlich der Vorschriften der §§ 2, 6 ist verboten, salpetrigsaure Salze (Nitrite)

1. für die Gewinnung, Herstellung oder Zubereitung von Lebensmitteln herzustellen, zu verpacken, zum Verkaufe vorrätig zu halten, anzubieten, feilzuhalten, zu verkaufen oder sonst in den Verkehr zu bringen;
2. bei der Gewinnung, Herstellung oder Zubereitung von Lebensmitteln zu verwenden;
3. in Räume von Lebensmittelbetrieben zu verbringen oder in diesen aufzubewahren.

(2) Das Verbot des Abs. 1 gilt auch für Gemische und Lösungen, die salpetrige Säure, frei oder gebunden, enthalten oder bei deren bestimmungsgemäßer Verwendung sich infolge eines Gehaltes an reduzierenden Stoffen salpetrige Säure, frei oder gebunden, bilden kann.

§ 2

Das Verbot des § 1 findet keine Anwendung auf

1. salpetrigsaures Natrium (Natriumnitrit), das für die Herstellung von Nitritpökelsalz (§ 3) bestimmt ist;
2. Nitritpökelsalz (§ 3) für den im § 6 angegebenen Zweck;
3. Pökellaken, die unter Verwendung von Nitritpökelsalz (§ 3) oder von Kochsalz und Salpeter hergestellt worden sind.

§ 3

Nitritpökelsalz ist ein ausschließlich aus Speisesalz (Steinsalz, Siedesalz) und salpetrigsaurem Natrium (Natriumnitrit) bestehendes gleichmäßiges Gemisch, das höchstens 0,6 und mindestens 0,5 Hundertteile salpetrigsaures Natrium (berechnet als $NaNO_3$) enthält. Das Nitritpökelsalz darf nur in Mischmaschinen hergestellt werden, die eine gleichmäßige Durchmischung gewährleisten.

§ 4

Die Herstellung von Nitritpökelsalz bedarf der Genehmigung des Reichsministers des Innern. Die Genehmigung kann jederzeit ohne Entschädigung zurückgenommen werden.

§ 5

(1) Salpetrigsaures Natrium, das zur Herstellung von Nitritpökelsalz bestimmt ist, sowie Nitritpökelsalz dürfen nur in dichten, festen und gut verschlossenen Behältnissen oder dauerhaften Umhüllungen aufbewahrt, befördert, zum Verkaufe vorrätig gehalten, angeboten, feilgehalten, verkauft oder sonst in den Verkehr gebracht werden.

(2) Die Behältnisse und Umhüllungen für salpetrigsaures Natrium, das zur Herstellung von Nitritpökelsalz bestimmt ist, müssen an mindestens zwei in die Augen fallenden Stellen die deutliche, nicht verwischbare Aufschrift „Salpetrigsaures Natrium. Vorsicht! Trocken aufbewahren!" tragen.

(3) Die Behältnisse und Umhüllungen für Nitritpökelsalz müssen an mindestens zwei in die Augen fallenden Stellen die deutliche, nicht verwischbare Aufschrift „Nitritpökelsalz. Trocken aufzubewahren!" sowie den Namen oder die Firma des Herstellers und die Angabe des Ortes seiner gewerblichen Hauptniederlassung tragen. Zugleich müssen sie mit zwei bandförmigen Streifen von roter Farbe versehen sein, die bei Behältnissen oder Umhüllungen bis zu 50 cm Höhe mindestens 2 cm, im übrigen mindestens 5 cm breit sind.

§ 6

Nitritpökelsalz (§ 3) darf nur bei der Zubereitung von Fleisch sowie von Fleisch- und Wurstwaren, mit Ausnahme von zerkleinertem frischem Fleisch (Schabefleisch, Hackfleisch, Hackepeter), verwendet werden. Die gleichzeitige Verwendung von Salpeter neben Nitritpökelsalz ist verboten, jedoch darf bei Fleisch in großen Stücken Salpeter neben Nitritpökelsalz verwendet werden, sofern höchstens 1 kg Salpeter auf 100 kg Nitritpökelsalz kommt.

§§ 7—11

(Strafbestimmungen)

§§ 12—14

. . . .

RdErl. d. MdI., betr. Ausführung des Nitritgesetzes

Vom 26. Juli 1934 (MBliV. S. 1004 h)

Verordnung der Dtsch. Zentralverwaltung f. d. Gesundheitswesen und der Dtsch. Verwaltung f. Handel u. Versorgung i. d. sowj. Besatzungszone über die Verwendung von salpetrigsauren und salpetersauren Salzen im Lebensmittelverkehr

Vom 23. Februar 1948

(das Dtsch. Gesundheitswesen 1948, Heft 9, S. 267 und ZVOBl. 1948, S. 100)

(Von den Ländern dieser Zone dementsprechend in Kraft gesetzt und veröffentlicht in:
Brandenburg: GVBl. Brandbg. Amtsbl. 1948, Nr. 12, S. 269,
Mecklenburg: Reg.Bl. Mecklbg. 1948, Nr. 10, S. 66,
Sachsen: GVBl. Sa. 1948, Nr. 29, S. 638,
Sachsen-Anhalt: GBl. SaAnh. 1948, Nr. 13, S. 71,
Thüringen: RegBl. Thür. I 1948, Nr. 9, S. 68).

Diese Verordnungen geben im wesentlichen das Nitritgesetz von 1934 im Wortlaut wieder, nur die Genehmigungsbedingungen des RdErl. vom 26. Juli 1934 sind mit in die Verordnung aufgenommen worden. Die §§ 7—11 kommen in den Verordnungen in Fortfall, da nach den Verordnungen bei Zuwiderhandlungen die Strafbestimmungen des Lebensmittelgesetzes Anwendung finden.

Rheinland-Pfalz:

V. zum Ges. üb. d. Verwendung salpetrigsaurer Salze im Lebensmittelverkehr vom 9. Mai 1949 (GVBl. RhPf. 1949, Nr. 34, S. 274).
(Nitritpökelsalz nicht als Speisesalz verwendbar, in Haushaltungen usw. verboten).

RdErl. über die Verwendung von salpeterhaltigem Gewürz

RdErl. d. RMdI. vom 2. Dezember 1940 (MBliV. Nr. 50, S. 2211)

Der Erlaß weist darauf hin, daß Salpeter nicht als Gewürz anzusehen und seine Verwendung neben Nitritpökelsalz, also auch die Verwendung von salpeterhaltigen Gewürzen gemäß § 6 des Nitritgesetzes vom 19. Juni 1934, verboten ist.

k) Verordnung über Speiseeis

Vom 15. Juli 1933 (RGBl. I S. 510)

§ 1 . . . . . .

§ 2

(1) Speiseeis wird auch unter Verwendung von Halberzeugnissen hergestellt.

(2) Halberzeugnisse für Speiseeis sind Zubereitungen, die nicht zum unmittelbaren Genuß bestimmt und geeignet, sondern zur Weiterverarbeitung auf Speiseeis bestimmt sind. Es werden unterschieden:

1. . . . . . .
2. Speiseeispulver: Mischungen aus technisch reinem weißem Verbrauchszucker (Saccharose) und Stärkemehl, Tragant, Obstpektin oder Gelatine, mit oder ohne Verwendung von natürlichen oder künstlichen Geschmack- oder Geruchstoffen, Weinsäure, Zitronensäure und Farbstoffen. Zuweilen wird an Stelle von Verbrauchszucker auch Milchzucker oder Magermilchpulver verwendet, auch wird zuweilen dem Speiseeispulver Ei (§ 1 Abs. 1) zugesetzt.

§ 3

Bestimmungen über Packung der Halberzeugnisse

(1) Zur Abgabe an den Verbraucher dürfen Speiseeiskonserven nur in luftdicht verschlossenen Behältnissen, Speiseeispulver nur in Behältnissen oder Packungen in den Verkehr gebracht werden.

(2) Auf den Packungen oder Behältnissen müssen in deutscher Sprache und an einer in die Augen fallenden Stelle in deutlich sichtbarer, leicht lesbarer Schrift angegeben sein:

1. der Name oder die Firma und der Ort der gewerblichen Hauptniederlassung dessen, der die Halberzeugnisse hergestellt hat;
2. der Inhalt nach seiner Art als Speiseeiskonserve oder Speiseeispulver und nach deutschem Gewicht;
3. die Speiseeissorte, zu deren Herstellung das betreffende Halberzeugnis bestimmt ist;
4. die zur Erzielung der angegebenen Speiseeissorte erforderlichen Zutaten nach deutschem Maß oder Gewicht.

§ 4

Verbote zum Schutze der Gesundheit

(1) Es ist insbesondere verboten:

1. die in §§ 1, 2 genannten Erzeugnisse so herzustellen, daß sie Arsen, Blei oder Zink oder mehr als technisch nicht vermeidbare Mengen Antimon, Kadmium oder Kupfer enthalten.

(2) Es ist verboten, derartig hergestellte Erzeugnisse anzubieten, zum Verkaufe vorrätig zu halten, feilzuhalten, zu verkaufen oder sonst in den Verkehr zu bringen.

§§ 5, 6......

§ 7

Eine irreführende Bezeichnung, Angabe oder Aufmachung liegt insbesondere vor, wenn

......

5. Milchspeiseeis, Einfacheiskrem oder Kunstspeiseeis sowie Halberzeugnisse hierfür, zu deren Herstellung Vanillin oder der ihm entsprechende Äthyläther verwendet worden ist, in ihrer Bezeichnung einen Hinweis auf Vanille enthalten unbeschadet der Angabe „mit Vanillegeschmack";
6. ......
7. ......
8. Speiseeispulver, zu deren Herstellung künstliche Geschmack- oder Geruchstoffe oder künstliche Farbstoffe verwendet worden sind, nicht als „Speiseeispulver für Kunstspeiseeis" kenntlich gemacht sind, unbeschadet der Bestimmung in Nr. 5;
9. ......
10. Speiseeis oder seinen Halberzeugnissen im Einzelfall entgegen den Tatsachen eine besondere diätetische oder gesundheitliche Wirkung zugeschrieben wird.

l) Verordnung über Tafelwässer

Vom 12. November 1934 (RGBl. I S. 1183)

Mit Änderung der Verordnung vom 11. Februar 1938 (RGBl. I S. 199)

Auf Grund des § 5 Nr. 1a, b, Nr. 3a, b, Nr. 4 des Lebensmittelgesetzes vom 5. Juli 1927 (RGBl. I S. 134) in der Fassung vom 31. Juli 1930 (RGBl. I S. 421) wird nach Anhörung des nach § 6 des Lebensmittelgesetzes verstärkten Reichsgesundheitsrats verordnet:

Begriffsbestimmungen

§ 1

Tafelwässer sind:

1. Mineralwässer,
2. Mineralarme Wässer,
3. Künstliche Mineralwässer.

§ 2

(1) Mineralwässer sind natürliche, aus natürlichen oder künstlich erschlossenen Quellen gewonnene Wässer, die in 1 Kilogramm mindestens 1000 Milligramm gelöste Salze oder 250 Milligramm freies Kohlendioxyd enthalten und am Quellort in die für den Verbraucher bestimmten Gefäße abgefüllt sind. Mineralwässer werden zuweilen durch Belüftung enteisent und entschwefelt sowie mit Kohlensäure versetzt (vgl. § 7 Abs. 3).

(2) Säuerlinge (Sauerbrunnen) sind Mineralwässer mit einem natürlichen Gehalt von mindestens 1000 Milligramm freiem Kohlendioxyd in 1 Kilogramm, die, abgesehen von einem etwaigen weiteren Zusatz von Kohlensäure, keine willkürliche Veränderung erfahren haben (vgl. § 7 Abs. 3).

(3) Sprudel sind Säuerlinge, die aus einer natürlichen oder künstlich erschlossenen Quelle im wesentlichen unter natürlichem Kohlesäuredruck hervorsprudeln. Als Sprudel werden auch unter Kohlensäurezusatz abgefüllte Mineralwässer bezeichnet, auch wenn sie durch Belüftung enteisent oder entschwefelt sind (vgl. § 7 Abs. 3).

§ 3

Mineralarme Wässer sind aus natürlichen oder künstlich erschlossenen Quellen gewonnene Wässer, die, abgesehen von einem Kohlensäurezusatz (vgl. § 7 Abs. 5), keine willkürliche Veränderung erfahren haben und am Quellort in die für den Verbraucher bestimmten Gefäße abgefüllt sind.

§ 4

Künstliche Mineralwässer sind aus Wasser, Mineralwasser oder mineralarmem Wasser oder einem Gemisch aus diesen und Salzen oder Sole oder Kohlensäure oder mehreren dieser Zusätze hergestellte Erzeugnisse. Künstliche Mineralwässer werden auch durch Auslaugen von Mineralstoffen mit Wasser, auch kohlensäurehaltigem Wasser, hergestellt. Mineralarme Wässer (§ 3) gelten nicht als künstliche Mineralwässer.

§ 5

Sole ist natürliches salzreiches Wasser oder durch Wasserentziehung im Gehalt an Salzen angereichertes Mineralwasser mit einem Mindestgehalt von 14 Gramm gelösten, überwiegend aus Natriumchlorid bestehenden Salzen in 1 Kilogramm.

§ 6

Auch solche Wässer, die überwiegend zur Beseitigung, Linderung oder Verhütung von Krankheiten bestimmt sind, unterliegen, soweit sie als Tafelwasser (§ 1) angeboten, zum Verkaufe vorrätig gehalten, feilgehalten, verkauft oder sonst in den Verkehr gebracht werden, den Bestimmungen dieser Verordnung. Dasselbe gilt für Sole, die zur Herstellung von Tafelwasser bestimmt ist.

§ 7

Bestimmungen über Packung und Kennzeichnung

(1) Tafelwässer, die nicht unmittelbar nach ihrer Gewinnung oder Herstellung zum Verbrauch gelangen, dürfen zur Abgabe an den Verbraucher nur in verschlossenen Gefäßen in den Verkehr gebracht werden.

(2) Auf den Gefäßen müssen angegeben sein:

1. bei Mineralwässern der Name und der Ort der Quelle und der Name des Quelleigentümers oder die Firma des Vertriebsunternehmens;
2. bei mineralarmen Wässern der Abfüllort und der Name des Betriebsinhabers oder die Firma des Vertriebsunternehmens;
3. bei künstlichen Mineralwässern der Name oder die Firma und der Ort der gewerblichen Hauptniederlassung des Herstellers; bringt ein anderer als der Hersteller das Erzeugnis unter seinem Namen oder seiner Firma in den Verkehr, so ist anstatt des Herstellers dieser andere anzugeben.

(3) Mineralwässer, die eine Veränderung erfahren haben, müssen, sofern sie als Mineralwasser oder unter einem Quellnamen in den Verkehr gebracht werden, außerdem in unmittelbarem Zusammenhang mit dem Quellnamen und in gleicher Schriftart und -farbe folgende Angaben tragen:

1. „mit Kohlensäure versetzt", wenn sie, abgesehen von der Verwendung von Kohlensäure zur Verdrängung der Luft aus den Abfüllgefäßen, einen Kohlensäurezusatz erfahren haben;
2. „enteisent und mit Kohlensäure versetzt" oder „entschwefelt und mit Kohlensäure versetzt", wenn sie eine Enteisenung oder Entschwefelung durch Belüftung und einen Kohlensäurezusatz erfahren haben.

(4) Als „natürlich" oder mit einem gleichsinnigen Ausdruck darf ein Mineralwasser bezeichnet werden, das ohne willkürliche über oder unter Tage erfolgte Veränderung abgefüllt worden ist. Ein Mineralwasser, das einen Kohlensäurezusatz oder unter Zusatz von Kohlensäure eine Enteisenung oder Entschwefelung durch Belüftung erfahren hat, darf als „natürliches Mineralwasser" bezeichnet werden, wenn diese Bezeichnung in unmittelbarem Zusammenhang mit den im Abs. 3 vorgeschriebenen Angaben und in gleicher Schriftart, -farbe und -größe angebracht ist.

(5) Mineralarme Wässer dürfen, wenn das verwendete Wasser nachweisbar mindestens seit dem Jahre 1910 unter einem bestimmten Quellnamen vertrieben wird, mit diesem weiter bezeichnet werden, sofern nicht durch sonstige Bezeichnungen oder Angaben oder durch die Aufmachung der Eindruck erweckt wird, daß ein Mineralwasser (§ 2) vorliegt. Ein Kohlensäurezusatz muß bei Angabe des Quellnamens in unmittelbarem Zusammenhang damit und in gleicher Schriftart und -farbe kenntlich gemacht werden. Erfährt ein solches Wasser, abgesehen von einem Kohlensäurezusatz, eine willkürliche Veränderung, so darf es nach der ver-

wendeten Quelle bezeichnet werden, wenn es in unmittelbarem Zusammenhang mit dem Quellnamen und in mindestens halb so großen Buchstaben von gleicher Schriftart und -farbe die Angabe „Künstliches Mineralwasser" trägt.

(6) Künstliche Mineralwässer, die unter Mitverwendung von Mineralwasser oder Sole hergestellt sind, dürfen als Hinweis hierauf nur die im Druck nicht besonders hervortretende Angabe „unter Zusatz von . . . Mineralwasser" oder „unter Zusatz von . . . Sole" tragen.

(7) Die in Abs. 2, 3, 5 vorgeschriebenen Angaben müssen in deutscher Sprache an einer in die Augen fallenden Stelle in gut lesbarer Schrift angebracht werden.

§ 8

Verbote zum Schutze der Gesundheit

(1) Es ist insbesondere verboten:

1. zur Gewinnung oder Herstellung von Tafelwässern oder Sole anderes als gesundheitlich unbedenkliches Wasser zu verwenden;
2. Tafelwässer und Sole so zu gewinnen, herzustellen oder zu befördern, daß sie Blei, Zink, Kadmium oder Kupfer enthalten;
3. künstliche Mineralwässer so herzustellen, daß sie Antimon, Arsen, Barium, Strontium, Chrom, Jod, Brom, radioaktive Stoffe, freie Salpetersäure, freie Salzsäure oder freie Schwefelsäure enthalten, vorbehaltlich des Zusatzes von Barium, Strontium, Jod und Brom bei der Nachbildung eines bestimmten Mineralwassers in einer dem natürlichen Vorbild entsprechenden Menge;
4. solche Wässer anzubieten, zum Verkaufe vorrätig zu halten, feilzuhalten, zu verkaufen oder sonst in den Verkehr zu bringen.

(2) Diese Vorschriften finden keine Anwendung, soweit es sich nur um technisch nicht vermeidbare Verunreinigungen oder um natürliche Bestandteile der verwendeten Mineralwässer, Solen oder Quellsalze handelt.

Grundsätze für die Beurteilung

§ 9

Als verdorben sind insbesondere anzusehen und auch bei Kenntlichmachung vom Verkehr ausgeschlossen:

1. Tafelwässer, die infolge undichter Behältnisse so erhebliche Mengen Kohlensäure verloren haben, daß sie schal geworden sind;
2. Tafelwässer, die in Holzgefäßen aufbewahrt oder befördert worden sind.

§ 10

Als nachgemacht oder verfälscht sind insbesondere anzusehen und auch bei Kenntlichmachung vom Verkehr ausgeschlossen: künstliche Mineralwässer, die unter Verwendung von Salzen hergestellt worden sind, die nicht den im § 12 hinsichtlich ihrer Reinheit gestellten Anforderungen entsprechen.

§ 11

Eine irreführende Bezeichnung, Angabe oder Aufmachung liegt insbesondere vor, wenn

1. einem Tafelwasser entgegen den Tatsachen eine gesundheitliche oder diätetische Wirkung zugeschrieben wird;
2. bei Mineralwässern Angaben über deren chemische Zusammensetzung gemacht werden, die der tatsächlichen Zusammensetzung des Wassers, wie es in den Verkehr gebracht wird, nicht entsprechen; bei allen analytischen Angaben müssen die Mengen in Milligramm, bezogen auf 1 Kilogramm Wasser, sowie Monat und Jahr der Untersuchung angegeben werden;
3. bei mineralarmen Wässern oder künstlichen Mineralwässern auf die chemische Zusammensetzung, mit Ausnahme des Gehaltes an Kohlensäure, oder in Wort oder Bild auf besondere Heilwirkungen hingewiesen wird;

4. ein mineralarmes Wasser, außer im Falle des § 7 Abs. 5, oder ein künstliches Mineralwasser mit einer geographischen Bezeichnung, außer Selters oder Selterwasser, versehen wird. Ausgenommen ist künstliches Mineralwasser, das einem natürlichen Mineralwasser nachgebildet und in unmittelbarem Zusammenhang mit dem Namen des nachgebildeten Wassers in Buchstaben von gleicher Schriftart, -farbe und -größe als „künstlich" (z. B. „Künstliches Fachinger") gekennzeichnet ist;
5. die Beschriftung eines unter Verwendung von Sole hergestellten künstlichen Mineralwassers einen Hinweis auf die Verwendung oder die Herkunft der Sole enthält (§ 7 Abs. 6), sofern es nicht einen aus der Sole stammenden Natriumchloridgehalt von mindestens 1000 Milligramm in 1 Kilogramm enthält;
6. bei mineralarmen Wässern oder künstlichen Mineralwässern Bezeichnungen, wie Sprudel, Säuerling, Quelle, Bronn, Brunnen usw., auch in Wortverbindungen, oder entsprechende Phantasienamen oder Abbildungen, sei es auch nur als Bestandteil der Firma des Herstellers oder Verkäufers oder im Zusammenhang mit dieser, verwendet werden;
7. bei künstlichen Mineralwässern durch Wappen, Landschaften oder andere Abbildungen auf eine bestimmte Herkunft hingewiesen wird;
8. ein Mineralwasser als „natürlicher Sprudel" oder gleichsinnig bezeichnet wird, sofern es nicht ein aus einer natürlichen oder künstlich erschlossenen Quelle im wesentlichen unter Kohlensäuredruck hervorsprudelnder Säuerling ist, der keine willkürliche Veränderung erfahren hat;
9. eine Sole, die eine willkürliche Veränderung erfahren hat, als „natürliche" oder als „Natursole' bezeichnet wird;
10. eine Sole als „Mineralbrunnensole" oder gleichsinnig bezeichnet wird.

§ 12

Reinheit der Salze

Zur Herstellung von künstlichen Mineralwässern sowie von künstlichen Mineralwassersalzen und künstlichen Mineralwasserpastillen dürfen die in der Anlage aufgeführten Salze nur dann verwendet werden, wenn sie den dort gestellten Anforderungen entsprechen.

§ 13

Inkrafttreten

Diese Anordnung tritt am 1. April 1935 in Kraft.

Anlage

1. Kristallisiertes Natriumkarbonat (Soda)

Gehalt mindestens 37 Hundertteile wasserfreies Natriumkarbonat[1] [2]).

2. Getrocknetes Natriumkarbonat

Gehalt mindestens 74 Hundertteile wasserfreies Natriumkarbonat[1]).

3. Natriumkarbonat

Gehalt des über Schwefelsäure getrockneten Salzes mindestens 98 Hundertteile Natriumbikarbonat[1]).

[1]) Es folgen hier in der Anlage wortgetreu die Reinheitsprüfungen des DAB. 6.

[2]) Die für die Reinheitsprüfung vorgeschriebene Lösung hat abweichend vom DAB. 6 ein Lösungsverhältnis von 1 + 49 (im DAB. 1 + 19).

m) Verordnung über Tee und teeähnliche Erzeugnisse

Vom 12. Dezember 1942 (RGBl. I S. 707)

Auf Grund des § 5 Nrn. 2, 4, 5 und des § 20 des Lebensmittelgesetzes in der Fassung vom 17. Januar 1936 (RGBl. I S. 17) wird verordnet:

§ 1

Als Tee oder als Teemischung dürfen im gewerblichen Verkehr nur die nach dem in den Ursprungsländern üblichen Verfahren zubereiteten Blattknospen, jungen Blätter und jungen Triebe des Teestrauches (Gattung Thea) bezeichnet werden.

§ 2

Andere Erzeugnisse, die in der Art wie Tee (§ 1) verwendet werden sollen (teeähnliche Erzeugnisse), dürfen nur mit Genehmigung des Reichsministers des Innern gewerbsmäßig hergestellt, zum Verkauf vorrätig gehalten oder in den Verkehr gebracht werden. Die Genehmigung kann jederzeit zurückgenommen werden[1]).

§ 3

Teeähnliche Erzeugnisse (§ 2) dürfen nur mit solchen Bezeichnungen, Aufmachungen und Angaben in den Verkehr gebracht werden, die jede Verwechslung mit Tee ausschließen.

§ 4

Teeähnliche Erzeugnisse, die nur aus Bestandteilen einer einzigen Pflanzenart hergestellt und keiner chemischen Behandlung unterzogen worden sind, unterliegen nicht der Genehmigungspflicht. Sie dürfen als Tee nur in solchen Wortverbindungen bezeichnet werden, welche die verwendeten Pflanzen oder Pflanzenbestandteile kennzeichnen, z. B. als Brombeerblättertee, Apfelschalentee, Apfelrestertee.

§ 5

Tee und teeähnliche Erzeugnisse dürfen nicht mit solchen Bezeichnungen, Aufmachungen oder Angaben angeboten oder in den Verkehr gebracht werden, die auf eine diätetische oder gesundheitliche Wirkung hinweisen.

§ 6

Teeähnliche Erzeugnisse dürfen nur in Packungen oder Behältnissen in den Verkehr gebracht werden.

§ 7

Erzeugnisse, die überwiegend als Arzneimittel verwendet werden, fallen nicht unter die Vorschriften dieser Verordnung.

§ 8

(1) . . . .

(2) Die Vorschriften der Verordnung über die Anmeldepflicht von Ersatzmitteln und neuen Erzeugnissen vom 27. Januar 1941 (RGBl. I S. 75) und die dazu erlassenen Richtlinien bleiben unberührt.

Richtlinien des Präsidenten des Reichsgesundheitsamts zur Verordnung über Tee und teeähnliche Erzeugnisse

Vom 12. Dezember 1942 (RGBl. I S. 707)

Vom 16. Februar 1943

Mit Zustimmung des Herrn Reichsministers des Innern werden die nachstehenden Richtlinien bekanntgegeben:

1. Teeähnliche Erzeugnisse sind zum Genuß bestimmte Ersatztees aus Kräutern und Früchten, künstliche Tees, Tee-Ersatz-Extrakte, -Essenzen, -Pulver, -Tabletten und ähnliche Erzeugnisse.

[1]) Die Genehmigungen erteilte später der Präsident des Reichsgesundheitsamts auf Grund des RdErl. d. RMdI. vom 31. Dezember 1942 (MBliV. 1943 S. 63).

2. Die Konservierung teeähnlicher Erzeugnisse mit chemischen Mitteln sowie ihre künstliche Färbung ist unzulässig, abgesehen von der Färbung durch Karamel (Zuckercouleur), die jedoch ausreichend kenntlich zu machen ist.

3. Die Verarbeitung größerer Mengen von Stoffen mit arzneilicher Wirkung oder von Bestandteilen, die für die Beschaffenheit des Erzeugnisses wertlos sind, zu teeähnlichen Erzeugnissen ist unzulässig.

4. Werden Abfälle oder Teile von Früchten zu teeähnlichne Erzeugnissen verarbeitet, so darf der Name der Frucht nur mit einem dies zum Ausdruck bringenden Zusatz gebraucht werden, z. B. Apfeltrester, Apfelschalen.

5. Bezeichnungen wie Brombeerblätter-Mischung u. dgl. sind nur gestattet, wenn der namengebende Bestandteil mehr als 50 Gewichtshundertteile der verkaufsfertigen Mischung ausmacht.

6. Außer den im § 4 der Verordnung genannten Beispielen kann die Bezeichnung „Tee" auch bei gemischten teeähnlichen Erzeugnissen in den Wortverbindungen „Kräutertee", „Alpenkräutertee" und „Fruchttee" in zutreffenden Fällen genehmigt werden. Bezeichnungen wie „Tee-Ersatz", „Ersatztee" und „Kunsttee" verstoßen nicht gegen die §§ 1 und 3 der Verordnung.

7. Eine chemische Behandlung im Sinne des § 4 der Verordnung ist z. B. eine mit Hilfe chemischer Zusätze herbeigeführte Fermentation oder der Zusatz einer den Geruch oder Geschmack beeinflussenden Essenz oder die Färbung mit Karamel (Zuckercouleur), nicht aber eine Fermentation, die ohne irgendwelche Zusätze, abgesehen von Wasser, erfolgt.

8. Da teeähnliche Erzeugnisse nur in Packungen oder Behältnissen in den Verkehr gebracht werden dürfen, müssen sie vom Hersteller auch an Abpackbetriebe und Großverbraucher in Behältnissen, z. B. geschlossenen Säcken, Kisten, Kartons geliefert werden.

9. Die Herstellungsgenehmigung ist von dem Hersteller, die Genehmigung zum Inverkehrbringen aus dem Ausland eingeführter teeähnlicher Erzeugnisse ist von der einführenden Firma zu beantragen.
Abpackbetriebe, Groß- und Einzelhändler bedürfen für teeähnliche Erzeugnisse, deren Herstellung genehmigt ist, nur dann einer besonderen Genehmigung, wenn sie diese Erzeugnisse unter einer anderen als der dem Hersteller genehmigten Bezeichnung oder Darbietungsform in den Verkehr bringen wollen.

10. Der dem Reichsgesundheitsamt, Berlin NW 87, Klopstockstraße 18, einzureichende Genehmigungsantrag muß die Bezeichnung, unter der das teeähnliche Erzeugnis in den Verkehr gebracht werden soll, die mengenmäßige Abgabe von dessen Zusammensetzung, die genaue Beschreibung etwaiger besonderer Behandlungsverfahren, die Gebrauchsanweisung, den Verkaufspreis und Entwürfe oder Muster der Packungen und Werbeschriften enthalten. Eine etwa 50 g schwere Probe des teeähnlichen Erzeugnisses ist dem Antrag beizufügen.

11. Zugleich mit dem Genehmigungsantrag ist eine Gebühr von 30 RM. an die Kasse des Reichsgesundheitsamts, Postscheckamt Berlin, Konto-Nr. 74, unter Angabe des Betreffs zu überweisen.

12. Jede beabsichtigte Änderung der Zusammensetzung der Herstellungsweise, der Bezeichnung oder Darbietungsform des teeähnlichen Erzeugnisses ist dem Reichsgesundheitsamt anzuzeigen, das darüber entscheidet, ob eine neue, gebührenpflichtige Genehmigung erforderlich ist.

13. Zugleich mit der Genehmigung wird dem Antragsteller eine Genehmigungsnummer mitgeteilt, die auf den Packungen und Behältnissen mit den Worten zu vermerken ist „Genehmigt unter Nr......". Abpacker haben die dem Hersteller bzw. der einführenden Firma bzw. der Vertriebsfirma (vgl. Ziff. 8) erteilte Genehmigungsnummer den Packungen aufzudrucken.

14. Die Erteilung der Herstellungsgenehmigung gibt kein Anrecht auf Zuteilung bewirtschafteter Ausgangsstoffe.

15. Betriebe, die bereits eine Genehmigung des Herrn Reichsministers des Innern für die Herstellung eines teeähnlichen Erzeugnisses besitzen und dieses Erzeugnis noch in der gleichen Zusammensetzung, Bezeichnung und Darbietungsform herstellen, haben Abschrift der Genehmigung zwecks Erteilung einer Genehmigungsnummer dem Reichsgesundheitsamt bis spätestens zum 28. Februar 1943 einzureichen.

16. Die Vorschriften der Lebensmittelkennzeichnungsverordnung vom 8. Mai 1935 (Reichsgesetzblatt I S. 590) in ihrer geltenden Fassung werden durch diese Verordnung nicht berührt.

n) Verordnung über vitaminisierte Lebensmittel

Vom 1. September 1942 (RGBl. I S. 538)

Auf Grund des § 5 Nrn. 2, 4, 5 und des § 20 des Lebensmittelgesetzes in der Fassung vom 17. Januar 1936 (RGBl. I S. 17) wird verordnet:

§ 1

(1) Lebensmittel, deren Vitamingehalt ganz oder teilweise auf einem Zusatz von natürlichen oder synthetischen Vitaminen oder von besonders vitaminreichen Stoffen oder auf der Anwendung von chemischen, physikalischen oder biologischen Verfahren beruht (vitaminisierte Lebensmittel), dürfen mit einem Hinweis auf ihren Vitamingehalt nur dann angeboten, feilgehalten, verkauft oder sonst in den Verkehr gebracht werden, wenn sie beim Reichsgesundheitsamt angemeldet worden sind. Bei der Anmeldung sind der Name oder die Firma des Herstellers, die Art der Herstellung, die Art und Menge der zugesetzten oder durch chemische, physikalische oder biologische Verfahren erzeugten Vitamine sowie die in Aussicht genommene Bezeichnung anzugeben. Eine Probe des vitaminisierten Lebensmittels sowie das gesamte Werbematerial sind beizufügen.

(2) Der Reichsminister des Innern kann den Verkehr mit vitaminisierten Lebensmitteln bestimmter Art allgemein oder im Einzelfall untersagen oder beschränken.

(3) Zu den Vitaminen im Sinne dieser Verordnung gehören auch die Provitamine.

§ 2

Vitaminisierte Lebensmittel (§ 1) dürfen nur in Packungen oder Behältnissen feilgehalten oder in den Verkehr gebracht werden, auf denen die durch chemische, physikalische oder biologische Verfahren erzeugten Vitamine nach ihrer Art, die zugesetzten Vitamine nach Art und Menge, außerdem in allen Fällen der Name oder die Firma des Herstellers sowie Ort und Zeit (Monat und Jahr) der Herstellung deutlich sichtbar angegeben sind.

§ 3

(1) . . . .

(2) Die Vorschriften der Verordnung über die Anmeldepflicht von Ersatzmitteln und neuen Erzeugnissen vom 27. Januar 1941 (RGBl. I S. 75) und die dazu erlassenen Richtlinien bleiben unberührt.

Vitaminhaltige und vitaminisierte Lebensmittel

Verordnung und Durchführungsverordnung d. Dtsch. Zentralverwaltung f. d. Gesundheitswesen i. d. sowj. Besatzungszone vom 27. Juni 1947

(Brandenburg: V. v. 12. September 1947, GVBl. Brandbg. Amtsbl. 1947, Nr. 8, S. 182, Mecklenburg: Bek. v. 11. November 1947, RegBl. Mecklbg. 1947, Nr. 26, S. 292.)

o) Bestimmungen über die Verwendung von Glykolen

Auf Grund physikalischer und sonstiger Eigenschaften erschienen die zweiwertigen Alkohole, Glykole, als Austauschstoffe für die mangelnden ein- und dreiwertigen Alkohole (Glyzerin) geeignet. Physiologische Wirkungen von Glykol führten aber zu strengen Verwendungsverboten, wie z. B.:

Verwendung von Glykol und Glykolverbindungen im Lebensmittelverkehr

RdErl. d. RMdI. vom 10. August 1942 (MBliV. 1942, Nr. 33, S. 1687)

Es ist wiederholt festgestellt worden, daß bei der Herstellung von Limonadenessenzen, Liköressenzen, Backaromen und anderen Erzeugnissen als Lösungsmittel an Stelle des Alkohols Glykol oder Glykolverbindungen, insbesondere Äthylglykol, Diäthylenglykolmonoäthyläther (APV., Solutol) und 1,2-Propylenglykol, verwendet werden. Es wird darauf hingewiesen, daß diese Stoffe giftig oder doch zum mindesten gesundheitlich bedenklich sind und deren Verwendung bei der Herstellung von Lebensmitteln nach LMG. verboten und strafbar ist.

Verwendung von Glykolen bei der Herstellung von Lebensmitteln

Erlaß d. Dtsch. Zentralverwaltung f. d. Gesundheitswesen i. d. sowjet. Besatzungszone vom 5. März 1946 (IX (2a) 30/46 – 109/46)

Die Verwendung von Glykolen bei der Herstellung von Lebensmitteln muß ihrer nierenschädigenden Wirkung und ihrer Eigenschaft wegen, als kumulierendes Gift zu wirken, für die Lebensmittelherstellung grundsätzlich ausscheiden.

Ihre Anwendung bei der Herstellung von Lebensmitteln war schon bisher verboten. Eine Sonderstellung nimmt lediglich das 1,2-Propylenglykol ein, das weniger kumulierende Wirkung zeigt. Gegen die Verwendung von 1,2-Propylenglykol zur Herstellung des Präparates „Antimucor" bestehen daher keine Bedenken, während alle anderen Glykole hierfür ausscheiden. Auch die Verwendung von Glycerogen mit wenigen Prozenten Äthylenglykol wäre für das genannte Präparat nicht zu beanstanden.

Anordnung über das Verbot der Abgabe von Glykol und glykolhaltigen Mitteln

Anordnung d. Landesregierung Sachsen vom 27. Oktober 1947 (GVBl. Sachsen 1947, Nr. 21, S. 513)

I. Glykol, Diglykol und Glykoläther, mit Ausnahme von 1,2-Propylenglykol dürfen nicht durch den Einzelhandel angeboten, an die Verbraucherschaft verkauft, feilgehalten oder sonst in den Verkehr gebracht werden.

II. (1) Das Verbot erstreckt sich auch auf Lebensmittel, Arzneimittel, kosmetische Artikel und sonstige Artikel des häuslichen Bedarfs, die Glykole oder deren Derivate enthalten.
(2) Ausgenommen hiervon sind Arzneimittel zur äußerlichen Anwendung und kosmetische Artikel, wenn sie mit Zusätzen versehen sind, die ihnen einen unangenehmen bitteren Geschmack verleihen. Ausgenommen sind ferner Zahnpasten, die die unter I aufgeführten Stoffe enthalten.

III. Zuwiderhandlungen gegen diese Anordnung werden nach den §§ 11–17 des LMG. bestraft.

IV. (1) . . . .
(2) Die bisherigen Vorschriften über die Verwendung und den Verkauf oder das Feilhalten von Glykol und Glykolderivaten werden aufgehoben, soweit sie mit dieser Anordnung übereinstimmen oder ihr entgegenstehen.

p) Bestimmungen über die Verwendung von Propyl- und Isopropylalkohol

Verwendung von Isopropylalkohol bei der Herstellung von Arzneimitteln, kosmetischen Mitteln, Lebensmitteln usw.

RdErl. d. Min. f. Volkswohlfahrt vom 17. Juni 1926

Nach diesem RdErl. ist gegen die Verwendung von Isopropylalkohol für die Herstellung von Duftstoffen und Riechmitteln und für die übrigen kosmetischen Mittel, wie Mund-, Zahn- und Haarwässer, nichts einzuwenden, soweit es sich nicht um kosmetische, Krankenpflege- und Einreibemittel handelt, die, wie Bayrum, Franzbranntwein, Sportmassagemittel, zur Einreibung großer Körperflächen dienen. Für Arzneimittel soll allgemein nur Äthylalkohol verwandt werden. Auch für die Hände-Desinfektion dürfte Isopropylalkohol abzulehnen sein, nachdem hierfür in dem mit Holzgeist vergälltem Branntwein und dem Brennspiritus befriedigende und billige Form des Äthylalkohols den Ärzten zur Verfügung stehen.

Die Verwendung von Isopropylalkohol für die Herstellung von Lebensmitteln, insbesondere von berauschenden Getränken, kann nicht verantwortet werden.

Verwendung von Propylalkohol zu Heilzwecken

Preuß. Min. Erl. vom 10. März 1926

Nach dem Erlaß wird vor dem Ersatz des Weingeistes bei der Herstellung von Arzneimitteln durch Propylalkohol (auch Isopropylalkohol) dringend gewarnt.

Verwendung von Propyl- u. Isopropylalkohol zu kosmetischen Zwecken

Anordnung Nr. 31 d. Reichsstelle Chemie vom 17. März 1941 (Dtsch. Reichsanzeiger Nr. 64)

Nach § 2 der Anordnung dürfen Propyl- und Isopropylalkohol zur Herstellung von Haarwasser Gesichtswasser, Kölnischem Wasser sowie anderen Körperpflegemitteln nicht verwendet werden.

q) Verordnung gegen die Verwendung von Mineralölen im Lebensmittelverkehr

Vom 22. Januar 1938 (RGBl. I S. 45)

§ 1

Mit Mineralöl oder mineralölhaltigen Stoffen behandelte Lebensmittel sind als verfälscht anzusehen und auch unter Kenntlichmachung vom Verkehr ausgeschlossen.

§ 2

Mineralöle und mineralölhaltige Stoffe dürfen für die Verwendung bei der Herstellung von Lebensmitteln nicht hergestellt, angeboten, feilgehalten, verkauft oder sonst in den Verkehr gebracht werden.

§ 3

. . . .

Auszug aus der amtl. Begründung der Verordnung vom 22. Januar 1938

(Deutscher Reichsanzeiger Nr. 69 vom 23. März 1938, abgedruckt in LebMitt-Rundschau 1938 S. 84 und in ZBeil. 1938, 30 82)

Mineralöle sind nicht nur für die menschliche Ernährung wertlos, sondern bieten infolge ihrer stark abführenden Wirkung auch Anlaß zu gesundheitlichen Bedenken. Die Aufnahme größerer Mengen kann Durchfälle, Erbrechen und Kolikanfälle zur Folge haben. Erfahrungsgemäß genügen schon 0,5 Gramm Paraffinöl, um bei Erwachsenen Störungen des Wohlbefindens hervorzurufen. Mineralöle und mineralölhaltige Stoffe gehören somit nicht in die menschliche Nahrung und sollen bei der Herstellung von Lebensmitteln nicht verwendet werden. Trotzdem werden solche Erzeugnisse unter allerlei Phantasienamen zum Backen, zum Einfetten der Backformen und Kuchenbleche sowie zum Trennen der angeschobenen Brote angeboten. Amtliche Warnungen sind ohne ausreichende Wirkung geblieben.

. . . .

Unter den Begriff der Mineralöle und Mineralölgemische im Sinne der Verordnung fallen nicht künstliche Fette, zu deren Herstellung Paraffine (Kohlenwasserstoffe) als Rohstoffe verwendet, dabei aber chemisch so weit verändert werden, daß ein neuer verdaulicher und auch sonst für die menschliche Ernährung geeigneter Stoff entsteht.

Verwendung von Paraffinöl im Lebensmittelgewerbe

RdErl. d. RMdI. vom 13. September 1938 (MBliV. S. 1571)

Auf Grund des § 20 Abs. 2 Nr. 3 des Lebensmittelgesetzes in der Fassung vom 17. Januar 1936 (RGBl. I S. 17) bestimme ich, daß abweichend von den Vorschriften der VO. gegen die Verwendung von Mineralölen im Lebensmittelverkehr vom 22. Januar 1938 (RGBl. I S. 45) bis auf weiteres reines Paraffinöl (Paraffinum liquidum), das den Anforderungen des Deutschen Arzneibuches 6. Ausg. entspricht, als Trennmittel bei der Herstellung von Dauerbackwaren und Bonbons sowie bei der Behandlung von getrockneten Weinbeeren, insbesondere Rosinen,

Sultaninen und Korinthen, verwendet werden darf, unter der Bedingung, daß nur unerhebliche Mengen in das Erzeugnis gelangen.

Seit 1945 sind in den Ländern erneute Warnungen vor Fettersatzstoffen und verschiedene Erlasse über die Verwendung von Mineralölen und -fetten im Lebensmittelverkehr ergangen, die jedoch inhaltlich nicht von den Bestimmungen von 1938 abweichen, z. B. in:

Hessen: Erl. v. 2. August 1949,
Niedersachsen: Erl. v. 16. Dezember 1949 (Amtsbl. Ndsa. 1950, S. 32),
Nordrhein-Westfalen: RdErl. v. 15. März 1949 (Min.Bl. NrhW. 1949, Nr. 24),
Württemberg-Baden: Warnung im Staatsanzeiger 1949, Nr. 23.

r) Verordnung über die Verwendung von Zelluloseäthern im Lebensmittelverkehr

Vom 18. April 1942 (RGBl. I S. 240)

Auf Grund des § 5 Nr. 1 und des § 20 des Lebensmittelgesetzes in der Fassung vom 17. Januar 1936 (RGBl. I S. 17) wird verordnet:

§ 1

(1) Es ist verboten,

1. bei der Herstellung von Lebensmitteln, Zelluloseäther zu verwenden,
2. unter Verwendung von Zelluloseäther hergestellte Lebensmittel anzubieten, zum Verkauf vorrätig zu halten, feilzuhalten, zu verkaufen oder sonst in den Verkehr zu bringen.

(2) Der Reichsminister des Innern kann Ausnahmen zulassen.

§ 2

. . . .

s) Verordnung über unzulässige Zusätze und Behandlungsverfahren bei Fleisch

Diese Verordnung ist keine Ausführungsbestimmung zum Lebensmittelgesetz. Sie ist auf Grund des § 21 des Fleischbeschaugesetzes vom 29. Oktober 1940 erlassen worden. Nach § 21 des Fleischbeschaugesetzes dürfen bei der gewerbsmäßigen Behandlung oder Zubereitung von Fleisch Stoffe oder Verfahren, die der Ware eine gesundheitsschädliche Beschaffenheit zu verleihen vermögen, nicht angewendet werden.

Verordnung über unzulässige Zusätze und Behandlungsverfahren bei Fleisch

Vom 31. Oktober 1940 (RGBl. I S. 1470)

Auf Grund des § 21 Abs. 2 und 3 des Fleischbeschaugesetzes vom 29. Oktober 1940 (RGBl. I S. 1463) wird verordnet:

§ 1

(1) Die Vorschriften des § 21 Abs. 1 des Gesetzes finden Anwendung

1. auf die folgenden Stoffe sowie auf die solche Stoffe enthaltenden Zubereitungen:
   a) Alkali-, Erdalkali- und Ammoniumhydroxyde und -karbonate,
   b) Aluminiumverbindungen,

c) Borsäure und ihre Verbindungen,
d) Chlorsäuren und ihre Verbindungen,
e) Farbstoffe jeder Art, ausgenommen gesundheitsunschädliche Farbstoffe zur Gelbfärbung der Hüllen der Wurstarten, bei denen die Gelbfärbung herkömmlich und als solche ohne weiteres erkennbar ist,
f) Fluorwasserstoffsäuren und ihre Verbindungen,
g) Formaldehyd und Stoffe, die bei ihrer Verwendung Formaldehyd abgeben,
h) organische Säuren und ihre Verbindungen, ausgenommen Essigsäure, Milchsäure, Weinsäure, Zitronensäure und deren Natriumverbindungen,
i) Phosphorsäuren und ihre Verbindungen,
k) Räuchermittel, ausgenommen frisch entwickelter Rauch,
l) schweflige Säuren und ihre Verbindungen;

2. auf Verfahren, die zur Befreiung tierischer Fette von Geruchsstoffen, Geschmacksstoffen, Farbstoffen und freien Fettsäuren dienen.

(2) Der Reichsminister des Innern kann Ausnahmen zulassen. Die Ausnahmeerlaubnis kann jederzeit ohne Entschädigung zurückgenommen werden.

§ 2

Das Nitritgesetz vom 19. Juni 1934 (RGBl. I S. 513), die Hackfleischverordnung vom 24. Juli 1936 (RGBl. I S. 570) und die Verordnung über Wurstwaren vom 14. Januar 1937 (RGBl. I S. 13) bleiben unberührt.

§ 3

Diese Verordnung tritt mit Wirkung vom 1. Januar 1941 an die Stelle der Verordnung über unzulässige Zusätze und Verhandlungsverfahren bei Fleisch und dessen Zubereitungen vom 30. Oktober 1934 (RGBl. I S. 1089) in der Fassung vom 9. Mai und 7. November 1935 (RGBl. I S. 593, 1291).

3. Konservierungsmittel

Der im Jahre 1932 veröffentlichte Entwurf einer Verordnung über Konservierungsmittel mit den im Jahre 1936 nicht veröffentlichten Änderungen ist bis 1942 nicht als geltendes Recht verkündet worden. 1946 wurde im ehemaligen Reichsgesundheitsamt ein überarbeiteter neuer Entwurf weiter erörtert. Aber bis jetzt sind in Deutschland gesetzliche Bestimmungen, durch die die Verwendung von Konservierungsmitteln bei Lebensmitteln allgemein geregelt wäre, erst in der Ostzone erlassen worden (s. am Schluß dieses Abschnittes).

Grundsätzliche Vorschriften bringt das Lebensmittelgesetz. Nach § 3 LMG. ist die Verwendung von Konservierungsmitteln verboten, wenn dadurch das betreffende Lebensmittel geeignet wird, die menschliche Gesundheit zu schädigen. Weiter ist ein Konservierungsmittel, rechtlich betrachtet, als ein das Lebensmittel verfälschender Fremdstoffzusatz anzusehen, der nach § 4 Nr. 2 LMG. zwar nicht verboten, aber ausreichend kenntlich zu machen ist.

Als allgemeine Richtlinien für die Zulassung von Konservierungsmitteln können heute noch die in der Begründung des Entwurfs von 1932 mitgeteilten und vom Reichsgesundheitsamt aufgestellten Leitsätze gelten:

1. Konservierungsmittel dürfen in der Lebensmittelindustrie nur dann verwendet werden, wenn aus gesundheitlichen, technischen und wirtschaftlichen Gründen die Notwendigkeit der Zulassung für ein bestimmtes Lebensmittel nachgewiesen ist.
2. Lebensmittel, die vom Verbraucher in berechtigter Erwartung als „frische Lebensmittel" gekauft werden (wie Milch, frisches Fleisch), sollen einen Konservierungsmittelzusatz nicht erhalten.
3. Ein Konservierungsmittel ist allgemein nur dann als zulässig zu erachten, sofern nachgewiesen ist, daß durch den Zusatz dem Lebensmittel nicht der Anschein einer Beschaffenheit verliehen wird, die geeignet ist, den Verbraucher über den wirklichen Zustand zu täuschen.
4. Vor Zulassung eines neuen Konservierungsmittels für Lebensmittel ist es notwendig, daß der Antragsteller zuvor die gesundheitliche Unbedenklichkeit dieses Mittels nachgewiesen hat.
5. Die gebräuchlichen Konservierungsstoffe, wie Speisesalz, Speisefette, Speiseöle, Zuckerarten, Essigsäure u. dgl., sollen von den Bestimmungen der Konservierungsmittelverordnung ausgenommen werden.

Die Auffassungen über die Arten von Konservierungsmitteln und ihre Menge und ihre Anwendung bei den verschiedenen Lebensmitteln liegen heute noch nicht eindeutig fest. Bei der gewerblichen Konservierung von Lebensmitteln kommen jedenfalls Salizylsäure, Flußsäure und nach Möglichkeit Borsäure nicht in Betracht. Borsäure wird zur Zeit noch unter Kennzeichnung in bestimmten Lebensmitteln (siehe die weiter unten folgenden Erlasse) geduldet.

Solange eine allgemeine gesetzliche Regelung über Konservierungsmittel nicht stattgefunden hat, gelten die Sondervorschriften weiter, die in einzelnen Gesetzen oder Verordnungen über bestimmte Lebensmittel enthalten sind.

Von den im Reichsrecht für bestimmte Lebensmittel enthaltenen Sondervorschriften über Konservierungsmittel sind hier folgende erwähnt:

a) die Verbote in § 1 der V. über unzulässige Behandlungsverfahren bei Fleisch und dessen Zubereitungen (s. S. 207),
b) die Verbote in § 3 Nr. 3 der V. über Honig (s. S. 189),
c) das Verbot in § 1 der V. über Fleischbrühwürfel und ähnliche Erzeugnisse (s. S. 183),
d) die Zulassungen in Art. 4 und 7 (s. S. 223, 224) und die Verbote in Art. 13 (s. S. 224) der Ausführungs-V. zum Weingesetz.

An älteren Ministerialerlassen sind hier folgende erwähnt:

1. Preuß. Ministerialerlaß v. 12. Januar 1904 (MBlHuG. S. 20): Betr. Schweflige Säure bei Dörrobst;
2. RdErl. preuß. Minister v. 29. März 1926 (MBlV. 1926 S. 410): Betr. Schweflige Säure bei Gewürzen und Gerstengrütze;
3. Preuß. Ministerialerlasse v. 23. Mai 1916 (MinBlfMedAng. S. 200), v. 16. Juni 1916 (MinBlfMedAng. S. 225) und v. 11. Januar 1927 (Beilage der Zeitschrift für Untersuchung der Lebensmittel 1927 Bd. 19 S. 46): Betr. Ameisen- und Benzoesäure für Fruchtsäfte und -pülpen;

4. Erlaß preuß. Minister v. 30. April 1928: Betr. Borsäure und Hexamethylentetramin für Eigelb, Krabben, Fischkonserven und Kaviar;
5. Rundschreiben des RMdI. an die Landesregierungen v. 3. Januar 1934 (RGesundhBl. 1934 S. 70): Betr. Borsäure bei Krabbenkonserven;
6. RdErl. d. RuPrMdI. v. 1. April 1935 (MBliV. S. 539): Betr. Benzoesäurehaltigen Eigelbs in Fleischsalat und Mayonnaisen.

An neueren Erlassen und Anordnungen sind zu erwähnen:

1. RdErl. d. RMdI. vom 25. März 1941 (MBliV. S. 575): Betr. Para-Oxybenzoesäureester und Para-Chlorbenzoesäure als Konservierungsmittel. (Zugelassen bei einer Anzahl von Lebensmitteln in festgelegten Höchstmengen ohne besondere Kenntlichmachung).

2. RdErl. d. RMdI. vom 12. Januar 1942 (MBliV. S. 206): Betr. Konservierung von Gewürzsoßen (nach Art der Worcester-Soße mit einem Zusatz von höchstens 0,2 v. H. Benzoesäure ohne besondere Kenntlichmachung).

3. Anordnung Nr. 40 der Reichsstelle „Chemie" über chemische Konservierungsmittel für Lebensmittel vom 23. Juli 1942 (Deutscher Reichsanzeiger Nr. 172 vom 25. Juli 1942).

Nach dieser Anordnung dürfen chemische Konservierungsmittel (das sind im Sinne dieser Anordnung Chemikalien sowie Mischungen oder Zubereitungen, die zur Haltbarmachung von Lebensmitteln bestimmt sind) nur in Packungen oder Behältnissen und nur dann in den Verkehr gebracht werden, wenn ihre Unbedenklichkeit zur Haltbarmachung von Lebensmitteln geprüft und bescheinigt ist. Die Anwendung dieser Anordnung ruht aber zur Zeit, da die in der Anordnung vorgesehenen Prüfungsstellen (Deutsches Frauenwerk, Reichsgesundheitsamt) weggefallen sind.

4. Verwendung von Salizylsäure zur Konservierung von Lebensmitteln.

Nach Mitteilungen der Versuchsstelle für Hauswirtschaft des früheren Dtsch. Frauenwerks war in Übereinstimmung mit dem Reichsgesundheitsamt Salizylsäure zum Aufstreuen bzw. Einrühren, gleichviel, ob es sich um Obst oder Gemüse handelt, zur Verwendung im Haushalt nicht mehr zugelassen. Die Mitteilung bezog sich gleichzeitig auf den Entwurf der Konservierungsmittelverordnung, wonach Salizylsäure zur gewerblichen Lebensmittelkonservierung nicht zulässig ist.

Salizylsäure darf mit Wirkung vom 1. November 1942 in Packungen als Konservierungsmittel für den Haushalt nicht mehr in den Verkehr gebracht werden. Gegen die Verwendung von mit Salizylsäure präparierten Einmachpapier zum Auflegen auf Einmachgut oder zum Verschließen von Einmachgefäßen bestehen dagegen keine Bedenken.

Auf eine Behandlung der Einzelheiten der oben angeführten Erlasse und Anordnungen wurde verzichtet, da ihr sachlicher Inhalt in die erwähnten Entwürfe einer Konservierungsmittelverordnung und in die folgenden Bestimmungen zur Regelung des Verkehrs mit Konservierungsmitteln übernommen worden ist.

Bestimmungen der Hauptverwaltung Gesundheitswesen der DWK zur Regelung des Verkehrs mit Konservierungsmitteln

Vom 22. April 1949 (ZVOBl. 1949, Nr. 35, S. 280)

Auf Grund der Anordnung über die Ermächtigung der Hauptverwaltung Gesundheitswesen zur Regelung des Verkehrs mit Gewürzen usw. vom 12. Januar 1949 (ZVOBl. S. 69) wird bestimmt:

§ 1

Konservierungsmittel im Sinne dieser Bestimmungen sind chemische Stoffe, die dazu bestimmt sind, die Lebensmittel länger genußtauglich zu erhalten und das Verderben der Lebensmittel zu verzögern oder zu vermindern.

§ 2

Unter diese Bestimmungen fallen nicht die Konservierung mit Speisesalz, Essig, Weingeist (auch in Form von Trinkbranntwein), Zuckerarten, Glyzerin, Kohlensäure, Essigsäure, Milchsäure, Weinsäure, Zitronensäure sowie die Herstellung von Fleisch- und Fischräucherwaren mit frisch entwickeltem Rauch, auch nicht die Anwendung von chemischen Stoffen bei der Lagerung von rohen ungeschälten Kartoffeln und von Fisch oder zur Bekämpfung von tierischen Schädlingen der Lebensmittel oder zur Behandlung von Trinkwasser. Auch die Behandlung von Tafelwässern mit oligodynamisch wirksamen kleinen Silbermengen nach amtlich zugelassenen Verfahren fällt nicht unter diese Anordnung.

§ 3

Diese Bestimmungen finden keine Anwendung auf Tabak, tabakhaltige und tabakähnliche Erzeugnisse.

§ 4

(1) Zur Konservierung von Lebensmitteln dürfen nur die in dem anliegenden Verzeichnis (Anlage 1) zugelassenen Stoffe verwendet werden, und zwar jeweils nur für die aufgeführten Lebensmittel bis zur angegebenen Höchstmenge. Die zur Konservierung eines Ersatzlebensmittels oder neuartigen Lebensmittels zuzulassenden Stoffe bestimmt die Hauptverwaltung Gesundheitswesen im Einvernehmen mit der Deutschen Wirtschaftskommission, Hauptverwaltung Handel und Versorgung.

(2) Konservierungsmittel müssen rein, insbesondere frei von gesundheitsschädlichen oder fremdartig riechenden oder schmeckenden Stoffen sein; soweit sie im Deutschen Arzneibuch aufgeführt sind, müssen sie dessen Anforderungen entsprechen.

§ 5

(1) Lebensmittel, denen Konservierungsmittel zugesetzt worden sind, dürfen vorbehaltlich der Vorschriften des Abs. 4 nur unter ausreichender Kenntlichmachung angeboten, zum Verkauf vorrätig gehalten, feilgehalten, verkauft oder sonst in den Verkehr gebracht werden.

(2) Die Kenntlichmachung muß an einer in die Augen fallenden Stelle in deutlich lesbarer Schrift angebracht werden, und zwar

1. bei Lebensmitteln, die in Packungen oder Behältnissen abgegeben werden, auf diesen Packungen oder Behältnissen,
2. bei Lebensmitteln, die lose abgegeben werden, an den Aufbewahrungsgefäßen oder auf einem bei der Ware angebrachten Schild.

(3) Zur Kenntlichmachung ist die Angabe „chemisch konserviert" erforderlich. Ein Zusatz von Borsäure muß jedoch durch die Angabe „mit Borsäure konserviert" kenntlich gemacht werden.

(4) Die Kenntlichmachung darf unterbleiben:

1. bei Lebensmitteln, die in Haushalten, Gaststätten, Kantinen, Gemeinschaftsküchen oder ähnlichen Einrichtungen zum Verbrauch an Ort und Stelle abgegeben werden,

2. bei den in den Nrn. 3, 4, 5, 6a, 6c, 7, 11 und 12 des anliegenden Verzeichnisses aufgeführten Lebensmitteln,
3. bei Lebensmitteln, die unter Verwendung von zulässigerweise konservierten Lebensmitteln hergestellt sind, sofern das Konservierungsmittel bei der Herstellung des Lebensmittels entfernt ist oder sofern der Gehalt an konservierten Lebensmitteln nicht mehr als ein Viertel der Gesamtmenge beträgt und ein weiterer Zusatz von Konservierungsmitteln nicht erfolgt ist.

§ 6

(1) Lebensmittel, die entgegen den Vorschriften des § 4 mit Konservierungsmitteln behandelt worden sind, gelten, soweit sie nicht als gesundheitsschädlich anzusehen sind, als verfälscht und sind auch bei Kenntlichmachung vom Verkehr ausgeschlossen.

(2) Lebensmittel, die mit einem Konservierungsmittel behandelt oder unter Verwendung eines konservierten Lebensmittels hergestellt worden sind, dürfen nicht als rein oder naturrein bezeichnet oder mit einer gleichsinnigen Bezeichnung versehen werden.

§ 7

(1) Es ist verboten, Konservierungsmittel für einen nach den Vorschriften dieser Bestimmungen nicht erlaubten Zweck herzustellen, anzubieten, zum Verkauf vorrätig zu halten, feilzuhalten, zu verkaufen oder sonst in den Verkehr zu bringen.

(2) Es ist verboten:
1. Konservierungsmittel in Mischungen untereinander (auch in Form von Lösungen), ausgenommen die in dem anliegenden Verzeichnis zugelassenen Mischungen,
2. Konservierungsmittel in Mischungen mit anderen Stoffen (auch in Form von Lösungen), ausgenommen Mischungen mit Speisesalz, Zucker, Glyzerin, Essigsäure, Milchsäure, Weinsäure, Zitronensäure sowie Mischungen der Para-Oxybenzoesäureäthyl- und -propylester mit den erforderlichen Mengen Ätzkalk,

anzubieten, zum Verkauf vorrätig zu halten, feilzuhalten, zu verkaufen oder sonst in den Verkehr zu bringen.

§ 8

(1) Konservierungsmittel, auch in Form von Mischungen oder Lösungen, dürfen nur in Packungen oder Behältnissen in den Verkehr gebracht werden.

(2) Auf den Packungen oder Behältnissen müssen in deutscher Sprache und in deutlich sichtbarer, leicht lesbarer Schrift angegeben sein:
1. die chemische Bezeichnung des Konservierungsmittels, bei Haushaltpackungen außerdem der Verwendungszweck und die zulässige Höchstmenge;
2. bei Konservierungsmitteln in Mischungen untereinander (auch in Form von Lösungen) die chemischen Bezeichnungen der Konservierungsmittel, die Zusammensetzung der Mischungen in Gewichtshundertteilen, der Verwendungszweck und die zulässige Höchstmenge;
3. bei Konservierungsmitteln in Mischungen mit anderen Stoffen (auch in Form von Lösungen) die chemischen Bezeichnungen und die Mengen der in den Mischungen enthaltenen Konservierungsmittel in Gewichtshundertteilen, der Verwendungszweck und die zulässige Höchstmenge;
4. der Inhalt nach deutschem Gewicht;

5. der Name oder die Firma und der Ort (Postanschrift) der gewerblichen Hauptniederlassung des Herstellers. Befindet sich die gewerbliche Hauptniederlassung des Herstellers im Ausland, ist aber das Konservierungsmittel im Inland hergestellt, so muß außerdem der Ort (Postanschrift) der Herstellung in folgender Form angegeben werden: „Hergestellt in . . . .". Bringt ein anderer als der Hersteller das Konservierungsmittel unter seinem Namen oder seiner Firma in den Verkehr, so ist anstatt des Herstellers dieser andere anzugeben;
6. bei Haushaltpackungen außer den in den Nrn. 1 bis 3 und 5 vorgeschriebenen Angaben die notwendige Menge, für deren Konservierung die Packung bestimmt ist, wie z. B. „Der Inhalt dieser Packung ist für . . . . kg bestimmt."

§ 9

(1) Die Verwendung von Phantasiebezeichnungen für Konservierungsmittel oder Mischungen von solchen oder Mischungen von solchen mit anderen Stoffen bedarf der Genehmigung der Hauptverwaltung Gesundheitswesen. Die genehmigten Phantasiebezeichnungen können an Stelle der im § 8 Abs. 2 Ziff. 1, 2, 3 vorgeschriebenen chemischen Bezeichnung verwendet werden.

(2) Die Hauptverwaltung Gesundheitswesen trifft die hierzu erforderlichen Vorschriften für das Genehmigungsverfahren und setzt die Genehmigungsgebühr fest (Anlage 2).

§ 10

Die Vorschriften der Verordnung zur Ausführung des Weingesetzes bleiben unberührt.

§ 11

Zuwiderhandlungen gegen die §§ 4, 6 und 7 dieser Bestimmungen werden nach § 11 des Lebensmittelgesetzes, Zuwiderhandlungen gegen die Bestimmungen der §§ 5, 8 und 9 nach § 12 des Lebensmittelgesetzes bestraft.

§ 12

Diese Bestimmungen treten mit der Verkündung im Zentralverordnungsblatt in Kraft.

Anlage 1
zu § 4 Abs. 1 vorstehender Bestimmungen

Verzeichnis der zugelassenen Konservierungsmittel

Vorbemerkungen:

(1) In dem nachfolgenden Verzeichnis sind unter der Bezeichnung „Ester" Para-Oxybenzoesäureäthylester ($C_9H_{10}O_3$) und Para-Oxybenzoesäurepropylester ($C_{10}H_{12}O_3$), auch in Form der Natrium- und Kalziumverbindungen und in Mischungen untereinander, zu verstehen (100 Teile Ester entsprechen 112 Teilen der Natrium- oder Kalizumverbindungen).

(2) Soweit Benzoesäure ($C_7H_6O_2$) als Konservierungsmittel zugelassen ist, darf an deren Stelle auch benzoesaures Natrium ($C_7H_5O_2Na$) in entsprechender Menge (100 Teile Benzoesäure entsprechen 118 Teilen benzoesaurem Natrium) oder eine Mischung von Benzoesäure und benzoesaurem Natrium verwendet werden, sofern die höchstzulässige Menge (berechnet als Benzoesäure) nicht überschritten wird. Statt Para-Chlorbenzoesäure ($C_7H_5O_2Cl$) darf auch para-chlorbenzoesaures Natrium ($C_7H_4O_2ClNa$) oder eine Mischung von beiden verwendet werden (100 Teile Para-Chlorbenzoesäure entsprechen 114 Teilen para-chlorbenzoesaurem Natrium).

(3) Soweit Benzoesäure als Konservierungsmittel zugelassen ist, darf ein Teil der Benzoesäure durch Ester ersetzt werden.

(4) Soweit Ameisensäure (CH_2O_2) als Konservierungsmittel zugelassen ist, dürfen an deren Stelle auch ameisensaures Natrium (CHO_2Na) oder ameisensaures Kalzium ($C_2H_2O_4Ca$) in entsprechenden Mengen (100 Teile Ameisensäure entsprechen 148 Teilen ameisensaurem Natrium oder 141 Teilen ameisensaurem Kalzium) verwendet werden, sofern die höchstzulässige Menge (berechnet als Ameisensäure) nicht überschritten wird.

(5) Die als Konservierungsmittel zugelassenen Mengen von schwefliger Säure (SO_2) oder deren Salzen sind als SO_2 berechnet. An Stelle der schwefligen Säure darf auch Kaliumpyrosulfit ($K_2S_2O_5$) (Kaliummetabisulfit) verwendet werden (100 Teile SO_2 entsprechen 173,5 Teilen Kaliumpyrosulfit — $K_2S_2O_5$), sofern die höchstzulässige Menge (berechnet als SO_2) nicht überschritten wird.

Lfd. Nr.	Lebensmittel	Konservierungsmittel	Höchstzulässige Gewichtsmenge des Konservierungsmittelzusatzes zu 100 g des Lebensmittels
1	Zubereitungen von Fischen und Krustentieren:		
	a) Kaltmarinaden	Ester	50 mg
		und/oder	
		Hexamethylentetramin ($C_6H_{12}N_4$)	25 mg
	b) Bratmarinaden	Ester	50 mg
	c) Kochmarinaden (Geleeware)	30prozentige Lösung von Wasserstoffsuperoxyd (H_2O_2)	200 mg zum Gelee
		oder	
		Ester	50 mg
	d) Lachs und Lachsersatz in Dosen	Mischung aus Benzoesäure ($C_7H_6O_2$) (25 mg) und Para-Chlorbenzoesäure ($C_7H_5O_2Cl$) 25 mg)	50 mg
		oder	
		Ester	50 mg
	e) Anchovis, Appetitsild, Gabelbissen	Borsäure (H_3BO_3)	500 mg
		oder	
		Benzoesäure ($C_7H_6O_2$)	500 mg
	f) Krebsschwänze, Krebsscheren	Hexamethylentetramin ($C_6H_{12}N_4$)	50 mg
		oder	
		Benzoesäure ($C_7H_6O_2$)	500 mg
	g) Krabben, Krabbenkonserven	Borsäure (H_3BO_3)	750 mg
	h) Kaviar (Rogen von Stör, Sterlet oder Hausen)	Hexamethylentetramin ($C_6H_{12}N_4$)	100 mg
		oder	
		Borsäure (H_3BO_3)	500 mg
	i) Rogen anderer Fische und Fischpasten	Hexamethylentetramin ($C_6H_{12}N_4$)	
		oder	
		Mischung aus Benzoesäure ($C_7H_6O_2$) und Hexamethylentetramin oder aus Ester und Hexamethylentetramin ($C_6H_{12}N_4$)	100 mg
2	Ei-Dauerwaren:		
	a) Flüssiges Eigelb	Benozesäure ($C_7H_6O_2$)	1000 mg
		oder	
		Ester	800 mg
	b) Flüssiges Eigelb und Vollei zur Herstellung von Dauerbackwaren und Teigwaren, ausgenommen diätetische Erzeugnisse	Benzoesäure ($C_7H_6O_2$)	1000 mg
		oder	
		Borsäure (H_3BO_3)	1500 mg
3	Margarine	Benzoesäure ($C_7H_6O_2$)	200 mg
		oder	
		Ester	100 mg
4	Hefe-Brotteig: während der warmen Jahreszeit	Kalziumpropionat ($CaC_6H_{10}O_4 + H_2O$)	400 mg (für 100 g Mehl
5	Gemüse-Dauerwaren:		
	a) Aufguß für Gurken, rote Rüben, grüne Tomaten	Benzoesäure ($C_7H_6O_2$)	200 mg
		oder	
		Ester	90 mg
		oder	
		Mischungen aus Benzoesäure ($C_7H_6O_2$) oder Ester (50 mg) und Ameisensäure ($C\ H_2O_2$) (150 mg)	200 mg
	b) Geriebener Meerrettich . . .	Benzoesäure ($C_7H_6O_2$)	125 mg
		oder	
		Ester	75 mg

Lfd. Nr.	Lebensmittel	Konservierungsmittel	Höchstzulässige Gewichtsmenge d. Konservierungsmittelzusatzes zu 100 g des Lebensmittels
6	Obsterzeugnisse:		
	a) Obstsüßmoste	Schweflige Säure (SO_2) (Reste aus der Kellerbehandlung)	8 mg
	b) Obstsäfte, Obstpülpe, Obstmark, flüssiges Obstpektin, Obstgeliersäfte, Obstrückstände, soweit sie zur Weiterverarbeitung bestimmt sind . .	Schweflige Säure (SO_2) oder	125 mg
		Benzoesäure ($C_7H_6O_2$) oder	150 mg
		Ester oder	90 mg
		Mischung aus Benzoesäure ($C_7H_6O_2$) (40 mg) und Para-Chlorbenzoesäure ($C_7H_5O_2Cl$) (40 mg) oder	80 mg
		25%ige Lösung von Ameisensäure (CH_2O_2)	1000 mg
	c) Obstkonfitüren, Marmeladen, Pflaumenmus (Oberflächenkonservierung)	Benzoesäure ($C_7H_6O_2$) oder Ester oder Ameisensäure in Lösungen zum Benetzen der Deckel der Aufbewahrungsgefäße oder von Papier, das zum Bedecken der Oberfläche dient, sowie zum Bestreichen der Oberfläche, Salizyl-Pergamentpapier zum Bedecken der Oberfläche	
	d) Trockenobst	Schweflige Säure (SO_2)	125 mg
7	Walnüsse	Schweflige Säure (SO_2), jedoch Zusatz nur bis zum 31. Dezember des Erntejahres zulässig	15 mg (höchstzulässiger Gehalt in den Nußkernen)
8	Essenzen (Aromen), die weniger als 12 Hundertteile Alkohol enthalten, Grundstoffe und Ansätze für Limonaden und alkoholfreie Heißgetränke sowie Pflanzenschleime.	Benzoesäure ($C_7H_6O_2$)	180 mg
		oder Ester	90 mg
9	Marzipan, Marzipan-Ersatz, Kremfüllungen, Fruchtfüllungen, fetthaltige Füllungen, auch für Waffeln und waffelartige Backwaren, fettreiche Glasuren, flüssige Fondantmasse, Makronenmasse	Benzoesäure ($C_7H_6O_2$)	150 mg
		oder Ester	120 mg
		oder Mischung aus Benzoesäure ($C_7H_6O_2$) (60 mg) und Para-Chlorbenzoesäure ($C_7H_5O_2Cl$) (60 mg)	120 mg
10	Eihaltige Speiseeiskonserven	Benzoesäure ($C_7H_6O_2$)	100 mg
		oder Ester	50 mg
11	Speisegelatine	Schweflige Säure (SO_2)	125 mg

Lfd. Nr.	Lebensmittel	Konservierungsmittel	Höchstzulässige Gewichtsmenge d. Konservierungsmittelzusatzes zu 100 g des Lebensmittels
12	Gelatinehaltige Überzugsmasse für Fleischdauerware (Schinken, Rauchfleisch, Dauerwurst usw.)	Benzoesäure ($C_7H_6O_2$)	200 mg
		oder	
		Para-Chlorbenzoesäure ($C_7H_5O_2Cl$)	100 mg
		oder	
		Ester	100 mg
13	Speisesenf	Benzoesäure ($C_7H_6O_2$)	150 mg
		oder	
		Ester	100 mg
14	Gewürzsoßen, Salatsoßen, Speisewürzen, Pilzextrakte	Benzoesäure ($C_7H_6O_2$)	200 mg
		oder	
		Ester	90 mg
		oder	
		Mischung aus Benzoesäure ($C_7H_6O_2$) (50 mg) und Para-Chlorbenzoesäure ($C_7H_5O_2Cl$) (50 mg)	100 mg
15	Mayonnaise und Tunken .	Benzoesäure ($C_7H_6O_2$)	250 mg
		oder	
		Ester	150 mg
		oder	
		Mischung aus Benzoesäure ($C_7H_6O_2$) (75 mg) und Para-Chlorbenzoesäure ($C_7H_5O_2Cl$) (75 mg)	150 mg
16	Gemüsesalat und Fleischsalat	Benzoesäure ($C_7H_6O_2$)	200 mg
		oder	
		Ester	100 mg
17	Flüssige und halbflüssige Kaffe-Extrakte, Kaffe-Ersatz-Extrakte	Ester	100 mg
18	Malzextrakt mit einem Wassergehalt von 20 bis 25 Hundertteilen und in Packungen oder Behältnissen von mindestens 5 kg	Ester	50 mg

Anlage 2

zu § 9 Abs. 2 vorstehender Bestimmungen

Vorschriften der Hauptverwaltung Gesundheitswesen über das Genehmigungsverfahren bei Anträgen auf Zulassung von Phantasiebezeichnungen für Konservierungsmittel

Für das im § 9 Abs. 2 der Bestimmungen zur Regelung des Verkehrs mit Konservierungsmitteln vom 22. April 1949 (ZVOBl. I S. 280) vorgesehene Genehmigungsverfahren bei Anträgen auf Zulassung von Phantasiebezeichnungen für Konservierungsmittel gelten die nachstehenden Vorschriften:

1. Der Antrag auf Genehmigung zur Verwendung von Phantasiebezeichnungen für Konservierungsmittel oder Mischungen von solchen oder Mischungen von solchen mit anderen Stoffen ist bei der Hauptverwaltung Gesundheitswesen der Deutschen Wirtschaftskommission einzureichen.

2. Der Antrag hat zu enthalten
   a) die Angabe der gewählten Phantasiebezeichnung,
   b) die Bezeichnung des Konservierungsmittels, der Mischung von solchen oder der Mischung von solchen mit anderen Stoffen für die die Phantasiebezeichnung verwandt werden soll,
   c) die Angabe des Namens (Firma) und des Niederlassungsortes des Herstellers (Postanschrift).

   Dem Antrag sind je zwei Muster des Konservierungsmittels oder der Mischung von solchen oder der Mischung von solchen mit anderen Stoffen mit genauer Angabe der Zusammensetzung beizufügen.

3. Das eine Muster wird auf Kosten des Antragstellers geprüft, das zweite Muster verbleibt bei dem Vorgang zwecks Vergleichs bei späteren Nachprüfungen.

4. Die Genehmigung zur Führung der Phantasiebezeichnung wird dem Antragsteller schriftlich erteilt. Die Genehmigung kann von Bedingungen oder Auflagen abhängig gemacht werden. Sie ist widerruflich.
5. Die Genehmigung zur Führung einer Phantasiebezeichnung erfolgt unbeschadet der Rechte anderer Firmen oder Unternehmungen, wenn diese sich in ihren Rechten durch die Verwendung der Phantasiebezeichnung beeinträchtigt glauben.
6. In Fällen der Namensgleichheit oder Namensähnlichkeit einer Phantasiebezeichnung mit einer bereits genehmigten Phantasiebezeichnung erteilt die Hauptverwaltung Gesundheitswesen dem Antragsteller einen entsprechenden Zwischenbescheid.
7. Für das Genehmigungsverfahren wird eine Verwaltungsgebühr von 30 DM erhoben.

4. Der Verkehr mit Wein

Das Weingesetz berührt den Geschäftsbetrieb des Drogisten in mehreren Punkten:

1. soweit der Drogist Wein verkauft, sei es auch nur Krankenwein;
2. soweit er Rohstoffe zur Bereitung von Obstwein verkauft (Weinhefen in flüssiger oder trockener Form);
3. soweit er Weinbrand oder Kognak oder deren Verschnitte verkauft.

Wichtig ist für den Drogisten weiter die Verordnung über Wermutweine und Kräuterweine.

a) Weingesetz

Vom 25. Juli 1930 (RGBl. I S. 356)

§ 1

Wein ist das durch alkoholische Gärung aus dem Safte der frischen Weintraube hergestellte Getränk.

§ 2

(1) Es ist gestattet, Wein aus Erzeugnissen verschiedener Herkunft oder verschiedener Jahre herzustellen (Verschnitt).

Abs. 2, 3, 4, 5 . . . . . .

§ 3

. . . . . .

§ 4

. . . . . .

§ 5

(1) Es ist verboten, Wein unter einer irreführenden Bezeichnung, Angabe oder Aufmachung anzubieten, zum Verkaufe vorrätig zu halten, feilzuhalten, zu verkaufen oder sonst in den Verkehr zu bringen.

(2) Gezuckerter Wein darf nicht mit einer Bezeichnung, Angabe oder Aufmachung versehen sein, die auf Reinheit des Weines oder auf besondere Sorgfalt bei der Gewinnung der Trauben deutet; solche Weine dürfen insbesondere nicht als naturrein, Wachstum, Gewächs oder Kreszenz, allein oder in Verbindung mit dem Namen eines bestimmten Weinbergsbesitzers oder Weinguts, bezeichnet werden.

(3) Wein, der durch Filtration entkeimt oder mit so entkeimtem Traubenmost versetzt worden ist, gilt nicht als gezuckerter Wein. Soweit diese Entkeimung vor

vollendeter Gärung erfolgt oder so entkeimter Traubenmost zugesetzt worden ist, darf der Wein indes mit einer der im Abs. 2 angeführten Bezeichnungen nur dann in den Verkehr gebracht werden, wenn er zugleich eine auf diese Behandlung deutlich hinweisende Bezeichnung trägt.

(4) Wer Wein gewerbsmäßig in Verkehr bringt, ist verpflichtet, dem Abnehmer auf Verlangen vor der Übergabe mitzuteilen, ob der Wein gezuckert, verschnitten, vor vollendeter Gärung entkeimt oder mit entkeimtem Traubenmost versetzt worden ist, und sich beim Erwerbe von Wein die zur Erteilung dieser Auskunft erforderliche Kenntnis zu sichern.

(5) Das Nähere regeln die Ausführungsbestimmungen; sie können insbesondere bestimmen, welche Bezeichnungen, Angaben oder Aufmachungen nach Abs. 1 bis 3 verboten oder zulässig sind.

§ 6

(1) Im gewerbsmäßigen Verkehr mit Wein dürfen geographische Bezeichnungen nur zur Kennzeichnung der Herkunft verwendet werden.

(2) Die Vorschriften des § 16 Abs. 2 des Gesetzes zum Schutze der Warenbezeichnungen vom 12. Mai 1894 (RGBl. S. 441) in der Fassung vom 7. Dezember 1923 (RGBl. II S. 445) und des § 5 Abs. 1 des Gesetzes gegen den unlauteren Wettbewerb vom 7. Juni 1909 (RGBl. S. 499) finden auf die Benennung von Wein keine Anwendung. Es ist jedoch gestattet, die Namen einzelner Gemarkungen oder Weinbergslagen, die mehr als einer Gemarkung angehören, zu benutzen, um gleichartige und gleichwertige Erzeugnisse benachbarter oder nahegelegener Gemarkungen oder Lagen zu bezeichnen. Die Ausführungsbestimmungen haben nähere Anordnungen darüber zu treffen, inwieweit Gemarkungen als nahegelegen oder benachbart im Sinne dieser Vorschrift anzusehen sind.

§ 7

(1) Ein Verschnitt aus Erzeugnissen verschiedener Herkunft darf nur dann nach einem der Anteile allein benannt werden, wenn dieser mindestens zwei Drittel der Gesamtmenge beträgt und die Art bestimmt; dabei finden die Vorschriften des § 6 Abs. 2 Satz 2 Anwendung. Die Angabe einer Weinbergslage ist jedoch nur dann zulässig, wenn der aus der betreffenden Lage stammende Anteil nicht gezuckert ist.

(2) Ein Verschnitt darf nicht als Wachstum, Gewächs oder Kreszenz, allein oder in Verbindung mit dem Namen eines bestimmten Weinbergbesitzers oder Weinguts, bezeichnet werden.

(3) Die Beschränkungen der Bezeichnung treffen nicht die Vermischung von Trauben, Traubenmaische oder Traubenmost mit Trauben, Traubenmaische oder Traubenmost gleichen Wertes derselben oder einer benachbarten Gemarkung, sowie den Verschnitt von selbstgewonnenen Weinen gleichen Wertes derselben oder einer benachbarten Gemarkung und den Ersatz der Abgänge, die sich aus der Pflege des im Fasse lagernden Weines ergeben.

§ 8

§ 6 Abs. 2 Satz 2 und § 7 gelten nicht für die Verwendung von französischen und portugiesischen geographischen Bezeichnungen.

§ 9

Es ist verboten, Wein nachzumachen.

§ 10

(1) Unter das Verbot des § 9 fällt nicht die Herstellung von dem Weine ähnlichen Getränken aus dem Safte von frischem Stein-, Kern- oder Beerenobst, sowie aus Hagebutten oder Schlehen, aus frischen Rhabarberstengeln, aus Malzauszügen oder aus Honig.

(2) Wein darf bei der gewerbsmäßigen Herstellung der im Abs. 1 bezeichneten Getränke nicht verwendet werden. Die Ausführungsbestimmungen können auch die Verwendung anderer Stoffe beschränken oder untersagen sowie bestimmen, welche Stoffe verwendet werden dürfen, und Vorschriften über die Verwendung geben.

(3) Die im Abs. 1 bezeichneten Getränke dürfen im Verkehr als Wein nur in solchen Wortverbindungen bezeichnet werden, welche die Stoffe kennzeichnen, aus denen sie hergestellt sind. Werden solche Getränke mit Phantasienamen bezeichnet, so muß der Bezeichnung eine Angabe über die Stoffe beigefügt werden, aus denen sie hergestellt sind.

. . . . . .

§§ 11, 12, 13, 14, 15, 16

§ 17

(1) Schaumwein (Sekt), der gewerbsmäßig verkauft oder feilgehalten wird, muß eine Bezeichnung tragen, die das Land erkennbar macht, in dem er auf Flaschen gefüllt worden ist; bei Schaumwein, dessen Kohlensäuregehalt ganz oder teilweise auf einem Zusatz fertiger Kohlensäure beruht, muß die Bezeichnung die Herstellungsart ersehen lassen. Dem Schaumwein ähnliche Getränke müssen eine Bezeichnung tragen, die erkennen läßt, welche dem Weine ähnlichen Getränke zu ihrer Herstellung verwendet worden sind. Das Nähere regeln die Ausführungsbestimmungen.

(2) . . . . . .

(3) . . . . . .

§ 18

(1) Trinkbranntwein, dessen Alkohol ausschließlich aus Wein gewonnen und der nach Art des Kognaks hergestellt ist, darf als Weinbrand bezeichnet werden. Trinkbranntwein, der neben Weinbrand Alkohol anderer Art enthält, darf als Weinbrandverschnitt bezeichnet werden, wenn mindestens ein Zehntel des Alkohols aus Weinbrand stammt. Andere Getränke und Grundstoffe zu Getränken dürfen nicht als Weinbrand oder mit einer das Wort Weinbrand enthaltenden Wortbildung bezeichnet werden, auch darf das Wort Weinbrand kein Bestandteil anderer Angaben der Flaschenaufschrift sein; auf Eierweinbrand findet dieses Verbot keine Anwendung.

(2) Weinbrand und Weinbrandverschnitt dürfen nur mit den für den Verkehr innerhalb des Ursprungslandes vorgeschriebenen Begleitscheinen in das Deutsche Reich eingeführt werden.

(3) Weinbrand, der nach französischem Rechte die Bezeichnung Cognac tragen darf und in trinkfertigem Zustand, entweder in Frankreich oder unter deutscher Zollaufsicht auf Flaschen gefüllt, mit den für den Verkehr innerhalb des Ursprungslandes vorgeschriebenen Begleitscheinen zur Einfuhr gelangt und unverändert geblieben ist, darf als Kognak (Cognac) bezeichnet werden. Andere Getränke und Grundstoffe zu Getränken dürfen nicht als Kognak (Cognac) oder

mit einer das Wort Kognak (Cognac) enthaltenen Wortbildung bezeichnet werden, auch darf das Wort Kognak (Cognac) kein Bestandteil anderer Angaben der Flaschenaufschrift sein.

(4) Die Vorschriften des Abs. 1, 3 finden auch auf solche Bezeichnungen Anwendung, die mit dem Namen Kognak, Weinbrand oder Weinbrandverschnitt verwechselt werden können.

(5) Weinbrand und Weinbrandverschnitt müssen in 100 Raumteilen mindestens 38 Raumteile Alkohol enthalten.

(6) Trinkbranntwein, der in Flaschen oder ähnlichen Gefäßen unter der Bezeichnung Kognak, Weinbrand oder Weinbrandverschnitt gewerbsmäßig verkauft oder feilgehalten wird, muß zugleich eine Bezeichnung tragen, welche das Land erkennbar macht, in dem er für den Verbrauch fertiggestellt worden ist. Das Nähere regeln die Ausführungsbestimmungen.

(7) Die in den Ausführungsbestimmungen vorgeschriebenen Bezeichnungen sind auch in die Preislisten, Weinkarten und Rechnungen, sowie in die sonstigen im geschäftlichen Verkehr üblichen Mitteilungen mitaufzunehmen.

§ 19

(1) Wer gewerbsmäßig Trauben zur Weinbereitung, Traubenmaische, Traubenmost oder Wein in Verkehr bringt oder zu Getränken weiterverarbeitet, ist verpflichtet, Bücher zu führen, aus denen zu ersehen ist:

1. welche Weinbergsflächen er abgeerntet hat, welche Mengen von Traubenmaische, Traubenmost oder Wein er aus eigenem Gewächse gewonnen oder von anderen bezogen und welche Mengen er an andere abgegeben oder welche Geschäfte über solche Stoffe er vermittelt hat;
2. . . . . . ;
3. welche Mengen von dem Weine ähnlichen Getränken er aus eigenem Gewächse gewonnen oder von anderen bezogen und welche Mengen er an andere abgegeben oder welche Geschäfte über solche Stoffe er vermittelt hat.

(2) Die Zeit des Geschäftsabschlusses und der Lieferung, die Namen der Lieferanten und, soweit es sich um die Abgabe im Fasse oder in Mengen von mehr als einem Hektoliter im einzelnen Falle oder um die Abgabe von Zucker handelt, auch der Abnehmer sind in die Bücher einzutragen.

(3) Die Bücher sind nebst den auf die eingetragenen Geschäfte bezüglichen Geschäftspapieren bis zum Ablauf von fünf Jahren nach der letzten Eintragung aufzubewahren.

(4) Das Nähere regeln die Ausführungsbestimmungen. Für Betriebe kleineren Umfangs und für Zweiggeschäfte, in denen nur Wein in fertigem Zustand bezogen und unverändert wieder abgegeben wird, können Erleichterungen oder Befreiung zugelassen werden.

§ 20

. . . . . .

§ 21

(1) Die Beobachtung der Vorschriften dieses Gesetzes ist durch die mit der Handhabung der Lebensmittelpolizei betrauten Behörden und Sachverständigen zu überwachen.

(2) . . . . . .

§ 22

Die zuständigen Beamten und Sachverständigen (§ 21) sind befugt, in Räume, in denen Traubenmaische, Traubenmost, Wein, weinhaltige Getränke, dem Wein ähnliche Getränke, Schaumwein, dem Schaumwein ähnliche Getränke, Weinbrand oder Weinbrandverschnitt hergestellt, verarbeitet, feilgehalten, gelagert oder verpackt werden, sowie in die zugehörigen Lager- und Geschäftsräume, ebenso in die Geschäftsräume von Personen, die gewerbsmäßig Geschäfte über solche Erzeugnisse vermitteln, einzutreten, in diesen Räumen sowie in den dem Betriebe dienenden Beförderungsmitteln Besichtigungen vorzunehmen, geschäftliche Aufzeichnungen, Frachtbriefe und Bücher einzusehen und nach ihrer Auswahl Proben zum Zwecke der Untersuchung zu fordern oder zu entnehmen. Über die Probeentnahme ist eine Empfangsbescheinigung zu erteilen. Ein Teil der Probe ist amtlich verschlossen oder versiegelt zurückzulassen. Soweit nicht der Besitzer ausdrücklich darauf verzichtet, ist für die entnommene Probe eine angemessene Entschädigung zu leisten.

§ 23

Die Inhaber der im § 22 bezeichneten Räume sowie die von ihnen bestellten Betriebsleiter und Aufsichtspersonen sind verpflichtet, den zuständigen Beamten und Sachverständigen auf Erfordern diese Räume zu bezeichnen, sie bei der Besichtigung zu begleiten oder durch mit dem Betriebe vertraute Personen begleiten zu lassen und ihnen Auskunft über das Verfahren bei Herstellung der Erzeugnisse, über den Umfang des Betriebes, über die zur Verwendung gelangenden Stoffe, insbesondere auch über deren Menge und Herkunft, zu erteilen, sowie die geschäftlichen Aufzeichnungen, Frachtbriefe und Bücher, und zwar auf Verlangen auch in den zu kontrollierenden Räumen, vorzulegen. Personen, die gewerbsmäßig Geschäfte über Traubenmaische, Traubenmost, Wein, weinhaltige Getränke, dem Weine ähnliche Getränke, Schaumwein, dem Schaumwein ähnliche Getränke, Weinbrand oder Weinbrandverschnitt vermitteln, sind verpflichtet, Auskunft über die von ihnen vermittelten Geschäfte zu erteilen, sowie die geschäftlichen Aufzeichnungen und Bücher vorzulegen. Die Erteilung von Auskunft kann jedoch verweigert werden, soweit derjenige, von welchem sie verlangt wird, sich selbst oder einem der im § 52 Nr. 1 bis 3 der Strafprozeßordnung bezeichneten Angehörigen die Gefahr strafgerichtlicher Verfolgung zuziehen würde.

§ 24

(1) Die mit der Überwachung des Weinverkehrs betrauten Beamten und Sachverständigen (§ 21) sind, vorbehaltlich der dienstlichen Berichtersttung und der Anzeige von Gesetzwidrigkeiten verpflichtet, über die Tatsachen und Einrichtungen, die durch ihre Tätigkeit zu ihrer Kenntnis kommen, Verschwiegenheit zu beobachten und sich der Mitteilung und Verwertung von Geschäfts- und Betriebsgeheimnissen zu enthalten, auch wenn sie nicht mehr im Dienst sind.

(2) Die Sachverständigen sind hierauf zu beeidigen.

§ 25

. . . . . .

§§ 26—31

. . . . . . (Strafbestimmungen).

§§ 32—34

. . . . . .

Erläuterungen

I. Bestimmungen über den Handel mit Wein

Für den Drogisten ist zunächst die Bestimmung des § 5 Abs. 1 wichtig: Wein darf nicht unter einer irreführenden Bezeichnung, Angabe oder Aufmachung feilgehalten oder verkauft werden.

Das ist zu beachten vor allem beim Verkauf sogenannter „Krankenweine" oder „Medizinalweine". Solche Bezeichnungen dürfen nur gewählt werden für konzentrierte, ungezuckerte Süßweine von besonderer Güte und Reinheit. Es ist unzulässig, die genannten Bezeichnungen zu verwenden für die gewöhnlichen, billigen Süßweine, z. B. mindere Sorten Tarragona. Dies selbst dann, wenn schon der Verkaufspreis keinen Zweifel darüber läßt, daß es sich um einen billigen Wein minderer Qualität handelt. Unter der Bezeichnung „Medizinal"- oder „Krankenwein" sollen eben nur hervorragende Qualitäten in den Handel gebracht werden.

Der ausdrücklichen Bezeichnung als „Medizinal"- oder „Krankenwein" sind gleich zu achten bildliche Darstellungen auf dem Etikett, die auf diesen Verwendungszweck hindeuten.

Gelegentlich verstoßen solche, von Druckereien fertig gelieferten Etiketten auch gegen das „Gesetz zum Schutz des Genfer Neutralitätszeichens" (siehe dieses), z. B. dadurch, daß eine abgebildete Krankenpflegerin eine Armbinde mit dem roten Kreuz oder eine Brosche mit dem roten Kreuz trägt. Abbildungen des roten Kreuzes dürfen auch in solcher Form nicht verwendet werden.

Wichtig ist in diesem Zusammenhang noch der Abs. 4 des § 5: Wer Wein verkauft, ist verpflichtet, dem Käufer auf Verlangen vor der Abgabe mitzuteilen, ob der Wein gezuckert oder verschnitten ist usw. Der Verkäufer ist verpflichtet, beim Einkauf des Weines sich über diese Eigenschaften der Ware Gewißheit zu verschaffen.

Nach § 19 sind besondere Bücher zu führen, aus denen zu ersehen ist, welche Mengen Wein bezogen und verkauft worden sind.

II. Bestimmungen, die den Handel mit Rohstoffen zur Bereitung weinähnlicher Getränke betreffen

§ 9 sagt kurz und bündig: Es ist verboten, Wein nachzumachen.

§ 10 bringt nun Klarheit darüber, welche weinähnlichen Getränke nicht unter dieses Verbot fallen; nämlich weinähnliche Getränke „aus dem Safte von frischem Stein-, Kern- oder Beerenobst, sowie aus Hagebutten oder Schlehen, aus frischen Rhabarberstengeln, aus Malzauszügen oder aus Honig".

Hiernach ist die früher übliche sogenannte Obstweinbereitung aus Trockenobst (Backobst, Dörrobst) unzulässig. Zugelassen sind nur die Säfte frischen Obstes. Der Drogist soll daher seiner Kundschaft, die bei ihm Hefen zur Selbstbereitung von Obstwein, Flaschen, Korke und andere Hilfsmittel kauft, keine Vorschriften (Rezepte) zur Haustrunkbereitung aus getrocknetem Obst empfehlen.

Solche Art bereiteter Haustrunk darf nach Abs. 3 des § 10 nicht als „Wein" schlechthin bezeichnet werden. Das Wort „Wein" darf nur in solchen Wortverbindungen gebraucht werden, aus denen die Stoffe ersichtlich sind, die zur Herstellung gedient haben. Unzulässig ist also „Hauswein"; zulässig „Apfelwein", „Johannisbeerwein" oder ganz allgemein „Obstwein", „Malzwein", „Honigwein", „Hagebuttenwein".

III. Bestimmungen über den Handel mit Weinbrand

Die vor dem Kriege für Weinbrände aller Art übliche Bezeichnung Kognak darf nur gebraucht werden für solchen Weinbrand, der nach französischem Recht die Bezeichnung Cognac tragen darf. In Deutschland hergestellte Weinbrände dürfen nicht als Kognak, sondern nur als Weinbrand bezeichnet werden.

Weinbrand und Weinbrandverschnitt müssen wenigstens 38 Volumen-Prozente Alkohol enthalten. Wenigstens ein Zehntel des Alkohols, den ein Weinbrandverschnitt enthält, muß aus Weinbrand stammen, d. h. in die Praxis umgesetzt, daß ein 38prozentiger Weinbrandverschnitt wenigstens 10 Prozent echten 38prozentigen Weinbrand enthalten muß.

Grundstoffe zu Getränken (z. B. die bekannten Essenzen) dürfen nicht als „Weinbrand" oder mit einer das Wort „Weinbrand" enthaltenden Wortbildung bezeichnet werden.

Verordnung zur Ausführung des Weingesetzes

Vom 16. Juli 1932 (RGBl. I S. 358)

Mit Änderungen der Verordn. vom 6. Mai 1936 (RGBl. I S. 443) und 22. Okt. 1936 (RGBl. I S. 906)

......

Artikel 4 (zu §§ 4, 11, 12)

(1) Bei der Kellerbehandlung dürfen, unbeschadet der nach § 3 des Gesetzes zulässigen Zuckerung, der Traubenmaische, dem Traubenmost oder dem Weine Stoffe irgendwelcher Art nur nach Maßgabe der folgenden Bestimmungen zugesetzt werden.

(2) Gestattet ist

A. Allgemein

1. die Verwendung von im eigenen Betriebe gewonnener frischer, gesunder, flüssiger Weinhefe (Drusen) oder von flüssiger Reinhefe, um die Gärung einzuleiten oder zu fördern; die Reinhefe darf nur im Traubenmost oder Wein gezüchtet sein; dabei darf der Wein mit einer kleinen Menge Zucker versetzt und von Alkohol befreit werden. Der Zusatz der flüssigen Weinhefe darf nicht mehr als 20 Raumteile auf 1000 Raumteile der zu vergärenden Flüssigkeit betragen; doch darf diese Hefemenge zuvor in einem Teile des Mostes oder Weines vermehrt werden; dabei darf der Wein mit einer kleinen Menge Zucker versetzt und von Alkohol befreit werden;
2. die Verwendung von im eigenen Betriebe gewonnener frischer, gesunder, flüssiger Weinhefe (Drusen), um Mängel der Farbe oder des Geschmacks zu beseitigen. Der Zusatz darf nicht mehr als 150 Raumteile auf 1000 Raumteile Wein betragen; ein Zusatz von Zucker ist hierbei nicht zulässig;
3. die Entsäuerung mit reinem gefälltem kohlensaurem Kalk;
4. das Schwefeln mittels folgender Verfahren, sofern hierbei nur kleine Mengen von schwefliger Säure oder Schwefelsäure in die Flüssigkeit gelangen:
   a) Verbrennen von Schwefel oder Schwefelschnitten mit Ausnahme von gewürzhaltigem Schwefel,
   b) Verwendung von reiner gasförmiger schwefliger Säure,
   c) Verwendung von mindestens fünf vom Hundert Schwefeldioxyd enthaltenden Lösungen reiner gasförmiger schwefliger Säure in destilliertem Wasser,
   d) Verwendung von technisch reinem Kaliumpyrosulfit, auch in Tablettenform.

   Bei Traubensaft zum unmittelbaren Genuß (Traubensüßmost) darf die in 1 Liter der Flüssigkeit gelangende Menge von schwefliger Säure nicht mehr als 125 Milligramm betragen;
5. die Verwendung von reiner gasförmiger oder verdichteter Kohlensäure oder der bei der Gärung von Wein entstehenden Kohlensäure,
6. die Klärung (Schönung) mit folgenden technisch reinen Stoffen:
   a) in Wein gelöster Hausen-, Stör- oder Welsblase,
   b) Gelatine, Agar-Agar,
   c) Tannin bis zur Höchstmenge von 10 Gramm auf 100 Liter[1]),
   d) Eiereiweiß,
   f) spanischer Erde, weißer Tonerde (Kaolin),
   g) mechanisch wirkenden Filterdichtungsstoffen (Asbest, Zellulose und dergleichen);

---

[1]) Verwendung von Kieselsol zur Klärung von Traubenmost und Wein. RdErl. d. RMdI·a v. 17. Januar 1940 (MBli.V. S. 133).
Der RdErl. genehmigt versuchsweise, daß chemisch reines Kieselsol an Stelle von Tannin zur Klärung (Schönung) von Traubenmost und Wein verwendet wird.

7. die Verwendung von gereinigter Holz- oder Knochenkohle, soweit sie zum Klären (Schönen) oder zur Beseitigung von Fehlern oder Krankheiten erforderlich ist; zur Beseitigung des Rotweinfarbstoffs ist sie nicht zulässig;
8. die Klärung (Schönung) mit chemisch reinem Ferrozyankalium, auch in Verbindung mit den in Nr. 6, 7 genannten Stoffen, sofern der Zusatz so bemessen wird, daß in dem geklärten Erzeugnis keine Zyanverbindungen gelöst verbleiben;
8a. die Klärung (Schönung) des Traubensüßmostes mit Filtrationsenzym, einem Gemisch pflanzlicher Enzyme auf einem pflanzlichen Träger, auch in Verbindung mit den in Nrn. 6, 7 genannten Stoffen;
8b. die Verwendung von Sauerstoff;
......

Artikel 5 (zu § 5)

(1) Als irreführend sind insbesondere anzusehen:
1. Phantasiebezeichnungen, sofern sie in unmittelbarer Verbindung mit Gemarkungsnamen gebraucht werden oder sonst geeignet sind, im Verkehr als Gemarkungs- oder Lagenamen aufgefaßt zu werden, auch mit Zusätzen wie Marke, Handelsmarke, Hausmarke;
2. Bezeichnungen, die einem Weine besondere heilende oder stärkende Wirkungen beilegen, wie Medizinalwein, Gesundheitswein, Krankenwein, Stärkungswein, Kraftwein, Blutwein, blutroter Wein.
......

Artikel 7 (zu § 10)

(1) Bei der gewerbsmäßigen Herstellung der dem Weine ähnlichen Getränke dürfen Stoffe irgendwelcher Art nur nach Maßgabe der Abs. 2, 3, 4 zugesetzt werden.
(2) Gestattet ist

A. Allgemein

1. die Verwendung von frischer, gesunder, flüssiger Hefe von weinähnlichen Getränken oder von flüssiger Reinhefe, um die Gärung einzuleiten oder zu fördern. Die Reinhefe darf nicht unter Verwendung von Traubenmost oder Wein vermehrt werden;
2. die Verwendung von frischer, gesunder oder gereinigter flüssiger Hefe von weinähnlichen Getränken oder von flüssiger Reinhefe in Verbindung mit einem 10 Gramm im Liter nicht übersteigenden Zuckerzusatze zur Auffrischung kohlensäurearmer weinähnlicher Getränke;
3. der Zusatz von chemisch reinen Ammoniumsalzen in Form von Chlorid, Karbonat, Phosphat- oder Sulfat bis zur Höchstmenge von 40 Gramm auf 100 Liter der zu vergärenden Flüssigkeit, um die Gärung anzuregen oder zu fördern;
4. die Entsäuerung mit reinem gefälltem kohlensaurem Kalk;
5. das Schwefeln mittels folgender Verfahren, sofern hierbei nur kleine Mengen von schwefliger Säure oder Schwefelsäure in die Flüssigkeit gelangen:
   a) Verbrennen von Schwefel oder Schwefelschnitten mit Ausnahme von gewürzhaltigem Schwefel,
   b) Verwendung von reiner gasförmiger schwefliger Säure,
   c) Verwendung von mindestens fünf vom Hundert Schwefeldioxyd enthaltenden Lösungen reiner gasförmiger, schwefliger Säure in destilliertem Wasser,
   d) Verwendung von technisch reinem Kaliumpyrosulfit, auch in Tablettenform;
6. die Verwendung von reiner gasförmiger oder verdichteter Kohlensäure oder der bei der Gärung entstehenden Kohlensäure;
7. die Klärung (Schönung) mit folgenden technisch reinen Stoffen:
   a) in weinähnlichen Getränken gelöster Hausen-, Stör- oder Welsblase,
   b) Gelatine, Agar-Agar,
   c) Tannin bei gerbstoffarmen Getränken bis zur Höchstmenge von 10 Gramm auf 100 Liter
   d) Eiereiweiß,
   f) spanischer Erde, weißer Tonerde (Kaolin),
   g) mechanisch wirkenden Filterdichtungsstoffen (Asbest, Zellulose und dergleichen);
8. die Verwendung von gereinigter Holz- oder Knochenkohle, soweit sie zum Klären (Schönen) oder zur Beseitigung von Fehlern oder Krankheiten erforderlich ist;
9. die Klärung (Schönung) mit chemisch reinem Ferrozyankalium, auch in Verbindung mit den in Nr. 7, 8 genannten Stoffen, sofern der Zusatz so bemessen wird, daß in der geklärten Flüssigkeit keine Zyanverbindungen gelöst verbleiben.
......

Artikel 13 (zu § 16)

Bei der Herstellung von weinhaltigen Getränken, deren Bezeichnung die Verwendung von Wein andeutet, von Schaumwein (Sekt) oder dem Schaumwein ähnlichen Getränken dürfen folgende Stoffe nicht verwendet werden:

lösliche Aluminiumsalze (Alaun und dergleichen), Ameisensäure, Bariumverbindungen, Benzoesäure, Borsäure, Eisenzyanverbindungen (Blutlaugensalze), jedoch mit Ausnahme von chemisch reinem Ferrozyankalium zur Klärung (Schönung), sofern der Zusatz so bemessen wird, daß in den geklärten Getränken keine Zyanverbindungen gelöst verbleiben, Farbstoffe mit Ausnahme von kleinen Mengen gebrannten Zuckers (Zuckercouleur), Fluorverbindungen, Formaldehyd und solche Stoffe, die bei ihrer Verwendung Formaldehyd abgeben, Glyzerin (außer bei Pepsinwein), Kermesbeeren, Magnesiumverbindungen, Oxalsäure, Salizylsäure, unreiner (freien Amylalkohol enthaltender) Sprit, nicht technisch reiner Stärkezucker, Stärkesirup, Strontiumverbindungen, Wismutverbindungen, Zimtsäure, Zinksalze, Salze, Verbindungen und Abkömmlinge der genannten Säuren sowie der schwefligen Säure (Sulfite und dergleichen), jedoch mit

Ausnahme von technisch reinem Kaliumpyrosulfit, auch in Tablettenform, sofern durch seine Verwendung nur kleine Mengen von schwefliger Säure oder Schwefelsäure in die Flüssigkeit gelangen.

Artikel 14 (zu § 16)

(1) Bei der Herstellung von Wermutwein dürfen nur folgende Stoffe verwendet werden:

1. weißer Wein, außer Hybridenwein, in solcher Menge, daß der fertige Wermutwein in 100 Raumteilen mindestens 70 Raumteile verkehrsfähigen Wein enthält;
2. Wermutkraut, allein oder im Gemisch mit anderen aromatischen Pflanzenteilen, auch in Auszügen;
3. reiner, mindestens 90 Raumhundertteile Alkohol enthaltender Sprit, jedoch nur in solcher Menge, daß der fertige Wermutwein nicht mehr als 145 Gramm Alkohol in 1 Liter enthält;
4. technisch reiner Rüben-, Rohr- oder Invertzucker;
5. kleine Mengen gebrannter Zucker (Zuckercouleur);
6. Zitronensäure;
7. die im Artikel 4 Abs. 2 Nr. 6 genannten Klärungsmittel.

(2) Bei der Herstellung von weinhaltigen Getränken anderer Art darf Alkohol nur in solcher Menge verwendet werden, daß das fertige Erzeugnis nicht mehr als 140 Gramm Alkohol in 1 Liter enthält. Diese Vorschrift gilt nicht für weinhaltige Getränke, die zur Ausfuhr gelangen. § 100 Abs. 3 des Gesetzes über das Branntweinmonopol vom 8. April 1922 (RGBl. I S. 335, 405) und die dazu von der Reichsmonopolverwaltung erlassenen Vorschriften bleiben unberührt.

(3) Wermutwein darf zur Herstellung von weinhaltigen Getränken anderer Art nicht verwendet werden.

Artikel 15 (zu § 16)

Bei der Herstellung von Weinbrand dürfen nur folgende Stoffe verwendet werden:

1. Weindestillat, dem die den Weinbrand kennzeichnenden Bestandteile des Weines nicht entzogen worden sind und das nicht mehr als 86 Raumhundertteile Alkohol enthält. Wird das Weindestillat aus verstärktem Weine hergestellt, so muß dieser aus verkehrsfähigem Weine lediglich durch Zusatz von Weindestillat mit einem Alkoholgehalt von mindestens 65 Raumhundertteilen oder von Armagnac-Weindestillat mit einem Alkoholgehalt von mindestens 52 Raumhundertteilen gewonnen sein. Der verstärkte Wein darf in einem Liter nicht mehr als 2 Gramm flüchtige Säure (als Essigsäure berechnet) und nicht weniger als 12 Gramm zuckerfreies Extrakt enthalten;
2. reines Wasser;
3. technisch reiner Rüben- oder Rohrzucker in solcher Menge, daß der Gesamtgehalt an Zucker, einschließlich des durch sonstige Zusätze hineingelangenden (als Invertzucker berechnet), in 100 Kubikzentimeter des gebrauchsfertigen Weinbrandes bei 20° nicht mehr als 2 Gramm beträgt;
4. gebrannter Zucker (Zuckercouleur), hergestellt aus technisch reinem Rüben- oder Rohrzucker;
5. im eigenen Betriebe durch Lagerung von Weindestillat (Nr. 1) auf Eichenholz oder Eichenholzspänen auf kaltem Wege hergestellte Auszüge;
6. im eigenen Betriebe durch Lagerung von Weindestillat (Nr. 1) auf Pflaumen, grünen (unreifen) Walnüssen oder getrockneten Mandelschalen auf kaltem Wege hergestellte Auszüge, jedoch nur in so geringer Menge, daß die Eigenart des verwendeten Weindestillats dadurch nicht wesentlich beeinflußt wird;
7. Dessertwein, jedoch nur in solcher Menge, daß in 100 Raumteilen des gebrauchsfertigen Weinbrandes nicht mehr als 1 Raumteil Dessertwein enthalten ist;
8. mechanisch wirkende Filterdichtungsstoffe (Asbest, Zellulose und dergleichen);
9. technisch reine Gelatine, Hausenblase, Eiereiweiß, Käsestoff (Kasein);
10. Sauerstoff oder Ozon.

Artikel 16 (zu § 16)

Bei der Herstellung von Weinbrandverschnitt dürfen nur folgende Stoffe verwendet werden:

1. Weinbrand;
2. reiner, mindestens 90 Raumhundertteile Alkohol enthaltender Sprit;
3. reines Wasser;
4. technisch reiner Rüben- oder Rohrzucker in solcher Menge, daß der Gesamtgehalt an Zucker, einschließlich des durch sonstige Zusätze hineingelangenden (als Invertzucker berechnet), in 100 Kubikzentimeter des gebrauchsfertigen Weinbrandverschnitts bei 20° nicht mehr als 2 Gramm beträgt;
5. gebrannter Zucker (Zuckercouleur), hergestellt aus technisch reinem Rüben- oder Rohrzucker;
6. im eigenen Betriebe durch Lagerung von Weindestillat (Artikel 15 Nr. 1) auf Eichenholz oder Eichenholzspänen auf kaltem Wege hergestellte Auszüge;
7. im eigenen Betriebe durch Lagerung von Weindestillat (Artikel 15 Nr. 1) auf Pflaumen, grünen (unreifen) Walnüssen oder getrockneten Mandelschalen auf kaltem Wege hergestellte Auszüge, jedoch nur in so geringer Menge, daß die Eigenart des verwendeten Weinbrandes dadurch nicht wesentlich beeinflußt wird;
8. Dessertwein, jedoch nur in solcher Menge, daß in 100 Raumteilen des gebrauchsfertigen Weinbrandverschnitts nicht mehr als 1 Raumteil Dessertwein enthalten ist;
9. mechanisch wirkende Filterdichtungsstoffe (Asbest, Zellulose und dergleichen);
10. technisch reine Gelatine, Hausenblase, Eiereiweiß, Käsestoff (Kasein);
11. Sauerstoff oder Ozon.

. . . .

Artikel 18 (zu § 18)

(1) Kognak oder anderer Weinbrand, der in Flaschen gewerbsmäßig verkauft oder feilgehalten wird, ist nach dem Lande, in dem er fertiggestellt ist, als

Deutscher, Französischer usw. Weinbrand,

Weinbrandverschnitt als

Deutscher, Französischer usw. Weinbrandverschnitt

zu bezeichnen. Kognak darf an Stelle der im Satze 1 vorgeschriebenen Bezeichnung auch die Bezeichnung

Kognak (Cognac), französisches Erzeugnis

tragen.

(2) Hat im Ausland hergestellter Weinbrand oder Weinbrandverschnitt in Deutschland lediglich einen Zusatz von reinem Wasser erhalten, um unbeschadet der Vorschrift des § 18 Abs. 5 des Gesetzes den Alkoholgehalt auf die übliche Trinkstärke herabzusetzen, so ist er als

Französischer usw. Weinbrand (Weinbrandverschnitt), in Deutschland fertiggestellt

zu bezeichnen.

(3) Die Bezeichnung muß bei Weinbrand in schwarzer, bei Weinbrandverschnitt in roter Farbe auf weißem Grunde deutlich und nicht verwischbar auf einem bandförmigen Streifen in lateinischer Schrift aufgedruckt sein. Die Schriftzeichen müssen bei Flaschen, die einen Raumgehalt von 350 Kubikzentimeter oder mehr haben, mindestens 0,5 Zentimeter hoch und so breit sein, daß im Durchschnitt je 10 Buchstaben eine Fläche von mindestens 3,5 Zentimeter Länge einnehmen. Die Inschrift darf, falls sie einen Streifen von mehr als 10 Zentimeter Länge beanspruchen würde, auf zwei Zeilen verteilt werden. Der Streifen, der eine weitere Inschrift nicht tragen darf, ist an einer in die Augen fallenden Stelle der Flasche, und zwar gegebenenfalls zwischen dem den Flaschenkopf bedeckenden Überzug und der die Bezeichnung der Firma enthaltenden Inschrift, dauerhaft zu befestigen. Wird der Streifen im Zusammenhange mit dieser oder einer anderen Inschrift hergestellt, so ist er gegen diese durch einen mindestens 1 Millimeter breiten Strich deutlich abzugrenzen.

Artikel 19 (zu § 19)

(1) Wer nach § 19 des Gesetzes oder nach Artikel 12 dieser Verordnung verpflichtet ist, Bücher zu führen, hat sich hierbei sowie bei allen mit der Buchführung zusammenhängenden Aufzeichnungen der deutschen Sprache zu bedienen. Die Bücher müssen gebunden und Blatt für Blatt oder Seite für Seite mit fortlaufenden Nummern versehen sein. Die Zahl der Blätter oder Seiten ist vor Beginn des Gebrauchs auf der ersten Seite des Buchs anzugeben. Ein Blatt aus dem Buche zu entfernen, ist verboten. An Stellen, die der Regel nach zu beschreiben sind, dürfen keine leeren Zwischenräume gelassen werden. Der ursprüngliche Inhalt einer Eintragung darf nicht mittels Durchstreichens oder auf andere Weise unleserlich gemacht, es darf nichts radiert, auch dürfen keine Veränderungen vorgenommen werden, deren Beschaffenheit es ungewiß läßt, ob sie bei der ursprünglichen Eintragung oder erst später gemacht worden sind. Die Eintragungen dürfen nur mit Tinte erfolgen.

(2) Die Bücher und Belege sind sorgfältig aufzubewahren und auf Verlangen jederzeit den mit der Kontrolle betrauten Beamten und Sachverständigen vorzulegen. Sind die Geschäftsräume von den Kellereien oder sonstigen Lagerräumen getrennt, so sind die Bücher auf Verlangen auch in den zu kontrollierenden Räumen vorzulegen.

(3) Von der Buchführung sind befreit:

a) . . . .

b) Kleinverkäufer, die Wein ausschließlich in Flaschen beziehen und unverändert in Flaschen oder glasweise wieder abgegeben und deren jährlicher Umsatz im Durchschnitt insgesamt 1500 Flaschen nicht übersteigt;

c) Zweiggeschäfte, die Wein ausschließlich in Flaschen aus dem Hauptgeschäfte beziehen und unverändert in Flaschen wieder abgeben, sofern sie in demselben Lande liegen wie das Hauptgeschäft.

(4) In den Fällen des Abs. 3 unter b und c müssen die auf den Weinbezug bezüglichen Rechnungen und sonstigen Geschäftspapiere bis zum Ablauf von fünf Jahren sorgfältig geordnet und mit fortlaufenden Nummern versehen für sich gesondert aufbewahrt werden.

. . . .

(6) Den zur Buchführung Verpflichteten ist gestattet, nach Bedarf ihrer Betriebe die Bücher auch zu anderen, in dem Vordruck der Muster nicht vorgesehenen geschäftlichen Aufzeichnungen zu benutzen, und den Vordruck entsprechend zu ergänzen, soweit es unbeschadet der Übersichtlichkeit geschehen kann.

b) Verordnung über Wermutwein und Kräuterwein

Vom 20. März 1936 (RGBl. I S. 196)

§ 1

Wermutwein ist das aus Wein unter Verwendung von Wermutkraut hergestellte Getränk, in dem der dem Wermutkraut eigentümliche Geschmack deutlich hervortritt und das in einem Liter mindestens 750 Kubikzentimeter Wein sowie insgesamt mindestens 119 und höchstens 145 Gramm Alkohol enthält.

§ 2

(1) Kräuterweine sind die aus Wein unter Verwendung von würzenden Stoffen hergestellten Getränke. Zu den Kräuterweinen gehören jedoch nicht:

1. Wermutwein;
2. Bowlen, Punsche, Glühwein;
3. Trinkbranntweine aller Art;
4. Arzneiweine (Chinawein, Kondurangowein, Kolawein, Pepsinwein usw.).

(2) Kräuterweine müssen so hergestellt sein, daß sie in einem Liter insgesamt höchstens 140 Gramm Alkohol und mindestens 750 Kubikzentimeter Wein enthalten.

§ 3

Bei der Herstellung von Wermutwein dürfen nur folgende Stoffe verwendet werden:

1. Wein, außer Hybridenwein;
2. Wermutkraut, allein oder im Gemisch mit anderen würzenden Pflanzenteilen, auch in Auszügen; zu einem Liter Wein dürfen jedoch höchstens 50 Kubikzentimeter wässeriger Auszug zugesetzt werden;
3. reiner, mindestens 90 Raumhundertteile Alkohol enthaltender Sprit;
4. technisch reiner Rüben- oder Rohrzucker, auch in reinem Wasser gelöst; auf ein Kilogramm Zucker dürfen jedoch höchstens zwei Liter Wasser verwendet werden;
5. kleine Mengen gebrannter Zucker (Zuckercouleur);
6. Zitronensäure;
7. zur Klärung (Schönung) die folgenden technisch reinen Stoffe:
   a) in Wein gelöste Hausen-, Stör- oder Welsblase,
   b) Gelatine, Agar-Agar,
   c) Tannin bis zur Höchstmenge von 10 Gramm auf 100 Liter[1]),
   d) Eiereiweiß,
   e) spanische Erde, weiße Tonerde (Kaolin),
   f) mechanisch wirkende Filterdichtungsstoffe (Asbest, Zellulose u. dgl.);
8. entrahmte Milch bis zur Höchstmenge von einem Liter auf 100 Liter zur Beseitigung von Geschmacksfehlern.

§ 4

Bei der Herstellung von Kräuterweinen dürfen nur folgende Stoffe verwendet werden:

1. würzende Kräuter, auch in Auszügen, ausgenommen Wermutkraut und die daraus hergestellten Auszüge; zu einem Liter Wein dürfen jedoch höchstens 50 Kubikzentimeter wässeriger Auszug zugesetzt werden;
2. die im § 3 Nrn. 1, 3 bis 8 genannten Stoffe.

---

[1]) Verwendung von Kieselsol bei der Herstellung von Wermut-, Käuter- und Obstwein RdErl. d. RMdI. vom 8. März 1940 (MBliV. S. 476)
Der RdErl. genehmigt versuchsweise, daß an Stelle von Tannin zur Klärung von Wermut-, Kräuter- und Obstwein auch chemisch reines Kieselsol verwendet wird.

§ 5

(1) Wird Wermutwein oder Kräuterwein in Flaschen oder ähnlichen Gefäßen gewerbsmäßig verkauft oder feilgehalten, so muß auf dem Flaschenschild in deutlicher und unverwischbarer Schrift angegeben sein:

1. bei Wermutwein das Land der Herstellung durch die Bezeichnung „Deutscher Wermutwein", „Italienischer Wermutwein", „Französischer Wermutwein" usw.;
2. bei Kräuterwein die Bezeichnung „Kräuterwein";
3. bei Wermutwein und Kräuterwein der Name oder die Firma des Herstellers oder desjenigen, der das Getränk in den Verkehr bringt, sowie der Ort der gewerblichen Hauptniederlassung; wenn dieser Ort im Auslande liegt, das Getränk jedoch in Deutschland hergestellt ist, der Ort der Herstellung.

(2) Diese Bezeichnungen sind auch in die Preislisten, Weinkarten und Rechnungen sowie in die sonstigen im geschäftlichen Verkehr üblichen Mitteilungen mit aufzunehmen.

§ 6

Als nachgemacht oder verfälscht sind insbesondere anzusehen und auch bei Kenntlichmachung vom Verkehr ausgeschlossen:

Wermutwein und Kräuterweine, die entgegen den Vorschriften der §§ 1 bis 4 hergestellt sind.

§ 7

Eine irreführende Bezeichnung, Angabe oder Aufmachung liegt insbesondere vor:

1. wenn ein Erzeugnis als Gewürzwein oder als Medizinal-, Gesundheits-, Kranken-, Blut-, Magen-, Stärkungs-, Kraft-Wermutwein oder -Kräuterwein oder mit ähnlichen Wortbildungen bezeichnet wird oder wenn auf der Beschriftung oder zur Werbung Angaben oder Abbildungen verwendet werden, die eine heilende oder stärkende Wirkung andeuten;
2. wenn in der Bezeichnung von Wermutwein oder Kräuterwein auf Trinkbranntwein hingewiesen wird, auch mit Zusätzen, wie „Geschmack", „Art", „Typ", „Aroma", „Essenz", „Gewürz";
3. wenn in der Beschriftung von Wermutwein oder Kräuterwein der Alkoholgehalt angegeben wird.

§ 8

Wermutwein darf zur Herstellung von weinhaltigen Getränken anderer Art, mit Ausnahme von Trinkbranntweingemischen (Mixgetränken, Cocktails u. dgl.), nicht verwendet werden.

§ 9

. . . .

5. Der Verkehr mit Branntwein

Der Verkehr mit Branntwein, wie die amtliche Bezeichnung für Alkohol, Spiritus, Weingeist lautet, ist besonderen Bestimmungen unterworfen. Die Erzeugung und Verteilung von Branntwein in Deutschland ist Monopol des Reiches. Allein das Reich darf durch seine hierzu eigens geschaffene Körperschaft, die „Reichsmonopolverwaltung für Branntwein" Branntwein erzeugen, verwerten und handeln (§ 1 BrMG.). Für die weitere Verarbeitung und den Kleinverkauf sind ausführliche Bestimmungen getroffen. Das Monopol wird geregelt durch das Gesetz über das Branntweinmonopol (Branntweinmonopolgesetz, abgekürzt: BrMG.) und die dazu ergangenen Ausführungsbestimmungen, die Branntweinverwertungsordnung (abgekürzt: BrVO.) und die Technischen Bestimmungen des Branntweinmonopolgesetzes. Bei den Technischen Bestimmungen handelt es sich teils um Vorschriften, deren Bedeutung und Auswirkung im wesentlichen auf gewerblichem Gebiete liegt, teils um Untersuchungsverfahren.

Weitere sehr bedeutsame Bestimmungen über den Kleinhandel mit Branntwein und die Erlangung der Erlaubnis dazu enthält das Gaststättengesetz.

Die Branntweinmonopolgesetzgebung seit 1945

Als im Mai 1945 mit der Kapitulation Deutschlands Reichsregierung und -verwaltung zu bestehen aufhörten, war die Reichsmonopolverwaltung als aufgelöst anzusehen. In Berlin schloß sich die Hauptverwaltung zunächst an die Stadt Berlin an und wurde dort im Anschluß an die Generalsteuerdirektion (früheres Oberfinanzpräsidium) als Monopolverwaltung für Branntwein konstituiert. Im Laufe des Sommers 1945 kristallisierte sich allmählich die Verwaltung des Monopols um bestimmte Stellen mit räumlich größeren Verwaltungsgebieten.

In der Ostzone wurde durch russischen Befehl Nr. 36 vom 25. August 1945 eine Spiritus-Inspektion (Direktion) gegründet zur Wiederaufnahme des alten Übernahme-, Reinigungs- und Verkaufsmonopols. Ungeklärt blieb hierbei die Organisationsfrage in der viergeteilten Stadt Berlin. Durch Anordnung der DWK vom 5. Oktober 1949 (ZVOBl. 1949, Nr. 89, S. 767) wurde die Spiritus-Inspektion (Direktion) Berlin in die Zuständigkeit der Hauptverwaltung Lebensmittelindustrie und Fischwirtschaft überführt und durch Anordnung vom 5. Januar 1951 (GBl. DDR. 1951, Nr. 6, S. 27) in eine „VVB Spiritus-Zentrale" umgewandelt, die als Anstalt des öffentlichen Rechts mit dem Sitz in Berlin (Ost) dem Ministerium der Finanzen und dem Staatssekretariat für Nahrungs- u. Genußmittelindustrie der DDR. untersteht.

In Berlin (West) werden vom 1. April 1949 ab die Aufgaben der früheren Reichsmonopolverwaltung für Branntwein durch den Magistrat von Berlin (jetzt Senat), Finanzabteilung, Landesfinanzamt, in Berlin W 15, wahrgenommen.

In den Westzonen wurden die Aufgaben und Befugnisse der Reichsmonopolverwaltung unter Aufsicht der Finanzministerien der Länder bzw. Landesdirektionen der Finanzen in der Regel von den Oberfinanzpräsidien, z. T. unter Zusammenfassung mehrerer der früheren Bezirke, wahrgenommen. An die Stelle der früheren zur Mitwirkung berufenen Reichsbehörden traten die entsprechenden Landesbehörden. Auf die Organisation des Branntweinmonopols in den einzelnen Besatzungszonen bzw. in den Ländern und in der Bizone seit 1946 einzugehen, würde den Rahmen des Buches überschreiten. In der Bundesrepublik hat nun die Überleitungsstelle für das Branntweinmonopol — Monopolamt — in Frankfurt a. M. bzw. Homburg v. d. H. die Aufgaben des früheren Reichsmonopolamtes übernommen. Nach § 38 des Gesetzes über die Finanzverwaltung vom 6. September 1950 (BGBl. 1950, Nr. 39, S. 448) wird die Errichtung der Bundesmonopolverwaltung durch ein besonderes Gesetz geregelt.

Das Branntweinmonopolgesetz vom 8. 4. 1922 mit den erfolgten Änderungen gilt als Ganzes auch heute noch. Das hat der Alliierte Kontrollrat in Wahrnehmung der Souveränitätsrechte der Reichsregierung schon damit anerkannt, daß er selbst das Gesetz geändert hat (Kontrollratsgesetze Nr. 27 vom 10. Mai 1946 und Nr. 54 vom 30. Juni 1947). Diese Gesetze betreffen die Branntweinsteuer und bringen nur wesentliche Änderungen des früheren Preisgefüges. Dasselbe trifft auf folgende Gesetze zur Änderung des Gesetzes über das Branntweinmonopol zu, und zwar

in der Bizone: Gesetz vom 21. Oktober 1948 (WiGBl. S. 103) mit Änderungen vom 10. August 1949 (WiGBl. S. 248),

in Berlin (West): Gesetze vom 15. September 1949 (VOBl. BlnW. I 1949, Nr. 75, S. 431) und 7. August 1950 (VOBl. BlnW. I 1950, Nr. 58, S. 394).

Seit 1945 sind dementsprechend in den Zonen, in der DDR., in der Bundesrepublik und Berlin (West) mehrfach Bekanntmachungen über die geänderten Bezugsbedingungen und Verkaufspreise für Branntwein erschienen, auf die hier nicht eingegangen ist.

In den folgenden Gesetzesbestimmungen sind an die Stelle der dort erwähnten Reichsbehörden analog die heute in den Gebieten in Frage kommenden Behörden einzusetzen.

a) **Das Branntweinmonopolgesetz und die Branntweinverwertungsordnung**

Aus den sehr umfangreichen Bestimmungen werden hier nur die wichtigsten wiedergegeben. Die in Frage kommenden Paragraphen sind im Wortlaut abgedruckt. Der umfangreiche Stoff wird zuerst nach 6 für den Drogisten wichtigen Gesichtspunkten kurz behandelt:

aa) Allgemeine Bestimmungen
bb) Verkehr mit unverarbeitetem Branntwein
cc) Verkehr mit Trinkbranntwein
dd) Verkehr mit vergälltem Branntwein
ee) Verwendung von Methylalkohol
ff) Strafbestimmungen.

Bei den einzelnen Abschnitten ist dann stets auf die weiter unten befindlichen Paragraphen der Gesetze verwiesen worden. Ein gründliches Durcharbeiten der Gesetzestexte ist also unbedingt erforderlich.

aa) Allgemeine Bestimmungen

Das Gesetz bestimmt zunächst, daß Betriebe, Unternehmen oder Personen, die Branntwein herstellen (in Monopolbrennereien oder in Eigenbrennereien §§ 20—42 BrMG.), lagern, bearbeiten, weiterverarbeiten oder vertreiben, der amtlichen Aufsicht unterliegen (§ 43 Abs. 1 BrMG.). Wer solche Betriebe eröffnen oder übernehmen will, hat dies dem Finanzamt anzumelden (§ 45 Abs. 1 BrMG.). Die Aufsichtsbehörden sind befugt, in diesen Betrieben Nachschau zu halten (§ 48 Abs. 1 BrMG.). Das Nähere über die Nachschau, über die Befugnisse der Beamten und über die Aufgaben und Pflichten des Betriebsinhabers bei der Nachschau ist aus den §§ 48—51 des BrMG. ersichtlich.

Die Reichsmonopolverwaltung verwertet den Branntwein durch Verkauf des unverarbeiteten Branntweins oder durch Verkauf des zu Monopoltrinkbranntwein (Monopolerzeugnisse) verarbeiteten Branntweins (§ 83 BrMG.).

Der Handel mit Branntwein ist nur mit Genehmigung der Reichsmonopolverwaltung gestattet (§ 106 BrMG.). Als Branntwein im Sinne des § 106 des BrMG. sind unverarbeiteter Branntwein und Trinkbranntweinerzeugnisse jeder Art zu verstehen (§ 131a BrVO.). Durch die monopolrechtliche Genehmigung zur Abgabe von Branntwein werden jedoch die später erwähnten Vorschriften des Gaststättengesetzes über die Einholung der polzeilichen Erlaubnis zum Kleinhandel mit Branntwein nicht berührt.

bb) Verkehr mit unverarbeitetem Branntwein bzw. mit Branntwein zum regelmäßigen Verkaufspreis

Unter „unverarbeitetem Branntwein" ist der Weingeist, Spiritus vini, des Handels in jeder Form, roh oder gereinigt und in jeder Stärke, also auch als „Alcohol absolutus" zu verstehen.

Die Reichsmonopolverwaltung bestimmt, in welcher Menge, zu welchen Zwecken und an wen Branntwein abzusetzen ist. Der Branntwein darf zu anderen Zwecken, als er von der Reichsmonopolverwaltung abgegeben ist, ohne besondere Genehmigung nicht verwendet werden (§ 87 BrMG.). Im allgemeinen darf der zum regelmäßigen Verkaufspreis bezogene Branntwein zu beliebigen Zwecken verwendet werden (§ 126 BrVO.).

Die Reichsmonopolverwaltung verwertet den unverarbeiteten Branntwein zu regelmäßigen und zu ermäßigten Verkaufspreisen (§ 88 BrMG.). Sie setzt auch die Preise und die Bezugsbedingungen fest (§ 89 BrMG.).

Die Reichsmonopolverwaltung gibt für die verschiedenen Arten von Beziehern verschiedene Lieferbedingungen heraus, die als Druckblatt auf Verlangen von ihr versandt werden. Für den Drogenhandel kommen vor allem die Bezugsbedingungen B (Kleinverkauf) für unverarbeiteten Branntwein jeder Art und Mengen bis zu 280 Liter in Frage. Die Reichsmonopolverwaltung liefert den Drogerien unverarbeiteten Branntwein sowohl zum Weiterverkauf in unverarbeitetem Zustande als auch zur Verarbeitung im eigenen Betriebe.

Für den Weiterverkauf muß vom Drogisten ein besonderer Verpflichtungsschein unterzeichnet werden, der an die Reichsmonopolverwaltung zu senden ist. Danach darf (seit dem 1. Dezember 1933) an Privatpersonen für häusliche Zwecke nicht mehr als $^1/_2$ Liter Sprit im Einzelfalle abgegeben werden.

Der Bezug von unverarbeitetem Branntwein kann von jedem erfolgen, der Branntwein in seinem Betriebe benötigt (sei es für technische Zwecke, als Lösungsmittel, zur Bereitung von Arzneimitteln, kosmetischen Mitteln usw.), sofern er seinen Betrieb bei dem zuständigen Zollamt bzw. Hauptzollamt angemeldet hat; die Zollstelle hat dem Betriebsinhaber einen Ausweis nach Muster 26a der BrVO. auszustellen (§ 127a BrVO.). Über die Lagerung von Branntwein, über die Angabe des Raumgehalts der Gefäße siehe §§ 127c und der BrVO.

cc) Verkehr mit Trinkbranntwein

Unter Trinkbranntwein sind Spirituosen, Liköre, überhaupt branntweinhaltige Flüssigkeiten, die zum menschlichen Genuß bestimmt sind, zu verstehen — ausgenommen Arzneimittel.

Das wesentlichste zu diesem Abschnitt ist aus folgenden Gesetzesbestimmungen ersichtlich, zu deren klarer Fassung nichts mehr zu erläutern ist:

§§ 100—104 des Branntweinmonopolgesetzes (s. S. 237),
§§ 128, 130 und 131 der Branntweinverwertungsordnung (s. S. 251).

Zur Kennzeichnung von Trinkbranntwein siehe auch Abschnitt VII, 6: Die Werbung für Trinkbranntweinerzeugnisse.

dd) Verkehr mit vergälltem Branntwein bzw. mit Branntwein zum ermäßigten Verkaufspreis

Außer zu regelmäßigen Verkaufspreisen verwertet die Reichsmonopolverwaltung den unverarbeiteten Branntwein noch zu ermäßigten Verkaufspreisen (§ 88 BrMG.). Der zu ermäßigten Verkaufspreisen abzugebende Branntwein kann zur Sicherung gegen mißbräuchliche Verwendung vergällt werden. Die Vergällung ist entweder vollständig oder unvollständig (§ 87 Abs. 3 BrMG.).

Es ist streng verboten, vergälltem Branntwein auf irgendeine Weise das Vergällungmittel zu entziehen oder Zusätze zu machen, die die Wirksamkeit des Vergällungsmittels herabsetzen können, oder Mittel anzubieten, die dazu bestimmt sind, die Wirkung der Vergällungsmittel zu beseitigen oder abzuschwächen (§ 80 BrVO.).

Zu ermäßigten Verkaufspreisen wird Branntwein u. a. abgegeben

1. zu Putz-, Heizungs-, Koch- und Beleuchtungszwecken oder zu gewerblichen Zwecken (§§ 83—86 BrVO.) und
2. zur Herstellung von Heilmitteln, die vorwiegend zum äußerlichen Gebrauch dienen, und von Riech- und Schönheitsmitteln (§ 92 BrMG.).

1. Der zu den unter 1. genannten Zwecken verwendete Branntwein unterliegt dem allgemeinen ermäßigten Verkaufspreis;

2. der zu den unter 2. genannten Zwecken verwendete Branntwein darf zu einem besonderen ermäßigten Verkaufspreis abgegeben werden (§ 79 BrVO.).

Über die Bekanntgabe der Verkaufspreise und der Bezugsbedingungen siehe § 82 BrVO.

1. Verkehr mit Branntwein zum allgemeinen ermäßigten Verkaufspreis. Die hier in Betracht kommenden gesetzlichen Bestimmungen sind die §§ 83—109 der Branntweinverwertungsordnung. Von besonderer Bedeutung für den Drogisten sind hiervon wieder die §§ 91—93 BrVO. über den Handel mit vollständig vergälltem Branntwein (Brennspiritus); s. S. 243.

2. Verkehr mit Branntwein zum besonderen ermäßigten Verkaufspreis. Die hier in Frage kommenden gesetzlichen Bestimmungen sind aus den §§ 115—122 der Branntweinverwertungsordnung zu ersehen (s. S. 247).

ee) Verwendung von Methylalkohol

Das Branntweinmonopolgesetz enthält im § 115 das Verbot der Verwendung von Methylalkohol für bestimmte Zubereitungen (s. S. 238).

ff) Strafbestimmungen

Das Branntweinmonopolgesetz behandelt in einem besonderen Abschnitt das Strafrecht und die Strafverfahren. Die umfangreichen Bestimmungen sind nur auszugsweise wiedergegeben. Für die verschiedenen Monopolvergehen (Monopolhinterziehung, -hehlerei und -ordnungswidrigkeit) werden hohe Geldstrafen oder Gefängnis bis zu einem Jahre angedroht. Mitunter ist neben der Strafe auf Einziehung der Branntweinerzeugnisse usw. zu erkennen (§§ 119—132 BrMG.).

Gesetz über das Branntweinmonopol

Vom 8. April 1922[1]) (RGBl. I S. 405)

Mit Änderungen vom 11. August 1923 (RGBl. I S. 772), 13. Februar 1924 (RGBl. I S. 68), 21. Mai 1929 (RGBl. I S. 99), 15. April 1930 (RGBl. I S. 138), 23. Dezember 1931 (RGBl. I S. 781), 20. April 1932 (RGBl. I S. 181), 18. März 1933 (RGBl. I S. 112), 18. Mai 1933 (RGBl. I S. 273), 13. September 1933 (RGBl. I S. 620), 14. Februar 1934 (RGBl. I S. 89), 13. September 1934 (RGBl. I S. 830), 26. September 1934 (RGBl. I S. 847), 24. September 1935 (RGBl. I S. 1177), 25. März 1939 (RGBl. I S. 604), 4. September 1939 (RGBl. I S. 1609 u. 1700). 18. September 1940 (RGBl. I S. 1254), 30. Oktober 1941 (RGBl. I S. 665) und 7. Dezember 1944 (RGBl. I S. 336).

Gegenstand des Monopols

§ 1

Das Branntweinmonopol umfaßt, soweit nicht in diesem Gesetz Ausnahmen vorgesehen sind:

1. die Übernahme des im Monopolgebiet hergestellten Branntweins aus den Brennereien (§§ 58 ff.),
2. die Herstellung von Branntwein aus Stoffen der im § 21 Nr. 2 bezeichneten Art,
3. die Einfuhr von Branntwein aus dem Ausland (§ 3),
4. die Reinigung von Branntwein (§ 29),
5. die Verwertung von Branntwein und den Branntweinhandel (§§ 83 ff.).

§§ 2—42

. . . . . .

Amtliche Aufsicht

§ 43

Betriebe, Unternehmen oder Personen, die

1. Branntwein oder Branntweinerzeugnisse oder Rohstoffe, die für die Herstellung von Branntwein geeignet sind, herstellen, befördern, lagern, weiterverarbeiten oder vertreiben,

2. . . . . . .

3. . . . . . .

[1]) Das Gesetz ist in Buchform herausgegeben im Reichsfinanzministerium (Vertrieb durch Carl Heymanns Verlag, Berlin W 8).

4. . . . . . .
unterliegen nach näherer Anordnung der Ausführungsbestimmungen der amtlichen Aufsicht.

§ 44

. . . . . .

§ 45

Wer einen Betrieb, der die Herstellung oder die Reinigung von Branntwein oder den Handel mit Branntwein zum Gegenstand hat, eröffnet oder übernimmt, hat sich schriftlich bei der Finanzbehörde anzumelden. Dies hat spätestens bei der Eröffnung oder Übernahme zu geschehen. Dabei sind die Betriebs- und Lagerräume anzugeben.

§ 46

. . . . . .

§ 47

. . . . . .

§ 48

Die Aufsichtsbehörden sind befugt, in Betrieben und bei Personen, die der amtlichen Aufsicht unterliegen oder nach dem Ermessen der Aufsichtsbehörden unterliegen können, Nachschau zu halten. Der Nachschau unterliegen ferner Gebäude, befriedete Besitztümer und Fahrzeuge, in denen sich Branntwein oder Branntweinerzeugnisse befinden oder nach dem Ermessen der Aufsichtsbehörden befinden können.

Die Ausführungsbestimmungen ordnen an, zu welchen Zeiten die Nachschau stattfinden darf und welche Befugnisse den Beamten im einzelnen zustehen. Zeitliche Beschränkungen der Nachschau fallen weg, wenn Gefahr im Verzuge liegt.

Es dürfen keine Einrichtungen getroffen werden, die die Ausführung der Aufsicht hindern oder erschweren.

Den Aufsichtsbeamten sind bei ihren Amtshandlungen die Hilfsmittel (Geräte, Beleuchtung usw.) zu stellen und die nötigen Hilfsdienste zu leisten. Auf Verlangen des Finanzamts ist für die Beamten, die sich in einem der amtlichen Aufsicht unterliegenden Betrieb aufzuhalten haben, ein geeigneter Raum zur Verfügung zu stellen, auszustatten und instand zu halten.

§ 49

Den Aufsichtsbeamten ist jede für die amtliche Aufsicht oder zu statistischen Zwecken erforderliche Auskunft über den Betrieb zu erteilen.

Den Oberbeamten des Aufsichtsdienstes sind die Geschäftsbücher und die Schriftstücke über Beschaffung der Rohstoffe, über Herstellung, Bezug und Absatz von Erzeugnissen, die Gegenstand dieses Gesetzes bilden, sowie über den Wirtschaftsbetrieb der Brennereien auf Erfordern zur Einsicht vorzulegen.

§ 50

Wenn die Reichsmonopolverwaltung oder die Finanzämter befugt sind, zu prüfen, ob Bücher, Aufzeichnungen und Verzeichnisse wie vorgeschrieben geführt und vorgeschriebene Bescheinigungen ausgestellt werden, können ihre Beamten und die von ihnen zugezogenen Sachverständigen die Geschäftsräume in den üblichen Geschäftsstunden betreten. Die Inhaber der unter amtlicher Aufsicht stehenden Betriebe und ihre Angestellten haben ihnen jede Auskunft und Nachweisung zu erteilen, deren sie für die Prüfung bedürfen, und ihnen alle für die Prüfung in Betracht kommenden Schriftstücke zur Einsicht vorzulegen.

§ 51

Unter Aufsicht stehende Betriebe, bei denen eine grobe Zuwiderhandlung gegen die Vorschriften des Gesetzes oder gegen die dazu ergangenen Ausführungsbestimmungen strafrechtlich festgestellt ist oder deren Inhaber einer solchen Zuwiderhandlung dringend verdächtig sind, oder in denen mit Wissen des Inhabers oder eines Vertreters Angestellte oder Arbeiter beschäftigt werden, die wegen solcher Zuwiderhandlungen mit einer Geldstrafe von mindestens 150 Reichsmark oder mit Freiheitsstrafe oder wiederholt bestraft sind, können auf Kosten des Inhabers besonderen Aufsichtsmaßnahmen unterworfen werden.

§§ 52–82

. . . . . .

Branntweinverwertung und Branntweinhandel

§ 83

Die Reichsmonopolverwaltung verwertet den Branntwein durch Verkauf des unverarbeiteten Branntweins oder durch Verkauf des zu Monopoltrinkbranntwein (Monopolerzeugnisse) verarbeiteten Branntweins.

§§ 84–86

. . . . . .

Verwertung des unverarbeiteten Branntweins

§ 87

Die Reichsmonopolverwaltung bestimmt unter Berücksichtigung der zur Verfügung stehenden Branntweinbestände, in welcher Menge, zu welchen Zwecken und an wen Branntwein abzusetzen ist.

Der Branntwein darf zu anderen Zwecken, als er von der Reichsmonopolverwaltung abgegeben ist, ohne besondere Genehmigung nicht verwendet werden. Die Reichsmonopolverwaltung ist befugt, Maßnahmen zur Sicherstellung der bestimmungsmäßigen Verwendung des Branntweins zu treffen; sie kann bei Zuwiderhandlungen gegen ihre Anordnungen weitere Lieferungen ablehnen.

Der zu ermäßigten Verkaufspreisen (§ 92) abzugebende Branntwein kann zur Sicherung gegen mißbräuchliche Verwendung vergällt werden. Die Vergällung des Branntweins ist entweder vollständig, d. h. derart, daß sie an sich als genügend erachtet wird, den Branntwein zum Trinkverbrauch unverwendbar zu machen, oder unvollständig, d. h. derart, daß außerdem weitere Maßnahmen zur Verhütung mißbräuchlicher Verwendung des Branntweins zu treffen sind. Die vollständige Vergällung des Branntweins steht ausschließlich der Reichsmonopolverwaltung zu.

§ 88

Die Reichsmonopolverwaltung verwertet den unverarbeiteten Branntwein zu regelmäßigen und zu ermäßigten Verkaufspreisen (§§ 90, 92).

§ 89

Die Verkaufspreise (§§ 90, 92) werden von der Reichsmonopolverwaltung in gemeinschaftlicher Beschlußfassung mit dem Beirat festgesetzt und öffentlich bekanntgemacht. Die Reichsmonopolverwaltung setzt die Bezugsbedingungen fest und macht sie in gleicher Weise bekannt.

Für Branntwein, der einem besonderen Reinigungsverfahren unterlegen hat, sowie für Branntwein, der in anderen Gefäßen als in Kesselwagen geliefert wird, kann die Reichsmonopolverwaltung besondere Zuschläge zu den Verkaufpreisen festsetzen.

§ 90

Zu regelmäßigen Verkaufpreisen ist der Branntwein zu verwerten, soweit er nicht zu ermäßigten Verkaufpreisen (§ 92) abgegeben werden darf oder zur Herstellung von Monopolerzeugnissen (§§ 95 ff.) verwendet wird.

§ 91

. . . . . .

§ 92

Zu ermäßigten Verkaufpreisen ist nach näherer Bestimmung des Reichsrats Branntwein abzugeben, der zur Bereitung von Speiseessig, zu Putz-, Heizungs-, Koch- und Beleuchtungszwecken oder zu gewerblichen Zwecken verwendet wird, soweit sie nicht im Abs. 2 aufgeführt sind.

Nach näherer Bestimmung des Reichsrats darf Branntwein auch zur Herstellung von Heilmitteln, die vorwiegend zum äußerlichen Gebrauche dienen, und von Riech- und Schönheitsmitteln zu ermäßigten Verkaufpreisen abgegeben werden, sofern der Branntwein zu Genußzwecken unbrauchbar gemacht oder unter ständiger amtlicher Überwachung verarbeitet wird. Diese ermäßigten Verkaufpreise müssen den Branntweingrundpreis, einen angemessenen Anteil an den Verwaltungskosten (§ 85) und einen an die Reichskasse abzuführenden Betrag, der vierzig Hundertteile des ermäßigten Verkaufspreises, mindestens aber einhundert Reichsmark ausmacht, enthalten.

§§ 93—96

. . . . . .

Vertrieb der Monopolerzeugnisse

§ 97

Wiederverkäufer sind, soweit sie Monopolerzeugnisse in einzelnen Mengen von 0,25 Liter oder mehr abgeben, an die von der Reichsmonopolverwaltung festgesetzten Preise gebunden. Sie dürfen die Abgabe in diesen Mengen, sofern die Erzeugnisse nicht an der Verkaufsstelle verzehrt werden, nicht verweigern.

Wiederverkäufern ist verboten:

1. die Monopolerzeugnisse in Weingeistgehalt, Geruch, Geschmack oder Aussehen zu verändern; jedoch ist das Mischen der Monopolerzeugnisse miteinander oder mit anderen Stoffen auf Verlangen des Verbrauchers zum Zwecke des sofortigen Genusses gestattet;
2. die Verschlüsse der Kleinverkaufbehältnisse oder die zu ihrer Sicherung angebrachten Vorkehrungen zu entfernen, bevor die Behältnisse geöffnet werden;
3. die in Kleinverkaufbehältnissen gelieferten Monopolerzeugnisse anders als unmittelbar aus den Behältnissen, in denen sie geliefert sind, abzugeben;
4. die in Kleinverkaufbehältnissen gelieferten Monopolerzeugnisse in Mengen von 0,25 Liter oder mehr anders als in den verschlossenen Kleinverkaufbehältnissen der Reichsmonopolverwaltung abzugeben.

Der Reichsminister der Finanzen kann Ausnahmen von den Vorschriften im Abs. 1 Nr. 3 und 4 zulassen.

Branntweinverwertung durch andere als die Reichsmonopolverwaltung

§ 99

. . . . . .

§ 100

Die Verwertung von Branntwein außerhalb des Monopolbetriebs zur Herstellung von Trinkbranntwein ist zulässig, soweit für den Branntwein der regelmäßige Verkaufpreis oder der Branntweinaufschlag oder der regelmäßige Monopolausgleich entrichtet worden ist.

Im Inland darf Trinkbranntwein nur unter Kennzeichnung des Weingeistgehaltes in Raumhundertteilen in den Verkehr gebracht werden. Die Kennzeichnung hat bei Lieferungen in Behältnissen von mehr als einem Liter Inhalt auf der Rechnung, bei Lieferung in Behältnissen bis zu einem Liter Inhalt auf dem Flaschenschild zu erfolgen.

Im Inland dürfen Arrak, Rum und Obstbranntwein sowie Verschnitte davon und Steinhäger nur mit einem Weingeistgehalt von mindestens 38 Raumhundertteilen, sonstige Trinkbranntweine nur mit einem Weingeistgehalt von mindestens 32 Raumhundertteilen in den Verkehr gebracht werden. Die Reichsmonopolverwaltung kann nach Anhörung des Beirats Ausnahmen für besondere Gegenden und besondere Trinkbranntweinarten zulassen[1]).

Trinkbranntwein, der in Flaschen oder ähnlichen Gefäßen gewerbsmäßig verkauft oder feilgehalten wird, muß eine Bezeichnung tragen, die erkennen läßt, ob der Trinkbranntwein im Inland oder Ausland fertiggestellt ist. Außerdem sind der Fertigsteller und der Ort der Fertigstellung anzugeben sowie der Sitz der Firma, wenn dieser mit dem Orte der Fertigstellung nicht übereinstimmt. Es ist verboten, den Flaschen eine Ausstattung zu geben, die geeignet ist, den Käufer über die Herkunft irrezuführen.

Das Nähere regeln die Ausführungsbestimmungen.

Die Vorschriften im § 18 des Weingesetzes vom 25. Juli 1930 (RGBl. S. 356ff.) bleiben unberührt.

§ 101

Unter der Bezeichnung Kornbranntwein darf nur Branntwein in den Verkehr gebracht werden, der ausschließlich aus Roggen, Weizen, Buchweizen, Hafer oder Gerste hergestellt und nicht im Würzeverfahren gewonnen ist. Mischungen von Kornbranntwein mit weingeisthaltigen Erzeugnissen anderer Art dürfen nicht unter der Bezeichnung Kornverschnitt oder unter einer ähnlichen Bezeichnung, die auf die Herstellung aus Korn (Roggen, Weizen, Buchweizen, Hafer oder Gerste) schließen läßt, in den Verkehr gebracht werden.

§ 102

Unter der Bezeichnung Kirschwasser, Zwetschenwasser, Heidelbeergeist oder ähnlichen Bezeichnungen, die auf die Herstellung aus Kirschen, Zwetschen, Heidelbeeren oder sonstigen Obst- und Beerenarten hinweisen (Kirschbranntwein, Kirsch, Zwetschenbranntwein, Steinobstbranntwein, Kernobstbranntwein u. dgl.), darf

[1]) Siehe § 21 der Technischen Bestimmungen.

nur Branntwein in den Verkehr gebracht werden, der ausschließlich aus den betreffenden Obst- und Beerenarten hergestellt ist. Die Vorschrift im § 101 Satz 2 findet entsprechende Anwendung.

Unter der Bezeichnung Steinhäger darf nur Trinkbranntwein in den Verkehr gebracht werden, der ausschließlich durch Abtrieb unter Verwendung von Wacholderlutter aus vergorener Wacholderbeermaische hergestellt ist.

§ 103

Die Verwendung von Branntweinschärfen[1]) ist untersagt.

§ 104

Trinkbranntwein, den nicht die Reichsmonopolverwaltung hergestellt hat, oder dessen Verpackungen oder Umhüllungen dürfen nicht mit der Bezeichnung Monopol oder mit einer ähnlichen Bezeichnung oder mit einer Ausstattung versehen oder in den Verkehr gebracht werden, die geeignet ist, den Eindruck hervorzurufen, daß es sich um Monopolerzeugnisse handelt. Das gleiche gilt für Ankündigungen, Preislisten, Geschäftsbriefe, Empfehlungen, Rechnungen o. dgl.

Unternehmungen oder Betriebe dürfen Bezeichnungen, die geeignet sind, den Eindruck hervorzurufen, daß eine Verbindung mit der Reichsmonopolverwaltung besteht, nur mit Genehmigung die er Verwaltung verwenden.

§ 105

. . . . . .

Branntweinhandel

§ 106

Der Handel mit Branntwein ist nur mit Genehmigung der Reichsmonopolverwaltung gestattet.

Ohne Genehmigung der Reichsmonopolverwaltung zulässig ist der Handel

1. mit dem im § 99 bezeichneten Branntwein und dem daraus hergestellten Trinkbranntwein, soweit sich nicht aus § 87 Abs. 2 oder aus § 99 Abs. 2 Beschränkungen ergeben,
2. mit Monopolerzeugnissen.

Branntwein darf nicht zu einem Preise angeboten, gehandelt oder erworben werden, der niedriger ist als der regelmäßige Verkaufspreis (§§ 88 ff.). Das Nähere ergeben die Ausführungsbestimmungen.

§§ 107–114

. . . . . .

Methylalkohol

§ 115

Nahrungs- und Genußmittel — insbesondere weingeisthaltige Getränke —, Heil-, Vorbeugungs- und Kräftigungsmittel, Riechmittel und Mittel zur Reinigung, Pflege oder Färbung der Haut, des Haares, der Nägel oder der Mundhöhle dürfen nicht so hergestellt werden, daß sie Methylalkohol enthalten. Zubereitungen dieser Art, die Methylalkohol enthalten, dürfen nicht in den Verkehr gebracht oder aus dem Ausland eingeführt werden.

---

[1]) Wie z. B. Paprika, Piperin.

Die Vorschriften des Abs. 1 finden keine Anwendung

1. auf Formaldehydlösungen und auf Formaldehydzubereitungen, deren Gehalt an Methylalkohol auf die Verwendung von Formaldehydlösungen zurückzuführen ist,
2. auf Zubereitungen, in denen technisch nicht vermeidbare geringe Mengen von Methylalkohol sich aus darin enthaltenen Methylverbindungen gebildet haben oder durch andere mit der Herstellung verbundene natürliche Vorgänge entstanden sind.

Als Methylalkohol im Sinne dieser Vorschrift gilt auch Holzgeist.

Strafrecht und Strafverfahren

Erster Unterabschnitt: Monopolvergehen

I. Monopolhinterziehung

§ 119

Tatbestand

Monopolhinterziehung begeht, wer in der Absicht, sich oder einen anderen unrechtmäßig zu bereichern, durch monopolfeindliches Verhalten Monopoleinnahmen verkürzt.

§ 120

Monopolfeindliches Verhalten

......

§ 121

Verkürzung von Monopoleinnahmen

......

§ 122

Strafen

(1) Wer Monopolhinterziehung begeht, wird mit Gefängnis und mit Geldstrafe oder mit einer dieser Strafen bestraft.

(2) Der Höchstbetrag der Strafe ist unbeschränkt.

(3) Der Versuch ist strafbar.

§ 123

Einziehung

......

II. Monopolhehlerei

§ 124

(1) Monopolhehlerei begeht, wer seines Vorteils wegen Branntwein oder Branntweinerzeugnisse, hinsichtlich deren Monopoleinnahmen hinterzogen worden sind, ankauft, zum Pfand nimmt, an sich bringt, verheimlicht oder absetzt.

(2) Der Monopolhehler wird nach § 122 bestraft.

(3) Neben der Strafe ist auf Einziehung zu erkennen. § 123 gilt entsprechend.

III. Monopolordnungswidrigkeit

§ 125

Monopolordnungswidrigkeit

(1) Monopolordnungswidrigkeit begeht, wer, ohne den Tatbestand eines anderen Monopolvergehens zu erfüllen, als Monopolpflichtiger oder bei Wahrnehmung der Angelegenheiten eines Monopolpflichtigen einer Vorschrift des Monopolrechts (des Gesetzes über das Branntweinmonopol oder der Durchführungsbestimmungen) oder einer zur Durchführung des Branntweinmonopols erlassenen Verfügung, die einen Hinweis auf die Strafbarkeit enthält, vorsätzlich oder fahrlässig zuwiderhandelt.

(2) Der Täter wird mit Geldstrafe bis zu zehntausend Reichsmark bestraft.

(3) Die Nichtbefolgung einer Sollvorschrift ist nicht strafbar. Die Versäumung eines Zahlungstermins ist für sich allein noch nicht strafbar.

§ 126

Schwere Monopolordnungswidrigkeit

(1) Schwere Monopolordnungswidrigkeit begeht, wer, ohne den Tatbestand der Monopolhinterziehung oder der Monopolhehlerei zu erfüllen,

. . . . . .

7. Branntwein, der von der Reichsmonopolverwaltung zu einem ermäßigten Verkaufspreis abgegeben worden ist, vorschriftswidrig verwendet;
8. aus vergälltem Branntwein das Vergällungsmittel ganz oder teilweise ausscheidet oder sonst Branntwein unbefugt reinigt oder dem vergällten Branntwein Stoffe zusetzt, durch die die Wirkung des Vergällungsmittels in bezug auf Geschmack, Geruch oder Aussehen vermindert wird oder derart behandelten Branntwein feilhält oder verkauft;
9. der Vorschrift des § 104 zuwiderhandelt.

(2) Der Täter wird mit Geldstrafe bis zu einhunderttausend Reichsmark oder mit Gefängnis bis zu einem Jahr bestraft.

. . . . . .

§ 128

Anwendbarkeit der Reichsabgabenordnung

Die Vorschriften über das Steuerstrafrecht (§§ 391 bis 419 der Reichsabgabenordnung) sind bei Monopolvergehen entsprechend anzuwenden, soweit nicht in diesem Gesetz anders vorgeschrieben ist.

Zweiter Unterabschnitt: Strafbare Handlungen, die nicht Monopolvergehen sind

§ 129

Strafbare Handlungen auf dem Gebiet des Lebensmittelrechts

(1) Wer gegen §§ 101 bis 103, 116 verstößt, wird nach § 12 des Lebensmittelgesetzes in der Fassung vom 17. Januar 1936 (RGBl. I S. 17) bestraft.

(2) Wer gegen § 115 verstößt, wird nach § 11 des Lebensmittelgesetzes bestraft.

(3) §§ 13 bis 15 des Lebensmittelgesetzes werden angewandt.

§ 130

Annahme von Geschenken

. . . . . .

§ 131

Verletzung des Dienst- und Betriebsgeheimnisses

. . . . . .

Dritter Unterabschnitt: Strafverfahren

§ 132

Für die Verfolgung von Monopolvergehen gelten die Vorschriften über das Steuerstrafverfahren (§§ 420 bis 477 der Reichsabgabenordnung) entsprechend.

. . . . . .

Branntweinverwertungsordnung

Anlage 2 der Grundbestimmungen zum Gesetz über das Branntweinmonopol vom 8. April 1922. Herausgegeben im Reichsfinanzministerium

(In Buchform erschienen bei Carl Heymanns Verlag, Berlin W 8)

. . . . . .

Verwendung von Branntwein

Allgemeine Bestimmungen

1. Regelmäßiger Verkaufspreis

§ 78

Von der Reichsmonopolverwaltung abgegebener Branntwein, der zu anderen als den im § 79 angegebenen Zwecken verwendet wird, sowie Branntwein, aus dem Monopolerzeugnisse (§ 83 des Ges.) hergestellt werden, unterliegt dem regelmäßigen Verkaufpreis.

2. Ermäßigte Verkaufspreise

§ 79

(1) Zu ermäßigten Verkaufpreisen nach § 92 Abs. 1 des Gesetzes darf Branntwein nur abgegeben werden, wenn er vergällt wird. Der zur Bereitung von Speiseessig verwendete Branntwein unterliegt dem Essigbranntweinpreise, der zu den übrigen im § 92 Abs. 1 genannten Zwecken verwendete Branntwein dem allgemeinen ermäßigten Verkaufpreis oder dem Kraftspirituspreis.

(2) Zum ermäßigten Verkaufpreis nach § 92 Abs. 2 des Gesetzes (besonderer ermäßigter Verkaufpreis) darf Branntwein nur abgegeben werden, wenn er unter Beachtung der Bestimmungen im § 115 ff. zu den dort angegebenen Zwecken verwendet wird.

3. Verbote

§ 80

Es ist verboten,

a) aus vergälltem oder zu Genußzwecken unbrauchbar gemachtem Branntwein oder aus den daraus hergestellten Erzeugnissen das Vergällungsmittel (§ 88) oder den Zusatzstoff (§ 117) ganz oder teilweise auszuscheiden oder dem vergällten oder zu Genußzwecken unbrauchbar gemachten Branntwein oder den daraus hergestellten Erzeugnissen Stoffe beizufügen, die die Wirksamkeit des Vergällungsmittels oder des Zusatzstoffes in bezug auf Geschmack, Geruch oder Aussehen vermindern, oder einen in dieser Weise veränderten Branntwein zu verkaufen oder feilzuhalten,

b) Mittel oder Einrichtungen anzubieten, anzupreisen und zu verkaufen, die nach dem Angebot oder der Anpreisung dazu bestimmt sind, die Wirkung der Vergällungsmittel oder Zusatzstoffe zu beseitigen oder abzuschwächen.

. . . . . .

4. Bekanntgabe der Verkaufspreise und der Bezugsbedingungen

§ 82

(1) Die Verkaufpreise (§§ 78 und 79) werden von der Reichsmonopolverwaltung im Deutschen Reichsanzeiger und im Reichszollblatt bekanntgemacht. In gleicher Weise wird der der Hektolitereinnahme entsprechende Teil des regelmäßigen Verkaufpreises bekanntgegeben.

(2) Die Bezugsbedingungen gibt die Reichsmonopolverwaltung im Deutschen Reichsanzeiger bekannt.

Branntwein zum allgemeinen ermäßigten Verkaufspreis

1. Verwendungszwecke

§ 83

Branntwein, der zum allgemeinen ermäßigten Verkaufpreis abgegeben ist, darf verwendet werden

a) zu Putz-, Heizungs-, Koch- und Beleuchtungszwecken,

b) zu gewerblichen Zwecken.

§ 84

(1) Als Verwendung zu Putzzwecken (§ 83 unter a) gilt auch die Verwendung zu Reinigungs-, Wasch- und Desinfektionszwecken.

(2) Die Verwendung von vollständig vergälltem Branntwein (Brennspiritus) zum Antrieb von Motoren gilt nicht als Verwendung zu Heizungszwecken (§ 83 unter a).

§ 85

(1) Als Verwendung zu gewerblichen Zwecken (§ 83 unter b) ist auch anzusehen

a) die Verwendung zu chemischen und physikalischen Untersuchungen aller Art, zum Ansetzen von Chemikalien, Lösungen usw., soweit dabei nicht eine Entgällung eintritt,

b) die Verwendung zur Herstellung von Heilmitteln, die in fertigem Zustande Branntwein, Essigester oder Ameisenester nicht mehr enthalten.

(2) Zur Herstellung von nicht festen, zur Körperreinigung und -pflege bestimmten und geeigneten Seifen darf zum allgemeinen ermäßigten Verkaufpreis abgegebener Branntwein nur verwendet werden, wenn die Seife in Kleinverkaufpackungen mit einem Einzelgewichte von nicht mehr als 200 g in den Verkehr gebracht wird. Wird die Seife in gleichartigen Packungen von einer näher anzugebenden und durch Hinterlegung von Mustern festzustellenden Beschaffenheit (Typenpackung) in den Verkehr gebracht, so kann der Oberfinanzpräsident die Verwendung von Branntwein zum allgemeinen ermäßigten Verkaufpreise genehmigen, wenn das Eigengewicht der Seife (ohne Packung oder Umschließung)

nicht mehr als 200 g beträgt. Der Oberfinanzpräsident trifft erforderlichenfalls mit dem Reichsmonopolamt die näheren Bestimmungen über die Überwachung des Verpackungszwanges.

§ 86

Unzulässig ist die Verwendung des zum allgemeinen ermäßigten Verkaufpreis abgegebenen Branntweins zur Herstellung von

a) Nahrungs- und Genußmitteln einschließlich des Speiseessigs und solcher weingeisthaltiger Erzeugnisse, die zum menschlichen Genuß dienen können,
b) Erzeugnissen, die als Ersatz für Branntwein genossen werden können (insbesondere Estern, soweit für Ester nicht im § 110 Ausnahmen zugelassen sind),
c) Heilmitteln, die in fertigem Zustande Branntwein, Essigester oder Ameisenester enthalten,
d) Riech- und Schönheitsmitteln aller Art.

. . . . . .

2. Vollständige Vergällung

a) Ausführung

§ 88

Die vollständige Vergällung (§ 87 Abs. 3 des Ges.) steht ausschließlich der Reichsmonopolverwaltung zu. . . . .

b) Überwachung der Verwendung

§ 89

(1) Die Verwendung des vollständig vergällten Branntweins unterliegt in der Regel keiner besonderen amtlichen Überwachung.

(2) . . . . . .

(3) Wird in einem Betriebe zugleich vergällter Branntwein und Branntwein, der zum regelmäßigen oder besonderen ermäßigten Verkaufpreis bezogen ist, verwendet oder daneben noch der Ausschank von Trinkbranntwein oder der Kleinhandel damit betrieben, so kann das Hauptzollamt anordnen, daß der vergällte Branntwein und gegebenenfalls der zum besonderen ermäßigten Verkaufpreis bezogene Branntwein sowie die daraus hergestellten Erzeugnisse in besonderen Räumen aufzubewahren und zu verwenden sind. In diesen Räumen dürfen anderer Branntwein oder die daraus hergestellten Erzeugnisse nicht aufgenommen werden.

§ 90

Die Verwendung von vollständig vergälltem Branntwein (Brennspiritus) als Kraftspiritus oder als Streckungsmittel von Treibstoffen ist verboten. Die Reichsmonopolverwaltung kann auf Antrag Ausnahmen zulassen.

c) Handel

§ 91

Wer mit vollständig vergälltem Branntwein handeln will, hat dies vor Eröffnung des Handels der Zollstelle und der nach den gewerbepolizeilichen Bestimmungen zuständigen örtlichen Behörde unter Bezeichnung der Verkaufstelle anzumelden. Der Zollstelle ist die Bestätigung der örtlichen Behörde über die bei dieser eingereichten Anmeldung vorzulegen. Die Zollstelle erteilt über die Anmeldung eine Bescheinigung, ohne die mit dem Handel nicht begonnen werden darf. Die Bescheinigung ist in der Verkaufstelle aufzubewahren und den Beamten auf Verlangen vorzuzeigen. Liegen Tatsachen vor, welche die Unzuverlässigkeit des Gewerbetreibenden in Beziehung auf den Handel mit vergälltem Branntwein wahrscheinlich machen, so hat die Zollstelle vor Erteilung der Bescheinigung an das Hauptzollamt zu berichten.

§ 92

(1) Vollständig vergällter Branntwein darf im Kleinhandel nur in den von der Reichsmonopolverwaltung gelieferten und zugelassenen Behältnissen (Monopolbehältnisse) von 50, 20, 10, 5 und 1 Liter Rauminhalt feilgehalten werden, die mit einer Angabe der Weingeiststärke und mit einem besonderen Verschlusse versehen sind. Bei Abgabe im Kleinhandel darf der auf den Monopolbehältnissen aufgedruckte Verkaufpreis nicht überschritten werden. Eine Änderung des aufgedruckten Verkaufpreises auf den Monopolbehältnissen durch den Kleinhändler ist unzulässig.

(2) Der Aufsichtsoberbeamte kann im Falle des Bedürfnisses für einzelne Händler zulassen, daß der Branntwein in Mengen von weniger als einem Liter in beliebigen, mit dem vorgeschriebenen Monopolverschlusse nicht versehenen Behältnissen abgegeben wird, sofern folgende Bedingungen eingehalten werden: Der Branntwein muß in dem Verkaufraum unter den Augen des Käufers in das für diesen bestimmte Behältnis aus einem vorschriftsmäßig bezeichneten und verschlossenen Monopolbehältnisse von einem Liter Raumgehalt abgefüllt werden. Es darf nur ein angebrochenes Behältnis vorhanden sein. Aus Behältnissen von mehr als einem Liter Raumgehalt darf nicht abgefüllt werden. Im übrigen darf in dem Verkaufraum und in den mit diesem in unmittelbarer Verbindung stehenden Räumen vollständig vergällter Branntwein nur in vorschriftsmäßig bezeichneten und verschlossenen Behältnissen aufbewahrt werden.

(3) Im Falle des Bedürfnisses kann die Reichsmonopolverwaltung die Abgabe von vollständig vergälltem Branntwein im Kleinhandel abweichend von den vorstehenden Bestimmungen regeln.

§ 93

(1) In den Verkaufräumen ist an einer in die Augen fallenden Stelle und in Druckschrift mit mindestens $1/2$ Zentimeter großen Buchstaben eine Bekanntmachung folgenden Inhalts auszuhängen:

1. Vollständig vergällter Branntwein darf im Kleinhandel nur in Monopolbehältnissen von 50, 20, 10, 5 und 1 Liter Rauminhalt feilgehalten werden, die nach Vorschrift verschlossen und mit einer Angabe der Weingeiststärke versehen sind.
2. Der auf den Monopolbehältnissen aufgedruckte Verkaufpreis darf weder überschritten noch vom Kleinhändler abgeändert werden.
3. Es ist verboten, aus vergälltem Branntwein das Vergällungsmittel ganz oder teilweise auszuscheiden oder dem vergällten Branntwein Wasser oder sonstige Stoffe beizufügen, durch die der Weingeistgehalt oder die Wirksamkeit des Vergällungsmittels in Beziehung auf Geschmack, Geruch oder Aussehen vermindert wird, oder einen in dieser Weise veränderten Branntwein zu verkaufen oder feilzuhalten.

4. Es ist verboten, vollständig vergällten Branntwein (Brennspiritus) als Kraftspiritus oder als Streckungsmittel von Treibstoffen zu verwenden. Die Reichsmonopolverwaltung kann auf Antrag Ausnahmen zulassen.
5. Zuwiderhandlungen gegen die vorstehenden Bestimmungen unterliegen den Strafvorschriften des Gesetzes über das Branntweinmonopol.

(2) Im Falle des § 92 Abs. 2 und 3 kann die Fassung des Aushanges entsprechend ergänzt oder geändert werden.

§ 94

(1) Das Hauptzollamt kann die Erteilung der Bescheinigung (§ 91) ablehnen oder die Fortsetzung des Handels mit vergälltem Branntwein untersagen, wenn Tatsachen vorliegen, die die Unzuverlässigkeit des Gewerbetreibenden wahrscheinlich machen. Die Entscheidung ist der Ortspolizeibehörde mitzuteilen.

(2) . . . . . .

3. Unvollständige Vergällung

a) Zulassung

§ 95

(1) Das Reichsmonopolamt bestimmt, mit welchen Mitteln und Mengen Branntwein unvollständig vergällt (§ 87 Abs. 3 des Ges.) und zu welchen Zwecken dieser Branntwein verwendet werden darf[1]). Es kann ferner anordnen, daß der Branntwein nur von bestimmten Gewerbegruppen oder Personen verwendet werden darf.

. . . . . .

§ 96

(1) Wer Branntwein unvollständig vergällen will, hat beim Hauptzollamt die Genehmigung hierzu schriftlich zu beantragen und dabei das Vergällungsmittel, den Verwendungszweck unter Bezeichnung der herzustellenden Erzeugnisse, die Art und Weise der Verwendung und den Ort der Lagerung des vergällten Branntweins anzugeben.

(2) Über den Antrag erteilt das Hauptzollamt einen schriftlichen Bescheid; im Falle der Genehmigung muß der Bescheid genaue Angaben darüber enthalten,

a) mit welchen Mitteln und Mengen der Branntwein zu vergällen ist,
b) zu welchen Zwecken und in welcher Art und Weise der vergällte Branntwein verwendet werden darf,
c) an welchem Orte der vergällte Branntwein zu lagern ist.

Außerdem ist die Genehmigung an die Bedingung zu knüpfen, daß in den Aufbewahrungs- und Verwendungsräumen des Branntweins an einer in die Augen fallenden Stelle eine Bekanntmachung folgenden Inhalts auszuhängen ist:

1. Der mit (Name des Vergällungsmittels) vergällte Branntwein darf nur innerhalb dieses Betriebes und nur zu (Verwendungszweck) verwendet werden.
2. Es ist verboten, aus vergälltem Branntwein das Vergällungsmittel ganz oder teilweise auszuscheiden oder dem vergällten Branntwein Stoffe beizufügen, die die Wirkung des Vergällungsmittels in bezug auf Geschmack, Geruch oder Aussehen vermindern, oder einen in dieser Weise veränderten Branntwein zu verkaufen oder feilzuhalten.

---

[1]) Siehe § 27 der Technischen Bestimmungen.

3. Zuwiderhandlungen gegen die vorstehenden Bestimmungen unterliegen den Strafvorschriften des Gesetzes über das Branntweinmonopol.

(3) . . . . . .

(4) Der Gewerbetreibende hat den ihm erteilten Bescheid (Abs. 2) dem Aufsichtsbuch (Muster 20) als Beleg beizufügen.

(5) . . . . . .

b) Prüfung und Aufbewahrung der Vergällungsmittel

§ 97

(1) Die Vergällungsmittel müssen den vom Reichsmonopolamt vorgeschriebenen Erfordernissen entsprechen und sind bis zu ihrer Verwendung unter Zollverschluß aufzubewahren. Soweit nach Anordnung des Reichsmonopolamts Vergällungsmittel durch einen Chemiker zu prüfen sind, geschieht dies auf Kosten des Antragstellers. Die Vornahme der Prüfung ist beim Hauptzollamt zu beantragen. Die näheren Bestimmungen über die Vorführung, Probeentnahme, Verschließung und Aufbewahrung des Vergällungsmittels trifft das Reichsmonopolamt.

(2) Nach näherer Anordnung des Reichsmonopolamts kann die Prüfung einzelner Vergällungsmittel durch Zollbeamte vorgenommen werden. Finden die Prüfungen in den Räumen des Gewerbetreibenden statt, so hat dieser die erforderlichen Gerätschaften und Stoffe unter Mitwirkung der Zollbehörde auf seine Kosten zu beschaffen.

(3) . . . . . .

c) Anmeldung der Vergällung

§ 98

(1) Die Vergällung von Branntwein ist bei der Zollstelle mit einer Anmeldung nach Muster 18 zu beantragen.

(2) Mit einer Anmeldung sind mindestens 50 Liter Weingeist zur Vergällung zu stellen. Das Hauptzollamt kann allgemein, die Zollstelle und die Abfertigungsbeamten können im Einzelfall Ausnahmen zulassen.

d) Ausführung der Vergällung

§ 99

(1) Soweit der Branntwein nicht schon von der Reichsmonopolverwaltung in unvollständig vergälltem Zustande geliefert wird, ist die unvollständige Vergällung in den Gewerberäumen des Antragstellers vorzunehmen. Das Hauptzollamt kann Ausnahmen zulassen, wenn der vergällte Branntwein unter amtlicher Aufsicht in diese Räume übergeführt wird.

(2) Die Vergällung ist nach der vom Reichsmonopolamt gegebenen Anleitung auszuführen. . . . . . .

f) Verwendung und Lagerung

§ 103

Der unvollständig vergällte Branntwein darf, soweit nicht das Hauptzollamt im Einzelfall eine Ausnahme zuläßt, nur zu dem genehmigten Zwecke (§ 96), nur in der angemeldeten Art und Weise und nur von dem Antragsteller verwendet werden.

§ 104

(1) Der unvollständig vergällte Branntwein darf nur an dem angemeldeten Orte (§ 96) gelagert werden. Wird er nicht in den Versandgefäßen, sondern in besonderen Aufbewahrungsgefäßen gelagert, so müssen diese amtlich gewogen oder naß gemessen und nach Bestimmung des Aufsichtsoberbeamten mit einer geprüften und gegen Veränderung gesicherten Vorrichtung zum Ablesen des Flüssigkeitsbestandes versehen sein.

(2) Wird an dem angemeldeten Orte verschiedenartig vergällter Branntwein gelagert, so ist auf jedem Gefäß anzugeben, mit welchem Mittel der in ihm enthaltene Branntwein vergällt ist. Gegebenenfalls sind auch Gefäße mit unvergälltem Branntwein entsprechend zu bezeichnen.

(3) § 89 Abs. 3 findet entsprechende Anwendung.

§ 105

(1) Über die Verwendung des vergällten Branntweins ist vom Gewerbetreibenden ein Aufsichtsbuch nach Muster 20 forlaufend zu führen.

(2) . . . . . .

(3) . . . . . .

§ 106

(1) Alljährlich mindestens einmal findet eine amtliche Aufnahme der Vorräte an vergälltem Branntwein statt, der der Gewerbetreibende beizuwohnen hat.

. . . . . .

g) Handel

. . . . . .

§§ 107—109

. . . . . .

Branntwein zum besonderen ermäßigten Verkaufpreis

1. Verwendungszwecke

§ 115

Branntwein, der zum besonderen ermäßigten Verkaufpreis abgegeben ist, darf verwendet werden zur Herstellung von

a) Heilmitteln, die vorwiegend zum äußerlichen Gebrauch dienen (§ 121),
b) Riech- und Schönheitsmitteln (§ 122).

Weitere Bedingungen

a) Im allgemeinen

§ 116

(1) Zur Herstellung der im § 115 unter b) bezeichneten Waren darf Branntwein zum besonderen ermäßigten Verkaufpreis abgegeben werden, wenn er entweder

zu Genußzwecken unbrauchbar gemacht (§ 117) oder
unter ständiger amtlicher Überwachung verarbeitet wird (§ 118).

Zur Herstellung von Heilmitteln (§ 115 unter a) darf solcher Branntwein nur abgegeben werden, wenn er zu Genußzwecken unbrauchbar gemacht wird.

(2) . . . . . .

(3) . . . . . .

. . . . . .

b) Unbrauchbarmachung zu Genußzwecken

§ 117

(1) Das Reichsmonopolamt bestimmt, mit welchen Zusatzstoffen und Mengen der Branntwein zu Genußzwecken unbrauchbar zu machen ist und zu welchen der im § 115 angegebenen Zwecke dieser Branntwein verwendet werden darf[1]).

(2) . . . . . .

c) Ständige amtliche Überwachung

§ 118

. . . . . .

d) Antrag auf Zulassung der Verwendung

§ 119

(1) Wer Branntwein zur Herstellung von Heilmitteln, die vorwiegend zum äußerlichen Gebrauch dienen, oder von Riech- und Schönheitsmitteln zum besonderen ermäßigten Verkaufpreise beziehen will, hat beim Hauptzollamt die Genehmigung hierzu schriftlich zu beantragen. Der Antrag ist in doppelter Ausfertigung einzureichen und muß enthalten:

1. die genaue Bezeichnung des Betriebes, in dem der Branntwein verwendet werden soll (Name und Firma und Sitz des Betriebes, Name des verantwortlichen Betriebsleiters),
2. den Verwendungszweck des Branntweins unter genauer Bezeichnung der herzustellenden Erzeugnisse,
3. nähere Angaben über die Art und Weise der Herstellung der Erzeugnisse und über ihre Zusammensetzung, soweit diese Angaben für die amtliche Überwachung von Wichtigkeit sind, insbesondere Angaben über den Weingeistgehalt in 100 kg der Fertigerzeugnisse,
4. eine Erklärung, ob der Branntwein unter ständiger amtlicher Überwachung verarbeitet oder zu Genußzwecken unbrauchbar gemacht werden soll; im letzteren Fall ist auch der Zusatzstoff anzugeben. Für Heilmittel kommt nur die letztere Angabe in Frage,
5. nähere Angaben, in welchen Räumen des Betriebes der Branntwein gelagert und verarbeitet wird und wo die fertigen Erzeugnisse lagern.

(2) Das Hauptzollamt hat zu prüfen, ob in dem Betrieb alle Einrichtungen getroffen sind, die die Einhaltung der vorgeschriebenen Bedingungen gewährleisten. Zu diesem Zwecke kann es weitere Aufschlüsse verlangen; insbesondere ist es auch berechtigt, Proben der herzustellenden Erzeugnisse in angemessenen Mengen zur Prüfung einzufordern. Die Proben sind vom Antragsteller unentgeltlich zu liefern. § 96 Abs. 2 Satz 2 findet entsprechende Anwendung.

(3) Sollen andere Erzeugnisse, als in dem ursprünglichen Antrag angegeben, hergestellt werden oder sollen die in dem ursprünglichen Antrag angegebenen Erzeugnisse eine andere Zusammensetzung erhalten oder sind sonstige Veränderungen

---

[1]) Siehe § 29 der Technischen Bestimmungen.

in der Verarbeitung des Branntweins beabsichtigt, so ist ein neuer Antrag einzureichen.

§ 120

(1) Über den Antrag (§ 119) wird vom Hauptzollamt ein schriftlicher Bescheid erteilt. Im Falle der Genehmigung ist der Bescheid doppelt auszufertigen.

(2) Aus der einen Ausfertigung der Genehmigung und der einen Ausfertigung des zugehörigen Antrages sowie aus dem sonstigen auf den Betrieb bezugnehmenden Schriftwechsel mit der Zollbehörde ist ein Belegheft zu bilden, das dem Aufsichtsbuch (Muster 20) beizufügen ist.

(3) Die andere Ausfertigung der Genehmigung ist bei der erstmaligen Bestellung von Branntwein der Verwertungsstelle der Reichsmonopolverwaltung vorzulegen. Für die Bestellung von kleinen Mengen kann das Reichsmonopolamt besondere Anordnungen treffen.

(4) . . . . . .

3. Heilmittel

§ 121

(1) Als Heilmittel, die zum äußerlichen Gebrauch dienen, sind solche anzusehen, die zur Aufbringung auf die Haut bestimmt sind. Bestehen Zweifel darüber, ob ein Heilmittel vorwiegend zum äußerlichen Gebrauch dient, so entscheidet das Reichsmonopolamt im Einvernehmen mit dem Reichsgesundheitsamt.

(2) Geheimmittel dürfen aus dem zum besonderen ermäßigten Verkaufpreis abgegebenen Branntwein nicht hergestellt werden. Welche Erzeugnisse als Geheimmittel anzusehen sind, ist nach den Bestimmungen der Anleitung für die Zollabfertigung unter Teil III Nr. 105 zu beurteilen. In Zweifelsfällen entscheidet das Reichsmonopolamt im Einvernehmen mit dem Reichsgesundheitsamt.

(3) Heilmittel, die im Deutschen Arzneibuch aufgeführt sind, dürfen aus dem zum besonderen ermäßigten Verkaufpreis abgegebenen Branntwein nur in der im Arzneibuch angegebenen Zusammensetzung hergestellt werden.

4. Riech- und Schönheitsmittel

§ 122

Als Riech- und Schönheitsmittel sind insbesondere anzusehen:

1. die eigentlichen Riechmittel (Parfümerien),
2. kosmetische Mittel (Mittel zur Reinigung, Pflege oder Färbung der Haut, der Haare, der Mundhöhle oder der Nägel),
3. Mittel zur Verbesserung der Luft,
4. zur Körperreinigung und Körperpflege bestimmte und geeignete Seifen, soweit zu ihrer Herstellung nicht Branntwein zum allgemeinen ermäßigten Verkaufpreise nach besonderer Bestimmung des Reichsmonopolamts verwendet werden darf.

In Zweifelsfällen entscheidet das Reichsmonopolamt.

. . . . . .

Branntwein zum regelmäßigen Verkaufpreis

1. Verwertung

§ 126

(1) Der zum regelmäßigen Verkaufpreis bezogene Branntwein darf zu beliebigen Zwecken verwendet werden, soweit nicht die Reichsmonopolverwaltung bei der

Abgabe des Branntweins auf Grund des § 87 Abs. 2 des Gesetzes nur die Verwendung zu bestimmten Zwecken zugelassen hat.

(2) Branntwein, der dem Branntweinaufschlag oder dem regelmäßigen Monopolausgleich unterlegen hat, darf zu beliebigen Zwecken verwendet werden.

(3) . . . . . .

. . . . . .

2. Überwachung des Verkehrs

§ 127a

(1) Wer Branntwein herstellen, aufkaufen, lagern, vertreiben, bearbeiten oder weiterverarbeiten will, hat spätestens 14 Tage vor Beginn des Betriebs der zuständigen Zollstelle eine Anmeldung in doppelter Ausfertigung zu übergeben, die zu enthalten hat:

a) die genaue Bezeichnung des Betriebs, in dem der Branntwein hergestellt, gelagert, vertrieben, bearbeitet oder weiterverarbeitet oder für den er aufgekauft werden soll (Name oder Firma und Sitz des Betriebs, Name des verantwortlichen Betriebsleiters),

b) den Verwendungszweck des Branntweins unter näherer Bezeichnung der herzustellenden Erzeugnisse und der Weingeiststärke dieser Erzeugnisse,

c) nähere Angaben, in welchen Räumen des Betriebs der Branntwein hergestellt, gelagert und verarbeitet wird. . . . . . .

(2) . . . . . . (3) . . . . . . (4) . . . . . .

(5) Außerdem hat die Zollstelle dem Betriebsinhaber einen Ausweis nach Muster 26a auszustellen. . . . . . .

(6) Unter Branntwein im Sinne der §§ 127a bis 127d sind Branntwein und Trinkbranntweinerzeugnisse der im § 131a bezeichneten Art zu verstehen, letztere, soweit sie nicht in verschlossene Kleinverkaufbehältnisse mit einem Raumgehalt bis zu einem Liter abgefüllt sind. Die Reichsmonopolverwaltung kann Ausnahmen von der Anmeldungspflicht zulassen[1]).

§ 127b

Jede Änderung in den angemeldeten Betriebsverhältnissen, auch die Aufgabe des Betriebs, ist der Zollstelle binnen einer Woche nach Eintritt der Änderung anzuzeigen.

---

[1]) Befreiung von der Branntwein-Anmeldepflicht

Bekanntmachung der Reichsmonopolverwaltung vom 4. September 1941
(Reichs- und Preuß. Staatsanzeiger Nr. 208 vom 6. September 1941)

I. Auf Grund von § 127a Abs. 2 und Abs. 6 Branntweinverwertungsordnung in der Fassung der Verordnung zur Änderung der Ausführungsbestimmungen zum Gesetz über das Branntweinmonopol vom 29. August 1941 werden von der Anmeldepflicht befreit:

1. Privatpersonen, die unverarbeiteten Branntwein in Mengen bis zu ½ Liter im Einzelfall für häusliche Zwecke beziehen (Verbraucher),
2. Personen, die Trinkbranntweinerzeugnisse zum Verbrauch im Haushalt beziehen (Verbraucher);
4. Kleinhändler (Kolonialwarenhändler, Feinkosthändler, Konsumgesellschaften u. dgl.), die — ohne Trinkbranntweinhersteller zu sein — die fertig bezogenen Trinkbranntweinerzeugnisse in unverändertem Zustand lose oder auf Flaschen gefüllt in ihrem Ladengeschäft ausschließlich an Verbraucher abgeben;
7. Branntweinhändler, die — ohne Branntwein herzustellen — Branntwein ausschließlich in verschlossenen Kleinverkaufsbehältnissen mit einem Raumgehalt bis zu 1 Liter beziehen und in unverändertem Zustand vertreiben.

II. Die Bekanntmachung vom 14. Oktober 1939 (Reichsanzeiger Nr. 244) wird hiermit aufgehoben.

§ 127c

(1) Der Branntwein darf nur in den hierfür angemeldeten Räumen gelagert und weiterverarbeitet werden. Als Lager können statt abgesonderter Räume auch Teile von Räumen, die durch Tafeln mit entsprechender Aufschrift kenntlich gemacht sind, zugelassen werden.

(2) Der Branntwein ist getrennt nach der Warengattung und nach der Größe übersichtlich zu lagern, so daß die Aufsichtsbeamten jederzeit imstande sind, die Bestände festzustellen. Gefäße von über 25 Liter Fassungsvermögen sind mit der Angabe des Raumgehalts zu versehen. . . . . . .

(3) . . . . . .

§ 127d

Das Hauptzollamt kann den im § 127a genannten Betrieben, Unternehmen oder Personen im Einzelfall besondere Überwachungsmaßnahmen auferlegen, wenn eine Gefährdung der Monopolbelange zu befürchten ist.

3. Trinkbranntwein

§ 128

Die Kennzeichnung des Weingeistgehalts von Trinkbranntwein, der im Inland in den Verkehr gebracht wird (§ 100 Abs. 2 des Ges.), hat zum mindesten nach ganzen und halben Raumhundertteilen mit Aufrundung nach oben zu geschehen.

§ 129

. . . . . .

§ 130

(1) Trinkbranntwein, der in Flaschen oder ähnlichen Gefäßen gewerbsmäßig verkauft oder feilgehalten wird, ist, je nachdem er im Inland oder im Ausland fertiggestellt ist, als

„Deutsches Erzeugnis"

oder als

„Ausländisches Erzeugnis"

zu bezeichnen.

(2) Unter Fertigstellung ist die letzte, die Zusammensetzung des Trinkbranntweins beeinflussende Handlung zu verstehen. Die bloße Umfüllung des Branntweins in andere Gefäße gilt nicht als Fertigstellung. Im Ausland erzeugter Trinkbranntwein, der im Inland einen Zusatz von Wasser lediglich zu dem Zweck erhalten hat, um den Weingeistgehalt — unbeschadet der Vorschrift im § 100 Abs. 3 des Gesetzes — auf die übliche Trinkstärke herabzusetzen, ist als

„Ausländisches Erzeugnis, in Deutschland fertiggestellt"

oder als

„Ausländisches Erzeugnis, in Deutschland auf Trinkstärke herabgesetzt"

zu bezeichnen.

§ 131

(1) Die Angaben über den Weingeistgehalt von Trinkbranntwein, der in Behältnissen bis zu einem Liter geliefert wird (§ 100 Abs. 2 des Ges.), sowie die Angaben über den Fertigsteller, den Fertigstellungsort und den Sitz der Firma (§ 100 Abs. 4 des Ges.) müssen in deutscher Sprache abgefaßt und deutlich und nicht verwischbar in mindestens 3 Millimeter hohen Schriftzeichen auf dem Flaschen-

schild oder auf einem besonderen bandförmigen Streifen an einer in die Augen fallenden Stelle der Flasche aufgedruckt sein. . . . . . .

(2) Die Angabe über die Fertigstellung im Inland oder im Ausland (§ 130) muß in schwarzer Schrift auf weißem Grunde deutlich und nicht verwischbar auf einem bandförmigen Streifen in lateinischer Schrift aufgedruckt sein. . . . . . .

(3) Bei Trinkbranntwein, der außerhalb des Betriebs des Herstellers in andere Umschließungen umgefüllt worden ist, sind entweder die für die Firma des Herstellers maßgebenden Bezeichnungen oder die auf den Abfüller bezüglichen Angaben zu vermerken. Auch ist es zulässig, die für beide Firmen maßgebenden Bezeichnungen mit dem Zusatz anzugeben:

„Von . . . . auf Flaschen gefüllt."

4. Branntweinhandel

§ 131a

(1) Als Branntwein im Sinne des § 106 Abs. 3 des Gesetzes, der nicht zu einem Preis angeboten, gehandelt oder erworben werden darf, der niedriger ist als der regelmäßige Verkaufpreis, sind unverarbeiteter Branntwein und Trinkbranntweinerzeugnisse jeder Art zu verstehen.

(2) Maßgebend ist der regelmäßige Verkaufpreis, der an dem Tage gilt, an dem der Branntwein oder das Trinkbranntweinerzeugnis angeboten, gehandelt oder erworben wird.

. . . . . .

Technische Bestimmungen zu den Ausführungsbestimmungen zum Gesetz über das Branntweinmonopol

Vom 8. April 1922

(Herausgegeben vom Reichsmonopolamt für Branntwein)
(Buchausgabe in R. v. Decker's Verlag, Berlin)

. . . . . .

§ 21

Mindestweingeistgehalt von Trinkbranntweinen

(Zugelassene Ausnahmen gemäß BMG. § 100 Abs. 3)

(1) Als Mindestweingeistgehalt sind festgesetzt:

1. für Eierliköre, Milchliköre und (eigelbhaltige) Schokoladenliköre . . . . 20 Raumhundertteile
2. für Kakaolikör, Teeliköre und Kaffeeliköre . . . . 25 Raumhundertteile
3. für schwedischen Punsch . . . . 25 Raumhundertteile
4. für alle anderen Liköre . . . . 30 Raumhundertteile
5. für einfache Trinkbranntweine (BMG. § 95), die in den Provinzen Schlesien, in der ehemaligen Kreishauptmannschaft Bautzen zum Verbrauch gelangen . . . 25 Raumhundertteile

(2) Als Liköre gelten nur solche gesüßten Trinkbranntweine, die mindestens 22 g Extrakt in 100 ccm enthalten.

§ 27

Verzeichnis der Mittel, mit denen Branntwein (zum allgemeinen ermäßigten Verkaufpreis) unvollständig zu vergällen ist (§ 95 Abs. 1 VwO.)

I. Allgemeine Bestimmungen

Die Vergällungsmittel müssen den Anforderungen der im § 33 gegebenen Untersuchungsanleitungen entsprechen. Die angegebenen Mengen der Vergällungsmittel sind auf je 100 Liter Weingeist zuzusetzen.

II. Art und Menge der Vergällungsmittel

1. Für die unvollständige Vergällung von Branntwein werden zugelassen:

a) zu gewerblichen (technischen Zwecken) (§§ 83 und 85 VwO.), mit Ausnahme der unter Ziff. 3 genannten Verwendungszwecke,

b) zu Reinigungs-, Wasch- und Desinfektionszwecken (§ 84 VwO.):

2,5 Liter Vergällungsholzgeist oder
2,0 Liter Toluol oder
2,0 Liter gereinigtes Lösungsbenzol II oder
1,0 Liter Pyridinbasen oder
0,025 Liter Tieröl.

2. Sofern die unter Ziff. 1 bezeichneten Mittel für die nachstehenden Verwendungszwecke zwar zulässig, aber nicht geeignet sind, werden außerdem zugelassen:

a) zur Herstellung von Lacken, Polituren, Verdünnungsmitteln für Lacke und Lösungsmittel:

1,0 Liter Terpentinöl;

b) zur Herstellung von Seifen und seifenähnlichen Erzeugnissen:

1,0 Kilogramm Rizinusöl und 0,4 Kilogramm Kalilauge 33 v. H. oder Natronlauge 33 v. H.;

c) zur Herstellung von Zellhorn (Zelluloid) und ähnlichen Erzeugnissen, Lederersatzstoffen, Kunstseide und synthetischem Kampfer:

1,0 Kilogramm Kampfer;

d) zur Herstellung von Emulsionen und ähnlichen Zubereitungen für photographische Zwecke, Lichtdruck- und Lichtpausverfahren:

1,0 Liter verflüssigte Karbolsäure oder
10,0 Liter Äthyläther;

e) zur Herstellung von Spiegelbelag:

1,0 Liter Petroleumbenzin;

f) zur Herstellung wissenschaftlicher Präparate zu Lehrzwecken, zur Vornahme von chemischen Untersuchungen aller Art und zum Ansetzen von Chemikalien, Reagenzien:

1,0 Liter Petroleumbenzin oder
1,0 Liter verflüssigte Karbolsäure;

g) zur Herstellung von Chloroform, Bromoform, Jodoform, Chloräthyl und Bromäthyl:

0,3 Kilogramm Chloroform oder
0,2 Kilogramm Jodoform oder
0,5 Kilogramm Chloräthyl oder
0,3 Kilogramm Bromäthyl;

h) zu Wasch- und Desinfektionszwecken in Krankenanstalten und Kliniken, soweit nicht eine Heilwirkung, wie z. B. bei Einreibungen, Spülungen oder Umschlägen, beabsichtigt ist:
   0,5 Kilogramm Kampfer oder
   0,3 Kilogramm Kampfer und 0,3 Kilogramm Chloroform oder
   1,0 Liter Petroleumbenzin oder
   1,0 Liter verflüssigte Karbolsäure;

i) zur Herstellung, Aufbewahrung und Sterilisation von medizinischen Nähmaterial:
   1,0 Liter Petroleumbenzin;

k) zur Herstellung von Verbandstoffen mit Ausnahme von Kollodium:
   10,0 Liter Äthyläther.

3. Für die nachstehenden Verwendungszwecke, bei denen die unter Ziff. 1 und 2 aufgeführten Mittel nicht zulässig sind, werden zugelassen:

a) zur Herstellung von Brauglasur:
   6,0 Kilogramm Schellack oder
   1,0 Kilogramm Fichtenkolophonium;

b) zur Herstellung von Lacken, die bei Nahrungs- und Genußmitteln verwendet werden (z. B. Schokoladen- und Marzipanlacken):
   10,0 Kilogramm Benzoeharz oder
   5,0 Kilogramm Sandarakharz.

§ 29

Verzeichnis der Zusatzstoffe, mit denen Branntwein (zum besonderen ermäßigten Verkaufpreise) zu Genußzwecken unbrauchbar zu machen ist

I. Allgemeine Bestimmungen

Die Zusatzstoffe müssen den Anforderungen der im § 33 gegebenen Untersuchungsanleitungen entsprechen. Die angegebenen Mengen der Zusatzstoffe sind auf je 100 Liter Weingeist zuzusetzen.

II. Art und Menge der Zusatzstoffe

Für die Unbrauchbarmachung von Branntwein zu Genußzwecken werden zugelassen:

1. zur Herstellung von branntweinhaltigen Heilmitteln vorwiegend zum äußerlichen Gebrauch, die nicht im Deutschen Arzneibuch aufgeführt sind:
   1,0 Kilogramm Kampfer oder
   0,5 Kilogramm Thymol;

2. zur Herstellung von folgenden branntweinhaltigen Heilmitteln vorwiegend zum äußerlichen Gebrauch, die im Deutschen Arzneibuch aufgeführt sind:
   a) Linimentum saponato-camphoratum (Opodeldoc),
      Spiritus camphoratus (Kampferspiritus),
      Spiritus russicus (Russischer Spiritus),
      Spiritus saponato-camphoratus (Flüssiger Opodeldoc),
      Vinum camphoratum (Kampferwein):
         1,0 Kilogramm Kampfer;

b) Linimentum saponato-ammoniatum (Flüssiges Seifenliniment),
Liquor Cresoli saponatus (Kresolseifenlösung),
Sapo glycerinatus liquidis (Flüssige Glyzerinseife),
Spiritus saponatus (Seifenspiritus),
Spiritus Saponis kalini (Kaliseifenspiritus):
30,0 Kilogramm Kaliseife oder
18,0 Kilogramm Olivenöl, Leinöl oder andere fette Öle und
21,0 Kilogramm Kalilauge 15 p. c.;

c) Tinctura Benzoes (Benzoetinktur):
18,0 Kilogramm Benzoeharz;

d) Tinctura Myrrhae (Myrrhentinktur):
18,0 Kilogramm Myrrhenharz;

3. zur Herstellung von branntweinhaltigen Desinfektionsmitteln, die auch zu Heilzwecken dienen können und die nicht im Deutschen Arzneibuch aufgeführt sind:
1,0 Kilogramm Kampfer oder
0,5 Kilogramm Thymol oder
30,5 Kilogramm Kaliseife oder
18,0 Kilogramm Olivenöl, Leinöl oder andere fette Öle und
21,0 Kilogramm Kalilauge 15 p. c.;

4. zur Herstellung von Franzbranntwein in der Zusammensetzung ähnlichen oder als Franzbranntwein bezeichneten Erzeugnissen von anderer Zusammensetzung:
1,0 Kilogramm Kampfer oder
0,5 Kilogramm Thymol;

5. zur Herstellung von branntweinhaltigen Riech- und Schönheitsmitteln:
1,0 Liter Phthalsäurediäthylester oder
0,5 Kilogramm Thymol.

b) Das Gaststättengesetz

Das Gaststättengesetz ist nicht, wie es der Name sagt, ein Sondergesetz für Gaststätten. Es berührt auch die Geschäftspraxis des Drogisten insofern, weil es die Bestimmungen über den Kleinhandel mit Branntwein enthält.

Zum Gaststättengesetz sind Ausführungsbestimmungen der Reichsregierung und eine ganze Reihe von Ausführungsbestimmungen der einzelnen Länder erschienen.

Das Wichtigste aus dem Gaststättengesetz

1. Wer Kleinhandel mit Branntwein betreiben will, bedarf dazu der Erlaubnis, die nur erteilt werden darf, wenn ein Bedürfnis nachgewiesen wird.

Die Erlaubnis ist nicht abhängig von der Genehmigung des Handels mit Branntwein gemäß § 106 des BrMG.

Nach § 7 der Reichsausführungsbestimmungen zum Gaststättengesetz ist bei Anträgen auf Erteilung der Erlaubnis zum Kleinhandel mit Branntwein in fest verschlossenen, mit der Firma des Herstellers oder Händlers versehenen Flaschen das Bedürfnis ohne Rücksicht auf die Zahl der vorhandenen Kleinhandelsbetriebe anzuerkennen, wenn der Kleinhandel mit Branntwein einen der örtlich herrschenden Übung entsprechenden und notwendigen Bestandteil der Art des in Betracht kommenden Handelsbetriebes darstellt. Die Frage, ob dieser Paragraph für Drogerien zutrifft, haben verschiedene Behörden und Industrie- und Handelskammern in Gutachten bejaht, jedoch nur insoweit, als die Drogerien sich nicht ausschließlich mit dem Handel mit technischen Drogen, Farben u. dgl. befassen und es sich um die Führung von reinem Alkohol, Rum, Arrak, Weinbrand und magenstärkenden Bitterlikören handelt. Die Fachüblichkeit ist regional verschieden. Daher erklärt es sich auch, daß die Erlaubnis auf Grund des § 7 nur in solchen Bezirken bzw. Orten erteilt wird, wo die örtliche Fachüblichkeit vorhanden ist. In solchen Fällen wird, unabhängig von der Bedürfnisfrage, die Kleinhandelserlaubnis ohne weiteres erteilt. Besteht an einem Orte noch keine oder nur eine Drogerie, ist die Feststellung einer örtlichen Fachüblichkeit nicht möglich, sondern muß eine Prüfung der Verhältnisse des Bezirkes oder zumindest der Nachbarorte erfolgen.

2. Unter Branntwein im Sinne des Gaststättengesetzes[1]) ist zu verstehen

   a) Trinkbranntwein jeder Art,
   b) unverarbeiteter Branntwein (reiner Spiritus jeden Prozentgehalts, mag er auch nur zu gewerblichen Zwecken — chemische Untersuchungen — bestimmt sein).

   Dagegen fallen nicht unter den Begriff Branntwein:

   a) der vergällte Branntwein (s. § 27 Ziffer 4),
   b) branntweinhaltige Arzneimittel,
   c) unverarbeiteter und verarbeiteter Branntwein zu arzneilichen Zwecken,
   d) sonstige Zubereitungen, die verarbeiteten Branntwein enthalten.

3. Als Kleinhandel gilt die Abgabe in Mengen bis zu drei Litern, einerlei, ob die Abgabe in einem Gefäße oder in mehreren Gefäßen erfolgt.

   Für den Begriff des „Kleinhandels mit Branntwein" macht es keinen Unterschied aus, ob die Menge bis zu 3 Liter lose bzw. offen in geliehenen oder mitgebrachten Gefäßen oder aber in festverschlossenen, insbesondere in sogenannten Hersteller-Flaschen abgegeben wird. Dieser Unterschied von Abgabe lose und Abgabe in festverschlossenen Flaschen hat nur Bedeutung für die Frage der Bedürfnisprüfung gemäß § 7 und 8 der Reichsausführungsverordnung vom 7. Juni 1930.

4. Nach § 13 des Gaststättengesetzes kann einem Gewerbetreibenden, der ohne Erlaubnis den Handel mit Branntwein ausgeübt hat, und deshalb innerhalb der letzten drei Jahre rechtskräftig bestraft

[1]) Vgl. Runderlaß des Preußischen Ministers des Innern vom 13. Juni 1930 — II E Nr. 359 — Ministerialblatt für die innere Verwaltung S. 546.

worden ist, der Kleinhandel mit Wein untersagt werden (der an sich nicht erlaubnispflichtig ist).

5. Nach § 14 des Gaststättengesetzes darf der Kleinhandel mit Branntwein nicht vor 7 Uhr früh begonnen werden.
6. Nach § 15 können die Landesbehörden den Kleinhandel mit Trinkbranntwein
   a) für bestimmte Morgenstunden,
   b) an höchstens zwei Tagen in der Woche ganz oder teilweise verbieten oder beschränken.
7. Nach § 16 dürfen an Personen unter 18 Jahren Branntwein oder gewisse branntweinhaltige Genußmittel (Likörpralinen!) zum eigenen Genusse nicht verkauft werden. Ebenso darf Branntwein an Betrunkene nicht abgegeben werden.
8. Nach § 31 kann eine Schuld aus der Abgabe von Branntwein im Kleinhandel nicht eingeklagt werden, wenn der Verkauf erfolgt ist, obwohl der Käufer eine frühere Schuld gleicher Art noch nicht bezahlt hat.

Im folgenden sind nun diejenigen Bestimmungen wiedergegeben, die sich auf den Branntweinkleinhandel beziehen.

Gaststättengesetz

Vom 28. April 1930 (RGBl. I S. 146)

Mit den Gesetzesänderungen vom 3. Juli 1934 (RGBl. I S. 567), 9. Oktober 1934 (RGBl. I S. 913), 27. September 1938 (RGBl. I S. 1245), 9. Oktober 1941 (RGBl. I S. 635) und 24. November 1941 (RGBl. I S. 769).

I. Erlaubnis zum Gewerbebetriebe

§ 1

(1) Wer . . . . . . Kleinhandel mit Branntwein betreiben will, bedarf dazu der Erlaubnis. . . . . . .

(2) Die Erlaubnis darf nur erteilt werden, wenn ein Bedürfnis nachgewiesen ist.

(3) Die Reichsregierung kann mit Zustimmung des Reichsrats die Voraussetzungen bestimmen,

a) unter denen ein Bedürfnis (Abs. 2) für die Erlaubniserteilung anzuerkennen oder zu verneinen ist,
b) unter denen der Handel mit Branntwein als Kleinhandel im Sinne dieses Gesetzes anzusehen ist.

Soweit die Reichsregierung Bestimmungen hierüber nicht erlassen hat, können die obersten Landesbehörden sie erlassen.

§ 2

(1) Wird ein Bedürfnis nachgewiesen (§ 1 Abs. 2), so ist die Erlaubnis nur zu versagen,

1. wenn Tatsachen die Annahme rechtfertigen, daß der Antragsteller die für den Gewerbebetrieb erforderliche Zuverlässigkeit nicht besitzt . . . . . .

2. wenn Tatsachen die Annahme rechtfertigen, daß der Antragsteller die Vorschriften über die Beschäftigung von Arbeitern und Angestellten nicht einhalten wird, insbesondere wenn der Antragsteller wegen Verstoßes gegen diese Vorschriften erheblich vorbestraft ist,
3. wenn die zum Betriebe des Gewerbes oder die zum Aufenthalte der Arbeiter und Angestellten des Betriebs bestimmten Räume wegen ihrer Beschaffenheit oder Lage den polizeilichen Anforderungen nicht genügen,
4. wenn die Verwendung der Räume für den Betrieb des Gewerbes dem öffentlichen Interesse widerspricht,
5. wenn die zum Betriebe bestimmten Räume in der in Ziff. 1 genannten Art mißbraucht worden sind, sofern nicht anzunehmen ist, daß der Betrieb ordnungsmäßig geführt werden wird.

(2) . . . . . .

§ 3

(1) . . . . . .

(2) Die Erlaubnis zum Kleinhandel mit Branntwein ist für bestimmte Räume zu erteilen. Sie kann mit der Beschränkung erteilt werden, daß der Kleinhandel mit Branntwein dem Antragsteller nur im Betrieb eines von ihm in einer offenen Verkaufsstelle geführten Geschäfts bestimmter Art erlaubt wird.

(3) Die Erlaubnis zum Ausschank von Branntwein schließt die Erlaubnis zum Kleinhandel ein.

(4) Die Erlaubnis darf weder auf Zeit noch auf Widerruf erteilt werden, soweit nicht dieses Gesetz es zuläßt.

§ 4

(1) Bei der Erteilung der Erlaubnis kann eine Frist bis zur Dauer eines Jahres bestimmt werden, innerhalb deren der Betrieb begonnen sein muß, widrigenfalls die Erlaubnis erlischt. Ist eine Frist nicht bestimmt, so erlischt die Erlaubnis, wenn der Inhaber den Betrieb nicht innerhalb eines Jahres nach Erteilung der Erlaubnis beginnt. Die Fristen können verlängert werden, wenn ein wichtiger Grund vorliegt.

(2) Die Erlaubnis erlischt ferner, wenn der Inhaber seinen Betrieb seit einem Jahr nicht mehr ausgeübt hat, ohne daß ihm darüber hinaus eine Frist gewährt worden ist, innerhalb deren der Betrieb wieder aufgenommen werden muß. Diese Frist beträgt höchstens ein Jahr; sie kann verlängert werden, wenn ein wichtiger Grund vorliegt.

(3) Der Inhaber einer Erlaubnis hat binnen einer Woche der zuständigen Behörde schriftlich anzuzeigen, daß er seinen Betrieb begonnen hat oder nicht mehr ausübt.

§ 5

. . . . . .

§ 6

(1) Die Ausübung der im § 1 Abs. 1 bezeichneten Gewerbe durch einen Stellvertreter ist nur mit besonderer Erlaubnis (Stellvertretungserlaubnis) der für die Erteilung der Erlaubnis zum Gewerbebetriebe zuständigen Behörde gestattet.

(2) Die Erlaubnis wird für einen bestimmten Stellvertreter erteilt. Die Vorschriften des § 2 Abs. 1 Ziff. 1 und 2 und des § 4 gelten entsprechend.

(3) Die Stellvertretungserlaubnis ist natürlichen Personen zu erteilen, wenn

1. nach Erteilung der Erlaubnis zum Betriebe des Gewerbes Umstände eingetreten sind, die den Inhaber hindern, das Gewerbe persönlich auszuüben, insbesondere, wenn er in der Verfügung über sein Vermögen beschränkt worden ist;
2. der Betrieb nach dem Ableben des Inhabers für seine Witwe während ihres Witwenstandes oder für seine minderjährige Erben oder bis zur Beendigung einer Nachlaßauseinandersetzung fortgeführt werden soll.

Sie ist zu versagen, wenn diese Voraussetzungen nicht vorliegen.

(4) . . . . . .

§ 7

(1) Die zuständige Behörde kann Personen, die einen der im § 1 Abs. 1 bezeichneten Betriebe von einem anderen übernehmen, zur Ausübung des Gewerbes bis zur Erteilung der Erlaubnis auf Widerruf zulassen. Die Zulassung soll nicht für eine längere Zeit als 3 Monate erfolgen; diese Frist kann verlängert werden, wenn ein wichtiger Grund vorliegt. Die Entscheidungen sind endgültig.

(2) Die Vorschrift des Abs. 1 findet auf die vorläufige Zulassung eines Stellvertreters entsprechende Anwendung.

§§ 8—11

. . . . . .

II. Verlust der Gewerbebefugnis

§ 12

(1) Die Erlaubnis zum Betrieb eines der im § 1 Abs. 1 bezeichneten Gewerbe oder zur Ausübung des Gewerbes durch einen Stellvertreter muß von der für die Erlaubniserteilung zuständigen Behörde zurückgenommen werden, wenn sie der Betriebsinhaber vorsätzlich durch unrichtige Angaben erwirkt hat.

(2) . . . . . .

§ 13

(1) Der Kleinhandel mit . . . . . . Wein . . . . . . können untersagt werden, wenn der Gewerbetreibende den Betrieb einer Schankwirtschaft oder den Kleinhandel mit Branntwein ohne Erlaubnis ausgeübt hat und deshalb innerhalb der letzten 3 Jahre rechtskräftig bestraft worden ist.

(2) Die zuständige Behörde kann die Wiederaufnahme des Gewerbebetriebs gestatten, wenn seit der Untersagung mindestens ein Jahr verflossen ist.

(3) Die Reichsregierung kann mit Zustimmung des Reichsrats die Voraussetzungen bestimmen, unter denen der Handel mit Bier oder Wein als Kleinhandel im Sinne dieses Gesetzes anzusehen ist. Soweit die Reichsregierung Bestimmungen hierüber nicht erlassen hat, können die obersten Landesbehörden sie erlassen.

III. Umfang der Gewerbebefugnis

§ 14

(1) . . . . . .

(2) . . . . . . der Kleinhandel mit Branntwein darf nicht vor 7 Uhr früh beginnen.

§ 15

Die oberste Landesbehörde oder die von ihr bestimmte Behörde kann den Ausschank von Branntwein und den Kleinhandel mit Trinkbranntwein für bestimmte Morgenstunden sowie an höchstens zwei Tagen in der Woche, insbesondere an Lohn- oder Gehaltszahlungstagen, Wahltagen für den Reichstag, den Landtag oder die Gemeindevertretung, ganz oder teilweise verbieten oder beschränken. Weitergehende landesrechtliche Bestimmungen bleiben unberührt.

§ 16

(1) Verboten ist:

1. an Personen, die das 18. Lebensjahr noch nicht vollendet haben, Branntwein oder überwiegend branntweinhaltige Genußmittel . . . . im Kleinhandel zu eigenem Genusse zu verabreichen;
2. . . . . . .
3. geistige Getränke . . . . . . im Kleinhandel an Betrunkene zu verabreichen;

. . . . . .

(2) Landesrechtliche Bestimmungen zum Schutze der Jugend, die über die Ziff. 1 und 2 des Abs. 1 hinausgehen, bleiben unberührt.

§ 17

. . . . . .

IV. Verfahren

§ 18

Die oberste Landesbehörde bestimmt die zuständigen Behörden und regelt das Verfahren. Dabei muß das Verfahren bei der Erteilung (§§ 1 und 6) oder Zurücknahme der Erlaubnis (§ 12) . . . . . . und bei der Untersagung (§ 13) folgende Grundsätze einhalten:

1. Der Bescheid muß schriftlich erteilt werden; er muß mit Gründen und einer Belehrung über die zulässigen Rechtsmittel versehen sein, es sei denn, daß die Erlaubnis zur Weiterführung eines bestehenden Betriebs erteilt wird. In dem Bescheide, durch den die Erlaubnis zum Betrieb eines der im § 1 Abs. 1 bezeichneten Gewerbe erteilt wird, müssen die Betriebsart, die zugelassenen Räume . . . . . . bezeichnet sein.
2. Das Verfahren muß, soweit in Ziff. 1 nichts anderes bestimmt ist, den Vorschriften der §§ 20, 21, 21a der Gewerbeordnung genügen; soweit ein Verwaltungsstreitverfahren stattfindet, unterliegt auch der Nachweis des Bedürfnisses (§ 1 Abs. 2) der gerichtlichen Nachprüfung. Ist die Entscheidung erster Instanz von einem Kollegium getroffen, so muß die Anfechtungsbefugnis auch einem Vertreter des öffentlichen Interesses zustehen.

§ 19

(1) Vor der Erteilung der Erlaubnis (§ 1) sind die örtliche Polizeibehörde und die Gemeindebehörde, vor ihrer Zurücknahme ist die örtliche Polizeibehörde zu hören. Die oberste Landesbehörde kann bestimmen, daß auch der Gewerbeaufsichtsbeamte, das Wohlfahrtsamt, gemeinnützige Vereine sowie die örtliche oder bezirksweise Berufsvertretung der Arbeitgeber und Arbeitnehmer der beteiligten Gewerbe gehört werden.

(2) . . . . . .

§ 20

Ist die Erlaubnis mangels eines Bedürfnisses versagt worden, so darf innerhalb dreier Jahre nach Rechtskraft der Entscheidung die Erlaubnis für denselben oder einen gleichartigen Betrieb auf demselben Grundstück nur erteilt werden, wenn sich die Verhältnisse inzwischen wesentlich geändert haben.

§ 21

. . . . . .

§ 22

(1) Die zuständige Behörde kann die Fortsetzung des . . . . . . Kleinhandels mit Branntwein durch unmittelbaren oder mittelbaren Zwang verhindern, wenn der Betrieb ohne Erlaubnis begonnen oder die Erlaubnis erloschen, widerrufen oder zurückgenommen ist. .

(2) In den Fällen des § 12 kann die zuständige Behörde den Betrieb vorläufig schließen . . . . .

V. Anwendungsbereich

§§ 23–26

. . . . . .

§ 27

(1) Die Vorschriften dieses Gesetzes finden keine Anwendung:

. . . .

4 auf den Vertrieb von vergälltem Branntwein.

(2) . . . . . .

§ 28

. . . . . .

VI. Strafvorschriften

§ 29

Mit Haft und mit Geldstrafe bis zu einhundertfünfzig Reichsmark oder mit einer dieser Strafen wird bestraft, wer

. . . .

8 . . . den Vorschriften des § 14 Abs. 2 Satz 2 oder des § 16 zuwiderhandelt,

9. die nach § 4 Abs. 3 erforderliche Anzeige nicht oder nicht rechtzeitig macht.

. . . . .

§ 30

(1) Mit Gefängnis bis zu drei Monaten und mit Geldstrafe oder mit einer dieser Strafen wird bestraft, wer vorsätzlich

1 . . . . den Kleinhandel mit Branntwein unbefugt ausübt,

2 . . . . . . Kleinhandel mit Branntwein unbefugt durch einen Stellvertreter betreibt,

3 den Kleinhandel mit . . . Wein . . . . trotz Untersagung fortsetzt.

(2) Ebenso wird bestraft, wer wegen Übertretung der Vorschriften des § 16 Ziff 1 . . wiederholt rechtskräftig bestraft worden ist und innerhalb der auf die letzte Verurteilung folgenden nächsten drei Jahre diesen Vorschriften vorsätzlich zuwiderhandelt

(3) Wer eine der im Abs. 1 bezeichneten Handlungen fahrlässig begeht, wird mit Haft und mit Geldstrafe bis zu einhundertfünfzig Reichsmark oder mit einer dieser Strafen bestraft.

VII. Übergangs- und Schutzvorschriften

§ 31

(1) Forderungen eines Gast- oder Schankwirts aus dem Ausschank von Branntwein können weder eingeklagt noch in sonstiger Weise geltend gemacht werden, wenn sie Personen gestundet worden sind, die dem Gast- oder Schankwirt eine frühere Schuld gleicher Art noch nicht bezahlt haben. Dasselbe gilt für Forderungen aus der Abgabe von Branntwein im Kleinhandel, sofern nicht die Lieferung mit Bezug auf den Geschäftsbetrieb oder Wirtschaftsbetrieb des Empfängers erfolgt.

. . . . . .

Verordnung zur Ausführung des Gaststättengesetzes

Vom 21 Juni 1930 (RGBl. I S. 191)

Mit Änderung der Verordnung vom 19. Januar 1938 (RGBl. I S. 37)

I. Grundsätze für die Prüfung des Bedürfnisses

1. Bei Gast- und Schankwirtschaften.

. . . . . .

2. Beim Kleinhandel mit Branntwein.

§ 6

(1) Bei Anträgen auf Erteilung der Erlaubnis zum Kleinhandel mit Branntwein ist die Zahl der bereits vorhandenen Kleinhandelsbetriebe, einschließlich der Filialbetriebe, in Betracht zu ziehen, ohne Rücksicht auf die Art des in ihnen gehandelten Branntweins.

(2) Die Bestimmungen der §§ 2, 3, 4 und 5 Ziff. 2 und 3 finden entsprechende Anwendung, soweit sich nicht aus den §§ 7 und 8 anderes ergibt.

§ 7

Bei Anträgen auf Erteilung der Erlaubnis zum Kleinhandel mit Branntwein in fest verschlossenen, mit der Firma des Herstellers oder Händlers versehenen Flaschen ist das Bedürfnis ohne Rücksicht auf die Zahl der vorhandenen Kleinhandelsbetriebe anzuerkennen bei Feinkostgeschäften, nicht spezialisierten Lebensmittel- und Kolonialwarengeschäften, die auch Weine führen, sowie bei Weinhandlungen, ferner dann, wenn der Kleinhandel mit Branntwein einen der örtlich herrschenden Übung entsprechenden und notwendigen Bestandteil der Art des in Betracht kommenden Handelsbetriebes darstellt.

§ 8

Bei Anträgen auf Erteilung der Erlaubnis zum Kleinhandel mit Branntwein in Handelsbetrieben, auf die § 7 keine Anwendung finden kann, ist das Bedürfnis in der Regel zu verneinen, es sei denn, daß die Zahl der vorhandenen Branntweinkleinhandlungen nicht ausreicht.

II. Abgrenzung des Kleinhandels mit Branntwein

§ 9

Als Kleinhandel mit Branntwein im Sinne des § 1 Abs. 1 des Gaststättengesetzes gilt jede gewerbsmäßige und in den Fällen des § 23 Abs. 1 des Gaststättengesetzes auch die nicht gewerbsmäßige Abgabe einer Menge von nicht mehr als 3 Liter Branntwein an Verbraucher. Verbraucher im Sinne dieser Vorschrift ist, wer Branntwein zum persönlichen Genuß oder zur Verwendung im eigenen Haushalt bezieht.

III. Abgrenzung des Kleinhandels mit Bier oder Wein

§ 10

Als Kleinhandel mit Bier oder Wein im Sinne des § 13 Abs. 1 des Gaststättengesetzes gilt jede gewerbsmäßige und in den Fällen des § 23 Abs. 1 des Gaststättengesetzes auch die nicht gewerbsmäßige Abgabe von Bier oder Wein unmittelbar an Verbraucher. Verbraucher im Sinne dieser Vorschrift ist, wer Bier oder Wein zum persönlichen Genuß oder zur Verwendung im eigenen Haushalt bezieht.

. . . . . .

Zur Durchführung des Gaststättengesetzes sind noch folgende Verordnungen und Erlasse des RuPrMdI. zu erwähnen:

Dritte Verordnung zur Änderung der V. vom 18. Juni 1930 (Preuß. GesS. S. 117) zur Durchführung des Gaststättengesetzes vom 28. April 1930.
Vom 4. Januar 1942 (Preuß. GesS. Nr. 1 S. 2).

Vierte Verordnung zur Änderung der V. vom 18. Juni 1930 (GesS. S. 117) zur Durchführung des Gaststättengesetzes vom 28. April 1930.
Vom 8. Mai 1944 (Preuß. GesS. Nr. 3 S. 31).

Ausführungen zum Gaststättengesetz:
RdErl. d. RMdI. vom 21. Januar 1942 (MBliV. S. 231).
RdErl. vom 22. Februar 1943 (MBliV. S. 347).

Die Erlangung der Erlaubnis zum Handel mit Trinkbranntwein in verschlossenen Flaschen

Dargestellt nach dem Gaststättengesetz und dem preuß. Verwaltungsrecht auf Grund der vorerwähnten Verordnungen und Erlasse. Zuständige Behörden sind

a) in erster Instanz die Kreispolizeibehörden (Kreispolizeibehörde ist in Gemeinden mit staatlicher Polizeiverwaltung die staatliche Polizeibehörde),
b) in zweiter Instanz die nächsthöheren Polizeibehörden, in Berlin das Bezirksverwaltungsgericht.

I. Der Antrag

Das Verfahren wird eingeleitet durch die Einreichung eines Antrages in dreifacher Ausfertigung bei der Erlaubnisbehörde erster Instanz (Kreispol.-Behörde). Den Anträgen ist eine Handzeichnung nebst Beschreibung von den zum Betriebe des Gewerbes bestimmten Räumen sowie ein Lageplan des Hauses, in dem der Gewerbebetrieb beabsichtigt ist, in der gleichen Anzahl beizufügen. Für die Handzeichnung und den Lageplan ist ein Maßstab zu wählen, der eine deutliche Anschauung ermöglicht. Der Maßstab ist auf der Zeichnung einzutragen. Die Zeichnungen sind von dem Antragsteller zu unterschreiben. Aus dem Antrag muß hervorgehen

a) der vollständige Name, der Beruf und der Wohnort des Antragstellers,
b) die Bezeichnung des Grundstücks, auf dem sich der Betrieb befindet, nach Ort, Straße und Hausnummer oder in sonst ortsüblicher Weise,
c) die Lage und Beschaffenheit der zum Gewerbebetrieb bestimmten Räume, insbesondere auch nach Flächeninhalt und Höhe, die Zweckbestimmung der einzelnen Räume und ihre Einrichtung im allgemeinen sowie die beabsichtigte Betriebsart.

Sind die Unterlagen vollständig, so leitet die Erlaubnisbehörde erster Instanz (Kreispol.-Behörde) je eine Ausfertigung des Antrages nebst Zeichnung und Lageplan der Ortspol.-Behörde und der Gemeindebehörde zur Stellungnahme zu. Die Ortspolizeibehörde prüft in ihrer Stellungnahme das Bedürfnis, die Zuverlässigkeit des Antragstellers sowie die Frage, ob die für den Gewerbebetrieb bestimmten Räume den polizeilichen Anforderungen entsprechen. Die Gemeindebehörde (Stadtverwaltung, Oberbürgermeister) soll aus dem Verfahren bei Erteilung der Erlaubnis nicht ausgeschaltet werden. Die Gemeindeverwaltungen sind oft aus gemeindepolitischen, städtebaulichen oder ähnlichen Gesichtspunkten stark interessiert. Nach Eingang der Rückäußerungen entscheidet die Kreispolizeibehörde über den Antrag.

Der Bescheid lautet entweder dahin, daß die Erlaubnis erteilt werde oder dahin, daß der Antrag abgelehnt werde. Die Entscheidung der ersten Instanz ist dem Antragsteller und den zur Einlegung von Rechtsmitteln berechtigten Stellen zuzustellen. Der Bescheid muß eine Belehrung über das zulässige Rechtsmittel enthalten und über die Frist zur Einlegung derselben. Die Frist beträgt zwei Wochen, gerechnet vom Tage der Zustellung des Bescheides ab.

Wird die Erlaubnis erteilt und steht diese Entscheidung der Kreispol.-Behörde im Einklang mit den anzuhörenden Stellen, so wird heute statt eines besonderen Bescheids sofort dem Antragsteller die Erlaubnisurkunde ausgehändigt.

II. Das Rechtsmittelverfahren

Bei Erteilung der Erlaubnis haben die Ortspolizei- und Gemeindebehörden das Recht, Beschwerde an die zweite Instanz zu erheben. Wird die Erlaubnis versagt, so hat dieses Recht der Antragsteller.

Gegen die Entscheidungen der Kreispolizeibehörden ist innerhalb einer Frist von zwei Wochen die Beschwerde an die nächsthöheren Polizeibehörden zulässig. Die nächsthöheren Polizeibehörden können statt eigener Entscheidung im Hinblick auf die grundsätzliche Bedeutung oder die besonderen Umstände des Einzelfalles das verwaltungsgerichtliche Verfahren zulassen.

In Berlin ist gegen die Entscheidungen des Polizeipräsidenten an Stelle der Beschwerde binnen einer Frist von zwei Wochen der Einspruch zulässig. Über den Einspruch entscheidet der Polizeipräsident persönlich oder sein allgemeiner Vertreter oder die von dem Polizeipräsidenten eingerichtete Beschwerdestelle.

III. Das weitere Verfahren

Wird der Antrag auf Genehmigung auch von der zweiten Instanz abgewiesen, so hat es bei der Ablehnung für die nächsten drei Jahre sein Bewenden. Nur wenn eine erhebliche Veränderung in den maßgeblichen Verhältnissen eintritt, kann das Verfahren vor Ablauf von drei Jahren neu begonnen werden. Ein Rechtsmittel gegen die Entscheidung der zweiten Instanz gibt es nicht; die Entscheidung ist also endgültig.

Wird die Erlaubnis erteilt, so darf der Handel trotzdem noch nicht sofort begonnen werden. Die zweite Instanz gibt die Akten an die Kreispolizeibehörde zurück und diese hat nunmehr die Erlaubnisurkunde, die allgemein als „Konzession" bezeichnet wird, auszufertigen. Erst wenn diese Urkunde im Besitz des Antragstellers ist, darf er mit dem Handel beginnen.

Sobald auf Grund der übersandten Erlaubnisurkunde der Handel begonnen ist, muß der zuständigen Behörde (Ortspolizeibehörde) binnen spätestens einer Woche Anzeige davon gemacht werden.

Die erteilte Erlaubnis erlischt, wenn der Betrieb nicht binnen eines Jahres begonnen wird. Sie erlischt ferner, wenn ein begonnener Betrieb länger als ein Jahr stillgelegt wird.

c) Die Abgabe von Alkohol als Heilmittel

Weinbrand, Arrak, Rumverschnitt und unverarbeiteter Branntwein, also Weingeist (letzterer nur in Mengen bis zu $^1/_2$ Liter), dürfen auch ohne Kleinhandelserlaubnis abgegeben werden, wenn die vorgenannten Branntweine zu Heilzwecken benötigt werden. (Weinbrand und Weingeist sind auch im Deutschen Arzneibuch aufgeführt.) Allerdings hat sich der den Weingeist oder Weinbrand abgebende Drogist durch sachgemäße Erkundigung zu vergewissern, daß der verlangte Weingeist usw. auch tatsächlich für Heilzwecke benötigt wird; gegebenenfalls wird er vor Gericht glaubhaft zu machen haben, daß er davon überzeugt sein konnte. Es ist also nicht unbedingt das Vorlegen eines ärztlichen

Rezeptes zu fordern. Das mindeste muß aber sein, daß sich der Drogist vor der Abgabe durch Befragung des Käufers über den Heilzweck vergewissert hat. Genügt der Drogist dieser Sorgfaltspflicht, kann er Branntwein auch ohne Spirituosenkonzession abgeben.

Auch ein in seiner Weingeiststärke auf 90 und 70 v. H. herabgesetzter Branntwein kann (nach einem am 1. 12. 1933 von der Reichsmonopolverwaltung getroffenen Beschluß) zu Heilzwecken in Drogerien abgegeben werden, wenn er mit der ausdrücklichen Bezeichnung „Spiritus — Weingeist 90grädig nur zu Heilzwecken" und „Spiritus dilutus — verdünnter Weingeist — 70grädig nur zu Heilzwecken" bezeichnet wird. Nach den Bestimmungen ist auch die Abgabe von diesem Branntwein an Privatpersonen nur bis zu $^1/_2$ l im Einzelfalle zulässig.

Die Verwendung von Brennspiritus zu Heilzwecken ist nicht statthaft, (was sich aus § 83 BrVO. u. § 115 BrMG. ergibt).

6. Der Verkehr mit Süßstoff

Das Süßstoff-Gesetz an sich hat für den Drogisten wenig Bedeutung, wie aus den wenigen abgedruckten Paragraphen hervorgeht. Den Drogenhandel betrifft vielmehr die auf Grund des § 13 des Süßstoffgesetzes ergangene Verordnung über den Verkehr mit Süßstoff.

a) Das Süßstoff-Gesetz

Vom 1. Februar 1939 (RGBl. I S. 112)

§ 1

(1) Zur Herstellung und zur Einfuhr von Süßstoff ist nur der berechtigt, dem die Reichsregierung die Erlaubnis hierzu erteilt.

(2) Die Erlaubnis ist jederzeit widerruflich.

§ 2

(1) Süßstoff unterliegt einer Abgabe (Süßstoffsteuer). Die Süßstoffsteuer ist Verbrauchsteuer im Sinne der Reichsabgabenordnung.

(2) . . . . . .

§§ 3—11 . . . . . .

§ 12

Wer vorsätzlich oder fahrlässig Süßstoff herstellt oder einführt, ohne daß ihm die Reichsregierung die Erlaubnis hierzu erteilt hat, wird mit Gefängnis bis zu einem Jahr und mit Geldstrafe oder mit einer dieser Strafen bestraft. Außerdem ist auf Einziehung der Gegenstände zu erkennen, auf die sich die Zuwiderhandlung bezieht, auch wenn sie nicht dem Täter gehören oder wenn die Tat fahrlässig begangen ist.

§ 13

Die Reichsregierung kann den Absatz, den Vertrieb und die Verwendung von Süßstoff Beschränkungen unterwerfen und gegen Zuwiderhandlungen Gefängnisstrafe bis zu einem Jahr und Geldstrafe oder eine dieser Strafen oder Haft androhen.

§ 14 . . . .

Verordnung zur Durchführung des Süßstoffgesetzes

Vom 8. Februar 1939 (Reichsministerialblatt S. 139)

Erlaubnis zur Herstellung

Zu § 1 des Gesetzes.

§ 1

Unter dem Vorbehalt des jederzeitigen Widerrufs werden ermächtigt

A. Zur Herstellung von Benzoesäuresulfinid
1. die Fahlberg-List, Aktien-Gesellschaft, Chemische Fabriken in Magdeburg-Südost,
2. die Chemische Fabrik von Heyden, Aktien-Gesellschaft, in Radebeul,
3. die Vereinigten Chemischen Fabriken Kreidl, Heller & Co. Nachf., in Wien;

B. Zur Herstellung von Dulcin
die J. D. Riedel — E. de Haen, Aktiengesellschaft, in Berlin-Britz.

§ 2 ....

Zu § 2 des Gesetzes.

Steuergegenstand

§ 3

(1) Süßstoff im Sinn des Gesetzes sind alle auf künstlichem Weg gewonnenen Stoffe, die als Süßmittel dienen können und eine höhere Süßkraft als Saccharose (reiner Rüben- oder Rohrzucker), aber nicht entsprechenden Nährwert besitzen.

(2) Als Süßstoff gelten auch süßstoffhaltige Zubereitungen, die nicht zum unmittelbaren Genuß bestimmt sind, sondern nur als Mittel zur Süßung von Lebensmitteln dienen.

....

b) Verordnung über den Verkehr mit Süßstoff

Vom 27. Februar 1939[1][2] (RGBl. I S. 336)

§ 1

Süßstoff im Sinne dieser Verordnung sind alle Erzeugnisse, die der Reichsminister der Finanzen auf Grund des § 2 Abs. 2 des Süßstoffgesetzes als Süßstoff bezeichnet.

§ 2

Benzoesäuresulfinid darf für den Verbrauch im Inland nur in den für den Inlandsabsatz bestimmten, durch den Reichsminister des Innern genehmigten Fabrikpackungen abgegeben oder zur gewerblichen Verwendung oder Weiterveräußerung bezogen werden; auf diesen Packungen müssen an einer in die Augen fallenden Stelle in deutscher Sprache und in deutlich sichtbarer, leicht lesbarer und nicht verwischbarer Schrift folgende Angaben angebracht sein:

1. die Bezeichnung „Süßstoff Benzoesäuresulfinid" oder „Süßstoff Saccharin",
2. der Inhalt nach deutschem Gewicht, bei Tabletten nach der Stückzahl,
3. welcher Menge Zucker der Inhalt der Packung entspricht,
4. „Genehmigte Inlandspackung".

§ 3

(1) Dulcin darf im Einzelhandel nur von den Apotheken abgegeben werden, und zwar in Mengen über ein Gramm nur auf ärztliche Verschreibung.

(2) Die Abgabe darf nur in Fabrikpackungen erfolgen; auf den Packungen müssen an einer in die Augen fallenden Stelle in deutscher Sprache und in deutlich

[1]) Begründung zu dieser V. s. „Deutsche Drogistenschaft" 1939 Nr. 14 S. 42.

[2]) Zu dieser V. sind durch mehrere RdErl. Ausnahmebestimmungen für die Dauer der Kriegswirtschaft erlassen.

sichtbarer, leicht lesbarer und nicht verwischbarer Schrift folgende Angaben angebracht sein:

1. die Bezeichnung „Süßstoff Dulcin",
2. der Inhalt nach deutschem Gewicht,
3. welcher Menge Zucker der Inhalt der Packung entspricht,
4. der Hinweis:

„Zur strengen Beachtung!

Dieser Süßstoff darf zur Süßung von Lebensmitteln nur in den hierzu erforderlichen Mengen verwendet werden. Für sich, in größeren Mengen genossen, kann er schädlich wirken."

Den gleichen Hinweis muß ein innerhalb der Packung liegender Zettel tragen.

§ 4

Soweit nicht § 5 Ausnahmen zuläßt, ist es verboten:

1. Lebensmitteln und Arzneimitteln bei ihrer gewerblichen Herstellung Süßstoff zuzusetzen;
2. süßstoffhaltige Lebensmittel und Arzneimittel anzubieten, zum Verkauf vorrätig zu halten, feilzuhalten, zu verkaufen oder sonst in den Verkehr zu bringen.

§ 5

Benzoesäuresulfinid und Dulcin dürfen verwendet werden zur gewerblichen Herstellung von

1. Kunstlimonaden sowie Grundstoffen hierzu, Brauselimonadenpulvern und -tabletten,
2. Essig und Essigsäure,
3. obergärigem Einfachbier mit einem Stammwürzegehalt von nicht mehr als 4 vom Hundert,
4. Eßoblaten,
5. Kautabak und Kaugummi,
6. Röntgenkontrastmitteln,
7. diätetischen Lebensmitteln, die zum Verbrauch durch Zuckerkranke bestimmt und ausdrücklich als solche bezeichnet sind,
8. Arzneimitteln in Apotheken auf Verschreibung von Ärzten, Zahnärzten oder Tierärzten,
9. Arzneimitteln, die als wesentlichen Bestandteil Lebertran enthalten,
10. sonstigen diätetischen Lebensmitteln und Arzneimitteln, soweit dies durch den Reichsminister des Innern zugelassen ist oder in Zukunft zugelassen wird.

§ 6

Bei der gewerblichen Herstellung der im § 5 bezeichneten Erzeugnisse mit Ausnahme der in Nr. 6, 8 und 10 aufgeführten Arzneimittel darf nur so viel Dulcin verwendet werden, daß 1 Liter oder 1 Kilogramm des gebrauchsfertigen Erzeugnisses nicht mehr als 0,3 Gramm Dulcin enthält.

§ 7

(1) Die unter Verwendung von Süßstoff hergestellten Lebensmittel müssen, wenn sie in Packungen oder Umhüllungen an den Verbraucher abgegeben werden, an einer in die Augen fallenden Stelle die deutlich sichtbare, leicht lesbare und nicht

verwischbare Aufschrift „Mit künstlichem Süßstoff zubereitet" tragen. Diese Aufschrift ist nicht erforderlich bei Lebensmitteln, deren Süßstoffgehalt von mit Süßstoff gesüßtem Essig oder von mit Süßstoff gesüßter Essigsäure herrührt.

(2) Bei diätetischen Lebensmitteln und Arzneimitteln müssen die Art (Benzoesäuresulfinid, Dulcin) und die Menge des Süßstoffes, bei gleichzeitiger Verwendung von Zucker auch dessen Menge, sowohl auf den Packungen und Umhüllungen als auch in der Werbung angegeben werden.

(3) Arzneimittel, die mehr als 0,3 Gramm Dulcin in 1 Liter oder 1 Kilogramm enthalten, dürfen nur auf ärztliche Verschreibung abgegeben werden.

§ 8

Wer den Vorschriften dieser Verordnung vorsätzlich oder fahrlässig zuwiderhandelt, wird mit Gefängnis bis zu einem Jahr und mit Geldstrafe oder mit einer dieser Strafen oder mit Haft bestraft.

§ 9

. . . . . .

7. Der Verkehr mit Futtermitteln

Das Futtermittelgesetz ist ein Seitenstück zum Lebensmittelgesetz. Wie dieses den Verkehr mit Mitteln zur menschlichen Ernährung regelt, so regelt das Futtermittelgesetz den Verkehr mit Mitteln zur Ernährung von Tieren. Das Gesetz hat für den Drogisten nur beschränktes Interesse, nämlich soweit er selbst Futtermittel herstellt, z. B. Futterkalk oder dergleichen, die ebenfalls unter das Gesetz fallen.

a) Gesetz über den Verkehr mit Futtermitteln (Futtermittelgesetz)

Vom 22. Dezember 1926 (RGBl. I S. 525)

§ 1

Futtermittel im Sinne dieses Gesetzes sind organische oder mineralische Stoffe oder Mischungen solcher Stoffe, die der Verfütterung an Tiere dienen sollen. Ausgenommen sind Stoffe, die überwiegend zur Beseitigung oder Linderung von Krankheiten dienen.

Die Vorschriften des Gesetzes finden keine Anwendung auf Futtermittel, die nach dem Ausland ausgeführt werden oder sich auf der Durchfuhr befinden.

§ 2

Wer Futtermittel, die bisher nicht im Verkehre waren, in den Verkehr bringen will, hat sie beim Reichsministerium für Ernährung und Landwirtschaft oder bei einer von ihm bestimmten Stelle zur Eintragung in ein Register schriftlich anzumelden.

Die Anmeldung muß enthalten

1. die Benennung (§ 3), unter der das angemeldete Futtermittel in den Verkehr gebracht werden soll,
2. den Gehalt an wertbestimmenden Bestandteilen,
3. die Art der Herstellung.

Bei Mischungen sind außerdem anzugeben

1. die Gemengteile,
2. das Mischungsverhältnis der Gemengteile in Hundertsätzen.

Der Anmeldung ist eine Gesamtanalyse einer deutschen staatlichen oder unter öffentlicher Aufsicht stehenden Kontroll-(Versuchs-)Station oder eines deutschen vereidigten Handelschemikers in Urschrift oder in öffentlich beglaubigter Abschrift beizufügen.

§ 3

Wer Futtermittel feilhält, anbietet, veräußert oder sonst in den Verkehr bringt, hat sie ihrer Natur entsprechend zu benennen. Zur Benennung gehört auch die Angabe der Herkunft, der verarbeiteten Rohstoffe und der Art der Herstellung, soweit dies auf Grund des § 11 Abs. 2 Nr. 1 vorgeschrieben wird.

Mischungen, die überwiegend oder ganz aus mineralischen Stoffen bestehen, müssen außerdem als „Mischungen", andere Mischungen als „Mischfutter" bezeichnet werden.

§ 4

Bei Veräußerung von Futtermitteln in Mengen von 50 Kilogramm und mehr hat der Veräußerer dem Erwerber schriftlich anzugeben

1. die Benennung der Futtermittel nach Maßgabe des § 3,
2. den Gehalt an wertbestimmenden Bestandteilen.

Die schriftliche Angabe (Abs. 1) kann unterbleiben bei den Futtermitteln, die im anliegenden Verzeichnis aufgeführt sind.

Bei Mischungen sind auch die Gemengteile und das Mischungsverhältnis der Gemengteile in Hundertsätzen nach Maßgabe des § 3 schriftlich anzugeben.

§ 5

Werden bei Veräußerung von Futtermitteln in Mengen von weniger als 50 Kilogramm

1. Futtermittel in Verpackungen geliefert, so muß an diesen äußerlich eine Kennzeichnung angebracht sein, die die nach § 4 erforderlichen Angaben enthält,
2. Futtermittel lose geliefert und besichtigt der Erwerber die Futtermittel oder Proben von ihnen vor dem Erwerbe, so ist der Veräußerer zu der nach § 4 vorgeschriebenen schriftlichen Angabe nur auf Verlangen des Erwerbers verpflichtet.

§ 6

Macht der Veräußerer bei der Veräußerung von Futtermitteln keine Angaben über die Beschaffenheit, so übernimmt er damit die Gewähr für die handelsübliche Reinheit und Unverdorbenheit.

. . . .

§ 12

Mit Gefängnis bis zu sechs Monaten und mit Geldstrafe oder mit einer dieser Strafen wird bestraft wer vorsätzlich

1. zum Zwecke der Täuschung im Handel und Verkehr Futtermittel nachmacht oder verfälscht,
2. verdorbene, nachgemachte oder verfälschte Futtermittel unter Verschweigung dieses Umstandes oder unter einer zur Täuschung geeigneten Benennung feilhält, anbietet, veräußert oder sonst in den Verkehr bringt,
3. Stoffe, deren Verfütterung an Tiere bei sachgemäßer Verwendung ihre Gesundheit zu schädigen geeignet ist, als Futtermittel feilhält, anbietet, veräußert oder sonst in den Verkehr bringt,
4. die im § 2 vorgeschriebene Anmeldung unterläßt oder

5. die in den §§ 2—5 oder auf Grund des § 11 vorgeschriebenen Angaben unrichtig macht, falsche Proben zur Untersuchung einsendet oder unrichtige oder unvollständige Angaben über die Probeentnahme macht.

§ 13

Mit Geldstrafe bis 150 Reichsmark wird bestraft, wer

1. die im § 2 vorgeschriebene Anmeldung fahrlässig unterläßt oder
2. die in den §§ 2—5 oder auf Grund des § 11 vorgeschriebenen Angaben vorsätzlich oder fahrlässig ganz oder teilweise unterläßt oder fahrlässig unrichtig macht.

§ 14

Die Reichsregierung kann vorbehaltlich der Vorschriften im § 12 Nr. 5, § 13 Nr. 2 mit Zustimmung des Reichsrats bestimmen, daß

1. mit Gefängnis bis zu sechs Monaten und mit Geldstrafe oder mit einer dieser Strafen bestraft wird, wer den auf Grund des § 11 erlassenen Bestimmungen vorsätzlich zuwiderhandelt,
2. mit Geldstrafe bis 150 Reichsmark bestraft wird, wer diesen Bestimmungen fahrlässig zuwiderhandelt.

Erläuterungen

Zu diesem Gesetz sind umfangreiche Ausführungsbestimmungen ergangen, deren Besprechung sich hier erübrigt. Der Drogist muß vor allem wissen, daß unter den Begriff „Futtermittel" bzw. Mischfuttermittel auch sogenannte mineralische Beifutter fallen, wie z. B. kohlensaurer oder phosphorsaurer Futterkalk, Mineralsalzmischungen und sogenannte Freßpulver, soweit sie nicht der Heilung von Krankheiten, sondern mehr der Hebung der Freßlust und damit der besseren Mast dienen sollen. Will der Drogist solche Zubereitungen selbst herstellen und in den Verkehr bringen, so muß er die nach § 2 des Futtermittelgesetzes vorgeschriebenen Formalitäten erfüllen und darüber hinausgehend die in der nachstehenden Anordnung vorgesehene Herstellungsgenehmigung einholen.

b) Anordnung über Futtermittel, Mischfuttermittel und Mischungen (Futtermittelanordnung)

Anordnung des Direktors der Verwaltung für Ernährung, Landwirtschaft und Forsten des Vereinigten Wirtschaftsgebietes vom 21. Juni 1949 (Amtsbl. VELF 1949, Nr. 23, S. 148).

Die Anordnung klärt zuerst die Begriffe Futtermittel, Mischfuttermittel und Mischungen analog dem § 1 des Futtermittelgesetzes. Diese Erzeugnisse dürfen nur hergestellt, angeboten, zum Verkauf vorrätig gehalten, feilgehalten, abgegeben oder sonst in den Verkehr gebracht werden, wenn sie den Bestimmungen des Futtermittelgesetzes von 1926 und dessen Durchführungsbestimmungen sowie den Bestimmungen dieser neuen Anordnung entsprechen. Der Zusatz von Wasser ist nur bei Dorschlebertranemulsion (Mischung) gestattet, im übrigen verboten.

Die Erzeugnisse sind vor dem Inverkehrbringen zur Eintragung in ein Register anzumelden (analog dem § 2 des Futtermittelgesetzes).

Mischfuttermittel und Mischungen müssen hinsichtlich ihrer Zusammensetzung und des Gehaltes an wertbestimmenden Bestandteilen den Anforderungen der dieser Anordnung als Anlage beigefügten Normentafel für Mischfuttermittel entsprechen. Mischfuttermittel oder Mischungen, die in ihrer Zusammensetzung von den Bestimmungen der Normentafel abweichen, dürfen künftig nur mit Genehmigung des Direktors der Verwaltung für Ernährung, Landwirtschaft und Forsten hergestellt werden. Mischfuttermittel dürfen nur in durch Plomben oder Verschlußstreifen verschlossenen Packungen in den Verkehr gebracht werden. Plomben und

Verschlußstreifen müssen Namen und Anschrift des Herstellers tragen, ausgenommen Hundekuchen, die mit einem Warenzeichen des Herstellers gekennzeichnet sind. In der Anordnung wird weiterhin festgelegt, daß jede Mischfutterpackung eine genaue Deklaration des Inhaltes tragen muß. Für die Packungen beim Versand von Mischfutter und für Kleinpackungen gibt die Anordnung bestimmte zulässige Gewichtsmengen an. Das Auspfunden von Mischfuttermitteln ist unzulässig. Mischfuttermittel für Sing- und Ziervögel und Zierfische sind von den vorher erwähnten Bestimmungen ausgenommen.

Die Anordnung bringt weiter Bestimmungen über Futterknochenschrot, Knochenfuttermehl und Futterkalk; ferner werden diejenigen Stoffe aufgeführt, die künftig zu Futterzwecken nicht angeboten oder in den Verkehr gebracht werden dürfen.

Hersteller und Handelsbetriebe sind verpflichtet Bücher zu führen, aus denen die Einzelheiten der Herstellung, des Bezuges, der Be- und Verarbeitung, der Lagerung und des Absatzes ersichtlich sind. Die Aufsicht über die Herstellung und den Verkehr mit Futtermitteln obliegt den Obersten Landesbehörden, die auch die erforderlichen Durchführungsbestimmungen erlassen.

Die in der Anlage beigefügte Normentafel für Mischfuttermittel gibt Aufschluß über die Anzahl der zulässigen Gemengteile, über Mindest- und Höchstgehalte, über Gemengteile, die enthalten sein müssen oder nur beschränkt enthalten sein können und über Vorschriften für die technische Bearbeitung für Mischfutter. Danach muß z. B. Dorschlebertranemulsion, die als Beifuttermittel verwendet werden soll, mindestens 40% reinen Veterinärdorschlebertran mit höchstens 2% freier Fettsäure, ferner 1% wasserlösliche Mineralsalze enthalten; diese Mischungsteile dürfen nicht unterschritten werden; die Emulsionen müssen so hergestellt sein, daß sie mindestens 6 Monate haltbar sind; sie dürfen in dieser Zeit weder Wasser noch Öl noch andere Bestandteile ausscheiden, auch müssen sie in Wasser gut verteilbar sein.

Durch die Anordnung soll die Voraussetzung dafür geschaffen werden, daß der Verbraucher künftig wieder ohne Mißtrauen die Futtermittel und Mischfuttermittel kaufen kann, die den Bestimmungen dieser Anordnung entsprechen.

Bezug der Nr. 23/1949 des Amtsbl. VELF ist für Interessenten empfehlenswert (Einzelpreis 0,30 DM zuzüglich Porto gegen Voreinsendung auf das Postscheckkonto „Öffentlicher Anzeiger", Frankfurt a. M., Nr. 3709).

Anmerkung: Durch das in der Bundesrepublik erlassene Gesetz über den Verkehr mit Getreide und Futtermitteln (Getreidegesetz) vom 4. November 1950 (BGBl. 1950, Nr. 46, S. 721) bleiben die Vorschriften des Futtermittelgesetzes vom 22. Dezember 1926 nebst den dazu erlassenen Ausführungsbestimmungen unberührt. Auch bleibt die Futtermittelanordnung vom 21. Juni 1949 weiterhin in Kraft. Durch dieses Gesetz wird jedoch der Bundesminister ermächtigt, das Futtermittelgesetz und die Futtermittelanordnung in der zur Zeit gültigen Fassung mit neuem Datum und in neuer Paragraphenfolge bekanntzugeben und dabei Unstimmigkeiten zu beseitigen (§ 13). Durch das Getreidegesetz (§ 23) sind u. a. die Verordnung über die Herstellung von Mischfuttermitteln vom 22. Dezember 1937 (RGBl. I S. 1410) und die Anordnungen der früheren Hauptvereinigung der deutschen Getreide- und Futtermittelwirtschaft und der Getreidewirtschaftsverbände außer Kraft getreten.

8. Handel mit Sämereien

Der Handel mit Sämereien unterliegt den vom Reichsnährstand erlassenen Anordnungen. Es dürfen u. a. Gemüsesämereien aller Art sowie Samen von Heil-, Duft- und Gewürzpflanzen, die im Reichsgebiet als Saatgut Verwendung finden sollen, nur gehandelt oder sonst in den Verkehr gebracht werden, wenn sie vom Reichsnährstand zugelassen sind. Weiter wird nur noch wirklichen Fachgeschäften in Sämereien der Großhandelspreis für Sämereien zugebilligt, während diejenigen Betriebe, die in geringerem Umfange Sämereien führen (z. B. Samen in bunten Tüten), einen niedrigeren Prozentsatz als Verdienst zugebilligt erhalten.

Als Samenfachgeschäfte werden in erster Linie solche Betriebe angesehen, deren Umsatz in Sämereien mindestens 50% des Gesamtumsatzes ausmacht, und die über die zur Abwicklung eines ordentlichen Samenhandels notwendigen Einrichtungen und Apparaturen verfügen.

Der Reichsnährstand besteht nicht mehr, an seine Stelle sind in den Ländern die entsprechenden Landesbehörden für Ernährung und Landwirtschaft getreten. Im Vereinigten Wirtschaftsgebiet regelt die Auflösung des Reichsnährstandes das Gesetz vom 21. Januar 1948 (WiGBl. 1948 S. 21).

Bundesrepublik: Verordnung über den Verkehr mit landwirtschaftlichem Saatgut und Gemüsesaatgut

V. d. BMfELF. vom 2. Februar 1951 (Bundesanzeiger 1951, Nr. 33).

9. Der Verkehr mit Ölen und Fetten

Im Interesse des Aufbaues der deutschen Wirtschaft sind von der Reichsstelle für industrielle Fettversorgung zahlreiche Anordnungen erlassen worden, nach denen bei der Verarbeitung von Ölen und Fetten bestimmte Vorschriften einzuhalten sind. Insbesondere ist auf die Anordnung 12 der Überwachungsstelle für industrielle Fettversorgung hinzuweisen. Sie bezieht sich auf die Verwendung aller pflanzlichen und tierischen Öle und Fette und deren Fettsäuren sowie auf Firnisse und Standöle bei der Herstellung von Kitten und Anstrichmitteln.

Anordnung der Reichsstelle für industrielle Fettversorgung und der Reichsstelle „Chemie", betreffend Herstellung, Lieferung, Verarbeitung und Verbrauch von Kitten und Anstrichmitteln. (Neufassung der Anordnung 12 der Reichsstelle für industrielle Fettversorgung vom 21. November 1935 [Deutscher Reichsanzeiger Nr. 272] in der Fassung der Anordnung über Tallöl vom 13. Juni 1936 [Deutscher Reichsanzeiger Nr. 135])

Vom 31. Januar 1941 (Deutscher Reichsanzeiger Nr. 32 vom 7. Februar).

§ 1

Die folgenden Vorschriften finden Anwendung auf die Herstellung, die Lieferung, die Verarbeitung und den Verbrauch von Kitten und Anstrichmitteln (einschließlich Spachtelmasse und Porenfüller), die nachstehende Stoffe enthalten:

> pflanzliche und tierische Öle und Fette und deren Fettsäuren, synthetische Fettsäuren, Firnisse, Standöle, Tallöl und Tallöl-Erzeugnisse sowie Lack-Rohstoffe und Zwischen-Erzeugnisse (z. B. Binder und Kunstharze), die unter Mitverwendung der vorgenannten Stoffe hergestellt sind.

§ 2

(1) Kitt für Verglasungen auf Holz und für senkrechte Verglasungen auf Eisenkonstruktionen (Fensterkitt) muß mindestens 14 v. H. und darf höchstens 15 v. H. Bindemittel enthalten. Der Ölgehalt dieses Bindemittels darf höchstens 70 Teile betragen (siehe § 1).

(2) Für Dachverglasungen auf Eisenkonstruktionen dürfen nur Kitte verwendet werden, die keine der in § 1 erwähnten Rohstoffe enthalten (Dachkitte).

§ 3

(1) Anstrichmittel, welche die in § 1 genannten Stoffe enthalten, dürfen nicht aufgebracht werden auf

a) Bauwerke aller Art und ihre Teile innen und außen, hierunter fallen auch Baracken, Schuppen, Lauben, Buden, Verkaufsstände, Überdachungen, Zäune und Planken. Ausgenommen hiervon sind neue ungestrichene Außenfenster und Außentüren massiver Bauten und Wohn-Baracken, soweit sie unmittelbar der Witterung ausgesetzt sind. Hier ist ein zweimaliger Anstrich erlaubt.

b) Möbel aller Art.

(2) Bei dem Anstrich von Eisen-, Stahl- und sonstigen Metall-Bauwerken dürfen die Metallteile nur einen Grund- und einen Deckanstrich erhalten.

§ 4

Die Hersteller und Lieferer sind verpflichtet, die in § 1 aufgeführten Lack-Rohstoffe und Zwischen-Erzeugnisse sowie die unter Verwendung aller in § 1 genannten Stoffe hergestellten Anstrichmittel als ölhaltig zu kennzeichnen.

§ 5

Ausnahmen von den Bestimmungen dieser Anordnung bewilligen bei Vorliegen eines wichtigen Grundes für den Einzelfall auf Antrag die Reichsstelle für industrielle Fettversorgung und die Reichsstelle „Chemie" oder die von ihnen mit Zustimmung des Reichswirtschaftsministers beauftragten Stellen. Die Anträge sind der Reichsstelle für industrielle Fettversorgung einzureichen.

§ 6

Hersteller, Lieferer und Verbraucher von Kitt und Anstrichmitteln, die dieser Anordnung zuwiderhandeln, werden nach §§ 12—15 der Anordnung über den Warenverkehr bestraft.

§ 7

....

Anmerkung: Die Reichsstelle „Chemie" besteht nicht mehr. Ihre Befugnisse werden von den Landesstellen für Chemie bzw. entsprechenden Abteilungen der Landeswirtschaftsämter ausgeübt. Vorstehende Anordnung wurde z. B. für Bayern außer Kraft gesetzt und zugleich durch eine neue inhaltlich gleiche Anordnung vom 15. Oktober 1945 ersetzt.

10. Der Verkehr mit vergälltem Salz

Das Kochsalz des Handels unterliegt einer erheblichen Verkehrssteuer. Soweit Salz für gewerbliche Zwecke verwendet wird, kann es steuerfrei abgegeben werden, sofern es zum Genuß unbrauchbar gemacht (denaturiert) wird. Dies erfolgt je nach dem Verwendungszweck auf verschiedene Weise, insbesondere durch Vermischen mit Petroleum, mit Seifenpulver (für die Seifenindustrie), mit rotem Bolus, Wermutpulver usw. (zum Gebrauch als Viehsalz). Diejenigen Betriebe, die solches Salz feilhalten oder verkaufen, unterliegen einer besonderen Aufsicht durch die zuständige Steuerbehörde (Zollamt).

Salzsteuergesetz

Vom 23. Dezember 1938 (RGBl. I S. 1969)

§ 1

(1) Salz (Chlornatrium) unterliegt einer Abgabe (Salzsteuer). Die Salzsteuer ist Verbrauchsteuer im Sinn der Reichsabgabenordnung.

(2) Salz im Sinn dieses Gesetzes sind das Stein-, das Hütten-, das Siede- und das Seesalz, ferner, wenn darin Chlornatrium enthalten ist, nach näherer Bestimmung des Reichsministers der Finanzen das als Nebenerzeugnis der chemischen Industrie gewonnene Salz, sämtliche Ausgangsstoffe für die Salzgewinnung, die Kalirohsalze, die Abraumsalze und die Salzabfälle. Kalirohsalze mit einem Chlornatriumgehalt von weniger als fünfundachtzig vom Hundert ihres Gewichtes unterliegen der Steuer nicht.

§§ 2—5 . . . . . .

§ 6

(1) . . . . . .

(2) Der Reichsminister der Finanzen ist ermächtigt, Salz von der Steuer zu befreien, das zum Salzen von Heringen oder ähnlichen Fischen oder das zu anderen Zwecken als zur Herstellung oder Bereitung von Lebens- und Genußmitteln verwendet wird. Er kann anordnen, daß von der Steuer befreites Salz zum Genuß untauglich gemacht (vergällt) wird.

(3) . . . . . .

§§ 7—8 . . . . . .

§ 9

(1) Vergälltes Salz darf zum Salzen von Heringen und ähnlichen Fischen oder zur Herstellung oder Bereitung von anderen Lebens- oder Genußmitteln nicht verwendet werden.

(2) Wer vergälltes Salz dem Verbot des Abs. 1 zuwider verwendet, wird bestraft, als habe er eine Steuerhinterziehung (§ 396 Reichsabgabenordnung) begangen.

. . . . . .

11. Der Verkehr mit Ersatzmitteln und neuen Erzeugnissen

RdErl. betr. Verkehr mit Ersatzmitteln

RdErl. d. RMdI. vom 11. Juli 1940 (MBliV. S. 1487)

„(1) Unter den heutigen wirtschaftlichen Verhältnissen kommt es häufig vor, daß neuartige Erzeugnisse in den Handel gebracht werden, die bestimmt sind, im Verkehr an die Stelle solcher Lebensmittel zu treten, die nicht mehr in ausreichender Menge zur Verfügung stehen. Soweit solche Erzeugnisse etwa geeignet sein sollten, die menschliche Gesundheit zu schädigen, ist ihre Herstellung und der Vertrieb nach § 3 des LMG. in der Fassung vom 17. Januar 1936 (RGBl. I S. 17) verboten.

(2) Nachgemachte und verfälschte Erzeugnisse dürfen, soweit sie nicht überhaupt vom Verkehr ausgeschlossen sind, nach § 4 des Gesetzes nicht ohne ausreichende Kenntlichmachung in den Verkehr gebracht werden. Irreführende Bezeichnungen, Angaben und Aufmachungen fallen gleichfalls unter das Verbot des § 4. Es muß somit verlangt werden, daß alle Bezeichnungen, Angaben und Aufmachungen den tatsächlichen Verhältnissen entsprechen und keinerlei Täuschung, auch nicht des weniger kundigen Verbrauchers, zulassen.

(3) Phantasiebezeichnungen, welche die Eigenart eines solchen Erzeugnisses nicht in einwandfrei verständlicher Weise kennzeichnen, können, sofern nicht ihre Bedeutung als allgemein bekannt angesehen werden darf, nicht als ausreichende Kenntlichmachung gelten. Es wird vielmehr ein deutlicher Hinweis auf die von der Norm abweichenden Eigenschaften, z. B. auf die zur Verarbeitung gelangenden Rohstoffe und gegebenenfalls auf die besondere Art der Herstellung, zu verlangen sein. Die Bezeichnung als Ersatz oder Surrogat, z. B. als Gewürzersatz, Pfefferersatz, Salatölsurrogat usw., ist nur für solche Erzeugnisse zulässig, die zufolge ihrer wesentlichen Eigenschaften, insbesondere ihres Nähr-, Genuß- und Gebrauchswertes, tatsächlich geeignet sind, das entsprechende Lebensmittel weitgehend zu ersetzen. Entsprechendes gilt für Bezeichnungen wie Kunstgewürz, Kunstpfeffer, Kunstlimonade usw. Bei nachgemachten oder verfälschten Lebensmitteln im Sinne des § 4 des Gesetzes ist daneben ausreichende Kenntlichmachung erforderlich; inwieweit dazu u. a. eine Angabe ihrer Bestandteile nach Art und Menge gehört, regelt sich von Fall zu Fall. Soweit nachgemachte oder verfälschte Lebensmittel auf Grund besonderer Gesetze oder Verordnungen auch bei Kenntlichmachung vom Verkehr ausgeschlossen sind, verbleibt es dabei. Als synthetische Lebensmittel bestimmter Art dürfen nur solche künstlichen Erzeugnisse bezeichnet werden, welche die gleiche chemische Zusammensetzung aufweisen wie das Original-Lebensmittel. In allen Fällen sind die anerkannten Gebräuche des ehrlichen Handels sowie die vernünftige Auffassung und die berechtigten Erwartungen des Verbrauchers der Beurteilung zugrunde zu legen.

(4) Ausnahmen kann nach § 20 Abs. 2 Nr. 3 des LMG. nur der RMdI. vorübergehend zulassen, soweit es die Wirtschaftslage erfordert.

(5) Wegen der vielfach beobachteten Mißstände in der Preisgestaltung bin ich mit dem RfPr. in Verbindung getreten."

Verordnung über die Anmeldepflicht von Ersatzmitteln und neuen Erzeugnissen

Vom 27. Januar 1941 (RGBl. I S. 75)

Auf Grund des Gesetzes zur Durchführung des Vierjahresplans — Bestellung eines Reichskommissars für die Preisbildung — vom 29. Oktober 1936 (RGBl. I S. 927) wird mit Zustimmung des Beauftragten für den Vierjahresplan verordnet:

§ 1

(1) Ersatzmittel und neue Erzeugnisse müssen vom Hersteller bei der zuständigen Preisbildungsstelle angemeldet werden.

(2) Bei eingeführten Ersatzmitteln und neuen Erzeugnissen ist der Einführer anmeldepflichtig.

(3) Der Reichskommissar für die Preisbildung erläßt Richtlinien darüber, welche Erzeugnisse Ersatzmittel oder neue im Sinne dieser Verordnung sind und bis zu welchem Zeitpunkt die einzelnen Ersatzmittel und neuen Erzeugnisse angemeldet werden müssen.

(4) Der Reichskommissar für die Preisbildung kann die Anmeldepflicht für weitere Erzeugnisse als die im Abs. 1 genannten vorschreiben. Er kann die Anmeldepflicht auch anderen Personen als dem Hersteller und dem Einführer auferlegen.

(5) Der Reichskommissar für die Preisbildung kann ferner anordnen, daß die in den Abs. 1 und 4 genannten Erzeugnisse erst dann in den Verkehr gebracht werden dürfen, wenn die zuständige Preisbildungsstelle den Preis dieser Erzeugnisse genehmigt oder festgesetzt hat.

(6) Die im Abs. 3 genannten Richtlinien werden im Mitteilungsblatt des Reichskommissars für die Preisbildung Teil I veröffentlicht. Gleiches gilt für Vorschriften im Sinne von Abs. 4 und 5.

§ 2

(1) Die Anmeldung hat schriftlich zu erfolgen.

(2) Ihr sind beizufügen:

a) eine Selbstkostenrechnung, genaue Angaben über den Preis des Ersatzmittels oder neuen Erzeugnisses sowie über das Zustandekommen des Preises,

b) genaue Angaben über den Verwendungszweck und die Zusammensetzung sowie über alle sonstigen für den Wert des Ersatzmittels oder neuen Erzeugnisses erheblichen Tatsachen.

(3) Der Reichskommissar für die Preisbildung kann weitere Erfordernisse für die Anmeldung vorschreiben. § 1 Abs. 6 findet entsprechende Anwendung.

§ 3

Preisbildende Einzelanordnungen, die von den Preisbildungsstellen für die in ihrem Bezirk hergestellten Ersatzmittel oder neuen Erzeugnisse erlassen werden, gelten für das gesamte Reichsgebiet mit Ausnahme des Protektorats Böhmen und Mähren.

§ 4

Der Reichskommissar für die Preisbildung und die von ihm beauftragten Stellen können Ausnahmen von den Vorschriften dieser Verordnung zulassen oder anordnen.

§ 5

(1) Der Reichskommissar für die Preisbildung kann die Befugnisse aus dieser Verordnung auf andere Stellen übertragen.

(2) Er erläßt die zur Durchführung und Ergänzung dieser Verordnung erforderlichen Rechts- und Verwaltungsvorschriften.

§ 6

....

Seit 1945 ergangene Bestimmungen:

Bayern: Anordnung des Bayerischen Landeswirtschaftsamts — Preisbildungsstelle — über die Anmeldung von neuen und Ersatz-Lebensmitteln vom 12. November 1946.

Hessen: Anordnung über die Anmeldungspflicht von neuen und Ersatz-Lebensmitteln vom 15. Oktober 1946.

Sowjetische Besatzungszone: Anordnung d. Dtsch. Zentralverwaltung f. d. Gesundheitswesen. u. d. Dtsch. Verwaltung f. Handel u. Versorgung i. d. sowjet. Besatzungszone über die Herstellung und den Vertrieb von Ersatz-Lebensmitteln vom 8. August 1946.

Nach dieser Anordnung ist die Herstellung, die Einführung und das Inverkehrbringen von Ersatz-Lebensmitteln anmelde- und genehmigungspflichtig. Die Genehmigung geschieht durch die angeführten Zentralverwaltungen. Zu den Ersatz-Lebensmitteln im Sinne der Anordnung gehören alle Lebensmittel, die von bisherigen marktgängigen und der Verbrauchererwartung entsprechenden Lebensmitteln in ihrer Zusammensetzung, Bezeichnung oder Darbietung abweichen und alle neuartigen Lebensmittel. Die der Anordnung beigefügten Richtlinien entsprechen im wesentlichen dem RdErl. d. RMdI. vom 11. Juli 1940.

Für Mecklenburg: V. v. 21. März 1947 u. 25. August 1948 (RegBl. 1947, Nr. 6, S. 41 und 1948, Nr. 21, S. 151).

Für Sachsen: V. v. 3. Januar 1947 u. 24. November 1948 (Ges. u. VBl. 1947, Nr. 2 S. 23 u. 1948, Nr. 29 S. 639).

Für Sachsen-Anhalt: V. v. 5. Juni 1947 (Ges. Bl. 1947, Nr. 14 S. 108).

VII. Verordnungen, die die Werbung betreffen

In diesem Abschnitt werden die zwar für das gesamte Werberecht wichtigen, aber allgemeinen gesetzlichen Bestimmungen des Gesetzes gegen den unlauteren Wettbewerb, des Rabattgesetzes und der Zugabeverordnung nicht berücksichtigt, sondern nur die gesetzlichen Grundlagen, die für das Gebiet der Arzneimittelwerbung in Betracht kommen. Hier werden also berücksichtigt:

1. Das Gesetz zum Schutz des Genfer Neutralitätszeichens,
2. das Gesetz zum Schutze des Wappens der Schweizerischen Eidgenossenschaft,
3. das Gesetz zur Bekämpfung der Geschlechtskrankheiten,
4. die Polizeiverordnung über die Werbung auf dem Gebiete des Heilwesens,
5. Richtlinien für die Werbung für Mittel zur Verhütung von Geschlechtskrankheiten,
6. die Richtlinien für die Werbung für Trinkbranntweinerzeugnisse,
7. Bestimmungen über die Anwendung der Bezeichnungen „Alpenkräutertee" und „Deutscher Tee" und über die Werbung für borsäurehaltige Entfettungsmittel.

In gewissem Sinne haben für diesen Abschnitt auch folgende Bestimmungen Bedeutung: § 56 der Reichsgewerbeordnung und §§ 184, 218, 219 und 367 des Strafgesetzbuches.

Die Verwendung des Roten Kreuzes (Genfer Neutralitätszeichen) als Kennzeichen von Drogerien, Sanitätsgeschäften und von Waren, die in diesen Geschäften geführt werden, ist verboten. Dieses Zeichen soll lediglich gemeinnützigen Organisationen vorbehalten bleiben, wie dies im nachstehenden Gesetz näher bestimmt ist.

Das Weiße Kreuz auf rotem Grunde, das Wappen der Schweizerischen Eidgenossenschaft, darf ebenfalls nicht verwendet werden. Das gleiche gilt von Nachahmungen, die geeignet sind, Verwechselungen hervorzurufen. Von amtlicher Seite wurde das weiße Kreuz auf grünem Grunde empfohlen. In Schwarzweißdruck hat die Wiedergabe der grünen Farbe in schrägrechter Schraffierung nach allgemein anerkannten Grundsätzen zu erfolgen. Für die Mitglieder des Deutschen Drogistenverbandes ist der rote Mörser das Sinnbild für die Drogerie.

Nach dem Gesetz zur Bekämpfung der Geschlechtskrankheiten ist folgendes zu beachten: Der Drogist darf Mittel oder Gegenstände, die ausschließlich zur Behandlung von Geschlechtskrankheiten dienen, nicht ankündigen und ausstellen. Er hat jede Auskunft über den Gebrauch solcher Mittel, ihre Zweckmäßigkeit und ihre Eignung zu verweigern. Er soll keine Drucksachen verteilen, in denen sich Bemerkungen über die Wirksamkeit irgendwelcher Drogen, Chemikalien oder Zubereitungen bei Geschlechtskrankheiten finden.

Die Werbung auf dem Gebiete des Heilwesens, die sowohl für die Volksgesundheit als auch für die Wirtschaft wichtig ist, war im Deutschen Reich früher uneinheitlich geregelt. Die zahlreichen landesrechtlichen Bestimmungen wichen mitunter erheblich voneinander ab. Durch das Gesetz über Wirtschaftswerbung vom 12. September 1933 (RGBl. I S. 625) wurden die gesetzlichen Voraussetzungen für ein einheitliches Werbewesen geschaffen. Durch § 1 dieses Werbegesetzes wurde das gesamte öffentliche und private Werbungswesen der Aufsicht des Reichs unterstellt. Die Aufsicht wird ausgeübt durch den Werberat der deutschen Wirtschaft, einer Körperschaft des öffentlichen Rechts. Die Reichsregierung hat im Anschluß an das Werbegesetz noch Verordnungen zur Durchführung des Gesetzes über Wirtschaftswerbung erlassen. Auf Grund der Zweiten Durchführungsverordnung vom 27. Oktober 1933 (RGBl. I S. 791) wurde dann vom Werberat der deutschen Wirtschaft am 5. Mai 1936 die 17. Bekanntmachung (Deutscher Reichsanzeiger Nr. 111) erlassen, die sich mit der Werbung auf dem Gebiete des Heilwesens befaßt. Durch die am 1. August 1936 in Kraft getretene 17. Bekanntmachung und die im Zusammenhang damit erlassenen Polizeiverordnungen der einzelnen Länder, durch die die bestehenden entsprechenden landesrechtlichen Vorschriften aufgehoben wurden, kam für das wichtige Gebiet der Arzneimittelwerbung eine gewisse reichseinheitliche Regelung zustande. Die gesamte Werbung für Arzneimittel muß sich nunmehr in den Grenzen dieser einheitlichen Regelung halten.

Die 17. Bekanntmachung des Werberates der deutschen Wirtschaft hat am 11. Juli 1941 eine Neufassung erfahren (Reichsanzeiger Nr. 171 vom 25. Juli 1941). Zur Beseitigung der im Arzneimittelwesen bestehenden Mißstände ist damit ein wesentlicher Beitrag geleistet worden. (Nähere Ausführungen hierzu siehe auch in dem amtlichen Organ des Werberates der deutschen Wirtschaft: „Wirtschaftswerbung" 1941, Heft 7, Juli 1941.) Der 17. Bekanntmachung entspricht die unten abgedruckte Polizeiverordnung vom 29. September 1941, die die bisherigen landesrechtlichen Vorschriften auf dem Gebiete der Heilmittelwerbung durch eine reichseinheitliche Verordnung ablöst[1]).

Auf die Ankündigung von Mitteln zur Verhütung der Empfängnis und zur Verhütung von Geschlechtskrankheiten sei besonders hingewiesen. Es muß jede Ankündigung unterbleiben, sei es, daß die Mittel oder hinweisenden Plakate in Schaufenstern ausgestellt

---

[1]) Die 17. Bekanntmachung und die Polizeiverordnung stimmen in ihrem materiell-rechtlichen Teil (Abschnitt I und II) überein. Der Abschnitt III der 17. Bekanntmachung behandeltete die Aufsicht über die Werbung für Arzneimittel. Ein nach Ziffer 10 dieses Abschnitts zu errichtender Ausschuß nimmt zu wichtigen oder zweifelhaften Fragen Stellung. Ziffer 11 gibt dem Präsidenten des Werberates unter bestimmten Voraussetzungen die Möglichkeit, Einschränkungen vorzunehmen, Verbote auszusprechen oder Genehmigungszwang vorzuschreiben.

werden, sei es, daß eine Zurschaustellung in den Verkaufsräumen erfolgt. Hierzu s. § 184 StGB.

In der Werbung für Trinkbranntweinerzeugnisse aller Art darf nicht auf gesundheitliche Wirkungen hingewiesen werden. Das Nähere ist aus den in diesem Abschnitt abgedruckten Richtlinien ersichtlich.

Der Abschnitt behandelt noch die Anwendung der Bezeichnungen „Alpenkräutertee" und „Deutscher Tee" und die Werbung für borsäurehaltige Entfettungsmittel.

Bei der Werbung für jodhaltige Arzneimittel und mit Jod angereicherte Lebensmittel und für koffeinhaltige Erfrischungsgetränke ist sinngemäß den Tatsachen der für diese Erzeugnisse ergangenen Erlasse und Verordnungen Rechnung zu tragen. Siehe unter II 3a und VI 2g.

Was die Werbung allgemein anbetrifft, so wäre hier hinzuweisen auf die Richtlinien, nach denen Wirtschaftswerbung ausgeführt und gestaltet werden soll (Abschn. II, Ziffer 6 der 2. Bekanntmachung des Werberats der deutschen Wirtschaft vom 1. November 1933, Deutscher Reichsanzeiger Nr. 256).

Anmerkung: Der ehemalige, auch für die Werbung auf dem Gebiete des Heilwesens geschaffene Werberat der dtsch. Wirtschaft ist aufgehoben, damit erscheint auch dessen Publikationsorgan („Wirtschaftswerbung") nicht mehr. Die Gültigkeit der 17. Bekanntmachung des Werberates vom 25. Juli 1941 und der Reichspolizeiverordnung vom 29. September 1941 wird heute verschiedentlich angezweifelt. Mit dem Wegfall des Werberates sind jedoch nicht ohne weiteres auch die von ihm ausgegangenen Vorschriften unwirksam geworden. Ob jetzt andere Organe der öffentlichen Verwaltung für den Aufgabenkreis des ausgefallenen Werberates zuständig geworden sind und die von demselben erlassenen Vorschriften aufgehoben oder neu erlassen haben oder doch dafür zuständig sind, läßt sich nach der verschiedenen Entwicklung in den einzelnen Ländern nicht allgemein sagen. Inwieweit diejenigen Ländergesetze und Verordnungen, die durch Aufhebung der für das ehemalige Reich gültigen Bekanntmachung des Werberates und der Polizeiverordnung über die Werbung auf dem Gebiete des Heilwesens überholt waren, wieder in Kraft sind, läßt sich auch nicht erschöpfend feststellen.

1. Gesetz zum Schutze des Genfer Neutralitätszeichens

Vom 22. März 1902 (RGBl. Nr. 18, S. 125)

§ 1

Das in der Genfer Konvention zum Neutralitätszeichen erklärte Rote Kreuz auf weißem Grunde sowie die Worte „Rotes Kreuz" dürfen, unbeschadet der Verwendung für Zwecke des militärischen Sanitätsdienstes, zu geschäftlichen Zwecken sowie zur Bezeichnung von Vereinen oder Gesellschaften oder zur Kennzeichnung ihrer Tätigkeit nur auf Grund einer Erlaubnis gebraucht werden.

Die Erlaubnis wird von den Landes-Zentralbehörden nach den vom Bundesrate festzustellenden Grundsätzen für das Gebiet des Reiches erteilt. Die Erlaubnis darf Vereinen oder Gesellschaften, welche sich im Deutschen Reiche der Krankenpflege widmen und für den Kriegsfall zur Unterstützung des militärischen Sanitätsdienstes zugelassen sind, nicht versagt werden.

Die von dem Bundesrate festgestellten Grundsätze sind dem Reichstag alsbald zur Kenntnisnahme mitzuteilen.

§ 2

Wer den Vorschriften dieses Gesetzes zuwider das Rote Kreuz gebraucht, wird mit Geldstrafe bis zu einhundertfünfzig Mark oder mit Haft bestraft.

§ 3

Die Anwendung der Vorschriften dieses Gesetzes wird durch Abweichungen nicht ausgeschlossen, mit denen das im § 1 erwähnte Zeichen wiedergegeben wird, sofern ungeachtet dieser Abweichungen die Gefahr einer Verwechselung vorliegt.

§ 4

Dieses Gesetz tritt am 1. Juli 1903 in Kraft.

§§ 5, 6

....

§ 7

Warenzeichen, welche das Rote Kreuz enthalten, sind von der Verkündung des Gesetzes ab von der Eintragung in die Zeichenrolle ausgeschlossen, sofern nicht die Anmeldung vor dem 1. Juli 1901 erfolgt ist.

2. Gesetz zum Schutze des Wappens der Schweizerischen Eidgenossenschaft

Vom 27. März 1935 (RGBl. I, Nr. 39, S. 501)

§ 1

(1) Das Wappen der Schweizerischen Eidgenossenschaft (das aufrechte, gleicharmige, geradlinige, weiße Kreuz auf rotem Grunde) darf nicht zu einem gegen die kaufmännische Ehrbarkeit verstoßenden Zweck oder unter Bedingungen gebraucht werden, die geeignet sind, das schweizerische Nationalgefühl zu verletzen.

(2) Das gleiche gilt von Nachahmungen des schweizerischen Wappens, die geeignet sind, Verwechslungen hervorzurufen.

§ 2

Wer den Vorschriften des § 1 zuwiderhandelt, wird, sofern die Tat nicht nach anderen Vorschriften mit höherer Strafe bedroht ist, mit Geldstrafe bis zu einhundertfünfzig Reichsmark oder mit Haft bestraft.

§ 3

Der Reichsminister des Innern erläßt die zur Durchführung und Ergänzung erforderlichen Rechts- und Verwaltungsvorschriften.

§ 4

Das Gesetz tritt am 1. Januar 1937 in Kraft.

Verordnung zur Durchführung und Ergänzung des Gesetzes zum Schutze des Wappens der Schweizerischen Eidgenossenschaft

Vom 29. Dezember 1936 (RGBl. I, Nr. 125, S. 1155)

§ 1

Ein aufrechtes, gleicharmiges, geradliniges weißes Kreuz auf grünem Grunde gilt nicht als Nachahmung des schweizerischen Wappens die geeignet ist, Verwechslungen hervorzurufen (§ 1 Abs. 2 des Gesetzes).

§ 2

(1) Das im § 1 beschriebene Zeichen wird für den allgemeinen Gebrauch freigegeben.

(2) Wegen seiner Verwendung nach dem Inkrafttreten dieser Verordnung können keine Ansprüche aus bestehenden Schutzrechten für Warenzeichen oder Ausstattungen geltend gemacht werden.

(3) Warenzeichen, die das beschriebene Zeichen oder verwechslungsfähige Nachahmungen davon enthalten, können nicht mehr in die Zeichenrolle eingetragen werden.

(4) Führt die Vorschrift im Abs. 3 zur Zurückweisung eines Eintragungsantrages, der vor Ablauf von zehn Tagen seit Inkrafttreten dieser Verordnung beim Reichspatentamt eingegangen ist, so werden die gezahlten Gebühren erstattet. Im übrigen begründen die vorstehenden Bestimmungen keine Entschädigungsansprüche.

§ 3

....

3. Gesetz zur Bekämpfung der Geschlechtskrankheiten

Vom 18. Februar 1927 (RGBl. I S. 61)
mit Änderungen der V. vom 21. Oktober 1940 (RGBl. I S. 1459)
und 12. März 1941 (RGBl. I S. 128)

§ 1

Geschlechtskrankheiten im Sinne dieses Gesetzes sind Syphilis, Tripper und Schanker ohne Rücksicht darauf, an welchen Körperteilen die Krankheitserscheinungen auftreten[1].

. . . . . .

§ 7

Die Behandlung von Geschlechtskrankheiten und Krankheiten oder Leiden der Geschlechtsorgane ist nur den für das Deutsche Reich approbierten Ärzten gestattet. Verboten ist, solche Krankheiten anders als auf Grund eigener Wahrnehmung zu behandeln (Fernbehandlung) oder in Vorträgen, Schriften, Abbildungen oder Darstellungen Ratschläge für die Selbstbehandlung zu erteilen.

Wer einen anderen einem der im Abs. 1 enthaltenen Verbote zuwider behandelt oder sich zu einer solchen Behandlung öffentlich oder durch Verbreitung von Schriften, Abbildungen oder Darstellungen, wenn auch in verschleiernder Weise, erbietet, wird mit Gefängnis bis zu einem Jahre und mit Geldstrafe oder mit einer dieser Strafen bestraft.

Gleiche Strafe trifft den Arzt, der sich zur Behandlung der im Abs. 1 bezeichneten Krankheiten in unlauterer Weise erbietet.

. . . . . .

§ 11

Wer zum Zwecke der Heilung oder Linderung von Geschlechtskrankheiten Mittel, Gegenstände oder Verfahren öffentlich oder durch Verbreitung von Schriften, Abbildungen oder Darstellungen, wenn auch in verschleiernder Weise, ankündigt oder anpreist oder solche Mittel oder Gegenstände an einem allgemein zugänglichen Orte ausstellt, wird mit Gefängnis bis zu sechs Monaten und mit Geldstrafe oder mit einer dieser Strafen bestraft.

Straflos ist, soweit nicht anderweitige reichs- oder landesrechtliche Vorschriften entgegenstehen, die Ankündigung oder Anpreisung dieser Mittel oder Gegenstände an Ärzte oder Apotheker oder an Personen, die mit solchen Mitteln oder Gegenständen erlaubterweise Handel treiben, oder in wissenschaftlichen ärztlichen oder pharmazeutischen Fachzeitschriften.

---

[1]) In den neueren Gesetzen kommt dazu die venerische Lymphdrüsenentzündung.

§ 12

Vorträge, Schriften, Abbildungen und Darstellungen, die nur der Aufklärung über die Geschlechtskrankheiten, insbesondere über ihre Erscheinungsformen, dienen, sind straflos, soweit sie nicht unter die Strafbestimmungen des § 7 fallen.

§ 13

Die Reichsregierung kann das Inverkehrbringen von Mitteln oder Gegenständen, die zur Verhütung von Geschlechtskrankheiten dienen sollen, von dem Ergebnis einer amtlichen Prüfung abhängig machen und das Inverkehrbringen hierfür nicht geeigneter Gegenstände verbieten. Sie kann auch Vorschriften über das Ausstellen, Ankündigen oder Anpreisen der hiernach zugelassenen Mittel oder Gegenstände treffen.

Wer Mittel oder Gegenstände, die auf Grund des Abs. 1 Satz 1 vom Verkehr ausgeschlossen sind, in Verkehr bringt, wird mit Gefängnis bis zu sechs Monaten und mit Geldstrafe oder mit einer dieser Strafen bestraft. Ebenso wird bestraft, wer einer nach Abs. 1 Satz 2 getroffenen Vorschrift zuwiderhandelt.

. . . . . .

§ 16

Das Strafgesetzbuch wird abgeändert wie folgt.

II. Im § 184 wird hinter Nr. 3 folgende Vorschrift eingefügt:

3a wer in einer Sitte oder Anstand verletzenden Weise Mittel, Gegenstände oder Verfahren, die zur Verhütung von Geschlechtskrankheiten dienen, öffentlich ankündigt, anpreist oder solche Mittel oder Gegenstände an einem dem Publikum zugänglichen Orte ausstellt.

Gesetzliche Regelung seit 1945

Seit 1945 wurden die bestehenden Gesetze durch Zusatzbestimmungen ergänzt oder ganz aufgehoben und durch neue Gesetze ersetzt, die in den einzelnen Ländern und Zonen verschieden sind. Die Neuregelung der Bekämpfung der Geschlechtskrankheiten erfolgte auf Grund der Kontrollratsdirektive Nr. 52 vom 7. Mai 1947. Es wird angestrebt in Westdeutschland ein einheitliches Gesetz zur Bekämpfung der Geschlechtskrankheiten zu verabschieden.

Seit 1945 ergangene Änderungs- und Ausführungsverordnungen:

Baden:	Ges. v. 18. September 1947 (GVBl. Bad. 1947, Nr. 40, S. 217),
Hessen:	V. v. 11. April 1946 (GVBl. Hess. 1946, S. 110),
Rheinland-Pfalz:	Ges. v. 13. Dezember 1947 (GVBl. RhPf. I 1948, S. 63),
Schleswig-Holstein:	V. v. 16. Juli 1947 (GVBl. SchlH. 1947, Nr. 7, S. 16),
Württemberg-Baden:	Ges. Nr. 201 v. 16. Mai 1946 (RegBl. WürttBad. 1946, Nr. 14, S. 172),
Württemberg-Hohenzollern:	V. v. 23. Mai 1947 (RegBl. WürttHz. 1947).

Neue Gesetze seit 1945:

a) Berlin:

Anordnung der Alliierten Kommandantur Berlin (BK/O (47) 262) vom 31. Oktober 1947 (AKB 1947, Nr. 10 und VOBl. Bln 1947, Nr. 27, S. 261).

b) Westzone:

Bremen: Ges. vom 25. Oktober 1948 (GBl. Brem. 1948, Nr. 41, S. 197), Durchführungsverordnung vom 28. April 1949 (GBl. Brem. 1949, Nr. 28, S. 93).

Hamburg: Ges. vom 1. Februar 1949 (GVBl. Hbg. 1949, Nr. 4, S. 9).

Niedersachsen: Ges. vom 28. März 1949 (GVBl. Ndsa. 1949, Nr. 15, S. 73), Änderungsverordnung vom 31. März 1949 (GVBl. Ndsa. 1949, Nr. 16, S. 77), Bek. des Wortlautes des Ges. vom 20. April 1949 (GVBl. Ndsa. 1949, Nr. 23, S. 101).

c) Ostzone:

Befehl Nr. 273 der Sowjet. Militär-Administration und Verordnung d. Dtsch. Verwaltung für das Gesundheitswesen in der sowjet. Besatzungszone zur Bekämpfung der Geschlechtskrankheiten unter der deutschen Bevölkerung vom 11. Dezember 1947 (DDG. 1948, Heft 1) 1. Verordnung zur Durchführung und Ergänzung der V. zur Bekämpfung der Geschlechtskrankheiten vom 30. Juli 1948 (DDG. 1948, Heft 23).

Vorstehende V. wurden in den Ländern dieser Zone dementsprechend in Kraft gesetzt und veröffentlicht in

Brandenburg:	GVBl. Brandbg. 1948, Nr. 2, S. 31,
Mecklenburg:	RegBl. Mecklbg. 1948, Nr. 2, S. 7,
Sachsen:	GVBl. Sa. 1948, Nr. 5, S. 86,
Sachsen-Anhalt:	GBl. SaAnh. 1948, Nr. 5, S. 27,
Thüringen:	RegBl. Thür. I 1948, Nr. 6, S. 46.

Die nach 1945 ergangenen gesetzlichen Bestimmungen bringen für den Drogisten keine wesentlichen Änderungen gegenüber dem bisherigen Rechtszustand.

Erläuterungen

Der wichtigste Grundsatz des Gesetzes geht dahin, daß Geschlechtskrankheiten ausschließlich durch in Deutschland approbierte Ärzte behandelt werden sollen. Es soll weder eine Behandlung durch sogenannte Laien-Heilkundige, noch eine Selbstbehandlung ohne Mitwirkung eines Arztes geben. Um diesen Grundsatz durchzuführen, macht das Gesetz jedem, der an einer Geschlechtskrankheit leidet oder den Umständen nach annehmen muß, daß er an einer solchen leidet, zur Pflicht, sich unverzüglich in die Behandlung eines Arztes zu begeben. Die Verletzung dieser Pflicht wird freilich nicht unter Strafe gestellt.

Dagegen wird bestraft, wer einen Geschlechtskranken behandelt, ohne in Deutschland als Arzt approbiert zu sein. Als Behandlung gilt nach der Rechtsprechung schon die Untersuchung, mag sie eine körperliche sein oder sich nur auf eine Fragestellung beschränken. Erst recht fällt unter den Begriff der unerlaubten Behandlung jede Beratung, z. B. die Empfehlung eines Mittels oder die Erteilung von Auskünften über die Wirkung von Mitteln derart, daß dem Fragesteller die Wahl eines Mittels zur Selbstbehandlung ermöglicht oder erleichtert wird.

Aber auch jede mittelbare Förderung einer Selbstbehandlung ist verboten, so die Verbreitung von Druckschriften, in den Verfahren zur Selbstbehandlung von Geschlechtskrankheiten angegeben werden, wie das in vielen ärztlichen Hausbüchern bis zum Inkrafttreten des Gesetzes der Fall war. Aber auch Gebrauchsanweisungen oder Ankündigungen von Mitteln gegen Geschlechtskrankheiten dürfen nicht verbreitet werden. Dazu gehören auch die in manchen Kräuterbüchern anzutreffenden Bemerkungen über die Wirkung von an sich freiverkäuflichen Drogen, etwa bei Sarsaparille: „Gegen Syphilis" und ähnliches.

Weiter ist verboten auch das bloße Ausstellen von Mitteln gegen Geschlechtskrankheiten, z. B. der sogenannten Tripperspritzen und der Gelatinekapseln mit Copaivabalsam.

Der Verkauf dieser Waren — soweit sie dem freien Verkehr überlassen sind — wird vom Gesetz nicht verboten, sofern sie nicht zur Behandlung von Geschlechtskrankheiten verlangt werden. Soweit nach den Umständen angenommen werden muß, daß der Käufer sich in unerlaubter Behandlung durch einen Nichtarzt befindet, muß der Verkauf abgelehnt werden, weil man darin Beihilfe zur verbotenen Behandlung durch einen Nichtarzt sehen könnte.

Damit ist die Bedeutung dieses Gesetzes für den Drogisten erschöpft.

4. Polizeiverordnung über die Werbung auf dem Gebiete des Heilwesens

Vom 29. September 1941 (RGBl. I S. 587)

Auf Grund der Verordnung über die Polizeiverordnungen der Reichsminister vom 14. November 1938 (RGBl. I S. 1582) wird folgendes verordnet:

Abschnitt I

Anwendungsbereich

§ 1

(1) Dieser Polizeiverordnung unterliegt die Werbung

a) für Arzneimittel (Abs. 2),

b) für Mittel und Gegenstände, die den Arzneimitteln gleichstehen (Abs. 3),

c) für Verfahren und Behandlungen (Abs. 4).

(2) Arzneimittel im Sinne dieser Polizeiverordnung sind Mittel, die dazu bestimmt sind, Krankheiten, Leiden, Körperschäden oder Beschwerden bei Mensch oder Tier zu verhüten, zu lindern oder zu beseitigen.

(3) Den Arzneimitteln stehen gleich Gegenstände, die zu denselben Zwecken bestimmt sind wie die Arzneimittel. Das gleiche gilt für die durch Abs. 2 nicht getroffenen Mittel und Gegenstände, soweit diese dazu bestimmt sind,

a) eine allgemeine oder örtliche Empfindungslosigkeit bei Mensch oder Tier herbeizuführen,

b) zur Verhütung, Linderung oder Beseitigung von Schwangerschaftsbeschwerden, zur Erleichterung der Geburt oder beim Geburtsvorgang bei Mensch oder Tier angewendet zu werden,

c) Krankheiten, Leiden, Körperschäden oder sonstige körperliche oder seelische Zustände bei Mensch oder Tier erkennen zu lassen,

d) Erscheinungen des vorzeitigen oder natürlichen Alterns, ferner besondere körperliche oder seelische Zustände bei Mensch oder Tier zu verhüten, zu lindern oder zu beseitigen, insbesondere der Verjüngung, geschlechtlichen Anregung, Entwöhnung von Tabak- oder Alkoholgenuß, Abmagerung oder Behebung der Magerkeit, Verbesserung der Körperform oder Beeinflussung der Leistung zu dienen,

e) Ungeziefer, mit dem Mensch oder Tier behaftet ist, zu beseitigen.

(4) Unter Verfahren und Behandlungen sind solche Maßnahmen zu verstehen, die zu denselben Zwecken bestimmt sind wie die Arzneimittel.

(5) Sofern Mittel, wie z. B. Lebensmittel, Futtermittel, Körperpflegemittel (Mittel zur Reinigung, Pflege, Färbung oder Verschönerung der Haut, des Haares, der Nägel oder der Mundhöhle des Menschen oder der entsprechenden Teile des Tierkörpers), Entseuchungsmittel (Desinfektionsmittel), auch als Arzneimittel zu dienen bestimmt sind, unterliegen sie insoweit dieser Polizeiverordnung.

§ 2

Eine Werbung liegt auch dann vor, wenn in Ankündigungen oder Anpreisungen auf Druckschriften oder auf sonstige Mitteilungen verwiesen wird, die eine dieser Polizeiverordnung unterliegende Werbung enthalten oder vermitteln.

Abschnitt II

Ausführung der Werbung

Unzulässige Werbung

§ 3

(1) Unzulässig ist jede irreführende Werbung.

(2) Eine Irreführung liegt vor allem dann vor, wenn

a) falsche Angaben über die Zusammensetzung eines Mittels oder über die Beschaffenheit eines Gegenstandes gemacht werden,

b) den Mitteln, Gegenständen, Verfahren oder Behandlungen über ihren wahren Wert hinausgehende Wirkungen beigelegt werden oder fälschlich der Eindruck erweckt wird, daß ein Erfolg regelmäßig mit Sicherheit oder Wahrscheinlichkeit erwartet werden kann, oder fälschlich ein Erfolg auf einem und demselben Wege bei verschiedenartigen Krankheiten in Aussicht gestellt wird,

c) über Vorbildung, Befähigung oder Erfolge des Werbungtreibenden oder der für ihn tätigen Personen zur Irreführung geeignete Angaben gemacht werden,

d) fälschlich, insbesondere durch vorgeschobene Personen, der Eindruck erweckt wird, daß die Werbung uneigennützig erfolgt.

§ 4

(1) Unzulässig ist ferner eine Werbung

a) für eine Behandlung, die nicht auf eigener Wahrnehmung an dem zu behandelnden Menschen oder Tier beruht (Fernbehandlung),

b) mit Angaben, die Angstgefühle, insbesondere durch Hinweise auf lebensgefährliche oder sonstige besorgniserregende Zustände oder Erscheinungen hervorrufen und dadurch beunruhigen,

c) mit Preisausschreiben,

d) mit Selbstbehandlungsschriften und Behandlungsschriften für Tiere,

e) mit Hauszeitschriften für Laien,

f) mit Angaben wie „ärztlich (tierärztlich) empfohlen", „ärztlich (tierärztlich) geprüft", soweit sich die Werbung an Laien richtet,

g) mit Angaben wie „bei Nichterfolg Geld zurück",

h) durch Werbevorträge vor Laien,

i) durch Hausbesuche bei Laien,

k) gegenüber Kindern.

(2) Der Werberat der deutschen Wirtschaft kann nach Ziff. 4 Abs. 2 seiner Bekanntmachung vom 25. Juli 1941 (Deutscher Reichsanz. u. Preuß. Staatsanz. Nr. 171) Preisausschreiben, Angaben wie „ärztlich (tierärztlich) empfohlen", Werbevorträge vor Laien, Hausbesuche bei Laien und Werbung gegenüber Kindern in besonderen Fällen ausnahmsweise und befristet zulassen.

Auf Fachkreise beschränkte Werbung

§ 5

(1) Für die nachstehenden Mittel, Gegenstände, Verfahren und Behandlungen darf nur bei Ärzten, Tierärzten, Apothekern und bei Personen, die mit diesen Mitteln und Gegenständen erlaubterweise Handel treiben sowie in Fachzeitschriften, die sich an die genannten Berufskreise richten, geworben werden:

Mittel, Gegenstände, Verfahren und Behandlungen,

a) die nur auf ärztliche, zahnärztliche oder tierärztliche Verschreibung verabfolgt werden dürfen;

b) die bestimmt sind zur Verhütung, Linderung oder Beseitigung der nachstehenden Krankheiten des Menschen oder zur Behebung ihrer Begleiterscheinungen:

bösartige Geschwulstkrankheiten,

anzeigepflichtige übertragbare Krankheiten (Reichsseuchengesetz vom 30. Juni 1900, RGBl. S. 306, Gesetz zur Bekämpfung der Papageienkrankheit [Psittacosis] und anderer übertragbarer Krankheiten vom 3. Juli 1934, RGBl. I S. 532, Verordnung zur Bekämpfung übertragbarer Krankheiten vom 1. Dezember 1938, RGBl. I S. 1721),

Erbkrankheiten (Gesetz zur Verhütung erbkranken Nachwuchses vom 14. Juli 1933, RGBl. I S. 529),

ernste Erkrankungen des Herzens und der Nieren,

Zuckerkrankheit;

c) die bestimmt sind zur Verhütung, Linderung oder Beseitigung der nachstehenden Krankheiten der Tiere:

Tierseuchen (Viehseuchengesetz vom 26. Juni 1909, RGBl. S. 519, mit der Ergänzung des Gesetzes vom 18. Juli 1928, RGBl. I S. 289, und der Änderung des Gesetzes vom 2. April 1940, RGBl. I S. 606),

seuchenhaftes Verwerfen der Haustiere (infolge bakterieller oder parasitärer Infektion, wie z. B. durch Abortusbazillen oder Trichomonaden),

ansteckender Scheidenkatarrh der Rinder,

Unfruchtbarkeit der Rinder und Pferde (Nichtaufnehmen, Nichtträchtigwerden),

Lähme (septisch-pyämische Gelenkentzündung) der Jungtiere, insbesondere der Fohlen, Kälber und Lämmer,

Ruhr (ansteckender Durchfall) der Jungtiere, insbesondere der Kälber, Ferkel und Küken,

bakterielle Euterkrankheiten,

Kolik der Pferde.

(2) Auf die im Abs. 1 genannten Fachkreise ist auch die Werbung beschränkt für

a) Schlafmittel und Schlafmittel enthaltende Zubereitungen,
b) Bromverbindungen und ihre Zubereitungen,
c) Dimethylamino-phenyldimethyl-pyrazolon und seine Verbindungen sowie Zubereitungen dieser Stoffe,
d) Jod und Jodverbindungen sowie diese Stoffe enthaltende Erzeugnisse,
e) Mittel und Gegenstände, deren Wirkung ganz oder teilweise auf Radium oder andere radioaktive Stoffe zurückgeführt wird,
f) Abmagerungsmittel, die Borverbindungen enthalten,
g) Erektionsmittel, Sexualkräftigungsmittel und Büstenmittel,
h) männliche und weibliche Geschlechtshormone, Pflanzenstoffe und synthetische und halbsynthetische Stoffe mit den Wirkungen dieser Hormone, Hypophysen-Vorderlappen-Hormone sowie Zubereitungen, die die genannten Stoffe enthalten.

(3) Für die im Abs. 1 Buchst. b und Abs. 2 genannten Mittel usw., soweit sie nicht verschreibungspflichtig sind, darf auch bei Heilpraktikern (§ 1 Abs. 3 des Gesetzes über die berufsmäßige Ausübung der Heilkunde ohne Bestallung vom 17. Februar 1939, RGBl. I S. 251) und in deren amtlich zugelassenen Fachzeitschriften geworben werden.

(4) Für die im Abs. 1 Buchst. a und Abs. 2 genannten Mittel usw. darf auch bei Dentisten und in deren Fachzeitschriften geworben werden, soweit die Mittel zu ihrer Berufsausübung erforderlich sind.

§ 6

(1) Für die nachstehenden Mittel, Gegenstände, Verfahren und Behandlungen darf nur bei Ärzten, Apothekern und Personen, die mit solchen Mitteln oder Gegenständen erlaubterweise Handel treiben, sowie in Fachzeitschriften, die sich an die genannten Berufskreise richten, geworben werden:

Mittel, Gegenstände, Verfahren und Behandlungen, die bestimmt sind

a) zur Heilung oder Linderung von Geschlechtskrankheiten (Gesetz zur Bekämpfung der Geschlechtskrankheiten vom 18. Februar 1927, RGBl. I S. 61),
b) zur Heilung oder Linderung von Krankheiten oder Leiden der Geschlechtsorgane (Gesetz zur Bekämpfung der Geschlechtskrankheiten vom 18. Februar 1927, RGBl. I S. 61),
c) zur Verhütung oder Beseitigung der Schwangerschaft bei Menschen.

(2) Die Werbung für Mittel, Gegenstände, Verfahren und Behandlungen, die zur Verhütung oder Beseitigung der Schwangerschaft bei Menschen bestimmt sind, sowie für Scheidenspülmittel und sonstige Mittel und Gegenstände, die zur Einführung in die weibliche Scheide bestimmt sind, ist nur gestattet, wenn die in Ziffer 6 Abs. 2 der Bekanntmachung des Werberats der deutschen Wirtschaft vom 25. Juli 1941 (Deutscher Reichsanz. u. Preuß. Staatsanz. Nr. 171) vorgesehene Genehmigung des Werberats der deutschen Wirtschaft vorliegt.

(3) § 184 Nrn. 3 und 3a sowie § 219 des Reichsstrafgesetzbuchs, § 14 des Gesetzes zur Verhütung erbkranken Nachwuchses vom 14. Juli 1933 (RGBl. I S. 529) in der Fassung des Gesetzes vom 26. Juni 1935 (RGBl. I S. 773) und die §§ 7 und 11 des Gesetzes zur Bekämpfung der Geschlechtskrankheiten vom 18. Februar 1927 (RGBl. I S. 61) bleiben unberührt.

Ausnahmen von den §§ 5 und 6

§ 7

In Ausnahme von den §§ 5 und 6 darf ohne Beschränkung auf einen bestimmten Personenkreis geworben werden

a) für Heilbäder, Kurorte und Kuranstalten bei den im § 5 Abs. 1 Buchst. b und § 6 Abs. 1 Buchst. b genannten Krankheiten,

b) für diätetische Lebensmittel für Zuckerkranke sowie mit der Angabe „zur Unterstützung der Behandlung der Zuckerkrankheit" bei hierzu geeigneten Mitteln,

c) für natürliche Heilwässer, deren Wirkung ganz oder teilweise auf Radium oder andere radioaktive Stoffe zurückgeführt wird, oder für natürliche Heilwässer bei Nierenerkrankungen,

d) für Zubereitungen für eine behördlich empfohlene Jodprophylaxe des Kropfes, soweit sich die Werbung auf Kropfgebiete beschränkt, für Stoffe sowie Zubereitungen, die in 1 kg nicht mehr als 5 mg Jod oder einer Jodverbindung enthalten, mit Ausnahme von jodidhaltigem Speisesalz, für solche Verbandstoffe, Seifen und Mittel, die zur Anwendung auf der äußeren Haut bestimmt sind und Jod oder eine Jodverbindung enthalten, mit Ausnahme von Kropfmitteln und Badezusätzen,

e) für jodhaltige Naturerzeugnisse (z. B. natürliche, jodhaltige Heilwässer, Lebertran) und die daraus hergestellten Zubereitungen. Ausgenommen sind Blasentang (Fucus vesiculosus), Schwammkohle (Spongiae ustae), sogenannte Quellsalze aus natürlichen Heilwässern und die Zubereitungen dieser Stoffe, soweit sie mehr als 5 mg Jod oder einer Jodverbindung in 1 kg enthalten. Natürliche jodhaltige Heilwässer, die mehr als 5 mg Jod im Liter enthalten, haben bei Abfüllung als Versandwässer auf dem Flaschenschild die in die Augen fallende Angabe zu führen: „Jodhaltig! nur auf ärztlichen Rat zu nehmen!",

f) in Reedereien und ihren Zweigstellen, auf Seeschiffen, in Flughäfen und Flugzeugen für See- und Luftkrankheitsmittel, die verschreibungspflichtig sind (§ 5 Abs. 1 Buchst. a) oder Schlafmittel oder Schlafmittel enthaltende Zubereitungen enthalten.

Gestaltung der auf Fachkreise beschränkten Werbung

§ 8

Die nur gegenüber bestimmten Personen zugelassene Werbung (§§ 5 und 6) darf nicht so gestaltet werden, daß sie erfahrungsgemäß zur Selbstbehandlung oder zur Behandlung durch dafür nicht gesetzlich berufene oder zugelassene Personen führen kann.

Dank- und Empfehlungsschreiben, Fachgutachten

§ 9

(1) Dank- und Empfehlungsschreiben und sonstige anerkennende oder empfehlende Äußerungen dürfen zur Werbung nicht verwendet werden. Auch mit der Zahl solcher Äußerungen darf nicht geworben werden.

(2) Gutachten dürfen nur veröffentlicht oder erwähnt werden, wenn sie von wissenschaftlich oder fachlich hierzu berufenen Personen erstattet worden sind. Gleichzeitig sind Name und Beruf des Sachverständigen sowie der Zeitpunkt der Ausstellung des Gutachtens anzugeben.

(3) Gutachten oder Zeugnisse von Ausländern dürfen nur mit Genehmigung des Werberats der deutschen Wirtschaft zur Werbung verwendet werden.

(4) Wird auf das Schrifttum verwiesen oder eine Stelle aus dem Schrifttum angeführt, so ist anzugeben, ob sich die Veröffentlichung auf die Frage allgemein oder auf die betreffenden Mittel, Gegenstände, Verfahren oder Behandlungen besonders bezieht.

Abschnitt III

Sonstige Bestimmungen

§ 10

Wer den Bestimmungen dieser Polizeiverordnung vorsätzlich oder fahrlässig zuwiderhandelt, wird mit Geldstrafe bis zu 150 Reichsmark oder mit Haft bis zu sechs Wochen bestraft.

§ 11

Soweit reichsrechtliche Vorschriften, auf welche in dieser Polizeiverordnung hingewiesen wird, in einzelnen Gebietsteilen nicht gelten, erhält dieser Hinweis seinen Inhalt aus dem in den betreffenden Gebieten bisher geltenden Recht. Im übrigen sind Bestimmungen dieser Polizeiverordnung, wenn sie nicht unmittelbar angewendet werden können, sinngemäß anzuwenden.

§ 12

Bei Feststellung von Zuwiderhandlungen gegen die Bestimmungen des § 3 Abs. 2 Buchst. b, c und d, der §§ 4, 5 Abs. 1 Buchst. b und c und Abs. 2 und der §§ 6, 8 und 9 dieser Polizeiverordnung soll vor Erlassung eines Strafererkenntnisses die Stellungnahme des zuständigen Gesundheitsamts bzw. des beamteten Tierarztes sowie außerdem bis auf weiteres die Zustimmung des Präsidenten des Werberats der deutschen Wirtschaft eingeholt werden.

§ 13

(1) Diese Polizeiverordnung tritt am 1. Oktober 1941 in Kraft. Gleichzeitig treten die landesrechtlichen Vorschriften über die Werbung auf dem Gebiete des Heilwesens und über den Verkehr mit Geheimmitteln und ähnlichen Arzneimitteln, desgleichen der Runderlaß zur Polizeiverordnung über die Werbung auf dem Gebiete des Heilwesens vom 5. Mai 1936 (Ministerialbl. d. Reichs- u. Preuß. Min. d. Innern [RMBliV.] S. 656) und der nichtveröffentlichte Runderlaß des Reichsministers des Innern vom 5. Mai 1936 — IV B 2050/36/4114 — außer Kraft. ....

(2) Für nachweisbar bei Veröffentlichung dieser Polizeiverordnung vorhandenes Werbematerial, das gegen die Bestimmungen des § 4 Abs. 1 Buchst. c, d, e, f, g und § 9 Abs. 1 und 3 verstößt, im übrigen aber nicht zu beanstanden ist, wird eine Aufbrauchfrist, für Bezeichnungen, die auf Grund neu enthaltener Bestimmungen nicht mehr zulässig sind, eine Umstellungsfrist gewährt. Beide Fristen enden am 1. Oktober 1942.

Bestimmung des Werberats der deutschen Wirtschaft über vorübergehende Beschränkung der Heilmittelwerbung

Vom 25. April 1942 (Deutscher Reichsanzeiger Nr. 96/1942)

Auf Grund der Zweiten Verordnung vom 27. Oktober 1933 zur Durchführung des Gesetzes über Wirtschaftswerbung (RGBl. I S. 791) wird in Ergänzung der 17. Bekanntmachung des Werberates der deutschen Wirtschaft vom 5. Mai 1936 (Reichsanzeiger Nr. 111) in der Fassung vom 25. Juli 1941 (Reichsanzeiger Nr. 171) bestimmt:

1. Bis auf weiteres ist verboten

a) die Laienwerbung für Arzneimittel und ihnen gleichstehende Mittel und Gegenstände (Ziff. 1 Abs. 2 und 3 der 17. Bekanntmachung), die verknappt sind. Als verknappt ist eine Ware anzusehen, wenn sie nicht in einer der Nachfrage voll entsprechenden Menge abgegeben werden kann;

b) die Laienwerbung für Mittel, die zur Ergänzung der menschlichen Ernährung dienen können, soweit diese Mittel der 17. Bekanntmachung unterliegen, insbesondere für Stärkungs- und Kräftigungsmittel sowie für Vitaminpräparate und Mittel mit Vitaminzusatz;

c) die Werbung durch

Ärztepropagandisten,
unverlangte Zusendung von Ärztemustern,
Bogenanschlag,
Ausstellungen

für die der 17. Bekanntmachung unterliegenden Arzneimittel, Gegenstände, Verfahren und Behandlungen.

2. Ausgenommen von dem Verbot ist die Werbung

a) auf und in den Packungen,

b) durch Aufstellen der Mittel im Verkaufsraum,

c) durch Daueranschläge, deren Entfernung einen der kriegsmäßigen Arbeitsausrichtung nicht zu vereinbarenden Arbeitsaufwand erfordert.

Der Werberat kann weitere — auch auf bestimmte Jahreszeiten begrenzte — Ausnahmen zulassen.

3. Diese Bestimmung tritt am 10. Mai 1942 in Kraft.

In denjenigen Ausgaben von periodischen Druckschriften, deren Anzeigenschlußtermin vor diesem Zeitpunkte liegt, dürfen die vorgesehenen Anzeigen noch veröffentlicht werden.

5. Richtlinien für die Werbung für Mittel zur Verhütung von Geschlechtskrankheiten

Der Werberat der Deutschen Wirtschaft gibt in Heft 8 der „Wirtschaftswerbung" vom August 1940 folgendes bekannt:

Wie wiederholt festgestellt worden ist, lassen viele Firmen, die sich mit dem Vertrieb von Präservativen und anderen für den intimen Gebrauch bestimmten Erzeugnissen befassen, bei der Werbung hierfür die hierbei unbedingt notwendige Zurückhaltung vermissen. Daher sieht sich der Werberat im Einvernehmen mit dem Reichskriminalpolizeiamt veranlaßt, diese Werbungtreibenden nachdrücklich hinzuweisen:

1. Auf Ziff. 6 seiner 2. Bekanntmachung vom 1. November 1933 (Reichsanzeiger Nr. 256), in der es u. a. heißt: „Die Werbung darf das sittliche Empfinden des deutschen Volkes nicht verletzen. Wer Wirtschaftswerbung ausführt, hat dabei als ehrbarer Kaufmann zu handeln."

2. Auf § 184 Ziff. 3 und 3a des Reichsstrafgesetzbuches:

„Mit Gefängnis bis zu einem Jahr und mit Geldstrafe oder mit einer dieser Strafen wird bestraft, wer Gegenstände, die zu unzüchtigem Gebrauch bestimmt sind, an Orten, welche dem Publikum zugänglich sind, ausstellt oder solche Gegenstände dem Publikum ankündigt oder anpreist; wer in einer Sitte oder Anstand verletzenden Weise Mittel, Gegenstände oder Verfahren, die zur Verhütung von Geschlechtskrankheiten dienen, öffentlich ankündigt, anpreist oder solche Mittel oder Gegenstände an einem dem Publikum zugänglichen Orte ausstellt."

Grundsätzlich ist also jede Ankündigung von Gegenständen, die zu unzüchtigem Gebrauch bestimmt sind, verboten. Ebenso dürfen aber nach dem Runderlaß des Reichsministers des Innern vom 9. Mai 1933 — IIIa IV 888/33 (MBliV. I S. 589) auch die Mittel oder Gegenstände, die zur Verhütung von Geschlechtskrankheiten dienen, insbesondere Präservative nicht öffentlich angekündigt werden, da hierin eine Verletzung von Sitte und Anstand zu erblicken wäre. Entsprechend ist es nicht statthaft, Werbedrucksachen für derartige Erzeugnisse Volksgenossen unaufgefordert ins Haus zu senden.

In allen Zweifelsfragen, die sich bei der Werbung für Erzeugnisse der in Frage kommenden Art ergeben, ist es zweckmäßig, sich mit dem Werberat oder dem Reichskriminalpolizeiamt in Verbindung zu setzen.

6. Werbung für Trinkbranntweinerzeugnisse

Der Inhalt der Werbung für Trinkbranntweinerzeugnisse (Trinkbranntweine, Liköre, Bittere, Bitterliköre) hat häufig insofern zu Beanstandungen Anlaß gegeben, als von diesen als Genußmittel anzusehenden Getränken oft behauptet worden ist, daß ihnen wesentliche gesundheitsfördernde oder heilende Wirkungen zukommen. Nach den Erkenntnissen der ärztlichen Wissenschaft sind derartige Wirkungen von alkoholhaltigen Getränken im allgemeinen nicht zu erwarten. Soweit sie im bescheidenen Umfange auf den Zusatz von Kräuterauszügen oder ähnlichen Zubereitungen beruhen, werden sie vielfach durch anders wirkende Eigenschaften des Alkohols wieder aufgehoben.

Zur Beseitigung der bestehenden Mißstände sind nachstehende Richtlinien erschienen:

RdErl. d. RMdI. vom 18. Juli 1939 — IVe 3051/39—4231 (RMBliV. S. 1551)

(1) Bei der Beurteilung von Trinkbranntweinen und Likören ersuche ich, die nachstehenden vom Werberat der deutschen Wirtschaft mit meiner Zustimmung aufgestellten Grundsätze für die Werbung für Trinkbranntweinerzeugnisse zu beachten.

(2) Abdrucke der Grundsätze können bei dem Werberat der deutschen Wirtschaft angefordert werden.

Nachstehende Grundsätze des Werberats der deutschen Wirtschaft sind im Einvernehmen mit dem Reichsinnenminister und dem Präsidenten des Reichsgesundheitsamtes erlassen worden.

. . . . . .

In der Werbung für Trinkbranntweinerzeugnisse aller Art darf nicht auf gesundheitliche Wirkungen hingewiesen werden. Zu den gesundheitlichen Hinweisen sind auch die Behauptungen über die vielfach als diätetisch bezeichneten Wirkungen wie „verdauungsfördernd“, „appetitanregend“, „bekömmlich“ usw. zu rechnen. Desgleichen sind Bezeichnungen und Abbildungen, die auf gesundheitliche Wirkungen schließen lassen, unzulässig.

Lediglich bei Bitteren und Bitterlikören, die einen genügend hohen Gehalt an Kräuterauszügen und Bitterstoffen besitzen und dadurch eine günstige Wirkung auf Magen und Darm ausüben können, darf in bescheidenem Umfange auf diese Wirkung in der Werbung hingewiesen werden.

Es sollen keine Bedenken dagegen erhoben werden, daß diese Erzeugnisse in der Werbung als „appetitanregend", „verdauungsfördernd", „verdauungsanregend" bezeichnet werden oder auch auf andere Art und Weise auf diese Wirkungen hingewiesen wird. Weitergehende Wirkungen, als sie durch vorstehende Wendungen zum Ausdruck gebracht werden, darf der Werbungtreibende für sein Erzeugnis in keinem Falle in Anspruch nehmen.

Den gleichen Grundsätzen muß bei Bezeichnungen und Abbildungen Rechnung getragen werden. Demnach sind unzulässige Bezeichnungen wie

„Magendoktor", „Doktor", „Sanitätsrat", „Blutlikör", „Mageninspektor" o. ä.

Zulässig bleiben Bezeichnungen wie

„Magenbitter", „Magenlikör", „Bitterlikör", „Bittere Tropfen" o. ä.

Die Verwendung des Doktorgrades — auch mit Fakultätsangabe — sowie der Berufsbezeichnungen, die den Gebieten der Gesundheitsfürsorge entnommen sind, ist in jedem Falle unzulässig.

Hersteller von Bitteren oder Bitterlikören, die von der Befugnis zur Verwendung der oben besonders zugelassenen gesundheitlichen Hinweise Gebrauch machen wollen und können, müssen deutlich sichtbar und in die Augen fallend auf dem Flaschenschild und sonst in der Werbung zum Ausdruck bringen, daß es sich um ein Bittererzeugnis handelt.

Für die Werbung durch Anzeigen tritt diese Regelung mit sofortiger Wirkung in Kraft. Werbeschriften, Flaschenschilder, Plakate und sonstige Werbemittel, die diesen Bestimmungen nicht entsprechen, müssen bis zum 1. Oktober 1939 aufgebraucht sein (Wirtschaftswerbung, Heft 2, S. 10).

7. Bestimmungen über die Anwendung der Bezeichnungen „Alpenkräutertee" und „Deutscher Tee" und über die Werbung für borsäurehaltige Entfettungsmittel

a) Anwendung der Bezeichnung „Alpenkräutertee"

Wie der Werberat festgestellt hat, sind Kräuterpackungen als „Alpenkräutertee" im Verkehr, obwohl so gut wie keine Kräuter, die aus den Alpen stammen, in ihnen enthalten sind. Nach den von den Firmen auf den Packungen gemachten Angaben enthalten diese Teepackungen Sennesblätter und Sennesschoten, Faulbaumrinde, Sandelholz, Süßholz, Sassafrasholz, Guajakholz, Mutterblätter usw., häufig über 20 verschiedene Bestandteile, von denen die wenigsten als Alpenpflanzen angesprochen werden können. Der Käufer eines derartigen Alpenkräutertees wird aber im allgemeinen der Ansicht sein, daß der Tee, wie der Name angibt, aus Kräutern zusammengesetzt ist, die der Alpenflora entstammen. In dieser Ansicht wird er sehr oft auch noch durch die auf den Packungen aufgedruckten bildlichen Darstellungen bestärkt. Infolgedessen ist die Bezeichnung „Alpenkräutertee" für Kräuter-Spezialitäten, die mit Alpenkräutern wenig oder gar nichts gemein haben, offensichtlicht irreführend und verstößt gegen Ziff. 6 der 2. Bekanntmachung vom 1. November 1933 des Werberates. Die Annahme, daß der Name „Alpenkräutertee" ein feststehender Begriff für einen diätetischen Haustee mit „blutreinigenden" Eigenschaften geworden sei und somit einen Gattungsbegriff darstelle, ist nach den vom Werberat angestellten Ermittlungen nicht richtig. Infolgedessen kann die Bezeichnung „Alpenkräutertee" in Zukunft nur noch für Erzeugnisse gestattet werden, die ausschließlich aus Alpenkräutern bestehen. Diese Klarheit in der Bezeichnung ist um so notwendiger, als auch Alpenkräuter zur Verfügung stehen, die blutreinigende Eigenschaften entfalten und mit Recht die Bezeichnung „Alpenkräuter" verdienen.

b) Verwendung der Bezeichnung „Deutscher Tee"

Über die Zulässigkeit der Verwendung der Bezeichnung „Deutscher Tee" und ähnlicher Bezeichnungen hat der Werberat folgende Regelung getroffen:

1. Die Verwendung der Bezeichnung „Deutscher Tee" oder ähnlicher Bezeichnungen wie „Deutscher Edeltee", „Schwarzer deutscher Tee" ist unzulässig.
2. Die Bezeichnung „Deutscher Haustee" ist solchen Erzeugnissen vorbehalten, die aus deutschen Pflanzen und deren Teilen bestehen, und zwar aus solchen, deren Verwendung zu arzneilichen Zwecken bisher in größeren Mengen nicht in Betracht kam und die in ausreichender Menge und gleichbleibender Güte zur Verfügung stehen. Ein „Deutscher Haustee" muß ferner der Anforderung genügen, einen Aufguß zu ergeben, dessen Farbe und Geschmack zusagt und auch bei dauerndem Gebrauch keine Schädigung oder starke arzneiliche Wirkung zeigt.

   Werbungtreibende, die sich für ihr Erzeugnis der Bezeichnung „Deutscher Haustee" bereits bedienen und die Bezeichnung beibehalten wollen oder die in Zukunft eine Werbung mit dieser Bezeichnung aufzunehmen beabsichtigen, bedürfen der besonderen Zustimmung des Werberats.

   Der Werberat wird im Einvernehmen mit den fachlich berufenen Stellen prüfen, ob die Voraussetzungen für die Bezeichnung „Deutscher Haustee" im Einzelfalle vorliegen. Anträge auf Zulassung sind an den Präsidenten des Werberates der deutschen Wirtschaft zu richten.

c) Werbung für borsäurehaltige Abmagerungsmittel

Der Werberat hat jede Werbung für borsäurehaltige Abmagerungsmittel, die zu deren Anwendung ohne ärztliche Aufsicht führen kann, als unzulässig bezeichnet. Die Werbung für diese Mittel ist also nur noch gestattet bei Ärzten, Zahnärzten, Apothekern usw. Der Borsäuregehalt der Erzeugnisse muß klar und in die Augen fallend angegeben werden. Hinweise, die auf eine Unschädlichkeit oder gute Verträglichkeit von borsäurehaltigen Abmagerungsmitteln hinweisen, dürfen nicht gebracht werden.

Betr. Warnung vor dem Gebrauch borsäurehaltiger Abmagerungsmittel s. a. RdErl. des RMdI. vom 17. November 1938 – IVe 5916/38 – 4117 – (RMBliV. S. 1911). Dieser Erlaß warnt davor, Abmagerungsmittel, die Borsäure frei oder gebunden enthalten, ohne ärztliche Überwachung anzuwenden. Borsäure und ihre Verbindungen, die sich bei wiederholter Zufuhr wegen ihrer langsamen Ausscheidung im Körper anreichern, sind, auch in Zubereitungen mit Harnstoff oder Dextrose, für den Menschen keinesfalls gefahrlos, sofern sie in Mengen von mehr als einigen Bruchteilen eines Grammes aufgenommen werden.

VIII. Bestimmungen aus dem Maß- und Gewichtsgesetz

Maß- und Gewichtsgesetz

Vom 13. Dezember 1935 (RGBl. I S. 1499)

Mit Änderungen der Verordnungen vom 12. März 1940 (RGBl. I S. 497), 31. Dezember 1940 (RGBl. I, 1941, S. 17), 9. Oktober 1941 (RGBl. I S. 635), 30. November 1942 (RGBl. I S. 669), 19. Januar 1944 (RGBl. I S. 39) und 22. September 1944 (RGBl. I S. 227/343)

I. Gesetzliche Einheiten

§ 1

(1) Die gesetzlichen Einheiten der Länge und der Masse sind das Meter und das Kilogramm.

(2) Das Meter ist der Abstand zwischen den Endstrichen des internationalen Meter-Urmaßes bei der Temperatur des schmelzenden Eises.

(3) Das Kilogramm ist die Masse des internationalen Kilogramm-Urgewichts.

§ 2

Als deutsches Urmaß gilt der mit dem internationalen Meter-Urmaß verglichene Maßstab aus Platin-Iridium, den die Internationale Generalkonferenz für Maß und Gewicht dem Deutschen Reich als nationales Urmaß überwiesen hat. Es wird von der Physikalisch-Technischen Reichsanstalt aufbewahrt.

§ 3

Aus dem Meter wird die Einheit des Flächenmaßes — das Quadratmeter — und die Einheit des Körpermaßes — das Kubikmeter — gebildet.

§ 4

Als deutsches Urgewicht gilt das mit dem internationalen Kilogramm-Urgewicht verglichene Gewichtsstück aus Platin-Iridium, das die Internationale Generalkonferenz für Maß und Gewicht dem Deutschen Reich als nationales Urgewicht überwiesen hat. Es wird von der Physikalisch-Technischen Reichsanstalt aufbewahrt.

§ 5

Für die Teile und die Vielfachen der Maße und Gewichte gelten folgende Bezeichnungen:

1. Längenmaße

Der zehnte Teil des Meters	heißt	das Dezimeter.
Der hunderste Teil des Meters	heißt	das Zentimeter.
Der tausendste Teil des Meters.	heißt	das Millimeter.
Der tausendste Teil des Millimeters.	heißt	das Mikron.
Der tausendste Teil des Mikrons	heißt	das Millimikron.
Tausend Meter	heißen	das Kilometer.

2. Flächenmaße

Der hundertste Teil des Quadratmeters	heißt	das Quadratdezimeter.
Der hunderste Teil des Quadratdezimeters . .	heißt	das Quadratzentimeter.
Der hundertste Teil des Quadratzentimeters . .	heißt	das Quadratmillimeter.
Hundert Quadratmeter	heißen	das Ar.
Hundert Ar	heißen	das Hektar.
Hundert Hektar	heißen	das Quadratkilometer.

3. Körpermaße

Der tausendste Teil des Kubikmeters	heißt	das Kubikdezimeter.
Der tausendste Teil des Kubikdezimeters . . .	heißt	das Kubikzentimeter.
Der tausendste Teil des Kubikzentimeters . . .	heißt	das Kubikmillimeter.
Dem Kubikdezimeter gleich gilt im Verkehr der Raum, den ein Kilogramm reines Wasser bei seiner größten Dichte unter dem Druck einer Atmosphäre einnimmt. Diese Raumgröße . .	heißt	das Liter.
Der hundertste Teil des Liters	heißt	das Zentiliter.
Der tausendste Teil des Liters	heißt	das Milliliter.
Hundert Liter	heißen	das Hektoliter.

4. Gewichte

Der tausendste Teil des Kilogramms	heißt	das Gramm.
Der tausendste Teil des Grammes	heißt	das Milligramm.
Der fünfte Teil des Grammes	heißt	das metrische Karat.
Hundert Gramm	heißen	das Hektogramm.
Hundert Kilogramm.	heißen	der Doppelzentner.
Tausend Kilogramm.	heißen	die Tonne.

§ 6

Im öffentlichen und amtlichen Verkehr dürfen nur die folgenden Abkürzungen angewendet werden:

1. Längenmaße:

Kilometer	km
Meter.	m
Dezimeter	dm
Zentimeter	cm
Millimeter	mm
Mikron	μ
Millimikron	mμ

2. Flächenmaße:

Quadratkilometer . .	qkm oder km²
Hektar	ha
Ar	a
Quadratmeter	qm oder m²
Quadratdezimeter . .	qdm oder dm²
Quadratzentimeter . .	qcm oder cm²
Quadratmillimeter . .	qmm oder mm²

3. Körpermaße:

Kubikmeter	cbm oder m³
Kubikdezimeter . . .	cdm oder dm³
Kubikzentimeter . . .	ccm oder cm³
Kubikmillimeter . . .	cmm oder mm³
Hektoliter.	hl
Liter	l
Zentiliter	cl
Milliliter	ml

4. Gewichte:

Tonne	t
Doppelzentner. . . .	dz
Kilogramm	kg
Hektogramm	hg
Gramm	g
Milligramm	mg
Metrisches Karat . .	k

§ 7

Der Reichswirtschaftsminister ist ermächtigt, im Einvernehmen mit dem Reichsminister für Wissenschaft, Erziehung und Volksbildung über die Bezeichnung und Abkürzung abgeleiteter Einheiten, ihrer Vielfachen und Teile ergänzende Bestimmungen zu erlassen.

§ 8

(1) Alle Leistungen nach Maß und Gewicht innerhalb des Deutschen Reichs dürfen nur nach den gesetzlichen Einheiten oder den daraus abgeleiteten Einheiten angeboten, verkauft und berechnet werden.

(2) Davon ausgenommen ist der Verkehr von und nach dem Ausland. Der Reichswirtschaftsminister wird ermächtigt, weitere Ausnahmen zuzulassen.

II. Eichung und Beglaubigung

A. Eichpflicht

1. Neueichung

a) Meßgeräte im öffentlichen Verkehr

§ 9

(1) Der Eichpflicht unterliegen die folgenden Meßgeräte, wenn sie im öffentlichen Verkehr zur Bestimmung des Umfangs von Leistungen angewendet oder bereit gehalten werden:

1. die zum Messen der Länge, der Fläche oder des Raumes dienenden Maße, Meßwerkzeuge und Meßmaschinen;
2. die Gewichte und Waagen einschließlich der Zählwaagen, Wäge- und Abfüllmaschinen;
4. die Meßgeräte für wissenschaftliche und technische Untersuchungen, die zur Gehaltsermittlung dienen.

(2) Eichpflichtig sind auch die Meßgeräte,

1. mit denen Lieferungen für An- oder Verkauf geprüft werden.

§ 10 . . . . .

§ 11

Fässer, in und mit denen Bier, Wein, verstärkter Wein, dem Wein ähnliche Getränke, weinhaltige Getränke, Trinkbranntwein aller Art, Traubenmost, Obstmost, Traubensüßmost, Obstsüßmost, Obstsaft oder alkoholfreie kohlensaure Getränke verkauft werden, müssen auf ihren Raumgehalt geeicht sein, nicht aber, wenn die Erzeugnisse aus dem Ausland eingeführt sind und in Gebinden des Ursprungslandes in den Verkehr kommen.

§ 12 . . . . . .

b) Meßgeräte im Gesundheitswesen

§ 13

Der Eichpflicht unterliegen ferner:

Personenwaagen, die

1. von Ärzten und anderen Personen, die die Heilkunde, Krankenpflege, Geburtshilfe und Gesundheitspflege berufsmäßig ausüben, angewandt oder bereit gehalten werden.

§ 14

(1) Fieberthermometer dürfen nur nach amtlicher Prüfung verkauft oder sonst in den Verkehr gebracht werden. Für den Vertrieb im Inland müssen sie geeicht sein[1]).

(2) Jedes Fieberthermometer muß ein Herstellerzeichen tragen, das vom zuständigen Prüfamt bestimmt wird. Es besteht aus einem Buchstaben und einer Zahl und ist nicht übertragbar. Außerdem darf darauf ein Name, eine Firmenbezeichnung oder ein patentamtlich eingetragenes Warenzeichen angebracht sein.

(3) Der Hersteller von Fieberthermometern ist verpflichtet, die amtliche Prüfung und Eichung zu veranlassen. Als Hersteller gilt, wer Fieberthermometer

1. als Unternehmer in seinem Betrieb gebrauchsfertig herstellen läßt oder
2. als Schreiber mit Teilung und Bezifferung versieht.

(4) Haarröhrchen und Röhrchen, die zur Herstellung von Fieberthermometern geeignet sind und dazu benutzt werden, darf nur abgeben

1. die Glashütte an die staatlichen, bei den Prüfämtern errichteten Röhrenlager;
2. das Prüfamt
   a) an Fieberthermometerbläser oder deren Arbeitgeber und nur in der Menge, die das Prüfamt nach Anhörung des Fachausschusses für die Hausarbeit in der Glasindustrie (Verordnung vom 19. November 1931 — RGBl. I S. 688) jeweils festsetzt;
   b) an Personen, die Fieberthermometer als Schreiber oder Unternehmer im eigenen Betrieb innerhalb des Geltungsbereiches dieses Gesetzes fertigstellen.

(5) Die obersten Landesbehörden bestimmen Näheres über die Einrichtung der Röhrenlager und die Zuteilung der Haarröhrchen und Röhren.

(6) Nicht gebrauchsfertige (rohgeblasene) Fieberthermometer dürfen nicht an Händler, sondern nur an die im Abs. 4 Nr. 2b Genannten abgegeben werden. Der Reichswirtschaftsminister oder eine von ihm bestimmte Stelle kann Ausnahmen hiervon zulassen.

§ 15 . . . . . .

2. Nacheichung

§ 16

Die eichpflichtigen Gegenstände sind innerhalb bestimmter Fristen zur Nacheichung zu bringen, verspätet vorgelegte gelten als ungeeicht.

§ 17

(1) Die Nacheichfrist beträgt

1. zwei Jahre
   für alle eichpflichtigen Gegenstände, für die dieses Gesetz nicht ausdrücklich eine andere Frist festsetzt;

---

[1]) Näheres über die Eichung der Fieberthermometer siehe §§ 891—900 der Eichordnung vom 24. Januar 1942 (RGBl. I S. 63 und Amtsblatt der Physikalisch-Technischen Reichsanstalt v. 14. März 1942, Beilage zu Nr. 10 S. 309—312).

2. drei Jahre
   a) . . . . . .
   b) bei den Fässern für Wein, verstärkten Wein, dem Wein ähnliche Getränke, weinhaltige Getränke, Trinkbranntwein aller Art, Traubenmost, Obstmost, Traubensüßmost, Obstsüßmost und Obstsaft;
3. vier Jahre
   bei den Personenwaagen, die der Eichpflicht nach § 13 unterliegen.

§ 18

(1) Die Nacheichfrist beginnt mit dem Ablauf des Kalenderjahres, in dem die letzte Eichung vorgenommen worden ist.

(2) Bei den im § 17 Nr. 2b genannten Fässern endet die Frist erst mit der Entleerung.

§ 19

Von der Nacheichung sind befreit

1. ganz aus Glas hergestellte Meßgeräte.

§§ 20—24 . . . . . .

B. Eichung

1. Prüfung und Stempelung

§ 25

Als geeicht dürfen nur Gegenstände bezeichnet werden, die von der Eichbehörde geprüft und gestempelt worden sind.

§ 26 . . . . . .

2. Eichfähigkeit

§ 27

Eichfähig sind nur Meßgeräte, die von der Physikalisch-Technischen Reichsanstalt zur Eichung zugelassen werden.

§ 28

Zur Eichung sind nur zuzulassen:

1. die Längenmaße, die dem Meter oder seinen ganzen Vielfachen oder seiner Hälfte, seinem fünften oder seinem zehnten Teil entsprechen;
2. die Körpermaße, die dem Kubikmeter, dem halben Kubikmeter, dem Hektoliter oder dem halben Hektoliter oder den ganzen Vielfachen dieser Maßgrößen oder dem Liter, seinem Zwei-, Fünf-, Zehn- oder Zwanzigfachen oder seiner Hälfte, seinem vierten, fünften, zehnten, zwanzigsten, fünfzigsten, hundertsten oder tausendsten Teil entsprechen;
3. die Gewichte, die dem Kilogramm, dem Gramm oder dem Milligramm oder dem Zwei-, Fünf-, Zehn-, Zwanzig- oder Fünfzigfachen dieser Größen oder der Hälfte, dem vierten, dem fünften, dem achten oder dem zehnten Teile des Kilogramms oder der Hälfte, dem fünften oder dem zehnten Teile des Grammes entsprechen.

§ 29 . . . . . .

§ 30

(1) Keinem eichfähigen Meßgerät darf die Eichung versagt werden.

(2) Über die Eichfähigkeit entscheidet die Eichaufsichtsbehörde und auf Beschwerde endgültig die Physikalisch-Technische Reichsanstalt.

3. Verkehrsrichtigkeit

§ 31

Gegenstände, die der Eichpflicht unterliegen, müssen auch nach der Eichung richtig bleiben, sonst ist ihre Anwendung und Bereithaltung im eichpflichtigen Verkehr untersagt. Sie gelten als unrichtig, wenn sie über die Verkehrsfehlergrenze hinaus von ihrem Nennwert abweichen.

§ 32

Die Physikalisch-Technische Reichsanstalt setzt die Eichfehlergrenzen und die Verkehrsfehlergrenzen fest.

§ 33

(1) Die Eichfehlergrenze bezeichnet das größte Mehr oder Minder, bis zu dem ein Gegenstand bei der Eichung vom Eichnormal abweichen darf.

(2) Die Verkehrsfehlergrenze bezeichnet das größte Mehr oder Minder, bis zu dem im eichpflichtigen Verkehr ein eichpflichtiger Gegenstand vom Eichnormal abweichen darf.

§§ 34—51 . . . . . .

IV. Flaschen

§ 52

Die nach dem Inkrafttreten dieses Gesetzes neu hergestellten Flaschen für die im § 54 genannten Lebensmittel müssen mit einer Bezeichnung des Raumgehaltes (Nenninhaltes) nach Litermaß und mit einer Fabrikmarke versehen sein und den im § 54 bezeichneten Maßgrößen entsprechen.

§ 53

Die Bezeichnung des Raumgehaltes ist außen am Flaschenboden oder auf dem Zylindermantel in der Nähe des Bodens durch Schnitt, Schliff, Ätzung, Brand, Einpressen, Einblasen oder Anblasen anzubringen und muß leicht erkennbar sein.

§ 54

(1) Als Maßgrößen der Flaschen sind nur zugelassen für

1.	Milch, Milcherzeugnisse und Milchmischgetränke	0,5 l	0,25 l	0,2 l		
2.	Obstsaft und Obstsirup, Gemüse- und anderen Pflanzensaft	0,7 l	0,35 l	0,25 l		
3.	Trinkbranntwein jeder Art	0,7 l	0,5 l	0,35 l	0,25 l	0,2 l
4.	Schaumwein und dem Schaumwein ähnliche Getränke	0,75 l	0,375 l	0,2 l		
5a.	Wein, weinähnliche und weinhaltige Getränke, Traubenmost, Obstmost, Traubensüßmost, Obstsüßmost	0,7 l	0,35 l	0,25 l		
5b.	Ungar- und Tokayerwein außerdem	0,5 l				
5c.	Traubensüßmost, Obstsüßmost außerdem	0,2 l				
6a.	Limonaden und diesen ähnliche Getränke, Brauselimonaden, Kunstbrauselimonaden, Tafelwässer und Heilwässer	0,75 l	0,5 l	0,35 l	0,25 l	

6b. Kolagetränke (koffeinhaltig oder koffeinfrei)
außerdem . . . . 0,2 l

7. Bier und dem Bier ähnliche Getränke . . 0,7 l 0,5 l 0,33 l

(2) Außerdem sind für alle unter Nr. 1 bis Nr. 7 aufgeführten Flüssigkeiten als Maßgrößen zugelassen: 1 l, 1,5 l, 2 l, 3 l und 5 l.

(3) . . . . . .

(4) Flaschen von einem Raumgehalt bis zu 0,125 l und von mehr als 5 l sind unbeschränkt zugelassen und brauchen mit der Bezeichnung des Raumgehalts und mit einer Fabrikmarke nicht versehen zu sein.

§§ 55—59 . . . . . .

V. Strafbestimmungen

§ 60

(1) Mit Geldstrafe bis zu 150 Reichsmark oder mit Haft wird bestraft, wer in einer auf Erwerb gerichteten Tätigkeit

1. den §§ 8 bis 13, 16 bis 18, 25, 31 und 34 bis 36 zuwiderhandelt,
2. . . . .,
3. vorsätzlich nicht eichfähige Geräte als eichfähig bezeichnet,
4. . . . .,
5. ein von der Eich- oder der Polizeibehörde beanstandetes Meßgerät in vorschriftswidrigem Zustand auch nach einer zur Berichtigung aufgegebenen Frist im eichpflichtigen Verkehr anwendet oder bereit hält,
6. ein geeichtes oder beglaubigtes Meßgerät, das er wesentlich geändert hat oder hat ändern lassen, weiter im eichpflichtigen Verkehr anwendet oder bereit hält,
7. . . . .,
8. vorsätzlich Flaschen, die diesem Gesetz nicht entsprechen, zur Verwendung im Reichsgebiet herstellt, herstellen läßt oder einführt.

(2) In den Fällen 4 bis 8 kann neben der Strafe zugleich auf Einziehung, Unbrauchbarmachung oder Vernichtung der vorschriftswidrigen Meßgeräte, Schankgefäße und Flaschen erkannt werden, auch wenn sie dem Verurteilten nicht gehören. Kann dabei keine bestimmte Person verfolgt oder verurteilt werden, so kann auf die Einziehung, Unbrauchbarmachung oder Vernichtung selbständig erkannt werden.

§ 61

(1) Wer vorsätzlich oder fahrlässig gegen § 14 verstößt und nach anderen Gesetzen keine höheren Strafen verwirkt, wird mit Gefängnis bis zu einem Jahr und mit Geldstrafe oder mit einer dieser Strafen bestraft. Der Versuch ist strafbar.

(2) Neben der Strafe kann auf Einziehung, Unbrauchbarmachung oder Vernichtung der Röhren, Haarröhrchen und Thermometer erkannt werden, auch wenn sie dem Verurteilten nicht gehören. Kann dabei keine bestimmte Person verfolgt oder verurteilt werden, so kann auf die Einziehung, Unbrauchbarmachung oder Vernichtung selbständig erkannt werden.

(3) Dem Hersteller von Fieberthermometern nach § 14 kann außerdem die Herstellung und der Handel damit untersagt werden, wenn Tatsachen die Annahme rechtfertigen, daß ihm die für den Gewerbebetrieb erforderliche Zuverlässigkeit fehlt.

Ausführungsverordnung zum Maß- und Gewichtsgesetz

Vom 20. Mai 1936 (RGBl. I S. 459)

Mit Änderungen der Verordnungen vom 11. März 1937 (RGBl. I S. 296), 17. Juni 1937 (RGBl. I S. 651), 26. Februar 1938 (RGBl. I S. 225), 28. Dezember 1938 (RGBl. I S. 2012), 31. Dezember 1940 (RGBl. I 1941 S. 17) und 19. Dezember 1941 (RGBl. I S. 798)

I. Aufstellung der Maß- und Gewichtsgeräte

§ 1

Meßgeräte in Verkaufsstellen sind vollkommen frei und übersichtlich aufzustellen. Sie dürfen von anderen Gegenständen oder vom Verkäufer weder ganz noch teilweise verdeckt werden, damit Käufer und Verkäufer Begrenzungsmarken, Schalt- und Rücklaufhähne an Meßwerkzeugen, Einspielmarken der Waagen (Zeiger, Zunge, Skala), beide Schalen, Gewichte usw. stets ohne wesentliche Umstände beobachten können.

§ 2

(1) Meßgeräte müssen waagerecht nach dem Augenmaß auf festen Unterlagen stehen und, soweit sie mit Lot oder einer Wasserwaage (Libelle) versehen sind, nach diesen eingestellt sein.

(2) Jede Waage in offenen Verkaufstellen muß bei Nichtbenutzung unbelastet sein und vor den Augen der Käufer einspielen.

§ 3

Waagen, Gewichte und alle sonstigen Meßgeräte sind dauernd in sauberem Zustande zu erhalten.

II. Pflichten der Besitzer von Meßgeräten

§ 4

Die Besitzer eichpflichtiger Meßgeräte haben diese zum Zwecke der Neueichung oder Nacheichung an eine Amtsstelle der Eichbehörden zu bringen und nach der Eichung dort wieder in Empfang zu nehmen.

§ 5

Die eichpflichtigen Meßgeräte sind zur Eichung gehörig hergerichtet und gereinigt vorzulegen.

§ 6

Es ist verboten, an geeichten Meßgeräten nachträglich Maße oder Teilungen oder Nebeneinrichtungen anzubringen. Meßgeräte, an denen solche Änderungen vorgenommen worden sind, gelten als ungeeicht.

§ 7

Die Besitzer von Meßgeräten sind verpflichtet, bei der polizeilichen Nachschau Auskunft über alle in ihrem Besitz befindlichen Meßgeräte zu geben und sie vorzuzeigen; sie haben erforderlichenfalls die Einsichtnahme in Geschäftsbücher zu gestatten. Für die Hersteller von Schankgefäßen und Flaschen gilt dies entsprechend.

§ 8—74 . . . . . .

IX. Bestimmungen aus RGO., RStGB. und StPO.

1. Reichsgewerbeordnung (RGO.)

Vom 26. Juli 1900 (RGBl. S. 871) mit zahlreichen Änderungen

§ 1

Der Betrieb eines Gewerbes ist jedermann gestattet, soweit nicht durch dieses Gesetz Ausnahmen oder Beschränkungen vorgeschrieben oder zugelassen sind.

Wer gegenwärtig zum Betrieb eines Gewerbes berechtigt ist, kann von demselben nicht deshalb ausgeschlossen werden, weil er den Erfordernissen dieses Gesetzes nicht genügt.

§ 6 (auszugsweise)

. . . . Auf . . . . den Verkauf von Arzneimitteln findet . . . . das gegenwärtige Gesetz nur insoweit Anwendung, als dasselbe ausdrückliche Bestimmungen darüber enthält.

Der Reichsminister des Innern bestimmt im Einvernehmen mit dem Reichswirtschaftsminister, welche Apothekerwaren dem freien Verkehr zu überlassen sind (Änderung des § 6 Abs. 2 durch Verordnung des Ministerrats für die Reichsverteidigung vom 23. Dezember 1939).

§ 11

Das Geschlecht begründet in Beziehung auf die Befugnis zum selbständigen Betriebe eines Gewerbes keinen Unterschied.

§ 14 Abs. 1

Wer den selbständigen Betrieb eines stehenden Gewerbes anfängt, muß der für den Ort, wo solches geschieht, nach den Landesgesetzen zuständigen Behörde gleichzeitig Anzeige davon machen. Diese Anzeige liegt auch demjenigen ob, welcher zum Betrieb eines Gewerbes im Umherziehen befugt ist.

§ 15

Die Behörde bescheinigt innerhalb dreier Tage den Empfang der Anzeige.

Die Fortsetzung des Betriebes kann polizeilich verhindert werden, wenn ein Gewerbe, zu dessen Beginn eine besondere Genehmigung erforderlich ist, ohne diese Genehmigung begonnen wird.

§ 15a Abs. 1 und 2

Gewerbetreibende, die einen offenen Laden haben oder . . . . betreiben, sind verpflichtet, ihren Familiennamen mit mindestens einem ausgeschriebenen Vornamen an der Außenseite oder am Eingang des Ladens oder . . . . in deutlich lesbarer Schrift anzubringen.

Kaufleute, die eine Handelsfirma führen, haben zugleich die Firma in der bezeichneten Weise an dem Laden oder . . . . anzubringen; ist aus der Firma der Familienname des Geschäftsinhabers mit dem ausgeschriebenen Vornamen zu ersehen, so genügt die Anbringung der Firma.

§ 34 Abs. 3

Die Landesgesetze können vorschreiben, daß zum Handel mit Giften . . . besondere Genehmigung erforderlich ist . . . .

Hier ist einzuschalten § 49 des Gesetzes betr. Abänderung einiger Bestimmungen der GO. vom 22. Juni 1861 (für Preußen): „Denjenigen, welche Gifte . . . . feilhalten wollen, ist der Beginn des Gewerbebetriebes erst dann zu gestatten, wenn sich die Behörden von ihrer Zuverlässigkeit in Beziehung auf den beabsichtigten Gewerbebetrieb überzeugt haben."

§ 35 Abs. 1, 2, 4, 6, 7

Abs. 1. Die Erteilung von Tanz-, Turn- und Schwimmunterricht als Gewerbe, sowie . . . . ist zu untersagen, wenn Tatsachen vorliegen, welche die Unzuverlässigkeit des Gewerbetreibenden in bezug auf diesen Gewerbebetrieb dartun.

Abs. 2. Unter derselben Voraussetzung sind zu untersagen: . . . ., der Handel mit Dynamit oder anderen Sprengstoffen . . . .

Abs. 4. Der Handel mit Drogen und chemischen Präparaten, welche zu Heilzwecken dienen, ist zu untersagen, wenn die Handhabung des Gewerbebetriebs Leben und Gesundheit von Menschen gefährdet.

Abs. 6. Ist die Untersagung erfolgt, so kann die Landeszentralbehörde oder eine andere von ihr zu bestimmende Behörde die Wiederaufnahme des Gewerbebetriebes gestatten, sofern seit der Untersagung mindestens ein Jahr verflossen ist.

Abs. 7. Personen, welche die in diesen Paragraphen bezeichneten Gewerbe beginnen, haben bei Eröffnung ihres Gewerbebetriebs der zuständigen Behörde hiervon Anzeige zu machen.

§ 35b

Die Ausübung des Handels mit Gegenständen des täglichen Bedarfs kann untersagt werden, wenn sich aus einer rechtskräftigen Verurteilung des Handeltreibenden wegen Betruges oder einer anderen strafbaren Verletzung fremden Vermögens oder wegen Wuchers oder aus wiederholter Verurteilung des Handeltreibenden wegen schweren Verstoßes gegen das Gesetz gegen den unlauteren Wettbewerb seine Unzuverlässigkeit in bezug auf den Gewerbebetrieb ergibt.

Die Landeszentralbehörde oder die von ihr bestimmte Behörde kann die Wiederaufnahme des Handels gestatten, wenn seit der Untersagung mindestens ein Jahr verflossen ist.

§ 40

Die in den §§ 29 bis 33a und im § 34 und 34a erwähnten Approbationen und Genehmigungen dürfen weder auf Zeit erteilt noch vorbehaltlich der Bestimmungen in den §§ 33a, 53 und 143 widerrufen werden.

Gegen Versagung der Genehmigung zum Betrieb eines der in den §§ 30, 30a und b, 32, 33a, 34 und 34a sowie gegen Untersagung des Betriebes der in den §§ 33a, 35, 35b und 37 erwähnten Gewerbe ist der Rekurs zulässig. Wegen des Verfahrens und der Behörden gelten die Vorschriften der §§ 20 und 21.

§ 42a Abs. 1

Gegenstände, welche von dem Ankauf oder Feilbieten im Umherziehen ausgeschlossen sind, dürfen auch innerhalb des Gemeindebezirkes des Wohnortes oder der gewerblichen Niederlassung von Haus zu Haus oder auf öffentlichen Wegen, Straßen, Plätzen oder an anderen öffentlichen Orten nicht feilgeboten oder zum Wiederverkauf angekauft werden . . . . . .

§ 42b Abs. 1

Durch die höhere Verwaltungsbehörde nach Anhörung der Gemeindebehörde oder durch Beschluß der Gemeindebehörde mit Genehmigung der höheren Verwaltungsbehörde kann für einzelne Gemeinden bestimmt werden, daß Personen, welche in dem Gemeindebezirk einen Wohnsitz oder eine gewerbliche Niederlassung besitzen, und welche innerhalb des Gemeindebezirks auf öffentlichen Wegen, Straßen, Plätzen oder an anderen öffentlichen Orten, oder ohne vorgängige Bestellung von Haus zu Haus

1. Waren feilhalten, oder
2. Waren bei anderen Personen als bei Kaufleuten oder solchen Personen, welche die Waren produzieren, oder an anderen Orten als in offenen Verkaufsstellen zum Wiederverkauf ankaufen, oder Warenbestellungen bei Personen, in deren Gewerbebetrieben Waren der angebotenen Art keine Verwendung finden, aufsuchen, oder
3. gewerbliche Leistungen, hinsichtlich deren dies nicht Landesgebrauch ist, anbieten oder Bestellungen auf solche aufsuchen wollen,

der Erlaubnis bedürfen. Dabei kann angeordnet werden, daß die Erteilung der Erlaubnis von dem Nachweis eines Bedürfnisses abhängt; vor Erlaß einer solchen Bestimmung soll die zuständige gesetzliche Berufsvertretung gehört werden. Diese Bestimmungen können auf einzelne Teile des Gemeindebezirks sowie auf gewisse Gattungen von Waren und Leistungen beschränkt werden.

§ 44 Abs. 1

Wer ein stehendes Gewerbe betreibt, ist befugt, auch außerhalb des Gemeindebezirks seiner gewerblichen Niederlassung persönlich oder durch in seinem Dienste stehende Reisende für die Zwecke seines Gewerbebetriebs Waren aufzukaufen und Bestellungen auf Waren zu suchen. Diese Vorschrift gilt auch für die Handelsagenten, die ein stehendes Gewerbe betreiben, in Ansehung der Befugnis, als Vermittler oder Vertreter des Geschäftsherrn den Ankauf von Waren vorzunehmen oder Bestellungen auf Waren zu suchen.

§ 44a Abs. 1 und 2

Wer in Gemäßheit des § 44 Warenbestellungen aufsucht oder Waren aufkauft, bedarf hierzu einer Legitimationskarte, welche auf den Antrag des Inhabers des stehenden Gewerbebetriebs von der für dessen Niederlassungsort zuständigen Verwaltungsbehörde für die Dauer des Kalenderjahres und den Umfang des Reichs ausgestellt wird. Die Legitimationskarte enthält den Namen des Inhabers derselben, den Namen der Person oder der Firma, in deren Diensten er handelt, und die nähere Bezeichnung des Gewerbebetriebs.

Der Inhaber der Legitimationskarte ist verpflichtet, dieselbe während der Ausübung des Gewerbebetriebs bei sich zu führen, auf Erfordern der zuständigen Behörden oder Beamten vorzuzeigen und, sofern er hierzu nicht imstande ist, auf deren Geheiß den Betrieb bis zur Herbeischaffung der Legitimationskarte einzustellen.

§ 45

Die Befugnisse zum stehenden Gewerbebetriebe können durch Stellvertreter ausgeübt werden; diese müssen jedoch den für das in Rede stehende Gewerbe insbesondere vorgeschriebenen Erfordernissen genügen.

§ 47

Inwiefern für die nach den §§ 34 und 36 konzessionierten oder angestellten Personen eine Stellvertretung zulässig ist, hat in jedem einzelnen Falle die Behörde zu bestimmen, welcher die Konzessionierung oder Anstellung zusteht.

§ 53 Abs. 1 und 2

Die in dem § 29 bezeichneten Approbationen können von der Verwaltungsbehörde nur dann zurückgenommen werden, wenn die Unrichtigkeit der Nachweise dargetan wird, auf Grund deren solche erteilt worden sind, oder wenn dem Inhaber der Approbation die bürgerlichen Ehrenrechte aberkannt sind, im letzteren Falle jedoch nur für die Dauer des Ehrenverlustes.

Außer diesen Gründen können die in den §§ 30, 30a und b, 32, 34, 34a und 36 bezeichneten Genehmigungen und Bestallungen in gleicher Weise zurückgenommen werden, wenn aus Handlungen oder Unterlassungen des Inhabers der Mangel derjenigen Eigenschaften, welche bei der Erteilung der Genehmigung oder Bestallung nach der Vorschrift dieses Gesetzes vorausgesetzt werden mußten, klar erhellt. Inwiefern durch die Handlungen oder Unterlassungen eine Strafe verwirkt ist, bleibt der richterlichen Entscheidung vorbehalten.

§ 55 Abs. 1

Wer außerhalb des Gemeindebezirks seines Wohnorts oder der durch besondere Anordnung der höheren Verwaltungsbehörde dem Gemeindebezirke des Wohnorts gleichgestellten nächsten Umgebung desselben ohne Begründung einer gewerblichen Niederlassung und ohne vorgängige Bestellung in eigener Person

1. Waren feilbieten,
2. Warenbestellungen aufsuchen oder Waren bei anderen Personen als bei Kaufleuten oder an anderen Orten als in offenen Verkaufsstellen zum Wiederverkauf ankaufen,
3. gewerbliche Leistungen anbieten,
4. . . . . . . will,

bedarf eines Wandergewerbescheines, soweit nicht für die in Ziff. 2 bezeichneten Fälle in Gemäßheit des § 44a eine Legitimationskarte genügt.

§ 56 Abs. 1 und 2 Ziff. 1, 6, 7, 9

Beschränkungen, vermöge deren gewisse Waren von dem Feilhalten im stehenden Gewerbebetriebe ganz oder teilweise ausgeschlossen sind, gelten auch für deren Feilbieten im Umherziehen.

Ausgeschlossen vom Ankauf oder Feilbieten im Umherziehen sind:

1. Geistige Getränke, soweit nicht das Feilbieten derselben von der Ortspolizeibehörde im Falle besonderer Bedürfnisse vorübergehend gestattet ist;
6. explosive Stoffe, insbesondere Feuerwerkskörper, Schießpulver und Dynamit;

7. solche mineralische oder andere Öle, welche leicht entzündlich sind, insbesondere Petroleum sowie Spiritus;
9. Gifte und gifthaltige Waren, Arznei- und Geheimmittel sowie Bruchbänder.

§ 56a Abs. 1 Ziff. 1 und 3

Ausgeschlossen vom Gewerbebetrieb im Umherziehen sind ferner:
1. die Ausübung der Heilkunde, insoweit der Ausübende für dieselbe nicht approbiert ist;
3. das Aufsuchen von Bestellungen auf Branntwein und Spiritus bei Personen. in deren Gewerbebetriebe dieselben keine Anwendung finden.

§ 66

Gegenstände des Wochenmarktverkehrs sind:
1. rohe Naturerzeugnisse mit Ausschluß des größeren Viehes sowie der bewurzelten Bäume und Sträucher;
2. Fabrikate, deren Erzeugung mit der Land- und Forstwirtschaft, dem Garten- und Obstbau oder der Fischerei in unmittelbarer Verbindung steht oder zu den Nebenbeschäftigungen der Landleute der Gegend gehört, oder durch Tagelöhnerarbeit bewirkt wird, mit Ausschluß der geistigen Getränke;
3. frische Lebensmittel aller Art.

Die zuständige Verwaltungsbehörde ist auf Antrag der Gemeindebehörde befugt, zu bestimmen, welche Gegenstände außerdem nach Ortsgewohnheit und Bedürfnis in ihrem Bezirk überhaupt, oder an gewissen Orten zu den Wochenmarktartikeln gehören.

§ 143 Abs. 1

Die Berechtigung zum Gewerbebetrieb kann, abgesehen von den in den Reichsgesetzen vorgesehenen Fällen ihrer Entziehung, weder durch richterliche noch administrative Entscheidung entzogen werden.

§ 147 Abs. 1 Ziff. 1–3

Mit Geldstrafe bis zu 300 M. und im Unvermögensfalle mit Haft wird bestraft:
1. wer den selbständigen Betrieb eines stehenden Gewerbes, zu dessen Beginn eine besondere polizeiliche Genehmigung (Konzession, Approbation, Bestallung) erforderlich ist, ohne die vorschriftsmäßige Genehmigung unternimmt oder fortsetzt oder von den in der Genehmigung festgesetzten Bedingungen abweicht;
2. wer eine Anlage, zu der mit Rücksicht auf die Lage oder Beschaffenheit der Betriebsstätte oder des Lokals eine besondere Genehmigung erforderlich ist (§§ 16 und 24), ohne diese Genehmigung errichtet, betreibt, oder die wesentlichen Bedingungen, unter welchen die Genehmigung erteilt worden, nicht innehält, oder ohne neue Genehmigung eine wesentliche Veränderung der Betriebsstätte oder eine Verlegung des Lokals oder eine wesentliche Veränderung in dem Betriebe der Anlage vornimmt;
3. wer, ohne hierzu approbiert zu sein, sich als Arzt (Wundarzt, Augenarzt, Geburtshelfer, Zahnarzt, Tierarzt) bezeichnet oder sich einen ähnlichen Titel beilegt, durch den der Glauben erweckt wird, der Inhaber desselben sei eine geprüfte Medizinalperson.

§ 148 Abs. 1 Ziff. 1, 4, 7a, Abs. 2

Mit Geldstrafe bis zu 150 M. und im Unvermögensfalle mit Haft bis zu 4 Wochen wird bestraft:

1. wer außer den im § 147 vorgesehenen Fällen ein stehendes Gewerbe beginnt, ohne dasselbe vorschriftsmäßig anzuzeigen;
4. wer der nach § 35 gegen ihn ergangenen Untersagung eines Gewerbebetriebes zuwiderhandelt oder die im § 35 vorgeschriebene Anzeige unterläßt;
7a. wer dem § 56 Abs. 1, Abs. 2 Ziff. 1—5, 7—11, Abs. 3, den §§ 56a oder b zuwiderhandelt.

Enthält in den Fällen des Abs. 1 die strafbare Handlung zugleich eine Zuwiderhandlung gegen ein Steuergesetz (§ 73 StGB.), so ist die nach Abs. 1 verwirkte Strafe neben der etwa verwirkten Steuerstrafe besonders zu verhängen; bei Bemessung der Steuerstrafe ist jedoch die nach Abs. 1 verhängte Strafe zu berücksichtigen. Soweit die Vorschriften der Reichsabgabenordnung entgegenstehen, finden sie keine Anwendung.

§ 151

Sind bei der Ausübung des Gewerbes polizeiliche Vorschriften von Personen übertreten worden, welche der Gewerbetreibende zur Leitung des Betriebes oder eines Teiles desselben oder zur Beaufsichtigung bestellt hatte, so trifft die Strafe diese letzteren. Der Gewerbetreibende ist neben denselben strafbar, wenn die Übertretung mit seinem Vorwissen begangen ist oder wenn er bei der nach den Verhältnissen möglichen eigenen Beaufsichtigung des Betriebs oder bei der Auswahl oder der Beaufsichtigung der Betriebsleiter oder Aufsichtspersonen es an der erforderlichen Sorgfalt hat fehlen lassen.

Ist an eine solche Übertretung der Verlust der Konzession, Approbation oder Bestallung geknüpft, so findet derselbe auch als Folge der von dem Stellvertreter begangenen Übertretung statt, wenn diese mit Vorwissen des verfügungsfähigen Vertretenen begangen wurde. Ist dies nicht der Fall, so ist der Vertretene bei Verlust der Konzession, Approbation usw. verpflichtet, den Stellvertreter zu entlassen.

§ 155 Abs. 1

Wo in diesem Gesetze auf die Landesgesetze verwiesen ist, sind unter den letzteren auch die verfassungs- oder gesetzmäßig erlassenen Verordnungen verstanden.

2. Reichsstrafgesetzbuch

(RStGB.)[1])

Vom 15. Mai 1871

(in der nach der Aufhebung einzelner Bestimmungen des deutschen Strafrechts durch Gesetz Nr. 11 des Kontrollrats vom 30. Januar 1946 geltenden Fassung)

§ 47

Wenn mehrere eine strafbare Handlung gemeinschaftlich ausführen, so wird jeder als Täter bestraft.

---

[1]) Kleindruck bedeutet, daß diese Bestimmungen durch das Zeitgeschehen überholt und nach heutiger Rechtsauffassung nicht mehr tragbar sind

§ 48

Als Anstifter wird bestraft, wer einen anderen zu der von demselben begangenen mit Strafe bedrohten Handlung durch Geschenke oder Versprechen, durch Drohung, durch Mißbrauch des Ansehens oder der Gewalt, durch absichtliche Herbeiführung oder Beförderung eines Irrtums oder durch andere Mittel vorsätzlich bestimmt hat.

Die Strafe des Anstifters ist nach demjenigen Gesetze festzusetzen, welches auf die Handlung Anwendung findet, zu welcher er wissentlich angestiftet hat.

§ 49

Als Gehilfe wird bestraft, wer dem Täter zur Begehung einer als Verbrechen oder Vergehen mit Strafe bedrohten Handlung durch Rat oder Tat wissentlich Hilfe geleistet hat.

Die Strafe des Gehilfen ist nach demjenigen Gesetze festzusetzen, welches auf die Handlung Anwendung findet, zu welcher er wissentlich Hilfe geleistet hat, kann jedoch nach den über die Bestrafung des Versuches aufgestellten Grundsätzen ermäßigt werden.

§ 123

Wer in die Wohnung, in die Geschäftsräume oder in das befriedete Besitztum eines anderen oder in abgeschlossene Räume, welche zum öffentlichen Dienste oder Verkehre bestimmt sind, widerrechtlich eindringt, oder wer, wenn er ohne Befugnis darin verweilt, auf die Aufforderung des Berechtigten sich nicht entfernt, wird wegen Hausfriedensbruches mit Geldstrafe oder mit Gefängnis bis zu 3 Monaten bestraft.

Ist die Handlung von einer mit Waffen versehenen Person oder von mehreren gemeinschaftlich begangen worden, so tritt Geldstrafe oder Gefängnisstrafe bis zu einem Jahre ein.

Die Verfolgung tritt nur auf Antrag ein. Die Zurücknahme des Antrags ist zulässig.

§ 184

Mit Gefängnis bis zu einem Jahre und mit Geldstrafe oder mit einer dieser Strafen wird bestraft, wer

3. Gegenstände, die zu unzüchtigem Gebrauch bestimmt sind, an Orten, welche dem Publikum zugänglich sind, ausstellt oder solche Gegenstände dem Publikum ankündigt oder anpreist;

3a. in einer Sitte und Anstand verletzenden Weise Mittel, Gegenstände oder Verfahren, die zur Verhütung von Geschlechtskrankheiten dienen, öffentlich ankündigt, anpreist oder solche Mittel oder Gegenstände an einem dem Publikum zugänglichen Orte ausstellt.

§ 218[1])

Eine Frau, die ihre Leibesfrucht abtötet oder die Abtötung durch einen anderen zuläßt, wird mit Gefängnis, in besonders schweren Fällen mit Zuchthaus bestraft.

Der Versuch ist strafbar.

Wer sonst die Leibesfrucht einer Schwangeren abtötet, wird mit Zuchthaus, in minder schweren Fällen mit Gefängnis bestraft. Hat der Täter dadurch die Lebenskraft des deutschen Volkes fortgesetzt beeinträchtigt, so ist auf Todesstrafe zu erkennen.

[1]) Siehe Abschnitt II, 5.

Wer einer Schwangeren ein Mittel oder einen Gegenstand zur Abtötung der Leibesfrucht verschafft, wird mit Gefängnis, in besonders schweren Fällen mit Zuchthaus bestraft.

§ 219[1])

Wer Mittel oder Gegenstände, welche die Schwangerschaft abbrechen oder verhüten oder Geschlechtskrankheiten vorbeugen sollen, vorsätzlich oder fahrlässig einer Vorschrift entgegen herstellt, ankündigt oder in Verkehr bringt, wird mit Gefängnis bis zu zwei Jahren oder mit Geldstrafe bestraft.

§ 222

Wer durch Fahrlässigkeit den Tod eines Menschen verursacht, wird mit Gefängnis bestraft.

§ 223

Wer vorsätzlich einen anderen körperlich mißhandelt oder an der Gesundheit beschädigt, wird wegen Körperverletzung mit Gefängnis bis zu drei Jahren oder mit Geldstrafe bestraft.

Ist die Handlung gegen Verwandte aufsteigender Linie begangen, so ist auf Gefängnis nicht unter einem Monat zu erkennen.

§ 229

Wer vorsätzlich einem anderen, um dessen Gesundheit zu beschädigen, Gift oder andere Stoffe beibringt, welche die Gesundheit zu zerstören geeignet sind, wird mit Zuchthaus bis zu 10 Jahren bestraft.

Ist durch die Handlung eine schwere Körperverletzung verursacht worden, so ist auf Zuchthaus nicht unter fünf Jahren und, wenn durch die Handlung der Tod verursacht worden, auf Zuchthaus nicht unter zehn Jahren oder auf lebenslängliches Zuchthaus zu erkennen.

§ 230

Wer durch Fahrlässigkeit die Körperverletzung eines anderen verursacht, wird mit Geldstrafe oder mit Gefängnis bis zu drei Jahren bestraft.

§ 263

Wer in der Absicht, sich oder einem Dritten einen rechtswidrigen Vermögensvorteil zu verschaffen, das Vermögen eines anderen dadurch schädigt, daß er durch Vorspiegelung falscher oder durch Entstellung oder Unterdrückung wahrer Tatsachen einen Irrtum erregt oder unterhält, wird wegen Betruges mit Gefängnis bestraft, neben welchem auf Geldstrafe, sowie auf Verlust der bürgerlichen Ehrenrechte erkannt werden kann.

Der Versuch ist strafbar.

In besonders schweren Fällen tritt an die Stelle der Gefängnisstrafe Zuchthaus bis zu zehn Jahren. Ein besonders schwerer Fall liegt insbesondere dann vor, wenn die Tat das Wohl des Volkes geschädigt oder einen anderen besonders großen Schaden zur Folge gehabt oder der Täter besonders arglistig gehandelt hat.

§ 302e

Dieselbe Strafe (Gefängnis nicht unter drei Monaten und zugleich Geldstrafe) trifft denjenigen, welcher mit Bezug auf ein Rechtsgeschäft anderer als der im

[1]) Siehe Abschnitt **II.** 5.

§ 302a bezeichneten Art gewerbs- oder gewohnheitsmäßig unter Ausbeutung der Notlage, des Leichtsinns oder der Unerfahrenheit eines anderen sich oder einem Dritten Vermögensvorteile versprechen oder gewähren läßt, welche den Wert der Leistung dergestalt überschreiten, daß nach den Umständen des Falles die Vermögensvorteile in auffälligem Mißverhältnis zu der Leistung stehen.

§ 324

Wer vorsätzlich Brunnen oder Wasserbehälter, welche zum Gebrauche anderer dienen, oder Gegenstände, welche zum öffentlichen Verkaufe und Verbrauche bestimmt sind, vergiftet, oder denselben Stoffe beimischt, von denen ihm bekannt ist, daß sie die menschliche Gesundheit zu zerstören geeignet sind, ingleichen wer solche vergiftete oder mit gefährlichen Stoffen vermischte Sachen wissentlich und mit Verschweigung dieser Eigenschaft verkauft, feilhält oder sonst in Verkehr bringt, wird mit Zuchthaus bis zu zehn Jahren und, wenn durch die Handlung der Tod eines Menschen verursacht worden ist, mit Zuchthaus nicht unter zehn Jahren oder mit lebenslänglichem Zuchthaus bestraft.

§ 326

Ist eine der in den §§ 321—324 bezeichneten Handlungen aus Fahrlässigkeit begangen worden, so ist, wenn durch die Handlung ein Schaden verursacht worden ist, auf Gefängnis bis zu einem Jahr und, wenn der Tod eines Menschen verursacht worden ist, auf Gefängnis von einem Monat bis zu drei Jahren zu erkennen.

§ 342

Ein Beamter, der in Ausübung oder in Veranlassung der Ausübung seines Amtes einen Hausfriedensbruch (§ 123) begeht, wird mit Gefängnis bis zu einem Jahre oder mit Geldstrafe bestraft.

§ 367

Mit Geldstrafe bis zu 150 M. oder mit Haft wird bestraft:

3. wer ohne polizeiliche Erlaubnis Gift oder Arzneien, soweit der Handel mit denselben nicht freigegeben ist, zubereitet, feilhält, verkauft oder sonst an andere überläßt;
4. wer ohne die vorgeschriebene Erlaubnis Schießpulver oder andere explodierende Stoffe oder Feuerwerke zubereitet;
5. wer bei der Aufbewahrung oder bei der Beförderung von Giftwaren, Schießpulver oder Feuerwerken, oder bei der Aufbewahrung, Beförderung, Verausgabung oder Verwendung von Sprengstoffen oder anderen explodierenden Stoffen, oder bei Ausübung der Befugnis zur Zubereitung oder Feilhaltung dieser Gegenstände sowie der Arzneien die deshalb ergangenen Verordnungen nicht befolgt;

5a. wer bei Versendung oder bei Beförderung von leicht entzündlichen oder ätzenden Gegenständen durch die Post die deshalb ergangenen Verordnungen nicht befolgt;

6. wer Waren, Materialien oder andere Vorräte, welche sich leicht von selbst entzünden oder leicht Feuer fangen, an Orten oder in Behältnissen aufbewahrt, wo ihre Entzündung gefährlich werden kann, oder wer Stoffe, die nicht ohne Gefahr einer Entzündung beieinanderliegen können, ohne Absonderung aufbewahrt;

8. wer ohne polizeiliche Erlaubnis an bewohnten oder von Menschen besuchten Orten Selbstgeschosse, Schlageisen oder Fußangeln legt oder an solchen Orten mit Feuergewehr oder anderem Schießwerkzeuge schießt, oder Feuerwerkskörper abbrennt.

§ 368

Mit Geldstrafe bis zu 150 M. oder mit Haft bis zu 14 Tagen wird bestraft:

7. wer in gefährlicher Nähe von Gebäuden oder feuerfangenden Sachen mit Feuergewehr schießt oder Feuerwerke abbrennt.

3. Strafprozeßordnung

(StPO.)

(Anlage 3 zu dem Gesetz zur Wiederherstellung der Rechtseinheit auf dem Gebiete der Gerichtsverfassung, der bürgerlichen Rechtspflege, des Strafverfahrens und des Kostenrechts. Vom 12. September 1950. BGBl. 1950, Nr. 40, S. 455)

(Für Berlin-West: Gesetz vom 9. Januar 1951, VOBl. BlnW. I 1951, Nr. 8, S. 99.)

§ 94

Gegenstände, die als Beweismittel für die Untersuchung von Bedeutung sein können oder der Einziehung unterliegen, sind in Verwahrung zu nehmen oder in anderer Weise sicherzustellen.

Befinden sich die Gegenstände in dem Gewahrsam einer Person und werden sie nicht freiwillig herausgegeben, so bedarf es der Beschlagnahme.

§ 98

Beschlagnahmen dürfen nur durch den Richter, bei Gefahr im Verzug auch durch die Staatsanwaltschaft und ihre Hilfsbeamten (§ 152 des Gerichtsverfassungsgesetzes) angeordnet werden.

Der Beamte, der einen Gegenstand ohne richterliche Anordnung beschlagnahmt hat, soll binnen drei Tagen die richterliche Bestätigung nachsuchen, wenn bei der Beschlagnahme weder der davon Betroffene noch ein erwachsener Angehöriger anwesend war, oder wenn der Betroffene und im Falle seiner Abwesenheit ein erwachsener Angehöriger des Betroffenen gegen die Beschlagnahme ausdrücklichen Widerspruch erhoben hat. Der Betroffene kann jederzeit die richterliche Entscheidung nachsuchen. Solange die öffentliche Klage noch nicht erhoben ist, entscheidet der Amtsrichter, in dessen Bezirk die Beschlagnahme stattgefunden hat.

Ist nach erhobener öffentlicher Klage die Beschlagnahme durch die Staatsanwaltschaft oder einen ihrer Hilfsbeamten erfolgt, so ist binnen drei Tagen dem Richter von der Beschlagnahme Anzeige zu machen; die beschlagnahmten Gegenstände sind ihm zur Verfügung zu stellen.

§ 102

Bei dem, welcher als Täter oder Teilnehmer einer strafbaren Handlung oder als Begünstigter oder Hehler verdächtig ist, kann eine Durchsuchung der Wohnung und anderer Räume sowie seiner Person und der ihm gehörenden Sachen, sowohl zum Zweck seiner Ergreifung als auch dann vorgenommen werden, wenn zu vermuten ist, daß die Durchsuchung zur Auffindung von Beweismitteln führen würde.

§ 103

Bei anderen Personen sind Durchsuchungen nur zur Ergreifung des Beschuldigten oder zur Verfolgung von Spuren einer strafbaren Handlung oder zur Beschlagnahme bestimmter Gegenstände und nur dann zulässig, wenn Tatsachen vorliegen, aus denen zu schließen ist, daß die gesuchte Person, Spur oder Sache sich in den zu durchsuchenden Räumen befindet.

Diese Beschränkung gilt nicht für Räume, in denen der Beschuldigte ergriffen worden ist, oder die er während der Verfolgung betreten hat, oder in denen eine unter Polizeiaufsicht stehende Person wohnt oder sich aufhält.

§ 104

Zur Nachtzeit dürfen die Wohnung, die Geschäftsräume und das befriedete Besitztum nur bei Verfolgung auf frischer Tat oder bei Gefahr im Verzug oder dann durchsucht werden, wenn es sich um die Wiederergreifung eines entwichenen Gefangenen handelt.

Diese Beschränkung gilt nicht für Wohnungen von Personen, die unter Polizeiaufsicht stehen, sowie auf Räume, die zur Nachtzeit jedermann zugänglich oder die der Polizei als Herbergen oder Versammlungsorte bestrafter Personen, als Niederlagen von Sachen, die mittels strafbarer Handlungen erlangt sind, oder als Schlupfwinkel des Glücksspiels oder gewerbsmäßiger Unzucht bekannt sind.

Die Nachtzeit umfaßt in dem Zeitraum vom 1. April bis 30. September die Stunden von 9 Uhr abends bis 4 Uhr morgens und in dem Zeitraum vom 1. Oktober bis 31. März die Stunden von 9 Uhr abends bis 6 Uhr morgens.

§ 105

Durchsuchungen dürfen nur durch den Richter, bei Gefahr im Verzug auch durch die Staatsanwaltschaft und ihre Hilfsbeamten (§ 152 des Gerichtsverfassungsgesetzes) angeordnet werden.

Wenn eine Durchsuchung der Wohnung, der Geschäftsräume oder des befriedeten Besitztums ohne Beisein des Richters oder des Staatsanwalts stattfindet, so sind, wenn möglich, ein Gemeindebeamter oder zwei Mitglieder der Gemeinde, in deren Bezirk die Durchsuchung erfolgt, zuzuziehen. Die als Gemeindemitglieder zugezogenen Personen dürfen nicht Polizeibeamte oder Hilfsbeamte der Staatsanwaltschaft sein.

Die in den vorstehenden Absätzen angeordneten Beschränkungen der Durchsuchung gelten nicht für die im § 104 Abs. 2 bezeichneten Wohnungen und Räume.

§ 106

Der Inhaber der zu durchsuchenden Räume oder Gegenstände darf der Durchsuchung beiwohnen. Ist er abwesend, so ist, wenn möglich, sein Vertreter oder ein erwachsener Angehöriger, Hausgenosse oder Nachbar zuzuziehen.

Dem Inhaber oder der in dessen Abwesenheit zugezogenen Person ist in den Fällen des § 103 Abs. 1 der Zweck der Durchsuchung vor deren Beginn bekanntzumachen. Diese Vorschrift findet keine Anwendung auf die Inhaber der im § 104 Abs. 2 bezeichneten Räume.

§ 107

Dem von der Durchsuchung Betroffenen ist nach deren Beendigung auf Verlangen eine schriftliche Mitteilung zu machen, die den Grund der Durchsuchung

(§§ 102, 103) sowie im Falle des § 102 die strafbare Handlung bezeichnen muß. Auch ist ihm auf Verlangen ein Verzeichnis der in Verwahrung oder in Beschlag genommenen Gegenstände, falls aber nichts Verdächtiges gefunden wird, eine Bescheinigung hierüber zu geben.

§ 108

Werden bei Gelegenheit einer Durchsuchung Gegenstände gefunden, die zwar in keiner Beziehung zu der Untersuchung stehen, aber auf die Verübung einer anderen strafbaren Handlung hindeuten, so sind sie einstweilen in Beschlag zu nehmen. Die Staatsanwaltschaft ist hiervon Kenntnis zu geben.

§ 109

Die in Verwahrung oder in Beschlag genommenen Gegenstände sind genau zu verzeichnen und zur Verhütung von Verwechselungen durch amtliche Siegel oder in sonst geeigneter Weise kenntlich zu machen.

§ 110

Eine Durchsicht der Papiere des von der Durchsuchung Betroffenen steht nur dem Richter zu.

Andere Beamte sind zur Durchsicht der aufgefundenen Papiere nur dann befugt, wenn der Inhaber die Durchsicht genehmigt. Andernfalls haben sie die Papiere, deren Durchsicht sie für geboten erachten, in einem Umschlage, der in Gegenwart des Inhabers mit dem Amtssiegel zu verschließen ist, an den Richter abzuliefern.

Dem Inhaber der Papiere oder dessen Vertreter ist die Beidrückung seines Siegels gestattet; auch ist er, falls demnächst die Entsiegelung und Durchsicht der Papiere angeordnet wird, wenn möglich, zur Teilnahme aufzufordern.

Der Richter hat die zu einer strafbaren Handlung in Beziehung stehenden Papiere der Staatsanwaltschaft mitzuteilen.

§ 111

Gegenstände, die durch die strafbare Handlung dem Verletzten entzogen wurden, sind, falls nicht Ansprüche Dritter entgegenstehen, nach Beendigung der Untersuchung und geeignetenfalls schon vorher von Amts wegen dem Verletzten zurückzugeben, ohne daß es eines Urteils hierüber bedarf.

Dem Beteiligten bleibt vorbehalten, seine Rechte im Zivilverfahren geltend zu machen.

§ 153

Übertretungen werden nicht verfolgt, wenn die Schuld des Täters gering ist und die Folgen der Tat unbedeutend sind, es sei denn, daß ein öffentliches Interesse an der Herbeiführung einer gerichtlichen Entscheidung besteht.

Ist bei einem Vergehen die Schuld des Täters gering und sind die Folgen der Tat unbedeutend, so kann die Staatsanwaltschaft mit Zustimmung des Amtsrichters von der Erhebung der öffentlichen Klage absehen.

Ist die Klage bereits erhoben, so kann das Gericht mit Zustimmung der Staatsanwaltschaft das Verfahren einstellen; der Beschluß kann nicht angefochten werden.

X. Bestimmungen aus der Naturschutzgesetzgebung

1. Auszug aus dem Reichsnaturschutzgesetz

Vom 26. Juni 1935 (RGBl. I S. 821)

§ 1

Gegenstand des Naturschutzes

Das Reichsnaturschutzgesetz dient dem Schutze und der Pflege der heimatlichen Natur in allen ihren Erscheinungen. Der Naturschutz im Sinne dieses Gesetzes erstreckt sich auf:

a) Pflanzen und nichtjagdbare Tiere,
b) Naturdenkmale und ihre Umgebung,
c) Naturschutzgebiete,
d) sonstige Landschaftsteile in der freien Natur,

deren Erhaltung wegen ihrer Seltenheit, Schönheit, Eigenart oder wegen ihrer wissenschaftlichen, heimatlichen, forst- oder jagdlichen Bedeutung im allgemeinen Interesse liegt.

§ 2

Planzen und Tiere

Der Schutz von Pflanzen und nicht jagdbaren Tieren erstreckt sich auf die Erhaltung seltener oder in ihrem Bestande bedrohter Pflanzenarten und Tierarten und auf die Verhütung mißbräuchlicher Aneignung und Verwertung von Pflanzen und Pflanzenteilen oder Tieren (z. B. durch Handel mit Schmuckreisig, Handel oder Tausch mit Trockenpflanzen, Massenfänge und industrielle Verwertung von Schmetterlingen oder anderen Schmuckformen der Tierwelt).

§ 4

Naturschutzgebiete

(1) Naturschutzgebiete im Sinne dieses Gesetzes sind bestimmt abgegrenzte Bezirke, in denen ein besonderer Schutz der Natur in ihrer Ganzheit (erdgeschichtlich bedeutsame Formen der Landschaft, natürliche Pflanzenvereine, natürliche Lebensgemeinschaft der Tierwelt) oder in einzelnen ihrer Teile (Vogelfreistätten, Vogelschutzgehölze, Pflanzenschonbezirke u. dgl.) aus wissenschaftlichen, geschichtlichen, heimat- und volkskundlichen Gründen oder wegen ihrer landschaftlichen Schönheit oder Eigenart im öffentlichen Interesse liegt.

§ 7

Naturschutzbehörden

(Die Aufgaben der obersten Naturschutzbehörde werden jetzt von den Ländern wahrgenommen.)

Schutz von Pflanzen und Tieren

§ 11

(1) Die oberste Naturschutzbehörde kann für den ganzen Umfang oder einen Teil des Reichsgebiets Anordnungen nach § 2 erlassen. Aufwendungen irgendwelcher Art können durch derartige Anordnungen nicht gefordert, dagegen kann die Verpflichtung zur Duldung von Schutz- und Erhaltungsmaßnahmen auferlegt werden, soweit dem Eigentümer hierdurch keine wesentlichen Nachteile entstehen.

(2) Die ergehenden Anordnungen gelten, soweit darin nichts anderes bestimmt ist, gegenüber jedermann.

(3) Die Durchführung der Anordnungen liegt den Naturschutzbehörden und den von ihnen beautragten Behörden ob.

§ 27

Inkrafttreten des Gesetzes

(1) Die Vorschriften der §§ 1 bis 6, 24 bis 26 treten mit dem auf die Verkündung dieses Gesetzes folgenden Tag in Kraft.

(2) Im übrigen tritt das Gesetz am 1. Oktober 1935 in Kraft.

(3) Die auf Grund der bisherigen Landesgesetze erlassenen Einzelanordnungen bleiben bis zu ihrer ausdrücklichen Aufhebung in Kraft.

2. Auszug aus der Verordnung zum Schutze der wildwachsenden Pflanzen und der nichtjagdbaren wildlebenden Tiere (Naturschutzverordnung)

Vom 18. März 1936 (RGBl. I S. 181)
in der Fassung der Verordnung vom 16. März 1940 (RGBl. I S. 567)

I. Abschnitt

Schutz der wildwachsenden Pflanzen

Allgemeine Schutzvorschriften

§ 1

(1) Es ist verboten, wildwachsende Pflanzen mißbräuchlich zu nutzen oder ihre Bestände zu verwüsten; hierzu gehören besonders die offensichtlich übermäßige Entnahme von Blumen und Farnkräutern, das böswillige und zwecklose Niederschlagen von Stauden und Uferpflanzen, das unbefugte Abbrennen der Pflanzendecke u. dgl., auch wenn dabei im einzelnen Fall ein wirtschaftlicher Schaden nicht entsteht.

(2) Diese Vorschriften gelten, unbeschadet der Bestimmungen des § 14, nicht für den Fall, daß Pflanzen oder Pflanzenteile bei der ordnungsmäßigen Nutzung des Bodens, bei Kulturarbeiten oder bei der Unkraut- und Schädlingsbekämpfung vernichtet oder beschädigt werden, soweit nicht besondere Schutzvorschriften dem entgegenstehen.

§ 2

(1) Es ist verboten, ohne Erlaubnis der zuständigen höheren Naturschutzbehörde standortsfremde oder ausländische Gewächse in der freien Natur auszusäen oder anzupflanzen.

(2) Dieses Verbot gilt nicht für das Aussäen oder Anpflanzen von Gewächsen in Gärten, Parken, Friedhöfen, auf Versuchsfeldern oder zu sonstigen land- und forstwirtschaftlichen Zwecken.

§ 3

(1) Es ist verboten, ohne Erlaubnis der obersten Naturschutzbehörde öffentliche Aufrufe oder Aufforderungen zum Bekämpfen oder Ausrotten wildwachsender Pflanzen zu erlassen, abzudrucken oder zu verbreiten.

(2) Unberührt von dieser Vorschrift bleiben Aufrufe oder Aufforderungen zur Unkraut- und Schädlingsbekämpfung.

Vollkommen geschützte Pflanzenarten

§ 4

Es ist, unbeschadet der Vorschrift des § 1 Abs. 2, verboten, wildwachsende Pflanzen der folgenden Arten zu beschädigen oder von ihrem Standort zu entfernen:

1. Straußfarn, Struthiopteris germanica Willd.
2. Hirschzunge, Scolopendrium vulgare Smith
3. Königsfarn, Osmunda regalis L.
4. Federgras, Stipa pennata L.
5. Lilien, Lilium, alle einheimischen Arten (einschließlich Türkenbund)
6. Schachblume, Fritillaria meleagris L.
7. Schwertel, Siegwurz, Gladiolus, alle einheimischen Arten
8. Orchideen, Knabenkräuter, Orchidaceae, die folgenden Gattungen und Arten: Frauenschuh, Cypripedium calceolus L.; Waldvögelein, Cephalanthera; Kohlröschen, Brändlein, Nigritella; Kuckucksblume, Plantanthera; Fliegen-, Bienen-, Hummel- und Spinnenblume, Ophrys; Dingel, Limodorum abortivum (L.) Swartz; Riemenzunge, Himantoglossum hircinum (L.) Spr.
9. Pfingstnelke, Felsennelke, Dianthus caesius Smith
10. Berghähnlein, Anemone narcissiflora L.
11. Alpen-Anemone, Teufelsbart, Anemone alpina L., einschließlich ihrer gelben Abart Anomone sulphurea L.
12. Großes Windröschen, Anemone silvestris L.
13. Akelei, Aquilegia, alle einheimischen Arten
14. Küchenschelle, Pulsatilla, alle einheimischen Arten
15. Frühlingsadonisröschen, Adonis vernalis L.
16. Weiße und Gelbe Seerosen, Nymphaea und Nuphar, alle einheimischen Arten
17. Diptam, Dictamnus albus L.
18. Seidelbast, Steinrösl, Daphne, alle einheimischen Arten
19. Stranddistel oder Seestrand-Mannstreu und Blaudistel oder Alpen-Mannstreu, Eryngium maritimum L. und E. alpinum L.
20. Alpenveilchen, Cyclamen europaeum L.
21. Aurikel, Petergstamm, Primula auricula L. und alle rotblühenden Arten der Gattung Primula
22. Gelber Fingerhut, Digitalis ambigua Murr. und Digitalis lutea L.
23. Enzian, Gentiana, die folgenden Arten: Stengelloser Enzian, Gentiana acaulis L., mit den beiden Unterarten Gentiana Clusii P. u. S. und Gentiana

Kochiana P. u. S.; Gefranster Enzian, Gentiana ciliata L.; Lungen-Enzian, Gentiana pneumonanthe L.; Gelber Enzian, Gentiana lutea L.

24. Edelweiß, Leontopodium alpinum L.

Teilweise geschützte Pflanzenarten

§ 5

Es ist, unbeschadet der Vorschrift des § 1 Abs. 2, verboten, die unterirdischen Teile (Wurzelstöcke, Zwiebeln) oder die Rosetten wildwachsender Pflanzen der folgenden Arten zu beschädigen oder von ihrem Standort zu entfernen:

1. Maiglöckchen, Convallaria majalis L.
2. Meerzwiebel, Scilla, alle einheimischen Arten
3. Wilde Hyazinthe, Muscari, alle einheimischen Arten
4. Gemeines Schneeglöckchen, Galanthus nivalis L.
5. Großes Schneeglöckchen, Märzenbecher, Leucoium vernum L.
6. Grüne und Schwarze Nieswurz oder Christrose, Schneerose, Helleborus viridis L. und Helleborus niger L.
7. Alle rosetten- und polsterbildende Arten oder Gattungen Leimkraut, Silene, Hauswurz, Sempervivum, Steinbrech, Saxifraga, Mannsschild, Androsaces
8. Himmelschlüssel, Primel, alle nicht im § 4 genannten Arten.

Verkehr mit geschützten Pflanzen

§ 6

Es ist verboten, Pflanzen oder Pflanzenteile der nach § 4 geschützten Arten sowie die nach § 5 geschützten Pflanzenteile frisch oder trocken mitzuführen, zu versenden, feilzuhalten, ein- und auszuführen, sie anderen zu überlassen, zu erwerben, in Gewahrsam zu nehmen oder bei solchen Handlungen mitzuwirken.

§ 7

(1) Wer durch Anbau im Inland gewonnene Pflanzen geschützter Arten oder Teile von solchen zu Handelszwecken anbietet oder befördert, hat sich über ihre Herkunft auszuweisen.

(2) Als Ausweis gilt:

1. für den Erzeuger eine von der Ortspolizeibehörde ausgestellte Bescheinigung, aus der hervorgeht, welche Arten und Mengen geschützter Pfanzen er in seinem Betriebe anbaut,
2. für Wiederverkäufer eine vom Verkäufer ausgestellte, mit genauer Zeitangabe versehene Bescheinigung über den rechtmäßigen Erwerb der Pflanzen.

(3) Die nach Abs. 1 zum Führen eines Ausweises Verpflichteten haben diesen bei sich zu tragen und den Aufsichtsbeamten auf Verlangen vorzuzeigen.

(4) Zum Nachweis der Herkunft der Pflanzen oder Pflanzenteile geschützter Arten sind auch die Inhaber von Betrieben verpflichtet, die solche Pflanzen gewerblich verarbeiten.

(5) . . . . . .

§ 8

(1) Lehrmittelgeschäfte, Naturalien- und Herbarienhändler, botanische Tauschstellen und -vereine müssen über die in ihrem Besitz befindlichen frischen oder getrockneten Pflanzen geschützter Arten, auch wenn es sich um angebaute Pflanzen handelt, ein Aufnahme- und Auslieferungsbuch nach folgendem Muster führen:

Lfd. Nr.	Eingangstag	Bezeichnung d. im Bestand vorhandenen od. übernommenen Gutes nach Art und Zahl	Name und genaue Anschrift des Einlieferers oder der sonstigen Bezugsquelle	Abgangstag	Name und genaue Anschrift d. Empfängers, Käufers oder Art des sonstigen Abgangs
1	2	3	4	5	6

(2) Das Buch muß dauerhaft gebunden und mit laufenden, von der Ortspolizeibehörde beglaubigten Seitenzahlen versehen sein. Die Eintragungen sind unverzüglich mit Tinte oder mit Tintenstift vorzunehmen. In dem Buche darf nichts radiert und nichts unleserlich gemacht werden; es ist den zuständigen Aufsichtsbeamten und den Beauftragten für Naturschutz auf Verlangen vorzuzeigen.

Sammeln von Pflanzen

§ 9

(1) Wer wildwachsende Pflanzen nichtgeschützter Arten (Blumen, Heilkräuter, Farne u. dgl.) oder Teile von solchen für den Handel oder für gewerbliche Zwecke sammelt, muß einen von der zuständigen Ortspolizei- oder Forstbehörde ausgestellten, für das Kalenderjahr gültigen Erlaubnisschein mit sich führen, aus dem hervorgeht, für welche Örtlichkeiten das Sammeln erlaubt ist und welche Pflanzenarten zum Sammeln freigegeben sind. Vor dem Ausstellen des Erlaubnisscheins ist der zuständige Beauftragte für Naturschutz zu hören.

(2) Die folgenden Arten dürfen zum Sammeln für den Handel oder für gewerbliche Zwecke nicht freigegeben werden:

1. Rippenfarn, Blechnum spicant (L.) Smith
2. Schlangenmoos, Bärlapp, Lycopodium, alle heimischen Arten
3. Eibe, Taxus baccata L.
4. Wacholder, Juniperus communis L., mit Ausnahme der Beeren
5. Meerzwiebel, Scilla, alle einheimischen Arten
6. Gemeines Schneeglöckchen, Galanthus nivalis L., und Großes Schneeglöckchen, Märzenbecher, Leucoium vernum L.
7. Narzissen, Narcissus, alle einheimischen Arten
8. Grüne und Schwarze Nieswurz oder Christrose, Schneerose, Helleborus viridis L. und Helleborus niger L.
9. Schwertlilie, Iris, alle einheimischen Arten
10. Händelwurz, Gymnadenia, und Knabenkraut, Orchis, alle einheimischen Arten
11. Gagelstrauch, Myrica Gale L.
12. Trollblume, Trollius europaeus L.
13. Eisenhut, Aconitum, alle einheimischen Arten
14. Leberblümchen, Hepatica triloba Gil.
15. Sonnentau, Drosera, alle einheimischen Arten
16. Hülse, Stechpalme, Ilex aquifolium L.
17. Geißbart, Aruncus silvester Kost.
18. Eichenblättriges Wintergrün, Chimophila umbellata (L.) Nutt.

19. Sumpfporst, Mottenkraut, Ledum palustre L.
20. Alpenrosen, alle Arten, Rhododendron ferrugineum L. und Rhododendron hirsutum L. und Rhodothamnus chamaecistus (L.) Rchb.
21. Himmelschlüssel, Primula, alle nicht im § 4 genannten Arten
22. Enzian, Gentiana, alle nicht im § 4 genannten Arten
23. Tausendgüldenkraut, Erythraea, alle einheimischen Arten
24. Echter oder Gelber Speik, Valeriana celtica L.
25. Bergwohlverleih, Arnica montana L.
26. Stengellose Eberwurz, Silberdistel, Wetterdistel, Carlina acaulis L.

Im Ausnahmefall kann das Sammeln nach Abs. 1 von Pflanzen der unter den Nrn. 4, 13, 16, 19, 21, 23, 25 und 26 genannten Arten in Gegenden, wo sie häufig vorkommen, von der höheren Naturschutzbehörde zeitweilig freigegeben werden.

(3) Für das Anbieten oder Befördern angebauter Pflanzen der im Abs. 2 genannten Arten gelten die Vorschriften des § 7.

Schmuckreisig

§ 10

(1) Es ist verboten, von Bäumen oder Sträuchern in Wäldern, Gebüschen oder an Hecken Schmuckreisig unbefugt zu entnehmen, gleichgültig, ob im einzelnen Fall ein wirtschaftlicher Schaden entsteht oder nicht.

(2) Als Schmuckreisig gelten Bäume, Sträucher, Bündel von Zweigen, die geeignet sind, als Grünschmuck von Innenräumen aller Art, von Gebäuden, Straßen, Plätzen und Fahrzeugen, zu Girlanden, zur Kranzbinderei oder als winterliches Deckreisig verwendet zu werden, z. B. Weihnachtsbäume, Pfingstmaien, Zweige von Nadelbäumen, Laubbäumen und Sträuchern, besonders auch kätzchentragende Weiden-, Hasel-, Espen-, Erlen- und Birkenzweige, Zweige der Felsenbirne u. dgl.

§ 11

(1) Wer Schmuckreisig zu Handelszwecken mit sich führt, befördert oder anbietet, hat sich über den rechtmäßigen Erwerb auszuweisen.

(2) Als Ausweis gilt:

1. wenn das Schmuckreisig vom Nutzungsberechtigten des Grundstücks, auf dem es gewachsen ist, angeboten oder befördert wird, eine Bescheinigung der Ortspolizeibehörde, aus der hervorgeht, welche Baum- und Straucharten und welche Mengen davon auf dem Grundstück genutzt werden,
2. wenn das Schmuckreisig aus einem fremden Grundstück entnommen wurde, eine mit genauer Zeitangabe versehene Bescheinigung des Nutzungsberechtigten oder der amtlichen Verabfolgungszettel. Für Wiederverkäufer gilt § 7 Abs. 2 Nr. 2.

(3) Die Ausweise sind von ihren Inhabern mitzuführen und den Aufsichtsbeamten auf Verlangen vorzuzeigen.

(4) Die oberste Naturschutzbehörde kann die für Handelszwecke bestimmte Entnahme von Schmuckreisig aus wildwachsenden Beständen und den Handel damit für bestimmte Gebiete und Zeiträume einschränken oder untersagen.

Ausnahmen

§ 29

(1) Die oberste Naturschutzbehörde und mit ihrer Ermächtigung die höheren Naturschutzbehörden können zum Abwenden wesentlicher wirtschaftlicher Schäden zu Forschungs-, Unterrichts-, Lehr- oder Zuchtzwecken u. dgl. Ausnahmen von den Vorschriften dieser Verordnung zulassen.

(2) Die Leiter und die wissenschaftlichen Hilfskräfte staatlicher naturwissenschaftlicher Anstalten können für Forschungs- und Unterrichtszwecke:

1. Pflanzen und Pflanzenteile der nach den §§ 4 und 5 geschützten Arten in begrenzter Zahl von ihrem Standort entnehmen,
2. einzelne Tiere der nach § 24 Abs. 1 geschützten Arten fangen.

Strafen

§ 30

(1) Wer den Vorschriften dieser Verordnung vorsätzlich oder fahrlässig zuwiderhandelt, wird mit Haft und mit Geldstrafe bis zu 150 Reichsmark oder mit einer dieser Strafen bestraft.

(2) Wird die Tat gewerbs- oder gewohnheitsmäßig begangen oder liegt sonst ein besonders schwerer Fall vor, so wird die Tat mit Gefängnis bis zu zwei Jahren und mit Geldstrafe oder mit einer dieser Strafen bestraft.

(3) Entwendungen und vorsätzliche Beschädigungen sowie die Teilnahme und die Begünstigung in bezug auf solche Taten sind nach den Vorschriften dieser Verordnung nur strafbar, wenn der Wert des entwendeten Gutes oder des angerichteten Schadens 20 Reichsmark nicht übersteigt; andernfalls kommen die im Reichsstrafgesetzbuch hierfür angedrohten Strafen zur Anwendung.

(4) Wer es unterläßt, Jugendliche unter 18 Jahren, die seiner Aufsicht unterstehen, von einer Zuwiderhandlung gegen die Vorschriften dieser Verordnung abzuhalten, wird ebenfalls nach Abs. 1 bestraft.

Einziehung

§ 31

(1) Neben der Strafe kann auf Einziehung der beweglichen Gegenstände, auf die sich die Tat bezieht oder die zur Begehung der Tat gebraucht oder bestimmt waren, erkannt werden, und zwar ohne Unterschied, ob die Gegenstände dem Täter gehören oder nicht.

(2) In amtliche Verwahrung genommene Gegenstände können, wenn ihr Verderb zu befürchten ist, schon vor der Rechtskraft der Entscheidung über ihre Einziehung verwertet werden. Sie sind der zuständigen Naturschutzstelle für gemeinnützige Zwecke zu überweisen.

(3) Kann keine bestimmte Person verfolgt oder verurteilt werden, so kann auf Einziehung selbständig erkannt werden, wenn im übrigen die Voraussetzungen hierfür vorliegen.

Ortspolizeibehörde ....
Forstamt ....

Sammlerausweis Nr......

für das Jahr 19.....

Auf Grund des § 9 Abs. 1 der Naturschutzverordnung vom 18. März 1936 (RGBl. I S. 181) wird Herrn/Frau*) ....
wohnhaft in ...., (Str. u. Nr.) ...., Kreis ....
hierdurch erlaubt, innerhalb des folgenden Gebietes ....
....
die nachgenannten Pflanzen, Pflanzenteile*) zu sammeln. Der Sammler ist zu schonender Behandlung der Pflanzenbestände verpflichtet. In Schonungen und Dickungen sowie an den nachbezeichneten Stellen ist das Sammeln verboten.

Den Anweisungen der Feldpolizeibeamten und Forstaufsichtspersonen ist Folge zu leisten. Der Ausweis ist nur gültig, wenn er neben der Unterschrift den Stempel der zuständigen Ortspolizei- oder Forstbehörde*) trägt; er macht die besondere Genehmigung des Grundstückseigentümers nicht entbehrlich.

*) Anmerkung: Nichtzutreffendes ist zu durchstreichen.

Rückseite

Folgende Pflanzen, Pflanzenteile*) dürfen in den vorher bezeichneten Gebieten gesammelt werden: ....
....
....

Das Sammeln ist jedoch verboten in den folgenden Gebieten: ....
....
....
....
....

Stempel
der zuständigen
Ortspolizeibehörden
des Forstamts

................, den .... 19......

*) Anmerkung: Nichtzutreffendes ist zu durchstreichen.

XI. Übersicht über sonstige für den Drogisten wichtige gesetzliche Bestimmungen

Patentgesetz.

Vom 5. Mai 1936 (RGBl. II S. 117) mit Änderungen vom 9. April 1938 (RGBl. II S. 129), 23. Oktober 1941 (RGBl. II S. 372) und 12. Mai 1943 (RGBl. II S. 150).

Patentgesetz für die DDR.

Vom 6. September 1950 (GBl. DDR. 1950, Nr. 106, S. 989).

Warenzeichengesetz.

Vom 5. Mai 1936 (RGBl. II S. 134).

Gesetz betreffend den Schutz von Erfindungen, Mustern und Warenzeichen auf Ausstellungen.

Vom 18. März 1904 (RGBl. S. 141).

Gesetz gegen den unlauteren Wettbewerb.

Vom 7. Juni 1909 (RGBl. I S. 499),
in der Fassung des Gesetzes vom 21. März 1925 (RGBl. II S. 115), des zweiten Teiles der Verordnung des Reichspräsidenten vom 9. März 1932 (RGBl. I S. 122), des Gesetzes vom 26. Februar 1935 (RGBl. I S. 311) und der Verordnung vom 8. März 1940 (RGBl. I S. 480).

Zugabeverordnung (Verordnung des Reichspräsidenten zum Schutze der Wirtschaft.)

Vom 9. März 1932 (RGBl. I S. 121).

Gesetz über das Zugabewesen

Vom 12. Mai 1933 (RGBl. I S. 264).

Rabattgesetz (Gesetz über Preisnachlässe).

Vom 25. November 1933 (RGBl. I S. 1011).

Verordnung zur Durchführung des Gesetzes über Preisnachlässe (Rabattgesetz).

Vom 21. Februar 1934 (RGBl. I S. 120).

Gesetz über den Verkauf von Waren aus Automaten.

Vom 6. Juli 1934 (RGBl. I S. 585).

Ausführungsverordnung zum Gesetz über den Verkauf von Waren aus Automaten.

Vom 14. August 1934 (RGBl. I S. 814).

Kriegswirtschaftsverordnung.

Vom 4. September 1939 (RGBl. I S. 1609), ergänzt durch Verordnung vom 25. März 1942 (RGBl. I S. 147).

Verordnung über den Warenverkehr

in der Fassung vom 11. Dezember 1942 (RGBl. I S. 686).

Verordnung über Strafen und Strafverfahren bei Zuwiderhandlungen gegen Vorschriften auf dem Gebiete der Bewirtschaftung bezugsbeschränkter Erzeugnisse (Verbrauchsregelungs-Strafverordnung)

in der Fassung vom 26. November 1941 (RGBl. I S. 734; 1942 I S. 138).

Verordnung (des Reichskommissars für Preisbildung) über Preisauszeichnung.

Vom 16. November 1940 (RGBl. I S. 1535), in der Fassung vom 6. April 1944 (RGBl. I, S. 97).

Verordnung über Strafen und Strafverfahren bei Zuwiderhandlungen gegen Preisvorschriften (Preisstrafrechtsverordnung)

in der ab 1. November 1944 geltenden Fassung vom 26. Oktober 1944 (RGBl. 1944 I S. 264).

Verordnung über Handelsbeschränkungen.

Vom 13. Juli 1923 (RGBl. I S. 691 und 706).

Bekanntmachung betr. den Kleinhandel mit Kerzen.

Vom 4. Dezember 1901 (RGBl. I S. 494) und 25. September 1926 (RGBl. I S. 471).

Zündwarensteuergesetz.

Vom 9. Juli 1923 in der Fassung vom 26. Januar 1939 (RGBl. I S. 92).

Verwendung ölfreier Anstriche für Lebensmittelräume.

RdErl. d. RuPrMdI. vom 16. Mai 1938 (MBliV. S. 891).

Polizeiverordnung über den Vertrieb von natriumsuperoxydhaltigen Waschmitteln.

Vom 16. September 1938 (PrGS. 1938 Nr. 19 und RdErl. d. RMdI. im RMBliV. 1938, Nr. 40, Sp. 1589).

Die V. verbietet den Vertrieb natriumsuperoxydhaltiger Waschmittel zum Gebrauch im Haushalt.

Warnung des Reichsgesundheitsamts vor der Verwendung von Wasserstoffsuperoxyd zur Auffrischung von Fischen.

(RGesundhBl. 1939 S. 129.)

Verordnung über die Gewinnung von Lärchenharz (Lärchenterpentin).

Vom 13. Juni 1942 (RGBl. I S. 455).

Verordnung über die Herstellung und die Anwendung von Kesselsteingegenmitteln, Kesselsteinlösemitteln und Kesselinnenanstrichmitteln.

Vom 17. Dezember 1942 (RGBl. I S. 727) mit Änderungen vom 19. April 1944 (RGBl. I S. 144).

Verordnung über das Verbot der Herstellung und Verpackung von Zahnpulver in Heimarbeit.

Vom 15. Dezember 1942 (RGBl. I S. 726).

Zahnpulver darf in Heimarbeit weder hergestellt noch verpackt werden. Heimarbeiter dürfen mit solchen Arbeiten nicht beauftragt werden.

Verordnung über das Verbot der Herstellung und Verpackung von Verbandmitteln und Verbandstoffen in Heimarbeit.

Berliner V. vom 11. Januar 1946 (VOBl. Bln. 1946 S. 27).

Verbandstoffe und sonstige Verbandmittel dürfen in Heimarbeit weder hergestellt noch verpackt werden.

Bekanntmachung über Präparate zur Herstellung von Kaltdauerwellen.

Bek. des Bayer. Staatsministeriums d. I. vom 10. März 1950 und 27. September 1950 (Staatsanzeiger 1950 Nr. 12 und Nr. 39).

Erlaß betr. Kaltdauerwellen.

Hessischer Erlaß vom 17. August 1949.

XII. Anhang

Der Verkehr mit Giften in der DDR.

Gesetz über den Verkehr mit Giften (Giftgesetz)

Vom 6. September 1950

(GBl. DDR. 1950, Nr. 105, S. 977)

I.

Gifte und Verzeichnis der Gifte

§ 1

Gifte im Sinne dieses Gesetzes sind die im Verzeichnis der Gifte (Anlage I) aufgeführten Naturerzeugnisse, Chemikalien und Zubereitungen. Andere Gifte dürfen nicht in Verkehr gebracht werden.

§ 2

(1) Das Verzeichnis der Gifte wird vom Ministerium für Arbeit und Gesundheitswesen geführt. Es entscheidet im Einvernehmen mit dem Ministerium des Innern und dem Ministerium für Industrie über Eintragungen, Löschungen und sonstige Änderungen im Verzeichnis der Gifte und veröffentlicht diese im Gesetzblatt der Deutschen Demokratischen Republik.

(2) Das Ministerium für Arbeit und Gesundheitswesen ist im Einvernehmen mit dem Ministerium des Innern und dem Ministerium für Industrie berechtigt, für Gifte einen bestimmten Verwendungszweck vorzuschreiben. Dieses ist im Verzeichnis der Gifte zu vermerken.

(3) Das Verzeichnis ist nach dem Grade der Gefährlichkeit der Gifte in drei Abteilungen zu unterteilen.

II.

Erlaubnis zum Verkehr mit Giften

§ 3

(1) Die Herstellung, Verarbeitung, Bearbeitung und Aufbewahrung von Giften, ihre Verwendung im Gewerbebetrieb sowie der Handel mit ihnen bedarf neben einer zum Betrieb des Unternehmens gegebenenfalls erforderlichen Genehmigung einer besonderen Erlaubnis.

(2) Das Ministerium des Innern legt im Zusammenwirken mit dem Ministerium für Arbeit und Gesundheitswesen und den zuständigen Fachministerien die für Erteilung und Entzug der Erlaubnis zuständigen Verwaltungsstellen fest.

(3) Vor Erteilung oder Entzug der Erlaubnis sind die für das Unternehmen fachlich zuständigen Verwaltungsstellen zu hören.

(4) Apotheken, behördlich anerkannte Forschungs- und Lehrinstitute, Kranken-, Heil- und Pflegeanstalten bedürfen dieser Erlaubnis nicht.

§ 4

(1) Die Erlaubnis darf nur erteilt werden, wenn die nötigen fachlichen und betrieblichen Voraussetzungen gegeben sind und der Antragsteller dem Volkspolizeiamt als zuverlässig bekannt ist. Die fachlichen Voraussetzungen erfordern ein abgeschlossenes naturwissenschaftliches oder medizinisches Studium oder eine staatlich anerkannte Giftprüfung .Das Ministerium für Arbeit und Gesundheitswesen erläßt im Einvernehmen mit dem Ministerium des Innern und den zuständigen Fachministerien Bestimmungen über die Giftprüfung.

(2) Die Erlaubnis kann auf bestimmte Gifte, giftige Farben oder Pflanzenschutz- und Schädlingsbekämpfungsmittel beschränkt oder gemäß den Durchführungsbestimmungen von besonderen Auflagen abhängig gemacht werden. Ferner kann die Erlaubnis beschränkt werden auf Herstellung, Verarbeitung, Bearbeitung, Aufbewahrung, Groß- oder Kleinhandel oder auf die Verwendung im Gewerbebetrieb.

(3) Der Antragsteller ist bei Erteilung der Erlaubnis auf die gewissenhafte Befolgung der Vorschriften dieses Gesetzes unterschriftlich zu verpflichten (Anlage II). In seinem Unternehmen dürfen nur solche Personen, gegen die das Volkspolizeiamt keine Einwendungen erhebt, mit Giften umgehen.

(4) Die Erlaubnis kann entzogen werden, wenn nachträglich die Voraussetzungen für ihre Erteilung weggefallen sind.

III.

Überwachung

§ 5

(1) Die örtlich zuständigen Volkspolizeiämter haben gemeinsam mit den Gesundheitsämtern die Betriebe (§ 3 Abs. 1) auf gewissenhafte Durchführung der Bestimmungen dieses Gesetzes laufend zu überprüfen. Sie haben das Recht auf Auskunft, Besichtigung der Betriebseinrichtungen, Einsichtnahme in die entsprechenden Unterlagen, Entnahme von Proben zum Zwecke der Untersuchung, soweit dies für die Vornahme der Überwachungsmaßnahmen im Sinne dieses Gesetzes notwendig ist.

(2) Bei Feststellung von Verstößen gegen die Bestimmungen dieses Gesetzes ist den für Genehmigung und Entzug der Erlaubnis nach § 3 zuständigen Verwaltungsstellen sofort Mitteilung hierüber zu machen. Diese können die vorläufige gänzliche oder teilweise Schließung des Betriebes verfügen und Gifte vorläufig sicherstellen. Hiergegen kann Beschwerde innerhalb von acht Tagen erhoben werden. Sie ist bei der verfügenden Stelle einzureichen. Diese kann aufschiebende Wirkung zulassen.

§ 6

(1) Die Leiter der Betriebe und der im § 3 Abs. 4 genannten Stellen haben für eine derartige betriebliche Ausrüstung und Überwachung zu sorgen und diejenigen Vorsichtsmaßnahmen zu treffen, die eine mißbräuchliche Verwendung von Giften und Gefährdungen der Beschäftigten und der Bevölkerung weitestgehend ausschließen.

(2) Gifte sind unter besonderen Überwachungs- und Vorsichtsmaßnahmen zu transportieren.

IV.

Aufbewahrung der Gifte

§ 7

(1) Vorräte an Giften müssen übersichtlich geordnet, von anderen Waren getrennt und, mit Ausnahme der auf abgeschlossenen Giftböden verwahrten Giftpflanzen, in dichten, festen und gut verschlossenen Gefäßen aufbewahrt werden. Sie dürfen weder über, unter, noch unmittelbar neben Nahrungs-, Genuß- oder Futtermitteln aufbewahrt werden.

(2) Zur Aufbewahrung von Farben sowie der in den Abteilungen 2 und 3 aufgeführten festen, an der Luft nicht feuchtwerdenden oder verdunstenden Stoffe dürfen Schiebladen, die mit einem Deckel versehen und von festen Füllungen umgeben sind, verwendet werden. Ein Verschütten oder Verstäuben des Inhalts muß ausgeschlossen sein.

§ 8

(1) Alle Vorratsgefäße müssen mit der Aufschrift „Gift" und der Angabe des Inhalts unter Verwendung der in Anlage I aufgeführten Bezeichnungen der Gifte in dauerhafter, deutlicher Schrift versehen sein. Mit Ausnahme großer Vorräte an Giften in Korbflaschen, Fässern und anderen Behältnissen sind die Vorratsgefäße mit Giften der Abteilung 1 in weißer Schrift auf schwarzem Grund, mit Giften der Abteilung 2 und 3 in roter Schrift auf weißem Grund zu zeichnen. Vorratsgefäße für Mineralsäuren, Laugen, Brom und Jod dürfen mittels Radier- oder Ätzverfahren hergestellte Aufschriften auf weißem Grunde haben.

(2) Die zusätzliche Anbringung der ortsüblichen Bezeichnung und die Kennzeichnung der Qualität und Handelsform in kleinerer Schrift ist gestattet.

§ 9

(1) Die in Abteilung 1 genannten Gifte müssen in einem besonderen, von allen Seiten durch feste Wände umschlossenen Raum (Giftkammer) aufbewahrt werden, in dem andere Waren als Gifte sich nicht befinden dürfen. Dient als Giftkammer ein hölzerner Verschlag, so darf derselbe nur in einem vom Verkaufsraum getrennten Teil des Warenlagers errichtet werden.

(2) Die Giftkammer muß für die darin vorzunehmenden Arbeiten ausreichend erhellt und auf der Außenseite der dichten Tür mit der deutlichen und dauerhaften Aufschrift „Gift" versehen sein.

(3) Diese Giftkammer darf nur dem Unternehmer oder Betriebsleiter oder deren Beauftragten, die dem zuständigen Volkspolizeiamt benannt sind, zugänglich sein. Sie muß außer der Zeit des Gebrauchs sicher verschlossen sein.

(4) Die Giftkammer darf, falls kleinere Vorräte aufbewahrt werden, auch aus einem gegen Entwendung besonders gesicherten und verschlossenen sowie mit der deutlichen und dauerhaften Aufschrift „Gift" versehenen Behältnis bestehen.

§ 10

(1) Gifte der Abteilung 1 müssen innerhalb der Giftkammer in einem verschlossenen Behältnis (Giftschrank) aufbewahrt werden. Der Giftschrank muß auf der Außenseite der Tür mit der dauerhaften und deutlichen Aufschrift „Gift" versehen sein.

(2) Das Abwägen, Einfüllen in andere Gefäße, Mischen und Färben der Gifte müssen unmittelbar neben dem Giftschrank erfolgen.

(3) Außerhalb des Giftschrankes dürfen größere Vorräte von einzelnen Giften innerhalb der Giftkammer nur aufbewahrt werden, wenn sie sich in verschlossenen Gefäßen befinden.

(4) Phosphor und mehr als 2% Phosphor enthaltende Zubereitungen müssen außerhalb des Giftschrankes an einem frostfreien Ort in einem feuerfesten Behältnis aufbewahrt werden. Gelber (weißer) Phosphor ist unter Wasser aufzubewahren. Kalium und Natrium sind wasser- und feuersicher und mit einem sauerstofffreien Körper (Paraffinöl, Steinöl o. dgl.) umgeben unter Verschluß aufzubewahren.

§ 11

(1) Zum ausschließlichen Gebrauch für Gifte der Abteilung 1 und zum ausschließlichen Gebrauch für Gifte der Abteilungen 2 und 3 sind besondere Geräte (Waagen, Mörser, Löffel u. dgl.) zu verwenden, entsprechend aufzubewahren und, mit Ausnahme der Löffel für giftige Farben, stets sauberzuhalten. Die für Gifte benutzten Gewichte dürfen nicht zum Abwägen anderer Waren verwandt werden.

(2) Die Geräte, mit Ausnahme der Gewichte, sind mit der deutlichen und dauerhaften Aufschrift „Gift" in den entsprechenden Farben (§ 8 Abs. 1 Satz 2) zu versehen.

(3) Wenn größere Mengen von Giften unmittelbar in den Vorrats- oder Abgabegefäßen gewogen werden, brauchen keine besonderen Waagen oder Gewichte verwandt zu werden.

V.

Abgabe und Erwerb von Giften

§ 12

(1) Gifte dürfen nur vom Unternehmer oder Betriebsleiter oder von deren Beauftragten, sofern sie die Voraussetzungen des § 4 Abs. 1 erfüllen und dem zuständigen Volkspolizeiamt benannt sind, abgegeben werden.

(2) Über den Zu- und Abgang der Gifte der Abteilung 1 haben alle Betriebe in einem mit fortlaufenden Seitenzahlen versehenen Giftbuch 1 (Anlage III) die dort vorgeschriebenen Eintragungen zu machen.

(3) Über den Abgang der Gifte der Abteilung 2 haben alle Betriebe in einem mit fortlaufenden Seitenzahlen versehenen Giftbuch 2 (Anlage IV) die dort vorgeschriebenen Eintragungen zu machen.

(4) Die Eintragungen müssen sofort nach Zu- oder Abgang, Anfall oder Verarbeitung erfolgen und dürfen nur vom Unternehmer oder Betriebsleiter oder von deren Beauftragten vorgenommen werden.

(5) Giftbuch 1 und Giftbuch 2 sind nach der letzten Eintragung 10 Jahre lang aufzubewahren.

§ 13

(1) Die Leiter der Betriebe (§ 3 Abs. 1) haben ihre Bestände an Giften der Abteilung 1 dem örtlich zuständigen Volkspolizeiamt und dem Gesundheitsamt vierteljährlich, zum Ende jedes Vierteljahres, zu melden (Anlage V).

(2) Die Betriebsleiter haben sich monatlich davon zu überzeugen, daß die Bestände der Giftbücher mit den tatsächlichen Beständen übereinstimmen und dies durch Unterschrift zu bescheinigen.

§ 14

Fehlbestände an Giften sind dem zuständigen Volkspolizeiamt und Gesundheitsamt sofort zu melden. Über entstandene Verluste sind Niederschriften aufzunehmen und von den Beteiligten zu unterschreiben. Der Betriebsleiter hat die Niederschrift mit einem Begleitbericht dem Volkspolizeiamt zu übersenden.

§ 15

(1) Gifte der Abteilungen 1 und 2 — mit Ausnahme derjenigen für Heilzwecke und für Betriebe, Institute und Anstalten, die Giftbücher führen — dürfen nur gegen Erlaubnisschein eines Volkspolizeiamtes (Anlage VI) abgegeben werden. Der Empfang der Gifte ist zu bescheinigen, Beauftragte haben die Vollmacht zum Empfang nachzuweisen.

(2) Der Erlaubnisschein verliert mit dem Ablauf des 14. Tages nach dem Ausstellungstage seine Gültigkeit.

(3) Die Erlaubnisscheine sind mit den entsprechenden Nummern der Eintragungen in den Giftbüchern zu versehen und wie diese aufzubewahren (§ 12 Abs. 4).

§ 16

(1) An Personen unter 16 Jahren dürfen Gifte nicht ausgehändigt werden.

(2) Chlorate und chlorathaltige Mittel zur Bekämpfung von schädlichen Tieren und Pflanzen dürfen nur an Personen über 18 Jahre ausgehändigt werden.

§ 17

(1) Gifte müssen in dichten, festen und gut verschlossenen Gefäßen abgegeben werden. Für feste, an der Luft nicht feucht werdende oder verdunstende Gifte der Abteilungen 2 und 3 genügen dauerhafte Umhüllungen jeder Art, sofern ein Verschütten oder Verstäuben des Inhalts ausgeschlossen ist.

(2) Gefäße oder die an ihre Stelle tretenden Umhüllungen müssen mit der im § 8 Abs. 1 angegebenen Aufschrift und Bezeichnung sowie mit dem Namen des abgebenden Betriebes versehen sein.

(3) Bei festen, an der Luft nicht feucht werdenden oder verdunstenden Giften der Abteilung 3 darf an Stelle des Wortes „Gift" die Aufschrift „Vorsicht" verwendet werden.

(4) Es ist verboten, Gifte in Trink- oder Kochgefäßen oder in solchen Flaschen oder Behältnissen abzugeben, deren Form oder Bezeichnung die Gefahr einer Verwechselung des Inhalts mit Nahrungs- und Genußmitteln herbeizuführen geeignet ist.

(5) Die Bestimmungen der Abs. 2 und 3 gelten nicht für Arzneifertigwaren, die den Vorschriften des Arzneimittelgesetzes entsprechen.

VI.

Giftige Farben

§ 18

Auf gebrauchsfertige Öl-, Harz- oder Lackfarben, soweit sie nicht arsenhaltige Farben sind, finden die Vorschriften der §§ 8—17 Abs. 3 keine Anwendung. Das gleiche gilt für andere giftige Farben, die in Form von Stiften, Pasten, Steinen oder in geschlossenen Tuben zu unmittelbarem Gebrauch fertiggestellt sind, sofern auf jedem einzelnen Stück oder auf dessen Umhüllung entweder das Wort „Gift" oder „Vorsicht" und die Bezeichnung der Farbe oder eine das darin enthaltene Gift erkennbar machende Bezeichnung deutlich angebracht sind.

VII.

Pflanzenschutz- und Schädlingsbekämpfungsmittel

§ 19

(1) Ab 1. Januar 1951 dürfen nur die vom Ministerium für Land- und Forstwirtschaft anerkannten Pflanzenschutz- und Schädlingsbekämpfungsmittel in den Verkehr gebracht werden.

(2) Für den Verkehr mit giftigen Pflanzenschutz- und Schädlingsbekämpfungsmitteln in abgabefertigen Packungen gelten die Bestimmungen der §§ 10 Abs. 1 bis 3 und 11 nicht.

§ 20

(1) Giftige Pflanzenschutz- und Schädlingsbekämpfungsmittel dürfen nur abgegeben werden, wenn der Abgebende annehmen darf, daß der Abnehmer diese Mittel zur Bekämpfung von schädlichen Tieren und Pflanzen und in zuverlässiger Weise benutzen wird. Erforderlichenfalls hat sich der Abgebende hierüber durch Befragen des Abnehmers zu vergewissern. Kann er die erforderliche Gewißheit nicht erlangen, so darf er giftige Pflanzenschutz- und Schädlingsbekämpfungsmittel nur gegen Erlaubnisschein eines Volkspolizeiamtes abgeben.

(2) Es kann vorgeschrieben werden, daß bestimmte Pflanzenschutz- und Schädlingsbekämpfungsmittel nur gegen Erlaubnisschein des Volkspolizeiamtes abgegeben werden dürfen.

(3) Der § 15 findet den Bestimmungen der Abs. 1 und 2 entsprechend Anwendung.

§ 21

(1) Die auf Grund der Ersten Durchführungsbestimmung vom 30. Dezember 1948 zur Anordnung über den Vertrieb von Pflanzenschutzmitteln (ZVOBl. 1949 S. 15) unter Ziffer 5 eingeführten Karteien zur Überwachung der gesamten Pflanzenschutzmittel-Bewegung gelten als rechtsgültige Giftbücher im Sinne des § 12 dieses Gesetzes, sofern die für die Anlage III und IV dieses Gesetzes vorgesehenen Spalten vorhanden sind.

(2) Das auf Grund der Ersten Durchführungsbestimmung vom 30. Dezember 1948 zur Anordnung über den Vertrieb von Pflanzenschutzmitteln (ZVOBl. 1949 S. 15) unter Ziffer 6 eingeführte Berichtssystem über Bestand, Zu- und Abgang von Pflanzenschutzmitteln gilt an Stelle des § 13 Abs. 1 des Gesetzes.

§ 22

(1) Jeder Packung der unter Verwendung von Giften der Abteilung 1 und 2 hergestellten Pflanzenschutz- und Schädlingsbekämpfungsmittel ist eine Belehrung über die mit einem unvorsichtigen Gebrauch verknüpften Gefahren beizufügen. Der Wortlaut der Belehrung und die Art und Aufmachung der Verpackung können einheitlich von den zuständigen Ministerien vorgeschrieben werden.

(2) Pflanzenschutz- und Schädlingsbekämpfungsmittel der Abteilungen 1 und 2 der Anlage I müssen einen vom Genuß abschreckenden Geschmack aufweisen, sofern deren Verwendungszweck dies nicht ausschließt (Fraßgifte, Ködergifte).

(3) Für bestimmte Pflanzenschutz- und Schädlingsbekämpfungsmittel kann vorgeschrieben werden, daß sie mit einer leicht löslichen Farbe anzufärben sind, die beim Zusammenbringen mit Wasser dieses deutlich anfärben müssen.

(4) Vorstehende Bestimmungen können zeitweise außer Wirksamkeit gesetzt werden, wenn und soweit es sich darum handelt, unter polizeilicher Aufsicht außerordentliche Maßnahmen zur Vertilgung von schädlichen Tieren und Pflanzen zu treffen.

VIII.

Gifthaltige Arzneifertigwaren

§ 23

Für den Verkehr mit gifthaltigen Arzneimitteln in abgabefertiger Packung (Arzneifertigwaren) gelten die Bestimmungen der §§ 7—13 mit Ausnahme des § 10 Abs. 4 nicht.

IX.

Apotheken, Anstalten, Institute

§ 24

Die Bestimmungen dieses Gesetzes finden auf die im § 3 Abs. 4 aufgeführten Stellen nur Anwendung, wenn die Verwendung oder Abgabe der Gifte für andere als Heilzwecke erfolgt Die sonstigen für Apotheken und Arzneimittel geltenden einschlägigen Vorschriften bleiben unberührt.

X.

Chemische Industrie

§ 25

Die Bestimmungen der §§ 7—13 finden auf die chemische Industrie nur sinngemäße Anwendung. Das Ministerium des Innern, das Ministerium für Industrie und das Ministerium für Arbeit und Gesundheitswesen können im gegenseitigen Einvernehmen nähere Bestimmungen über den Verkehr mit Giften in der chemischen Industrie erlassen.

XI.

Strafen

§ 26

(1) Wer Gifte herstellt, verarbeitet, bearbeitet, aufbewahrt, in seinem Gewerbebetrieb verwendet oder mit ihnen Handel treibt, ohne daß ihm die nach § 3 hierzu erforderliche Erlaubnis erteilt worden ist, wird, soweit nicht in anderen Gesetzen eine höhere Strafe angedroht ist, mit Gefängnis nicht unter sechs Monaten bestraft.

(2) Ist durch die Tat eine schwere Verletzung des Körpers, der Gesundheit oder der Tod eines Menschen oder eine schwere Schädigung der Gesellschaft verursacht worden, so ist auf Zuchthaus nicht unter drei Jahren zu erkennen.

(3) Neben der Strafe sind die Gifte, auf die sich die strafbare Handlung bezieht, oder die zu einer solchen Handlung benutzten Mittel ohne Rücksicht auf Eigentumsverhältnisse und sonstige Rechte Dritter einzuziehen. Auf die Einziehung kann auch selbständig erkannt werden.

(4) Außerdem kann dem Täter neben einer Strafe nach Abs. 1 oder 2 auf die Dauer von mindestens einem Jahr und höchstens zehn Jahren die Tätigkeit auf dem Gebiete, auf dem die Zuwiderhandlung begangen worden ist, untersagt werden.

§ 27

(1) Wer sonst gegen eine der Vorschriften dieses Gesetzes oder gegen eine auf Grund dieses Gesetzes erlassene Anordnung der zuständigen Verwaltungsstellen verstößt, wird, soweit nicht nach anderen Gesetzen eine höhere Strafe angedroht ist, mit Geldstrafe bis zu 150 DM oder mit Haft bis zu 14 Tagen bestraft.

(2) Die Festsetzung dieser Strafen kann auch durch eine polizeiliche Strafverfügung erfolgen. Auf diese polizeiliche Strafverfügung finden die Vorschriften der §§ 413ff. der Strafprozeßordnung Anwendung.

XII.

Schlußbestimmungen

§ 28

(1) Gifte, die bei Inkrafttreten des Gesetzes bereits im Verkehr sind, dürfen solange im Verkehr bleiben, bis über ihre Eintragung in das Verzeichnis der Gifte (Anlage I) entschieden ist. Innerhalb von zwei Monaten nach Inkrafttreten dieses Gesetzes haben die Leiter von Betrieben, die Gifte herstellen, diese zur Eintragung anzumelden, sofern sie noch nicht im Verzeichnis der Gifte aufgeführt sind.

(2) Für die bei Inkrafttreten dieses Gesetzes bestehenden Betriebe gilt die Erlaubnis nach § 3 Abs. 1 als vorläufig erteilt. Anträge auf Erlaubnis sind innerhalb der vom Ministerium des Innern bekanntzugebenden Frist bei den zuständigen Volkspolizeiämtern einzureichen.

§ 29

(1) Das Ministerium des Innern und das Ministerium für Arbeit und Gesundheitswesen erlassen im gegenseitigen Einvernehmen die erforderlichen Durchführungsbestimmungen.

(2) Für die Überwachung während des Transports auf den öffentlichen Verkehrsmitteln im Sinne des § 6 dieses Gesetzes erlassen das Ministerium für Verkehr und das Ministerium für Post- und Fernmeldewesen im Einvernehmen mit den beteiligten Ministerien die erforderlichen Durchführungsbestimmungen.

§ 30

(1) Dieses Gesetz tritt am 1. November 1950 in Kraft.

(2) Gleichzeitig treten die bestehenden Vorschriften über den Verkehr mit Giften und Pflanzenschutz- und Schädlingsbekämpfungsmitteln außer Kraft.

Berlin, den 6. September 1950.

Das vorstehende, vom Präsidenten der Provisorischen Volkskammer unter dem neunten September neunzehnhundertundfünfzig ausgefertigte Gesetz wird hiermit verkündet.

Berlin, den 15. September 1950.

Der Präsident
der Deutschen Demokratischen Republik

Anlage I

Verzeichnis der Gifte[1])

Bei pflanzlichen Giften gelten auch deren Verbindungen als Gifte der entsprechenden Abteilung, wenn sie ähnliche Eigenschaften haben.

Abteilung 1

A) Anorganische und organische Gifte:

Adrenalin und dessen Zubereitungen (natürlich und synthetisch)
Akonitin und dessen Zubereitungen
Arekolin und dessen Zubereitungen
Arsen, dessen Verbindungen und Zubereitungen, auch Arsenfarben
Atropin und dessen Zubereitungen
Bruzin und dessen Zubereitungen
Daturin und dessen Zubereitungen
Digitalin und dessen Zubereitungen
Digitoxin und dessen Zubereitungen
Emetin und dessen Zubereitungen
Erythrophlein und dessen Zubereitungen
Gelsemin und dessen Zubereitungen
Homatropin und dessen Zubereitungen
Hyoszin und dessen Zubereitungen
Hyoszyamin und dessen Zubereitungen
Kantharidin und dessen Zubereitungen
Kolchizin und dessen Zubereitungen
Koniin und dessen Zubereitungen
Kurare und dessen Zubereitungen
Lobelin und dessen Zubereitungen
Nikotin und dessen Zubereitungen, ausgenommen der Tabakextrakt der Abt. 3 und Zubereitungen in fester Form mit nicht mehr als 4 Hundertteilen Nikotin
Nitroglyzerin-Zubereitungen
Phosphor (auch roter, sofern er gelben enthält) und dessen Zubereitungen sowie Phosphorwasserstoff entwickelnde Verbindungen (z. B. Phosphorkalzium, Phosphorzink) und deren Zubereitungen
Physostigmin und dessen Zubereitungen
Pikrotoxin und dessen Zubereitungen
Quecksilberverbindungen und deren Zubereitungen einschl. Sublimatpastillen und Quecksilberoxydzyanidpastillen, und Farben, außer Quecksilbersulfid (Zinnober)
Skopolamin und dessen Zubereitungen
Strophantin und dessen Zubereitungen
Strychnin und dessen Zubereitungen
Veratrin und dessen Zubereitungen
Wirkstoffe für Insektizide der Phosphorsäureestergruppe
Zyanwasserstoff (Blausäure), deren Salze einschließlich Zubereitungen

B) Drogen: —

Den Vorschriften der Abteilung 1 unterliegen nicht die Verbindungen und Zubereitungen, für die im Giftgesetz Sonderbestimmungen getroffen sind, und nicht die Verbindungen und Zubereitungen der Gifte der Abteilung 1, die in den Abteilungen 2 und 3 aufgeführt sind.

Abteilung 2

Alle der Betäubungsmittelgesetzgebung unterliegenden Stoffe.

A) Anorganische und organische Gifte:

Adrenalinlösungen, die in 100 Gewichtsteilen nicht mehr als 1 Gewichtsteil Adrenalin enthalten
Agarizin
Alypin und dessen Zubereitungen
Amylenhydrat
Amylnitrit
Apomorphin
Azetanilid (Antifebrin)
Barbitursäure, deren Verbindungen und Zubereitungen, soweit sie sedative Wirkung haben
Benzaldehyd-Blausäure-Gemische mit nicht mehr als 2 Hundertteilen freier oder gebundener Blausäure
Bienengift
Brom
Bromäthyl
Bromalhydrat
Bromoform
Chenopodiumöl
Chinidin
Chloroform
Elaterin und dessen Zubereitungen
Ephedrin und dessen Zubereitungen
Erythrophleum
Euphorbium
Fluorwasserstoff (Flußsäure)
Hydrastin und dessen Zubereitungen
Insektizide der Phosphorsäureestergruppe mit mehr als 4 Hundertteilen Wirkstoff
Kieselfluorwasserstoffsäure
Kirschlorbeeröl
Konvallamarin und dessen Zubereitungen
Konvallarin und dessen Zubereitungen
Krotonöl
Narkotin und dessen Zubereitungen
Narzein und dessen Zubereitungen
Nitrobenzol
Papaverin
Paraldehyd

[1]) Das Verzeichnis der Gifte nach dem Giftgesetz vom 6. September 1950 soll berichtigt werden. Der Gesetzgeber bereitet eine Neufassung vor, deren Veröffentlichung z. Zt. der Drucklegung dieses Buches noch nicht vorlag. Das hier abgedruckte Verzeichnis der Gifte dürfte im wesentlichen der geplanten Berichtigung entsprechen. (Anm. d. Verf.)

Pelletierin und dessen Zubereitungen
Phosphorzubereitungen, die in 100 Gewichtsteilen nicht mehr als 2 Gewichtsteile Phosphor enthalten
Pilokarpin und dessen Zubereitungen
Santonin
Schlangengift
Spartein und dessen Zubereitungen
Strychninhaltiges Getreide
Sulfonal und dessen Verbindungen, soweit sie sedative Wirkung haben
Thalliumverbindungen und deren Zubreitungen
Thiosemikarbazone
Uranverbindungen, lösliche und auch Uranfarben
Urethan

B) Drogen:

Adoniskraut
Akonit-Droge
Belladonna-Droge
Bilsenkraut
Brechnuß
Fingerhut-Droge
Gelsemium-Droge
Giftlattich
Giftsumach
Gottesgnadenkraut
Gummigutti
Jalapen-Droge
Kalabar-Droge
Kokkelskörner
Koto-Droge
Nieswurz (Helleborus)
Sabadillsamen
Sadebaumspitzen
Sankt-Ignatiussamen
Skammonia-Droge
Schierling
Spanische Fliegen
Stechapfel-Droge
Strophantussamen
Veratrum-Droge
Wasserschierling
Yohimbe-Droge
Zeitlosen-Droge

Bei den genannten Drogen unterliegen auch die Zubereitungen den Vorschriften für die Abteilung. Den Vorschriften für Gifte der Abteilung 2 unterliegen nicht die Verbindungen und Zubereitungen, die in Abteilung 3 aufgeführt sind.

Abteilung 3

A) Anorganische und organische Gifte:

Ameisensäure, in 100 Gewichtsteilen mehr als 50 Gewichtsteile Ameisensäure enthaltend
Ammoniaklösung, wässerige, in 100 Gewichtsteilen mehr als 10 Gewichtsteile NH_3 enthaltend
Amylalkohol
Anilin
Antimonverbindungen
Bariumverbindungen außer Schwerspat (schwefelsaurem Barium)
Bittermandelwasser
Bleiverbindungen
Brenzkatechin
Bromwasserstoffsäure, in 100 Gewichtsteilen mehr als 15 Gewichtsteile Bromwasserstoff enthaltend
Chinolin
Chloral
Chloressigsäure
Chlorsäure und deren Salze
Chromsäure und deren Salze
Essigsäure, in 100 Gewichtsteilen mehr als 80 Gewichtsteile Essigsäure enthaltend
Farben, welche Antimon, Barium, Blei, Chrom, Gummigutti, Kadmium, Pikrinsäure, Zink, Zinn enthalten, mit Ausnahme von Schwerspat (schwefelsaurem Barium), Chromoxyd, Zink, Zinn und deren Legierungen als Metallfarben, Schwefelkadmium, Schwefelselenkadmium, Schwefelzink, Schwefelzinn (als Musivgold), Zinkoxyd, Zinnoxyd
Ferri- und ferrozyanwasserstoffsaure Salze, lösliche
Formaldehyd und dessen Zubereitungen, in 100 Gewichtsteilen mehr als 5 Gewichtsteile HCHO enthaltend
Goldverbindungen
Hydrochinon
Insektizide der Dichlor-diphenyl-trichlormethylmethan- und Hexachlorcyclohexan-Gruppe und deren Zubereitungen, in 100 Gewichtsteilen mehr als 10 Gewichtsteile wirksame Verbindungen enthaltend
Insektizide der Phosphorsäureestergruppe mit nicht mehr als 4 Gewichtsteilen Wirkstoff
Jod, dessen Verbindungen und Zubereitungen, ausgenommen zuckerhaltiges Eisenjodür
Kadmium und dessen Verbindungen
Kalilauge, in 100 Gewichtsteilen mehr als 5 Gewichtsteile Kaliumhydroxyd enthaltend
Kalium
Kaliumhydroxyd
Kieselfluorwasserstoffsaure Salze und deren Zubereitungen
Kirschlorbeerwasser
Koffein
Kotarnin
Kresole und deren Zubreitungen, soweit sie in 100 Gewichtsteilen mehr als 1 Gewichtsteil der Kresole enthalten
Kupferverbindungen
Methylalkohol
Milchsäure, in 100 Gewichtsteilen mehr als 80 Gewichtsteile Gesamtmilchsäure enthaltend
Natrium
Natriumhydroxyd
Natronlauge, in 100 Gewichtsteilen mehr als 5 Gewichtsteile Natriumhydroxyd enthaltend
Oxalsäure und deren Salze
Paraphenylendiamin
Phenazetin
Phenol und dessen technisch anfallende Gemische (Karbolsäure), sowie Zubereitungen in 100 Gewichtsteilen mehr als 3 Gewichtsteile Phenol enthaltend

Phosphorlösung, bis 0,5 Hundertteile enthaltend
Phosphorsäure, in 100 Gewichtsteilen mehr als 50 Gewichtsteile Phosphorsäure enthaltend
Phosphorwasserstoff entwickelnde Zubereitungen, soweit diese in 100 Gewichtsteilen höchstens 7 Gewichtsteile Phosphorwasserstoff entwickelnde Verbindungen enthalten, dauerhaft gefärbt sind und in festen, geschlossenen Behältnissen mit der Aufschrift „Gift" und mit einer Belehrung gemäß § 22 Abs. 1 versehen zur Abgabe an das Publikum gelangen
Pikrinsäure und ihre Salze
Podophyllin
Pyridin und dessen Homologe
Pyrogallol
Quecksilber und dessen Zubereitungen, in 100 Gewichtsteilen mehr als 10 Gewichtsteile Hg enthaltend
Quecksilber-I-chlorid (Kalomel)
Salpetersäure, in 100 Gewichtsteilen mehr als 15 Gewichtsteile wasserfreie Säure enthaltend
Salpetrige Säure und deren Salze
Salzsäure, in 100 Gewichtsteilen mehr als 15 Gewichtsteile wasserfreie Säure enthaltend
Schwefelkohlenstoff
Schwefelsäure, in 100 Gewichtsteilen mehr als 15 Gewichtsteile wasserfreie Säure enthaltend
Silbersalze mit Ausnahme von Chlor-, Brom- und Jodsilber
Strontiumverbindungen
Sulfosalizylsäure und deren Salze
Tabakextrakt und Nikotinzubereitungen in fester Form mit nicht mehr als 4 Hundertteilen Nikotin
Theobromin
Theophyllin
Trichlorisobutylalkohol
Zinksalze mit Ausnahme von Zinkkarbonat
Zinnsalze

B) Drogen:

Brechwurzel
Derriswurzel
Ephedra-Droge
Gelbwurzel, kanadische (Hydrastis)
Koloquinthen
Küchenschellenkraut
Lärchenschwamm
Lebensbaumspitzen
Lobelienkraut
Meerzwiebel
Mohnfrüchte, unreif
Mutterkorn
Rautenblätter
Schöllkraut
Seidelbast
Spartium-Droge
Stephanuskörner
Wurmfarn

Zubereitungen von Giften der Abteilung 1, die in 100 Gewichtsteilen nicht mehr als 0,1 Gewichtsteil Giftstoffe enthalten.

Zubereitungen von Giften der Abteilung 2, die in 100 Gewichtsteilen nicht mehr als 10 Gewichtsteile Giftstoffe enthalten.

Anlage II

Die Bestimmungen des Gesetzes vom 6. September 1950 über den Verkehr mit Giften (Giftgesetz) — GBl. S. 977 — und die Folgen bei Zuwiderhandlungen sind mir bekannt.

Ich verpflichte mich, die Vorschriften des Giftgesetzes genau und gewissenhaft zu beachten.

In dem von mir geleiteten Betriebe werde ich für eine derartige betriebliche Ausrüstung und Überwachung sorgen und diejenigen Vorsichtsmaßnahmen treffen, die eine mißbräuchliche Verwendung von Giften und Gefährdungen der Beschäftigten und der Bevölkerung weitestgehend auszuschließen.

Ich verpflichte mich, Gifte nur an berechtigte Erwerber und zu erlaubten Zwecken abzugeben.

.........................., den .... 19...
(Ort)

....
(ausgeschriebener Vor- und Zuname)

Der/Die .... aus ....
(Vor- und Zuname) (Wohnort, Wohnung)
hat sich durch die Vorlage des deutschen Personalausweises

Nr. .... ausgewiesen.

.........................., den .... 19....

....
(Unterschrift)

Anlage III

Giftbuch I

Lfd. Nr.	Datum	Name des Giftes	Alter Bestand kg	Zugang (+) Abgang (−) kg	Neuer Bestand kg	Des Lieferanten oder Erwerbers			Unterschrift des Verabfolgenden	Bemerkung
						Name	Wohnort	Wohnung		

Für Alkaloide, deren Verbindungen und Zubereitungen (einschl. Nitroglycerin),
Arsen, dessen Verbindungen und Zubereitungen,
Cyanwasserstoffsäure, deren Verbindungen und Zubereitungen,
Quecksilberverbindungen und deren Zubereitungen (einschl. Sublimat- und Quecksilberoxycyanidpastillen),
Phosphor und Zubereitungen
muß das Giftbuch 1 besondere Seiten enthalten.

Anlage IV

Giftbuch 2

Lfd. Nr.	Name des Giftes	Abgang kg	Des Erwerbers			Unterschrift des Verabfolgenden	Bemerkungen
			Name	Wohnort	Wohnung		

Anlage V

Bestandsmeldung über vorhandene Gifte

vom 19

Betrieb: ....
(Name, Art, Sitz)
....
....

Name des Giftes	Bestand am .... 19..	Zugang im Quartal	Summe	Abgang im Quartal	Heutiger Bestand

(Stempel)

....
Unterschrift des Betriebsleiters oder seines Vertreters)

Anlage VI

(Vorderseite

Erlaubnisschein zum Erwerb von Gift

Dem/Der*) ....
(Name und Beruf oder Art des Betriebes)

aus ....
(Wohnort und Wohnung)

wird die Genehmigung zum einmaligen Erwerb von

....
(Menge und Name des Giftes)

für .... erteilt.
(Zweck)

.........................., den .... 19...

....
(Ausstellende Verwaltungsstelle)

....
(Unterschrift)

(Siegel) (Siegel)

*) Nichtzutreffendes ist zu streichen

Anlage VI

(Rückseite)

Nr. ....
(der Eintragung im Giftbuch)

A. Empfangsbescheinigung

Von ....
(Abgebender Betrieb)

....
(Wohnung und Wohnort)

habe ich heute ....
(Menge und Name des Giftes)
erhalten.

Ich verpflichte mich, das erhaltene Gift unter Beachtung aller Vorsichtsmaßnahmen nur — zu dem umseitig bezeichneten Zweck zu verwenden — dem umseitig angegebenen Bezugsberechtigten abzuliefern*).

...., den .... 19...

....
(Unterschrift des Erwerbers oder Abholenden)

B. (Falls das Gift durch einen Beauftragten abgeholt wird

Der/Die*) ....
(Name, Wohnort und Wohnung des Abholenden)

ist berechtigt, das umseitig bezeichnete Gift für mich — uns* in Empfang zu nehmen.

.........................., den .... 19...

....
(Unterschrift des Bezugsberechtigten)

*) Nichtzutreffendes ist zu streichen.

Stichwortverzeichnis

A

B

C

D

E

F

G

H

I

J

K

L

M

N

O

P

Q

R

S

T

U

V

W

X

Z

NOTIZEN

NOTIZEN

FSC
www.fsc.org
MIX
Papier | Fördert gute Waldnutzung
FSC® C083411

Kolibri 360 GmbH
Ferdinand-Jühlke-Straße 7
99095 Erfurt, Deutschland
produktsicherheit@kolibri360.de